SAFARI NOIR

Du Caire au Cap à travers les terres

DU MÊME AUTEUR

RÉCITS DE VOYAGE

Grasset

VOYAGE EXCENTRIQUE ET FERROVIAIRE AUTOUR DU ROYAUME-UNI, 1986.
RAILWAY BAZAAR, 1987.
PATAGONIE EXPRESS, 1988.
LA CHINE À PETITE VAPEUR, 1989.
LES ÎLES HEUREUSES D'OCÉANIE, 1993.
LES COLONNES D'HERCULE, *Voyage autour de la Méditerranée*, 1997.

ROMANS

Grasset

LES DERNIERS JOURS DE HONG KONG, 1997.
HÔTEL HONOLULU, 2002.

Presses de la Renaissance

LES CONSPIRATEURS, 1978.
JACK LE MAGNIFIQUE, 1979.
LE PALAIS DES IMAGES, 1980.

Belfond

DOCTEUR DE MAAR, 1993.

Calmann-Lévy

LE ROYAUME DES MOUSTIQUES, 1983 (adapté au cinéma sous le titre *Mosquito Coast*).
LA DOUBLE VIE DE LAUREN S., 1985 (adapté au cinéma sous le titre *Escort Girl*).
O-ZONE, 1989.

Robert Laffont

MON HISTOIRE SECRÈTE, 1991.
CHICAGO LOOP, 1992.

PAUL THEROUX

SAFARI NOIR

Du Caire au Cap à travers les terres

Traduit de l'anglais par
DOMINIQUE PETERS

Ouvrage traduit avec le concours du
CENTRE NATIONAL DU LIVRE

BERNARD GRASSET
PARIS

L'édition originale de cet ouvrage a été publiée par The Penguin Group, en 2002,
sous le titre :

DARK STAR SAFARI

A ma mère, Anne Dittami Theroux
pour son quatre-vingt-onzième anniversaire

Larges feuilles, ombre vaste,
Quel dieu règne sur l'Afrique, quelle forme
Quel homme-nuage chenu plus radieux que des lances ?

WALLACE STEVENS,
Le Continent le plus vert.

OUGANDA
Equateur
0 100 200 300 400 500 miles
0 500 km
N
Lac Victoria
Naiwasha
Thika
Nairobi
RWANDA
BURUNDI
Mwanza
CONGO
Tabora
Dodoma
Zanzibar
Morogoro
Kimamba
Dar es-Salaam
Lac Tanganyika
TANZANIE
Mbeya
Makambako
Tukuyu
Karonga
Songea
Rumphi
Ekwendeni
ANGOLA
Mzimba
Kasungu
Lac Malawi
Lilongwe
ZAMBIE
MOZAMBIQUE
Zomba
Blantyre
Limbe
Marka
Zambèze
Harare
Morrumbala
Marondera
Caia
Imhaminga
Mutare
ZIMBABWE
Beira
Masvingo
NAMIBIE
Great Zimbabwe
Beitbridge
BOTSWANA
Messina
Tropique du Capricorne
Limpopo
Pretoria
Nelspruit
Komatipoort
Krugersdorp
Johannesburg
Maputo
OCÉAN INDIEN
Sterkfontein
SWAZILAND
Klerksdorp
Potchefstroom
Markwassie
Kimberley
LESOTHO
Orange
AFRIQUE DU SUD
Touwsrivier
Worcester
Le Cap
De Doorns
Wellington
Paarl
Belleville
Franschoek
Stellenbosch
Simonstown
0 50 miles
0 50 100 km

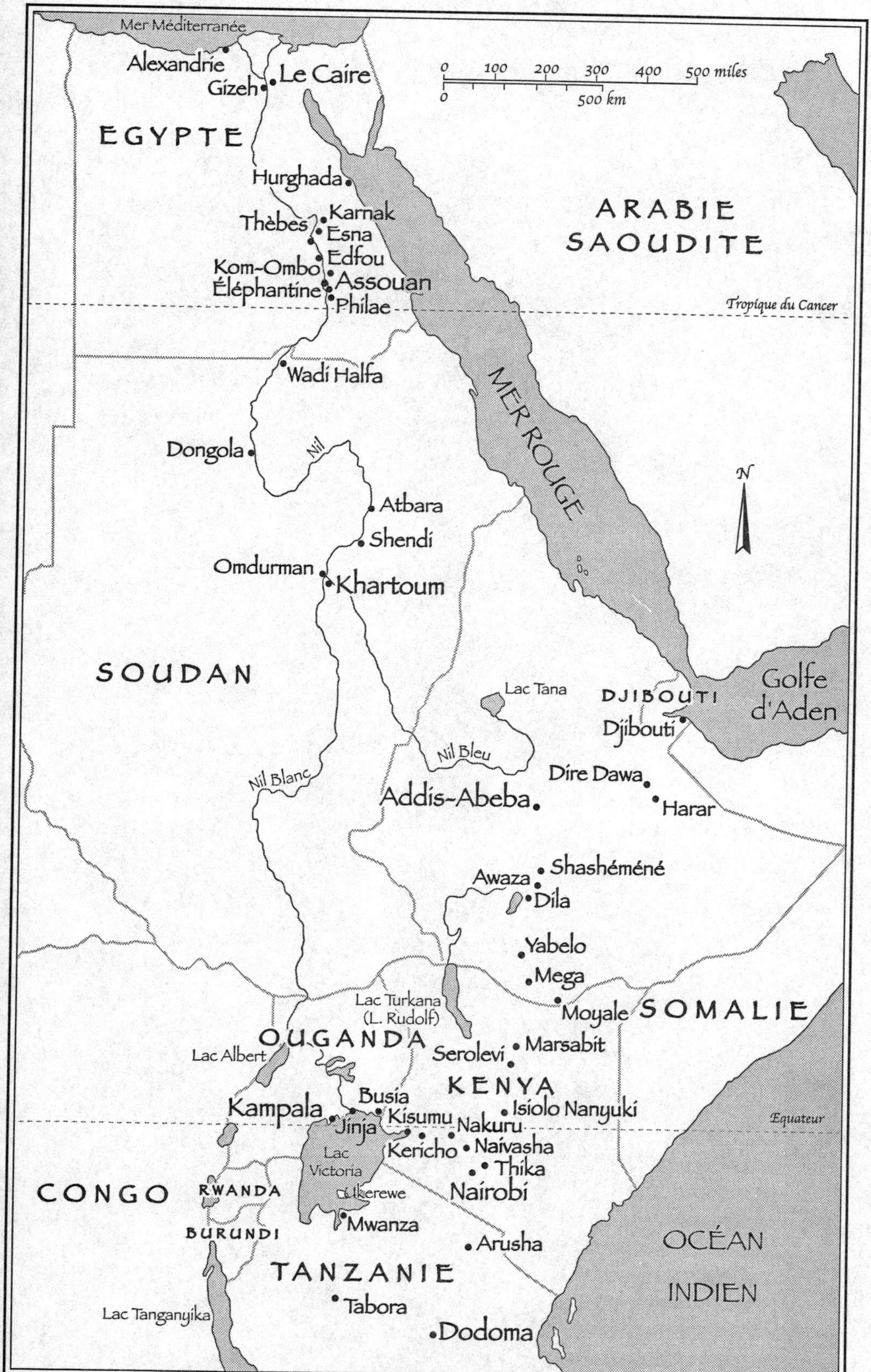
Mer Méditerranée
Alexandrie
Gizeh
Le Caire
0 100 200 300 400 500 miles
0 500 km
EGYPTE
Hurghada
ARABIE
SAOUDITE
Karnak
Thèbes
Esna
Edfou
Kom-Ombo
Assouan
Éléphantine
Philae
Tropique du Cancer
Wadi Halfa
MER ROUGE
Nil
Dongola
N
Atbara
Shendi
Omdurman
Khartoum
SOUDAN
Lac Tana
DJIBOUTI
Golfe d'Aden
Djibouti
Nil Bleu
Dire Dawa
Nil Blanc
Addis-Abeba
Harar
Shashéméné
Awaza
Dila
Yabelo
Mega
Lac Turkana
(L. Rudolf)
Moyale
SOMALIE
OUGANDA
Lac Albert
Serolevi
Marsabit
KENYA
Busia
Kampala
Isiolo
Nanyuki
Kisumu
Jinja
Nakuru
Equateur
Naivasha
Kericho
Lac Victoria
Thika
CONGO
RWANDA
Ukerewe
Nairobi
Mwanza
BURUNDI
Arusha
OCÉAN
INDIEN
TANZANIE
Tabora
Lac Tanganyika
Dodoma

1 — *Je file*

Toutes les nouvelles venant d'Afrique sont mauvaises. Ça m'a donné envie d'y aller, pas pour les horreurs, cependant, les lieux violents, les massacres et les tremblements de terre dont parlent les journaux. Non, je voulais retrouver le plaisir d'être en Afrique. Sentant qu'un endroit si vaste contenait nombre d'histoires ignorées, de l'espoir, de la comédie et de la douceur aussi, sentant qu'il y avait autre chose en Afrique que la misère et la terreur, j'ai entrepris de me réinsérer dans le *bundu*, comme nous appelions la brousse, et de parcourir l'antique arrière-pays. C'était là que j'avais vécu et travaillé, heureux, presque quarante ans plus tôt, au cœur du continent le plus vert.

Voilà : j'écris cela un an plus tard, de retour d'Afrique, après mon long safari. J'ai subi tant de revers – on m'a retardé, on m'a tiré dessus, on m'a insulté, on m'a volé ! Ni massacres ni tremblements de terre, mais une chaleur horrible, des routes abominables, des trains comme des épaves, et ne parlons pas des téléphones ! Les fermiers blancs, exaspérés, disaient : « Tout est sens dessus dessous ! » Sur le plan matériel, l'Afrique est plus délabrée que lorsque je l'ai connue jadis, plus affamée, plus pauvre, moins éduquée, plus pessimiste, plus corrompue, et rien ne distingue les politiciens des sorciers. Il m'a semblé que les Africains, que l'on estime moins que jamais, étaient, sur terre, ceux à qui on mentait le plus : leurs gouvernements les manipulent, les experts étrangers les vouent à l'enfer, les organismes charitables les grugent, et on les trompe de toutes les manières possibles. Un chef africain, c'était à coup sûr un voleur, mais l'évangélisation a privé les gens de leur innocence et les organisations caritatives, en faisant leur publicité, ont donné de faux espoirs, ce qui semble pire encore. En réponse, les Africains traînent des pieds ou tentent d'émigrer, ils mendient, ils supplient, ils exigent de l'argent et des cadeaux avec le sentiment grossier, étrange, qu'ils y ont droit. Non pas que l'Afrique soit un lieu unique : c'est un assortiment de républiques bigarrées et de petits fiefs. J'ai été malade, je me suis perdu, mais jamais je ne me suis ennuyé. En fait, mon voyage a été un délice et une révélation. Un paragraphe comme celui-ci demande une explication – un livre, pour le moins. Ce livre, peut-être.

Comme je le disais, à l'époque peu spectaculaire où j'enseignais dans le *bundu*, les gens vivaient au bout de sentiers menant à des routes en argile rouge, dans des villages aux cases coiffées d'herbe. Ils avaient un nouveau drapeau national pour remplacer l'Union Jack, ils venaient d'obtenir le droit de vote, certains avaient une bicyclette, beaucoup songeaient à acheter leur première paire de chaussures. Ils étaient pleins d'espoir, et moi aussi, qui enseignais dans un regroupement de huttes en terre au milieu d'arbres poussiéreux et de champs parcheminés ; les enfants criaient en jouant, les femmes, penchées, pliées en deux – la plupart avec un bébé sur le dos – récoltaient du blé ou des haricots, les hommes, assis à l'ombre, s'abrutissaient au *chibuku*, la bière locale, ou au *kachasu*, le gin local. C'était considéré comme l'ordre naturel des choses, en Afrique : les enfants s'amusaient, les femmes travaillaient, les hommes paressaient.

De temps à autre, il y avait des problèmes, quelqu'un était transpercé par une lance, des ivrognes se battaient ou la violence politique arrivait sous la forme d'hommes de main arborant le tee-shirt du parti au pouvoir et qui mettait la pagaille. Mais en général, l'Afrique que je connaissais était baignée de soleil et aimable, un vide vert et doux d'arbres bas et plats et de buissons denses, de cris d'oiseaux, de rires d'enfants, de routes rouges, de falaises brunes craquelées, croûtées, qui avaient l'air de sortir du four, de collines bleues nimbées de souvenirs, d'animaux rayés et tachetés, à fourrure jaune, avec des défenses, et toutes les teintes possibles pour l'être humain, du planteur au teint rose en short et chaussettes à l'Indien brun clair et l'Africain brun noir dont le visage luisait, et tout au bout du spectre, des gens si sombres qu'ils étaient presque violets. Ce n'était ni le barrissement dc trompette des éléphants ni le rugissement des lions qui prédominaient dans la brousse africaine, c'était le roucoulement des tourterelles.

Après mon départ d'Afrique, il y a eu une éruption de nouvelles sur tout ce qui allait mal : les actes de Dieu, les actes des tyrans, les guerres tribales et la maladie, les inondations et la famine, les commissaires politiques au mauvais caractère, les enfants soldats qui mutilaient les gens – « Des manches longues ? » plaisantaient-ils en coupant des mains ; pour des « manches courtes » ils coupaient tout le bras. Il y a eu un million de morts, surtout des Tutsi, durant les massacres, au Ruanda, en 1994. Les routes rouges d'Afrique étaient toujours là, mais elles étaient maintenant envahies de réfugiés en loques chargés de lourds baluchons.

Les journalistes les traquaient. Poussés par leur rédaction à nourrir la faim de leur public de preuves de la sauvagerie sur terre, les reporters, debout près d'Africains mourants qui les gratifiaient de leurs derniers tremblements hébétés, discouraient sur toutes les chaînes à l'intention de téléspectateurs en train de grignoter des amuse-gueule sur leur canapé et de regarder horrifiés... « et ces gens – zoom sur un grabat où un enfant râle – sont les plus *chanceux* ».

On se dit toujours : Qui a raison ? Quelque chose a peut-être changé depuis que j'y étais. Je voulais le savoir. J'avais prévu d'aller du Caire au Cap, du haut en bas, et de tout voir entre les deux.

Les rumeurs venues d'Afrique étaient aussi terribles que les nouvelles : l'endroit était dans un état désespéré, indicible – violent, rongé par la maladie, affamé, sans espoir, mourant sur pied. *Et ces gens sont les plus chanceux !* Mais je me disais – puisque j'avais tout le temps, que rien ne pressait – que je pourrais relier les points, passer les frontières et voir l'arrière-pays plutôt que voleter de capitale en capitale, accueilli par des guides touristiques obséquieux. Je n'avais aucune envie de voir les parcs animaliers, même si je pensais que j'allais en voir, à un moment ou à un autre. En swahili, « safari » veut dire voyage, ça n'a rien à voir avec les animaux, quelqu'un « en safari » est seulement au loin, injoignable, hors de portée.

Hors de portée, c'était exactement ce que je voulais être, en Afrique. Le désir de disparaître met beaucoup de voyageurs en route. Si vous en avez plus qu'assez d'attendre à la maison ou au travail, le voyage est parfait : que les autres attendent, pour changer ! Le voyage est une sorte de revanche sur toutes les fois où on vous a mis en attente au bout du fil, où vous avez laissé un message sur un répondeur, où vous n'avez pas su le numéro de celui qui aurait dû vous joindre, bref sur cette longue vie d'attente qui est le lot de l'écrivain qui travaille chez lui. Pourtant, l'attente est la marque de la condition humaine.

Je me disais : que d'autres expliquent où je suis ! Et j'imaginais le dialogue :

« Quand Paul sera-t-il de retour ?
— Je ne sais pas.
— Où est-il ?
— Nous ne le savons pas précisément.
— Peut-on le joindre ?
— Non. »

Voyager dans la brousse africaine peut également être une sorte de revanche sur le téléphone portable et le fax, sur le téléphone fixe et le journal quotidien, sur les aspects les plus repoussants de la globalisation, qui autorisent tous ceux qui en ont envie à poser sur vous leurs mains habiles. Je souhaitais être injoignable. M. Kurtz, bien que malade, essaie de s'échapper du bateau de Marlow, à quatre pattes, comme un animal qui tente de fuir dans la jungle. Je le comprenais.

J'allais en Afrique pour les meilleures raisons – dans un esprit de découverte – et pour les plus mesquines – simplement pour disparaître, pour filer, pour lancer un défi : *Essayez un peu de me trouver.*

Chez moi, tout était devenu routine, et la routine fait passer le temps très vite. J'étais pris au piège dans cette routine prévisible : les gens savaient quand m'appeler, ils savaient quand je serais à mon bureau. J'avais un emploi du temps si régulier que c'était comme aller au boulot – un mode de vie que je détestais. J'en avais assez qu'on m'appelle et qu'on m'importune, qu'on me demande des services, qu'on me parle d'argent. Si vous êtes trop longtemps disponible, les gens commencent à vous imposer leurs impératifs. « Il me faut ça avant le 25... » ou « S'il vous plaît, lisez ça pour vendredi... » ou « Essayez de finir ce week-end... » ou « Réunissons-nous mercredi... » *Appelez-moi... Faxez-moi ça... Envoyez-moi un courriel... Vous pouvez me joindre à tout moment sur mon portable – voilà le numéro.*

Que des gens soient disponibles à tout moment dans un monde totalement accessible représente pour moi le comble de l'horreur. Ça m'a donné envie de trouver un lieu qui ne serait pas du tout accessible... pas de téléphone, pas de fax, pas même de facteur – le merveilleux monde de celui qu'on ne peut joindre, bref le merveilleux monde de celui qui est loin.

Il ne me restait plus qu'à me retirer. J'adore ne pas devoir demander la permission et, en fait, dans ma vie personnelle, les choses commençaient aussi à devenir un peu trop prévisibles : M. Paul à la maison tous les soirs quand Mme Paul rentrait du travail. « J'ai fait une sauce pour les spaghettis... j'ai poché du saumon... je pèle des pommes de terre... » L'écrivain en tablier, transpirant sur une sauce Béchamel, toujours en mesure d'entendre le téléphone sonner. Il faut bien décrocher, quand il vous vrille les oreilles !

J'avais envie de tout laisser tomber. Les gens me disaient : « Achète un téléphone portable... Utilise FedEx... Prends une adresse sur Hotmail... Arrête-toi dans des web bars... Va voir sur mon site internet... »

Je répondais non, merci. Le but de mon départ était précisément d'échapper à tout ça, d'être hors d'atteinte. L'enrichissement personnel justifiait ce voyage, mais à mes yeux, il s'agissait plutôt de réussir un numéro de disparition. Disparaître sans laisser de trace. Comme le dit Huckleberry Finn, filer dans les territoires.

L'Afrique est un des derniers lieux sur terre où une personne peut disparaître. C'est ce que je voulais. Qu'ils attendent. On m'avait fait attendre trop souvent trop longtemps.

Je dégage d'ici, me disais-je. Le prochain site internet sur lequel je me connecterais serait celui de l'araignée venimeuse mangeuse d'oiseaux d'Afrique centrale.

Ce qu'il y avait de morbide dans mon départ pour l'Afrique, c'était que les gens commençaient à me présenter leurs condoléances. Dites que vous partez pour un lieu dangereux, et vos amis vous expriment leur commisération comme si vous aviez attrapé une maladie qui pouvait vous être fatale. Je trouvais pourtant ces marques de sympathie étonnamment stimulantes, un avant-goût encourageant de ce que serait mon éloge funèbre. Que de larmes ! Que de personnes en deuil ! Mais aussi, à n'en pas douter, bien des gens pour se vanter solennellement : « Je lui avais bien dit de ne pas le faire ! » « J'ai été un des derniers à lui parler... »

J'étais arrivé en Basse-Égypte. J'allais prendre au sud de l'humeur qui est habituellement la mienne quand je voyage – espérant du pittoresque, m'attendant à de la misère, me préparant à l'horreur. Le bonheur, c'était impensable ; mais si le bonheur est désirable, il n'est qu'un sujet banal, en voyage. L'Afrique me semblait donc parfaite pour un long périple.

2 — *La Mère du monde*

Les prévisions météo, figurant en encadré dans le journal du Caire, disaient *poussière*, ce matin froid de février où j'arrivai, un jour de vent granuleux et de ciel rendu brun par le sable. Pour le lendemain, la météo était la même – aucune prévision de températures, rien à propos de soleil, de nuages ou de pluie. Juste un mot : *Poussière*. C'était le genre de météo qu'on imagine pour la planète Mars. Le Caire (population : 16 millions), ville d'air pollué et de trafic abominable, était pourtant rendu habitable, voire plaisant, par son peuple inventif et son grand fleuve placide, brun sous le ciel brun.

Cela fait deux mille cinq cents ans que des touristes visitent l'Égypte. Hérodote (480-420 avant J.-C., environ) en fut le premier visiteur méthodique. Il était fasciné par la géographie et par les ruines égyptiennes, et il collectait aussi des informations pour ses *Histoires*, dont tout le deuxième volume est consacré à l'Égypte. Hérodote est allé jusqu'à la première cataracte, c'est-à-dire jusqu'à Assouan. Plus tard, il y a eu des touristes grecs et romains, qui ont pillé les tombes, emporté tout ce qu'ils pouvaient prendre avec eux et laissé des graffitis encore visibles aujourd'hui. Les structures les plus grandioses ont été ainsi vandalisées, et pendant deux mille ans, des objets – surtout des obélisques – ont été traînés hors du pays et redressés ailleurs pour que les gens s'esbaudissent. Si les obélisques étaient consacrés au dieu du soleil, personne ne sait vraiment ce qu'ils signifiaient. Les Égyptiens les appelaient *tekhenu*, les Grecs *obeliskos*, parce qu'ils avaient l'air de brochettes.

Le premier obélisque volé a été emporté à Rome en l'an 10 av. J.-C., et une douzaine ont suivi. Felix Fabri, religieux à Ulm, s'est rendu en Égypte en 1480. Il a pris des notes pendant tout son voyage. Il a dessiné un obélisque qu'il a vu à Alexandrie et qu'on peut voir maintenant à New York, dans Central Park. Dans le même esprit de pillage et de chasse aux trophées, Mussolini a rapporté d'Éthiopie un obélisque du IVe siècle, celui d'Aqsoum. Ce trésor se dresse maintenant devant l'Organisation des Nations unies pour l'Alimentation et l'Agriculture à Rome, près des thermes de Caracalla. Pour les Européens des XVIIe et XVIIIe siècles, les guerres rendant les voyages difficiles, l'Égypte était considérée comme une destination sûre et pittoresque : c'était l'Orient, l'exotisme, la sensualité et le paganisme. L'égyptologie n'a pas sérieusement commencé avant le début du XIXe siècle, quand la pierre de Rosette a permis de déchiffrer les hiéroglyphes et qu'enfin les ruines ont révélé le secret de leurs écritures. Cette découverte a déclenché un grand engouement pour l'Égypte et les voyageurs, les écrivains et les peintres en quête d'exotisme sont venus en foule dans la vallée du Nil.

Même à l'époque, les sites égyptiens étaient en ruines depuis des milliers d'années. Les Égyptiens eux-mêmes n'étaient jamais partis, et bien qu'arabisés et islamisés, théoriquement conquis par les Français, les Britanniques et les Turcs, bien que vivant dans une contrée qui avait été le champ de bataille des guerres européennes, ils n'avaient jamais cessé de cultiver leurs terres, de pêcher et de vivre près de leurs temples et de leurs tombeaux à demi écroulés. Ils étaient bénis par les eaux du Nil. Ils considéraient les ruines comme des carrières, en quelque sorte, de grosses piles de matériaux de construction dans lesquelles puiser pour bâtir de nouvelles maisons et de nouvelles murailles. Les soldats étrangers n'avaient pas agi autrement, quand ils avaient pris leurs quartiers dans les sanctuaires et attribué à leurs animaux les temples qui ne convenaient pas au repos des cavaliers français ou britanniques.

Pendant tout ce temps où l'Égypte était pillée, piétinée et admirée, les Égyptiens étaient restés des Égyptiens. A l'époque pharaonique, les Égyptiens avaient pris l'habitude de repousser, soumettre ou réduire en esclavage tous ceux qui s'aventuraient dans leur royaume. Mais depuis Hérodote, ils accueillent les étrangers avec un mélange de bonhomie, de joyeuse intimidation, de provocation pleine d'humour, de remerciements théâtraux et d'une sorte de familiarité factice que j'associe avec celle de ceux qui tentent de devenir juste assez proches de vous pour glisser la main dans votre poche. « Missieu, Missieu, mon ami, de quel pays tu viens ? America, le meilleur ! Mon ami, tu viens avec moi... ma maison. Tu viens, Missieu ! »

Au Caire, la frontière est mince entre hospitalité et harcèlement. En fait, cela revient souvent au même, et s'il y a beaucoup de mendiants, il y a aussi peu de vols. Les Égyptiens sont incroyablement agréables. On dirait qu'un ministère quelconque leur a donné pour consigne de plaisanter; mais non, ils ont seulement faim, et le désespoir les rend cordiaux et inventifs. Il est évident qu'ils espèrent obtenir un peu d'argent, mais du moins ont-ils la grâce de le demander avec le sourire. « Tu parles pas arabe aujourd'hui, m'a dit Amir le chauffeur de taxi, mais tu parles très bon arabe demain. »

Tous les nombreux visiteurs de cette ville ont droit au même boniment. Amir m'a appris à dire « s'il vous plaît », « merci » et « excusez-moi » en arabe. Je connaissais déjà *inch Allah* – « si Dieu le veut ». « Apprends-moi maintenant à dire : "Non, merci, je n'en ai pas besoin." »

Amir s'est exécuté, et avant de me déposer, il a insisté pour que je le reprenne le lendemain. « Non, merci, je n'en ai pas besoin », ai-je répondu en arabe.

Il a ri, mais il a continué de tenter de me convaincre. « Je m'appelle Guda, comme fromage hollandais, a dit le chauffeur de taxi suivant. C'est pas limousine, coûte pas cent livres. Juste voiture, taxi noir et blanc. Mais propre. Rapide. Beau chauffeur. »

Et durant toute la course, il a essayé de me persuader de l'engager pour la journée entière. C'est la norme, au Caire. Dès que quelqu'un réussit à attirer votre attention, il ne vous lâche plus, parce que si vous lui échappez, cela le force à rechercher un autre client, ce qui peut lui gâcher toute la journée. Les affaires vont mal. Mais j'ai vite considéré ce baratin comme un procédé ancestral : comme les sphinx en plâtre, les selles de chameaux et les bijoux vendus aux touristes, le boniment est une des curiosités du Caire, un procédé affiné au fil des siècles.

Plus près des ruines, des pyramides, des sites, ils parlent sans cesse, pour vous accrocher, comme Mohammed Kaburia, rondouillard au visage luisant vêtu d'une veste en Nylon « made in China ». C'était au coucher du soleil. Je voulais voir les pyramides de Gizeh et le Sphinx dans cette curieuse lumière poussiéreuse. « Vingt seulement pour un cheval – tu viens, mon ami. Tu vois Safinkis ! Je t'emmène dans pyramide et tu vois les salles et tu touches les momies. »

J'ai plongé la main dans ma poche et j'en ai sorti vingt livres égyptiennes. Nous sommes montés à cheval et nous sommes partis au trot dans les ordures qui longent les murs antiques. « Tu paies plus tard. Eh, combien t'as de femmes ? Moi, quatre – deux

Égyptiennes et deux Anglaises. Je les occupe bien toutes les quatre !

— Je n'en doute pas.

— T'es un Monsieur. Je vois sur ton visage.

— Vingt livres, c'est ça ?

— Non, non – vingt dollars américains. Tu vois Safinkis. Tu touches la momie ! Le gardien, mon ami. Il me laisse. Il me connaît. Peut-être tu achètes photos, papyrus, boîtes en nacre ?

— Tu as dit vingt livres.

— J'ai dit "vingt". Tu m'as entendu dire "vingt". Paye avec carte Visa ! a-t-il dit en fouettant mon cheval. Fais-le galoper. Je te revois la semaine prochaine, ha ! »

Il a sorti un téléphone portable, il a pressé les boutons de ses gros doigts et il a crié dedans. « C'est mon téléphone. "Allô, allô !" Coûte 2 000. Cheval, 5 000, arabe, 20 000, 30 000 peut-être. Du money ! Tu me donnes bakchich.

— Money, money.

— Amérique – meilleur pays ! Amérique money – meilleur money ! »

Nous trottions toujours dans une ruelle qui montait et descendait dans la boue et les ordures. Le soir tombait. Des hommes et des femmes vêtus de ces longues robes appelées *gallabiyas* marchaient avec élégance, en dépit des flaques d'eau sale, et les enfants criaient au passage de mon cheval. « Tu me donnes money d'Amérique. Je t'emmène dans pyramide.

— Money, money, money, money. S'il te plaît, arrête de dire "money" ! »

Mohammed a beuglé dans son téléphone et il a enfoncé ses talons dans les flancs de son cheval tout en faisant claquer les rênes sur son cou. Il m'a fait passer le mur d'enceinte qui enclôt le périmètre des pyramides de Gizeh, qui les sépare d'un quartier misérable, sorte de bidonville peuplé de squatteurs. En Égypte, tout mur attire décharges, ordures, défécations, pisse, chiens, chats et enfants bruyants.

Mohammed était monomaniaque dans son babillage : « Amérique – pays fort. Pays numéro un, mon ami, bakchich ! Tu achètes papyrus... Tu touches la momie... tu prends photos dans pyramide... tu vois Safinkis. »

Bla, bla, bla, tout ça pour de l'argent.

Et pourtant, en dépit de tout ce bavardage, de tout ce harcèlement, de toutes ces tromperies, la promenade à cheval en ce début de soirée à Gizeh était superbe. Je trottais par les ruelles noires qui puaient les déchets et la boue, entre les flaques d'eau croupie, les seaux d'ordures et les pots de chambre qu'on jetait des balcons en poussant un cri qui rappelait le « gardyloo » des Écossais du temps jadis, quand ils faisaient la même chose – « garde à l'eau ! »; je trottais dans la fumée des feux et des braseros, la puanteur des murs qui servaient de pissotière et de porte-graffitis, les tas de sable, les éclats de briques, la boue séchée, dans un quartier si délabré, si usé, si pulvérisé, qu'il semblait être fait de farine complète cuite il y a cinq mille ans et qui maintenant s'émiettait. Malgré tout, j'ai adoré chevaucher au crépuscule, fendre l'air pénétré d'odeurs de nourriture, de fumée et d'ordures, patauger dans les flaques au son du muezzin qui appelait à la prière, des chiens qui aboyaient, des enfants qui pourchassaient mon pauvre cheval, le délicieux ciel vespéral bleu de cobalt et des traits jaunes brillants apparaissant à travers des nuages de poussière. Puis les pyramides, plus petites que je m'y attendais, si brunes, rugueuses et géométriques qu'elles m'ont rappelé un origami géant en carton plié.

« Safinkis ! » a-t-il dit en agitant les bras.

Le mot grec « sphinx » est tout à fait imprononçable pour un Égyptien, et tout aussi fautif : les Grecs, pleins d'imagination, l'avaient associé à leurs propres créatures mythiques et se l'étaient approprié, un peu comme l'ont fait les Arabes.

« Quel nom lui donne-t-on ? ai-je demandé.

— Il s'appelle Abou el-Houl », a répondu Mohammed.

Mais c'était plus qu'un surnom arabe signifiant Père de la Terreur. La créature énigmatique est Ra-Herakhti, manifestation du dieu du soleil, avec un corps de lion et les traits faciaux de Chéfren, roi d'Égypte à l'époque de sa fabrication, il y a 4 500 ans. *Sesheb ankh*, soit « image vivante » est l'ancien terme égyptien pour ce genre de statue.

Sans lâcher ma selle des mains, j'ai regardé dans la pénombre la face usée et sans nez reposant sur les pattes avant effritées, telle une sculpture de sable sur laquelle il aurait plu.

Comme le Sphinx est la représentation de l'aube, il fait face à l'est. Le soleil se couchait dans un nuage de poussière juste derrière lui. On ne s'en rend pas compte d'après les reproductions qu'on en a faites, mais des ruines égyptiennes émane une telle atmosphère qu'elles poussent ceux qui les contemplent à brouiller la réalité et que le voyageur surexcité voit bien plus que ce qu'il y a là. Rares sont les tableaux qui dépeignent le Sphinx tel qu'il est, et même David Roberts, observateur rigoureux du Proche-Orient, lui confère une expression mélancolique et, pour accentuer l'effet produit, le tourne dans la mauvaise direction. Des artistes antérieurs lui ont fait des lèvres épaisses et des yeux fixes, et le peintre itinérant Vivant Denon lui a même donné des traits négroïdes et un regard étonné. « Aucun dessin que j'ai vu n'en donne une idée juste », a écrit Flaubert, ce qui est probablement vrai. Mais quand il s'en est approché à cheval en 1849, il a entendu le nom que les Arabes lui donnaient, Abou el-Houl, Père de la Terreur, et il a noté dans son journal : « Nous nous arrêtons devant le Sphinx ; il nous fixe d'un regard terrifiant. » Mais il dit aussi qu'il lui rappelle un chien « le nez retroussé et en miettes », et l'ami de Flaubert, Maxime Du Camp, prétend pour sa part qu'il a l'air d'un énorme champignon, quand on le regarde de derrière. Le Sphinx est le seul spectacle de son Grand Tour dont Mark Twain ne s'est pas moqué. Les pages du *Voyage des innocents* qui concernent le Sphinx sont uniques dans ce livre pétulant, et rares dans l'œuvre de Twain par leur envolée descriptive, car c'est une rhapsodie, un torrent de mots, qui rendent compte de l'objet de son étude : « si triste, si grave, si mélancolique, si patient... C'était un SOUVENIR RÉTROSPECTIF rendu visible et tangible dans sa forme... [et]... qui révèle quelque chose de ce qu'on ressentira quand on se trouvera en présence de Dieu. »

C'est une invention de voyageur – « je l'ai vu, pas vous, ce qui me donne toute licence pour exagérer ». Twain nous dit combien il aspirait à voir le Sphinx, mais lui au moins en connaissait une photo. Flaubert n'avait vu que des dessins du Sphinx, car il n'en existait pas encore de photo. En fait, Maxime Du Camp prétendait avoir été le premier à le photographier. Dans sa biographie de Flaubert, Geoffrey Wall note que ces hommes furent probablement les derniers Européens à le voir de cette manière : avec un regard neuf. Mais si la photo gâche le plaisir visuel des lieux, elle n'est rien comparée à la manière dont l'Internet et trop d'information détruisent le plaisir de la découverte pendant le voyage.

Au cours des voyages, l'invention s'accorde à ce que Jorge Luis Borges a si bien transmis dans son poème « La Chance » (*La Dicha*) : dans nos rencontres avec le monde, « tout arrive pour la première fois ». Comme « Celui qui embrasse une femme est Adam » et « Celui qui craque une allumette dans la nuit invente le feu », la première vision du Sphinx est nouvelle : « Dans le désert, j'ai vu le jeune Sphinx, que l'on vient de sculpter... Tout arrive pour la première fois, mais d'une manière qui est éternelle. »

Les ruines se prêtent spécialement bien à l'invention. Parce qu'elles sont incomplètes, nous les finissons grâce à l'imagination. Et bien que plus tard dans la soirée je sois tombé sur un homme au visage d'oiseau de proie, en vêtements fripés, la trentaine, de bonne famille, mal fagoté, un de ces pâles universitaires qui gonflent la poitrine et que vous pouvez facilement prendre pour une vieille femme sénile, bien qu'il ait voulu m'impressionner avec son diplôme en histoire de l'art et m'ait dit avec un pédantisme sans nom « le Sphinx est très surestimé », le Sphinx est l'objet parfait à transformer en quelque chose qui vous appartient, quelque chose de grandiose ou – dans le cas de Nigel – quelque chose de négligeable.

« Tu me donnes money, a dit Mohammed, je te montre momie. Tu touches !

— S'il te plaît, arrête de dire "money" ! »

Il a ri, il a continué à jacasser, je ne l'écoutais pas. Je m'en moquais un peu. Je riais en moi-même. Je ressentais une grande joie – le cheval, la lumière, le délabrement, les formes antiques, les rires d'enfants – et c'est devenu un des sommets de ma vie de voyages.

Je suis descendu de mon cheval, que j'ai conduit par la bride plus près du Sphinx. Une femme s'est approchée et, par des gestes, m'a demandé si je pouvais l'aider à soulever un lourd panier en plastique. Je l'ai soulevé – il était bien lourd, dans les vingt kilos – et Mohammed, toujours à cheval, a ri de moi. La femme s'est un peu baissée pour que je dépose le fardeau sur le boudin de tissu en couronne. Elle n'avait pu le soulever seule, mais elle le portait facilement sur sa tête.

Alors que nous regagnions l'écurie, Mohammed, devant moi, s'est mis à crier plus fort qu'avant :

« Regarde ! Regarde ! Tu vois cet homme ? »

Un homme était debout contre un mur, un jeune homme en *gallabiya* blanche, une sorte de turban sur la tête. « Il est pas d'Égypte ! Il est du Soudan ! Je sais, je sais – à cause de sa tête ! Il est de là-bas. »

Mohammed agitait les bras en indiquant une contrée lointaine, vers le sud... vers le Soudan. « Noir ! » a-t-il crié, car les Noirs étaient une nouveauté en Basse-Égypte, et il s'est mis à galoper. « Noir ! »

*
* *

Après avoir traversé l'Égypte, j'entrerai au Soudan. Je n'avais pas de visa soudanais, et pour un Américain, ce visa est difficile à obtenir – ce qui est compréhensible : sous prétexte que le Soudan fabriquait des bombes antiaméricaines (et que quelqu'un a considéré qu'il fallait corriger l'image négative créée par le scandale

Monica Lewinsky et avoir l'air déterminé et présidentiel, même si cela signifiait risquer des vies et détruire des bâtiments à l'étranger), le président Clinton a ordonné des raids aériens contre le Soudan. Il a réussi à détruire une usine de produits pharmaceutiques près de Khartoum, en août 1998. Le cratère formé par la bombe serait sur mon itinéraire. Après ce bombardement, personne aux États-Unis ne s'est plus guère intéressé à l'affaire. Si nous frôlons l'hystérie à l'idée que quelqu'un pourrait nous bombarder, les bombes que nous faisons exploser ailleurs, dans de petits pays lointains, ne sont qu'un détail de peu de conséquences, un spectacle, une représentation publique de la puissance de notre Maison Blanche, l'usine à événements. « J'aimerais voir le lieu des bombardements », ai-je dit à l'ambassadeur soudanais, Salih Mashamoun, dans son bureau du Caire. C'était un homme agréable et instruit, qui avait été ambassadeur au Vietnam. Il était de Nubie, me dit-il, au nord du Soudan, et sa langue maternelle était le nubien.

« Le nubien ressemble-t-il à l'arabe ?

— Le nubien n'a rien à voir avec l'arabe. C'est la véritable langue des pharaons. »

Il a dit qu'il considérait les Nubiens comme les vrais Égyptiens, et que les colonialistes avaient créé un problème en imposant une frontière qui divisait l'Égypte et le Soudan. Lui parler m'a donné envie d'aller en Nubie. « Là-bas, *inch Allah*, vous trouverez des pyramides et des ruines plus grandioses que celles d'Égypte. La Nubie est la source de la culture égyptienne. Vous devez voir Dongola et Meroe. Le cours supérieur du Nil. Les tombeaux nubiens. »

Mais d'abord, il me fallait un visa. J'ai rendu plusieurs visites à l'ambassade du Soudan. Le portier a fini par me connaître ; dès la quatrième fois, il me faisait un simple signe avant de m'ouvrir le portail et de me laisser monter sans escorte jusqu'au bureau de l'ambassadeur. Quand je passais la tête dans l'entrebâillement de la porte, celui-ci m'accueillait et m'invitait à m'asseoir et à simplement bavarder autour d'une tasse de thé, car, me disait-il, Khartoum n'avait pas encore répondu à ma demande de visa.

« Mais peut-être, *inch Allah*, vous l'accordera-t-on.

— Que puis-je faire ?

— Vous pouvez réitérer votre demande. Ou voir M. Qurashi. C'est le consul. »

M. Qurashi Saleh Ahmed était mince, souriant, zélé, toujours la cigarette à la main, avec un secrétaire qui ne cessait de crier. M. Qurashi soufflait la fumée de sa cigarette dans sa direction sans lui répondre.

« Pas de fax de Khartoum.

— Demain, peut-être ?

— *Inch Allah.* »

Il était utile, très tôt dans mon périple, qu'on me rappelle la signification complexe d'*inch Allah* – à la fois « Je l'espère » et « N'y comptez pas ».

« Vous pouvez renouveler votre demande », a dit M. Qurashi.

L'inaction d'un fonctionnaire dans de telles circonstances vous pousse à vous demander : Est-ce qu'il veut un bakchich ? J'hésitais à lui en proposer un ; et dans ce cas, comment formuler mon offre ? J'ai fini par prendre M. Qurashi à part et je lui ai demandé :

« Y a-t-il quoi que ce soit que je puisse faire pour accélérer la procédure ? »

Il n'a rien répondu. Il lisait une longue lettre en petits caractères.

« Peut-être pourrais-je payer d'avance ? »

Il ne s'est pas laissé tenter. Il a accepté ma nouvelle demande et m'a incité à revenir en personne, parce que les téléphones n'étaient pas fiables.

« Mais ils seront réparés, *inch Allah.* »

Je suis revenu le lendemain, et le surlendemain. Le même chauffeur de taxi, Guda (« comme fromage de Hollande » – j'avais droit quotidiennement à la plaisanterie), me disait :

« Toute ma vie, zamais z'ai amené un Américain à cette ambassade. Et pourquoi vous voulez aller au Soudan ?

— Pour voir les pyramides. Pour parler aux gens.

— Petites les pyramides ! Pauv' les zens ! »

D'autres visites ont suivi. Je voulais me donner toutes les chances d'obtenir ce visa ; mais dans un récit comme celui-ci, les histoires de délais ne sont pas intéressantes. Le voyageur qui attend un visa reste vautré dans un fauteuil dans le hall d'une ambassade, le regard perdu sur la carte du pays et les photos en couleur de ses sites, sur le calendrier national poussiéreux et le portrait encadré du chef de l'État arborant un sourire hypocrite, sur le drapeau national qu'il ne connaissait pas avant ; il subit des fonctionnaires désagréables, la sonnerie des téléphones, des murmures, les allées et venues de secrétaires épuisées. Il est facile, dans ces circonstances, de se convaincre de ne pas faire le voyage car, pour vous, le bâtiment affreux et les pièces hideuses commencent à représenter le pays même.

Afin de passer le temps pendant cette semaine d'attente, je suis allé au Musée du Caire, j'ai rendu visite au prix Nobel Nadjib Mahfuz, que j'avais vu pour la dernière fois aux soins intensifs de l'hôpital militaire après qu'un musulman fanatique (pendu récemment) l'avait poignardé, je suis allé à des dîners et j'ai obtenu d'autres visas plus accessibles.

Des images de l'intérieur de l'Afrique vers lequel je me dirigeais emplissaient le Musée du Caire, et je me consolais en arpentant les immenses sales d'exposition, en regardant l'Afrique des animaux sauvages, des palmiers majestueux et des visages sculpturaux des Nubiens aux lourdes paupières rendus de façon si vivante dans les hauts- et bas-reliefs, les peintures et les sculptures du musée. Partout des représentations en or, ébène et pierres précieuses de lions, de panthères, de cobras, d'aigles et d'hippopotames, non pas comme de simples décorations mais comme des idoles – les artistes avaient donné à la déesse serpent Ouadjet, au chacal à oreilles de chauve-souris Anubis, dieu de l'embaumement, à la déesse rusée et sexuelle Sekhmet, à tête de lionne, à l'homme à corps de lion, aux chats d'albâtre et aux énormes faucons dorés un caractère africain, même aux chariots et aux lits en or, avec leurs pieds représentant des hippopotames et leurs rambardes en forme de léopards.

Les petits hippopotames bleus, le bouclier en peau de panthère du roi Toutankhamon, la multitude de statues de chats assis qui sont autant de dieux félins – pour moi, c'était le coffre-fort des trésors de l'Afrique, avec ces momies fantastiques : le faucon Horus, l'ibis sacré, un poisson entouré de bandelettes, et un crocodile aussi, car ils étaient considérés comme des dieux à Kom-Ombo, plus haut sur le Nil, où je voulais aller, et la déesse de la Joie, Bastet la chatte, idole momifiée élancée, presque immatérielle. Le besoin irrépressible de conservation des Égyptiens les poussait à momifier leurs animaux de compagnie, leurs trophées de chasse, leurs prises les plus spectaculaires, un peu comme un chasseur de rennes va chez le taxidermiste en un geste tout aussi futile – perche du Nil d'un mètre cinquante, chien figé la queue verticale, squelette de cheval...

Cela m'a rappelé qu'au Moyen Age on rapportait des momies en Europe pour les utiliser en médecine (Montaigne en parle dans son essai *Des cannibales*) et que le mouchoir d'Othello, tissé par une Égyptienne, avait des pouvoirs magiques, car il avait été plongé dans une « teinture extraite de cœurs momifiés de jeunes vierges, embaumés avec art ».

Rien ne m'a paru plus étrange que le babouin assis, manifestation de Thot (dieu des bibliothèques, dieu lunaire, parfois représenté avec une tête d'ibis), cette momie-là se délitant, les bandelettes de la tête distendues, sa patte nue projetée en avant, sa fourrure rare un peu poussiéreuse, comme un singe qui s'éveille dans une maison hantée et, hirsute et vindicatif, se débarrasse de ses liens et jette un coup d'œil à travers le bandeau qui couvrait ses yeux.

Si l'envie vous prenait d'adorer quelque chose, cela pouvait aussi bien être la statue en pierre vieille de trois mille ans et qui se dressait au-dessus de moi : celle de la grande déesse Thouëris, une hippopotame enceinte, debout, le ventre comme un ballon, avec des bras humains et un arrière-train de lionne, qu'on associait à la fertilité et à la procréation.

Ces merveilles étaient à peu de distance de l'ambassade du Soudan, et mon désir de voir d'autres merveilles semblables le long du Nil et en Nubie m'a poussé à continuer de harceler l'ambassadeur Mashamoun pour qu'il me donne mon visa. « Toujours rien, mais peut-être bientôt, *inch Allah*, disait son excellence. Voulez-vous une tasse de thé ? »

Il était plus optimiste que bien d'autres. Je suis allé à une réception donnée par une famille accueillante dans la banlieue salubre d'El Maadi, et au dîner, à ma gauche, quand elle m'a entendu parler du voyage que je me proposais d'entreprendre, une Américaine a déclaré :

« Je ne suis jamais allée en Afrique.

— Moi non plus, je ne suis jamais allé en Afrique, a renchéri un Américain en face de nous.

— Mais nous sommes en Afrique ! ai-je dit.

— Non, non, l'Afrique, c'est... » a dit la femme en faisant un geste comparable à celui de Mohammed en voyant le jeune Nubien, et qui signifiait là-bas quelque part.

Bien qu'ils n'aient sans doute pas voulu être négatifs, ces convives ne m'ont inspiré que du découragement.

« Je suis allé au Soudan, a dit un homme. Un peuple charmant. Mais les routes sont horribles. Je me demande comment vous allez y arriver.

— Où êtes-vous allé, au Soudan ?

— Oh, c'était... a-t-il dit en secouant la tête... C'était il y a des années.

— Votre représentant au Kenya, m'a dit un diplomate irlandais, a rencontré six membres de l'opposition à Khartoum, la semaine dernière, et dès qu'il est parti, tous les six ont été arrêtés.

— Il vaut mieux que vous évitiez la Zambie, m'a conseillé l'Américain qui avait prétendu que l'Égypte n'était pas en Afrique. La Zambie, c'est le chaos. Les gens élèvent de hauts murs autour de leur maison. On ne peut pas marcher dans les rues.

— L'Éthiopie, voilà encore un pays dont vous ne voudrez pas vous approcher ! Il y a encore la guerre avec l'Érythrée.

— N'allez pas en Ouganda après le huit mars, m'a conseillé un Ougandais. Il y a une élection ce jour-là. Il y aura des violences.

— Vous connaissez les statistiques sur le sida, au Kenya ? Il efface des communautés entières de la carte.

— Le Kenya, c'est un drôle de pays. Ils ont engagé un type pour enquêter sur la corruption, Richard Leakey. Il en a trouvé beaucoup, mais quand il a rendu son rapport, il a été viré.

— Le problème des routes, en Tanzanie, c'est qu'il n'y en a pas !

— Il n'y a pas non plus de routes au Congo. C'est pourquoi c'est ingouvernable. En fait, c'est un ensemble de six pays.

— Le Soudan, c'est deux pays : musulman au nord, chrétien au sud.

— La réquisition des terres est une horreur, au Zimbabwe. Les fermiers blancs se réveillent un matin et trouvent dans leurs champs des centaines d'Africains qui leur disent : “C'est à nous !”

— Quelqu'un a lu ce livre sur les massacres au Ruanda ? Je vous jure que ça m'a tellement déprimée que je n'ai pas pu le terminer !

— La Somalie, ce n'est même pas un pays. Il n'y a pas de gouvernement, juste des soi-disant “seigneurs de la guerre”, une cinquantaine qui se battent entre eux, comme des gangs des rues.

— Vous êtes au courant de la sécheresse en Ogaden ? Il n'a pas plu depuis trois ans. »

On a servi le dessert et il y a eu d'autres affirmations de la même eau, accompagnées de gestes vers le sud, vers le grand cœur désespéré du continent.

Un homme à l'accent slave a prétendu qu'il m'avait rencontré des années plus tôt. Il est devenu très amical, alors qu'il ne parvenait à se souvenir ni où ni quand nous nous étions vus – en Ouganda, peut-être, a-t-il suggéré, dans les années 1960. Emporté par cette chaude amitié, il m'a confié :

« Le colonialisme n'a fait que ralentir un processus inévitable. Ces pays sont revenus à l'Afrique d'il y a des centaines d'années. »

C'était une manière codée mais brutale de dire que les Africains retournaient à l'état sauvage. Mais d'un autre côté, ce qu'il disait était vrai. Après une période où elle avait paru familière et prometteuse, l'Afrique avait glissé vers un stéréotype d'elle-même : des populations affamées sur une terre stérile gouvernée par des tyrans, des rumeurs d'atrocités indicibles, le désespoir, l'obscurité.

Pas l'obscurité, en fait, mais un vide si vide et si lointain qu'on pouvait y mettre presque n'importe quoi – vol, anarchie, cannibalisme, rébellion, massacres, famine, violence, maladie, division. Personne ne pouvait contredire ce que vous disiez, quoi que vous disiez. En fait, la littérature qui existait, les dires des journalistes, les documents, tout semblait renforcer l'idée que l'Afrique n'était qu'une grande jungle sauvage. Pour ces convives, l'Afrique restait l'espace vide qu'elle était au XIXe siècle, la carte vierge dont Conrad parle au début d'*Au cœur des ténèbres*. Seuls les espaces vierges sur la carte attirent Marlow. Ainsi l'Afrique est le continent « le plus vaste, le plus vierge, si je puis dire, après lequel je soupirais toujours ». Le jeune Marlow ressemble en cela au jeune Conrad (au petit Jozef Korzeniowski), par son amour pour les « espaces excitants de papier blanc ».

Je n'ai pas été consterné par l'ignorance évidente révélée par les paroles de mes convives. Leur pessimisme rendait l'Afrique plus contradictoire, plus inconnue, plus digne encore d'une visite. Ils disaient ce que tout le monde disait tout le temps : L'Afrique, c'est abominable ! Mais en fait ils prouvaient que les traits tracés sur la carte de l'Afrique avaient pâli jusqu'à s'effacer et rendre à nouveau l'espace vide. Marlow dit que lorsqu'il est parti pour le Congo, l'Afrique « avait cessé d'être un espace vierge au délicieux mystère – une tache blanche sur laquelle un gamin pouvait bâtir les plus beaux rêves de gloire. C'était devenu un lieu de ténèbres. »

Blancheur aveugle et ténèbres nocturnes reviennent à peu près à la même chose : à une *terra incognita*. Elle a aussi une sorte de logique poétique. Dans *Moby Dick*, la blancheur est synonyme de fourberie. J'emportais donc avec moi pour mon voyage l'image d'un désert brûlé, vide de toute vie notable, sans promesses, une terre de désespoir, pleine de prédateurs, comme si j'allais basculer dans le cœur noir d'une étoile.

Je n'étais pas consterné. Tout voyageur a la vanité de croire qu'il s'enfonce dans l'inconnu. Le meilleur voyage est un saut dans les ténèbres. Si la destination était familière et accueillante, quel serait l'intérêt de partir ?

*
* *

Toujours en Basse-Égypte, coin arabe extrême de l'Afrique, à l'opposé du Cap, j'ai fait toutes sortes de rencontres de hasard avec l'Afrique noire, suggestions terriblement alléchantes de la fascination qu'exerce le continent, visages africains qui sont parfois identiques aux masques africains.

En allant de mon hôtel, à l'ombre du Sphinx, à l'ambassade du Soudan, au centre du Caire, du musée au café et à l'université où j'achetais des livres et vérifiais les faits, du dîner à El Maadi à des rencontres littéraires, j'ai croisé le Soudanais élancé, des Nubiens muets et attentifs, de grands animaux superbes – lions, éléphants, panthères – gravés sur des sarcophages ou des têtes de lits. Parfois, ça tambourinait, syncopes dans l'air nocturne, ou dans l'arôme des clous de girofle de Zanzibar, ou du café kényan, ou d'une boîte à thé éventrée sur un tas d'ordures portant l'inscription *Tea-Uganda*. Des Éthiopiens et des Africains de l'Ouest fourguaient des sculptures aux touristes dans les marchés du Caire, et comme l'Aïd n'allait pas tarder à commencer et que Le Caire était la porte de Djedda et des lieux saints d'Arabie saoudite, je me suis habitué à voir les petites gens railleurs de Djibouti et de Somalie, les musulmans en longues robes du Mali, du Tchad et du Niger, les Hausa nigériens, les Fang, les Dogon et les mollahs maliens de Tombouctou, tous vêtus de blanc pour leur pèlerinage. Des représentants de toute l'Afrique se rassemblaient ici, comme si Le Caire était la capitale polyglotte du vaste empire noir. Je voyais des exemples de tous les animaux, de tous les mets possibles, de tous les visages humains.

Ce qui me rassurait, c'était combien cette imagerie africaine convenait à ma captivité en Égypte, à ce long prologue en attente d'un visa pour le Soudan car, au fil de cette narration mentale consciente qui sert de truc à l'écrivain pour fixer les souvenirs, voir ces traits et ces visages était précisément l'introduction qu'il me fallait, petites notations, visions fugitives qui seraient des thèmes récurrents, plus sonores, au fil de mon voyage, quand il serait plus profond, plus dense, plus noir.

*
* *

Comme j'avais besoin de me remonter le moral par une réalisation quelconque, et pour utiliser mon temps au Caire – Umm al Dunya, Mère du Monde – j'ai décidé de demander d'autres visas. Je suis allé à l'ambassade de l'Ouganda, toujours avec Guda au volant, complètement perdu dans le quartier de Dokki.

« Jamais j'ai emmené un Américain à cette ambassade ! »

Mais l'Ougandais Stephen Mushana était cordial, jeune homme au visage rond dans le bureau poussiéreux du secrétaire adjoint à Midan El Messaha. Il parlait arabe couramment, depuis cinq ans qu'il était au Caire. Son village était situé au fond d'une vallée dans l'Ouganda tourmenté du Sud-Ouest. C'était un Mukiga, un membre de la tribu des Bakiga, dont les coutumes m'ont toujours fasciné, avec leurs danses frénétiques, leurs ingénieuses cultures en terrasses, leur « cérémonie de l'urine » – promesse de polygamie exécutée par le jeune marié et ses frères qui assure que la veuve aura un nouveau mari : un des frères survivants.

« Mon frère est mort, a raconté le diplomate ougandais. Mais je n'ai pas dû épouser sa veuve. » Il s'est interrompu comme s'il se demandait s'il devait m'en dire plus. « C'est... qu'elle est morte peu après.

— Désolé.

— Le sida fait des ravages dans mon pays.

— Ça n'existait pas quand j'y vivais.

— Ça existait peut-être, mais les gens ne le savaient pas.

— J'en suis parti il y a trente-six ans.

— J'avais deux ans ! »

J'ai entendu ça tout le temps. L'espérance de vie moyenne en Afrique est si courte, que nombre de diplomates ont moins de quarante ans, parfois moins de trente, et qu'ils n'ont aucun souvenir de leur pays quand il était une grande république placide. Ils ne connaissent que le nid de problèmes qu'il est devenu. Jamais je n'avais vu ces lieux en guerre, eux avaient parfois grandi dans la guerre, puisqu'en Ouganda, les combats duraient depuis les années 1970.

« Ça devait être bien, à l'époque.

— Très bien. Très paisible. »

En y repensant, il m'a semblé contempler un âge d'or, et je me suis souvenu d'amis et de collègues.

« Connaissez-vous Aggrey Awori ?

— C'est un vieil homme », a dit Mushana.

Awori avait mon âge, et il était considéré comme un miracle de longévité dans ce pays rongé par le sida. Diplômé d'Harvard en 1963, il avait été une star des stades. Trente ans auparavant, fonctionnaire en vue, ami et confident du pugnace Premier ministre Milton Obote – un homme du Nord édenté et pompeux qui avait mis toute sa confiance dans un général fou du nom d'Idi Amin Dada – Awori, alors puissant, était autoritaire et nationaliste, mais il venait d'une tribu à cheval sur le Kenya, où même la politique traversait la frontière, puisque le frère d'Awori était ministre du gouvernement kényan.

« Awori se présente à la présidence.

— A-t-il une chance ?

— Museveni sera réélu, répondit Mushana en haussant les épaules.

— J'avais de bons amis, vraiment très drôles. Mon meilleur ami s'appelait Apolo Nsibambi. Nous partagions un bureau au département de formation continue de Makerere, et puis j'ai eu une promotion. Je suis passé Directeur exécutif et je suis devenu son patron ! Je me moquais de lui en l'appelant "Docteur", puisqu'il avait un doctorat en sciences politiques. Je me moquai de sa cravate et de son attaché-case si officiels. Je suis allé à son mariage. Il est venu au mien. Et puis je l'ai complètement perdu de vue. Je me demande ce qu'il est advenu de lui.

— Le docteur Nsibambi est Premier ministre d'Ouganda. »

*
* *

La rue Bayna al-Quasrayn – Entre Deux Palais –, mille ans de déjections d'ânes, de passage de carrioles de marchands ambulants, de brouettes tirées par des gamins, de femmes voilées, de chameaux capricieux, d'hommes se tenant par la main, de fumeurs de tout ce qu'on veut, entre mosquées, palais de princes et bazars où l'on vend des bijoux de pacotille, des pots en cuivre et des sacs de grains, est peut-être la plus ancienne rue habitée de la dense agglomération cairote.

A travers la délicieuse porte de la mosquée, je voyais les fidèles en prière, soumis, agenouillés, penchés, le front sur le tapis, comme un chien couvant un ballon de foot.

Raymond Stock, biographe de Nadjib Mahfuz, était mon guide, à nouveau.

« Ici, on trouve tout ce qui faisait la gloire de cette grande ville, al-Qahira, la ville du Caire, "le Victorieux". »

J'étais tombé par hasard sur Raymond à l'hôtel Semiramis, un après-midi. Il était assis en compagnie d'un homme aux joues roses, très élégant en costume rayé et cravate de soie avec pochette assortie.

« C'est le fils du khédive, m'a dit Raymond en me donnant son nom. C'est un prince ! »

Le visage aux joues roses a rosi un peu plus et s'est fait plus princier à l'annonce de son pedigree, turc plutôt qu'arabe, avec un soupçon de snobisme, car les khédives étaient des anglophiles ricanants.

« Sa famille a gouverné l'Égypte ! »

L'homme aux joues roses a fait bouffer sa pochette et pris un air modeste. Le dernier khédive, relique ottomane, avait perdu son titre au Caire en 1914, quand l'Égypte était devenue protectorat britannique.

« Paul est écrivain », a dit Raymond.

Le prince aux joues roses et au costume rayé a souri en regardant ma veste de safari et mon pantalon large sur des chaussures sales.

« Je sors de l'ambassade du Soudan, ai-je dit pour expliquer la poussière. Elle est en travaux.

— Paul part pour l'Afrique, a dit Raymond.

— Les gens n'arrêtent pas de dire ça, mais ne sommes-nous pas en Afrique ? »

Les joues rondes du prince ont encore rosi, d'hilarité cette fois. Il ne disait pas grand-chose, mais il avait une manière de rayonner qui remplaçait la conversation. Il a terminé son repas, s'est tamponné les lèvres et il est parti en murmurant un au revoir en français.

« Fils du khédive ! » a dit Raymond.

La dernière fois que j'avais vu Raymond, c'était six ans plus tôt, quand je faisais le tour de la Méditerranée pour mes *Colonnes d'Hercule*, et que je m'étais arrêté à Alexandrie, venant d'Istanbul sur un voilier de croisière en compagnie de 450 Turcs, mes compagnons inventifs, dont Fikret, le général Salih et Onan.

A l'époque, en mai 1994, Nadjib Mahfuz s'était retrouvé en soins intensifs après avoir été poignardé au cou par un musulman extrémiste. On n'espérait pas que Mahfuz s'en remette, mais il avait guéri, ses blessures avaient cicatrisé et, en dépit des séquelles nerveuses, il était de nouveau sur le pont. Il avait même recommencé à écrire.

« Naguib-bey sort certains soirs dans Le Caire. Il a une sorte de salon, a dit Raymond. Je pourrais te montrer où il est né et où il a grandi. »

C'est ainsi que nous nous sommes retrouvés dans la rue des Deux Palais, dans le quartier de Gmaliyeh – ce qui signifie « Palais de Beauté » – une banlieue bruyante et surpeuplée, dont le nom peu approprié fait partie de son charme, comme si on appelait un désert glacé « Pays de Verdure » et un camion d'éboueurs une « voiture à miel ».

C'étaient les gens qui présentaient un intérêt, à présent, pas les rues et les ruelles jonchées d'ordures.

Nous sommes allés sur la place de la Maison du Juge, Midan Bayt al-Qadi, pour voir quelques pauvres arbres poussiéreux, des arbres dits « barbe de Pacha » à cause de l'aspect duveteux de leurs fleurs, qui donnent les noix de bancoul, *aleurites moluccana*, m'a précisé le scrupuleux Raymond Stock. C'était le cœur de ce monde complexe, compact et presque clos.

Sur l'esplanade, nous sommes passés devant l'école coranique d'Al-Mithqal (« La Pailletée » – équivalent ottoman de l'opulence par le scintillement), nous avons traversé l'Harat Qirmiz (la ruelle Cramoisie) et nous nous sommes arrêtés devant le numéro huit, la maison où Mahfuz a passé son enfance. Il est né dans cet ancien quartier avec ses hauts édifices craquelés et on lui a donné le nom du médecin qui l'a mis au monde le 10 décembre 1911. En grandissant dans cette maison (« Il regardait par cette fenêtre, quand il ne dormait pas, la nuit »), il a écrit sur ses premières passions – un révolutionnaire, Charlie Chaplin et une gamine du quartier qu'il idolâtrait.

> Ses portes sont fermées sur ses secrets ; ses mystères ne se révèlent que de l'intérieur. On ne voit là qu'un quartier de pauvres et de mendiants rassemblés pour leurs tâches ménagères et leurs besoins quotidiens ; et personne ne voit un paradis où chantent les jardins, avec une salle pour recevoir les visiteurs, un harem pour les dames. Et des fenêtres, étroites et hautes, juste avant le « qabw » apparaît parfois une face lumineuse comme la lune ; je la vois de la fenêtre de ma maisonnette qui donne sur le *harah* et je m'émerveille, en dépit de mon jeune âge, de sa beauté magique. J'entends sa voix mélodieuse quand elle échange des salutations avec ma mère à son passage dans la ruelle, et peut-être est-ce ce qui impose à mon âme l'amour du chant. Fatimah, al Umri, le rêve inconnu de l'enfance.

Il a aussi écrit des textes sur les *afreets*, les démons, qui rôdaient dans le tunnel qui reliait la place de la Maison du Juge à la ruelle des Deux Palais. Frappant des mains pour faire fuir les *afreets*, nous avons passé le tunnel et nous nous sommes retrouvés dans la ruelle, marchant dans tant d'ordures ménagères, de gravats et de déchets, qu'ils nous montaient aux genoux, et qu'ils m'ont semblé plus démoniaques que n'importe quel *afreet*.

« J'aimerais bien revoir Mahfuz.

— Il sera peut-être quelque part ce soir. »

Le Caire a une culture littéraire très désuète, avec ses cliques et ses salons. Le trait de caractère le plus attachant de la ville, c'est que toutes ces rencontres se font par le bouche à oreille. Raymond a passé un coup de fil et il a découvert qu'à une certaine heure, Mahfuz serait dans un certain hôtel dans un certain quartier près du Nil.

Nous sommes arrivés sur place en même temps que lui. Il était accompagné de deux hommes costauds, un de chaque côté, qui l'ont guidé jusqu'à un salon, à l'étage, car il était assez faible, diabétique, presque aveugle et presque sourd. Malgré sa pâleur, il m'a semblé en meilleure forme que la dernière fois que je l'avais vu, alité aux soins intensifs de l'hôpital militaire. L'air d'un chef d'État, il portait un lourd pardessus pour se prémunir contre la fraîcheur des nuits de février au Caire.

« Je me sens mieux, maintenant », m'a-t-il dit quand je l'ai félicité de s'être remis de son agression.

Il a embrassé Raymond à l'égyptienne et il a saisi ma main pour la serrer. Puis il s'est assis sur un canapé en velours rouge et il a tenu sa cour – une cour silencieuse, car il n'a presque rien dit. Des hommes se sont assis tour à tour près de lui, ont crié dans son oreille gauche – celle qu'on pouvait encore considérer comme bonne – et comme ils s'adressaient à un sourd, ils semblaient déclamer. Ils monologuaient à son intention et à celle du reste de la pièce, ils engageaient un débat, ils lisaient des articles qu'ils venaient de publier. Et Mahfuz se contentait d'écouter et de fumer des cigarettes, l'air d'un sphinx.

Mahfuz tenait ces audiences comme un *majlis* cérémonieux, tel un pacha sur son divan, pour se remonter le moral, disait Raymond. Il avait été très déprimé après l'agression, et il faisait délibérément l'effort de sortir de chez lui pour envoyer un message aux fanatiques : ils ne l'avaient pas mis hors circuit.

Un homme s'est assis près de Mahfuz et lui a crié le contenu de tout un long article qu'il avait écrit, tournant les pages du journal du matin, pendant que Mahfuz tirait sur sa cigarette et regardait avec sérieux et concentration à travers ses lunettes épaisses. Son expression changeait à peine tandis qu'il écoutait, mais quand il a répondu, il a eu un sourire de triomphe en découvrant ses dents mal plantées.

Les États-Unis et la Grande-Bretagne venaient de bombarder l'Iraq parce qu'ils prétendaient que des avions iraquiens avaient tiré sur leurs avions dans la « zone de non-vol ». L'avis de l'auditoire de Mahfuz était que, bien que l'Iraq ne soit pas un pays ami, il semblait néanmoins que les Anglo-Américains se livraient à une provocation en déclarant que des portions du territoire iraquiens étaient interdites et en y pénétrant pour donner un prétexte qui justifiait un bombardement de leur part. En d'autres termes, l'Iraq était bombardé pour s'être défendu contre l'humiliation que représentait le survol de son territoire par des avions de chasse ennemis. Je me suis retenu de dire que, pour prendre les États-Unis au mot, l'Iraq avait, très tôt, accepté par écrit l'instauration de zones interdites de vol.

Après avoir réfléchi aux bombardements, Mahfuz a murmuré une phrase en arabe, il a ri puis a allumé une autre cigarette.

« Il a dit que l'attaque contre l'Iraq ressemblait à l'attaque aléatoire dans *L'Étranger* de Camus. »

Dans le roman, Meursault, abruti de soleil, sur la plage, tire sans raison logique sur un Arabe anonyme.

« Comme toujours, l'Amérique tente simplement d'apaiser Israël, a dit un homme.

— Israël fait partie de l'Amérique, a dit un autre.

— Oui. Nous disons qu'Israël est le cinquante et unième État américain, a dit une femme. Qu'en pensez-vous, monsieur Theroux ?

— Je pense, ai-je répondu par l'intermédiaire de Raymond, qu'Israël est la fenêtre par laquelle l'Amérique regarde le Proche-Orient.

— Oui, oui ! a dit l'homme assis près de Mahfuz.

— Et c'est une fenêtre bien étroite, ai-je ajouté.

— Mais encore ?

— La fenêtre est trop petite pour voir clairement chaque pays. Par exemple, l'Égypte est bien plus grande, plus pauvre, plus inoffensive qu'il y semble. Mais Israël insiste pour que nous regardions chaque pays à travers sa propre fenêtre. Et, au fait, ce n'est pas une fenêtre américaine. »

Tandis que tout cela était traduit au bénéfice de Mahfuz et des autres, j'ai senti que je me laissais entraîner dans un débat politique stérile. On m'encourageait à préciser ma pensée, mais dans quel but ?

« C'est une guerre tribale, ai-je dit. Je ne tiens pas à m'en mêler. Et puis, qu'en pense Mahfuz ?

— Tout le monde se moque de ce que je pense », a dit Mahfuz.

Tout le monde a ri, et lui avec.

D'autres gens sont arrivés, des écrivains d'Alexandrie, un journaliste français, une Allemande, l'homme de lettres Ali Salem, grand, au ventre comme un melon et au crâne si chauve qu'il semblait faire partie de son long visage sarcastique.

« Israël est le bébé de l'Amérique, m'a dit un homme en se penchant vers moi.

— Beaucoup de pays sont les bébés de l'Amérique. Certains sont de gentils bébés, d'autres de méchants bébés, ai-je répondu.

— Nous n'aimons pas nous battre. Les Égyptiens veulent la paix.

— Mesdames et messieurs, a dit Ali Salem en ouvrant les grandes pages d'un journal qu'il a aplati de la main avant de s'asseoir près de Mahfuz, vous devez écouter ce bijou. »

Il a déclamé plutôt que lu son article, les yeux exorbités, faisant souvent claquer les pages du journal. Il s'agissait du procès de fondamentalistes musulmans qui avaient attaqué les romans de

Mahfuz, leur reprochant d'être trop laïques. Mahfuz, qui avait transformé en art de vivre ses attaques et son harcèlement des islamistes, écoutait, le regard perdu dans l'espace, sa cigarette allumée entre les doigts comme s'il tenait un sandwich.

Quand Ali Salem a terminé, un autre homme a pris sa place près de la bonne oreille de Mahfuz et il s'est mis à crier très fort. Mahfuz, impassible malgré le tumulte, a continué à fumer sa cigarette.

Cet homme s'insurgeait contre le sort fait à l'écrit dans le monde arabe, sur un ton si forcé qu'il donnait l'impression de se parodier lui-même, et pourtant il était possible, voire probable, qu'il ne fût pas ironique.

« On a attribué le prix Nobel à Nadjib Mahfuz, et ce faisant, on a reconnu l'écriture traditionnelle. Quand le prix a été attribué à García Márquez, beaucoup d'autres écrivains latino-américains ont été inspirés, ils ont écrit des livres et les ont publiés. Mais qu'est-il arrivé dans le monde arabe ? Où est la littérature arabe ? Il ne s'est rien passé ! »

S'il a entendu crier son nom à maintes reprises, Mahfuz n'a pas semblé impressionné. Il est resté impassible.

« Nadjib Mahfuz a remporté le premier et le dernier prix Nobel décerné à la littérature arabe. Il l'a remporté pour tous les Arabes. Mais aucun autre Arabe ne remportera ce prix. »

Le son aigu de la voix de l'homme qui énonçait cette critique faisait ressembler son discours à un numéro comique.

« Pourquoi le reste de la littérature arabe n'est-il pas reconnu ? a demandé l'homme en me fixant des yeux. C'est une conspiration de l'Occident ! »

J'étais devenu l'Occident. Bon. Cela m'était égal, tant que ces gens continuaient à parler, car rien n'est plus révélateur de l'esprit d'un homme que sa colère. Mahfuz a haussé les épaules. Il m'a semblé un lauréat valable – digne, prolifique, rebelle dans ses points de vue car, dans ce pays musulman, il refusait de céder à toute récupération, à toute religion, et pourtant, il était doux, il s'opposait aux politiques et aux religieux avec grâce et humour.

Il y a eu d'autres attaques contre l'Occident – soit contre moi – mais quand on m'a demandé de répondre, j'ai abordé le sujet de la Nubie. Mahfuz avait situé nombre de ses récits à l'époque pharaonique. Je l'ai donc interrogé sur le sujet : avait-il le sentiment, comme certains historiens, qu'une culture complexe était montée par le Nil depuis l'Afrique centrale et l'Afrique de l'Est par la Nubie pour enrichir l'Égypte ?

« Les Égyptiens ont conquis la Nubie, et les Nubiens, en retour, ont conquis l'Égypte.

— Mais les Nubiens sont-ils le vrai peuple des pharaons, comme on le prétend parfois ?

— Tout le monde pose cette question, surtout les Nubiens. »

La conversation a continué, avec ses cris, sa fumée de cigarettes et tout le monde parlant en même temps.

« La prochaine guerre arabo-israélienne sera différente ! » a crié un homme.

Je suis allé au bar et j'ai pris une bière. Quand je suis revenu, ils criaient encore et le groupe qui entourait Mahfuz était devenu une petite foule. J'avais perdu mon siège. Trois heures que ça avait commencé, et ils criaient toujours ! Mahfuz supportait ça cinq soirs par semaine et s'en trouvait tonifié.

« Il veut savoir où tu vas, m'a dit Raymond quand je me suis excusé et que j'ai pris congé.

— En Nubie », ai-je répondu.

Mahfuz a dit quelque chose en arabe qui m'a été traduit. « La Nubie est “Le Lieu de l'Or”. “Nub”, veut dire “or”. »

*
* *

Avant de prendre le train pour Assouan, comme j'attendais toujours mon visa soudanais, j'ai décidé de me remonter le moral en obtenant un visa éthiopien. Ce serait facile, m'avait-on dit, parce que l'Éthiopie était toujours en guerre avec sa province indépendantiste de l'Érythrée, devenue État souverain, mais État où les batailles d'une longue guerre avaient couvert le sol de cadavres. Personne ne voulait aller en Éthiopie.

Certains consulats ont une vraie atmosphère – la qualité de la poussière, des vieux meubles, les odeurs de plat national qui flottent. Le consulat éthiopien du Caire m'a donné cette impression de gloire passée grâce à ses hauts plafonds, aux canapés défoncés, aux planchers poussiéreux, à l'arôme des mets, à l'odeur fermentée de l'*injera*, des haricots épicés, au parfum épais de noisette du café d'Abyssinie, à la légère puanteur des vêtements surannés des hommes et de leurs cravates tachées.

Un consul général de trente-quatre ans, bientôt chauve, M. Eshete Tilohun, m'a reçu chaleureusement. Il était petit, avec une tête impressionnante : sourcils larges et proéminents qui auraient convenus à un extra-terrestre ou à un génie des maths, yeux profondément enfoncés. Il m'a dit que pour soixante-dix dollars américains, je pourrais obtenir un visa valable deux ans. « Regardez ! » s'est-il écrié avec angoisse en levant les yeux de mon passeport.

Une grande carte multicolore de l'Éthiopie et des pays qui l'entourent dans la Corne de l'Afrique couvrait une partie du mur, au fond du bureau. « Pas d'accès à la mer ! s'est-il lamenté. Érythrée, Djibouti, Somalie – nous sommes enfermés dans les terres, et c'est pour ça que nous sommes pauvres.

— Qu'en est-il de la guerre avec l'Érythrée ?

— Ce n'est pas de notre faute. Ce sont ces gens. Faites venir un Érythréen ici, et vous verrez la différence de culture entre nous ! »

Il avait tamponné mon passeport sans remplir aucun des blancs. Le stylo à la main, il ne quittait toujours pas la carte des yeux. « Djibouti – si petit ! Les soldats du Derg ont ruiné le pays. Mengistu a donné Djibouti. Les Érythréens ne créent que des ennuis. Les Somalis ne sont que des bandits.

— Mais la situation est plus calme maintenant, non ?

— Très calme ! » a-t-il dit en arrondissant les yeux comme pour insister.

J'aimais sa passion. Il semblait être heureux que je veuille aller en Éthiopie. Il a réfléchi.

« Bien sûr, l'Empereur a fait des erreurs. Le pays est très arriéré.

— Arriéré en quel sens ?

— Féodal, a-t-il dit en haussant les épaules. Mais allez à Tana ! Visitez les églises ! Allez à Gondar et Tigre. Les femmes ont des tatouages sur le visage, là-bas. Ce sont de bons chrétiens – depuis l'an 34, ils sont chrétiens. Et ils étaient juifs bien avant ça. Allez dans le Sud-Ouest. Rendez visite aux Mursi. Les Mursi nus. Votre prénom ?

— Paul.

— Paul, les Mursi sont les derniers gens nus du monde. »

J'ai contesté cette affirmation et je lui ai donné des détails sur les camps de naturistes aux États-Unis et en Europe, comment des campeurs jouent au ping-pong le cul à l'air, déjeunent, bavardent ou nagent nus comme des vers.

« Non ! Ils sortent comme ça dans la rue ? a demandé M. Tilohun.

— Seulement dans leur camp.

— Comme les Mursi.

— Pour eux, ce n'est pas sexuel. C'est une question de santé.

— Exactement comme les Mursi ! Ils nous demandent pourquoi nous portons des vêtements ! »

M. Tilohun a feint d'être choqué, de s'indigner, mais je voyais qu'il trouvait l'idée de se promener nu en public d'une drôlerie extravagante.

« Un de mes amis s'est fait prendre en photo avec une femme mursi. Elle n'avait rien sur elle ! »

Les yeux de M. Tilohun ont brillé au souvenir de cet ami décemment vêtu debout près d'une femme nue – qui, au fait, comme elle était Mursi, ne pouvait porter de robe, mais sûrement un plateau dans sa lèvre inférieure. « Les Mursi sont de véritables Africains, a dit M. Tilohun, et il y en a d'autres : les Oromo, les Galla, les Wolayta.

— Je suis impatient d'y être », ai-je dit sincèrement.

A un moment, parlant de mon voyage et de la route vers le sud, M. Tilohun a dit :

« Il n'y a qu'une route qui va au sud, en Éthiopie, et c'est la route de Johannesburg. La plus longue route d'Afrique. Vous la prenez et vous ne la quittez plus. »

Le temps n'avait pas changé, ni le bulletin météo : « Demain – Poussière » disaient les prévisions, et c'est arrivé comme prévu, mais de manière plus spectaculaire qu'avant, un nuage de poussière haut et profond s'est approché de l'ouest, comme une chaîne de montagnes en mouvement, gris et dense, il a surplombé la ville et fait pâlir le disque du soleil comme s'il se couchait. C'était en fait une tempête de sable, comme du brouillard, mais granuleux, qui a tout couvert, les pages du livre que je lisais, les fenêtres des maisons du Caire, jusqu'à l'espace entre mes dents.

Dernière visite aux Soudanais. « La semaine prochaine, *inch Allah* », a dit M. Qurashi.

Dix jours plus tôt, à mon arrivée au Caire, *inch Allah* avait signifié « Si Dieu le veut » et « Bientôt », puis « Peut-être » et « En temps voulu ». Plus tard, ça avait voulu dire « Espérons-le » et « N'y comptez pas ». Maintenant, ça voulait dire « Tu peux toujours courir », « Pas question », « Aucune chance » !

3 — *Naviguer sur le Nil*

Le *Philae*, un bateau de croisière, attendait le long du quai, un peu de travers, captif de ses amarres, dans le soleil d'hiver qui baignait Assouan, sur le Nil – oui, c'est à peu près dans ces circonstances que commence *Au cœur des ténèbres*. Je soupçonnais en effet que je prenais la direction d'un lieu ténébreux, et comme avant tout long voyage, je fantasmais sur ma mort, là-bas. La pluie, pendant la nuit, avait rafraîchi l'air et transformé la rive en pâte luisante. Des *fellaheen*, munis de cannes, pêchaient debout, de la boue aux genoux ; d'autres, couverts de boue eux aussi, appelaient :

« Promenade en felouque ! Promenade en felouque !

— Viens, m'a dit un jeune homme en *gallabiya* blanche crasseuse. Belle felouque. On trouve une banane de Nubie.

— Une banane de Nubie ?

— Une grosse banane, a-t-il dit en faisant un geste sans ambiguïté près d'une portion de sa *gallabiya* crasseuse. Viens avec moi. Grosse banane. »

Il a continué à se vanter jusqu'à ce que je lui dise :

« Oh, lâche-moi ! »

On était couramment importuné de la sorte, quand on était touriste. J'ai souvent vu des hommes et des femmes qui montaient dans une felouque au crépuscule pour gagner des portions moins fréquentées des rives du Nil où, discrètement, à l'ombre des hautes fougères, ils trouvaient la banane nubienne qu'ils étaient venus chercher.

On m'avait dit d'embarquer sur le *Philae* à midi pour le trajet pittoresque en aval jusqu'à Louqsor, où le bateau s'arrêtait et d'où je continuerais par la route, comme je l'avais prévu, à travers l'Afrique, pour le plus long voyage terrestre de ma vie, par-delà la frontière jusqu'à Wadi Halfa et la Haute-Nubie, puis, par Dongola et Khartoum, j'arriverais en Éthiopie, au Kenya, en Ouganda, avant de m'enfoncer dans le Malawi par Zomba et Limbe, où j'avais vécu il y avait si longtemps, pour voir ce qui était arrivé à l'Afrique pendant que j'étais ailleurs.

J'étais venu ici du Caire en wagon-lit, par le train de nuit. Un chauffeur de taxi m'avait demandé cinquante livres égyptiennes (dans les 12 dollars). Je lui en avais proposé trente, certain qu'il négocierait comme tous les autres, mais il s'était offusqué et il était tombé dans un silence hautain, sans boniment. A la gare, grouillante de voyageurs et de voitures, il était devenu ridiculement attentionné, s'était incliné devant moi et avait insisté pour porter mon sac. Il avait fendu la foule, trouvé le bon quai, celui du train d'Assouan, et même l'endroit où ma voiture allait s'arrêter. Je lui ai donc donné cinquante livres pour le remercier de sa prévenance. Il a scrupuleusement fouillé dans son porte-monnaie et m'a rendu vingt livres en me remerciant, superbe. J'ai tenté de lui rendre l'argent. Il a touché son cœur, refusant le pourboire. Sa vanité blessée l'avait transformé en parangon de vertu.

Pourtant, j'avais été si touché par la peine qu'il avait prise et par ses révérences que j'ai insisté, et notre échange est devenu une sorte de chant à deux voix où chacun de nous tentait de sauver la face. J'ai fini par dire la formule consacrée *Ashani ana* (« Pour mon bien »), et je l'ai supplié d'accepter. Il a pris le billet comme si ce n'était que peu de choses, comme s'il me faisait une faveur. Un homme très intelligent, qui m'a donné une bonne leçon en matière de fierté égyptienne.

La gare Ramsès Ier, que l'on appelle en général la gare du Caire, a un siècle, comme le système ferroviaire qui relie Alexandrie sur la côte méditerranéenne, à Assouan, plus haut sur le Nil, en bordure du lac Nasser – à la frontière sud avec le Soudan. La conception de la gare présente un certain intérêt ; on a dit qu'elle était l'exemple le plus abouti du désir des architectes égyptiens du XIXe siècle de combiner les styles classique et islamique, en réponse au projet du khédive Ismaïl de créer un « Caire européen » – ou quand le style mauresque rencontre la modernité.

Rois, reines, princes, chefs d'État et généraux sont arrivés par cette gare et en sont repartis. Un des premiers héros de Nadjib Mahfuz, l'activiste ultra-nationaliste antibritannique Saad Zaghlul, a échappé à une tentative d'assassinat dans la gare du Caire à son retour d'un de ses nombreux exils, en 1924. Quand on connaît la longue histoire des départs et des arrivées spectaculaires en Égypte, on sait que la gare a été un point de focalisation des émeutes qui les ont accompagnés.

La meilleure histoire sur la gare du Caire m'a été contée par un homme qui en a été le témoin, et elle ne concerne pas un personnage en pleine lumière mais une personne retenue dans la foule des voyageurs de troisième classe. Quand enfin l'homme furieux est arrivé à la fenêtre de son compartiment, il a exprimé son exaspération à l'employé en lui demandant :

« Savez-vous qui je suis ? »

L'employé l'a toisé et, sans se laisser émouvoir, il a répondu :

« Avec ce costume fripé, une pastèque sous le bras et un billet de troisième classe pour El Minya, qui pourriez-vous bien être ? »

Quitter la ville poussiéreuse et tentaculaire, avec ses trop nombreux immeubles décatis, et me retrouver dans un wagon-lit pour Assouan fut un délice. Il était huit heures moins le quart en cette soirée fraîche et je me suis assis dans mon compartiment, bon marché bien que de première classe, pour écouter le sifflet du départ et regarder la ville défiler sous la fenêtre. En quelques minutes, nous étions à Gizeh, avec ses ruines englouties dans la circulation, les lumières vives, les immeubles et le bazar. En moins d'une demi-heure, nous avions gagné la campagne et ses petits villages de maisons en terre bien carrées. Les néons du train se reflétaient dans le canal le long de la voie. Dans l'obscurité, j'ai distingué une mosquée dont le minaret était éclairé, de temps à autre une voiture ou un camion solitaire, et sur une route écartée une vingtaine d'hommes en *gallabiya* blanche qui rentraient chez eux après la prière. Au Caire, on ne les aurait pas remarqués, ils eussent été noyés dans la foule ; ici, ils semblaient magiques, leurs *gallabiyas* bien plus blanches sur cette route, en pleine nuit, leur procession rendue plus fantomatique par son ordre, comme un détachement de sorciers.

Quand je suis passé dans le couloir et que j'ai ouvert la fenêtre pour mieux voir ces hommes en *gallabiya*, j'ai été rejoint par Walter Frakes, Américain de Saint Louis, homme énorme au long visage avenant et au cou comme un sac très doux. Il trouvait son compartiment petit, « mais à quoi bon faire des histoires ? ». Il voyageait avec son épouse, Marylou, et un autre couple, les Norrise, Lenny et Marge, eux aussi de Saint Louis. Ils se rendaient comme moi à Assouan pour prendre un bateau et faire une croisière sur le Nil.

« Si je n'obtiens pas un lit décent sur ce bateau, je vais être une loque », a dit Walter Frakes.

C'était un homme gentil, en dépit de sa taille intimidante. Je me suis dit qu'il devait peser dans les 140 kilos. De plus, il était aimable et se plaignait peu. « Je n'ai pas fermé l'œil de la nuit, a-t-il simplement dit au matin. J'ai bien essayé, mais je me réveillais dès que le train freinait. Il a dû s'arrêter cent fois, bon sang ! »

Je m'étais réveillé quelquefois quand le train avait ralenti à des croisements ou dans les plus grandes gares. Il y avait eu parfois des lumières violentes, des chiens avaient aboyé, mais sinon, c'était le silence ; l'obscurité de la vallée du Nil est un grand vide – le vaste ciel étoilé du désert égyptien, et cette route vers le sud qui suit la voie, la seule route vers le sud, comme l'avait dit M. Tilohun, *La route de Johannesburg*.

A la clarté du petit jour, j'ai vu une pancarte qui indiquait *Kom-Ombo – 8 km*, avec une flèche en direction de son délicieux temple à la double dédicace : aux dieux Horus à tête de faucon, et Sobek à tête de crocodile. Une autre pancarte disait *Abu Simbel Macaroni* et montrait un dessin du plat gluant et rouge dans un bol.

Dattiers en bouquets, orangers, maisons basses ressemblant à des boîtes, charrettes à ânes chargées de tomates, un chameau, de temps à autre, des hommes en *gallabiya* et calotte blanche, des jeunes gens gagnant les champs, leurs outils sur l'épaule, et le large fleuve lent et la terre plate et luisante qui scintillaient sous le ciel bleu. C'était l'Égypte nouvelle, mais c'était aussi l'Égypte ancienne, car j'avais vu beaucoup de ces mêmes scènes au Musée du Caire – herminettes, doloires et pioches, j'en avais vu des presque semblables, et aussi les bœufs au front épais, en or martelé ou en pierre, que je retrouvais paissant le long du fleuve; les mêmes chiens à la queue droite et aux grandes oreilles, les mêmes chats étroits, et si j'avais vu un serpent ou un crocodile, ils auraient eu leur équivalent en or sur un chariot où leurs ancêtres momifiés moisiraient dans une vitrine.

Certains de ces hommes en blanc étaient assis par groupes pour manger des miches de pain de la même forme que celles retirées intactes, dures et rances, d'une tombe antique; on avalait ces mêmes fèves qu'on avait déterrées des cryptes près de charrettes qui vendaient du *foul*, ce ragoût de haricots qui reste une recette typiquement égyptienne. Des femmes s'affairaient à la porte de leur cuisine avec à la main des aiguières, des pichets et des bols de la même forme que les objets anciens.

Le Nil était tout proche, large d'environ trois cents mètres, lent, brun clair, reflétant les nuages à sa surface, des champs verts de chaque côté, certains subdivisés en parcelles, d'autres coupés de plantations de dattiers; des faucons planaient, portés par l'air, et sur le fleuve, des felouques à voiles – impossible de voir ces voiles sans penser à des ailes de mouettes. Puis, comme pour indiquer que nous approchions d'un lieu plus peuplé, il y a eu une succession de cimetières, de longs flancs de collines couverts de tombes recuites par le soleil, avec leurs pierres, petits rectangles aux coins relevés fichés dans le sol caillouteux, comme des lits gigognes où reposaient les morts. Derrière la prochaine colline, Assouan.

*
* *

Ce trajet en train du Caire à Assouan m'avait fait parcourir facilement près de huit cents kilomètres vers le cœur de l'Afrique, presque aux confins de l'Égypte, jusqu'aux rives du lac, le lac Nasser, qui marque la frontière avec le Soudan. Muni d'un visa, j'aurais pu prendre un ferry pour traverser le lac et la frontière : un bateau quittait la digue chaque semaine pour faire passer des travailleurs à Wadi Halfa, en Nubie. Mais je n'avais pas encore de visa.

Assouan est surtout un grand bazar et la destination touristique de ceux qui veulent visiter les sites antiques. Le bazar est plutôt bon enfant, divisé en deux : les habitants y achètent melons, raisin, fèves, café et épices, et les touristes marchandent des pyramides, des Sphinx et des Néfertiti en plâtre, des plaques de cuivre reproduisant le masque mortuaire de Toutankhamon et des tapis multicolores, des cannes et des tee-shirts. Le kitsch touristique égyptien est à mes yeux le plus laid du monde, surtout quand il est ambitieux, comme ces onéreuses urnes funéraires en malachite, ces sarcophages miniatures avec leur momie, ces statuettes de chats ou d'hippopotames en pierre.

Partout des policiers lourdement armés, et pour une bonne raison, surtout ici : les temples, les ruines et tous les points qui attirent les touristes sont souvent la cible des extrémistes musulmans. On a connu des attaques de trains, et beaucoup de coups de feu tirés sur les wagons de première classe depuis les bas-côtés des voies de la ligne d'Assouan – tirer sur un wagon de première classe est la meilleure manière de toucher un touriste. Mais il y a eu aussi des enlèvements contre rançon. L'Égypte, surtout la vallée du Nil, est considérée comme une destination dangereuse.

Il y avait des détecteurs de métaux à l'entrée de la plupart des bâtiments, même si on ne les utilisait que rarement et bien qu'ils m'aient semblé plus symboliques que pratiques. Peut-être ne marchaient-ils pas. L'électronique n'est guère fiable, surtout s'il y a un manque évident de personnel pour l'entretenir. Les hommes armés, fusils d'assaut au côté, avaient pour mission de rassurer les touristes, mais leur air grave augmentait plutôt l'impression d'une menace bien réelle. Les camelots et les petits vendeurs, insistants, faisaient leur boniment, vous poursuivaient, vous tiraient par la manche. Partout des déjections d'ânes et des coups de klaxon aussi sonores que la musique sortant des postes dans les échoppes. Les mendiants et les lépreux vous suppliaient. Les employés des restaurants et des cafés faisaient tout pour vous attirer dans leur établissement. La densité des badauds et des colporteurs du bazar n'a qu'une lointaine similitude avec les centres commerciaux occidentaux, mais ils sont tout aussi divertissants et, si on y tue le temps, on s'y amuse aussi. La zone piétonnière, le marché, les boutiques les unes contre les autres ont leur équivalent dans le bazar égyptien, en plus sale, plus puant, plus bruyant, mais beaucoup moins cher et beaucoup plus aimable.

Mon hôtel donnait sur le fleuve, à peu de distance de la gare. Felouques à voiles en forme d'ailes sur le Nil scintillant, faucons qui planaient, corbeaux, air respirable, ciel clair et pas loin de trois cents bateaux ancrés sur la rive pour les croisières jusqu'à Louqsor... Malgré les apparences, les affaires étaient mauvaises, et il y avait plus de bateaux que de points d'ancrage ou de pontons ; ils étaient rangés en double et triple file. On était début février, la basse saison, et comme les touristes faisaient l'amalgame entre les violences israélo-palestiniennes et la bien plus placide Égypte, ils évitaient les croisières sur le Nil.

J'ai pris mon petit déjeuner, j'ai acheté des perles d'ambre au bazar et, sur un banc, au soleil, j'ai fait les mots croisés de l'édition anglaise d'*Al-Ahram*.

C'est au moment où j'écrivais une réponse (c'était *aa*, nom donné par les Hawaiiens à une sorte de pierre volcanique) qu'un jeune homme en *gallabiya* blanche sale s'est approché de moi et m'a dit :

« Viens. Belle felouque. On trouve une banane de Nubie. »

Il y avait beaucoup d'amateurs. Les jeunes femmes, seules ou à deux, qui partaient avec des Égyptiens dans le crépuscule, devaient savoir qu'elles faisaient quelque chose qu'une Égyptienne n'oserait jamais, car elle saurait qu'elle allait être complètement livrée à ces jeunes gens – ces jeunes gens priapiques.

Tandis que je regardais les felouques s'enfoncer dans les ténèbres pour des copulations crépusculaires, un grand homme sombre s'est approché de moi.

« Je suis nubien, a-t-il dit. Mohammed. »

J'allais encore être la cible d'avances sans équivoque, je n'en doutais pas.

« Vous êtes déjà allé au Japon ?

— Oui, en effet, plusieurs fois », ai-je répondu en me disant que, finalement, c'était là une approche assez ambiguë.

« Vous aimez ?

— Le Japon ? Beaucoup de monde. Très cher. Pas comme Assouan : peu de monde. Très bon marché.

— Je suis guide pour les touristes japonais depuis dix ans, a-t-il expliqué. Je déteste les Japonais. Qu'est-ce qu'ils ont dans la tête ? Qu'est-ce qu'il y a à l'intérieur ? Ils sont... commença-t-il avant de plisser les yeux à la recherche du mot juste. Je déteste être leur guide. Il y a quelque chose qui ne va pas, avec les Japonais.

— Peut-être ne sont-ils pas comme vous, ai-je dit pour le calmer.

— Ils ne sont pas comme moi. Pas comme vous. Pas comme n'importe qui.

— Vous croyez ?

— Je le sais ! »

Pour un Nubien comme Mohammed, les Japonais étaient bizarres, impassibles, désuets, curieusement vêtus, ils avaient une drôle d'odeur, inexplicable. Un peu comme les Nubiens devaient paraître aux Japonais. Il ne me revenait pas de les réconcilier à Assouan. J'ai constaté qu'il y avait beaucoup de Nubiens, ici, venus après que le barrage et le lac qu'il avait formé les avaient forcés à quitter leurs villages.

Le Soudan était juste de l'autre côté du lac, et il avait clairement un lien, culturel et physique, avec la grande Nubie, grâce aux allées et venues et à la langue, surtout. Personne ne m'a dit ici ce que les gens disaient tout le temps au Caire : « On n'est pas en Afrique ». C'était bien l'Afrique, et Assouan était plein de Nubiens déplacés dont les villages avaient été inondés par le lac Nasser.

A midi, ce jour-là, je suis monté à bord du *Philae* pour une délicieuse croisière en compagnie d'une centaine d'autres passagers – beaucoup d'Allemands, quelques Britanniques et des Américains, des Égyptiens, des Hollandais et une famille indienne, deux adultes et un petit garçon très mal élevé. Seul enfant sur le bateau, il s'ennuyait et il a pleurniché tout le temps.

Le cours d'histoire divertissant (ce à quoi reviennent presque toutes les visites de sites), la chaîne Histoire en trois dimensions pour justifier les plantureux buffets et les dîners fabuleux bien arrosés sur le pont supérieur – telle était la mission de l'équipage du *Philae*. Je n'avais fait que deux autres croisières dans ma vie :

une sur le luxueux *Seabourn Spirit* (« Votre caviar vous sera servi dans votre suite sous peu, Monsieur ») et une courte traversée sur le *MV Akdeniz*, qui m'avait déposé en Égypte avec 450 Turcs courtois qui se souvenaient de l'Empire ottoman et regrettaient que le khédive ne soit plus au pouvoir.

Les gens riches trop paresseux pour lire adorent les croisières où l'histoire anecdotique leur sert de prétexte à des vacances oisives et où les bavardages archéologiques leur permettront de briller dans le monde quand ils seront rentrés chez eux. Le passager d'une croisière sur le Nil est quelqu'un qui ne tardera pas à obtenir le diplôme du personnage le plus ennuyeux. Son apprentissage comporte une foule de questions sur l'égyptologie qui vont jusqu'à la prononciation correcte de Ptah et Hatshepsout.

« Ainsi, le commun des mortels n'était pas autorisé à pénétrer dans le temple ? » demande l'un, et l'autre : « Lequel est Horus ? » Et on n'échappe jamais à l'interrogation : « Mais comment diable ont-ils fait pour soulever de telles masses ? »

De temps à autre, les questions sont plus précises : « Vous voulez dire qu'il y a eu plus d'un Ptolémée ? » A quoi on répond : « Y en a eu quinze » – et le génie des maths n'était pas un d'entre eux. Ou bien :

« Combien de siècles avez-vous dit ?

— *Soizante.* »

Plus la question était idiote, plus l'interrogation allait loin. Et le passager se contentait de hocher la tête quand il obtenait la réponse. Pour une raison que j'ignore, une femme ne cessait de demander à l'égyptologue présent à bord du *Philae* : « Est-ce que c'est *phronique* ? »

Et la réponse était parfois « oui ». Parfois c'était l'objet en question qui la donnait, par les deux hiéroglyphes dans le cartouche *Per* et *Oni*, qui signifient Grande Maison, ou Grande Structure, ou Roi, ou... Pharaonique, justement.

Une nuit, à Assouan, j'ai pris une embarcation pour l'île Éléphantine, tandis que d'autres felouques, au loin, des Égyptiens à la barre, emportaient des femmes étrangères dans l'obscurité. La qualité de l'air donnait à l'expression « disparaître comme par magie » une vraie réalité. L'île aux Fleurs voisine était un cadeau à Horatio, lord Kitchener, qui avait écrasé sans pitié les révoltés du Soudan, massacre connu sous le nom de bataille d'Omdurman, revanche tardive contre la décapitation du général Gordon par le mahdi. Kitchener avait transformé l'île en un jardin botanique qu'il pouvait contempler depuis sa villa. Des palmiers, des fleurs et des buissons exotiques s'épanouissent encore, mais le plus remarquable, à propos de cette île, c'est que, de sa rive est, on a vue sur la ville et le bazar, et de sa rive ouest, au-delà du fleuve, on ne voit que du sable, des dunes et de longues pistes monumentales et lisses qui suggèrent la profondeur à la manière dont elles sont balayées par le vent, creusées, sculptées, comme des champs de neige sans traces, teintés de rose et d'or au crépuscule, attendant les skieurs.

Au retour, mon batelier m'a déposé dans la nuit sur la côte est, en contrebas du village, où, près du bazar, j'ai repéré un imam en *gallabiya* blanche debout à la porte de sa mosquée. Mais il faisait trop sombre pour que je voie de quoi avait l'air ce lieu de prière. En m'approchant, j'ai compris que ce n'était pas un imam mais un prêtre en soutane blanche – quelle différence cela fait-il ? Il était à la porte de son église pour respirer l'air nocturne. En me voyant, il m'a adressé un gentil signe de la main.

Il s'appelait Benito Cruciani, originaire de Mecerata en Italie, et il était venu à Assouan par le Soudan, où il avait vécu neuf ans avant de tomber malade et d'être évacué. « J'étais au Darfour », m'a-t-il dit – une province éloignée dans l'ouest du Soudan. « Les Africains m'ont jeté des pierres jusqu'à ce que je leur dise : "Je ne suis pas américain, je suis italien." Ils ont arrêté. »

C'était un père de l'ordre Comboni, du nom de Daniel Comboni, dont la devise « L'Afrique ou la mort » avait été prophétique, car son fondateur avait fini par atteindre les deux simultanément quand il était mort au Soudan en 1881. Le père Comboni avait pour projet de « sauver l'Afrique par l'Afrique », expression dense qui exprimait bien l'intention du missionnaire. En fait, ce genre de prêtre fait peu de convertis, enseigne par l'exemple et les Frères musulmans le surveillent de près. Même s'ils sont ici moins influents qu'au Caire, ils sont néanmoins bien implantés. Tout cela pour dire qu'au nom de l'islam des mécréants étaient de temps à autre assassinés pour l'exemple.

« Votre nom, Cruciani, rappelle le mot "croix" en italien », lui ai-je dit.

Oui, m'a-t-il répondu, et c'était voulu. La famille florentine des Cruciani était liée aux croisades, et six siècles plus tard, il était toujours un croisé (*crociato*), prêchant le Christ aux musulmans intolérants.

« Je veux aller au Soudan, mais j'attends toujours mon visa. Vous avez un conseil à me donner ?

— Vous êtes seul ?

— Oui.

— Comme on dit : "En montagne comme en mer, ne voyagez jamais seul."

— Un proverbe ?

— Pas tant qu'une règle à laquelle vous devriez vous plier.

— Je n'ai guère le choix.

— Mon conseil, alors : priez. Venez ! » m'a-t-il dit avec un geste de la main très italien.

Il est entré dans l'église et à l'instant où je le suivais, j'ai entendu la voix puissante d'un muezzin qui appelait les fidèles à la prière d'un « *Allah uh akhbar !* » qui a résonné dans la nef. Le père Cruciani m'a montré sous l'autel la représentation grandeur nature de sainte Thérèse dans un cercueil en verre. Tandis que nous la regardions, quatre jeunes en uniforme d'école bleu et blanc se sont approchés discrètement et ont glissé quelques billets par une fente dans le cercueil.

« C'est pour réussir leurs examens, a dit le père Cruciani avec humour.

— Personne n'est très encourageant à propos du Soudan, ai-je dit quand nous sommes ressortis.

— Des gens merveilleux. Un gouvernement abominable. L'histoire de l'Afrique. »

*
* *

Dans un petit coin du temple d'Isis, sauvé et reconstruit près du fleuve, à Philae, au sud d'Assouan, se trouve un taureau en pierre, image du dieu *Ouser-Hapi* – ou Apis – entouré de serpents protecteurs. Apis était le taureau sacré de Memphis, associé au fleuve et donc à la fertilité, et adoré comme dieu du Nil. Tout près, l'image d'Osiris, dieu de la terre, coiffé d'une haute mitre, personnification des inondations du Nil qui symbolisent la renaissance de la végétation ; ses traits humains ont été effacés, comme la tête de faucon d'Horus, oblitérée par les premiers chrétiens fanatiques. Beaucoup de graffitis napoléoniens sur les murs. Visiter les ruines égyptiennes le long du Nil est une formation en oblitérations et en graffitis. Il y a plus de 150 ans, le jeune Gustave Flaubert se lamentait sur ces actes dans une lettre à sa mère : « Nous lisons dans les temples les noms des voyageurs ; cela nous paraît bien grêle et bien vain. – Nous n'avons mis les nôtres nulle part. – Il y en a qui ont dû demander trois jours à être gravés, tant c'est profondément entaillé dans la pierre. Quelques-uns se retrouvent partout avec une constance de bêtise sublime. »

Les visages humains sont grattés, les images des dieux arrachées, les murs ont été frottés et griffés. Mais au-delà de ces millénaires de vandalisme, la force et la gloire des ruines s'imposent du simple fait qu'elles restent belles, toutes craquelées, défigurées et gribouillées qu'elles sont.

Les hauts obélisques en granit rose qu'on voit à Londres, à Paris et dans Central Park viennent d'une ancienne carrière abandonnée non loin d'Assouan où l'on peut admirer le célèbre obélisque inachevé. Ce pilier de pierre long de vingt-six mètres, visiblement géométrique, symétrique, détaché de son lit de granit, repose, en partie sculpté, et s'offre au regard et aux pieds d'admirateurs stupéfaits.

« Ils faisaient tout à la main !

— Peut-être qu'ils en ont eu marre de le tailler.

— Mais comment diable arrivaient-ils à soulever ces trucs ?

— Osiris a été tué par son méchant frère Seth, disait un égyptologue, qui l'a coupé en quatorze morceaux. Un morceau a été mangé par un poisson, et Isis l'a utilisé pour ressusciter Osiris et donner naissance à Horus. Comment, croyez-vous ? »

Le sourire suggérait une réponse évidente. Mais au nom du groupe, un passager a demandé :

« Il y a des crocodiles, par ici ? »

La réponse était non, aucun crocodile, par ici, pas plus qu'en aval, à Crocodilopolis, même si on en a conservé et adoré un au temple qui s'y trouve, comme la chatte – image de la déesse de la joie et de l'amour – est adorée au temple de Bast. En ces temps anciens, de gros crocodiles paressaient sur les rives du Nil blanc, dans le Sud marécageux, au sud du Soudan, et même plus haut sur le fleuve, aux sources du Nil, au lac Albert et au lac Victoria. Les crocodiles ont depuis longtemps été transformés en sacs à main et en ceintures.

Nous avons visité le barrage d'Assouan et le lac Nasser, nous avons attendu notre vol pour Abou-Simbel, à trois cents kilomètres au sud, à la frontière avec le Soudan, au bout du lac, jusqu'à ce qu'on nous annonce qu'il était annulé.

L'aspect le plus plaisant d'une croisière sur le fleuve est l'association des plaisirs de la table et des visites tandis qu'on glisse avec le courant et qu'on s'arrête de temps à autre près de ruines. J'aimais les ruines surtout pour la manière dont elles étaient envahies par les bazars bruyants, pas seulement par les vendeurs de souvenirs, mais par les ânes entre les piliers, les chèvres sur la route, les échoppes devant les couleurs ptolémaïques sur les parties supérieures protégées des temples, toujours lumineuses après des milliers d'années. Kom-Ombo, où le *Philae* s'est arrêté le premier jour, était un bon exemple de tout cela – le bazar, les ruines, les animaux, la musique qui beuglait, le double sanctuaire d'Horus et du dieu crocodile représenté par des crocodiles momifiés dans le temple. Kom-Ombo, ce n'était pas seulement des temples, mais une petite ville, et son nom, qui signifie « piliers d'or », était à la fois flatteur et ironique. Les temples, intégrés à la vie de la ville, n'étaient pas des pièces de musée à isoler par une clôture. Ils ne gagnaient pas en dignité quand on les restaurait ; ça leur donnait un air factice et arbitraire.

La ville était ancienne, avec son nom nubien.

« Qui vivait là, jadis ?

— Beaucoup de zens. »

Les murs du temple de Kom-Ombo, c'était l'égyptologie en images, l'histoire, la culture. Témoin de la sagesse et du talent des Égyptiens, un mur dépeignait des instruments de médecine : pinces, forceps, couteaux, crochets, ustensiles de succion – tout l'attirail nécessaire à une chirurgie lourde, probablement plus pointue que celle dont on était capable maintenant, à l'hôpital général de Kom-Ombo. La naissance était illustrée dans un hiéroglyphe. J'ai dessiné l'Œil d'Horus, forme simplifiée qui est devenue le symbole (Rx) d'une ordonnance. Ailleurs sur les murs du temple, le monde naturel – oiseaux de proie, canards, taureaux et faucons – précédait des guerriers et tout un panthéon d'ennemis de l'Égypte, dont l'inévitable torse à tête négroïde d'un farouche guerrier, avec ses lourdes paupières, représentant un Nubien. C'était merveilleux de voir des visages si résolument noirs sur les murs de ces temples antiques ; ils sont comme de l'ADN en bas-relief, la preuve du pouvoir et de la constance de l'Africain.

Nous avons continué notre route sur le *Philae*, grignotant des mets délicats, sirotant les meilleurs vins, épiant les jeunes mariés embarqués avec nous, supportant le terrible petit Indien. « Le temple d'Edfou sert de latrines à tout le village », notait Flaubert dans son journal en 1850. Mais il a été découvert et nettoyé, et on dit que c'est le mieux conservé d'Égypte.

Jusqu'à la fin du XIXe siècle, tous ces temples n'étaient que torses brisés et renversés, hauts-reliefs fracassés et gros piliers inutiles dispersés dans la haute vallée du Nil. Flaubert l'avait bien noté, de même que David Roberts, grand reproducteur des sites vandalisés de l'Égypte. Il aimait les ruines. En 1840, il va jusqu'à dire qu'elles lui semblent beaucoup plus belles à demi enfouies et blessées. Elles lui rappelaient les dessins que le Piranèse avait faits du Forum de Rome.

J'ai compris ce qu'il voulait dire quand je suis tombé sur des ruines au milieu de nulle part, image brillante de délicieux bas-reliefs écroulés et oubliés dans le désert, sujets d'étude beaucoup plus spectaculaires que les temples reconstruits bruissants de touristes au visage rouge et qui ne cessent de se plaindre. Flaubert a raconté avec délice la manière dont les temples étaient effondrés, parce qu'il ne s'intéressait pas particulièrement aux vestiges de l'Antiquité ; il préférait de loin les curiosités que lui offrait son voyage sur le Nil : la fréquentation des danseuses et des prostituées. Vingt-sept ans après la visite de Flaubert, un autre voyageur rapportait que le temple d'Edfou, vieux de 2 000 ans, était exhumé et commençait à ressembler à ce qu'il avait été à la grande époque de sa splendeur, quand il célébrait Horus vengeant son père Osiris en frappant Seth l'hippopotame.

Dans une nouvelle interprétation de cette image, Horus est considéré par certains astronomes comme une étoile éteinte de notre système solaire. Les Égyptiens auraient vu une naine noire dans les cieux, à son périhélie, lors de son expulsion de son orbite, quand elle tournoyait au plus près de notre soleil, au-delà des planètes connues. Cette étoile aussi massive que fantomatique, là-bas, invisible dans l'espace désert, mais qui contrôle notre propre planète, est un des aspects de la Théorie de l'Étoile noire.

Les Grecs ont appris à faire des colonnes en étudiant la symétrie des piliers égyptiens comme ceux d'Edfou. Si un temple est enterré assez profondément, que le sol est sec et qu'aucun pilleur de sites ne vient le déranger, cet abandon devient une sorte de préservation. Le temple d'Horus semble intact ; il rappelle une cathédrale à la manière dont les piliers se dressent, certaines frises conservant les tons rouges de la chair des personnages, le bleu des oiseaux, le vert des serpents enroulés en haut des murs. A la porte principale, le faucon Horus, ses yeux représentant le soleil et la lune, se dresse comme une sentinelle, avec pour halo le disque du dieu soleil.

Certaines images ont été défigurées. Dans le passé, les touristes cassaient des morceaux de sculptures pour garder un souvenir de leur voyage en Égypte – Mark Twain décrit un Américain en train de prélever un morceau du Sphinx. Mais à Edfou, « défigurer » est le mot exact : il dit parfaitement ce qui est arrivé aux représentations de ces soldats, de ces ouvriers et de ces femmes qui marchent sur les murs. L'acte est si régulier et stylistiquement répétitif qu'il semble une sorte de sculpture en négatif, un art de l'oblitération. Aussi frappant que les images des dieux, des humains et des animaux de ce temple – et c'est un thème récurrent – on trouve le vandalisme : têtes humaines défigurées, mains et pieds grattés, jambes coupées, corps hachurés – tout ce qui représentait la chair a été retiré, même la tête et les sabots des animaux. On a laissé les coiffes, les chapeaux, les manteaux, les costumes, si bien que du relief particulièrement réussi d'un prince vêtu de ses plus beaux atours, il ne nous reste intact que le costume, mais le visage a été retiré et les mains grattées.

« Les premiers chrétiens ont fait ça », vous explique-t-on en général.

Pourtant les musulmans refusent qu'on représente l'image de l'homme, et les déprédations peuvent aussi avoir été l'œuvre d'un islam fanatique. Les égyptologues musulmans le nient, et insistent sur le fait que les chrétiens – et surtout les chrétiens d'Éthiopie – portent la responsabilité de ces défigurations méthodiques.

« Peut-être pas sous l'effet de la colère, nous a dit Fawzi, un des égyptologues. Peut-être parce que les chrétiens étaient persécutés. Peut-être pour oblitérer l'histoire pré-chrétienne. »

Il a pourtant admis que personne n'en savait rien. Ce qui me fascinait, c'était le soin que ces hommes avaient pris. Ils n'avaient pas saccagé le temple, ni attaqué les murs à la masse. Ils avaient creusé tous ces reliefs avec un soin qui frisait le respect, et on devait en conclure qu'ils n'auraient pu procéder ainsi, ne retirant que peu de choses et en laissant tant, s'ils n'avaient éprouvé une certaine terreur.

Mais, donc, personne n'en sait rien, et comme pour les graffitis napoléoniens, qui ont pris de l'importance au fil des années, ces visages retirés sont aussi fascinants que les sculptures entières, donnant aux silhouettes le côté étrange, le mystère d'un corps mutilé sur la scène d'un crime.

Notre guide a montré des Syriens, des Asiatiques et des Nubiens, sur les murs, et tandis qu'il expliquait leurs traits et leurs vêtements caractéristiques, certains des passagers du bateau s'impatientaient et jouaient des coudes au sein de leur petit groupe concentré et querelleur pour poser une question supplémentaire :

« De quel Ptolémée s'agit-il ? »

Enfin, quand Fawzi a terminé, la question a été posée :

« Et qu'en est-il des juifs ? »

Il se trouvait, a répondu Fawzi, que sur toute la longueur et toute la largeur de la vallée du Nil, du delta au sud de la Haute-Égypte, jusque dans les sombres pyramides et les temples de Nubie, nulle part il n'était question des juifs, rien sur les Israélites, et même quand on montrait des captifs, leur religion n'était pas indiquée ; ils n'étaient qu'une masse de prisonniers païens indifférenciés. Il y avait eu des hippopotames au gros ventre, des chacals à oreilles de chauve-souris, des Nubiens aux grosses lèvres, des Asiatiques plissant les yeux, au fil des millénaires, mais pas de juifs. Et au milieu de représentations de dynasties entières de pharaons peintes sur les murs d'Égypte, pas la moindre trace de Moïse.

C'est ce qu'il a dit. Mais le nom générique – « Ceux de l'autre côté », « Ceux qui ont traversé » – d'un groupe de gens apparaissait de temps à autre sur des tombes ou des temples, et aussi sur des papyrus. Le nom pharaonique utilisé pour ces gens était *Apiru* ou *Habiru*, qui venait du mot araméen *Ibri*, qui voulait dire « celui de l'autre côté ». Il n'y a pas un grand saut phonétique de *Habiru* ou *Ibri* à *Hébreu*, nom crûment descriptif, pour un peuple qui avait traversé les eaux – la mer Rouge, en l'occurrence. Et en hébreu, le mot pour « Hébreu » est *Ivri*.

Certains de ces migrants (*Habiru* en écriture cunéiforme) avaient été employés aux tâches les plus dures dans les projets de construction à l'est du delta. L'égyptologue K.A. Kitchen les a décrits dans sa biographie de Ramsès II comme « un peuple déplacé, sans racines, qui errait et s'arrêtait où il trouvait de l'embauche pour diverses tâches... On associait en général aux Apiru ceux qui, dans la Bible, sont nommés les Hébreux, et surtout les clans d'Israël ». Ces gens résidaient dans l'est du delta depuis l'époque de Jacob et Joseph, quand leurs ancêtres avaient fui l'Égypte en proie à la famine.

Je ne l'ai découvert que plus tard. Pendant que j'écoutais l'explication de Fawzi, quelqu'un a dit :

« J'imagine que ce ne sont que des légendes. »

Une femme s'est approchée de moi et m'a frappé le bras : « Eh, c'est une sacrée idée ! » s'est-elle exclamée.

Elle venait du Texas. Je l'avais vue sur le bateau, un peu titubante. Elle avait une prothèse de la hanche. Les toutes nouvelles prothèses sont courantes sur les bateaux de croisière, et l'opération est un grand sujet de conversation entre les passagers.

« Pardon ? ai-je demandé.

— Ces petits calepins pour prendre des notes ! »

J'ai fermé mon carnet, que j'ai tenu comme un sandwich. J'étais en train de griffonner un hiéroglyphe représentant un homme accroupi portant chapeau, un genou levé, les bras tordus au-dessus de sa tête en un geste de stupéfaction, comme pour dire : « C'est incroyable ! » On m'a dit que cette délicieuse image aussi concise que comique voulait dire « un million ».

La femme m'a de nouveau poussé le bras comme pour me complimenter et elle s'est éloignée, favorisant une jambe. J'ai écrit : *Eh, c'est une sacrée idée...*

Certains aspects du Nil touristique ne peuvent avoir beaucoup changé en cent ans. Il n'y a pas de taxis à Edfou, juste des calèches tirées par des chevaux, dont les propriétaires se battent pour attirer les clients – ils crient, font claquer leur fouet, déplacent leur calèche, font briller les roues – et il y a quelque chose d'ancien, d'intemporel, peut-être dans la manière dont un cocher (mon Moustafa, disons) s'est retourné, tandis que le petit cheval trottait vers le temple, et a demandé plus d'argent, le double du prix, en fait, en geignant : « Manger pour mes bébés ! Manger pour mon cheval ! Donne, 'te plaît ! »

*
* *

La partie la plus idyllique du Nil, à mon avis, est la région pastorale aussi sereine qu'une gouache entre Edfou et Isna. Par la suite, quand je pensais à l'Égypte, je la voyais toujours telle qu'elle m'était apparue un chaud après-midi depuis le pont du *Philae* – soixante-quinze kilomètres de fermes et de champs labourés, de maisons en terre et de mausolées arrondis au sommet des collines, de pêcheurs dans des barques au milieu du fleuve, d'ânes et de chameaux sur les rives, à l'ombre des palmiers. On n'entendait que le gargouillis de l'eau à la proue du bateau, le gémissement des sauterelles et le clapotis des rames des pêcheurs. Le ciel était bleu, sans nuages, la terre cuite de la couleur d'un biscuit. Le vert était profond et humide, et dans le fleuve, comme dans un miroir, le ciel, les berges, les bateaux, les animaux – reflets tremblants, proches et lointains, aquarelle ambitieuse qui embrassait tout ce paysage paisible.

Isna a toujours été un lieu où l'on s'arrêtait, même quand le temple était enfoui « jusqu'au menton », comme l'a écrit un voyageur de l'époque victorienne. Sa ruine n'avait pas rendu la ville moins populaire. L'avantage d'un temple presque enfoui comme le sien, c'était qu'un visiteur pouvait voir de près les parties supérieures des piliers massifs : les formidables chapiteaux sculptés et les plafonds ornés de feuilles de papyrus et de fougères, de sauterelles et de jardins dont on décryptait facilement les symboles, avec les signes du zodiaque, le scorpion énorme et le dieu Khnoum, à tête de bélier, auquel le temple est dédié.

Jeune et sensuel, Flaubert, qui n'avait que vingt-sept ans, s'est rendu à Isna en quête d'une courtisane, Ruchiouk Hânem, « Petite Princesse », célèbre pour sa « Danse de l'abeille ». Esna, à l'époque, était la ville la plus lubrique d'Égypte, pleine des prostituées que les autorités avaient rassemblées au Caire et envoyées à la campagne. Flaubert a trouvé Ruchiouk Hânem, elle a dansé nue pour lui, entourée de musiciens aveuglés par des bandeaux.

On dit que la Danse de l'abeille est « surtout un procédé comique par lequel la danseuse, attaquée par une abeille, doit retirer tous ses vêtements ». Mais le mot abeille cache mal en arabe une manière de nommer le clitoris. Flaubert a couché avec la danseuse, et il a minutieusement pris note, pour son carnet de voyages, des particularités de chaque copulation – la température de chaque partie du corps de la belle, ses propres performances, et même les insectes qui parasitaient le lit, et qu'il adorait (« J'ai bien savouré l'amertume de tout ça »). Dans tous les sens du terme, il a fait l'anatomie de son expérience égyptienne, et il est devenu pour moi un guide officieux et un modèle.

A Esna, Flaubert a sorti son journal à deux reprises. Au temple, pendant qu'un Arabe mesurait pour lui la hauteur d'une des colonnes, il a noté : « une vache jaune, à gauche, a passé sa tête ».

Sans cette vache jaune, nous ne voyons rien ; avec elle, la scène est vivante et complète. En quittant la chambre de Ruchiouk au matin, Flaubert a écrit : « Quelle douceur ce serait pour l'orgueil si, en partant, on était sûr de laisser un souvenir, et qu'elle pensera à vous plus qu'aux autres, que vous resterez en son cœur. »

Mais c'est un vœu mélancolique, car il sait très bien qu'il sera vite oublié ; plus tard, il avoue que même s'il a créé toute une esthétique autour d'elle, la courtisane – enfin, la putain – ne peut penser à lui. Il conclut que le voyage rend modeste. Il vous fait voir quelle place minuscule vous occupez dans ce monde.

Dès que le *Philae* a accosté, je suis descendu et je me suis promené dans la petite ville jusqu'à l'énorme temple maintenant entièrement dégagé, dans un grand puits carré, comme taillé dans la terre. Les signes peints du zodiaque étaient superbes, les colonnes massives et intactes. C'est un temple tardif, de l'époque romaine, mais le style égyptien est celui de mille ans plus tôt. Les pires dommages ont été infligés à la façade par des soldats français qui l'avaient pris comme terrain d'entraînement dans les années 1840, criblant de balles ce magnifique édifice sans même le voir.

Un bazar entourait le temple avec ses allées étroites, ses commerçants, ses enfants et ses animaux bruyants qui se serraient au plus près de lui.

Je suis retourné au *Philae*. J'ai achevé ma lecture de Flaubert et je suis passé au *Cœur des ténèbres*, que je lirai douze fois de plus avant d'arriver au Cap. En paressant sur le pont supérieur, je me suis rendu compte que le *Philae* n'était pas le *Roi des Belges*, mais plutôt un de ces bateaux – très peu nombreux, à en croire mon expérience – sur lesquels j'aurais aimé continuer à naviguer, jusqu'à Khartoum puis, vers le sud, nous aurions gagné l'Ouganda et les grands lacs, ouvrant une voie fluviale inconnue jusqu'au Zambèze.

« Tout seul, ce soir, Monsieur ? » m'a demandé comme chaque soir Ibrahim, le serveur.

J'ai souri : Oui, juste moi et Joseph Conrad.

« Vous allez au Caire, après, Monsieur ?

— Oui, pour obtenir un visa. Ensuite je prendrai la direction du sud, vers la Nubie. Le Soudan. L'Éthiopie. Et au-delà, je l'espère.

— Tout seul, Monsieur ?

— *Inch Allah.*

— Pour des affaires ou pour des vacances, Monsieur ?

— Les deux. Rien de tout ça.

— Très bien, Monsieur. L'aventure vous attend, Monsieur. »

Ibrahim était l'âme même de la courtoisie. C'était le cas de tout l'équipage, en fait, dont les membres étaient toujours prêts à vous complimenter. Il est de notoriété publique que, pour les croisières, l'équipage est serviable et aimable, parce qu'il attend de gros pourboires. Ses membres sourient, serviles, pour que vous les récompensiez. Je souris, tu me donnes de l'argent.

Le système du pourboire me laisse songeur, parce que ce n'est plus une récompense, mais une taxe de voyage, une parmi tant d'autres, et une des plus insultantes. Personne n'est épargné. Peu importe que vous payiez des sommes folles pour occuper la suite présidentielle du meilleur hôtel : l'homme en livrée qui vous accompagne à l'ascenseur et s'enquiert de votre voyage, vous annonce le temps qu'il va faire et se charge de vos bagages attend de l'argent pour l'attention qu'il vous a portée sans que vous la lui ayez demandée. Devant l'hôtel, le portier, avec ses épaulettes dorées, veut un pourboire pour avoir ouvert la porte de votre voiture, le barman et le serveur veulent un pourcentage sur votre note, et les femmes de chambre elles aussi, qui laissent parfois des messages sans équivoque, avec une enveloppe vide où glisser de l'argent liquide. Comme s'il ne suffisait pas que les gens attendent un extra simplement pour avoir fait leur travail, il faut que le moindre sourire ait un prix.

Pourtant, sur le *Philae*, les serveurs avaient une manière joyeuse, voire jubilatoire, de travailler, comme s'ils jouaient dans un film, dans une comédie égyptienne ; et dans ce pays, où un instituteur gagne 50 dollars par mois, ils avaient probablement besoin des pourboires simplement pour s'en sortir.

Bien que je fusse presque toujours seul à ma table, je n'étais qu'un des cent passagers – essentiellement des gens riches, gras, l'air amphibie, pour qui le voyage est une paresse onéreuse que l'on partage avec d'autres oisifs à qui raconter en détail ses autres voyages. « Ça me rappelle le Brésil », et « Oh, là, on pourrait être à Malte ! ». Ils étaient américains, britanniques, allemands, plus rarement sud-américains et bien sûr, il y avait les sinistres Indiens et leur gamin odieux. A bord, on pouvait diviser les Américains en trois groupes : les jeunes voyageant joyeusement entre amis, les couples âgés querelleurs voyageant seuls et les jeunes mariés en lune de miel, trois paires, cette fois, les préférés de tous.

Je résistais à l'envie de me moquer d'eux parce qu'ils étaient en général inoffensifs et préféraient rester seuls, sauf un couple amical qui insistait pour que je dîne en sa compagnie de temps en temps. Quant aux autres, quand j'essaie de me souvenir d'eux, je ne les vois qu'en train de manger – l'heure des repas est toujours strictement respectée, à bord des bateaux – le moment où ils étaient les plus animés. Il y avait la table des vieilles Allemandes blondes, aux tenues délicieuses ; celle des quatre Allemands toujours si polis avec les serveurs, surtout Kurt (le courtois !) ; celle des jeunes couples américains, bouleversés par les nouvelles de la baisse des marchés financiers ; celle de la femme au visage dur et de son mari au gros ventre, dont on se demandait toujours s'ils n'étaient pas en train de procéder à un échange de sexe ; celle du couple indien et de leur enfant d'autant plus capricieux qu'il s'ennuyait.

Parmi les Allemands, c'était le sextuor de blondes âgées et parfois exubérantes, comme une réunion d'anciennes danseuses de revue, qui m'intéressait le plus, parce qu'elles voyageaient avec un médecin levantin. Nous étions sur le pont, un jour, pour boire un verre, quand il m'a dit :

« Mon domaine, c'est la chirurgie reconstructrice. »

Je me suis tourné vers les femmes qui bavardaient sur leurs chaises longues, adoptant cette curieuse posture héliotropique des amateurs de bain de soleil : le cou tendu, la tête tournant imperceptiblement pour suivre l'astre qui les réchauffe.

C'est alors que j'ai été frappé par leurs similitudes : nez fin, joues douces, paupières tendues, cheveux lumineux et frisés – et j'ai compris que le chirurgien voyageait avec ses patientes, et que si elles étaient toutes si jolies, c'était lui, non elles, qu'il fallait féliciter. Cette curieuse révélation m'a semblé un superbe sujet de nouvelle : les relations entre un jeune homme et une femme plus âgée qui a l'air d'avoir trente ans et qui voyage avec son chirurgien esthétique. L'illusion de travailler me calme, et c'est pourquoi je me suis mis à écrire cette nouvelle. *C'est ma seule histoire.*

Maintenant que j'ai soixante ans, je peux la raconter... Au fil des jours et des semaines, le récit passait par des phases de mélancolie, de comique, de réminiscences et d'érotisme consolateur.

Inévitablement, sur le *Philae*, il y avait un de ces couples serviables et curieux qui posait toutes les questions que les autres n'osaient pas poser de crainte de dévoiler leur ignorance. « Comment diable est-ce qu'ils arrivaient à déplacer ces trucs-là ? » et « Est-ce que c'est *phronique* ? » n'étaient que deux de leurs questions. L'épouse interrogeait les femmes, son mari harcelait les hommes pour tirer d'eux des informations.

« Est-ce que vous travaillez ? a demandé l'épouse autoritaire à la jeune femme la plus timide, une des jolies petites mariées en lune de miel.

— Je suis gardien chef dans une prison, a répondu la jeune épouse.

— Ce doit être difficile ! » a été la réaction prévisible.

Et quand la jeune femme a répondu : « Oh, non ! Les prisonnières sont souvent des femmes merveilleuses », toute conversation a cessé.

Le mari de l'épouse trop curieuse, vieux béotien irritant qui avait un air d'homme de Néandertal coiffé d'une casquette de golf, n'arrêtait pas de me dire :

« Eh bien, maintenant, je crois qu'il va falloir que je lise un de vos livres ! »

Je l'ai supplié de n'en rien faire, amicalement. Une des choses que j'avais apprise en voyageant avec beaucoup de gens différents, c'était qu'il valait mieux, en général, tenir ma langue. Les bavards sont des gens qui font leur propre promotion, des gens à éviter, au même titre que les correspondants de presse, les vendeurs et les évangélistes. Les personnes silencieuses valent souvent la peine qu'on les connaisse, mais je considérais tous ceux qui voyageaient sur mon bateau comme une sorte de curiosité égyptienne supplémentaire, un autre de ces gros hippopotames en pierre, un autre chat momifié, un autre insupportable vendeur de souvenirs. Je me disais qu'après l'Égypte, je ne verrais plus autant de touristes.

Aucun de nous ne savait grand-chose de l'égyptologie. Nous n'avions que des notions très vagues des dates. « Mes notions d'histoire sont floues », entendait-on presque aussi souvent que « Comment diable est-ce qu'ils arrivaient à déplacer ces trucs-là ? »

Pour moi, c'était un vrai voyage d'agrément, et je soupçonnais que ce serait le dernier, avant de plonger dans les profondeurs de l'Afrique. C'était un voyage confortable, on n'exigeait rien de moi, j'étais entouré de gens agréables pour la plupart, et il était vrai que, si nous ne savions pas grand-chose de l'histoire de l'Égypte, les Égyptiens non plus. C'eût été très ennuyeux, si un historien pédant avait fait cette croisière avec nous, corrigeant nos impressions et remettant nos idées en place. Je préférais écouter des improvisations :

« Ils ont dû utiliser ça pour escalader le mur. »

« J'imagine qu'ils prenaient des bains dans ces trucs. »

« Ces ornières ont dû être faites par des chariots, ou des caisses sur roues, en tout cas. »

« On dirait une sorte de canard. »

« C'est forcément phronique. »

Certains pays sont parfaits pour les touristes. C'est le cas de l'Italie. Le Mexique et l'Espagne aussi. La Turquie. Et l'Égypte, bien sûr. Assez grand. Pas trop sale. Bonne nourriture. Habitants courtois. Soleil. Beaucoup de chefs-d'œuvre. Des ruines partout. Des noms qui rappellent quelque chose. Une longue histoire très vague. Le guide dit « papyrus », « hiéroglyphes », « Toutankhamon » ou « un des Ptolémée », et vous dites « Ouais ! ».

Mais ce dont vous vous souviendrez surtout, ce sera du serveur aimable, de cet appel fou sur votre téléphone portable quand vous étiez à dos de chameau, de ce vieillard qui pissait contre un mur antique, de la beauté d'un plateau de grenades vernissées au marché, des sacs d'épices, de la vache jaune qui ruminait dans le temple, ou juste des couleurs, car les couleurs sont superbes, en Égypte. Edward Lear, quand il glissait sur le Nil, a écrit dans son journal : « L'Égypte est au minimum un pays où apprendre la couleur. »

Qu'étais-je en train de faire ? Des progrès, je crois. J'étais parti des rives de la Méditerranée et, par les Colonnes d'Hercule, peu à peu, je pénétrais plus profondément en Afrique. Le voyage est une transition ; au mieux, c'est un départ de chez soi et une avancée. Je déteste être parachuté quelque part. J'ai besoin de relier les lieux les uns aux autres. Un des problèmes que je rencontre en voyage, c'est la facilité avec laquelle une personne peut être transportée si vite du familier à l'étrange, avec laquelle, disons, le cadre new-yorkais qui quitte son bureau se retrouve d'un coup d'ailes le lendemain en Afrique pour observer des gorilles. C'est juste un moyen de se sentir étranger. L'autre manière, la lenteur, la traversée des frontières nationales, le frôlement des barbelés, sac sur le dos et passeport à la main, est le meilleur moyen de se souvenir qu'il y a une relation entre « ici » et « là-bas », qu'un récit de voyage, c'est l'histoire de « là-bas » et retour.

Gros plan : moi en train de ramer, transpirant comme un galérien. La caméra recule et révèle que je suis sur un rameur. Plan plus large : je suis dans une salle de sport. Plus large encore : Je suis sur un bateau, le *Philae*, près d'une fenêtre. Au-delà de ma machine, la caméra, par la fenêtre, trouve un homme qui rame dans sa barque, sur le Nil, au même rythme que moi.

*
* *

Nous sommes arrivés à Louqsor, puis à Thèbes, et nous avons parcouru la vallée des Rois, rêve de tout égyptologue et de tout touriste impatient, car même si vous ne savez rien, vous pouvez toujours vous extasier sur les beautés des lieux et écouter le récit des faits – que le soleil est né le matin sous la forme d'un scarabée, qu'il est devenu le dieu Rê à midi, et qu'il règne jusqu'à la tombée de la nuit, devenant alors le dieu Aton. Comment on peut lire la Profession de pureté – la Confession « en négatif » des pharaons qui établit la liste de tous leurs bienfaits sur les murs de leur tombeau. Partout, l'image du soleil, sous forme de bateaux solaires, de disques solaires sur la tête de nombreux dieux, en orbite sur les portes. Les Égyptiens voyaient un tel pouvoir dans le soleil qu'ils se nommaient eux-mêmes « le troupeau de Rê ».

Mais je me rappelle avant tout les graffitis, le vandalisme, les noms des anciens creusés dans les murs des tombeaux, ceux des soldats de l'armée française, ceux des voyageurs anglais du XIXe siècle, les déprédations des Coptes pris de folie et Akhenaton l'iconoclaste défiguré pour avoir décidé de devenir monothéiste.

Je me rappelle les sandales du vieux professeur allemand qui faisaient crisser les graviers dans le tombeau d'Amenkopshef en s'approchant d'une vitre protectrice. Il s'est penché et il a dit :

« Fous foyez l'enfant. »

C'était un petit tas d'os et un crâne fracassé.

« C'est une momie. »

De fait, c'était un fétus momifié.

Je me souviens de la tombe de Néfertari, l'épouse nubienne de Ramsès II, non pas pour les nombreuses années et les millions qu'ont coûtés sa restauration, non plus pour la svelte Néfertari dans sa robe transparente, ses bras tatoués (un œil grand ouvert sur chaque bras), en train de jouer avec des pions sur un plateau ; ni pour les cigognes, les scarabées, les cobras, ni pour les noirs de jais ni pour les couleurs vives, les verts, les rouges, les jaunes.

Ce dont je me souviens, c'est que les billets d'entrée étaient rares, que la visite était limitée à dix minutes et qu'au milieu de ces scènes, dans les profondeurs du tombeau, un employé s'est approché de moi et m'a murmuré :

« Vous devez partir maintenant ! Non, d'accord, restez trois minutes de plus. »

Et il a tendu la main pour un bakchich.

A Karnak, grande ville avec son complexe de temples – rien de semblable au monde, toutes ces colonnes –, je me souviens surtout des images d'abeilles – *Nesrut Biti* (l'Abeille reine), symbole du roi de Haute et de Basse-Égypte – peintes tout en haut sur un toit de paille, et comment leur thorax et leurs pattes avaient été effacés. Flaubert a dit que Karnak ressemblait à « un palais de géants [...] On se demande [...] si l'on n'a pas servi là des hommes entiers enfilés à la broche comme des alouettes ».

Dans la nécropole, en visitant l'ensemble de temples de Médinet Habou, vieux de 3 000 ans, qui comporte le temple commémorant les victoires de Ramsès III, j'ai regardé un groupe de touristes espagnols passer du choc à la fascination quand, longeant un mur, ils ont découvert des mains puis des pénis que l'on coupait à des prisonniers – des touristes regardant une grosse pile de bites sculptées dans le mur d'un temple. « Painiiiiz », a murmuré un homme en serrant les genoux.

Je me souviens du temple de Ramsès, bien sûr, de l'approche par les immenses statues, sur la plaine, qui ont effrayé les Grecs, et de la mélancolie des jambes sans tronc du colosse de Ramsès qui a inspiré « Ozymandias » à Shelley, un de mes poèmes préférés. Flaubert lui aussi a campé à Louqsor.

Mais ce que j'ai vu de plus impressionnant que tout en Égypte, en termes de continuité obsessionnelle au fil des siècles, c'est la bosse sombre et tuméfiée sur le front des dévots musulmans, celle qu'ils se font en se frappant la tête sur le sol de la mosquée – l'*alamat el-salah*, la « marque de prière », que l'on appelle ici le raisin (*zabibah*). Car c'est là, à Louqsor, en 1997, que des fanatiques musulmans sont soudain apparus dans un temple et ont ouvert le feu sur des cars de touristes, dont cinquante-sept sont morts, lors de cet attentat. Un mois après que j'ai quitté le Nil, six touristes allemands ont été pris en otages à Louqsor. On a dit que celui qui les avait enlevés était un déséquilibré, et les otages ont été libérés au bout d'une semaine, mais on s'attendait à d'autres incidents.

Un jour, au temple d'Hatshepsout, un nom que je ne peux prononcer que lentement et en détachant les syllabes, je me suis entendu dire : « Comment diable est-ce qu'ils arrivaient à déplacer ces trucs-là ? » J'ai alors compris qu'il était temps de continuer ma route.

A cause de la menace terroriste, chaque matin, trente voitures et cars quittaient Louqsor en convoi pour la côte. Précédés par des voitures de police à travers le désert, ils parcouraient les quelque cent cinquante kilomètres jusqu'à Port Safage, et trente de plus pour gagner Hurghada, sur la mer Rouge. Pendant deux heures environ, le désert était plat et monotone, puis se formaient de petites collines comme des piles de déchets et des tas de pierres, et finalement, dans les montagnes effritées avec leurs rochers bruns, des enfants bédouins en *gallabiya* sombre crapahutaient parmi les chèvres de leur troupeau.

Sur la côte aride de la mer Rouge d'un bleu profond s'étendait la ville d'Hurghada, lieu de villégiature russe, avec tout ce que cela impliquait : hôtels bon marché, touristes en survêtement, nourriture abominable, sinistres salles de jeu et putains au visage dur. Çà et là, des Roumains qui pensaient nager en plein luxe, des Polonais qui surveillaient leur budget et des randonneurs égarés. Il n'y avait rien d'autre que du soleil, en ce lieu, et la lumière crue rendait plus laids encore les hôtels minables.

« En 1980, c'était un village bédouin », m'a dit un habitant.

J'avais trouvé un gentil petit hôtel sur la dune la plus méridionale, un lieu portant le nom attirant de Sahl Hasheesh, le summum de l'isolement splendide. Bien que les lieux fussent arides, *hasheesh*, en fait, signifie « verdure », et *sahl* veut dire « côte » (racine que l'on retrouve dans « swahili », qui veut dire « les gens de la côte »).

« Vous pouvez vous détendre, ici », m'a dit le directeur de l'hôtel.

J'ai pensé : je ne veux pas me détendre. Si je voulais me détendre, je ne serais pas venu en Afrique.

« Vous pouvez vous reposer. »

Pour moi, voyager n'avait aucun rapport avec le repos ou la relaxation. C'était de l'action, de l'épuisement, du mouvement ; et les longueurs, les délais, les retards inhérents à l'exercice, étaient inévitables pour résoudre les problèmes qu'entraînait toute progression – attendre les cars et les trains, supporter des pannes en faisant contre mauvaise fortune, bon cœur.

« Vous pouvez vous asseoir sur la plage. Vous pouvez nager. »

Pour quelqu'un qui, comme moi, vit la moitié de l'année à Hawaii, ce genre d'idée semble perverse. En février, la mer Rouge est froide, et ce qu'on appelle ici du « sable » n'est qu'un mélange de graviers et de cailloux pointus ; quant au vent, il était assez fort pour m'arracher mes vêtements.

Et si je prenais un bateau ? J'ai appelé une agence de voyages américaine au Caire. Une jeune Anglaise évasive, un peu déconcertée par ma demande, m'a répondu qu'elle ne savait rien des bateaux.

« Et si vous partiez en croisière sur le Nil ? m'a-t-elle suggéré.

— C'est déjà fait.

— Ou vous pourriez visiter Le Caire et voir de vrais derviches.

— J'ai des derviches à Hurghada. »

Elle ne pouvait pas m'aider : pas la moindre brochure sur des bateaux, alors que la mer Rouge devait en fourmiller. Je suis allé à Port Safada. Pas de bateau pour Djibouti, juste un bateau plein de *hajjis* pour Djedda, port de l'Arabie fanatique.

A mon retour à Sahl Hasheesh, le gentil directeur de l'hôtel a bien vu que j'étais agité.

« Détendez-vous, prenez du bon temps !

— Je veux bouger.

— Pour aller où ? a-t-il demandé en riant.

— Jusqu'au Cap, j'espère. »

Ça l'a laissé sans voix. C'est toujours une erreur de tenter d'expliquer mes projets quand je suis en voyage. Mes idées semblent absurdes, parce qu'elles sont présomptueuses. Le voyage est au mieux accidentel, et on ne peut expliquer l'improvisation. Un jour, j'en ai eu marre d'être calmé à Hurghada et, plus inquiétant, on m'a dit que la fête musulmane de l'Aïd el-Kébir était sur le point de commencer. La Fête du Sacrifice durait six jours et commémorait le fait que le Seigneur avait remplacé Isaac par un bélier sur l'autel sacrificiel d'Abraham. Six jours où tout était fermé. J'ai décidé, sur un coup de tête, d'appeler à nouveau les Soudanais.

« Votre visa a été approuvé », m'a dit un certain Adil.

Mais la frontière était fermée. Il me faudrait gagner Khartoum par avion. Je suis allé en ville acheter un billet. Dans la queue, avec moi, un homme amical et volubile achetait un billet sur Egyptair. Il avait la tête carrée des Égyptiens des villes, les joues rondes, les yeux gris, la silhouette râblée qui donne l'illusion d'une mauvaise posture. Il s'appelait Ihab.

« Comme le capitaine du roman ?

— Quel roman ? Comme l'Ihab du saint Coran », a-t-il dit en essuyant ses mains humides de sueur sur sa chemise, assombrissant encore les taches qui s'y trouvaient déjà. « Mon nom signifie "cadeau".

— Vous êtes d'Hurghada ?

— Personne n'est d'Hurghada. »

C'était vrai. La station balnéaire n'était qu'un village de bédouins, il y a vingt ans, et les bédouins sont toujours en déplacement.

« Égyptien ?

— Je déteste l'Égypte.

— Pourquoi ?

— Je vous le dis demain. »

Demain ?

Avant de partir pour Khartoum, j'ai appelé le consul américain dont on m'avait donné le nom. Comment ça allait, au Soudan ?

« Je n'ai pas l'autorisation d'y vivre, m'a-t-il répondu. Je vis au Caire. Je me contente de faire des allers-retours à Khartoum. Je rentre au Caire ce soir.

— Je me demandais si on peut circuler hors de Khartoum.

— Je n'ai pas l'autorisation de sortir de Khartoum, pour des raisons de sécurité.

— Des citoyens américains ont-ils été molestés, au Soudan ?

— Molestés ? Eh bien, il y en a eu un qui s'est fait ramasser par les forces de sécurité, il y a quelques mois. On l'a interrogé. On l'a torturé, je le crains, pendant trois jours.

— Quelle horreur !

— C'est la seule plainte que nous avons enregistrée, mais vous voyez que c'est assez grave. J'étais obligé de vous le dire.

— Est-ce qu'on l'a laissé partir ?

— Pas tout de suite. Seulement après l'avoir soumis à un simulacre d'exécution.

— C'est une aventure que je préférerais éviter. »

4 — Les derviches d'Omdurman

A peine entrions-nous dans l'espace aérien du Soudan qu'Ihab, assis près de moi, me disait que c'était aussi un pays qu'il détestait cordialement. Je lisais les conseils de voyage donnés par le ministère des Affaires étrangères américain aux éventuels touristes se rendant au Soudan, et je n'en revenais pas :

> Il est dangereux de voyager dans tout le Soudan, en particulier hors de Khartoum... Des voyageurs [américains] au Soudan ont subi des retards et ont été victimes de détentions quand les forces de sécurité du pays sont intervenues, surtout à l'occasion d'excursions hors de Khartoum... Conduite locale anarchique des véhicules... barrages routiers... En plus de la guerre civile qui continue de sévir, les fortes pluies et un niveau du Nil beaucoup plus élevé que la normale ont entraîné de graves inondations dans tout le Soudan. Les crues du Nil ont affecté Khartoum... Les maladies liées à l'eau, telles que la malaria, la typhoïde et les gastro-entérites, sont une menace réelle... Le contrôle qu'exerce le gouvernement soudanais sur sa police et son armée peut être limité...

Ma proposition préférée était *En plus de la guerre civile qui continue de sévir*. J'ai regardé près de moi. « Vous disiez ? »

En bon Égyptien, Ihab se moquait du Soudan avec un humour teinté d'affection, dans le même esprit que ses plaisanteries sur l'Égypte. Sa principale objection était d'une grande simplicité :

« Les zens sont pas lib'. En Amérique, les zens peut embrasser une fille dans la rue – pas de poblème. Mais en Ézypte, au Soudan, z'embrasse une fille, et la bolice vient ! Elle me prend ! a-t-il dit en riant à cette idée. Elle me met en mauvaise bosition.

— Pour avoir embrassé une fille ?

— C'est illégal. Mais pas en Amérique.

— On n'a cependant pas le droit d'embrasser les gens qu'on ne connaît pas. »

Il ne m'écoutait pas.

« Je veux aller au Niou Jerzé ! Je veux être un homme du Niou Jerzé ! »

Une jolie Égyptienne, qui voyageait avec une vieille femme qui pouvait être sa mère, était assise de l'autre côté de l'allée centrale. « Femme ézyptienne très sexy », a dit Ihab en confidence, sa bouche couverte de salive contre mon oreille. Il s'était tourné vers moi pour que la femme ne puisse entendre ce qu'il disait. « Elle coupée. »

Je savais ce qu'il voulait dire, mais j'ai fait semblant que non, pour qu'il me l'explique. Il l'a fait tout d'abord par un geste de la main, en insérant un pouce clitoridien entre deux doigts labiaux. « Elle coupée là, a-t-il dit en coupant son pouce de sa main libre.

— Douloureux ! ai-je dit. Et quel intérêt ?

— Pas mal ! Elle zeune – pitite. Une semaine, un mois maximum, elle coupée. »

Je n'avais appris la pratique des clitoridectomies sur des bébés que peu auparavant, mais les femmes occidentales et les mouvements féministes d'Égypte s'en préoccupaient beaucoup. J'ai posé la question évidente : A quoi cela servait-il donc ?

« Mieux pour elle – la fait plus sexy, a répondu Ihab. Si coupée, elle aime sexe tout le jour. »

Cette idée, reprise par d'autres hommes qui m'en ont parlé durant mon voyage, allait à l'encontre de toutes les conclusions médicales. C'était un peu comme dire que le sexe pour un homme était plus amusant quand on lui avait coupé les couilles. J'ai aussi entendu la raison opposée et plus crédible : ça émoussait le plaisir de la femme et la rendait plus fidèle. Ihab était tellement excité par le sujet qu'il commençait à élever la voix, et j'ai craint que la femme ne l'entende et n'en soit offusquée.

« Une femme coupée comme ça, tu la touches, a-t-il dit en passant son poing sur ma jambe, elle est excitée.

— J'imagine.

— Femme américaine, non. Mais Ézypte, Syrie, Zordanie, Arabie, les femmes coupées, elles sont si excitées si tu touches quelque chose, tu touches doigt, tu touches peau... »

Il souriait en passant ses doigts sur sa main.

« Quand tu zou par là, a-t-il dit en insistant sur son pouce, elle devient folle. »

Il a murmuré le mot arabe pour ce geste, *khitan*, pressé contre mon oreille, dans un souffle, de crainte que quelqu'un entende ce terme interdit.

Tandis que nous quittions l'avion, il avait les yeux exorbités en suivant la belle femme et sa mère, pensant au secret de cette femme, excité et frétillant, imaginant dans son cerveau enfiévré ce qu'il ne pouvait voir.

« Femme avec *khitan*, elle plus sexy. »

Venant d'Hurghada, il savait une ou deux choses sur les femmes, surtout les femmes étrangères. Dans son travail (les ventes et le commerce), il avait eu beaucoup de propositions sexuelles de la part de femmes en visite – comme tous les Égyptiens. Les étrangères les trouvaient attirants. Je pouvais en témoigner : les rives du Nil résonnaient des cris des Européennes prenant du plaisir à bord des felouques – et le mot même de « felouque » avait quelque chose de sexuel.

Ihab avait même reçu des propositions de mariage, de la part de Russes.

« Donnez-moi un exemple.

— Une femme. Elle veut me marier. Mais moi déza marié. Z'aime ma femme. Z'aime mes deux gosses. Alors pourquoi marier ?

— Je suis d'accord.

— Mais femme, elle est zalouse.

— La mienne aussi, parfois.

— Ah ? s'est-il étonné. La tienne ? La mienne ? Les femmes, elles sont toutes les mêmes ?

— Je ne crois pas. »

*
* *

Le premier homme que j'ai rencontré à Khartoum a réfuté tout ce qu'Ihab avait dit. C'était un petit homme mince du nom d'Haroun, que j'ai rencontré à l'hôtel Acropole. Extérieurement, l'Acropole n'est qu'un immeuble minable de plus dans une ruelle poussiéreuse d'une ville chaude aux rues sinueuses et parsemées de nids-de-poule. Mais on m'avait recommandé l'hôtel. A l'intérieur, l'Acropole était bien tenu et agréable, avec sol de marbre et chambres propres. Il était dirigé par un Grec courtois, Georges Pagoulatos, dont le cœur était resté dans sa Céphalonie ancestrale, mais qui était né à Khartoum. *Dites-moi ce que vous voulez faire au Soudan, et peut-être que je pourrai vous arranger ça*, m'a-t-il dit. Il a tenu parole. Grâce à Georges, tous les journalistes et tous les employés des organisations humanitaires descendaient à l'Acropole. Il était le directeur serviable d'un hôtel exotique dans un classique du cinéma, et j'ai passé presque tout mon temps chez lui, car la vie à l'Acropole m'a rappelé *Casablanca* sans l'alcool. Ce n'était pas la faute de Georges. La *charia* imposait sa loi, et l'alcool était interdit au Soudan. Il n'y avait pas vraiment de restaurants à Khartoum. Je prenais donc tous mes repas dans la salle à manger de l'Acropole, sous la supervision de l'épouse sicilienne enjouée de Georges.

« Croyez-moi, m'a dit Haroun en parlant de l'excision, je peux vous dire d'expérience que ces femmes ne ressentent rien.

— Mais elles se soumettent ?

— Elles restent allongées. Elles n'ont aucune idée de ce qui se passe. En tant qu'homme, vous vous sentez un peu idiot. En tant que femme... je ne sais pas.

— Qu'est-ce que ça leur apporte ?

— Rien. Enfin, des enfants.

— Les Égyptiennes sont assez joyeuses, pourtant.

— Elles rient, oui. Leur vie est horrible, mais c'est un peuple qui sait rire, au moins.

— Les Égyptiens semblent gentils.

— Vous trouvez les Égyptiens gentils ? s'est-il étonné comme si j'avais perdu la tête. Ce n'est qu'une attitude. »

Haroun se montrait aussi sceptique vis-à-vis des Palestiniens qu'il l'était vis-à-vis des Israéliens. Il n'aimait guère les Iraquiens, mais il n'aimait pas non plus les Iraniens. « Et les princes d'Arabie saoudite ne sont qu'une grande famille corrompue. Des Arabes », a-t-il dit avec un sourire cynique qui a découvert ses dents jaunes. Il a haussé ses maigres épaules.

« Et qu'êtes-vous ?

— Je suis catholique. »

Il était jordanien et dirigeait une entreprise à Amman. Pourtant, il n'avait pas grand-chose de bien à dire non plus de la famille royale jordanienne. Un seul peuple jouissait de son approbation sans réserve : les Soudanais. « Regardez comment ils se saluent, a-t-il dit. Ils s'embrassent, ils se frappent dans le dos, ils se serrent dans les bras. Dans aucun autre pays arabe, on ne fait ça. Ils s'aiment bien les uns les autres, ils sont bons.

— Avez-vous déjà eu des problèmes, ici ?

— Jamais. »

*
* *

Khartoum, avec ses grands hommes en *gallabiyas* blanches, la tête enveloppée d'épais turbans style Aladin, et ses grandes femmes voilées en robes multicolores et gants noirs, est une ville sans pluie, vaste et brune comme son réseau fluvial. Les plus hauts bâtiments de Khartoum sont les minarets, fins comme des crayons, de ses nombreuses mosquées. Ses habitants, longs et minces dans leurs vêtements amples, ont un air spectral, comme souvent dans les lieux où le soleil vous aveugle. On n'échappe au soleil que dans l'ombre inclinée des Soudanais. Les amples pièces de coton qui les enveloppent comme des suaires, et même leur tête en un turban lâche, pour lutter contre la chaleur et le soleil, ne montrent que leur visage fin et basané, et les rend d'autant plus fantomatiques.

La ville est située au confluent de deux rivières, le Nil Bleu et le Nil Blanc, tous deux boueux du limon du Sud et coulant entre des rives meubles qu'attaquent ses eaux bouillonnantes. Sur les rives des deux Nil, les buissons sont ornés de déchets et de sacs en plastique que leurs branches ramassent dans les flots. A l'ouest, par-delà le vieux pont métallique britannique, se trouve Omdurman où, voilà plus d'un siècle, le général Gordon a été tué et décapité par le mahdi. Son arrière-petit-fils, Sadig el Mahdi, vit toujours dans la demeure familiale près du fleuve. Ici, le fleuve, c'est les deux Nil combinés en un seul courant boueux et gargouillant qui coule vers le nord, vers Le Caire. C'est au nord-est, dans le quartier industriel de Khartoum Nord, que les obus de Clinton sont tombés en 1998. « Cinq obus – très soudain », m'a dit un étudiant en me montrant du doigt l'autre rive.

En passant devant le petit groupe de trois jeunes gens, deux choses avaient attiré mon attention : ils parlaient anglais entre eux, et l'un d'eux tenait une édition en livre de poche de *L'Éventail de Lady Windermere*, d'Oscar Wilde. Je les ai donc salués, et très vite nous en sommes venus à parler de l'attaque des missiles.

« L'usine fabriquait des produits pharmaceutiques, pas des armes. Mais elle était vide. Personne n'y travaillait la nuit, le jeudi. On pense que les Américains le savaient. »

C'étaient des étudiants, âgés d'à peine plus de vingt ans. Je les ai habilement amenés à me dire ce qu'ils pensaient des Américains, depuis ce bombardement.

« On aime les Américains. C'est votre gouvernement qui a fait ça, pas vous. »

Cette distinction entre les politiques et le peuple, je devais l'entendre souvent, pendant mon voyage, dans la bouche des gens que j'allais rencontrer. En général, les Africains exècrent tant leur gouvernement, ils le trouvent si peu représentatif de ce qu'ils sont, de ce qu'ils veulent, qu'ils étaient très heureux de me faire bénéficier de leurs doutes. « Nous voulons être amis », a dit un des trois.

C'était Hassan. Les autres s'appelaient Abdallah et Saifdin. « *Saif*, ça veut dire épée, et *din*, c'est la foi.

— L'épée de l'Islam, ai-je dit en faisant un geste tranchant. Ça veut dire *Jihad* ?

— Oui, oui, exactement.

— Pas grand-chose sur ce thème dans ce livre, ai-je fait remarquer en montrant la couverture de *L'Éventail de Lady Windermere*.

— Je le lis pour l'anglais. Pour mieux le parler. C'est très important.

— Très très important, a confirmé Hassan.

— Crucial », ai-je dit.

Ils ne connaissaient pas le mot. Nous nous sommes assis sur la rive du Nil, face à l'île Tuti. Je leur ai appris la signification de « crucial » et de « vital ». Il est important d'apprendre l'anglais. Il est vital de comprendre ce qui se passe. Il est crucial d'agir vite. « Permettez-moi de vous interrompre, Monsieur, a dit Abdallah. Que pensez-vous de l'Afghanistan ?

— Il est vital pour nous de comprendre ce qui se passe, ai-je dit. C'est une guerre tribale.

— Et que pensent les Américains d'Israël et de la Palestine ?

— C'est aussi une guerre tribale.

— Vous voyez, Monsieur, a dit Hassan, si vous tuez des Afghans et des Palestiniens, ils ont des familles et ils ont des enfants, et ils détesteront toujours les Américains et essaieront de les tuer. »

C'était incontestable.

« Les militaires soudanais, ai-je dit, lancent des bombes sur les Dinka et la SPLA (l'Armée de Libération des Peuples du Soudan) au sud. Est-ce que ces gens ne vont pas haïr à jamais les Soudanais ? »

Musulmans au nord, chrétiens au sud, dans ce pays, qui est le plus grand d'Afrique. Quarante ans de guerre dans les provinces du Sud. Tout Soudanais faisant la morale au ressortissant d'un pays étranger pratiquant la terreur savait de quoi il parlait. Je crois que ces jeunes gens s'en sont rendu compte. Ils ont changé de sujet.

« Comment pouvons-nous aller en Amérique ? a demandé Saifdin.

— Est-ce que je peux travailler et étudier, là-bas ? a demandé Abdallah. Avoir un boulot pour vivre pendant que j'étudie à l'université ?

— Où est-ce qu'on peut travailler en Amérique ? a demandé Hassan. Quel genre de travail est-ce qu'on peut faire ? »

Je leur ai demandé quelles étaient leurs compétences. Ils ont dit qu'ils ne savaient pas faire grand-chose. Où étaient-ils déjà allés ? Ici, seulement, ont-ils répondu. Ils avaient grandi à Khartoum. Jamais ils n'avaient quitté Khartoum – ils n'avaient jamais vu leur pays, le Sud avec ses champs pétrolifères et ses marais, le Nord qui n'était qu'un désert plein des temples et des pyramides de l'ancien royaume de Koush, les montagnes du Kordofan et les Nubiens à l'ouest. Mais ces étudiants n'étaient pas des exceptions par leur désir de voyager ou d'émigrer. Les villes américaines sont pleines de gens venus de villes d'Afrique et qui n'ont jamais vu leur propre pays.

A Khartoum, je n'aurais jamais su qu'il y avait la guerre si je n'avais remarqué la présence de beaucoup de gens du Sud à la haute stature – Shilluk, Dinka, Nuer, représentants des tribus chrétiennes venus au nord pour fuir les combats. Certains étaient hébergés dans des camps de réfugiés et survivaient grâce à l'aide alimentaire distribuée par divers organismes étrangers présents à Khartoum. Au milieu des années 1960, j'avais été invité par la guérilla soudanaise à écrire quelque chose sur les « zones libérées ». Je vivais en Ouganda, à l'époque, et il y avait là beaucoup de réfugiés soudanais qui parlaient de leurs villages incendiés et de la campagne ravagée. Quarante ans plus tard, apparemment, rien n'avait changé. « Des portions entières du Sud sont inhabitées à cause des mines, m'a dit un expert, à Khartoum. Quand on y va, on ne rencontre jamais personne. »

Dix-huit ans dans l'armée britannique avaient formé Rae McGrath au déminage. Pour leur retraite, la plupart des anciens soldats s'installent dans un village anglais et ouvrent un pub, m'a confié Rae. Mais cela signifie en général qu'ils deviennent des ivrognes et s'endettent auprès de la brasserie qui les finance. Rae, quarante-cinq ans seulement et encore costaud, utilisait les connaissances qu'il avait acquises à l'armée au sein de « Landmine action », une organisation qui s'était donné pour mission de trouver et de retirer du sol ces engins vicieux si nombreux dans bien des régions d'Afrique. Les mines antipersonnel sont simples, meurtrières – et pour longtemps : une mine peut rester dangereuse une cinquantaine d'années.

« On en trouve surtout dans la campagne, parce que les armées se battent toujours dans les régions cultivées, en Afrique », m'a-t-il expliqué.

Comme il avait écrit un livre sur le déminage, il répondait vite et précisément à mes questions, versant parfois dans l'épigramme (« Trouver des mines, c'est un peu comme cultiver un jardin Zen »). On n'a pas écrit grand-chose sur les mines et leur technologie aussi rudimentaire que létale. Elles sont généralement en plastique et presque indétectables. Des chiens sont dressés à sentir les explosifs : ils peuvent donc être d'une grande aide ; mais la méthode de Rae consiste à sonder le sol, centimètre par centimètre, à l'aide d'une tige métallique introduite dans la terre selon un angle de trente degrés, et c'est une technique assez sûre, d'après lui, car ce n'est qu'en appuyant droit sur la mine qu'on enclenche le détonateur.

Des régions entières du Sud sont pleines de mines et ceux qui donnent de l'argent à l'organisation dont Rae fait partie insistent pour qu'on les trouve et qu'on les désarme, afin que des gens puissent se réinstaller chez eux. Mais le nettoyage est lent, et il arrive que les habitants n'aident guère les démineurs.

« Une femme de Malakal m'a dit : "Personne n'a sauté sur une mine ici." Mais un de ses voisins a dit que la vache de cette femme avait marché sur une mine et avait sauté. La femme a dit : "Ah, oui, ma vache..." Au cours d'une guerre, ce n'est pas grand-chose de perdre une vache. »

Rae pensait consacrer un an ou deux à déminer le Soudan. Pour le moment, il résidait à l'Acropole, dans une chambre au dernier étage, entouré de photos de sa famille. Il n'était pas seul à faire ce travail charitable. Duncan, de « Save the Children », était aussi à l'hôtel, de même qu'Issa, de l'Unicef, et Rick (microfinances, prêts aux petites entreprises), et cet Ougandais massif de l'Unesco, sans parler de l'équipe hollandaise qu'on voyait souvent penchée sur des cartes, et de cet homme du Bangladesh (« Je suis Américain, maintenant ») qui « supervisait des projets des Nations unies ».

Ils étaient tous experts dans leur spécialité, et leurs motivations allaient de l'idéalisme altruiste à la paresse en passant par l'envie de profiter d'une situation de crise pour se faire de l'argent. A une autre époque, ils auraient été hommes d'affaires, soldats, politiciens en visite ou enseignants. Mais nous sommes à l'ère de la charité, en Afrique, et la philanthropie a remplacé les affaires. On l'étudie d'aussi près que les récoltes de café ou les projets d'usines hydroélectriques. Une infrastructure complexe se consacre maintenant tout entière à des maux qui sont devenus incurables : famine, déplacement de population, pauvreté, illettrisme, sida, ravages de la guerre. Citez un problème de l'Afrique et il y a une agence ou un organisme caritatif qui s'en occupe, mais cela ne signifie pas qu'on a trouvé une solution. En Afrique, les programmes de charité et d'aide semblent transformer les problèmes en état permanent des choses, mais en plus grave, plus complexe.

*
* *

A Khartoum, la chaleur m'abrutissait, et le soleil qui brûlait dans le bleu sans nuages constellé d'oiseaux de proie et se réfléchissait sur les murs blanchis à la chaux m'éblouissait, car les rues n'étaient que poussière crayeuse – aussi fine, aussi lumineuse. Je marchais lentement et d'un pas lourd. J'aurais été heureux de porter un turban et une *gallabiya* blanche, comme tous ceux de cette population. J'ai transigé et je me suis rendu au souk pour acheter une simple paire de sandales. En chemin, j'ai marmonné la phrase en arabe pour m'en souvenir : *Ana awiz shapath aleila* – j'ai besoin de sandales.

Je regardais les pieds des gens pour voir ce que je pourrais trouver, quand j'ai vu un homme et une femme en route pour la mosquée – c'était un vendredi. Lui tenait le Coran, et ils étaient tous deux élégants pour l'occasion. On ne pouvait douter qu'il s'agissait du mari et de son épouse, car elle s'était fait des décorations au henné – un motif bleu-noir comme de la dentelle sur ses pieds et ses chevilles, privilège réservé aux femmes mariées.

La femme était très belle, grande, noire, mince, sous un voile doré qui a révélé un instant son visage quand elle en a séparé les bords d'un mouvement de la tête. On devinait sa silhouette aux mouvements sinueux de sa robe longue, et elle portait des chaussures noires à talons. Le bas de sa robe s'est pris dans un de ses talons aiguilles, et quand elle s'est penchée pour dégager l'étoffe de soie de sa main gantée, soulevant sa robe un peu plus haut, j'ai vu que le dessin au henné, sur son pied et sa cheville, montait sur sa jambe, dentelle plus fine que celle des bas français les plus sexy. En plus des jolies chaussures et du pied nu, ce qui m'a surtout fasciné dans cette ravissante jambe peinte, c'était qu'elle appartenait à une femme voilée. Le fétichisme explicite de ses pieds, seule partie de sa chair exposée aux regards, laissait à l'imagination ses charmes cachés. Rien n'était plus érotique à mes yeux.

Cette vision n'a rendu la chaleur que plus accablante encore. J'ai acheté des sandales – *Souri*, a dit le vendeur, des sandales syriennes – et j'ai passé le reste de la journée à m'y habituer.

Le voyage est merveilleux par sa manière de nous donner accès au passé : en Afrique, les marchés nous montrent comment on vivait jadis, comment on commerçait. A Khartoum, le marché est médiéval ; c'est un lieu de rencontres pour les putains et les voyageurs, les artistes de rues, les colporteurs, les citadins sophistiqués en costume, les hommes pieux en *gallabiya*, les paysans des régions méridionales (si vous ne saviez ne serait-ce que quelques petites choses de leurs coutumes, vous pouviez les distinguer, repérer les scarifications tribales sur leur visage, ou les tatouages, ou bien encore les dents taillées ou les inclusions dans la lèvre). De nombreux gamins des rues chapardaient en passant ou vendaient du savon et des cigarettes. Le marché de Khartoum est le cœur et l'âme de la ville, comme les marchés l'étaient dans l'histoire ancienne. Le dépôt de bus n'est pas loin, ni la rue des marchands d'or et d'argent, ni la rue des vendeurs de sandales (et de sacs et de chaussures en peau de serpent ou de léopard – ce qui est illégal) ; il y a les charrettes de légumes, les échoppes de viande et, au centre, la plus grande mosquée du pays. A cause de cette mosquée et d'une injonction précise du Coran – « Ne repousse pas le mendiant » (95 :10) – tous les miséreux et tous les infirmes de la ville harcèlent les fidèles qui viennent prier.

Des groupes de femmes en longues robes et voiles étaient assises dans des échoppes de bijoutiers pour choisir des boucles d'oreilles à pendants, des bracelets larges comme des poignets de chemise, des colliers arachnéens et des ornements de chevilles. L'or était le seul luxe. Certaines de ces boutiques n'étaient guère plus que des cabines, mais on les reconnaissait à l'éclat de l'or, à leurs miroirs et à l'air conditionné dont elles bénéficiaient.

Mahmoud Almansour vendait de l'or et parlait assez bien anglais.

« C'est parce que je vis à New York, m'a-t-il expliqué.

— Que faites-vous ici ?

— Je rends juste visite à ma famille, et à ça... a-t-il dit avec un geste méprisant pour ce qui l'entourait.

— Vous n'aimez pas le Soudan ?

— Le Soudan, c'est bien. Les gens sont gentils, a-t-il dit en grattant sa tête rasée et sa barbe, mais... »

L'histoire de son émigration était intéressante et peut-être typique. En 1985, à vingt-cinq ans, il s'était envolé pour Mexico avec un visa de tourisme et il avait disparu. Il avait refait surface près de Tijuana et donné 500 dollars à un passeur pour qu'il lui fasse traverser la frontière avec les États-Unis. On l'avait enfermé dans un camion réfrigéré transportant des poissons, où il s'était retrouvé debout derrière les caisses en compagnie de trois Mexicains. Le chauffeur leur avait donné des moufles et des chapeaux et il avait mis le thermostat très bas juste avant la frontière, pour que, lorsque les officiers des douanes américains ouvriraient les portes, l'air glacial forme un nuage.

Mahmoud s'était retrouvé à l'air libre en banlieue de San Diego, mais il ne s'y était pas attardé. A l'époque, on n'avait pas besoin d'une pièce d'identité pour acheter un billet d'avion. Il s'était envolé pour Atlanta où, ayant dépensé tout son argent, il avait été embauché pour la saison de cueillette des pêches. Il avait alors pris un car pour la Virginie.

« Encore cuyir, cuyir, cuyir. Je cuye n'importe quoi. »

Hébergé dans des foyers pour travailleurs migrants, mangeant une nourriture frugale, il avait économisé suffisamment d'argent pour gagner New York, où il connaissait un Soudanais. Il avait continué les petits boulots. Il avait demandé et obtenu une « green card » l'autorisant à travailler, et il avait continué à économiser jusqu'à gagner la confiance d'un homme qui, contre une certaine somme, lui avait confié la conduite d'un taxi jaune. Il était donc devenu chauffeur de taxi.

« Je suis marié à une Américaine – une Noire américaine, a-t-il spécifié. Mais elle pense que l'Afrique, c'est dangereux ! Le Soudan, c'est pas sûr ! Ça m'est égal. J'adore New York. L'Amérique, c'est le *Baradis* ! »

Il allait quitter le Soudan dans quelques mois pour rentrer à Brooklyn. Il se disait étouffé par les lois, au Soudan – il était un bon travailleur mais, comme beaucoup d'immigrants aux États-Unis, il n'avait pas un respect exagéré pour la loi ; on comprenait donc sa réaction.

Pourtant, j'ai été surpris que même ici, au marché, dans le souk traditionnel de Khartoum, il y eût à l'étage des pièces où hommes et femmes se retrouvaient. Au fond de la plupart des cafés, un escalier montait jusqu'à une pièce discrète fermée par de lourds rideaux, un peu sombre et étouffante malgré le ventilateur qui tournait, où jeunes gens et jeunes femmes s'asseyaient à des tables et murmuraient. Ils ne s'embrassaient pas, ne se tenaient pas la main, mais tout le monde pouvait voir que leurs murmures étaient lourds de paroles tendres. C'était suffisamment furtif pour sembler plutôt agréable.

Des groupes d'hommes se retrouvaient aussi dans ce genre d'endroit. Au-dessus d'un atelier, j'ai rencontré deux docteurs et, comme on était au Soudan, ils m'ont invité à me joindre à eux pour une tasse de café. Le Dr Sheikh ad Din était médecin, et le Dr Faiz Eisa, son ami, était avocat.

« Ce pays n'est pas aussi strict que d'autres, a dit le Dr Faiz. On ne respecte que cinq des lois de la charia, ici : l'interdiction de l'adultère, de l'alcool, du vol, de la diffamation et de la traîtrise – soit la déclaration de guerre contre son propre pays. Ça, c'est interdit.

— Mais les gens se comportent bien, a dit le Dr Sheikh, comme vous le voyez.

— On ne coupe pas les mains des gens, a dit le Dr Faiz. On ne les lapide pas à mort.
— C'est très évolué », ai-je concédé.

*
* *

Le lendemain, je suis allé à pied au Blue Nile Sailing Club, qui date du début des années 1920. Ce club britannique a été établi en vue d'activités liées au fleuve – voile, aviron, rame – et des plaques gravées au nom des gagnants de divers trophées et compétitions ornent les murs : « 1927 Trophée du Nil bleu – S.L. Milligan », « 43-44 Course des Dames – Mme W.L. Marjoribanks », etc.

Le club-house est installé dans une ancienne canonnière en métal, le *Malik*, déposé dans un fossé assez loin de la rive. Dernière canonnière britannique des trois engagées dans la bataille d'Omdurman, le *Malik* était arrivé par le Nil dans des caisses en 1898, et avait été assemblé à Khartoum. Lord Kitchener l'avait utilisé pour son attaque (« On le déteste, ici », m'a dit un Soudanais). Le *Malik* était commandé par le neveu du général Gordon, qu'on appelait « Monkey », et qui était venu au Soudan pour venger le meurtre de son oncle et profaner la tombe du mahdi. En voyant ces canonnières, lentes, difficiles à manœuvrer, les soldats avaient ironisé et appelé la flotte « Monkey Gordon's Greyhounds » – la comparant à des lévriers. Les bateaux étaient pourtant bien armés – le *Malik* avait à bord un obusier, des mitrailleuses Maxim-Nordenfeldt et un canon. Ces armes furent utilisées et eurent un effet dévastateur à Omdurman, qui n'a pas été seulement une bataille visant à arracher le contrôle du Soudan, mais aussi une expédition punitive contre les Soudanais, une manière de venger la mort de Gordon et l'expulsion des Britanniques, treize ans plus tôt.

Du poste de pilotage du *Malik*, qui remontait péniblement le courant, dès l'approche d'Omdurman, Monkey Gordon a vu la tombe du mahdi. Au plus fort de la bataille, le *Malik* a été la seule canonnière qui ait réussi à vaincre définitivement les derviches sur le point d'anéantir le corps des Chameliers. En fin de compte, plus de 8 000 Soudanais ont été tués, et les blessés ont été abattus sur place. Une telle cruauté de la part des Britanniques a choqué le jeune Winston Churchill, qui travaillait alors au Soudan comme journaliste.

La bataille terminée, on a choisi le *Malik* pour tirer les vingt et un coups de canon de la victoire (avec de vraies munitions, on n'en avait pas d'autres). Puis Monkey Gordon, sur ordre de Kitchener, s'est occupé de démolir le tombeau du mahdi, déterrant le corps, et le profanant en le jetant dans le fleuve, non sans lui avoir d'abord coupé la tête. Un historien de la bataille a affirmé que lord Kitchener avait envisagé de la faire monter en encrier ou en coupe à boire par un orfèvre. Certains croient qu'il l'a fait, mais on m'a dit que la tête est enterrée dans un cimetière de Wadi Halfa.

Le *Malik* est fait de plaques d'acier rivetées, ce qui le rend presque indestructible. Mais il est en piteux état – ses hublots brisés, ses rampes tordues, ses ponts éraflés et ses cabines pleines de planches fracassées. Quelques bateaux à voile ou à moteur sont bien ancrés au ponton tout proche, mais ce club – ce malheureux navire – a connu des jours meilleurs. Les fortins en terre du mahdi se dressent encore sur les rives du Nil à Omdurman, victimes de l'érosion éolienne et lissés par les eaux lors des crues ; mais les meurtrières percent toujours les remparts.

Les Soudanais sont si fiers de leurs prouesses militaires qu'ils peuvent citer par cœur des vers du poème de Kipling « Fuzzy-Wuzzy » écrit à la louange des guerriers soudanais – « Le Fuzzy était le plus beau de tous » et « Nous vous avons noyés dans le Martini, ce qui n'était pas juste ». Dès qu'il s'agissait de compliments hypocrites, Kipling était le roi. Et pourtant, les Soudanais sont très fiers de ça :

> A toi Fuzzy-Wuzzy...
> Tu n'es qu'un mécréant asservi,
> Mais un grand combattant
> qui a défait un carré britannique !

Dans la maison du successeur du mahdi, à Omdurman, une pièce est devenue un autel au général Osman Abou Baker Nigna. Ce vieil homme enturbanné à l'air de saint était le soldat qui avait tant impressionné Kipling, car il avait participé à dix-neuf batailles contre les Britanniques et s'était distingué en menant des charges qui avaient réussi à briser la formation qu'on appelait un « carré », dans l'armée. Personne d'autre, ni les Indiens ni les Zoulous ni les troupes napoléoniennes, n'y était jamais parvenu.

Plus tard dans la journée, accompagné d'un certain Khalifa qui se piquait d'histoire, je me suis rendu au musée de Khartoum, plein de statues pharaoniques – et là, j'ai été frappé par l'évidence : la frontière avec l'Égypte est arbitraire, et ce que nous considérons comme des dieux et des temples égyptiens se retrouve très loin dans les profondeurs de l'Afrique, plus loin que la Nubie, plus au sud que Dongola, presque jusqu'à Khartoum.

« Les souverains du royaume de Koush ont été repoussés hors d'Égypte par les invasions assyriennes, et ils ont régné à Méroé et dans diverses villes de la région de Dongola.

— A quelle distance sommes-nous de Méroé ?

— Vous pourriez y être en une journée. »

Il a ajouté que jusqu'au VIe siècle, on faisait parader la statue d'Isis de Philae sur un bateau qui remontait le Nil pour bénir les récoltes.

Il y avait aussi des chrétiens qui pointaient leur nez dans la vallée du Nil, à l'époque, a dit Khalifa, envoyés de l'Empire romain d'Orient pour convertir les Nubiens, qui continuaient (horreur pour les chrétiens) à adorer Isis et Osiris. On peut donc dire que les missionnaires chrétiens ont pénétré l'Afrique en prosélytes depuis plus de 1 400 ans – et qu'ils ont mené une lutte d'arrière-garde dans des lieux comme le Soudan, islamisé au XVIe siècle.

« C'est par les soufis que l'islam s'est diffusé au Soudan », a dit Khalifa.

Je connaissais un peu le soufisme, cette forme mystique de l'islam. Khalifa a dit qu'il y avait beaucoup de soufis au Soudan. Celui qui faisait autorité, Yusef Fadal Hasan, vivait à Khartoum. Il m'a dit qu'il y avait toutes sortes de dévots soufis, selon leur mosquée – certains dansaient ou jouaient du tambour, d'autres ne le faisaient pas du tout, tandis que dans certaines mosquées, les soufis jouaient des compositions musicales uniques.

« Et il y a des derviches », a dit Khalifa.

*
* *

Vers la fin d'un après-midi très chaud, le soleil baissait dans les nuages de poussière soulevés par le jour, son disque grandissait et rougissait, quand nous nous sommes hâtés, entre les tombes chargées d'amoncellements de pierres, dans la vaste nécropole de la mosquée Hamad el Nil d'Omdurman, pour voir les derviches.

Je les ai entendus psalmodier avant d'arriver, et j'ai compris que j'allais assister à un spectacle qui ne ressemblerait à rien de ce que je connaissais. Une foule de plusieurs milliers de personnes formait un cercle dense, immense, dans la cour d'une mosquée en bordure du cimetière et, en quelque sorte, le délabrement de ce champ de cadavres muets tout proche ajoutait à l'intensité de ce dont j'étais témoin. Au centre du cercle, des hommes trépignaient, certains en *gallabiya* verte, d'autres en blanc, certains avec ceinture et calotte verte, six ou sept vêtus de *gallabiyas* multicolores, cape rouge et haut bonnet rouge ; ils tenaient des bâtons, certains virevoltaient sur une jambe, d'autres dansaient ou tournoyaient lentement.

Il y avait une vingtaine de musiciens, avec tambours et cymbales, près de la mosquée, qui jouaient fort une mélopée rythmée tandis que tout le monde psalmodiait – les derviches, les prêtres en vert et en blanc, et la foule aussi.

« Il n'y a pas d'autre dieu qu'Allah ! Pas d'autre dieu qu'Allah. »

Les hommes en *gallabiya* au centre ont entrepris une promenade codifiée en formant un grand cercle, menés par un géant noir vêtu de vert – turban vert, *gallabiya* verte – entouré de derviches, dont certains tournoyaient et d'autres sautillaient ou dansaient. Presque tous tenaient une sorte de bâton avec lequel ils se livraient symboliquement à un duel à l'épée.

Les femmes avaient été repoussées dans un coin, où elles priaient plus discrètement. Les milliers de fidèles dansaient sur place, psalmodiaient et faisaient continuellement le geste de tirer une corde invisible. C'était un mouvement à la fois guerrier, gracieux et bizarre, et les visages luisaient de sueur en mimant l'effort.

C'étaient les rythmes et les sons que j'associais aux réunions de prière des revivalistes, les mêmes sourires béats, la même hystérie. J'assistais à une réunion de prière au plein sens du terme. Ils psalmodiaient « Dieu est grand », maintenant, de plus en plus vite, et avec l'accélération des paroles, les hommes trépignaient aussi plus vite dans ce grand cercle, soulevant la poussière.

J'ai soudain remarqué les infirmes, des hommes souffrant de toutes sortes de déformations – jambes tordues ou amputées, colonne vertébrale déviée ; ils s'appuyaient à des béquilles ou des cannes, et deux d'entre eux avançaient même à quatre pattes. Eux aussi esquissaient des pas de danse et s'ingéniaient en titubant à rester dans le cercle sacré, au son des tambours et des cymbales qui, en se heurtant, retentissaient comme des couvercles de casseroles.

Le rythme s'est soudain ralenti, et j'ai cru que la danse se terminait, mais la trentaine de prêtres et de derviches s'est mise à progresser vers l'extérieur du cercle en psalmodiant de nouvelles paroles :

« *Allah al haiyu ! Allah al haiyu !* » – Dieu est vivant !

Les derviches aux cheveux bouclés et emmêlés sous des bonnets pointus, vêtus d'étoffes bigarrées aux couleurs vives comme des fous du roi ou des jongleurs, avaient des gestes dont l'exagération prêtait à sourire. Ils ont continué à parcourir des cercles en tournant, tandis qu'un homme, au périmètre de la foule, agitait un encensoir qui envoyait la fine fumée vers les visages luisants de la foule des fidèles qui psalmodiaient.

Et maintenant que le soleil rouge était plus bas, dans l'odeur de la poussière et de l'encens, vibrant des piétinements qui me rappelaient les coups frappés par un exorciste de village, au milieu des infirmes qui tournoyaient, des prêtres qui marquaient leurs pas, du roulement des tambours et des hululements devenus si aigus qu'ils s'apparentaient au yodel, le rythme s'est à nouveau accéléré jusqu'à la frénésie.

C'était essentiellement un chœur de voix, mais quand un des derviches a sorti un fouet de cocher en cuir (que j'ai pris un instant pour un serpent) et l'a fait claquer, la foule a frappé dans ses mains et chanté de plus belle – le coucher du soleil sur la mosquée allongeant les ombres jusqu'au cimetière – et les tambours n'avaient jamais résonné plus fort, les cymbales n'avaient jamais été aussi insistantes. J'étais à la fois inquiet et énergisé, car la foule, maintenant en extase, psalmodiait frénétiquement « Dieu est vivant ». Il arrive un moment où l'on ne peut distinguer la foi de l'hystérie.

Seul non-croyant parmi ces milliers de fidèles, j'avais quelque raison de m'inquiéter.

« Ils ne font pas de politique, a dit Khalifa. Ce sont des soufis. Ils n'ennuient personne. Ils dansent. Ce sont des mystiques. Ils sont gentils. »

Peut-être. Quoi qu'il en soit, je reconnaissais là l'essence délicieusement étrange de ce que je recherchais en voyage – l'étonnant et le familier à la fois –, au crépuscule, dans la poussière que soulevaient tous ces pieds en mouvement, derviches et spectateurs ne faisant plus qu'un. Tout le monde participait à la cérémonie. Ce n'était pas un spectacle organisé pour que les touristes prennent des photos, mais un rite hebdomadaire exécuté simplement pour la joie qu'il apportait.

Dans les ors et le sang du soleil couchant sur le désert, tout s'est terminé par épuisement ; les hommes se sont embrassés, les femmes ont jeté un regard entre leurs voiles, avant que tous tombent à genoux et prient dans la pénombre de plus en plus dense, en ce lieu hors du temps, entre fleuve et désert.

5 — *La route d'Oussama vers la Nubie*

La première nuit où j'ai dormi dans le désert, voyageur sur une terre antique, étouffant de chaleur, assoiffé, gisant nu sur le dos, j'ai regardé à travers ma moustiquaire et j'ai vu des mouches qui se rassemblaient le long des coutures de ma tente, leurs corps frémissants et tordus éclairés par la lune et des morceaux d'étoiles. J'étais heureux, en dépit des sinistres mises en garde : *Il est dangereux de voyager dans tout le Soudan, en particulier hors de Khartoum.*

« Le simple plaisir animal est très grand de voyager dans un pays sauvage et inexploré », a écrit David Livingstone dans des circonstances semblables. Puis les mouches sont parties et la lune aussi, quand le ciel s'est couvert d'écheveaux de nuages de plus en plus laineux et sombres jusqu'à ce que la nuit soit noire, sans étoiles, l'air immobile et épais. J'avais du mal à respirer et j'éprouvais cette curieuse sensation de lévitation qui vient quand on est nu, à plat sur le dos, par une chaude nuit d'été. Mais je n'étais qu'un ver blanc dans le vaste désert sombre.

Le son d'un trottinement s'est fait entendre, non pas d'un animal mais de beaucoup de petits sabots, comme une multitude de petites gazelles, si douces dans leur approche que c'était moins un claquement de sabots que le bruit d'une expiration, pah-pah-pah... Elles avançaient vers moi, et bientôt montaient sur ma tente, piétinaient la toile.

C'était la pluie. *De la pluie ?* Je me suis assis, en sueur. Oui, et elle tombait fort, traversait le tissu et arrivait jusqu'à moi. En quelques secondes, je me suis retrouvé trempé. J'avait traîné mon sac dans la tente pour éviter d'attirer les serpents, nombreux par ici. Mon sac était mouillé, mes vêtements pliés aussi, et il continuait de pleuvoir.

J'ai ouvert la tente et je suis sorti. Ramadan était accroupi, les mains sur la tête. Il a crié en me voyant. Je le distinguais à peine. Pas d'étoiles, pas de lune, juste la pluie qui tombait dru et clapotait dans l'obscurité.

Je me suis dressé sous la douche comme un singe, léchant les gouttes sur mes lèvres. Je me demandais si je devais gagner le camion quand la pluie s'est arrêtée et qu'un croissant de lune à demi grignoté est apparu.

« Qu'est-ce que c'était ?

— Il ne pleut jamais ici, a dit Ramadan.

— C'était de la pluie.

— Juste parfois. »

La nuit était si chaude que, même après que le nuage avait éclaté, quand j'ai essuyé ma tente et posé mon sac dans le sable, tout a été sec en quelques minutes. Il était minuit. Je suis retourné dormir. Quelques heures plus tard, j'ai entendu des pas qui approchaient, le trottinement, discret, puis la tente piétinée, et il y a eu une autre averse, aussi furieuse que la première. Je suis resté allongé et j'ai laissé la pluie me frapper. Quand elle a cessé, j'étais si fatigué que je me suis retourné et que je me suis rendormi dans la flaque qui s'évaporait dans ma tente.

L'aube a été fraîche. Je me suis réveillé en éternuant et j'ai mis mes vêtements, mais le soleil a de nouveau répandu sa chaleur. Nous avons fait du café, j'ai mangé un pamplemousse que nous avions acheté au marché, la veille, et nous avons continué vers le nord.

« Tu sais qui a fait cette route ?

— Dis-moi.

— Oussama.

— Il vivait à Khartoum, c'est ça ?

— Le gouvernement du Soudan lui a dit de partir. »

En dépit de ce départ précipité, Oussama ben Laden n'est pas critiqué par les Soudanais. « C'est un homme bon, un saint homme, nous pensons qu'il n'a pas tort », m'a affirmé un groupe de Soudanais à Khartoum, comme s'ils me défiaient de les contredire. Je l'ai fait en leur disant : « Oussama a déclaré que tous les Américains étaient des cibles légitimes, et qu'ils peuvent être tués par les moudjahidin. En tant que cible, je ne suis donc pas d'accord avec vous. »

Comme tout le monde le sait maintenant, Ben Laden est parti en Afghanistan au début des années 1980. Multimillionnaire de vingt-deux ans, il a utilisé sa fortune pour acheter des armes et s'opposer à l'invasion soviétique de l'Afghanistan. Il est venu au Soudan en 1992, après que les Saoudiens lui avaient retiré son passeport et sa nationalité. Installé avec ses nombreuses épouses et ses enfants plus nombreux encore à Riyadh, une banlieue huppée de Khartoum, dans un ensemble de maisons de deux étages derrière de hauts murs, il avait mis sur pied une entreprise de construction qui avait fait les travaux de la route de Shendi et de l'aéroport de Port Soudan, sur la mer Rouge. On disait qu'il avait aussi apporté son aide en distribuant argent, biens et conseils, tout en continuant à recruter des zélotes musulmans pour Al Qaïda, une organisation qu'il avait fondée dans les années 1980.

Du Soudan, Oussama avait financé l'opposition somalienne aux Américains à Mogadiscio, où il avait été aussi victorieux et destructeur qu'en Afghanistan. Irrité par ses actions, le gouvernement soudanais l'avait expulsé en mai 1996, et il était retourné avec sa suite en Afghanistan, où il avait continué à fomenter des complots, dont l'attentat contre les ambassades américaines de Nairobi et de Dar es-Salaam, et de nombreuses autres actions d'éclat dans le monde entier.

Officiellement, il avait été banni du Soudan, et pourtant il occupait encore les pensées des Soudanais, ce personnage maigre, de haute taille, même pour un pays où les gens sont très grands, pieux et austère, connaissant une maxime pour chaque occasion, distribuant des aumônes, défendant la religion, sa carcasse décharnée d'un mètre quatre-vingt-quatorze tremblante de foi, incarnation de l'Épée de l'islam. Les Frères musulmans étaient forts au Soudan, même s'ils restaient passifs sur le thème du *Jihad*, ainsi que le plus militant Al-Gama'ah el-Islamiya, qui avait perpétré de nombreux meurtres en Égypte, y compris le massacre de touristes.

Les journaux de Khartoum se souvenaient d'Oussama. Quant au majordome de sa maisonnée, un Égyptien du nom de Mohammed el-Faki, il était intarissable sur la manière dont son patron aimait les jus de fruits, préférait les infusions de cumin noir au thé et adorait le *kabsa*, l'agneau, sur d'énormes assiettes de riz. Il était frugal et respectueux, et tenait toujours un chapelet dans sa main droite et une canne dans la gauche, canne dont il usait parfois pour châtier ses enfants.

« C'est une bonne route.

— La route d'Oussama », a dit Ramadan.

Il a ri et il a ajouté qu'il avait envisagé d'aller en Afghanistan, d'y tuer Oussama et d'empocher la récompense de plusieurs millions de dollars.

« Mais je ne pourrais pas revenir au Soudan, après ça. Les Soudanais seraient très en colère, si je tuais cet homme. Ha ! »

Nous avons continué notre voyage, et de temps à autre, Ramadan, sans ralentir, tournait le volant et sortait de la route d'Oussama, bondissait sur le bas-côté, descendait et remontait les fossés, et filait sur quatre-vingts kilomètres dans le désert, en dehors de toute piste, en quête d'un temple ou de quelque statue sans nez, sans bras, vestiges d'un autre orgueilleux Ozymandias.

*
* *

J'aimais l'aspect du désert soudanais – vaste, lumineux et brun, sans personne, sillonné de pistes en tous sens – que l'on sait ponctué de superbes ruines, de chaînes rocheuses, d'oueds pleins de hérons, d'oasis aux puits profonds. « Pas aussi chaud que Khartoum », m'avait dit quelqu'un à l'Acropole. Georges m'avait trouvé un camion et un chauffeur. Le chauffeur avait une tente pour moi. Et une tente pour lui ? « C'est mon pays ! C'est mes dunes ! C'est mon sable ! Je dors dans les dunes de sable. » Et c'est ce qu'il a fait, sur le sable à gros grains, sans retirer ses vêtements, comme un chat sur un tapis. On lui avait donné le nom de la période de jeûne, Ramadan, et son village, Kordofan, était situé à l'ouest, dans les montagnes de Nubie.

Quand je l'avais retrouvé avec son véhicule dans une ruelle de Khartoum, j'avais été rassuré à la vue de chaises attachées au camion. Ce n'étaient que des sièges bon marché en plastique moulé, mais ils étaient utilisables. On pouvait avoir confiance en un homme assez prévoyant pour emporter des chaises en camping dans le désert : il avait sûrement pris tout ce qui serait nécessaire. En effet, il avait même apporté un pot de confiture, des boîtes de thon et un cuissot de chèvre, que je n'aimais pas.

Nous avons traversé Khartoum, passé le pont vers Khartoum-Nord, et il m'a montré, dans la zone industrielle, l'usine de produits pharmaceutiques qui avait été bombardée en 1998. Elle était toujours en ruines, parce que le tribunal n'avait pas encore rendu justice au propriétaire. Nous avons ensuite emprunté la grande route, la route d'Oussama, vers le nord, et nous n'avons pas tardé à trouver le désert, mais un désert soudanais très particulier : rocailleux et plat, parsemé de collines comme d'énormes tas de pierres. A une cinquantaine de kilomètres au nord, nous sommes tombés sur un campement de squatteurs au milieu de nulle part. Ces gens campaient dans de vagues cahutes, de simples appentis pour se protéger de la chaleur et du vent. Pas un arbre, pas un buisson, juste quelques chèvres efflanquées. Ramadan a dit que c'étaient des Jaaliyeh, un clan venu s'installer ici dans l'espoir qu'on le considérerait comme une nuisance et une obstruction à de plus vastes projets, et qu'on leur dirait de bouger.

« Parce que, quand le gouvernement leur dira de partir, ils demanderont de l'argent. »

On avait vite compris que le gouvernement soudanais, en pleine campagne d'expansion, versait des compensations à ceux qu'il voulait déménager.

Plus loin sur la route, les monticules de pierres étaient plus hauts encore, et certains auraient pu passer pour des montagnes, ou les squelettes de pierre des montagnes, tandis que d'autres étaient parfaitement pyramidaux. Çà et là, une bande verte, comme un mirage, à l'ouest, marquait le lit du Nil, qui coulait vers le nord. Je pensais que toutes les implantations humaines seraient proches du Nil, mais j'avais tort. Certains villages étaient à une grande journée à dos d'âne du Nil, ce qui demandait aux habitants deux jours aller-retour ; et la même distance entre le village et la ville la plus proche – un trajet plus long encore à pied qu'à dos d'âne. Il est vrai qu'il y a des Soudanais qui aiment le côté convivial des ruelles en grille régulière dans une cité de taille moyenne avec un marché, près du fleuve, mais il m'a semblé que plus nombreux encore étaient ceux qui choisissaient de vivre en plein désert, serrés dans des huttes près de quelques tas de pierres, à une longue distance d'une source d'eau.

Un peu à l'écart de la route, nous nous sommes arrêtés à Wadi ben Naggar, petit village de fermiers et de gardiens de chèvres, mais aussi lieu de naissance d'Omer al-Bachir, l'actuel président du Soudan, arrivé au pouvoir grâce à un coup d'Etat.

Un homme édenté, coiffé d'un turban en loques, a crié sa colère en me voyant, et pour neutraliser son agressivité, je lui ai adressé la parole conventionnelle :

« *Salaam aleikoum* – la paix soit avec vous.

— Vous êtes américain ? »

Je n'ai retenu que le mot *Ameriki*. Ramadan a traduit et répondu à ma place. L'homme en *gallabiya* sale, turban à demi défait, avec une barbe de cinq jours, a crié une autre phrase que j'ai comprise :

« *Bush ma kwais !* » – Bush n'est pas bon.

« Comment est-ce qu'on dit : "Je ne sais pas" ?

— *Ana ma'arif.*

— *Ana ma'arif* », ai-je dit à l'homme avec un sourire.

Il a ri et pris à pleine main son turban, le défaisant un peu plus.

« *Clinton Shaytaan.* »

C'était assez clair : Clinton, c'est Satan.

« Beaucoup d'Américains seraient d'accord avec vous », ai-je dit.

Il a secoué la tête et souri d'un air ironique en se penchant un peu de côté : Qu'est-ce que je disais là ?

« *Bush blah-di-blah.*

— Il dit que vous ressemblez à Bush.

— Je ne crois pas, ai-je dit à Ramadan en ajoutant pour l'homme la phrase que je venais d'apprendre : *Ana ma'arif.*

— Pas au grand Bush, au petit Bush, a traduit Ramadan.

— Demande-lui s'il veut un Stim. »

C'était la boisson gazeuse locale. L'homme a répondu que oui, en effet, il en voulait bien un.

« J'aimerais que vous cessiez de parler de Bush », ai-je dit en le lui tendant.

Il m'a souri – toujours sans comprendre – et a levé sa canette en un toast. J'ai fait de même et le verre a tinté sous le choc.

« Clinton est Satan. »

Nous avons quitté ces insultes et ce sourire inamical et nous avons visité le village avant de reprendre le camion pour nous en écarter d'une soixantaine de kilomètres, par-delà le sable doux et les fossés profonds. Il n'y avait pas vraiment de route, juste une piste de graviers compactés, et de temps à autre des dunes comme de la poudre fine. Au loin, j'ai aperçu de la verdure et j'ai cru qu'il y avait un petit bois, mais c'était une méprise ridicule. Il n'y avait là qu'une tache brûlante du désert avec quelques buissons épineux cernés par les traces ondulantes de serpents.

« Avant, il y avait une école, ici, a dit Ramadan.

— Je voudrais la voir. »

Les lieux étaient en ruines, simple regroupement de bâtiments vides dans le désert – peut-être ce qui restait de la mise en œuvre d'une idée germée au sein d'un organisme caritatif, un de ces efforts aussi peu judicieux et erronés que pleins de bons sentiments pour que les Africains adoptent le mode de vie occidental.

« Qu'est-il arrivé ?

— Pas d'eau, pas de nourriture, pas d'enseignants – rien. »

Le sable s'insinuait dans la salle de classe sans toit et le lieu semblait aussi inutile et délabré que des ruines du royaume de Koush, mais sans rien de leur art ni de leur grâce. Quelques chameaux boiteux à l'air torturé sont passés tout près, leurs pattes avant liées ensemble pour qu'ils ne s'échappent pas.

C'est alors que j'ai vu le maître oublié et ses élèves potentiels :

ils étaient au puits en train d'aider les anciens à donner de l'eau aux chèvres, et le plus petit des enfants – pas plus de huit ou neuf ans – courait près d'un âne dont il frappait la croupe d'une tige souple. L'âne tirait une corde. En le regardant, j'ai été surpris de la distance qu'il parcourait, plus de la moitié d'un terrain de football, sur un sentier souvent piétiné, pour sortir l'incroyable longueur de corde usée du puits.

Le puits était ancien, le lieu était ancien : un temple de l'art de Méroé datant du Ier siècle était encore visible tout près, et ce genre de temple, si loin du Nil, n'avait pu exister que grâce à des puits profonds et toujours en eau. Celui-là faisait soixante mètres de profondeur et son ouverture moins d'un mètre de diamètre. J'étais stupéfié par sa profondeur. Des hommes envoyaient au fond un seau en peau de chèvre, secouaient la corde pour que la peau se remplisse, la relevaient d'un mètre pour s'assurer qu'elle était bien pleine puis attachaient la corde à l'âne et un petit garçon emmenait la bête dans le désert en l'aiguillonnant de son bâton. Il n'y avait pas un lambeau de tissu ou le moindre objet ici qui fût plus moderne que le temple du Ier siècle d'Al Naggar (« Le Menuisier ») de l'autre côté de la dune. L'école avait dû sembler une bonne idée, mais rien ici ne pouvait paraître plus superflu aux habitants qu'une salle de classe.

« Alors, vous êtes américain ? m'a dit un des hommes en arabe, parce que Ramadan avait vendu la mèche.

— La paix soit avec vous.

— La paix soit avec vous, a-t-il répondu.

— Bush n'est pas bon, a dit un autre homme.

— Je ne sais pas, ai-je répondu sans qu'on ait besoin de traduire.

— Pourquoi il dit qu'il ne sait pas ? a demandé un des hommes.

— Est-ce que tout le monde au Soudan aime le président Omer ? » a demandé Ramadan.

Oui, oui, ça, ils le comprenaient, et ils ont ri avec colère en frappant un petit monticule de pierres pour accentuer leur opinion. J'ai pensé à ces quelques lignes délicieuses de Joyce : *Les mouvements qui imposent leurs révolutions au monde sont nés des rêves et des visions d'un cœur de paysan sur une colline. Pour eux, la terre n'est pas un sol exploitable, mais leur mère nourricière.* Ils aimaient leur puits. Ils m'ont expliqué le puits, combien il était profond. Il avait été creusé bien des années plus tôt. Il arrivait qu'on doive descendre un d'entre eux au fond, dans l'obscurité, pour récupérer une peau qui y était restée, et ce n'était pas une tâche agréable.

« Il y a des serpents dans le puits, a expliqué un homme. Oui, a-t-il répondu à ma question évidente, ces serpents font un mètre de long et ils ont une morsure venimeuse. »

Je me suis promené alentour, j'ai regardé les chèvres, les chameaux, les hommes et les femmes au travail, les enfants sous le soleil qui exécutaient leurs tâches nécessaires et sans fin. Puis j'ai dit au revoir.

« Dites à Bush qu'on veut une pompe ! » a crié un homme en arabe.

Ramadan a gentiment traduit.

Je n'étais cependant pas persuadé que ce serait une bonne chose : pour une pompe, il faut de l'essence, des pièces détachées, un entretien régulier. L'engin tomberait nécessairement en panne. Il valait mieux pour eux qu'ils continuent à remonter l'eau à l'ancienne, avec les ânes, les seaux et les outres en peau de chèvre qui, pleines, avaient l'air de petits cadavres de chèvre trop grasses.

« La prochaine fois que je verrai le président Bush, je lui en parlerai », ai-je pourtant dit, ce qui, une fois traduit, a déclenché un hululement de dérision.

Il y a deux mille ans, Al Naggar, ces ruines hantées au milieu des dunes du désert, était une ville, avec des citernes et des réservoirs, des routes et des maisons, une agriculture élaborée et un haut degré de prospérité, des artisans partout, des prêtres et des dévots. C'était le centre d'un culte au dieu-lion Apademak, le plus grand dieu de Méroé, probablement à juste titre. Il devait y avoir beaucoup de lions au centre du Soudan, à l'époque – il en restait beaucoup encore dans le Sud – et il est dans la nature humaine de vénérer ce qu'elle craint.

En matière d'ornement, le temple d'Al Naggar est égyptien et ressemble en cela à beaucoup d'autres, plus bas le long du Nil. Ce temple, au milieu du Soudan, plus au sud même que la Nubie, est une sorte de copie du temple d'Edfou. Les murs portent même les figures symboliques du roi et de la reine tenant les prisonniers ennemis par les cheveux, et les lions prêts à les dévorer. Sur les faces d'un pylône, un python enroulé à tête de lion – Apademak à nouveau – sort d'une fleur de lotus, symbole de la vie éternelle. Sur l'autre pylône, le roi Natakamani est dépeint alors qu'il vénère le dieu-lion.

Sur chaque surface, des bas-reliefs : certains d'Amoun, d'autres de Khnoum à tête de bélier, et beaucoup de lions, merveilleusement sculptés, dressés, les pattes tendues pour happer et dévorer les prisonniers. Le mur nord arbore les symboles de la paix et de la prospérité, le mur sud des images de chaos et de guerre. Un crocodile aux mâchoires entravées symbolise la paix, des éléphants caparaçonnés et traînant des prisonniers représentent la guerre.

Dans le temple, des graffitis anciens (« Holroyd 1837 ») et aussi des scènes pharaoniques délicatement sculptées dans la pierre calcaire extraite des collines qui entourent cette ancienne implantation. On connaît ce site sous son nom arabe, Musarrawat al Sofra, « Dessins jaunes ». « Mais pourquoi ces gens, ici ? a demandé Ramadan en montrant avec mépris les paysans soudanais au puits. Peu de huttes, peu de chèvres, deux jours d'âne jusqu'à Shandi s'ils veulent acheter quelque chose... »

Un kilomètre plus loin, une poignée de Soudanais aidés de leurs ânes puisaient de l'eau d'un autre puits, qui datait probablement de ce site du royaume de Koush. Mais ce qui semblait un lieu perdu avait été traversé par une route commerciale, forcément, car c'était la voie vers le sud, vers les profondeurs de l'Afrique, d'où venaient des denrées de prix comme le bois, le miel, l'or, les esclaves. Et l'ivoire : on disait qu'on avait déterré de nombreuses défenses d'éléphants dans les anciens entrepôts du site.

Nous avons campé là, sur la dune, près du temple, tous les deux seuls, comme un couple de voyageurs du XIXe siècle qui serait tombé par hasard sur des ruines antiques dans le désert. Pas de clôtures, pas de pancartes, aucune activité commerciale, pas de vendeurs de souvenirs, pas de cartes postales. Les quartiers verrouillés des archéologues allemands qui répertorient le site se trouvaient par-delà la colline suivante.

Quand nous avons commencé à faire la cuisine, quelques hommes se sont approchés et se sont accroupis près de nous pour partager notre repas. On ne pouvait leur en vouloir : dans le désert sans odeur, l'arôme de la viande grillée avait dû aiguiser leur appétit dans leurs lointaines cabanes. Nous avons parlé un moment avant que je m'installe sur une chaise en plastique, dans le noir, en ce lieu paisible, pour écouter les mauvaises nouvelles du monde sur mon poste de radio à ondes courtes.

C'est ce soir-là que Ramadan a dit : « C'est mon pays ! C'est mon désert ! Je dors là, sur le sable ! » C'est cette nuit-là que la lune a été recouverte par les nuages, cette nuit-là que, dans l'obscurité brûlante, j'ai entendu le clopinement de petites pattes qui étaient en fait des gouttes de pluie, prélude à une violente averse, et à une autre plus tard. Au matin, je me suis réveillé en éternuant, entouré de ces temples glorieux, rouges et dorés dans la lumière de l'aube.

J'ai passé une partie du jour suivant dans un autre temple sur une colline proche, un temple à Amoun, avec une rampe, une allée flanquée de béliers couchés (une douzaine, au museau brisé). Khnoum était le dieu-bélier, « dieu des rois, roi des dieux ». Le roi et la reine qui avaient fait construire ce temple apparaissaient avec une tête de bélier, sur les bas-reliefs. Mais il me semble que l'égyptologie est une discipline qui s'appuie en grande partie sur des conjectures, donnant des noms à des visages érodés de souverains, de divinités et d'animaux. Pour une grande part, ce n'est que spéculation, concernant le royaume de Koush, car les périodes où la capitale était successivement Napata ou Méroé s'étendent sur mille ans, jusqu'au IVe siècle de notre ère. Ce qu'on sait n'est que broutilles comparé à ce qu'on ne sait pas. A quatre cents mètres se trouve la Grande Clôture. C'était charmant mais énigmatique : des piliers gravés, des sculptures de lions, d'éléphants, des pieds, des jambes, des torses accompagnés du commandement ironique : « Regarde mon œuvre, oh Tout-puissant, et désespère ! »

Était-ce là un centre d'entraînement des éléphants pour la guerre, comme le laisseraient croire les éléphants peints sur le temple d'Al Naggar ? Certains archéologues le pensent. D'autres sont d'avis que c'était peut-être un centre religieux. Mais ce site aurait tout aussi bien pu être utilisé pour les rites du couronnement ou comme une sorte d'arène royale : « Les souverains devaient peut-être renouveler publiquement la preuve de leur force afin de conserver le trône. »

*
* *

Si les experts n'en savent rien, comment pourrais-je le savoir ? Je n'étais qu'un promeneur en route pour Le Cap, vêtu d'une chemise décolorée et d'un pantalon large, mes orteils brûlés par le soleil sortant de mes sandales syriennes, avec un rhume de cerveau dû à la pluie, un voyageur sur une terre antique.

L'essentiel de ma satisfaction découlait d'un plaisir animal : l'éloignement des sites, la grandeur des montagnes et des falaises qui m'entouraient, la lumière du soleil et les broussailles, les chameaux, si clairs au loin, le vaste ciel, le vide total et le silence, car autour de ces ruines colossales le sable lissé s'étend jusqu'à l'horizon.

*
* *

Les étrangers se rendant dans les lointaines provinces soudanaises devaient signaler leur présence aux unités locales de police moins de vingt-quatre heures après leur arrivée. Il s'agissait des mêmes forces de sécurité qui avaient interrogé un Américain pendant des jours avant de simuler son exécution et de le libérer. Les mêmes policiers contre lesquels le fascicule du ministère des Affaires étrangères m'avait mis en garde : *Le contrôle qu'exerce le gouvernement soudanais sur sa police et son armée peut être limité...*

Tout à fait vrai. Je risquais d'être interrogé, quand je me présenterais. Mais si je ne me présentais pas, les conséquences pouvaient être plus horribles encore. Il y avait pire qu'un simulacre d'exécution : une véritable exécution, par exemple.

Shendi était la ville la plus proche. Nous nous y sommes rendus par le désert. L'endroit était couleur biscuit et poussiéreux, avec des constructions basses, de pauvres huttes, des petites boutiques, les rues encombrées de chèvres et de chameaux. La plus grande maison de la ville, une villa prétentieuse, appartenait au frère du président. Quelques fourgonnettes cabossées, de vieux camions et une flotte de taxis bleus antiques, dont Ramadan m'a dit qu'ils avaient été fabriqués en Russie – un vieux modèle appelé Volga. C'était la seule ville du Soudan où on pouvait en voir, mais ils avaient été munis de nouveaux moteurs japonais, prélevés sur d'autres voitures. Pas un arbre, peu d'ombre.

Le bureau de la sécurité se trouvait en bordure de la ville, dans une ruelle, et l'officier de service était un homme grave portant calotte, avec une bosse de prière très visible sur le front, caractéristique que j'avais toujours considérée comme un signal d'alarme. Il était là avec trois autres hommes qui, dans le style soudanais, étaient assis dans des fauteuils avec les pieds repliés sous eux. Ils regardaient tous un petit téléviseur – encore un sujet d'inquiétude, car l'écran en noir et blanc montrait une foule furieuse qui brandissait des pancartes, avec certains slogans en anglais. C'étaient des Palestiniens. Le son était très fort, et les seules voix audibles dans ce poste de police étaient celles de philistins outragés.

Je me suis senti très mal, car dans mon passeport figuraient deux tampons israéliens, un du check-point du pont Allenby, quand j'étais venu de Jordanie, l'autre de Haïfa, d'où j'avais quitté Israël sur un ferry. Les instructions de l'ambassade soudanaise disaient très clairement que tout passeport « portant des tampons israéliens » serait rejeté. Pourtant, j'avais donné mon passeport, et on m'avait accordé le visa. Si un Soudanais avait vu les « tampons israéliens », il n'en avait pas fait cas.

Mais un homme renfrogné avec une bosse de prière dans la ville de Shendi au milieu du désert risquait de les voir et d'émettre une objection. Il a pris mon passeport, l'a posé à plat sur sa table, l'a lissé du poignet et s'est mis à le feuilleter. Peut-être les tampons du Kiribati, de l'Équateur, d'Albanie, de Malaisie, d'Inde, de Hong Kong, de Gibraltar et du Brésil l'ont-ils ébloui. Certains étaient très pittoresques. Il jetait de temps à autre un coup d'œil au téléviseur. Il s'essuyait la bouche. J'étais assis tout droit, m'attendant au pire. Sans un mot, il m'a rendu mon passeport et m'a congédié. Puis il s'est retourné pour regarder la scène de foule au Proche-Orient.

Nous avons traversé le marché à pied afin de choisir des tomates et du basilic pour le déjeuner. « *Awaya!* » criaient souvent les enfants, et moins souvent « *Aferingi!* ».

Homme blanc, j'étais une attraction. Les seuls étrangers qu'ils voyaient jamais étaient parfois les Chinois qui travaillaient à la raffinerie de pétrole, plus loin sur la route. Le marché regorgeait de légumes et de fruits, d'épices et d'herbes. Beaucoup de gros pamplemousses, des régimes de bananes. Peu d'acheteurs circulaient entre les étals ; les marchands avaient donc tout le temps de me harceler, de me brandir des melons sous le nez ou de tenter de me vendre des paniers de citrons verts, car, en tant qu'*awaya*, et plus encore en tant que *masihi*, un chrétien qui croit au Messie, j'avais probablement beaucoup de dinars soudanais en poche.

Ramadan et moi sommes parvenus à l'embarcadère du ferry, où nous avons bu un café au goût particulier.

Ce n'était pas vraiment du café, mais plutôt un mélange curieux appelé *jebana*, soit le fruit entier du caféier infusé dans de l'eau avec du sucre et, a dit Ramadan, un peu de *dawa* – j'ai reconnu le mot swahili pour « médicament » – *zinjabil* : du gingembre en poudre. C'était un des nombreux liens culturels du Soudan avec la Corne de l'Afrique. Ce même breuvage, au Yémen et dans les Émirats, est appelé *qashar*.

Quelques kilomètres en aval du fleuve se trouvait le Palais royal, recuit, boueux, infesté de mouches et de moustiques, mais avec un ou deux arbres, au moins. Je n'ai pas réussi à comprendre comment s'organisaient les lieux. Il y avait des frises montrant des animaux et des dieux, des cartouches renfermant des hiéroglyphes, mais ce complexe à demi écroulé ne révélait rien de plus que le fait évident qu'ici, jadis, il y avait eu une ville très peuplée, aux nombreux bâtiments le long de belles avenues, avec peut-être même des bains romains. Les Romains étaient-ils venus jusque-là ?

Mohammed, le gardien et guide du lieu, ne m'a guère aidé.

« Américain ? » a-t-il demandé en arabe, un mot bien reconnaissable et accusateur, surtout quand on pointait soudain sur vous un index tordu et brun.

« Américain, ai-je dit.

— Bush est Satan.

— *Ana ma'arif*, ai-je dit.

— Clinton est Satan, a dit Mohammed.

— *Ana ma'arif.*

— Pourquoi vous dites que vous savez pas ? »

Je me suis contenté de lui sourire.

« Soldats américains pas bons. Tuent les gens ! »

Nous passions de marches effritées en murs écroulés, piétinant des briques de l'époque du royaume de Koush. Mohammed avait l'air fatigué et désabusé. Il a dit qu'il avait trois filles, pas de fils, pas d'argent. Son grand-père avait pris soin de ce site ; il y était guide, de même que son père. Mais si Mohammed savait quoi que ce soit de technique ou d'historique à propos du lieu, il ne m'en a rien révélé.

« Je veux aller en Amérique, a-t-il dit soudain dans un anglais hésitant.

— *America ma kwais*, ai-je décrété en singeant ce qu'il avait dit.

— Oui, mais du travail, là-bas.

— Vous voulez travailler en Amérique ?

— Oui. Trouver *job*, avoir dollars.

— Bush *shaytaan*, ai-je dit pour me moquer à nouveau de lui.

— Comment je peux aller en Amérique ? a demandé Mohammed en donnant un coup de pied dans une brique antique.

— *Ana ma'arif* », ai-je dit – je sais pas.

*
* *

Dans les représentations les plus évocatrices du XIXe siècle, imprégnées d'orientalisme, le camp des explorateurs est dressé au pied de ruines spectaculaires – la tente près de la patte du Sphinx, l'abri en toile à la base d'une pyramide, le feu de camp crépitant près du Temple d'Isis. Dans l'idéal, le tout est éclairé par la lune, et il y a quelques chameaux au loin, presque lumineux à la lueur de l'astre de la nuit. Personne d'autre alentour, juste ce tableau : explorateurs intrépides, ruines délicieuses, chameaux aux yeux doux, feu de camp.

C'était exactement ce dont je faisais l'expérience cette nuit-là. Nous campions près des pyramides et j'avais l'impression d'être dans le même état d'esprit que ces anciens voyageurs : chanceux, tout petit, exalté par ma solitude dans un lieu sacré, prêt à méditer seul parmi ces merveilles. Les pyramides soudanaises, vestiges des tombeaux du royaume de Koush, sont nombreuses; il y en a environ trente-cinq sur une crête calcaire. Elles sont plus petites et plus pentues que celles de Gizeh, l'air de grosses salières Art déco de près; de plus loin elles pourraient être une rangée de canines dans la mâchoire de la crête ossifiée. Des stries de sable brun doré s'adossent aux pyramides et aux lieux de culte. Le sable luit au soleil couchant, les immenses dunes comme rehaussées au sommet et creusées aux coins, semblables à de la neige soufflée qui se fige en formes improbables, en sculptures, en surplombs.

Je n'ai pas eu le temps de prospecter. Le soleil se couchait. Nous avons fait cuire des pommes de terre que nous avions achetées à Shendi, et préparé une salade de tomates et concombre. J'ai dressé ma tente et Ramadan le romantique (« Le sable est mon oreiller ! ») a choisi une ondulation dans une dune. La nuit était claire, mais le vent s'est levé; il a soufflé du sable contre ma tente et recouvert Ramadan. La lune est passée au-dessus de nous et quand elle s'est enfoncée à l'ouest, les étoiles ont brillé avec une telle puissance que leur lumière intense a percé le Nylon de ma tente. Le reste du ciel était plus noir sans la pollution lumineuse de la lune.

Le vent est tombé à l'aube, quand il a fait si frais que j'ai dû mettre une veste, et dans cette lumière pure, sous un ciel clair, les pyramides m'ont semblé nettoyées et lisses, comme jaillissant des tas de pierres et de briques. Presque toutes les pointes des pyramides avaient été détruites, et toutes avaient été éventrées et pillées. Plusieurs, dynamitées, n'étaient plus qu'un amas de blocs de pierre brisés. On voyait bien l'effet des explosions qui avaient pulvérisé l'appareil des pyramides.

Le pilleur de tombes qui avait présidé à ces destructions était un aventurier italien, un chasseur de trésors du nom de Giuseppe Ferlini. On ne sait pas grand-chose de cet homme qui a vandalisé les pyramides et les tombeaux en 1834, mais son nom est connu de tous dans le désert de Nubie. Né à Bologne en 1800, il était devenu médecin, et après une période passée en Albanie et en Égypte comme mercenaire, il avait remonté le Nil jusqu'à Khartoum. En chemin, il avait visité les sites antiques les plus visibles et conçu l'idée qu'ils étaient pleins d'or. Les archives montrent qu'il a obtenu l'autorisation du souverain du Soudan, Ali Kurshid Pasha, de fouiller les sites de Méroé. Ali Kurshid était un esclavagiste, et si on fait le commerce des êtres humains (il arrachait des Dinka et des Azandes de leurs terres, plus au sud, pour les vendre sur la côte), on ne doit guère avoir de scrupules à l'idée de détruire quelques tas de pierres et de voler quelques bronzes fêlés.

C'est avec une grosse équipe de travailleurs soudanais que Ferlini avait entrepris de creuser, et il n'avait pas tardé à trouver une statue en or. Ce trophée l'avait incité à continuer ses fouilles, utilisant des explosifs quand c'était plus pratique. Ferlini avait cependant raté quelques trésors – nous en sommes certains car, quand les Allemands ont entrepris leur méticuleux inventaire de ces sites en 1960, ils ont trouvé une statue dorée d'Hathor et beaucoup de bronzes, dont un superbe de Dionysos. Mais Ferlini avait dû trouver des objets semblables, vendus pour « une petite fortune », à en croire un historien, et il avait saccagé les pyramides. Il avait quitté le Soudan peu après la destruction des sites et disparu, tout simplement, sur le Nil, avec ses caisses de trésors. Aucun écrit de sa main. Il avait vécu ensuite comme un prince en Italie de la vente des objets pillés et, selon le même historien, « il n'a jamais donné d'explication cohérente de ce qui était advenu des trésors ».

Qu'avait-il emporté ? Des poteries et des sièges, des panneaux sculptés, de petites idoles en pierre noire, des chats momifiés et des faucons d'albâtre, soit le contenu des chambres funéraires – bronzes, statues d'or et têtes dorées des dieux et des déesses. Ce qu'il n'avait pas pris, car ils étaient impossibles à retirer, c'étaient les murs sculptés, les processions de rois à tête de lion, de reines en coiffes à cornes, les représentations de lotus, de cobras, d'éléphants et de taureaux sacrés. Les bovins de ces bas-reliefs vieux de mille ans ont les cornes spiralées qu'on voit encore aujourd'hui aux bêtes des Dinka, qui font paître leurs troupeaux au sud du Soudan.

Tandis que je passais d'une pyramide dynamitée et reconstruite à une autre, des enfants d'un village tout proche sont arrivés avec des babioles, des amulettes et des sculptures, dont ils ont prétendu qu'ils les avaient déterrées dans les ruines – et des pyramides en terre. Je leur ai donné à chacun une banane et ils sont partis.

Un ensemble de pyramides se dressait sur une ligne plus méridionale, autre citadelle de pierres meubles et rouges sculptées par le vent et datant d'environ 295 à 250 av. J.-C. Dans ce paysage, on avait le choix entre cette pierre usée par le temps et le sable doux, parfois semblable à un tas de sucre brun, ailleurs plat et jaune. Pas d'arbres, pas de verdure, rien ne poussait, pas le moindre brin d'herbe. Je suis allé jusqu'à ces autres pyramides et je les ai examinées, j'ai même tracé sur mon carnet la silhouette des lions et des taureaux.

J'étais absorbé dans ce travail quand trois Soudanais, grands, en *gallabiya* blanche, sont apparus, impressionnés et heureux que je prenne la peine de dessiner. Ils étaient des sortes de pèlerins avec leur chef, un vieil homme du nom de Kamal Mohammed Khier. Il s'est présenté :

« Je ne suis pas arabe. »

Il avait dit ça comme un défi, comme une marque de fierté.

« Mais vous parlez arabe.

— Oui, mais ce n'est pas ma langue. »

Il m'a rappelé Salih Mashamoun, le diplomate soudanais que j'avais rencontré au Caire.

« Je suis nubien, a-t-il continué. Je parle nubien. Ma famille est nubienne. Je suis de Dongola, en Nubie. Nous étions les rois de ce pays. Nous avons gouverné l'Égypte. Nous avons construit ces pyramides. »

Quel discours, et parfaitement adapté au lieu, par ce fier fils de cette terre ! Il m'a présenté ses compagnons, son fils Hassan et l'autre homme, Hamid. « Cet homme, Hamid, est un vrai Nubien, lui aussi. Pas un Arabe. »

Kamal a regardé les pyramides en plissant le nez. Il contemplait les ravages de Ferlini.

« Regardez un peu dans quel état elles sont ! Le gouvernement n'en prend pas soin. Ce sont des monuments superbes ! »

Il avait raison. Le gouvernement soudanais ne faisait pas grand-chose pour préserver ces sites antiques, mais dans presque tous les cas, les sites avaient été adoptés par des universités étrangères – allemandes, britanniques, américaines –, qui avaient entrepris leur restauration. Une philanthrope anglaise livrait bataille presque seule contre l'abandon et l'érosion d'un temple juste à l'ouest de ces pyramides, et un vieil Allemand, Hinkel, assez enthousiaste pour engager son propre argent, venait ici une fois par an vérifier l'avancement d'un projet à long terme : le remontage du Temple du Soleil.

J'ai accompagné Kamal, Hassan et Hamid pour voir les autres pyramides. Ils m'ont demandé comment j'étais là. Je leur ai montré ma petite tente bleue sur la dune.

« Oui, vous êtes en sécurité, ici, a dit Kamal. En Égypte, non. Dans d'autres pays, les gens vont vous ennuyer, et ça et ça, a-t-il précisé en visant sa tête du tranchant de sa main. Mais ici, personne ne vous ennuiera. Vous êtes en sécurité au Soudan. Nous sommes tous vos amis. »

Nous avons levé le camp et continué en camion entre les dunes, sur le sable caillouteux, jusqu'au Temple du Soleil. Un vieil homme a couru vers nous et m'a fait signer un registre. Il m'a salué. Il m'a montré le temple. Le sable en avait presque recouvert les fondations, mais c'était un bien, car le sable compacté préserve les sculptures des frises.

Le vieil homme s'est assis sur un rocher et il a dit que c'était un trône de prêtre. Il a joint les mains et mimé le salut des prêtres au dieu du soleil en disant « Allah ! ».

Ramadan s'est moqué du vieil homme en affirmant qu'il ne voyait pas de quoi il parlait. Le vieil homme a ri.

« Moi non plus, mais Hinkel, si !

— Quel âge avez-vous ?

— Cinquante-six, cinquante-sept, a dit le vieil homme en hésitant.

— Non, bien plus ! Soixante au moins.

— Comment est-ce que je le saurais ? Je sais pas lire ! a dit l'homme en riant, parce qu'il y avait beaucoup d'affection dans les moqueries de Ramadan.

— Où avez-vous eu cette belle montre ? lui a demandé Ramadan en faisant semblant de vouloir la lui prendre.

— Hinkel.

— Cet endroit est en piteux état.

— Oui !

— Vous devriez l'arranger.

— C'est pas à moi. Ça appartient au gouvernement. Que le gouvernement l'arrange ! »

Nous avons pris au nord, après cet épisode, vers Atbara, la fin de la route pavée, où il n'y avait pas de temple, mais une usine de ciment et un ferry qui traversait le Nil et le dernier pont – il n'y avait que des ferries de là jusqu'à la frontière égyptienne. Nous avons de nouveau campé, en bordure du désert de Nubie. La prochaine ville était Dongola, et après ça, Wadi Halfa, la frontière. J'ai donc passé une autre nuit sous la tente, près du Nil, cette fois, où je n'ai vu que très peu de pêcheurs. J'ai demandé pourquoi à Ramadan. Il m'a dit que les Soudanais du Nord n'étaient pas de gros mangeurs de poisson. Le poisson ne se gardait pas dans la chaleur. On ne le fumait pas. C'était considéré comme un amuse-gueule, guère plus. Le mouton, le chameau et la chèvre avaient meilleur goût.

Le lendemain, en voyant du caoutchouc déchiqueté sur la route, Ramadan a changé de direction et s'est enfoncé dans le désert, où il avait repéré une voiture qui y avait glissé sous l'effet d'un pneu éclaté. Dans un lieu si chaud, on n'avait jamais seulement un trou dans un pneu : le pneu explosait en une pluie de matière informe.

Trois hommes se tenaient près de la vieille voiture dans le désert lumineux de chaleur, seules silhouettes jusqu'à l'horizon. Ramadan les a interrogés, et ils lui ont expliqué leur dilemme – qui était évident : un pneu éclaté, pas de pneu de rechange et personne sur la route pour leur permettre d'en trouver un. Ils sont montés dans notre camion et nous les avons conduits presque quatre-vingts kilomètres plus loin jusqu'au petit atelier de mécanique d'un village. Ce long détour d'une heure et demie était considéré comme une politesse normale, équivalent des lois de la mer qui exigent d'un bateau qu'il aide un autre en péril, quoi qu'il lui en coûte. Ici, le désert ressemblait beaucoup à la mer.

Les hommes se sont montrés reconnaissants, mais sans effusion. Ils nous ont salués et sont partis.

« Ils avaient un problème. C'est ce que nous devons faire. Nous aidons », a dit Ramadan.

Nous avons acheté de la nourriture fraîche – tomates, oignons, citrons verts, herbes aromatiques, fruits et pain – et nous avons pris à l'ouest vers un ensemble de hautes montagnes sèches et brunes, véritables amas de pierres. Pour les traverser, Ramadan a trouvé une vallée où nichait un village entouré de champs verts fertiles irrigués par l'eau du Nil. On y faisait pousser du blé, du maïs, du sorgho et des haricots. Nous avancions sur une route qui ne méritait guère ce nom, simple piste à chèvres, petit sentier de randonnée. C'est dans ces conditions que nous avons continué jusqu'à la Sixième Cataracte. Tous les enfants que nous dépassions criaient « *Awaya !* » – homme blanc.

Les arbres étaient plus épais, ici, l'herbe verte était haute. Mais la cataracte n'avait rien d'impressionnant. Je n'ai vu qu'un ensemble de rapides boueux facilement navigables par une petite embarcation. Nous avons dressé notre camp dans un bosquet où il y avait des hamacs. Nous avons mangé de la salade et du pain tandis que des hirondelles, des moineaux et des bruants voletaient autour de nous. Ramadan s'est baigné dans le fleuve. J'allais faire de même mais, trop fatigué, je me suis endormi dans un hamac, sur la rive du fleuve, au son des rapides.

Le lendemain matin, j'écoutais la radio dans ce lieu idyllique – *Le Japon n'a jamais connu une telle récession, ni un taux de chômage aussi élevé. On peut s'attendre à ce que l'économie mondiale entre dans la période de récession la plus grave que nous ayons connue depuis la Seconde Guerre mondiale* – et je pensais : Rien de tout cela n'affectera le moins du monde un village comme celui-là, car ce genre de lieu est si marginalisé, si autosuffisant, que rien ne peut le changer.

Comme pour prouver que j'avais raison, un vieil homme s'est approché et s'est mis à me parler.

« Il dit qu'il a trois épouses, a traduit Ramadan. Il a quinze enfants. »

Il n'était qu'une silhouette chenue qui passait par là. Il avait découvert que ce genre de proclamation pouvait intéresser un étranger, surtout un *masihi*. Il a expliqué son organisation familiale : chaque épouse avait sa chambre particulière, l'homme passait de l'une à l'autre. Il m'a souri.

« Dis-lui que je suis heureux pour lui. »

Une autre silhouette, celle d'un enfant chétif de sept ou huit ans, apparemment, s'est approchée.

« Quel âge il a ? » a demandé Ramadan.

Je l'ai regardé de plus près et j'ai vu un petit visage fripé, sans menton, plus nain que jeune.

« Il a vingt-sept ans, a dit Ramadan. Il s'appelle Abdallah Magid. »

Il était minuscule, avec une tête grosse comme deux poings, des bras maigres, le corps d'un gamin ; il portait une *gallabiya* de la taille d'un demi-sac de farine. Il ne mesurait pas plus d'un mètre vingt et ne pouvait peser plus de vingt kilos. Ramadan l'a interrogé, et Abdallah Magid a répondu d'une curieuse voix de canard. Il m'a serré la main et il s'est mis à marcher de long en large comme un soldat – ce qu'on lui avait appris à faire pour être drôle et obtenir de l'argent. Ramadan a été gentil avec lui et lui a donné un demi-pamplemousse. Il a cessé son manège. J'ai observé ce petit homme gentil et mélancolique dont la vie dans ce climat hostile ne serait sûrement pas longue. C'était le plus petit homme que j'avais jamais vu.

« Il vit ici. Sa mère est morte le jour de sa naissance. Je vais lui demander pourquoi il ne se marie pas.

— Les filles ne m'aiment pas, a répondu Abdallah Magid en arabe. Je ne peux pas me marier. Qu'ai-je à leur donner ?

— Il ne possède rien », m'a dit Ramadan.

Le nain Abdallah Magid vivait chez ses grands-parents. C'était un homme amical et gentil. Il s'est assis au bord d'un hamac et a balancé ses pieds. Il était trop petit pour travailler, trop faible pour faire grand-chose. Mais on ne le terrorisait pas, on ne se moquait pas de lui comme on l'aurait fait envers une personne physiquement vulnérable dans certaines régions d'Afrique. Il était évident, à la gentillesse que lui montraient les villageois, qu'on le considérait comme quelqu'un de spécial, d'unique, peut-être même de béni.

*
* *

« On juge les gens à la manière dont ils traitent les faibles, m'a dit un homme à Khartoum. Un comportement civilisé se mesure à la compassion qu'il montre. »

C'était Sadig el Mahdi, qui avait parlé ainsi, l'arrière-petit-fils du mahdi (« Celui qui est bien guidé ») qui avait vaincu Gordon. Je n'avais pas souhaité retourner en ville. J'aurais préféré passer une autre semaine sous la tente – le vent, les tempêtes de sable, les averses nocturnes m'avaient rendu l'expérience plus vivante, plus mémorable. Mais Sadig el Mahdi m'avait accordé un entretien, dans sa demeure d'Omdurman.

L'occasion s'était présentée parce qu'un homme du Secrétariat à la Paix au Soudan, lui aussi hôte de l'Acropole, avait signalé ma présence à l'ancien Premier ministre. L'homme avait prétendu que mon nom lui disait quelque chose – quelque chose de très vague, à mon avis, mais c'était suffisant, dans ce pays hospitalier, pour préparer une cafetière de *jebana*, disposer des coussins et sortir le tapis de bienvenue.

« C'est un homme de valeur, un homme très intelligent, m'avait dit un commerçant du marché de Khartoum. Il est à la tête du parti Umma, le parti populaire.

— Son père s'appelait Siddig, a ajouté l'ami du commerçant. Son grand-père, c'était Abdelrahman. Son arrière-grand-père – ça, vous le savez. »

La rencontre était prévue à 21 h 30, ce qui m'a semblé curieux. J'étais en général au lit à neuf ou dix heures : en Afrique, on passe le jour à déambuler, mais la nuit, on se claquemure. Les prédateurs sortent dans l'obscurité. Mais un Soudanais m'a expliqué que cette heure tardive était une marque de respect, que ce serait la dernière rencontre de la soirée, que la conversation ne serait donc pas interrompue. J'accusais encore la fatigue de mon voyage spartiate, mais j'étais heureux de pouvoir rencontrer cet homme éminent. Un taxi hors d'âge est venu me chercher à 20 h 30. Abdallah, le chauffeur, s'est mis à jurer quand il n'a pas réussi à redémarrer le moteur, et il a juré de plus belle quand il y est parvenu et que nous nous sommes retrouvés coincés dans le trafic dense et immobile sur le pont enjambant le Nil.

« C'est un vieux pont. Il a été construit par les Britanniques. Les Britanniques ! Personne ne répare jamais rien, ici. »

Poussière faiblement éclairée par les phares, klaxons impatients, chaleur de la nuit, odeur de diesel – Abdallah a ronchonné tout du long contre l'inefficacité des autorités et le délabrement du pays.

Abdallah avait dit qu'il connaissait la maison. Il a pris des petites routes pour gagner la rive du fleuve, et après quelques tournants, nous sommes tombés sur des hommes curieusement vêtus installés au milieu de la rue. C'étaient les représentants de la sécurité. Plus loin, nous avons été arrêtés par un autre barrage routier. Abdallah leur criait quelques mots et ils nous laissaient passer. Nous n'avons pas tardé à arriver devant un haut mur percé d'une arche éclairée. Abdallah s'est garé. Quand on m'a escorté à l'intérieur, il s'était déjà installé sur le siège arrière pour dormir.

Derrière le mur, le jardin était garni de palmiers et la nuit embaumait de fleurs de jasmin. On m'a conduit, au-delà de la villa éclairée, par un sentier de graviers, jusqu'à une sorte de maison d'été entièrement faite d'osier tressé, mais grande comme un bungalow, ses murs laissant passer l'air nocturne. Quelques personnes se sont levées pour m'accueillir : la fille de Sadig, Rabah, et une autre, Hamida, toutes deux très jolies et mariées. Mais on prône la pudeur dans cette culture, et il est grossier de regarder une femme avec trop d'insistance. En me tordant les mains, j'ai dit combien j'étais reconnaissant d'avoir été invité. Comme je toussais, j'ai expliqué que j'avais pris froid dans le désert.

« *Kafara !* » a dit le romancier Issa, une expression soudanaise de commisération qui équivaut à notre « A votre santé ».

« Pour effacer vos péchés et améliorer vos relations avec Allah », a précisé Issa.

Puis, sa *gallabiya* crème s'épanouissant autour de lui, comme un prestidigitateur, est apparu Sadig el Mahdi – grand, sombre, le nez crochu, avec une barbe à la Van Dyck et un turban de couleur pâle. Agitant ses larges manches, il nous a incités à nous rasseoir. Il était à la fois imposant et charismatique, très réactif, auditeur attentif et grand parleur. Sa manière de recevoir sa cour consistait à solliciter des opinions et à écouter, et finalement à exprimer ses idées. Il donnait l'impression d'avoir une force énorme, un grand sens de l'humour et une sorte de férocité qui m'a fait penser à de la passion.

« Vous n'êtes au Soudan que depuis peu, m'a-t-il dit, mais il y a quelques petites choses que vous devez savoir, justes quelques points que j'aimerais mentionner. »

Le Soudan, le plus grand pays de l'Afrique, est un microcosme du continent, a-t-il dit. Toutes les races africaines y sont représentées, toutes les religions aussi, et trois des quatre grandes langues africaines y sont parlées. Le Soudan est le lieu de rencontre de tous les pays du bassin du Nil, et partage une frontière avec huit autres pays.

« La civilisation soudanaise a *précédé* la civilisation égyptienne, a dit Sadig. Notre histoire n'est pas une branche de l'égyptologie, mais quelque chose de tout à fait différent – la soudanologie, pourrait-on dire. »

Il m'a demandé ce que j'avais vu dans le Nord. J'ai expliqué mon périple et surtout combien j'avais été impressionné par la manière dont Ramadan, mon chauffeur, avait aidé les hommes victimes d'une panne sur la route, alors que cela nous gênait énormément. Mais il fallait venir à leur secours.

« Un étranger n'est pas un étranger, ici. Il est quelqu'un que vous connaissez. Ainsi, venir en aide à une personne faible, c'est chevaleresque.

— Je suppose que c'est un moyen de renforcer la cohésion de la société.

— Oui, la société soudanaise est plus forte que l'État. Le peuple soudanais a renversé deux régimes par des soulèvements populaires. Même le régime actuel est sous surveillance.

— Comment cela se fait-il ?

— Au moyen de forts liens sociaux. Les liens sociaux sont plus profonds que les théories politiques. Cela peut être un fardeau, mais cela nous aide. Si nous n'avions pas des liens sociaux aussi forts, nous aurions été désintégrés. »

Renverser le pouvoir par la violence n'était pas dans les habitudes soudanaises, dit-il.

« Ce pays n'a pas connu d'assassinats politiques. Nous avons un plus haut degré de tolérance, un plus haut degré d'idéalisme que dans le reste de l'Afrique. Au Soudan, les ennemis socialisent ! »

On a servi le café, on a fait circuler des verres de jus de fruits, on a distribué gâteaux et biscuits. Un ventilateur ronronnait dans un coin mais la chaleur restait oppressante et l'odeur de la rivière supplantait l'arôme des jasmins du jardin.

« Nous avons eu des contacts extrêmement sanglants avec des armées étrangères. Mais vous n'êtes qu'un visiteur étranger, et en tant qu'hôte de notre pays, on vous aidera. Nous n'avons pas de sentiments xénophobes. »

Il était vrai, a-t-il continué, que le gouvernement actuel du Soudan avait tenté d'encourager la xénophobie – « une vision très islamisée du monde » – mais il avait échoué.

« Cette idéologie s'est émoussée. Les slogans ont eu leur heure de gloire, ici. Nous avons essayé tous les systèmes possibles : socialisme, démocratie, règle islamiste, régime militaire.

— Que pensez-vous du gouvernement actuel ?

— Le régime actuel s'est montré très intolérant et très répressif. Son peu de représentativité est évident, maintenant. Mais nous avons eu des tyrans à la tête du pays pendant quatre-vingts pour cent de notre existence en tant que pays indépendant. Avant 1996, a-t-il dit en riant, j'ai été arrêté ! Ce gouvernement a décrété le *jihad*, a-t-il conclu en reprenant son sérieux, et il viole les droits de l'homme dans le sud du pays.

— Comment la guerre va-t-elle évoluer dans le Sud ?

— Nous avons tout le potentiel nécessaire pour qu'un changement se produise de manière pacifique. Nous, Soudanais, sommes las de la guerre, las des dictateurs. Les peuples du Sud ne veulent pas combattre. Ils fuient la guerre. Même les pères Comboni ont dénoncé la guerre, a-t-il affirmé en référence aux prêtres italiens qui ont implanté des missions dans le Sud et dans l'Ouest. Les Soudanais ne supportent plus la guerre. »

Je lui ai dit que j'avais vu les ruines laissées par le bombardement américain, et que je m'interrogeais sur ce qu'il pensait des relations de son pays avec les États-Unis. Bien que nous disposions d'une résidence diplomatique et d'une ambassade de belle taille, nous n'avions pas d'ambassadeur, aucun personnel américain ne résidait dans le pays et des relations diplomatiques des plus ténues, simples murmures de la part de fonctionnaires qui ne venaient que pour la journée du Caire ou de Nairobi.

« Clinton avait des œillères idéologiques concernant le Soudan, a dit Sadig. Il pensait que le pays devait faire partie de la Corne de l'Afrique, pour que l'Amérique le contrôle et utilise la Corne comme tremplin.

— La Somalie n'est pas un tremplin très efficace », ai-je fait remarquer.

La Somalie était célèbre pour ses divisions en clans. Nous avions tenté de la pacifier et de la contrôler, mais nous l'avions fuie après avoir infligé les premiers morts à une population révoltée, dont les divers clans haïssaient bien plus les étrangers qu'ils ne se haïssaient entre eux. C'était un pays sans gouvernement, sans chef de l'État, sans aucune des institutions d'une société moderne – pas de tribunaux, pas de police, pas d'écoles –, un pays où chefs de guerre et chefs de clans se livraient des batailles qui, dans les campagnes, n'étaient guère plus que des occasions de perpétrer des actes de banditisme.

« Nous préférons l'ignorance de Bush aux idées erronées de Clinton, à son attitude de Je-Sais-Tout », a dit Sadig.

Nous avons continué à bavarder jusqu'à minuit passé. Les écrivains présents ont parlé de leurs romans soudanais préférés, dont un, *Dongola*, par Idris Ali, a été traduit en anglais par mon frère Peter. Ils m'ont parlé de voyages mémorables qu'ils avaient faits dans le pays, dans le Sud, dans l'Ouest et, en train, vers le nord, jusqu'à Wadi Halfa et en Égypte. Ils m'ont dit à quel point les gens avaient été gentils, les avaient pris en pitié, comment les femmes de la campagne les avaient protégés tout en veillant à ne pas froisser leur dignité.

On a apporté à mon intention un panier soudanais et une cafetière en argile.

« Quand vous boirez, vous vous souviendrez de nous », a dit Sadig.

Abdallah, le chauffeur de taxi, a grogné pendant presque tout le trajet dans Omdurman, et sur le pont aussi. Mais je souriais, revivifié par la conversation que je venais d'avoir, fasciné par le Nil, qui sortait là du cœur de l'Afrique, par la vision de la lune qui s'y reflétait, parsemant sa surface de lueurs oblongues éclatées et de flaques brillantes.

6 — La ligne de Djibouti, jusqu'à Harar

Deux trains par semaine seulement circulaient sur la ligne éthiopienne vers Djibouti, par-delà les collines à l'est d'Addis-Abeba et de la plaine caillouteuse menant à la ville éthiopienne de Dire Dawa. De là, je pouvais retrouver la route et par les montagnes gagner la vieille cité fortifiée de Harar. Harar était un lieu que j'avais toujours voulu voir, parce qu'il me faisait penser à Sir Richard Burton, le premier Européen qui l'avait visité. Et aussi le jeune génie, Arthur Rimbaud. Après avoir abandonné poésie et civilisation, Rimbaud avait fait du commerce en ce lieu sur une période de dix ans. En dépit des lettres pleines de jérémiades qu'il envoyait chez lui, il avait aimé Harar, parce que c'était loin de tout et sauvage. Rimbaud avait pris un plaisir tranquille aux satisfactions diverses et inattendues de l'Afrique, à sa cordialité poussiéreuse. Il cherchait à oublier le côté artificiel des villes d'Europe, les découvreurs de mode littéraire, les parasites, ceux qui perdaient du temps et les crétins ambitieux qui l'importunaient. Il a écrit d'Afrique qu'il en avait fini avec ces « oiseaux-là ». Je partageais son humeur, je célébrais sa quête.

Hailé Sélassié avait un lien intime avec Harar, lui aussi, car il y était né et y avait été gouverneur de province avant de devenir le ras Tafari Makonnen, le Lion de Judée, l'Élu de Dieu, le Pouvoir de la Trinité, le *Negusa Negast*, le Roi des Rois – en un mot, l'empereur. Il avait eu une carrière complexe. Roi des Éthiopiens, descendant de la reine de Saba, raillé sous le nom de « Aï le Salace » par Evelyn Waugh, il était vénéré par les rastafariens. Exilé en Angleterre pendant l'occupation italienne de son pays, il y était revenu pour régner en monarque absolu devant qui ses sujets se sont prosternés pendant trente ans. Il a finalement été détrôné par le Derg (le Comité). Quand j'étais à Harar, le gouvernement a révélé que le vieil empereur de quatre-vingt-trois ans était mort en 1975, étranglé par le président du Derg en personne, Mengistu Hailé Maryam, qui avait alors passé la bague impériale à un de ses propres doigts étrangleurs.

Célèbre pour ses hyènes prognathes et féroces et ses habitants superbes et discrets, Harar est considéré comme une des destinations les plus prestigieuses d'Afrique. Pour son exotisme, son fanatisme très particulier, son isolement, le capitaine Burton a comparé Harar à Tombouctou, en disant que la ville « sectaire et barbare » – mais aussi unique par sa langue et ses coutumes – est « le pendant oriental du Tombouctou malfamé ». Du moins étais-je assez près pour y aller en train.

« Peut-être devrais-je aller à la gare acheter un billet », ai-je suggéré, quand je suis arrivé à Addis depuis le Soudan (par avion, car la frontière était fermée).

Le directeur éthiopien de mon hôtel avait les traits fins, les yeux un peu exorbités, le costume mal coupé et les manières courtoises et accueillantes de ses compatriotes, qui se sont avérés très polis, bien qu'un peu mélancoliques. Il faut dire que les Éthiopiens, qui ne sourient pas, ont l'air d'avoir le cœur brisé même quand ils sont contents.

Cette fois, le directeur a ri pour me rassurer :

« Ne vous en faites pas. Ce train n'est pas très populaire. »

*
* *

Ma première impression d'Addis-Abeba a été : beau peuple en loques associant dignité et pauvreté, une race d'aristocrates qui a vendu l'argenterie de famille. L'Éthiopie est unique en Afrique noire : elle possède sa propre écriture, et donc sa propre histoire écrite et une relation très puissante au passé. Les Éthiopiens sont conscients de leurs liens culturels anciens avec l'Inde et l'Égypte, et avec les fondements religieux du Proche-Orient. Ils prétendent souvent avoir été parmi les premiers chrétiens. Quand nos ancêtres barbares couraient cul nu dans les forêts d'Europe, le ventre teint en bleu par la guède, des Éthiopiens aux vêtements élaborés élevaient des troupeaux, utilisaient la roue. Plus tard, ils ont défendu leur civilisation contre les assauts de l'Islam tout en observant pieusement les Dix Commandements.

Ville plutôt récente née de l'imagination de Ménélik, qui voulait sa propre capitale, Addis-Abeba, située en altitude, s'étend avec l'air d'un vaste village aux toits couleur rouille dispersé sur de nombreuses collines. Vieille d'un siècle seulement, la ville montre déjà un délabrement sans âge. Peu impressionnante de loin, de près, elle est sale et ses bâtiments en ruines, elle pue l'urine et toutes les ruelles sont envahies d'ordures. Musique qui hurle, klaxons de voitures, gaz d'échappement et gamins qui vous harcèlent avec leur histoire à pleurer, leurs doigts habiles et de sinistres mises en garde comme : « Il y a des méchants, ici. »

Dans le meilleur des cas, les villes africaines m'ont toujours rappelé de misérables fourmilières improvisées attirant les pauvres et les désespérés de la brousse et les transformant en voleurs et en fomenteurs de complots cruels. L'escroquerie est un mode de survie dans une ville où les politesses tribales n'ont pas cours, où il n'y a pas d'autres sanctions que celles des policiers, une catégorie de gens qui, généralement, en Afrique, ne sont guère plus que des voleurs patentés.

L'Éthiopie venait de déterminer sa frontière avec l'Érythrée. A cause des rumeurs concernant cette guerre, à cause de la mauvaise réputation des voisins de l'Éthiopie (la Somalie et le Soudan) à cause enfin de la paranoïa des voyageurs, Addis ne voyait pas de touristes étrangers. Des hôtels vides – c'était merveilleux pour moi, car jamais je n'avais besoin de réserver à l'avance : j'arrivais et j'avais une chambre.

Peu d'Éthiopiens prenaient le train pour Dire Dawa, et moins encore jusqu'à Djibouti. Djibouti avait une réputation terrible dans la région. C'est une des encoches de la côte africaine, à l'extrémité de la Corne, point d'entrée ancestral, et de sortie aussi : pendant des siècles, il a été un port de déportation des esclaves avant de faire partie de la Somalie française pour finalement arriver à ce qu'il est aujourd'hui : une épine dans le flanc de la république indépendante d'Éthiopie. La chaleur oppressante qui y règne n'est en rien soulagée par les vents brûlants venus du golfe d'Aden. Il n'y a pas non plus de véritable terre, seulement des marécages comblés. L'architecture y est soit « à la française » (moulures, côté officiel, m'as-tu-vu provincial) soit arabisante (colonnes, ornements festonnés, air maussade). Une garnison de soldats français s'y trouve toujours. L'endroit est célèbre pour sa prostitution enfantine.

« Des gamines de douze, treize ans, m'a dit un membre d'une organisation humanitaire. On voit des choses ! Des soldats vont dans ces horribles night-clubs et s'enivrent. Ils titubent dans les rues. Alcoolisme, prostitution – et drogue. »

Dans ce voyage que j'avais entrepris, l'envie d'être témoin de telles dépravations et de comportements déviants me tenaillait. Mais j'ai choisi d'aller à Harar, car je voulais arriver plus au sud en quelques semaines – atteindre le Kenya, et au-delà.

Le train de Dire Dawa partait tôt le lendemain. Si je ne le prenais pas, je devrais attendre le prochain pendant trois jours. Je suis allé à la gare, j'ai acheté mon billet et j'ai regardé dans le train – pas mal, pas bien. La plupart des trains, en Afrique, ont presque l'air de partir pour Auschwitz. Le lendemain, je suis revenu et je suis monté à bord. A l'exception de l'heure de départ, il n'y avait pas d'autre horaire prévu. Personne ne savait quand nous arriverions à Dire Dawa. « Demain », est ce que j'ai pu obtenir de plus précis – et ça me convenait.

Nous sommes partis avec peu de passagers, et même plus tard dans la matinée, après de nombreux arrêts dans des gorges et sur des collines à l'est d'Addis, nous n'avions pas vu monter grand monde. Dans certaines gares, nous nous étions arrêtés pour rien pendant une heure, et deux fois, en pleine nuit, au milieu de nulle part (mais j'entendais dans les branches nues le vent qui fraîchissait), le train s'était lentement arrêté et n'avait plus bougé de plusieurs heures. Pendant la journée, j'étais resté assis pour lire, dans son *Voyage à La Mecque et chez les Mormons*, la lettre que le capitaine Burton avait écrite sur sa venue dans la cité sainte interdite d'Harar. La nuit est tombée rapidement. J'ai dormi allongé sur un banc de bois, la tête sur mon sac, grinçant des dents tant je détestais ce trajet. J'attendais avec impatience qu'il se termine, et je me réjouissais de ne pas avoir choisi de continuer jusqu'à Djibouti. Peu après l'aube, tandis que la chaleur du jour commençait à s'insinuer dans le train par les rayons horizontaux du soleil, nous sommes arrivés à Dire Dawa.

« C'est plutôt vide ! »

La ville semblait abandonnée : maisons silencieuses, rues désertes.

« C'est un jour férié. »

*
* *

Dire Dawa est normalement une ville calme, mais le jour de mon arrivée elle était plus calme encore, car c'était le jour de la commémoration du cent cinquième anniversaire de la bataille d'Adoua.

« Quand on a vaincu Mussolini », m'a dit un certain Tesfayé.

Pas vraiment. J'ai donc cherché d'autres informations. La victoire d'Adoua, chère aux Éthiopiens, avait été remportée en 1896, en pleine ère coloniale, quand 20 000 soldats italiens, envoyés dans le nord de l'Éthiopie depuis l'Érythrée, étaient tombés sur 90 000 « soldats éthiopiens pleins de ferveur et d'ardeur guerrière », commandés par le roi Ménélik II et son commandant en second, le ras Makonnen. Par ce triomphe contre l'envahisseur étranger, les deux hommes s'étaient retrouvés liés dans une relation père-fils. Ils étaient de lointains parents, de toute manière, mais ce lien avait assuré l'élévation au trône du fils aîné du ras Makonnen, le ras Tafari – Hailé Sélassié.

La bataille d'Adoua avait été cruciale pour d'autres raisons encore. Tout d'abord, ç'avait été une victoire incontestable. Alors qu'ils tentaient de se regrouper pour l'attaque dans le paysage rocailleux de la région d'Adoua, les Italiens s'étaient perdus. Les Éthiopiens, quatre fois plus nombreux, les avaient encerclés et harcelés de leurs lances et de leurs flèches, tuant plus de 15 000 d'entre eux, les autres étant blessés ou faits prisonniers. Ils avaient aussi des fusils, dont 2 000 étaient les Remington que Rimbaud avait vendus à Ménélik en 1887, à Entotto. Bien qu'il ne fût plus vivant pour en voir le résultat, Arthur Rimbaud l'ancien poète a joué un rôle historique dans cette victoire africaine. Bataille des autochtones contre l'envahisseur, Adoua était à la hauteur de la destruction du carré britannique par les derviches du Soudan. Adoua est si célèbre qu'elle a inspiré le mouvement de retour en Afrique de Marcus Garvey, le mouvement de l'« éthiopianisme », de même que la conscience panafricaine qui a aidé à transformer les colonies britanniques, françaises et portugaises en républiques indépendantes. Avant cela, la dernière campagne militaire africaine soldée par des victoires décisives contre une nation européenne était celle d'Hannibal.

La défaite et l'humiliation de l'Italie se sont avérées particulièrement amères pour les fascistes, encouragés par Mussolini, eux qui se considéraient comme de nouveaux légionnaires romains à la conquête d'un empire. Les Italiens à l'orgueil froissé ont voulu prendre leur revanche sur les Éthiopiens. Ils ont réussi à reconquérir le pays en 1935, quand ils l'ont envahi, mieux armés, de manière illégale (en utilisant des gaz toxiques), tuant des centaines de milliers de soldats qui luttaient avec les mêmes armes qu'ils avaient utilisées quarante ans plus tôt.

Le monde entier, unanime, a condamné la campagne italienne. Fin septembre 1935, Winston Churchill a résumé son mépris dans un discours prononcé à Londres. Plus tard, il a écrit dans le volume *L'orage approche* de ses *Mémoires*, qu'il avait « tenté de transmettre un message de mise en garde à Mussolini », dont il pensait qu'il l'avait lu. Cette mise en garde occupait une longue phrase qui roulait sur les sonorités dévastatrices de ses propositions :

> Envoyer une armée de près d'un quart de millions d'hommes, incarnant la fleur de la jeunesse italienne, sur des rives désolées, à trois mille kilomètres de chez eux, contre la volonté du monde entier et sans être maître de la mer puis, dans cette situation, s'embarquer dans ce qui pourrait bien être une série de campagnes contre un peuple, dans une région dont aucun conquérant en quatre mille ans n'a jamais considéré qu'elle valait la peine qu'on la soumette, c'est se rendre otages d'un destin qui n'a pas d'équivalent dans l'histoire du monde.

Pourtant, cette absurdité meurtrière était exactement ce qu'avaient perpétré les Italiens. Mais il y avait une chose que Churchill ne savait pas (que peu de gens savaient) : les Italiens avaient prévu d'accélérer et de simplifier leur campagne en utilisant du gaz phosgène. L'Italie avait signé en 1928 le protocole de Genève contre l'emploi de gaz de combat. Pourtant, en 1935, Mussolini avait poussé ses généraux à lâcher des bombes au phosgène sur les Éthiopiens, afin de gagner la bataille « par tous les moyens » (*qualsiasi mezzo*).

Les Italiens ont commencé leur attaque par un bombardement d'Adoua, scène de leur humiliation, et ont continué vers le sud. Vingt-quatre avions, dont cinq emportant des bombes au phosgène, ont envoyé ces gaz de combat sur les troupes éthiopiennes dans le désert de l'Ogaden. Quand des récits d'atrocités d'authenticité douteuse ont fait leur apparition sur les champs de bataille – comment des prisonniers italiens auraient été crucifiés, décapités, castrés par les Africains – l'armée fasciste a lancé d'autres bombes aux gaz de combat. Même en tirant des balles dum-dum – la nouvelle de leur utilisation avait scandalisé les Italiens... – les Éthiopiens n'avaient pas une chance. Hailé Sélassié a été renversé du trône et exilé. Un vice-roi fasciste a été installé à Addis-Abeba. Le roi italien Victor-Emmanuel, s'arrogeant le nom d'« empereur », avait deux pierres semi-précieuses sur sa couronne : l'Éthiopie et l'Albanie.

Adoua, la défaite italienne qui, entre autres, avait provoqué cette seconde invasion, était donc célébrée à Dire Dawa – ce qui voulait dire que les habitants de cette petite ville étaient en congé. De toute façon, il n'y avait guère de travail les jours ouvrés, juste le café à cueillir et du *khat* à mâcher. Aucun défilé n'était prévu dans les rues. La ville était désertée. Dire Dawa, nom qui veut dire « Plaine vide » en amharique – un nom plus approprié que l'ancien, « Nouvelle Harar » – était une petite agglomération horizontale sur une terre râpée et pâle au pied de collines brunes. Construite sur de la terre meuble et du sable, la ville avait l'âge de la voie ferrée : un siècle. C'était la gare où l'on quittait le train quand on voulait se rendre à Harar et, surtout, le lieu de transbordement des plants de *khat* d'Aweydé, à une trentaine de kilomètres plus haut sur la route escarpée menant à Harar.

L'économie informelle de cette région d'Éthiopie repose sur la culture de ce *khat* (*Catha edulis*), que l'on prononce « chat » ou « jat » en Éthiopie, un arbrisseau qui, par la forme de ses feuilles, sa couleur et sa taille, s'apparente à un laurier. L'autre culture lucrative de l'Éthiopie, le café de haute qualité, qui pousse aussi sur les collines autour de Harar, était très recherché, mais d'un rapport négligeable comparé au *khat*. Cette plante stimulante est si appréciée dans les Émirats et les autres États du Golfe où l'on ne peut boire d'alcool, que l'aéroport de Dire Dawa est encombré de petits avions de transport. Afin de produire un effet maximum, le *khat* doit être mastiqué frais.

Dire Dawa ressemblait à ces villes coloniales nées de la nécessité de construire une gare que j'avais connues dans la campagne vietnamienne : basse, carrée, avec ses stucs et sa poussière, le genre de ville que les Européens construisaient il y a cent ans le long des voies ferrées. De fait, celle-ci avait un pedigree européen : l'ingénieur suisse qui conseillait le roi Ménélik, Alfred Ilg, l'avait conçue en même temps que la ligne de Djibouti. Ilg, qui commerçait aussi avec Rimbaud, accusait l'exilé d'avoir en secret « un caractère enjoué ».

Alfred Ilg a surveillé la construction de Dire Dawa en 1902, car la ville était utile à la voie de chemin de fer de Djibouti. Quinze ans plus tard, la ligne a été prolongée jusqu'à Addis-Abeba. Dire Dawa était l'idée helvético-française de ce à quoi devait ressembler une ville africaine respectable : des maisons d'un étage aux toits de tuiles, aux murs en crépi jaune qui n'a pas tardé à se fissurer, rues tirées au cordeau avec une petite place çà et là – dont une est ornée d'une statue couverte de déjections d'oiseaux et une autre d'une plaque patriotique et d'un canon hors d'âge. Les arbres de Dire Dawa n'ont pas survécu à la dernière sécheresse, mais on n'a pas encore retiré les troncs tourmentés aux branches sans feuilles.

Au cœur de Dire Dawa, se trouve le marché, important centre de commerce où, même en ce jour de fête nationale, quelques personnes vendaient des fruits et des légumes – bananes, citrons, pommes de terre, carottes, légumes verts à feuilles et tous les produits des collines proches de Harar. Rien ne pousse dans la terre surchauffée et sèche de Dire Dawa.

En traversant le marché dans l'espoir de trouver quelqu'un qui pourrait me conduire à Harar, je suis tombé sur une grande femme noire en robe rouge qui vendait des herbes. Pour engager la conversation, je lui ai demandé ce que c'était, et elle a dit en riant :

« *No Inglish, Galla !*

— *No Galla* », ai-je dit.

Mais alors que je me détournais pour partir, elle a demandé :

« *¿ Habla español ?* »

L'espagnol n'était pas une langue que je m'attendais à entendre dans la bouche d'une maraîchère issue du peuple galla dans le nord-est de l'Éthiopie. En revanche, j'avais rencontré des Éthiopiens, des Somalis et des Soudanais âgés qui parlaient couramment italien, parce qu'ils avaient fréquenté les écoles des missions ou communiqué avec des pasteurs, comme ce père Cruciani que j'avais rencontré à Assouan.

« Vous parlez espagnol ? ai-je demandé dans cette langue.

— Bien sûr. Je l'ai appris des Cubains. Il y avait beaucoup de soldats cubains, ici, à l'époque du Derg. Je les aimais bien, et ils m'aimaient bien aussi. On a passé de bons moments ! C'était à l'époque de l'autre gouvernement. Les Cubains sont tous partis.

— J'imagine qu'ils ont laissé quelques enfants derrière eux ?

— Et comment ! Ils nous aimaient beaucoup. »

L'épisode cubain se situait à l'époque où Mengistu Hailé Maryam avait pris le pouvoir en 1974, fondé un État marxiste, rebaptisé rues et places, tué Hailé Sélassié et sa famille et érigé çà et là de ridicules obélisques arborant l'étoile rouge du socialisme. Des milliers d'Éthiopiens avaient été emprisonnés sans procès. C'était aussi la période pendant laquelle l'Éthiopie faisait la une des journaux parce qu'elle connaissait une terrible famine. Le nom de l'Éthiopie était devenu synonyme de tyrannie et de faim. Les organisations humanitaires occidentales avaient envoyé de la nourriture par avion, mais les amis officiels de l'Éthiopie étaient Cuba et l'Union soviétique. L'aide cubaine comprenait l'envoi de soldats, de médecins et d'infirmières. On ne voyait aux nouvelles que des enfants décharnés, des adultes affaiblis, des blessés – *et ce sont les plus chanceux*.

Après une autre famine en 1984-1985, et sous la pression des partis d'opposition, le Derg avait finalement été renversé en 1991, et Mengistu avait pris un avion pour le Zimbabwe, où il avait été autorisé à résider à condition de ne plus prendre la parole.

L'Éthiopie a disparu des écrans, mais la vie a continué, les pluies ont favorisé les récoltes, la guerre a été déclarée aux sécessionnistes de la province de l'Érythrée. Cette guerre avait pris fin (par le triomphe de l'Érythrée) quand était intervenu un cessez-le-feu, quelques semaines à peine avant que j'arrive à Dire Dawa en ce matin brûlant de février.

J'avais beau consulter une très mauvaise carte montrant un enchevêtrement de routes, je n'avais aucune idée d'où se trouvait Harar, ni comment y parvenir, je ne savais pas un mot d'amharique et je ne connaissais personne dans cette province – ni ailleurs en Éthiopie. Oui, Harar était à plus de 1 600 mètres dans les hautes terres du Chercher, ça, je le savais, mais j'étais le voyageur classique qui arrive, subjugué et seul dans un lieu isolé, qui tente de garder espoir, mais qui se dit : Et maintenant ?

J'ai arrêté plusieurs Éthiopiens et je leur ai demandé :

« Y a-t-il un bus pour Harar ? »

Avec un sourire de mauvais augure, ils répondirent :

« Pas de bus aujourd'hui. »

En me mettant à l'ombre pour échapper à la chaleur du jour et au vent de la plaine qui me brûlait le visage, j'ai vu une femme à l'air italien, vêtue de l'habit moderne des religieuses (col blanc, robe brune, chaussures fermées). Elle portait un sac et marchait avec la détermination concentrée et presque obsessionnelle d'une personne très sérieuse bien décidée à être à l'heure pour un rendez-vous. Elle a souri et s'est arrêtée quand je lui ai dit bonjour.

« Excusez-moi, ma sœur, parlez-vous anglais ?

— Oui.

— Pouvez-vous m'indiquer la route de Harar ?

— Vous êtes seul ? m'a-t-elle demandé en me toisant.

— Oui.

— Alors vous avez de la chance ! Venez avec moi : je vais à Harar. Ah, voici mon chauffeur ! »

Sauvé, me suis-je dit, sans doute parce que c'était une journée mémorable : ma mère fêtait ses quatre-vingt-dix ans. En quelques minutes, bénissant ma chance, bénissant ce bon Samaritain, j'étais assis à l'arrière d'une Land Rover qui me conduisait par les ruelles de Dire Dawa jusqu'à la route cahotante en lacet qui s'élevait dans les collines si poussiéreuses et balayées par le vent que l'air et le ciel étaient aussi bruns qu'elles.

« Je suis sœur Alexandra, a dit la religieuse. Je viens de Malte. »

Il s'est trouvé qu'elle adorait parler, assise de travers sur le siège du passager, à l'avant, s'adressant de temps à autre au chauffeur en amharique, sans me regarder, mais attirant parfois mon attention sur une caractéristique curieuse de la vie éthiopienne, comme ces bergers avec leurs troupeaux de chèvres ou ces enfants qui jouaient avec un tel enthousiasme qu'ils se battaient et roulaient jusqu'au milieu de la route et que les voitures – dont la nôtre – faisaient un écart pour les éviter.

« Vous voyez, ils n'ont pas peur. Ils sont très libres, ici », a dit sœur Alexandra en faisant signe aux gamins rieurs.

Elle ne semblait pas surprise que je veuille visiter Harar. Elle m'a demandé si j'étais allé à Malte (en effet, j'y étais allé pour mes *Colonnes d'Hercule*). Au début nous avons bavardé de choses et d'autres, de sa famille, de son enfance, de ses études de droit, de son choix de la vie religieuse, de son tempérament de missionnaire. Soudain, j'ai compris qu'elle tournait autour d'un sujet, d'un thème auquel elle revenait constamment : « J'ai été aimée. »

Elle était beaucoup plus jeune que moi, la quarantaine environ, pleine de l'énergie et de cette vivacité maltaise si compulsive qu'elle frôle l'hystérie – je l'avais pressenti à la manière dont elle marchait, avec cette détermination passionnée, à Dire Dawa. Rien d'une religieuse sèche et fade, non. Elle était enthousiaste et elle avait une histoire à raconter.

« J'ai eu un fiancé. J'étudiais le droit et j'avais toujours été très libre. Mon père m'encourageait à croire en la liberté. J'étais heureuse, j'allais fonder un cabinet juridique avec mon frère. Je portais une bague de fiançailles. La date du mariage avait même été arrêtée. »

Au milieu de cette route de montagne, en plein tournant en épingle à cheveux, des enfants étaient par terre en train de se chatouiller et de rire aux éclats, tout à fait oublieux des voitures qui passaient près d'eux.

« C'est leur terrain de jeu », a expliqué sœur Alexandra.

Je n'avais rien dit, mais elle avait anticipé la question que j'allais évidemment lui poser. Elle a continué son récit.

« J'ai commencé à penser que je pourrais devenir religieuse. J'ai prié pour qu'on me guide, et quand j'ai eu vingt ans, j'ai pris ma décision.

— Qu'en a pensé votre famille ?

— Ils ont tous été choqués. Choqués ! »

A sa manière solennelle et théâtrale, elle semblait chérir ce souvenir.

« Et votre fiancé ?

— Mon fiancé voulait m'envoyer consulter un médecin sur le continent, pour vérifier que je n'étais pas folle, a-t-elle dit en souriant. Il craignait une maladie mentale.

— Je suppose qu'il était inquiet.

— Il était malade d'inquiétude et de déception. On a annulé le mariage, on a tout annulé. Ma famille... enfin, vous imaginez sans peine. Ils n'ont pas compris. Seul mon père a vu ce que j'avais dans le cœur. Mon fiancé était désespéré. Je l'aimais, mais je savais que j'avais une vocation. Avant que je prononce mes vœux définitifs à Addis, il a pris l'avion et il est venu me supplier jusqu'ici, en Éthiopie de renoncer à mon projet.

— Il ne vous a pas fait changer d'avis ?

— Non, il ne m'a pas fait changer d'avis. Mais il m'a donné une bague. »

J'ai regardé ses doigts. Pas de bague. C'était compréhensible : une religieuse devait renoncer aux choses matérielles de ce monde et devenir l'épouse du Christ.

« Mon fiancé est reparti. Il s'est lamenté pendant neuf ans. »

Nous entrions au cœur des hautes terres – très sec, caillouteux, frais, venteux, des maisons brunes comme des boîtes, des gens en longues *gallabiyas* marchant sur leurs jambes maigres ou accroupis devant des tapis où ils vendaient de pauvres légumes. J'ai entrouvert la fenêtre et j'ai humé l'air frais.

« Il a trouvé une femme et l'a épousée. Ils ont eu deux enfants. Je n'avais aucun contact avec lui. Je pensais à lui – bien sûr, je pensais beaucoup à lui. Mais je savais qu'il avait une épouse et que j'avais ma vie. De temps en temps, a-t-elle dit d'un air songeur, j'avais de ses nouvelles. Malte, vous savez... vous y êtes allé...

— C'est une île. Je sais un peu ce que sont les îles.

— Malte est une petite île. Il n'y a pas de secrets. On parle beaucoup. »

Nous étions assez haut dans les terres pour sentir la fraîcheur. Les gens s'enveloppaient dans des vêtements amples que le vent gonflait. Ils avaient des écharpes, des manteaux et des bonnets pour se protéger du froid.

« En mai dernier, j'ai reçu un appel téléphonique – une voix de femme », a continué sœur Alexandra. Elle a pris un ton mélodramatique en mimant la voix lointaine : « "Je sais qui vous êtes, a-t-elle dit. Je crois de mon devoir de vous dire qu'il est mort. Merci de nous avoir respectés." Rien de plus. »

La poussière soufflée par le vent tourbillonnait autour de nous, frappait la Land Rover, crépitait sur la carrosserie. Je ne savais que dire de cet homme mort. J'ai demandé s'il avait souffert longtemps.

« C'était un cancer du poumon, et pourtant, il n'avait jamais fumé ni bu. Il n'avait que quarante-sept ans. »

Je ne pouvais lui offrir aucune commisération. J'aurais pu dire que moi aussi, j'avais connu la mort d'êtres chers, mais en quoi cela pouvait-il consoler quelqu'un qui souffrait d'un deuil particulier ? J'ai juste émis des sons, mais j'ai compris qu'elle protestait.

« Non, non – il n'est pas mort. Il est toujours vivant pour moi. Je vis dans son souvenir. Je lui parle, il me guide. Pouvez-vous imaginer à quel point il est important d'avoir été aimée ?

— Oui, je le peux. Il y a un beau poème de Larkin à ce propos. »

J'ai mi-récité, mi-paraphrasé les vers de « Guérir par la foi » :

> En chacun dort le sentiment
> D'une vie vécue selon l'amour.
> Pour certains, c'est la différence
> Qu'ils peuvent faire en aimant les autres,
> Mais pour la plupart,
> C'est tout ce qu'ils auraient pu faire
> S'ils avaient été aimés.

« Récemment, a-t-elle dit, j'ai appris que la femme allait se remarier. Personne ne l'a compris ni aimé comme moi. C'est pour cela qu'il est toujours vivant en moi.

— C'est vrai, les gens que nous aimons, même morts, semblent continuer à vivre en nous. Ou bien est-ce juste une manière de supporter la douleur.

— Vous êtes écrivain ? C'est peut-être une histoire que vous pourriez écrire. »

Mais j'ai dit ce qu'on dit toujours à ceux qui vous proposent d'apporter des histoires à votre moulin : écrivez-la vous-même, parce qu'il y a plus que ce que vous m'avez dit ; vous savez tout, et c'est votre histoire, pas la mienne. Elle n'a pas opposé d'objection. Elle a dit qu'elle le ferait peut-être.

« Je suis un peu poète. J'ai écrit quelques poèmes, a-t-elle ajouté avec le sourire énigmatique qu'elle avait eu quand elle avait dit *il n'est pas mort*. Mais je suis religieuse. Si je publiais ce que j'ai écrit, ça pourrait sembler étrange, venant d'une nonne.

— J'aimerais lire vos poèmes », ai-je dit en imaginant quelque chose d'intense, frôlant l'extase, plus proche de John Donne que de Thomas Merton, deux auteurs dont (parce qu'ils étaient poètes *et* religieux) j'ai évoqué les œuvres pour elle.

Si le stéréotype du missionnaire est une personne forte, fade, souriante, dotée d'une patience infinie et d'aucune libido, et possédée par la manie de la conversion, sœur Alexandra était tout le contraire : tenace, certainement, mais sachant aussi imposer sa forte personnalité, tolérante et passionnée à la fois. Quand je l'ai mieux connue, j'ai découvert qu'elle était une excellente cuisinière. On l'aimait beaucoup au couvent et à l'école, mais je me suis dit qu'elle aurait fait une merveilleuse épouse et une mère tout aussi merveilleuse. Elle n'utilisait pas le mot « péché ». Peut-être avait-elle autant de succès à Harar pour cette raison, elle qui était la seule femme *faranji* installée de longue date dans la province.

« Ces gens sont horriblement riches, a-t-elle dit alors que nous traversions Aweydé. Ne les jugez pas à leurs habitations. Ils épargnent leur argent, ils ne le dépensent pas en vêtements ni en maisons. »

Le misérable village de production de *khat* s'allongeait des deux côtés de la route. Il y avait un marché très actif où on ne vendait qu'un seul produit : des fagots de feuilles vertes. Les collines en étaient couvertes. La plante était là en buissons, en haies, tout le monde en faisait pousser, en vendait, en mâchait. Les conditions étaient idéales pour sa culture, à Aweydé. Sur place, on achetait le fagot 1,20 dollar. Il en valait déjà trois fois plus à Addis-Abeba, plus encore au Yémen, à Oman et dans les Émirats, où il était envoyé par avion de Dire Dawa. Les vols de *khat* étaient plus sûrs que les vols de passagers, parce que la denrée perdait très vite de sa puissance et devait être envoyée aux consommateurs sans tarder.

« La qualité diminue en une journée », m'a confié un marchand.

Harar n'était pas bien loin. Les petites maisons se sont faites plus nombreuses, la route s'est élargie, j'ai vu un stade, une église, une mosquée, d'autres mosquées, et au loin, une ville fortifiée aux portes grandes ouvertes.

Burton avait écrit que Harar était une ville interdite aux portes de laquelle bien des voyageurs avaient frappé en vain. « Son souverain sectaire et ses habitants barbares menacent de mort l'Infidèle qui s'aventure en ses murs, depuis que quelque Merlin nègre, dit-on, a lu une malédiction dans les premiers pas des Francs. » Il disait aussi que les Anglais étaient les plus haïs car « à Harar, l'esclavage a encore cours, et le vieux Dragon sait bien à quoi s'attendre de la main de saint George ».

Les habitants de Harar croyaient aussi en une superstition : « la prospérité de leur ville dépendrait de l'exclusion de tout voyageur qui ne serait pas musulman ».

Burton s'est mis en route en 1854 et, après un voyage mémorable depuis Zayla (l'actuelle Zeila, sur la côte somalienne, près de la frontière avec Djibouti), il a vu la ville sur sa colline, pas jolie du tout, mais une ville fortifiée, une « pile de pierres ». Il est entré par la porte orientale, il a palabré avec divers personnages officiels et on lui a finalement accordé une audience avec l'émir. Celui qui s'arrogeait le titre de sultan lui a tendu une main « osseuse et jaune comme une serre de milan », invitant Burton à la baiser. Burton a refusé, « opposé à ce genre d'opération sur d'autres mains que celles des femmes ».

Burton est resté dix jours à Harar (mais contre sa volonté, car pendant six de ces jours, il a tenté de partir). Mon séjour a été un peu moins long, mais seulement parce que j'allais au Cap par la route, le rail, le ferry – et tout ce qu'on voulait – et que m'attendaient des mois de voyage. Dans toute l'Éthiopie, les gens considéraient Harar comme un bastion de fanatisme et de pauvreté rurale, où des musulmans fiers et belliqueux, les beaux Harari, cohabitaient mal avec les chrétiens. Il y avait aussi des Somalis affamés qui s'accrochaient à la ville, des nomades avec leurs chameaux, des mendiants des collines, sans compter une assez grande colonie de lépreux, hors les murs, sans compter non plus les hyènes, sauvages et féroces, si célèbres à Harar. Tout cela avait attiré mon attention, et les habitants d'Addis qui avaient tenté de m'inquiéter avec des images de sauvagerie harari n'avaient fait qu'aiguiser ma curiosité. Je serais bien resté plus longtemps à Harar.

Les mendiants étaient nombreux, car la période de l'Hadj se terminait pour les musulmans, à qui on enjoignait de donner généreusement aux pauvres à cette occasion. Les mosquées sont de véritables aimants à mendiants, et une telle fête génère des foules en quête d'une aumône. Jamais je n'avais vu autant de nécessiteux, leurs mains décharnées tendues pour demander la charité.

La xénophobie décrite par Burton est toujours très présente à Harar. Les Harari n'épousent que des Harari, et ils ne fréquentent personne d'autre socialement. Ils réprouvent la présence même d'étrangers dans leur ville, en souvenir de cette vieille croyance qui voulait que les étrangers feraient de Harar un lieu peu sûr et malheureux. Il m'est souvent arrivé de voir quelqu'un – en général une personne âgée, édentée et l'air fou – sortir précipitamment d'une porte pour me crier des injures. Invariablement, quand je croisais le regard d'un Harari, j'y lisais de la méfiance, une menace, et la personne semblait marmonner quelques mots hostiles.

« Oh, si vous saviez ce qu'ils disent aux *faranjis*, m'a confié une Éthiopienne, surtout aux femmes !

— Par exemple ?

— Je ne peux pas répéter ce genre de choses. »

Un Belge, membre d'une organisation humanitaire, m'a assuré :

« Certains me crachent dessus au marché, juste parce que je suis un *faranji*. »

Burton trouvait que c'était là un mot intéressant :

« J'ai souvent entendu murmurer le terme inquiétant de *faranj* par des lanciers à tête rouge », a-t-il écrit en ajoutant que les bédouins « appliquent ce terme à tout le monde en dehors d'eux ».

A cette époque, même les commerçants indiens étaient appelés *faranjis* s'ils portaient un pantalon (*shalwar*).

Ce mot vient du franc – les Francs étaient une tribu germanique qui a pérégriné dans toute l'Europe de l'Ouest aux IIIe et IVe siècles. Mais ce nom, proche de « Français », a probablement été forgé pendant les croisades du XIIe siècle, quand les Européens ont pillé les lieux saints de l'islam et massacré des musulmans, au nom de Dieu. Dans les pays du Levant, et finalement jusqu'en Asie du Sud-Est, un Franc était n'importe quel Occidental. « D'immenses foules se sont rassemblées pour voir le Franc et être témoin de ses étranges agissements », a écrit Edward Lear à propos de lui-même dans son journal d'Albanie, en 1848. Autre forme de *faranji*, le mot *afrangi* est considéré comme désuet en Égypte, même si on l'utilise encore à l'occasion, surtout dans des expressions toutes faites (*kabinet afrangi* veut dire « toilettes à l'occidentale »). Je l'ai entendu de temps à autre au Soudan, et le mot est parti plus à l'est, jusqu'en Inde, jusqu'en Asie du Sud-Est, où les étrangers à la peau pâle sont appelés *farangs* en Thaïlande et *feringhi* en Malaisie.

Pendant presque tout mon séjour à Harar, j'ai été suivi par des enfants qui criaient inlassablement « *Faranji ! Faranji ! Faranji !* ». Parfois, des personnes âgées m'insultaient, et de temps à autre, quand je passais lentement en voiture dans les rues, un Harari au regard halluciné se précipitait à ma portière et me crachait par la fenêtre le mot menaçant à la figure.

J'étais descendu au Ras Hotel, que sœur Alexandra m'avait recommandé. Quinze dollars la nuit, petit déjeuner compris, et il y avait toujours de la cuisine éthiopienne (de la « cuisine nationale ») au menu. La saison chrétienne du carême se terminait. Les fidèles de l'Église chrétienne d'Éthiopie observaient leurs fêtes avec autant de rigueur que les musulmans le ramadan et l'aïd. Ils semblaient même rivaliser dans leur piété – leur « je suis plus saint que toi » entraînant des mortifications et des rituels de jeûne d'un fanatisme qui dépassait l'entendement.

« Un redoutable mélange copte des idées les plus absurdes des anciennes doctrines chrétiennes et juives, le tout assaisonné d'abominations locales » – telle est la définition brutale que Vladimir Nabokov donne de l'Église d'Abyssinie dans une des longues annexes de son *Eugène Onéguine* en quatre volumes. L'arrière-grand-père maternel de Pouchkine était né en Abyssinie, probablement dans le Tigré. Nabokov continue son esquisse de la progression du christianisme dans la région :

> L'Évangile a été introduit vers 327 par Frumentius (290-350), né en Phoenicie, qui avait été nommé évêque d'Axoum par Athanase d'Alexandrie. [...] Des missionnaires jésuites ont affronté les dangers sans nom d'une terre de légende pour des joies saintes qui consistaient à distribuer les images de leurs idoles à peau claire et à baptiser en secret les enfants du lieu de noms chrétiens sous le pieux prétexte de leur prodiguer des soins médicaux. Plus près de nous, les Russes ont été agréablement surpris de trouver une sorte de connotation orthodoxe grecque naturelle à certaines pratiques érémitiques encore en vigueur en Éthiopie. Quant aux missionnaires protestants, ils ont été soupçonnés de paganisme par les autochtones à cause de leur indifférence aux représentations de saintes et d'angelots.

Pendant le mois où je me trouvais à Harar, les chrétiens ne consommaient ni laitages ni viande ni poisson, seulement des « mets de jeûne » – des légumes en purée – étalés sur de l'*injera*, un pain gris et spongieux fait de grain fermenté étalé sur un grand plat. « Comme une crêpe », disaient les gens ; mais non : c'est froid, humide et caoutchouteux, moins proche d'une crêpe que d'un tapis de bain mouillé. Par endroits, on mettait une sauce épicée appelée *wot* sur l'*injera*, avec des haricots, des lentilles, du chou, des pommes de terre, des carottes, des tomates concassées. En dehors du mois de jeûne, on ajoutait à cela du poisson ou de la viande. A Harar, l'*injera* était à base de millet sucré, pas fermenté, mais ça avait toujours l'air et la consistance d'un tapis de bain moisi.

J'étais si bien à Harar – hôtel bon marché, beau temps, spectacles étranges, téléphone qui ne marchait pas – que j'ai esquissé la nouvelle érotique dont j'avais eu l'idée sur le Nil de ce jeune homme, de la vieille femme et de son médecin énigmatique. Je me suis mis à écrire, pour me consoler dans ma solitude et pour aider le temps à passer.

Un matin, je suis tombé sur M. Nyali Tafara à la porte principale de la ville.

« Je suis né et j'ai été élevé à Harar », m'a-t-il dit.

Il était au chômage. La plupart des hommes de Harar n'ont pas d'emploi. Il s'était souvent rendu à Addis, mais jamais il n'avait vu Djibouti, que l'on pouvait pourtant gagner plus facilement en six heures de train. Chrétien, il jeûnait à en crever. Il m'a dit que l'histoire locale était son sujet de prédilection.

Harar était le théâtre de curieuses petites légendes, comme celles qu'on trouve dans les fictions de Borges. Il y en a une qu'on aurait pu appeler « L'Exilé ».

Comme la solitude est le propre de la condition humaine, l'exemple le plus frappant du parfait étranger était l'homme blanc en Afrique noire, seul à son poste, déplacé. Le plus blanc de tous était le célèbre poète vivant dans l'ombre d'une cité fortifiée, parmi des illettrés et des philistins noirs, dont il devait gagner le respect en tant qu'homme. Il avait l'esprit d'entreprise dans une société d'esclavagistes organisés. Sa tête bouillonnait d'images surréelles et de réflexions cyniques, même s'il ne parlait que rarement sa propre langue, sauf en lui-même.

Pour les Africains, cet original n'était qu'un *faranji* malade de plus, en vêtement poussiéreux, qui déambulait dans le marché aux odeurs fortes, qui regardait les lépreux recroquevillés près de la mosquée dans l'espoir d'une aumône, qui évitait les ruelles couvertes de crottes de chèvres, qui était dégoûté par les cuissots de chameaux couverts de mouches à l'étal des bouchers.

Même la villageoise au visage de renarde avec sa coiffe mousseuse qu'il avait prise comme maîtresse ne connaissait pas son histoire – et lui ne connaissait pas la sienne non plus. Ils étaient l'opposé l'un de l'autre, la Noire et le Blanc, et ils s'étaient accordés tant bien que mal. S'il a voyagé avec elle (jusqu'à Aden, à l'occasion), est-ce une preuve qu'il l'aimait ? Elle a été photographiée par un aventurier italien à qui elle a décrit son existence avec le *faranji*, ses silences, ses questions, ses cartes, ses tas de pièces, les lettres qu'il écrivait, sa passion pour la photo, ses livres, comme il détestait qu'on l'interrompe, qu'on évoque son passé. Elle ne savait pas du tout d'où il venait. Il disait qu'il aimait le désert. Elle ne savait pas qu'il avait annoncé, des années plus tôt, dans des poèmes fous, oniriques et prémonitoires, l'étrange existence qu'il menait maintenant.

Le poète de dix-neuf ans qui avait écrit « il faut être absolument moderne », avait presque trente ans maintenant. Les cheveux prématurément gris, il notait de traits de plume énergiques dans un registre le poids des défenses d'éléphant et des sacs de café qu'emporteraient jusqu'à la côte les caravanes de chameaux. Ses enthousiasmes inattendus le démarquaient autant que la couleur de sa peau – il savait l'arabe, connaissait le Coran, prenait des photos ; il avait traversé la dangereuse région du Danakil, exploré le désert de l'Ogaden, dressé la carte de ses routes comme une toile d'araignée, de ses rares oasis. Après un voyage terrible, il avait écrit qu'il était habitué à tout, qu'il ne craignait rien.

Le prix des fusils – c'était un autre de ses sujets d'étude. Les

Arabes de Harar n'ont jamais été aussi curieux. Des *faranjis* allaient et venaient, mais celui-là était resté une dizaine d'années entrecoupées de voyages, il vivait dans des maisons modestes, il détestait la nourriture locale. Personne ne savait ce qu'il avait dans le cœur, n'entendait les sarcasmes qu'il marmonnait, ne comprenait son talent pour dissimuler son identité. Il niait sa richesse, prétendait qu'on le trompait, alors qu'il entassait de gros sacs de thalers en argent de Marie-Thérèse et des billets de banque du roi.

Par la suite, les émissaires de Ménélik étaient venus le trouver, le suppliant de leur fournir des armes et des munitions, qu'il avait apportées en caravanes depuis la côte. Il connaissait Makonnen, le père de Hailé Sélassié. Le roi avait négocié personnellement avec lui et l'avait aidé à constituer sa fortune.

Sa pire journée s'était déroulée ainsi : à Aden, il avait dû affronter son employeur, un Français qu'il méprisait. L'homme avait une nouvelle qui le réjouissait hautement : un journaliste français lui avait dit qu'il connaissait le nom de son employé : il avait été un jeune génie en France, où il était célèbre pour ses poèmes décadents.

Cette révélation avait eu sur lui l'effet d'une incroyable blague : le négociant efficace mais fade et plutôt réservé était donc la coqueluche du Paris littéraire ! Absinthe, ivrognerie, sodomie, vers libres ! L'employeur l'avait pris en flagrant délit de travestissement. Le marchand de café aigri d'un avant-poste africain était un poète ! Le patron le tenait enfin.

L'exilé avait tout nié en bloc. *Je est un autre*, avait-il écrit un jour, séduit par cette énigme. Mais l'exil est un état où les jeux de mots ne sont que frivolité. Il avait fini par admettre qui il avait été, et dit que c'était absurde, qu'il en avait terminé avec tout ça.

Vous allez au bout de la terre pour recommencer votre vie, vous pensez avoir réussi, et voilà que le passé resurgit, comme devant le fugitif déguisé repéré par un vieil ennemi. Il avait été heureux dans l'anonymat, quand il n'était qu'un Blanc dans la brousse. Maintenant, il était nu.

Tel était Rimbaud à Harar.

« J'aimerais voir la maison de Rimbaud, ai-je dit à M. Nyali Tafara.

— La vraie ou l'autre ?

— Les deux. »

En réalité, aucune des nombreuses maisons que Rimbaud a occupées à Harar n'est encore debout. La maison qu'on présente comme la sienne a été reconstruite après sa mort. C'est une vieille villa de négociant indien de deux étages, presque toute en bois, de style islamique par ses décorations, avec des fenêtres en verre coloré, des volets et une grande véranda. Comme l'a démontré le dernier, et le meilleur, biographe de Rimbaud, Graham Robb, l'ironie et l'autodérision du poète, de même que sa manière délibérée de brouiller les pistes, ont créé le mythe de Rimbaud homme ruiné, en faillite, l'image de l'exilé raté et amer.

En fait, il était un voyageur plein de ressources, un commerçant imaginatif, un explorateur courageux – son rapport sur ses découvertes en Ogaden a été publié par la Société de Géographie, à Paris – un linguiste distingué (il parlait arabe et amharique) et une sorte de botaniste et d'ethnographe aussi. Il a aimé vivre à Harar. Homme d'affaires avisé, s'il avait renoncé à la poésie, il prévoyait d'écrire un livre sur l'Abyssinie. La postérité, toujours aussi revêche, a pris au mot son humour mordant, ses sarcasmes et ses dérisions. La définition que Robb donne de lui est tout autre : « Un misanthrope satisfait ».

Dans l'autoportrait que je préfère, ironisant sur sa vie, Rimbaud a écrit à sa famille :

> Je m'ennuie beaucoup, toujours ; je n'ai même jamais connu personne qui s'ennuyât autant que moi. Et puis, n'est-ce pas misérable, cette existence sans famille, sans occupation intellectuelle, perdu au milieu des nègres dont on voudrait améliorer le sort et qui, eux, cherchent à vous exploiter et vous mettent dans l'impossibilité de liquider des affaires à bref délai ? Obligé de parler leurs baragouins, de manger de leurs sales mets, de subir mille ennuis provenant de leur paresse, de leur trahison, de leur stupidité !
>
> Le plus triste n'est pas encore là. Il est dans la crainte de devenir peu à peu abruti soi-même, isolé qu'on est et éloigné de toute société intelligente.

Il le niait, mais il était l'heureux capitaine d'un bateau ivre. Comme nombre d'entre nous, il se nourrissait de ses souffrances – il se plaignait, alors même qu'il se réjouissait, qu'il s'épanouissait dans l'adversité. Il s'offusquait de la malhonnêteté, de la sauvagerie, de la mauvaise nourriture, de l'inconfort et de la pauvreté, mais des récits contemporains prouvent qu'il vivait bien à Harar, qu'il gagnait de l'argent, qu'il se sentait chez lui, dans cette cité.

Il m'a été impossible d'imaginer Rimbaud dans la villa, bien que diverses associations culturelles françaises aient collecté de l'argent pour embellir la prétendue résidence de Rimbaud. Au début du XXe siècle, elle hébergeait une école française, et le jeune Hailé Sélassié y avait appris conjugaisons et accord du participe passé.

Elle se consacre aujourd'hui à la mémoire d'Arthur Rimbaud, saint patron de tous les voyageurs qui ont fait écho à la question sans réponse qu'il a été le premier à poser à Harar : Qu'est-ce que je fais là ?

Beaucoup des photos présentées dans la maison ont été prises par Rimbaud dans les années 1880, d'autant plus évocatrices qu'elles ne sont que des clichés sans artifice et un peu flous, comme des photos volées – Rimbaud plissant les yeux au soleil, Rimbaud en costume blanc, Rimbaud l'air malade, huttes et scènes de foules qui ressemblaient aux huttes et aux foules que je voyais par la fenêtre ce matin-là. Sur ces photos, que Rimbaud envoyait à sa sœur et à sa mère, il n'a plus rien du jeune anarchiste qui s'*encrapulait*, comme il le disait lui-même. Il est devenu un Français narquois de plus de trente ans. Il accompagne ses photos de remarques sur « les mauvaises eaux qui me servent à laver », par exemple, ou signale : « Ceci est seulement pour rappeler ma figure ».

Des banderoles portant des citations du « Bateau ivre » et d'« Une saison en enfer » ornent les murs. Si ces deux poèmes ont été écrits avant ses dix-neuf ans, âge auquel il a abandonné la poésie pour de bon, ils conviennent bien à sa vie mouvementée à Aden et Harar.

« Les Fleuves m'ont laissé descendre où je voulais », avait-il écrit à seize ans dans « Le Bateau ivre », et dans une autre strophe : « J'ai vu quelquefois ce que l'homme a cru voir ». Dans « Une saison en enfer » sous le titre « Mauvais sang », il a écrit : « Le plus malin est de quitter ce continent, où la folie rôde [...] J'entre au vrai royaume des enfants de Cham. »

Ces visions précoces sont aussi des prémonitions, car beaucoup d'Éthiopiens sont considérés comme des Cananéens et, en Afrique, la vie de Rimbaud a imité son art. L'imagerie hallucinatoire de ses plus grands poèmes annonçait les caractéristiques les plus frappantes des paysages de sa vie au Yémen et en Abyssinie. Jeune homme, à Charleville, il a écrit des poèmes de génie dont l'exotisme était tiré de son imagination ; en Afrique, toujours en quête d'exotisme, il a pris une Abyssinienne pour compagne, il s'est joint à des caravanes de chameaux pendant des semaines à travers les déserts de Danakil, il a commercé avec le roi de Choa et, au cours de son aventure la plus héroïque, il a été le premier Européen à se risquer dans la région inexplorée de l'Ogaden.

L'autre maison, beaucoup moins belle que la villa du marchand indien, était la véritable maison de Rimbaud, d'après Nyali. Il m'a dit que son père et son grand-père l'appelaient la maison de

Rimbaud. Des faucons planaient au-dessus, comme au-dessus de toute la ville de Harar. Le ciel de la ville est plein de rapaces et, à la nuit, les rues grouillent de hyènes prédatrices. Il est probable que ce n'étaient pas des faucons mais plutôt des milans, car les vrais faucons et les busards se cantonnent à la brousse.

Cette « véritable » maison était sur une des places principales, près de la porte orientale de la ville, petite construction d'un étage en pierre et stuc, avec un porche surmonté de deux fenêtres peintes en bleu et une pancarte en amharique, dans cette écriture ancienne, qui disait « *Wossen Saget Bar* ». Je suis entré et des Harari ivres m'ont regardé – sans doute pas de vrais Harari, puisqu'ils sont musulmans, et que les musulmans ne sont pas censés boire de l'alcool – mais en tout cas, ces hommes de Harar étaient ivres. L'endroit était bas de plafond, et l'obscurité accentuait l'humidité dans cette maison-boutique aux murs épais.

Avant d'entrer, j'avais été harcelé par des mendiants. En ressortant, j'ai été assailli par les cris d'une bande de gamins rieurs. Alors que je me hâtais de quitter la place, j'ai été attaqué par un milan – je veux dire qu'un milan a fondu sur moi et s'est emparé de ma casquette, me raclant le crâne de ses serres. Les gamins ont crié de plus belle et ont attiré l'attention sur ma situation : l'animal n'était pas plus tôt posé sur ma tête que j'étais la cible d'un surcroît de quolibets. « *Faranji !* » criaient les gamins en amharique. (Nyali m'a dit qu'en oromo, on disait « *Faranjo* ».) Si les gamins avaient tendance à se moquer de moi et les hommes à m'insulter, les femmes, quant à elles, me réservaient souvent des regards inquisiteurs, à l'abri de leurs portes.

« Un jour, à l'école, je mangeais un bout de viande, a dit Nyali, et un faucon a piqué droit dessus et l'a pris. Et il m'a fait ça. »

Il m'a montré son pouce, où une profonde cicatrice était encore visible, vingt-cinq ans plus tard.

Sur une hauteur de la ville à laquelle menait une rue pavée, Nyali a tendu la main vers l'est, vers des collines brunes à l'horizon.

« C'est la Somalie, ces collines. Cette route, c'est celle d'Hargeisa. Les Somalis apportent du sel, ici. »

Burton parlait déjà des caravanes de sel, qui depuis mille ans venaient de la côte.

« Ils échangent le sel contre du *khat* et l'emportent en Somalie. »

Mais il y avait d'autres denrées dont on pouvait faire le commerce : les Indiens venaient vendre du tissu, on recherchait toujours des armes et, de nos jours, en plus, des drogues et des défenses d'éléphant. Harar restait un des centres du commerce illégal d'ivoire en Éthiopie.

Les marchés avaient un air médiéval, grouillant de gens de diverses tribus venus de la campagne – Oromo, Harari qu'on appelait aussi Adérés, Gallas – tribus que l'on identifiait à la couleur de leur tenue ou à leur coiffure, ou bien encore au style de leurs bijoux. Surtout des femmes, de très belles femmes – Burton avait signalé leur beauté. La compagne de Rimbaud était d'une tribu originaire d'une région proche de Harar, les Argobas, qui affluaient au marché avec leurs ânes, leurs chèvres et leurs enfants. Les étals, protégés par des tentes et des auvents, offraient des tas d'épices et de haricots, de fruits du caféier qui servaient à produire cette infusion corsée que j'avais goûtée au Soudan, et aussi des piles de tomates et de poivrons, de citrouilles et de melons, de superbes paniers couverts de cuir qu'on ne fabrique qu'à Harar, des pains assortis. L'épice la plus courante était le fenugrec (*abish* en amharique, *hulbut* en harari), qui entre dans la composition des mets hararis. Des fagots de *khat* voisinaient avec de grandes cuvettes émaillées pleines de copeaux de tabac. « On dit *tumbaco*, ou *timbo* », a précisé Nyali.

Les fagots de bois se vendaient pour l'équivalent d'un dollar, ce qui m'a semblé cher, étant donné que ces fagots n'étaient pas assez gros pour durer plus de quelques jours. La viande de dromadaire était chère, elle aussi, plus d'un dollar la livre, mais pour adoucir la note, les bouchers hachaient quelques boulettes de la bosse et les ajoutaient à la viande. La bosse de dromadaire est de la graisse pure, aussi lisse et blanche que du fromage.

« Les musulmans mangent du chameau, nous mangeons de la chèvre », a dit Nyali.

Près de la mosquée Sheik Abbas, Nyali m'a entraîné dans une ruelle si étroite que deux personnes ne peuvent s'y croiser sans être serrées l'une contre l'autre. On l'appelle « ruelle de la Réconciliation » (*Magera Wageri*).

« Dieu envoie ici les gens qui se querellent, et quand ils se retrouvent face à face, pour se croiser, ils doivent se réconcilier. »

C'était une jolie histoire, mais les ruelles et les passages entre les maisons anciennes en pierre ruisselaient d'eaux usées – autre aspect médiéval de la ville, avec ses égouts à ciel ouvert où se mêlent ordures, boue et déjections en pleine rue. Burton en parle aussi : « Les rues sont étroites et jonchées de tas d'ordures géants sur lesquels règnent des meutes de chiens affamés et infirmes. »

Les Européens sont choqués, mais l'Europe a ressemblé à ça, jadis.

« Quand il pleuvra, ça partira, a dit Nyali.

— Quand pleuvra-t-il ?

— En mai, peut-être. »

On était le 4 mars.

Le lendemain matin, j'ai été réveillé à six heures par un bruit de sandales qui claquaient dans la rue, de pas précipités, et j'ai regardé par la fenêtre. J'ai vu des milliers de gens qui se hâtaient. C'étaient les fidèles de retour du stade où ils s'étaient rassemblés pour les prières qui marquent la fin du ramadan. Cette période de jeûne expliquait peut-être l'irritabilité des Harari. Je savais d'expérience que le jeûne et la prière exigés des croyants pouvaient les rendre nerveux.

« Aujourd'hui, on mange ! » se disait-on à Harar pour marquer ce jour de bombances. Les habitants de la ville étaient de bonne humeur, les hommes en tenues neuves, les femmes en robes et châles superbes, portant bracelets et boucles d'oreilles. Certains venaient de la campagne et il leur avait fallu chevaucher deux ou trois heures pour être en ville à cette occasion, pour célébrer la fête, se promener et regarder les autres, les jeunes filles timides en groupes, les garçons bruyants et m'as-tu-vu. Tout le monde mangeait ou transportait à manger, des gamins chargés de plateaux de pâtisseries poisseuses, de raisin, de melons ou de plats de ragoût de viande circulaient dans la foule.

Partout de la nourriture. Cela m'a rappelé le festin dans le *Salammbô* de Flaubert, que j'avais lu sur le Nil : « antilopes avec leurs cornes, paons avec leurs plumes, moutons entiers cuits au vin doux, gigots de chamelles et de buffles, hérissons au garum, cigales frites et loirs confits. Dans des gamelles [...] flottaient, au milieu du safran, de grands morceaux de graisse ».

Sûrs d'être approuvés par le Coran, profitant des sensations heureuses de ce jour de fête, les mendiants étaient aussi dans leur élément, harcelant les plus aisés, les poursuivant, exigeant une aumône. Ils étaient vieux ou jeunes, aveugles ou difformes, des femmes et des enfants privés d'un membre, des blessés de guerre, des lépreux sans doigts, tous réclamaient une aumône comme une procession de collecteurs d'impôts postés dans les étroites ruelles de la ville pour percevoir une taxe de passage de tous ceux qu'ils croisaient. J'ai voulu les compter, mais j'ai abandonné à cent.

Les lépreux étaient nombreux par-delà la porte orientale de la cité fortifiée. C'était la Porte Erar – les noms que Burton a scrupuleusement notés pour les cinq portes sont toujours en usage. Juste au-delà se trouvait un camp de lépreux, Gende Feron – le village Feron – en souvenir du médecin français qui l'avait organisé et qui s'était occupé des malades dans les années 1940 – bien qu'il fût évident que c'était un quartier d'exclus depuis beaucoup plus longtemps, peut-être même depuis l'Antiquité, puisqu'il était hors les murs.

Un millier de personnes vivaient dans le village des lépreux, surtout des vieux et des infirmes. En Afrique, les superstitions attachées aux lépreux – qui souffrent de la maladie de Hansen – maintiennent ces malades à l'écart de la société. La maladie n'est guère contagieuse, elle se soigne facilement et peut ne pas laisser de séquelles, et pourtant, en Éthiopie par exemple, on parle plus de la lèpre que du sida – alors que l'Éthiopie arrive, en Afrique, au troisième, voire au second rang, pour son nombre de séropositifs, avec huit pour cent de la population touchée (dix pour cent en Afrique du Sud), et un quart de millions de morts liées au sida en 2000. S'il y a beaucoup de prostituées dans les murs de Harar, jamais elles ne s'aventurent dans le village des lépreux en passant la porte orientale.

Dans ce cloaque de huttes en terre ou en bois, où les femmes font la cuisine dehors sur des feux ouverts, les lépreux cohabitent avec les chèvres. Pourtant, une partie du village est neuve – récente, en tout cas, même si elle a déjà l'air délabré. Une organisation caritative allemande a construit une série de duplex, des appartements avec balcons et escaliers – les seuls escaliers de ce type que j'ai vus dans tout Harar. La plupart de ces résidences ont l'air vides, certaines mal utilisées ou vandalisées. J'ai posé des questions à leur sujet – leur construction récente, le peu d'entretien dont elles faisaient l'objet.

« Les gens les détestent, m'a dit un homme. Au début ils ne voulaient pas y vivre.

— Mais elles sont neuves, et plus solides que les huttes de terre ! ai-je opposé pour l'appâter, car je voyais bien qu'elles n'étaient pas adaptées au lieu.

— Elles sont trop hautes. Ils ne peuvent pas faire entrer leurs ânes et leurs chèvres.

— Et pourquoi veulent-ils faire ça ?

— Pour les protéger des hyènes. »

Les donateurs ont la certitude que les pauvres, les malades ou les affamés prendront tout ce qu'on leur donnera. Mais même les pauvres peuvent avoir leurs goûts, les malades leurs priorités et les victimes d'une famine un mode d'alimentation traditionnel. Les Allemands ont construit des maisons qui ne ressemblent à aucune autre à Harar, qui n'assurent pas la sécurité des animaux, qui n'ont pas les bonnes proportions. Elles ont donc été rejetées par les lépreux, qui ont choisi de vivre plus en sécurité, mieux protégés des regards et – de leur point de vue – avec une plus grande dignité, dans leurs vieilles huttes de terre près de la route. Les immeubles allemands – onéreux et neufs, mais mal entretenus et mal utilisés – sont les seuls véritables taudis de Harar.

En revenant dans la ville, j'ai regardé la maison où avait vécu Hailé Sélassié quand il était gouverneur. C'était une vieille villa de commerçant indien qui avait dû être élégante. En piteux état aujourd'hui, elle était occupée par un guérisseur, Sheik Haji Bushma. Il était assis en tailleur sur un tapis, dans les volutes de l'encens qu'il faisait brûler, en train de mâcher du *khat*, la bouche pleine de feuilles vertes, les lèvres et la langue gluantes de salive verdâtre.

« Je soigne l'asthme, le cancer, la lèpre – avec l'aide de Dieu et quelques médicaments », m'a-t-il assuré.

Je lui ai un peu parlé et il m'a donné des feuilles de *khat* – les premières que je mâchais. Elles avaient un goût âpre, et quand j'en ai eu extrait le jus, j'ai senti mes papilles gustatives s'engourdir. Burton avait attribué à la plante « des propriétés singulières : elle ravive l'imagination, éclaircit les idées, allège le cœur, réduit les heures de sommeil et remplace les aliments ».

Elle tuait aussi toute conversation. Quand Sheik Haji Bushma m'a eu expliqué son travail, il est simplement resté assis là à mâcher comme un ruminant. Il me souriait à l'occasion et glissait quelques feuilles de plus dans sa bouche de la touffe de *khat* qu'il tenait à la main.

Un des gamins qui le servait m'a donné plus de feuilles et j'ai continué à mâcher et à avaler. Je devais mâcher depuis environ dix ou quinze minutes quand j'ai commencé à ressentir quelque chose. J'ai considéré que c'était une assez belle réussite – « essaie toujours tout deux fois » était ma règle de vie – mais dès que j'ai repris mes esprits, je me suis rendu compte que la lumière ne passait plus par la porte. Sheik Bushma accueillait un nouveau patient. Je lui ai donné un bakchich et je suis parti.

Le lendemain, je me suis rendu à l'école conventuelle pour voir sœur Alexandra. Elle était en compagnie d'autres religieuses et d'une représentante de la Croix-Rouge, Christine Escurriola. Sœur Alexandra avait fait la sauce des spaghettis avec des tomates fraîches de son jardin. Il y avait aussi du poisson grillé et de la salade.

« C'est pour vous changer de l'*injera* du Ras Hotel », m'a-t-elle dit.

Le travail de Christine consistait à se rendre dans les diverses prisons de la province pour voir les détenus et s'assurer qu'ils n'étaient ni torturés ni maltraités. Bon nombre des personnes incarcérées sont des prisonniers politiques.

« Certains n'ont aucune raison d'être là. Il suffit qu'ils aient un ennemi dans la police, a dit Christine, ou bien on leur fait une mauvaise plaisanterie. Certains font six ans parce qu'ils ont donné un verre d'eau au mauvais soldat. »

Quant au choc culturel, elle a dit n'en avoir pas ressenti, mais un très fort, en revanche, quand elle était retournée en Suisse et qu'elle avait entendu les gens discuter de lave-vaisselle et de chaussures pour les enfants.

« Ici, les gens n'ont rien », a confirmé sœur Alexandra.

La Croix-Rouge avait envoyé Christine en Colombie, en Inde, en Yougoslavie et au Koweït.

« J'aimerais aller en Iraq, pour ma prochaine mission », a-t-elle dit.

Christine prenait les difficultés avec bonne humeur. Parfois, à Harar, il n'y avait ni eau ni électricité. Souvent, dans les secteurs ruraux où elle visitait des prisons, les hôtels étaient pouilleux, sans eau, avec un seul lit pour les trois femmes de la Croix-Rouge qui voyageaient ensemble.

« J'essaie d'imaginer... » ai-je dit.

Mais je n'avais aucun mal à le faire.

« Quand une personne est propre et les autres sales, ça pose un problème, a dit Christine. Mais quand on est toutes sales, ça va. Si aucune de nous ne s'est lavée, nous avons toutes la même odeur. »

Je savais que ces femmes étaient des agents de vertu, des envoyées de la Croix-Rouge concernées par les droits de l'homme dans les prisons des régions isolées d'Éthiopie, mais les révélations de Christine ont fait naître dans mon cerveau sensible l'image délicieuse de trois jeunes femmes négligées, Trois Grâces, échevelées et rieuses, les doigts poisseux et les visages barbouillés, pelotonnées dans un unique lit éthiopien... Elles formaient un tableau puissamment érotique de nymphes dissipées au crépuscule.

« Il vaut mieux ne pas sortir la nuit, a-t-elle dit. Il y a des voleurs et des bandits.

— Et, a ajouté sœur Alexandra en me resservant des spaghettis, il y a les hyènes, bien sûr. »

*
* *

Tout le monde parle des hyènes de Harar. Burton en a fait la description : « Cet animal rôde dans les camps la nuit, harcèle les voyageurs et dévore tout ce qu'il peut trouver, s'emparant parfois d'enfants et de jeunes dromadaires. Poussé par une faim violente, il s'attaque même aux hommes. » Les gens en parlaient toujours pour le pittoresque et l'aura de danger qu'elles donnaient à la ville. A une époque où la vie sauvage tend à disparaître, la hyène d'Afrique se révèle un de ses parfaits vestiges; elle est solidaire de la meute et grand chasseur. Sa particularité, à Harar, c'est qu'elle n'a pas peur des hommes. La nuit tombée, elle suit même les gens qui entrent dans la ville fortifiée.

Quand j'étais à Harar, j'ai entendu l'histoire d'un petit garçon qui marchait derrière son père, dans la rue, un soir, et que des hyènes ont attaqué. L'enfant est mort le lendemain. C'était néanmoins un accident rare, car les attaques de hyènes n'allaient pas souvent jusqu'à la mort de leur victime. Mais en dehors de la ville – à environ vingt-cinq kilomètres à l'est, à Babile, sur la route de Jijiga, qui va vers la Somalie – les attaques se succédaient presque chaque semaine. Les Harari prétendaient ne pas avoir peur des hyènes, et beaucoup de chiqueurs de *khat* restaient dehors à la nuit sur des tapis, se fourrant la bouche et observant le manège des bêtes qui, dans les ordures, mâchonnaient comme eux.

Un jour où je parlais à Abdul Hakim Mohammed, un prince (ses filles étaient des *gisti*, des princesses, et il était le descendant direct de l'émir de Harar), il m'a parlé des hyènes et des hommes-hyènes.

« Nous avons eu des saints, des *walia*, qui faisaient de la bouillie qu'ils offraient aux hyènes certains jours. Les hyènes connaissaient le jour et venaient ponctuellement. Chaque hyène avait un nom. Pourtant, elles étaient nombreuses. »

J'ai découvert plus tard que le jour de la Bouillie des Hyènes était le dixième jour du mois de Muharram, pendant la fête musulmane d'Ashûra. On prédisait l'avenir en observant la manière dont les hyènes mangeaient la bouillie.

« Harar est donc célèbre pour ses hyènes, ai-je dit.

— Plus célèbre encore pour sa religion. Nous avons été des sortes de missionnaires, nous enseignons le Coran. On écrit et on pense, a ajouté le prince après réflexion, que nous sommes xénophobes. »

Il a suggéré que la tradition voulait qu'on se concilie les hyènes. C'était la tâche que se fixait l'homme-hyène de Harar, Yusof, qui collectait des restes de viande et des os chez les bouchers pendant la journée. Au crépuscule, il apportait un sac de ces déchets et un tabouret juste hors les murs et nourrissait les créatures.

« Nous croyons que si nous nourrissons les hyènes, elles ne créeront pas d'ennuis en ville », m'a dit un Harari.

J'ai trouvé Yusof une nuit au pied de la sombre muraille, sous un arbre mort. Il regardait les champs poussiéreux au loin. Il était grave et peu causant, un morceau de chair de chameau sur les genoux et près de lui un sac en toile taché d'où s'écoulait du sang.

Au loin, les hyènes se rassemblaient en trottant de leur démarche tressautante caractéristique, bavardes comme des pies, se donnant des coups de dents au flanc ou au cou pour ne pas se laisser dépasser. J'en avais compté onze quand j'ai vu une autre meute de huit ou dix qui approchait dans un autre champ.

« Elles ont chacune un nom », m'a dit le chauffeur de taxi.

Une grande hyène était arrivée près de Yusof.

« Comment s'appelle celle-ci ? »

Il a transmis ma question à Yusof qui a marmonné une réponse et tendu un morceau de viande devant le museau de la hyène, sans le lâcher, contraignant l'animal à le lui arracher. La hyène l'a fait après avoir découvert les dents pour grogner.

« C'est un mâle. Il s'appelle “le Coureur”. »

Les hyènes évoluaient en cercles sans cesser de lutter pour dominer. Yusof jetait viande et os à quelques mètres de lui, et les animaux se battaient pour les prendre. Il a mis une tranche de viande saignante dans sa bouche et s'est penché vers les animaux.

Hors de ce premier cercle de hyènes, des dizaines d'autres s'étaient rassemblées, qui mordaient, grognaient, babillaient et approchaient avec cet étrange chevauchement des pattes. Celles qui avaient obtenu quelque chose à manger mastiquaient, et cela s'entendait de loin, car les hyènes mangent tout, y compris les os, qu'elles broient avec l'énergie d'une cisaille.

« Si vous me donnez de l'argent, j'allume les phares », a dit le chauffeur de taxi.

J'ai été heureux de lui donner quelques pièces et j'en ai été récompensé par la vue d'une hyène au regard farouche, effrayée et affamée, qui a montré ses dents dans le puissant rayon de lumière et, d'un coup de mâchoire, a saisi le bout de viande qui sortait de la bouche de Yusof.

Le lendemain, toujours suivi par des enfants et quelques adultes qui me criaient « *Faranji* », j'ai quitté Harar. Je ne prenais pas l'insulte pour moi. Ils se moquaient de moi comme ils se seraient moqués de n'importe quel étranger. Mon sort restait enviable comparé à celui de la femme harari qui se dissimulait dans l'embrasure de sa porte et qui était battue par un homme armé d'un lourd bâton juste à côté de la muraille. Elle hurlait tandis que le vieil homme en *gallabiya* et turban, la barbe grise, la frappait sur tout le corps avec la partie la plus large de son bâton. Une femme accroupie près d'elle a fait une grimace et s'est écartée pour ne pas recevoir un coup par erreur. Personne d'autre que moi n'a prêté attention à la scène. Quand il a terminé, l'homme était un peu rouge d'épuisement – frapper quelqu'un avec un gros bâton, c'est dur... La femme pleurait, recroquevillée par terre, la tête entre les mains. L'homme s'est éloigné en balançant son bâton à la manière d'un mari qui vient de faire son devoir.

Dans le monde entier, les hommes sont des bêtes. Cette scène aurait pu se dérouler n'importe où. Mais les lépreux, les hyènes, les défenses d'éléphant et les ordures, les ânes qui gémissent, les égouts à ciel ouvert dans les allées pavées, l'odeur forte des épices, le boucher couvert de sang levant son couteau pour fendre une bosse poilue et en révéler la graisse comme du fromage blanc lissé – et offrant cette graisse avec un sourire tordu –, le ronronnement des prières, l'invitation d'un œil noir dans une hutte sombre, les cris contre « l'étranger » – tout cela expliquait pourquoi Rimbaud avait été si heureux, ici. Il avait aimé l'Afrique parce qu'elle était le contraire de l'Europe, l'anti-Occident – ce qu'elle est parfois violemment, parfois paresseusement. Je l'ai aimée pour ces mêmes raisons, car il n'y avait rien ici qui me rappelait chez moi. Être en Afrique, c'est comme être sur une étoile noire.

7 — *La plus longue route d'Afrique*

De retour à Addis, j'ai tenté d'organiser un trajet par la route jusqu'à la frontière du Kenya, et au-delà. Ce n'était pas bien compliqué : il n'y avait qu'une route. Mais en ces temps incertains, je n'obtenais aucune information fiable. En Afrique, plus on s'éloigne d'une capitale, plus les routes sont mauvaises. Ça, tout le monde le savait. Mais il m'était impossible d'obtenir des indications plus précises, et plus j'insistais, plus les réponses étaient vagues. Dans de telles circonstances, le cliché de la *terra incognita* était bien réel, très visuel. La frontière était loin ; les lieux lointains étaient inconnus ; l'inconnu était dangereux.

Les villes frontières d'Afrique sont des lieux horribles, célèbres pour leurs réfugiés qui dorment sur la dure, pour leur racaille, leurs trafiquants et leurs passeurs qui perpétuent la tradition des pots-de-vin et des longues attentes, pour leurs fonctionnaires tatillons et leurs policiers brutaux, pour leurs changeurs grognons, pour les hôtels les plus minables qui soient et pour les risques élevés qu'on y court. De l'autre côté de la frontière, on parle soit une langue nationale différente soit le même dialecte tribal – et dans ce cas on est en présence d'une longue histoire d'amères disputes parce que la ligne en pointillé divise un peuple. Les douanes et les services d'immigration sont d'épouvantables goulots d'étranglement, implantés en général sur la rive d'une rivière boueuse. Les gens m'ont dit : n'y allez pas.

Quelques cars reliaient bien les villes méridionales de Dila et Méga, et de temps à autre un véhicule prenait la direction de la ville frontière de Moyale, mais Moyale était au bout du monde connu, pour les Éthiopiens. Jamais aucun d'entre eux n'allait au

Kenya. Pourquoi iraient-ils ? Le nord du Kenya n'est que désert sec, routes en terre et tribus querelleuses. Il est le siège d'une frontière contestée par le peuple borena à la gâchette facile, et des troupes de Somalis lourdement armés, les *shiftas*, rôdent partout. Il suffit de jeter le mot *shifta* dans un itinéraire pour que les Africains partent dans la direction opposée.

Sur ce qu'on pouvait considérer comme la route la plus longue d'Afrique, dont quelques tronçons n'étaient que théoriques, on avait à une époque prévu de construire une grande ligne ferroviaire transcontinentale, du Caire au Cap. S'il rêvait surtout de diamants et de conquêtes, Cecil Rhodes envisageait pour l'Afrique une voie de chemin de fer impériale qui relierait l'Afrique du Sud à l'Égypte, en passant par Nairobi et Addis-Abeba, Khartoum et la Nubie. « Notre arrière-pays est là », a-t-on inscrit, au Cap, sur le piédestal de sa statue de bronze qui montre le nord de son bras tendu. Au nord, des tronçons de la voie ont été construits de la vie de Rhodes (une vie courte, puisqu'il est mort à quarante-neuf ans). Plus tard, on a posé des rails pour la ceinture de cuivre en Rhodésie du Nord, jusqu'à la frontière du Congo. Les Allemands ont construit une voie qui traversait leur colonie d'Afrique de l'Est, devenue le Tanganyika britannique avant de prendre le nom de Tanzanie à son indépendance. Les Tanzaniens, sous le gouvernement du pseudo-maoïste Julius Nyerere, n'ont pas tardé à disposer d'une ligne de Dar es-Salaam à la Zambie, entièrement construite par des travailleurs du rail chinois, payés par Mao, et qui louaient la pensée du Grand Timonier à chaque coup rythmé de leurs masses. C'était en 1967, au début de la Grande Révolution culturelle prolétarienne, que la Tanzanie devait adopter d'une manière superficielle et autodestructrice.

En zigzaguant, en prenant le ferry pour traverser le lac Victoria, il était possible pour un voyageur solitaire comme moi, chargé d'un simple sac et muni d'une carte, d'aller en train de Nairobi au Cap. Mais au nord de Nairobi, la route goudronnée s'arrête et n'est plus que terre damée, les cars ne vont pas plus loin qu'Isiolo, et après, une simple piste rocailleuse s'enfonce dans le pays des hyènes et des Rendilles, une tribu vêtue de simples pagnes et de brassards, et dont les hommes ne lâchent jamais leurs lances et leurs sabres, sauf quand ils s'occupent de leur coiffure, incroyablement complexe. Dès que la route devient mauvaise, les bandits font leur apparition – des *shiftas* armés d'AK-47 et des voleurs de grands chemins classiques. La route de Nairobi à la frontière a la réputation d'être la plus vide d'Afrique. Je suis parti dans sa direction.

Personne n'avait la moindre information sur cette route, à Addis, et on n'en savait guère plus sur le sud de l'Éthiopie. Les gens disaient qu'ils avaient atteint une certaine ville au sud, et quand je les interrogeais sur ce qui se passait plus loin, ils se fermaient. Même les Kényans se fermaient. Le règlement concernant les visas avait changé. Il m'en fallait un. Je me suis rendu à l'ambassade du Kenya et une Kikouyou boudeuse derrière un bureau m'a dit qu'il me faudrait attendre trois ou quatre jours.

« Pourquoi ne puis-je l'avoir aujourd'hui ou demain ?

— M. Ochieng, le responsable du service des visas, m'a-t-elle répondu d'un ton autoritaire, ne doit pas être dérangé !

— Et pourquoi cela ?

— Il est occupé.

— Moi aussi, ai-je répondu d'un ton aimable, et je voudrais visiter votre merveilleux pays.

— Il faudra que vous attendiez », a-t-elle répété en décrochant son téléphone, non sans m'avoir fait de la main signe de partir.

Mais je n'ai pas bougé. J'ai abordé des diplomates et je les ai interrogés sur la route. Des trois fonctionnaires de l'ambassade du Kenya à qui j'ai parlé, aucun n'était allé par la route d'Addis à Nairobi, aucun n'avait passé cette frontière. Un Kényan en costume trois-pièces a été offusqué que j'imagine qu'il ait pu emprunter cette route.

« Nous prenons l'avion ! » m'a-t-il dit.

Une Kényane m'a confié qu'elle n'aimait pas les Éthiopiens. « Ils sont fiers », a-t-elle dit pour ne pas employer le mot « racistes ». Afin d'ennuyer les autres Africains, il arrivait que les Éthiopiens affirment : « Nous ne sommes pas africains. »

*
* *

Comme j'avais du temps à perdre à Addis, j'ai fait le tour de la ville. L'absence de touristes entraînait une abondance de marchandises dans les boutiques d'antiquités, qu'il s'agisse de véritables trésors ou de faux grossiers : anciennes Bibles en amharique transcrites par des scribes et des moines, avec leurs illustrations peintes à la main, croix en argent qui ressemblaient à des verrous géants, peintures sur toile volées dans les églises, icônes, chapelets, Corans, perles d'ambre, perles vénitiennes, bracelets et brassards en ivoire, cuillers en corne et en acier, objets en bois ou en cuir de toutes les tribus du pays – tabourets sculptés, jarres à lait, javelots, boucliers, stèles funéraires konso représentant le défunt avec un pénis lui sortant du front, ornements de lèvres mursi, étuis penniens et cache-sexes, petits tabliers de métal que les femmes uer portent à la taille par pudeur.

Un jour, un Asiatique qui s'emportait contre une Éthiopienne dans une boutique a attiré mon attention. Apparemment, la boutique appartenait à la femme, ou du moins y travaillait-elle.

« Tu me donnes pour quatre cents *birr* ! » disait l'homme au visage rond d'un ton dur et autoritaire.

L'air respectable, il portait une chemise blanche et une cravate, ce qui rendait sa colère d'autant plus déconcertante.

« Non, six cents *birr*. Dernier prix. »

La femme lui a tourné le dos.

« Non, quatre cents ! a crié l'homme en tremblant de rage. Je suis revenu ! Tu me donnes ! »

J'ai écouté avec grand intérêt, car une de mes joies, en voyage, est d'entendre deux personnes dont ce n'est pas la langue maternelle se disputer en anglais. L'échange a duré encore un moment, la voix de l'homme s'élevant dans les aigus, le rose lui montant aux joues. La rage le rendait incohérent. Finalement, à bout d'arguments, il est parti rejoindre dans un minibus quelques compatriotes au visage morose.

Quatre cents *birr* éthiopiens, cela faisait 47 dollars ; six cents *birr*, 72 dollars. La boutique était vide.

« Je vous donne six cents *birr*. Ça me semble raisonnable, ai-je dit à la femme.

— Bon prix. Meilleur prix. J'ai vendu avant pour cinq cents, mais c'était mauvaise qualité. Là, c'est maximum qualité.

— Quoi ?

— Ivoire ! a-t-elle dit en me regardant attentivement. Tu me donnes six cents ?

— Du nouvel ivoire ou du vieux ?

— Nouveau ! Défenses ! Grosses ! »

Tout commerce d'ivoire est illégal, ce qui m'a incité à creuser le sujet. On m'avait dit qu'on trouvait en grande quantité de l'ivoire braconné, mais si j'en avais bien vu des morceaux dans des boutiques, jamais je n'avais vu de défenses entières, et je n'en connaissais pas le prix – en fait, même si on m'avait dit que ce commerce était florissant à Harar et ailleurs, je ne pensais pas qu'il me suffirait d'entrer dans une petite boutique d'Addis-Abeba et de dire : J'aimerais des défenses d'éléphant, s'il vous plaît !

« Combien de défenses avez-vous ?

— Combien vous voulez ?

— Disons... un certain nombre.

— J'ai beaucoup. Cinquante, soixante. Chaque défense, dix kilos, moyenne. Quand vous achetez ? »

Imaginant une demi-tonne d'ivoire empilée par terre, assez pour satisfaire l'envie de M. Kurtz, j'ai demandé :

« Est-ce de l'ivoire d'éléphants éthiopiens ?

— *Ityopian* », a-t-elle confirmé.

Elle prononçait là le mot grec qui signifie « les brûlés ».

L'éléphant éthiopien, *loxodonta africana orleansi*, est une espèce en grave danger – au point qu'un sanctuaire a été fondé à Babile, près de Harar, afin de protéger les créatures en voie de disparition. La concentration des animaux dans cette zone précise a rendu la tâche beaucoup plus facile pour les braconniers. Ce sanctuaire, comme d'autres au Kenya, est devenu une mine d'ivoire.

« Alors, tu reviens quand ? Tu viens aujourd'hui ?

— J'ai un petit problème, ai-je dit en jouant mon rôle. J'envoie cet ivoire aux États-Unis, et c'est illégal.

— Pas de problème. T'as des amis ?

— Quel genre d'amis ?

— A l'ambassade. Des diplomates. Ils achètent. Cet homme qui criait ? Lui troisième secrétaire ambassade de Corée.

— Les diplomates achètent de l'ivoire ?

— Oui, Chinois, Japonais. Ils achètent.

— Je vois. Ils le mettent dans la valise diplomatique et l'envoient chez eux ?

— Oui. Personne regarde.

— Il est possible que l'ambassade américaine ne veuille pas envoyer cinq cents kilos de défenses d'éléphant dans la valise diplomatique.

— Si ! Tu demandes, tu demandes ! » a insisté la femme, que mes questions commençaient à impatienter.

Par simple curiosité, j'ai demandé de l'ivoire dans deux autres boutiques. La seule question qu'on m'a posée a été : Combien vous en voulez ? Quatre ans plus tôt, on le payait 200 *birr* le kilo. Maintenant, les défenses étaient plus dangereuses à obtenir et plus recherchées, et le prix avait monté. Viendrait un jour, pas si lointain sans doute, où il n'y aurait plus d'éléphants ; mais on ne manquerait jamais de diplomates véreux pour remplir la valise diplomatique d'articles de contrebande.

*
* *

« Non, je ne crois pas que nous puissions vous aider à envoyer des défenses d'éléphant aux États-Unis », m'a dit l'employé chargé d'informer les touristes à l'ambassade américaine d'Addis.

Il a gloussé tristement et a pris note d'alerter la CITES, l'organisme de campagne contre le commerce international des espèces en danger. Il s'appelait Karl Nelson et, au début des années soixante, il avait servi dans le Peace Corps aux Philippines, pendant que j'étais volontaire au Malawi.

« Comment était le Malawi ?

— C'était le paradis.

— J'adorais les Philippines. »

Il était enseignant. Il s'était marié à une Philippine, il avait enseigné pendant onze ans dans l'île de Yap, il avait un peu parcouru le monde, puis il était entré aux Affaires étrangères. Il avait exactement mon âge et nos vies montraient un certain parallélisme.

« Je me suis rangé tard. Je n'ai rien fait de ma vie », m'a-t-il confié.

Il avait tort : il aimait sa femme, et ensemble ils avaient élevé une famille heureuse de cinq beaux enfants qui réussissaient bien.

« Vous dites que vous arrivez du Soudan ? m'a-t-il dit. Et je sais que vous avez écrit sur l'Inde et Singapour.

— J'ai vécu trois horribles années à Singapour.

— Alors vous allez apprécier cette histoire. On demande à un Soudanais, un Indien et un Singapourien : "A votre avis, quelle est la valeur nutritionnelle du bœuf ?" Le Soudanais dit : "Qu'est-ce qu'une valeur nutritionnelle ?" L'Indien dit : "Qu'est-ce que du bœuf ?" et le Singapourien dit : "Qu'est-ce qu'un avis ?" »

J'ai ri et j'ai compris que j'étais en compagnie d'un homme qui communiquait par des plaisanteries et des anecdotes. Quand son tour venait de s'exprimer lors d'une discussion politique avec un groupe de raseurs, il disait : « Bush entre dans un café et dit : "Je voudrais un sandwich" et le type lui demande "Qu'est-ce que vous voulez dessus ?" Et Bush dit... » et Karl donnait ainsi son avis. C'étaient des plaisanteries ciblées, mais gentilles, du genre à faire tomber la mousse, à démontrer l'absurdité du problème dont on débattait.

« Vous allez à Nairobi par la route ? s'est-il étonné avec un rire sifflant. Oui, bien sûr. Prendre l'avion serait trop simple pour vous ! Comptez une semaine, au moins, et ce sera une expérience abominable – mais ça vous fournira une formidable matière pour votre livre.

— J'aimerais passer la frontière. Les frontières africaines sont pleines de révélations. Vous êtes-vous déjà rendu jusqu'à la frontière éthiopienne, à Moyale ?

— Non. Je vous en prie, écrivez votre livre ! Je pourrai tout apprendre en le lisant. Savez-vous que, dans n'importe quel groupe d'une demi-douzaine d'Éthiopiens, cinq ont connu la prison ?

— C'est une blague ?

— C'est une invitation. Je veux vous présenter quelques personnes. »

Nous avons déjeuné chez lui, dans une ruelle d'Addis, dans sa maison en bois derrière de hauts murs, avec un jardin fleuri, une volière et un colombier. Cinq Éthiopiens étaient là, et deux femmes médecins des Philippines, des religieuses catholiques. Les religieuses – amies de l'épouse de Karl, qui se trouvait justement aux Philippines – étaient à Addis pour quelques jours. Elles vivaient dans une province reculée d'Éthiopie, au milieu d'une population essentiellement musulmane ; leur mission fournissait soins et médicaments aux femmes musulmanes, tâche altruiste et ingrate qu'elles devaient accomplir avec entrain, à en juger par l'absence de récriminations dans leur discours.

Parmi les Éthiopiens était une femme qui travaillait à l'ambassade depuis des années.

« Les femmes n'ont aucun statut, ici, a-t-elle dit d'un ton résigné. Elles sont mises à l'écart et battues. »

Les quatre hommes étaient écrivains, éditeurs et journalistes, et tous avaient connu la prison. Un d'entre eux avait été emprisonné sous trois régimes successifs pour un total de douze ans. « J'ai même connu la prison de l'empereur – la prison du palais ! » C'était presque un titre de gloire d'avoir été ennuyé à la fois par Hailé Sélassié et le Derg, les monarchistes et les marxistes. Un autre homme avait passé en prison presque toutes les années où le Derg avait été au pouvoir. Les deux autres avaient des histoires semblables. Aucun d'eux n'avait jamais été officiellement inculpé ni traduit en justice, mais simplement jeté en prison pour y croupir.

Les Éthiopiens ne sont guère précis quant aux dates, car ils ne suivent pas le calendrier occidental, soit le calendrier grégorien ; le leur est en retard de quatre ans, et ils sont familiers du calendrier juif qui est en avance de 2 000 ans et du calendrier musulman qui est en retard de 600 ans. Quand je demandais à un Éthiopien la date d'un événement passé, il comptait sur ses doigts. En faisant de son mieux, Nebiy Makonnen, ancien prisonnier d'environ cinquante ans, est arrivé à déterminer qu'il avait langui dans la prison centrale de 1977 à 1987 – dix ans.

« Pour des raisons politiques. J'étais du mauvais côté. »

Il a ri à l'idée même d'une inculpation ou d'un procès. On l'avait simplement cueilli un jour et on l'avait jeté en cellule ; lui qui était habitué à lire et à écrire s'était retrouvé sans livres, sans rien pour écrire.

« Je deviendrais fou, en prison, ai-je dit.

— Vous apprendriez la patience.

— C'est vrai ! a confirmé un autre ex-prisonnier.

— Un jour, alors que j'étais enfermé depuis environ un an, les gardes ont amené un homme. On l'avait fouillé mais, par je ne sais quelle négligence, on n'avait pas trouvé le livre qu'il portait sur lui. C'était *Autant en emporte le vent*. Ceux d'entre nous qui savaient l'anglais ont été si heureux ! A tour de rôle nous l'avons lu. Il a bien sûr fallu que nous partagions le livre. Il y avait 350 hommes dans ma section, et chaque lecteur ne pouvait garder le livre qu'une heure par rotation. C'était le meilleur moment de la journée, à la prison centrale, quand nous lisions *Autant en emporte le vent* ! J'ai décidé de le traduire. Je n'avais pas de papier. Je me suis donc servi de l'intérieur des paquets de cigarettes, que j'ouvrais et que je lissais pour écrire dessus. On nous a fait parvenir un stylo en fraude. J'écrivais très petit. J'étais responsable des distractions. J'ai donc entrepris, chaque soir, de lire des passages de ma traduction aux autres prisonniers. Mais nous devions toujours partager le livre, je ne pouvais en disposer qu'une heure à chaque fois. La traduction a pris deux ans. Je l'ai écrite sur trois mille paquets de cigarettes. Ensuite, je pliais les papiers et je les remettais dans un paquet de cigarettes intact. Dès qu'un prisonnier était libéré, il les sortait de la prison en les glissant simplement dans sa poche de chemise. »

Nebiy était resté sept ans en prison. A sa libération, il avait recherché les trois mille papiers de paquets de cigarettes qui portaient sa traduction d'*Autant en emporte le vent*. Il lui avait fallu deux ans d'enquêtes et de voyages pour les retrouver et les rassembler. Il avait fini par publier sa traduction du roman, et c'était dans cette traduction que les Éthiopiens le lisaient.

« Quelle est la partie du livre que vous préférez ?

— Je ne sais pas. Je l'ai lu et relu pendant plus de six ans. Je le connais par cœur. »

A la fin d'*Une poignée de poussière*, d'Evelyn Waugh, le prisonnier Tony Last est condamné à s'asseoir dans une clairière, en pleine jungle, et à lire les œuvres de Dickens, encore et toujours, à son geôlier fou, M. Todd. C'est si improbable que c'est drôle. Mais l'histoire de Nebiy Makonnen était bien meilleure, et l'hilarité qu'elle déclenchait plus horrible parce qu'elle était vraie : il avait passé six ans en compagnie de Scarlett O'Hara dans une prison éthiopienne.

Après cela, chaque fois que je rencontrais un Éthiopien de plus de trente ans, je lui demandais s'il avait connu la prison, et la réponse était en général positive.

Wubishet Kilnessahu avait fait sept ans de prison. Devenu homme d'affaires, il vivait en Californie et n'était à Addis-Abeba que pour quelques jours afin de suivre un procès. Agé de cinquante-sept ans, issu d'une bonne famille, il avait été ministre des Affaires culturelles de l'empereur Hailé Sélassié. Il voyait l'empereur chaque jour. Il n'était pas tenu de se prosterner, m'avait-il dit, mais il devait montrer son respect en s'inclinant très profondément, bien sûr.

Après la prise de pouvoir par le Derg, Hailé Sélassié avait été étranglé. Wubishet a dit que c'était Mengistu en personne qui avait étranglé l'empereur. Cette information venait d'être révélée. A l'époque (en août 1975), on avait écrit dans les journaux que la mort était due à un « problème circulatoire ». Le corps de l'empereur avait été jeté dans un trou dans le palais de Ménélik, et une structure (peut-être des latrines) avait été construite dessus. Au début des années 1990, le corps avait été exhumé et les restes de l'empereur transportés dans la crypte d'une église d'Addis pour y être conservés. En novembre 2000, au cours de funérailles officielles, l'empereur avait rejoint sa dernière demeure dans la cathédrale de la Sainte Trinité.

« Les Russes avaient dit : "Nous avons tué notre souverain. Si vous tuez le vôtre, il y aura moins de problèmes" », m'a expliqué Wubishet.

Quelques jours après l'arrestation de l'empereur, Wubishet avait été mis aux fers, accusé d'« aide à l'ancien régime » et emmené au camp de la Quatrième Division militaire, où il avait été enfermé dans une baraque avec 120 autres hommes. Il m'a montré la prison, qui est toujours une prison, et qui cette semaine-là était pleine à craquer notamment à cause des étudiants qu'on venait d'arrêter lors d'une manifestation contre la politique du gouvernement. Ils avaient été arrêtés par centaines, beaucoup avaient été blessés et quarante avaient été tués par la police armée de matraques et de fusils.

« Vous voyez le toit de tôle ? Le long bâtiment à droite ? C'est là que j'étais. »

Il y avait huit autres bâtiments semblables, l'air de poulaillers, tous pleins. Aucun des prisonniers n'était inculpé. Il n'y avait pas de procès. A l'époque, la plupart des hommes n'avaient aucune idée de la raison de leur incarcération. « Beaucoup des jeunes ne savaient ni lire ni écrire. Nous avons donc organisé des cours d'alphabétisation. Et nous avons attendu.

— Pouviez-vous recevoir la visite d'amis ou de membres de votre famille ? »

Wubishet a ri, à la manière sombre et méprisante des Éthiopiens rompus au cynisme après une vie de catastrophes nationales.

« En sept ans, je n'ai vu ma famille qu'une fois, quinze minutes. »

Les appartements royaux où Wubishet avait travaillé pour l'empereur étaient toujours là. Nous avons pris un taxi pour nous y rendre. Le palais Gannah Le'ul (Paradis princier), résidence de l'empereur, construit au début du XXe siècle par le père d'Hailé Sélassié, le ras Makonnen, avait été occupé par divers Makonnen, par les vice-rois d'Italie, y compris le comte d'Aoste, par l'armée italienne, par un usurpateur, brièvement, pour ses trois jours de règne en 1960, et par Hailé Sélassié. Il hébergeait maintenant l'administration de l'université d'Addis-Abeba. C'était Wubishet qui avait eu l'idée d'attribuer le palais à l'université, qui avait besoin de place. Au début, il avait été trop timide pour proposer son idée à l'empereur, mais il avait fini par en trouver le courage. L'empereur n'avait rien répondu sur le coup.

« Mais il m'a convoqué en pleine nuit et m'a dit : "D'accord." J'étais si nerveux, si excité, que je n'ai pas pu me rendormir ! »

Bien que le bâtiment ait conservé la majesté d'une résidence royale – un peu délabrée, il va sans dire – avec ses hautes portes, ses ornements à l'orientale et les deux statues baroques qui flanquent l'entrée, il reste un souvenir des fascistes dans la cour : un monument bizarre avec un escalier en ciment envahi par les moisissures, dont les quinze marches représentaient le nombre d'années écoulées depuis l'entrée de Mussolini à Rome, en 1922. Soixante-cinq ans après son érection, après la guerre, la monarchie, la dictature, le socialisme, l'anarchie et toutes les âneries politiques possibles, cet escalier fasciste menant nulle part est toujours là.

Comme Wubishet avait travaillé dans le bureau de l'empereur, je lui ai demandé s'il avait été au courant des relations d'Hailé Sélassié avec les rastafariens, dont le nom même était un hommage au nom de l'empereur, le ras Tafari.

« Je connais la dévotion que ces gens lui vouent, mais l'empereur ne savait pas grand-chose d'eux », m'a dit Wubishet.

L'empereur ne lui avait jamais parlé des rastas, lors de leurs conversations. Il me l'a affirmé, Wubishet ne savait rien de Shashéméné, la ville rastafarienne sur la route au sud d'Addis ; il n'était même pas au courant du fait établi que l'empereur avait donné cette terre aux rastas.

« L'empereur était un homme fier, et il aimait qu'on le respecte, bien sûr, mais la manière dont les rastas le vénéraient était pour lui une cause d'embarras.

— Il est pourtant allé en Jamaïque, et il les y a rencontrés.

— Ils l'ont beaucoup gêné. Ils s'agenouillaient devant lui ! Ils le prenaient pour Dieu. »

Wubishet a agité les mains comme pour faire disparaître le mouvement rasta.

« Vous comprenez, les Éthiopiens sont monothéistes. Ils n'adorent pas les êtres humains. Le plus simple des Éthiopiens ne le ferait pas. Il trouverait ça stupide.

— Mais vous vous incliniez très bas devant l'empereur », lui ai-je rappelé.

J'ai aimé sa réponse :

« C'était pour lui montrer du respect. Pas de l'adoration. Pour l'adoration, on touche le sol du front. L'empereur était un tout petit homme, c'est pour ça qu'on devait s'incliner très bas. »

*
* *

Les jours passant, la ville d'Addis-Abeba ne m'a pas semblé plus belle, mais j'ai été de plus en plus fasciné par les histoires personnelles de ses habitants – par les récits de prison de Wubishet, par l'épopée du *Autant en emporte le vent* de Nebiy, et par tant d'autres, comme l'histoire de la revanche d'Ali.

J'ai rencontré Ali par hasard. Lui aussi avait passé quelque temps en prison, mais c'était une histoire aussi longue qu'horrible, à l'en croire. J'ai dit que j'avais tout le temps et que j'aimerais l'entendre. Ali pensait qu'il serait en mesure de m'aider à trouver un moyen de transport jusqu'à la frontière kényane, jusqu'à Moyale, en tout cas, grâce à des commerçants qu'il connaissait. Ali était négociant et touchait à tout, du commerce des voitures à celui des chevaux en passant par celui des souvenirs et même de l'ivoire.

« Si vous cachez bien l'ivoire, vous pouvez le faire entrer aux États-Unis. »

Il s'était rendu de nombreuses fois aux États-Unis, grâce à un visa illimité, mais il ne désirait pas s'y établir. L'Amérique, c'était trop cher, il n'aimait pas la manière de vivre là-bas, et de toute façon, sa famille était en Éthiopie.

Ali avait des yeux gris, des joues de hamster et un air prudent qui parfois frôlait la méfiance et d'autres fois la ruse. Il fumait à la chaîne et se reprochait chaque cigarette allumée. Il possédait ce troisième sens qui donne à l'homme entreprenant la capacité de distinguer les personnes qui ont vraiment besoin de lui. Il avait vu quelle urgence m'habitait – et il pouvait fournir n'importe quoi. La seule question était de savoir combien j'étais prêt à payer et combien il tirerait de l'accord.

Ali avait du temps à tuer, et moi aussi. Avec le dégoût de l'homme d'affaires pour la bureaucratie et les délais qui font perdre de l'argent, il m'a dit :

« Ces Kényans ! Il leur suffirait de mettre un coup de tampon sur votre passeport et de prendre votre argent. Mais ils vous font attendre. »

Il a découvert mon goût pour les plats éthiopiens – les plats « nationaux », comme on disait ici – et c'est au bout de trois ou quatre repas dans des restaurants d'Addis – dont le plus agréable était une misérable maison en bois appelée Finfine – qu'il m'a raconté son histoire de prison, une histoire très différente de celle des autres, surtout parce qu'elle n'avait aucun lien avec la politique.

Tout a commencé par une question innocente que je lui ai posée. Je lui ai dit qu'au cours de ce long voyage, ma famille me manquait, ma femme, mes enfants. D'humeur sentimentale, je l'ai interrogé sur sa propre famille.

Ali a fait la grimace et les souvenirs ont assombri son visage. Il a hoché la tête sans rien dire – moment de gêne. J'ai bafouillé n'importe quoi pour changer de sujet de conversation, mais il m'a interrompu.

« Je suis divorcé. »

Cela ne m'a pas semblé si terrible. L'islam ne condamne pas le divorce, du moins pour un homme. Dans le monde musulman, la vie d'une femme prend fin quand on la quitte, elle n'a pas de seconde chance. Un homme continue sa vie, et le plus souvent trouve une autre épouse.

« La personne en qui j'avais le plus confiance, celle que j'aimais le plus, m'a menti. Je me suis retrouvé en prison, mais Dieu m'a sauvé, sinon j'y serais encore. Ou bien je serais mort. »

Nous avions terminé notre repas et nous buvions un café éthiopien parfumé sous les frondaisons, dans le jardin de Finfine. Peut-être était-ce parce que nous avions déjà pris plusieurs repas ensemble et qu'il avait trouvé des marchands qui allaient vers le sud, parce qu'il était donc sur le point de conclure une affaire, qu'il a eu assez confiance en moi pour me raconter son histoire. Comme il l'avait dit, c'était la pire chose qui lui était arrivée de sa vie, et il me l'a livrée sans presque que je l'y incite.

« La première fois que j'ai entendu la rumeur, ça m'a troublé.

On disait qu'on avait vu ma femme avec un autre homme. J'ai posé quelques questions. C'était un colonel de l'armée. C'était pendant le Derg, quand l'armée était au pouvoir. Les militaires avaient tous les droits. Un commerçant comme moi... Je n'étais rien, comparé à eux. Quand j'ai appris qu'il s'agissait d'un soldat, je me suis dit *Quoi ?* Alors, je l'ai interrogée franchement.

« Elle a dit : "C'est rien. Je n'ai rien fait. Oui, j'étais en sa compagnie, mais il m'y a forcée. C'est un soldat. Qu'est-ce que je pouvais faire ?"

« Nous avons quatre enfants. Je ne voulais pas les inquiéter ni qu'ils sachent dans quelle situation se trouvait leur mère. Je n'ai rien dit. Je n'étais pas heureux, pourtant. Je n'aimais pas ce qui se passait. J'ai vécu quelque temps avec l'esprit troublé. Et puis un jour, j'ai dû aller en voiture à Lalibela pour mon commerce. »

Lalibela n'est pas la porte à côté. C'est un village isolé – où l'on trouve ces merveilleuses églises coptes du XIIe siècle creusées dans la roche volcanique, celles qu'on voit toujours sur les affiches invitant à faire du tourisme en Éthiopie – situé dans les monts Lasta, à près de cinq cents kilomètres d'Addis. Quand il a mentionné ce nom j'ai su que cela signifiait un vrai voyage de trois ou quatre jours.

« Je suis parti chercher mon collègue Kamal, a dit Ali, mais quand je l'ai rejoint, il m'a annoncé que la marchandise n'était pas prête. Mauvaise nouvelle. Nous avons donc décidé de prendre plutôt au sud pour récupérer d'autres marchandises. Nous étions à environ quarante-cinq kilomètres d'Addis, nous traversions Debre Zeyit, quand j'ai ralenti pour laisser passer chèvres et véhicules. Soudain, de la rue, j'ai vu une voiture marron, ma Peugeot, garée près d'un immeuble. Pourquoi est-ce que je l'ai vue si clairement ? Je crois que c'était la volonté de Dieu.

« "C'est ma voiture !

« — C'est pas ta voiture, a dit Kamal. Qu'est-ce que ta voiture ferait ici ?"

« L'immeuble était un hôtel, pas très haut de gamme, mais avec une clôture autour et un gardien qui s'occupait du parking. Je lui ai demandé :

« "Est-ce que vous avez vu une grosse femme, dans cette voiture ?" »

J'ai fait un effort pour ne pas sourire de la manière dont Ali décrivait sa femme.

« Le gardien m'a dit que non. Je lui ai donné de l'argent. Il a dit :

« "Oui, ils sont dans la chambre neuf."

« On est allés jusqu'à la chambre, tous les trois, Kamal, le gardien et moi. J'ai frappé à la porte. J'avais donné des instructions au gardien, et il les a suivies. Il a dit :

« "Ouvrez, s'il vous plaît, c'est à propos de votre voiture."

« La porte s'est ouverte. J'avais tiré mon pistolet – oui, j'ai un pistolet, mais je ne l'avais pas montré au gardien, avant. Nous nous sommes précipités à l'intérieur, Kamal et moi. Ils étaient nus. J'ai donné un coup de poing en pleine figure à ma femme. Kamal a commencé à se battre avec le soldat, et ils n'ont pas tardé à se retrouver par terre. Le soldat criait et pleurait :

« "Ne me tuez pas ! Ne me tuez pas !" »

Ali a souri pour la première fois au souvenir de ce détail. « La moustache du soldat faisait ça. » Il a relevé sa lèvre supérieure, qui s'est tordue, lui donnant l'air frémissant d'un lapin apeuré. Le soldat, a-t-il expliqué, piégé et terrorisé, le visage secoué de soubresauts, suppliait qu'on lui laisse la vie. Et il était nu comme un ver.

« J'ai dit : "Debout !" A ma femme aussi. Ils ne portaient aucun vêtement. En voyant ma femme, j'ai été un peu honteux. Elle avait du sang sur le visage à cause du coup que je lui avais donné, et elle tentait de couvrir son corps. Elle pleurait et suppliait. Je lui ai donné sa robe pour qu'elle se couvre, et ensuite Kamal et moi leur avons lié les mains, comme ça. »

Ali s'est levé pour me montrer comment il avait attaché sa femme et son amant dos à dos, liés par leurs poignets et leurs bras, très serré. Avec les mains attachées dans le dos à celles de son amant, la femme d'Ali ne pouvait plus tenir sa robe autour de son corps, et elle était à nouveau aussi nue que le soldat. « Nous les avons poussés hors de la chambre et, par-delà le parking, dans la rue. C'était difficile pour eux de marcher comme ça. Nous allions donc lentement, et les gens les voyaient. Ils riaient ! Je pointais toujours mon arme sur eux. Des enfants se rassemblaient – beaucoup d'enfants, une foule de gens. On a continué à les pousser le long de la route, une route très encombrée de bus, de taxis, de voitures et de beaucoup de piétons. On les a conduits jusqu'à une grosse pierre plate. Je leur ai dit : "Asseyez-vous là. Ne bougez pas ! J'appelle la police." Aux enfants et aux gens, j'ai dit : "Ne les aidez pas ! Ce sont des méchants. La police va arriver. Si vous les aidez, vous aurez des problèmes."

« De toute façon ils riaient, et je savais qu'ils ne les aideraient pas. Je n'ai pas appelé la police. Je suis parti avec les vêtements de l'homme. C'était son uniforme, avec ses papiers. Kamal a pris la Peugeot. Je suis allé jusqu'à la base de l'armée et j'ai demandé à voir le général. Je lui ai donné les vêtements et tout le reste et je lui ai raconté. “Voilà ce que votre colonel a fait.” Il m'a serré la main ! Il m'a remercié ! Il m'a dit : “Vous avez fait ce qu'il fallait. Le colonel l'a mérité.” »

Je voulais savoir ce qui était arrivé à sa femme et à son amant. Il a été content que je pose la question. « Ils sont restés sur la pierre au bord de la route jusqu'à dix-huit heures trente – c'est-à-dire dans les six heures, avec les gens qui se moquaient d'eux, toute une foule. Les deux tout nus, l'homme et la femme. Quand la nuit est tombée, un camion de l'armée est passé sur la route et a vu le soldat. “Colonel ! Quoi ? Qu'est-ce...” Le camion s'est arrêté et on les a détachés avant de les mettre dans le camion, de leur donner de quoi se couvrir et de les emmener.

« Je l'ai quittée. J'ai quitté la maison. J'ai dit : “C'est la maison de mes enfants. Ils doivent continuer à vivre ici. Elle leur appartient.” J'ai trouvé un autre endroit où habiter. Je ne suis parti qu'avec deux valises – toute ma vie dedans. Rien d'autre. Je suis parti et j'ai tout recommencé. Je me suis dit : “Dieu me vienne en aide !” »

Avait-il terminé ? Le teint gris, il réfléchissait. N'avait-il pas parlé de prison ?

« Oui, m'a-t-il répondu. Trois mois plus tard, j'ai été arrêté pour “tentative de meurtre” parce que j'avais menacé le soldat de mon arme. Je suis passé en jugement. On m'a envoyé en prison pour deux mois. »

Il était le seul ex-prisonnier que j'avais rencontré en Éthiopie à avoir effectivement été inculpé et jugé. Et c'était la peine de prison la plus courte dont j'avais entendu parler.

« Et Dieu m'a sauvé à nouveau, a dit Ali d'un ton un peu plus intense. Je marchais dans une rue d'Addis quand je les ai vus, ma femme et le soldat, main dans la main.

« J'ai décidé de la tuer. Je suis allé chez mon frère, où je laissais mon arme, parce que je n'avais aucun moyen de la mettre en sûreté, chez moi. Mon frère n'était pas là. Il était parti et personne n'avait la clé.

« J'ai tenté de trouver cette clé pendant trois jours. Je voulais mon arme – je réfléchissais à la manière dont je les tuerais. Quand mon frère est revenu avec la clé, il a ouvert son coffre et m'a donné l'arme. »

Il se massait le crâne à ce souvenir. Il est resté longtemps silencieux.

« Qu'avez-vous fait ? ai-je demandé.

— Rien. Vous comprenez, le temps avait passé. Je me suis dit :

“Et alors ? Pourquoi la tuer ? Laisse-la vivre – ce sera pire pour elle. Elle a tout perdu.” Dieu m’a sauvé. »

Après cela, libéré de son histoire, ne sachant toujours rien de ma vie, il a dit qu’il avait le sentiment de bien me connaître, que c’était comme si nous nous connaissions depuis longtemps. J’ai compris ce qu’il voulait dire et j’ai été touché de sa confiance.

Je lui ai dit ce que je pensais du temps qui révèle la vérité – du temps qui guérit les blessures, des années passées offrant un point de vue qui met en lumière la réalité des choses. J’ai ajouté que ce n’était pas drôle de vieillir, mais qu’en compensation, le temps transformait notre détecteur mental d’emmerdements en un instrument de haute précision.

« Maintenant, a dit Ali, je sais que personne n’est parfait. Les femmes couchent avec n’importe qui. Pourquoi est-ce qu’elles gâchent tout ? Pourquoi est-ce qu’elles font ça.

— Parce que les hommes le font. »

Mais il n’en revenait pas qu’une femme puisse se conduire aussi mal, qu’elle ne fasse pas exactement ce qu’on lui disait de faire. C’était étrange pour lui de s’apercevoir que les femmes, placées si bas, si méprisées, puissent avoir une volonté propre, de l’imagination, la capacité de concevoir et d’élaborer un stratagème de tromperie et de plaisir.

*
* *

Grâce à Ali, j’ai rencontré le vieux Tadelle et le jeune Wolde, l’homme et l’enfant, qui partaient pour le sud prendre livraison de lances et de boucliers, de perles et de bracelets, de jarres tournées par les Borena, de bijoux d’ivoire fabriqués par les Oromo, de sculptures créées par les Konso et de tous les paniers et autres objets artisanaux qu’ils pourraient trouver. C’étaient des commerçants.

« Si vous partez avec quelqu’un d’autre, on pourrait vous voler, a dit Ali. Il y a des méchants sur la route, des gens mauvais dans les cars. Tadelle est un bon chauffeur et son véhicule est solide. Wolde est un bon garçon. Ils connaissent les endroits où s’arrêter. Vous serez en sécurité. »

En Afrique, quand quelqu’un me disait – et cela arrivait souvent – « Il y a des méchants, ici », j’avais tendance à l’écouter. J’étais certain qu’Ali allait recevoir une part de l’argent, car c’est à lui que je l’ai donné pour qu’il paye les autres, mais le prix était honnête. De plus, c’était un moyen d’aller jusqu’à la frontière du Kenya. Lorsque j'ai eu mon visa kényan – quatre jours après ma demande – nous sommes partis vers le sud, sur la plus longue route d'Afrique.

Les rues ponctuées de nids-de-poule d'Addis m'avaient préparé à bien pire, hors de la ville. Addis est à 2 800 mètres d'altitude – j'étais essoufflé rien qu'en courant quelques mètres pour éviter un chauffard. Nous avons donc progressé autour d'une série de collines, dans des villages surpeuplés, dans des vallées asséchées, et à nouveau en altitude. Au milieu des chèvres et des ânes, des scooters qui pétaradaient et des voitures hors d'âge, j'ai vu un athlète tout en muscles, vêtu d'un short rouge vif, d'un débardeur jaune et de Reeboks, qui courait vite dans la foule, un marathonien en plein entraînement. Il n'était pas le seul. A part l'empereur, l'Éthiopien le plus connu est Hailé Gabre Sélassié (sans relation de parenté avec le Négus) qui a remporté la médaille d'or du 10 000 mètres aux Jeux olympiques. Il est né non loin de là. Les hauts plateaux du Centre-Sud sont la patrie de beaucoup de coureurs de fond, équipés de jambes formidables et de poumons puissants. La vitesse qu'ils peuvent atteindre les libère de la vie dure qu'ils auraient dû mener s'ils étaient restés fermiers ou bergers, car il n'y a pas d'emploi, par ici, et depuis trente ans, l'Éthiopie n'a connu que récoltes incertaines, guerres et terreur politique.

Tadelle a dit qu'il avait emprunté cette route de nombreuses fois. Il était même entré au Kenya.

« Parlez-moi du Kenya. »

En phrases tronquées, car il parlait très mal anglais, Tadelle m'a dit qu'il s'était introduit deux fois au Kenya et qu'il avait gagné des camps de réfugiés. Son plus cher désir était de quitter l'Éthiopie pour de bon, d'émigrer. « N'importe où. Ze vais dans n'importe quel pays ! » Il détestait la vie en Éthiopie, il pensait que les choses ne s'amélioreraient jamais, et que n'importe où ailleurs dans le monde, ce serait mieux que la vie ici. L'Amérique serait parfaite.

Mais les représentants des Nations unies qui interrogeaient les émigrants potentiels dans les camps, tant à Nairobi qu'à Mombasa, lui avaient dit qu'il n'était pas un vrai réfugié.

« Z'ai dit : "Moi pas aimer gouvernement éthiopien. Ze déteste ça – tout ça." »

Mais ils l'avaient renvoyé chez lui.

« Z'y retourne, un zour », a dit Tadelle.

Au bout de trois heures de route, nous avons atteint Shashéméné.

« Ici, mauvais endroit, a dit Tadelle. Très mauvais. Trop voleurs. Tous termites.

— Arrêtons-nous », ai-je dit.

Shashéméné figurait à mon programme.

*
* *

Si l'Éthiopie est la patrie spirituelle des rastafariens, Shashéméné est leur capitale, pas Addis, bien qu'à Addis aussi, j'aie vu beaucoup de Noirs qui n'avaient rien d'éthiopien, avec leurs gros bonnets en laine arborant les couleurs du drapeau rasta – rouge jaune et vert – qui sont aussi les couleurs du drapeau éthiopien. Hailé Sélassié avait donné quelques hectares à ses fidèles pour satisfaire leur désir de retour en Afrique. Ils avaient donc, à Shashéméné, un lieu où vivre. Les Éthiopiens les trouvaient impies et hilarants. Les musulmans les traitaient d'infidèles, les chrétiens les jugeaient dans l'erreur. Personne ne les prenait au sérieux, et nombre d'Éthiopiens les contemplaient, incrédules, gloussant parfois en voyant leur accoutrement et l'« africanité » qu'ils affectaient avec leurs bracelets de perles, leurs colliers en os et leurs sacs en bandoulière tissés à la main. Les *dreadlocks* étaient une bizarrerie pour les Éthiopiens, ils n'avaient rien d'africain, et aucune des affirmations culturelles des rastafariens ne les concernait : elles n'étaient pour eux que l'exemple même de tout ce qui allait mal.

Dès que nous avons abordé les faubourgs de Shashéméné, j'ai vu les coiffures et les couleurs de ces hommes, très maigres, qui marchaient le long des rues.

Nous étions convenus qu'en échange de l'argent que j'avais payé pour la route, je pourrais m'arrêter où je voudrais, dans les limites du raisonnable. Notre but était d'atteindre la frontière en trois ou quatre jours. Tadelle et Wolde sont entrés dans la ville à la recherche d'un lieu où faire étape pendant que je me promenais en quête d'un rastafarien à qui parler.

Par une succession de rencontres de hasard et de présentations, j'ai été mis en contact avec Gladstone Robinson, un des pionniers du mouvement, peut-être le premier rastafarien à s'être installé pour de bon en Éthiopie. Il avait soixante et onze ans et onze enfants, dont le plus jeune, âgé d'un an, circulait à quatre pattes autour de sa cabane. Sa jeune femme, radieuse, souriante – « Elle a vingt-trois ans », m'a dit Gladstone – était enceinte et, à la grosseur de son ventre, je me suis dit que Gladstone serait bientôt le père d'une douzaine tout rond.

Gladstone était amical, drôle et vif, jeune en dépit de son âge, avec le sourire et les silences agréables des musiciens de jazz. Maigre mais souple, avec une barbe nouée comme de la ficelle et des *dreadlocks* grises qui sortaient de son bonnet de laine, il habitait une cabane, simple abri en ciment de deux pièces. Celle où nous nous sommes installés était pleine de dossiers et de papiers épars, de vieilles photos au mur, avec les incontournables portraits d'Hailé Sélassié et de Bob Marley. Un gros sac en papier trônait sur la table.

« Vous voulez de l'herbe ? Vous fumez ?

— Oh, oui, allumez-moi donc un joint ! »

Il a ri et a fouillé dans le sac. Le porc et le lait sont des abominations pour les rastafariens, mais la marijuana est sacrée, ce qui explique peut-être leur silhouette mince et leur sourire torpide. En général, c'est une secte d'hommes très maigres et défoncés, et de femmes travailleuses à la tête claire.

Bien que Gladstone ait roulé pour moi un joint avec une grande dextérité, répondre à mes questions l'a tant occupé qu'il en a oublié de l'allumer.

« Mon père était un Bado – il venait de la Barbade –, a-t-il expliqué, et ma mère était une Indienne, une Cherokee. Mais les rastas viennent de partout. Vous voyez cette photo ? »

Suspendue au mur dans un cadre écorné, j'ai vu l'image vieillie d'un groupe d'hommes debout, épaule contre épaule, dans un paysage tropical.

« Ce sont les juifs noirs de Monserrat. Ils sont venus dans les années 1980.

— Vous avez dit “juifs” ?

— En effet. Vous savez, il y a beaucoup de juifs noirs, en Amérique. Nous sommes les vrais Israélites, pas ces soi-disant juifs que vous trouvez en Israël. Ce ne sont pas de vrais juifs. Les vrais juifs sont les enfants de Salomon. Nous sommes ses enfants, comme les Falachas. La lignée des Falachas est établie à partir de leurs ancêtres mâles, pas de leur mère. »

J'avais vu des Falachas à Jérusalem, ces juifs éthiopiens qui faisaient remonter leur foi à l'Antiquité et qui avaient immigré en Israël, pays qu'ils considéraient comme leur patrie et comme un refuge. En l'occurrence, ils étaient un groupe mélancolique, mis à l'écart par les hassidim, regardés comme des curiosités locales par les touristes, sans qualification professionnelle leur permettant d'être plus qu'ouvriers agricoles, et pourtant rarement présents dans les kibboutz. L'ironie de la situation voulait que les rastafariens des Caraïbes arrivent en Éthiopie alors que les Falachas partaient pour Israël.

« Les grands prêtres falachas ont été envoyés à Salomon avec Ménélik, a dit Gladstone. La clé, c'est l'Arche d'Alliance. L'arche est à Aqsoum. Celui qui détient l'Arche est béni par Dieu. Nous disons que Jésus est venu comme un agneau au supplice, mais que Hailé Sélassié est venu comme un lion conquérant.

— Ce que je me demande, ai-je dit parce que Gladstone m'embrouillait les idées par ses références éparpillées aux écritures et ses vagues allusions historiques, c'est comment il se fait que vous soyez venus ici.

— Je vais vous dire comment tout a commencé. Quand Hailé Sélassié a été couronné, les mots qui le décrivaient faisaient remonter ses origines à la Maison de David. Sa lignée a été acceptée par soixante-douze pays.

— Quel est le lien avec la Jamaïque ?

— Il s'y est rendu. Les Jamaïquains sont le peuple qui prie le mieux, et ils ont vu qui il était vraiment. »

De l'Égypte des grands viendront, avaient-ils lu dans le psaume 68 :32. *L'Éthiopie tendra les mains vers Dieu.*

Marcus Garvey, initiateur du mouvement pour le Retour en Afrique, avait prédit qu'un sauveur viendrait, m'a dit Gladstone. Garvey, un Jamaïquain, était un bon orateur et un bon organisateur. Il avait aussi l'esprit d'entreprise, car il avait fondé la compagnie Black Star – les Lignes maritimes de l'Étoile noire. L'Association unie pour l'Amélioration des Noirs, que Garvey avait fondée en 1914, avait inspiré les Noirs d'Amérique et des Caraïbes. « Éthiopie, Terre de nos Pères » était son mot d'ordre. Garvey était Moïse et Hailé Sélassié le Messie, même s'il ne le savait pas. Garvey avait fini par critiquer l'empereur et son règne autocratique, mais il n'avait jamais cessé de croire que, pour les Noirs d'Occident, l'Éthiopie représentait l'espoir d'une patrie.

Gladstone m'a montré un exemplaire du numéro d'août 1970 d'*Africa Opinion*, avec en couverture Marcus Garvey et à l'intérieur un article sur ceux qui partaient s'installer à Shashémé-né. Le nom de Gladstone y figurait.

« J'étais président de la Fédération mondiale éthiopienne. Voilà notre constitution. »

Il m'a donné la photocopie d'un document tapé à la machine. J'ai lu le préambule :

> Fédération mondiale éthiopienne – 25 août 1937, New York.
>
> Nous, Peuple noir du Monde, afin d'atteindre Unité, Solidarité, Liberté, Indépendance et Auto-Détermination, déclarons ce qui suit...

« J'étais dans l'armée des États-Unis. J'ai reçu une formation de pharmacien, a dit Gladstone en repliant la constitution. Pendant la guerre de Corée, j'étais en poste au Japon, au dispensaire général de Tokyo. Mais je rêvais de l'Afrique. Quand j'ai rejoint la Fédération mondiale éthiopienne, on m'a chargé des rapatriements. Nous avions trois possibilités : Intégration, Séparation et Rapatriement. L'Intégration, c'est vivre ensemble. La Séparation, c'est la Nation de l'islam – et peut-être quelques États du Sud réservés aux Noirs, d'autres au nord réservés aux Blancs. Le Rapatriement, c'était revenir en Afrique.

— Quand êtes-vous venu ici pour la première fois ?

— En 1964. »

Il a pris un vieux cahier d'écolier et l'a ouvert à une page portant des inscriptions presque calligraphiées. Sur la page opposée il avait collé des articles de journaux jaunis. J'ai lu :

> 16 juin 1964. Les deux délégués de la commission de Rapatriement en Afrique, Gladstone Robinson et Noel Scott, ont quitté le terminal BOAC de l'aéroport John F. Kennedy.

« C'est mon journal de voyage. Je me suis installé ici avec les douze premiers. Il n'en reste plus que quatre : frère Wolfe, frère Waugh, sœur Clark et moi, frère Robinson. »

Il y avait une cinquantaine de familles rastafariennes installées là, avec une centaine d'enfants, et beaucoup plus avaient une résidence secondaire à Shashéméné, dans laquelle ils passaient une partie de leur temps. Certains Noirs étaient venus et n'avaient pas aimé. Pour d'autres, c'était un refuge. Pendant qu'il m'expliquait tout cela, Gladstone me montrait des photos : lui dans sa pharmacie à Addis-Abeba, lui en blouse de laboratoire, lui avec des lunettes, lui et ses *dreadlocks*, lui posant avec des touristes, lui en longue *gallabiya*, lui en costume, lui avec quelques-uns de ses nombreux enfants.

« Ma fille – elle est flic à New York. Elle a son diplôme de John Jay. Elle porte des *dread*. Elle a intenté un procès à sa hiérarchie quand on lui a donné l'ordre de les couper. Des rastas l'ont défendue, des avocats rastas. Elle est venue ici, à Shashéméné.

— Vous êtes heureux, ici, Gladstone ?

— Je suis heureux. Il faut rentrer chez soi. Un arbre pousse mieux dans son propre sol. Les premiers arrivés ont reçu chacun dix hectares. On ne savait pas quoi faire avec autant de terre !

— Et qu'en avez-vous fait ?

— On a construit une école dessus, on l'a cultivée, on a ouvert une pharmacie. Ça marchait bien.

— Le Derg vous a créé des ennuis ?

— Le Derg m'a fait fermer mon commerce. Il m'a pris ma terre.

Quelle période terrible ! J'ai travaillé deux ans avec des médecins russes et cubains à l'hôpital. Ils étaient chirurgiens. C'était bien, mais un jour les soldats sont venus et ont tabassé le médecin éthiopien. Ils ont dit qu'il avait des armes.

— N'aviez-vous pas peur ?

— Bien sûr que si ! Je me suis dit : "Tant pis si l'Oncle Sam me botte les fesses, je me casse d'ici !" Et je suis rentré à New York en attendant que ça soit fini. »

Gladstone, le rastafarien le plus authentique que j'ai rencontré à Shashéméné, m'a présenté à d'autres immigrants venus de Jamaïque. Il a dit que je devais comprendre que de nombreux Noirs des Caraïbes et d'Amérique étaient venus là pour d'autres raisons que le rastafarisme.

« Nous avons Bobo Shante et Nyabinghi, la Fédération mondiale éthiopienne, les Indépendants et les Douze Tribus. »

Desmond et Patrick, tous deux jamaïquains, étaient membres des Douze Tribus. Desmond, la cinquantaine, était hagard, mais causant et ouvert. Il était venu en Éthiopie vingt-cinq ans plus tôt, « parce qu'ici, c'est un refuge », et il était resté même pendant les pires années du Derg, « Quand Mengistu arrachait des gamins aux villages pour les envoyer se battre. »

Patrick était jeune et très enflammé. Il portait une veste aux couleurs rastafariennes, il s'exprimait bien et il était apparemment instruit. Tandis que Desmond, en béret et veste de velours fripée, était heureux de se vautrer, les pieds sur la table, pour fumer un joint, Patrick – qui ne fumait pas d'herbe – n'était que de passage, pour organiser son avenir ici. Il achetait une maison dans laquelle il allait s'installer avec sa nombreuse famille.

« Je vais et je viens, m'a-t-il expliqué, mais je peux vous dire qu'ici, c'est ma maison. La Jamaïque, c'est pas chez moi. Mes racines sont ici. Je suis africain. On nous a arrachés d'ici pour faire de nous des esclaves, et maintenant, je suis de retour. Nous sommes les Douze Tribus d'Israël, a-t-il dit en dressant un doigt maigre pour souligner son argument. Mais nous ne sommes pas israéliens, nous ne faisons pas de distinctions de races et nous ne venons pas de partout pour prétendre que nous sommes le peuple du désert. Nous sommes vraiment africains. Nous ne demandons pas de faveurs spéciales, juste un foyer, ici.

— Quelle place occupe Hailé Sélassié dans votre théologie ?

— Sa Majesté, a dit Patrick pour me corriger, est le descendant direct de la Maison de David. Prenez la Bible : tout y est, en résumé. Le Roi des Rois, Ras Tafari. »

Les rastafariens insistaient beaucoup sur les titres que le ras

Tafari avait pris en devenant empereur. Evelyn Waugh s'était moquée de son couronnement dans son récit de voyage, *Hiver africain*, mais l'événement avait marqué les débuts d'Hailé Sélassié en tant que symbole de rédemption pour les Noirs en Jamaïque et ailleurs. L'empereur lui-même se réclamait d'un fort lien avec la Bible. Le 25 Megabit 1922 (qui correspond au 3 avril 1931), le ras Tafari avait fait proclamer que Sa Majesté, le roi Tafari Makonnen, futur empereur, serait couronné Sa Majesté impériale, Hailé Sélassié Premier, Roi des Rois, Lion conquérant de la Tribu de Juda, Élu de Dieu, Lumière de l'Univers, Empereur d'Éthiopie. La proclamation se terminait ainsi :

« Que les commerçants commercent ! Que les fermiers labourent ! Je vous gouvernerai par la loi selon l'ordonnance qui me revient car elle m'a été transmise par mes pères. »

Comme Hailé Sélassié s'était désigné Lion de Juda et avait proclamé descendre du roi Salomon, il s'était inséré dans la Bible. La monarchie éthiopienne remonte à Ménélik Ier, fils de la reine de Saba et de Salomon. Tout est dans les « Rois » et dans les « Chroniques » comme le disent les rastafariens. Enfin, pas exactement. La seule chose claire dans les Écritures, c'est que la reine de Saba a rendu visite à Salomon et que par la suite, elle a donné naissance à Ménélik. Le reste provient de l'épopée éthiopienne du *Kebra Nagast*, « La Gloire des Rois », étudié par Nicholas Clapp dans son *Sheba*. Ce serait « un document qu'on aurait découvert dans la bibliothèque de la cathédrale Sainte-Sophie de Constantinople au IIIe siècle, nous dit Clapp, mais c'est plus probablement une compilation, datant du XIVe siècle, de la transmission orale de l'histoire de l'Éthiopie. » Tout le livre de Clapp, résultat de son érudition et de ses voyages, explique l'histoire de cette reine mystérieuse qui apparaît dans la Bible et en disparaît. Il conclut qu'elle pourrait être n'importe laquelle des onze personnages historiques ou mythologiques qui auraient gouverné le pays de Saba.

« Sa Majesté est un descendant spirituel, m'a dit Patrick, pas un dieu. Nous ne le vénérons pas, mais nous considérons que Sa Majesté a beaucoup des qualités de Jésus.

— Par exemple ?

— Par exemple, les Italiens ont tenté à plusieurs reprises de s'emparer de ce pays. Ils se sont montrés cruels, mais Sa Majesté ne les a pas condamnés. Il leur a pardonné. Il était miséricordieux. C'est la miséricorde qui figure dans la Bible. Il est cet homme qu'elle annonce. En quel mois êtes-vous né ?

— En avril.

— Il y a une tribu pour chaque mois. Avril, c'est la tribu de Ruben. Très important pour les yeux. C'est un signe d'argent. »

Pourquoi le zèle de cet homme me mettait-il si mal à l'aise ? Il semblait gentil, il avait bien spécifié qu'il acceptait tout le monde, « même les Blancs », il était musicien.

« Une partie de notre message est dans notre musique », avait-il dit.

Mais il n'écoutait pas. Il était un vrai croyant. Ses certitudes m'inquiétaient parce que c'était du fanatisme. Les zélotes n'écoutent jamais.

Desmond, plus âgé, assez décontracté, l'admirait. Il disait que Patrick jeûnait le jour du sabbat, lisait la Bible, ne fumait pas d'herbe.

« Il est jeune, il est pur, disait-il.

— Lisez la Bible, a dit Patrick. “Un chapitre par jour éloigne le diable pour toujours.”

— Moi je fume de la *ganja*, a dit Desmond. On en fait pousser mais... a-t-il dit avec un geste de la main... en dessous, si vous voyez ce que je veux dire, parce que le gouvernement n'aime pas ça et des Éthiopiens nous cherchent des noises. »

Desmond m'a parlé de sa conversion.

« Nous avions un prophète en Jamaïque, Gyad » – mais on aurait cru qu'il disait « Dieu » à la manière jamaïquaine – « qui affirmait : “Sa Majesté quittera la scène.” C'étaient ses mots. Il a prophétisé que Sa Majesté allait mourir. Je suis venu ici immédiatement après, avec ma femme. Nous avions quatre enfants. Ma femme, elle n'a pas aimé. J'ai dit : “Pars ! Je peux trouver une autre femme, mais je ne peux pas trouver une autre Éthiopie.” J'ai pris une femme éthiopienne et j'ai eu quatre enfants de plus. »

Me considérant à juste titre comme un profond sceptique, Patrick m'a expliqué que je devrais prêter attention aux événements du monde. Les catastrophes universelles étaient un signe de la fin des temps.

« Le millénaire est arrivé, et il est passé, ai-je dit.

— Le millénaire n'est pas encore arrivé, a-t-il dit. Le calendrier éthiopien est en retard de sept ans et huit mois. Le millénaire n'est que pour dans six ans environ. Vous verrez. La terre a été détruite par l'eau. Ce sera le feu, la prochaine fois. La vallée du Rift sera épargnée – ce sera le lieu le plus sûr au monde, quand le feu viendra. Vous pourrez venir vous y réfugier. Emmenez votre famille. »

Je l'ai remercié, et en partant dans la rue principale, je me suis dit que l'Afrique, si incomplète, si vide, était un lieu idéal pour que les gens créent leurs mythes personnels, cèdent à leurs fantasmes d'expiation et de rédemption, de souffrances et de force quel que soit leur moyen de l'exprimer : panser les blessures, nourrir l'affamé, veiller sur les réfugiés, conduire des Land Rover, survivre même à toute une cosmologie de créations et de destructions, récrire la Bible comme une épopée africaine de survie.

Cette nuit-là, dans un hôtel minable de Shashéméné, Tadelle a semblé m'en vouloir d'avoir dû s'arrêter là. Il était de mauvaise humeur. Quand il a vu des rastas passer devant l'hôtel avec leurs gros bonnets, il a dit :

« Pourquoi ces gens viennent ici ? Où c'est le pays Jamaïque ? Pas de travail là-bas ? »

*
* *

Le lendemain, en route vers le sud, Tadelle m'a dit qu'il détestait l'Éthiopie. Il détestait l'armée.

« Tous des termites. »

Où avait-il appris cette expression ? Il l'employait beaucoup. Les politiciens étaient des termites, les soldats étaient des termites, les policiers étaient des termites.

Il avait tellement envie de partir, qu'il ne pouvait comprendre que quelqu'un puisse venir vivre volontairement en Éthiopie. Il me disait cela alors que nous traversions la jolie villa d'Awasa, au bord d'un lac, où nous nous sommes arrêtés pour déjeuner et où je suis allé contempler des hérons et des calaos. Dans l'après-midi, plus au sud, j'ai découvert, au-delà des montagnes, la plaine uniforme, aussi verte qu'une moquette, parsemée de quelques lacs discrets. D'autres montagnes se profilaient au loin. C'était une plaine fertile couverte de champs d'ananas. Des garçons vendaient des fruits sur le côté de la route. Nous nous sommes arrêtés, j'en ai acheté huit pour l'équivalent d'un dollar et j'ai appris le mot amharique pour ananas... *ananas* – comme en italien ! Nous avons continué sur la route en lacet jusqu'à la ville de Dila.

Il était temps de s'arrêter. Le soir tombait et, si ce n'était pas une bonne idée de voyager au crépuscule, il était impensable de voyager de nuit. Dila, ville surpeuplée, concentrée autour de la route dans une région où poussaient des caféiers, était une ville marché dans les monts Mendébo. Il n'y avait pas grand-chose d'autre au marché que des piles de fruits poussiéreux, rien à manger dans les boutiques, juste du savon, des chemises et des contrefaçons chinoises de Nike, Reebok ou Gap.

Wolde m'a suivi dans les ruelles étouffantes à la recherche d'un chapeau. Il faisait plus de trente degrés, pas un nuage dans le ciel, et le soleil chauffait encore impitoyablement. Dans un tel lieu, la chaleur persiste jusqu'à minuit. Des femmes oromos en robe orange et ornements de perles étaient accroupies dans les rues et haranguaient les passants, et moi en particulier, tandis que leurs enfants me harcelaient pour que je leur donne de l'argent.

Il y a un mot utile à connaître en amharique : *yelem*, qui signifie : « Il n'y a rien » ou simplement : « Laisse tomber ». Wolde a ri en voyant l'effet qu'il produisait sur ces insupportables Oromo.

« On va dormir ici ? » ai-je demandé.

Tadelle a eu un petit sourire en guise d'excuses. L'hôtel, le Get Smart, n'avait rien du chic qu'annonçait son nom. Il était sordide, mais c'était le seul endroit où descendre. Nous n'étions pas les bienvenus.

« Pas de chambre, a dit l'employé.

— Vous pourriez peut-être vérifier ? »

Pour donner le change, il a tourné les pages d'un vieux cahier d'école qui faisait office de registre.

« Pas de chambre avec eau.

— C'est bon. »

Plus que bon, me suis-je dit, étant donné que l'eau aurait été corrosive. Il a continué à tourner ses pages.

« D'accord, chambre avec eau, à l'arrière. »

La chambre était sale, surchauffée et dégageait une odeur plus désagréable encore que celle de Shashéméné, mais pour l'équivalent de 2,50 dollars, on ne pouvait espérer mieux. Après avoir bu trois bières et pris des notes sur une table bancale, je me suis senti optimiste et heureux, car j'étais là, dans une masure d'un lointain village du sud de l'Éthiopie, à une distance mesurable (420 km) de la frontière du Kenya. Avec un peu de chance, nous pourrions y arriver demain.

Un jeune Japonais était assis avec des Éthiopiens dans la salle de restaurant du Get Smart. Il mangeait un mets local. Je me suis joint à lui et, dans l'espoir que des légumes soient moins dangereux à ingérer que de la viande, j'ai commandé un « repas de jeûne ». Ils n'avaient rien d'autre de toute façon. Je me suis assis à la table commune et nous avons coupé en cœur l'*injera*-tapis de bain couvert de légumes en bouillie.

Le Japonais s'appelait Daisuko Obyashi. L'entreprise japonaise NEC l'avait envoyé ici installer un système de télécommunications. Il était à Dila depuis deux mois. Il ne parlait pas amharique et son anglais était rudimentaire. Avant cela, il avait travaillé deux ans dans la campagne tanzanienne, mais il préférait l'Éthiopie.

« Parfois, les Éthiopiens m'offrent un verre, mais deux ans en Tanzanie, personne m'a offert un verre. »

Il a dit qu'il ne parlait pas swahili. En apprenant que je vivais à Hawaii, il a dit qu'il n'avait pas envie de visiter les îles – « Trop de Japonais, là-bas ».

Au bout de dix minutes de bavardage aussi vain qu'irritant, je me suis dit : Le seul qui parle anglais à Dila est un crétin.

« En Tanzanie, a-t-il raconté, j'allais au disco et les filles disaient qu'elles voulaient sexe avec moi. Mais je disais non, à cause sida. Presque trois ans – pas sexe ! Ha ! Ha ! »

Ce célibat forcé expliquait peut-être sa fadeur nerveuse.

J'ai reporté mon attention sur Tadelle et Wolde.

« Que pensez-vous de cet endroit ?

— C'est moche », a dit Tadelle.

Il était de Tigre, comme Mengistu, si bien qu'il regrettait l'époque du Derg, contrairement à presque tous ses compatriotes, qui n'avaient pas oublié les années de famine, de faillite économique, de meurtres de masse, de terreur, d'emprisonnements arbitraires. Mengistu avait construit des écoles et des hôpitaux, surtout à Tigre, a dit Tadelle.

« Ze crois que Menzistu était bon. Que Derg était bon. Oui, y a tués. Mais c'étaient soldats et quelques zens qui ont fait.

— Mais vous avez la démocratie, maintenant », ai-je affirmé pour l'aiguillonner, car le gouvernement persécutait tout groupe qui s'opposait à lui et avait transformé la police en une meute de chiens sauvages.

« Cette démocratie qu'on a, l'est mauvaise. Ce gouvernement c'est zuste des termites. »

Couché dans ma chambre étouffante du Get Smart, cette nuit-là, j'ai tourné les boutons de mon poste de radio à ondes courtes et, dans le noir, j'ai écouté les nouvelles. Les cours chutaient à Wall Street : *Le Dow Jones a baissé pour le troisième jour d'affilée... Les technologiques sont dans le rouge... Le Nasdaq est au plus bas depuis cinq ans... Aucun signe d'amélioration à venir... On commence à craindre une récession...*

Mais, à Dila, ça n'avait aucune importance.

*
* *

Au matin, j'ai demandé du café à l'employé du Get Smart. N'étions-nous pas dans une région de culture du café ?

« Fini.

— Des fruits ? »

Il ne manquait pas non plus de vergers, dans les environs.

« Fini.

— De l'Ambo ? »

L'Ambo était l'eau minérale en bouteille locale.

L'employé du Get Smart a souri : *fini*.

Nous avons mangé quelques-uns des ananas que nous avions achetés et nous sommes partis, par Yabélo et Méga, en direction de la ville frontière de Moyale.

En évitant les profonds nids-de-poule sur la route, nous avons continué au sud de Dila dans de longues vallées, certaines vertes et cultivées, d'autres de simples réservoirs à poussière, jusqu'à la ville misérable d'Agera Maryam. « Ils ont à manger, ici », nous a assuré Tadelle en passant un mur qui entourait un ensemble de maisons.

Une femme au beau visage triste nous a apporté de la viande de chèvre d'aspect repoussant et des pâtes froides. J'ai mangé quelques pâtes. Wolde a englouti la chèvre.

« Ces zens, ils sont voleurs. Ze surveille camion, ou ils vont y voler. »

Protégeant la table où nous déjeunions, un journal éthiopien vieux d'une semaine, mais avec une section en anglais, donnait une nouvelle inquiétante : une épidémie de méningite sévissait dans les provinces méridionales. On ne précisait pas quelle forme de méningite. L'Éthiopie, comme le Soudan, fait partie de la « ceinture de méningite » de l'Afrique. Il y a même une « saison des méningites » – et nous étions en plein dedans. J'ai décidé d'acheter de la nourriture en conserve. Il n'y avait pas de boîtes de conserve. Les seuls aliments emballés que j'ai pu trouver étaient des paquets de biscuits rances faits à Abu Dhabi.

Nous avons continué notre route dans une large vallée, et par une route vide, nous avons dépassé Yabélo. Dans cette région, on porte le vêtement traditionnel : tunique et perles. Les hommes ne lâchent pas leur lance et les femmes progressent sur les pistes, d'énormes fagots de bois sur la tête ; quant aux jeunes garçons, armés de bâtons crochus, ils surveillent les chèvres. Il faisait plus chaud, le paysage était plus sec. Dans ce lieu recuit par le soleil, un petit garçon était collé à un tronc d'arbre pour profiter d'un peu d'ombre.

« Les femmes très zolies, ici », a dit Tadelle en ralentissant.

Mais c'était pour une charogne qu'il ralentissait, pour cinquante-neuf vautours qui entouraient la carcasse d'une hyène, sur la route, battant de leurs ailes déplumées, arrachant la chair de l'animal pendant que d'autres charognards, milans et marabouts, attendaient à l'écart. Dans les champs qui nous entouraient, déambulaient des chameaux sauvages, livrés à eux-mêmes, sans selle, sans entraves, qui se dirigeaient vers les collines.

C'était la région des Wolayta, qui vivaient dans des cases comme des ruches au toit surmonté d'une coquille d'œuf d'autruche, garante de fertilité. Ces cases étaient regroupées le long de la route. Les femmes étaient belles, en effet, avec de longues tresses et des robes aux couleurs vives, malgré les lourdes tâches qu'elles assumaient. Dans les champs, les hommes utilisaient des bœufs et des socs de charrues en bois recourbé pour labourer, et tous les garçons tenaient une lance à la main.

Les noms de villages prenaient beaucoup de place sur la carte, mais les agglomérations étaient minuscules. Méga n'était qu'un ensemble de cases autour d'une place. Il n'y avait rien à manger, mais me retrouver parmi tant de gens affamés m'avait coupé l'appétit. En Éthiopie, je ne prenais qu'un repas par jour, de l'*injera* aux légumes, ou des pâtes, reliquat de l'occupation italienne.

« Il y a eu une guerre ici, en 1983 », a dit Tadelle.

Pas trace de guerre, pourtant, en dehors de quelques carcasses de véhicules sur les collines râpées. La guerre était venue et elle était repartie, des gens étaient morts, la vie avait repris, rien n'avait changé, on labourait et on élevait toujours des chèvres, on cuisinait toujours à même la terre, et on circulait les fesses à l'air. L'histoire de l'Afrique.

Je suis passé de boutique en boutique, notant ce qu'on y vendait : des vêtements chinois bon marché, des casseroles en aluminium, des couteaux, des cuvettes en émail ; pas de nourriture. Comme j'étais le seul *faranji* en ville, j'attirais l'attention, et les gamins ont commencé à me suivre.

« S'il te plaît, donne-moi un *birr*. Je suis pauvre. Je suis écolier. »

Ils se relayaient pour mendier. Je leur disais non pour les décourager de harceler les *faranji*. Ce soir-là, dans mon journal, j'ai écrit : *Qu'est-ce qu'il faut faire ? Je n'en sais rien.* Tout le monde quémandait, où que j'aille ; du Caire au Cap, les gens – surtout les enfants – ont tendu la main : *Missié !* Aux gosses de Méga, j'ai donné quelques-uns des biscuits d'Abu Dhabi avant de les chasser.

Tadelle a dit qu'il faisait trop chaud pour continuer. Nous allions rester quelques heures à Méga et repartir pour Moyale plus tard dans l'après-midi. Nous nous sommes assis à l'ombre, avec Tadelle qui continuait à se plaindre des politiciens éthiopiens

(« des termites »). Des jeunes filles d'une boutique nous ont apporté une bouteille d'eau. Pour tuer le temps, je leur ai montré les lames de mon couteau suisse.

« Un mois de salaire », a dit Tadelle quand j'ai répondu à sa question sur son prix.

J'avais dit qu'il coûtait cinquante dollars. Mais la plupart des Éthiopiens ne gagnent rien du tout. Nous avons encore mangé des ananas, et les jeunes filles en ont demandé des morceaux.

« *Sebat birr* », ai-je répondu.

Elles ont ri, parce que c'était ce qu'elles nous avaient demandé pour la bouteille d'eau.

J'adore regarder de jolies filles dévorer des fruits, de la pulpe sur les doigts, du jus sur les lèvres qui coule sur leur menton.

« Oublie Kenya, a dit Tadelle, viens avec Wolde et moi, on voyaze ensemble. On prend bon temps. On va dans la brousse. »

Il a traduit en tigrinya pour Wolde, qui a souri et émis un « oui » enthousiaste – *isshi !*

J'ai été tenté. Rien ne m'aurait plu davantage, mais chaque fois que je regardais une carte de l'Afrique, je me rappelais le trajet que je m'étais fixé, la longue route qui me restait jusqu'au Cap. Si Tadelle et Wolde avaient continué au sud, je serais resté en leur compagnie, mais ils allaient prendre à l'ouest vers Konso, Jinka et la rivière Omo, vers la région des gens nus et des merveilleux ornements tribaux.

Sur le dernier tronçon avant Moyale, un soldat en tenue de camouflage est sorti des herbes brunes sur le bas-côté et il a agité son fusil dans notre direction. Tadelle s'est arrêté, et après une conversation laconique, le soldat est monté à l'arrière avec Wolde. Un simple auto-stoppeur, mais armé. J'ai vu au comportement de Tadelle qu'il détestait cet homme et pensait : termite !

Le soldat avait quelques informations, mais ce n'étaient que de mauvaises nouvelles.

« Les Oromo ont combattu les Somalis, là-bas, la semaine dernière », a-t-il dit.

Plus près de Moyale, le soldat a marmonné quelque chose et Tadelle a ralenti. Quand il est descendu du camion, Tadelle a dit :

« Ze fais pas confiance à cet homme. »

Mais il y avait partout des Somalis, des femmes avec des ballots, des hommes poussant des chèvres devant eux.

« Des problèmes, Tadelle ?

— Ils sont des zens pauvres. »

Nous étions arrivés dans une région stérile et inhospitalière, sans arbres, fourmillant de personnes oisives, accroupies, l'air de réfugiés, souvent, avec des ballots poussiéreux. D'autres étaient visiblement là par hasard ou pour profiter de la situation. Et il y avait les gamins des rues, perdus, maintenant qu'ils n'étaient plus encadrés par leurs traditions tribales. C'était la foule habituelle qui gravite le long des frontières nationales. Nous étions au sommet d'une colline. En contrebas, un lit de rivière asséché et une zone vide – le « no man's land ». Au-delà, le Kenya, d'aspect plus sec encore que le côté éthiopien.

« Ils sont tous voleurs et termites – fais attention ! » a dit Tadelle.

Il a trouvé où se garer pendant que je me renseignais au poste frontière, un bloc de béton en rez-de-chaussée au milieu d'un terrain vague. On m'a dit que la frontière serait ouverte à six heures le lendemain matin. Aucune information disponible sur un moyen de transport au-delà, au Kenya. Je suis revenu au camion. Tadelle a dit avec colère que quelqu'un lui avait volé son pare-chocs avant.

Une Land Rover blanche passait, justement, ornée sur une portière d'un slogan idéaliste à propos de la faim en Afrique. Deux *faranjis* à l'intérieur.

« Est-ce que vous pourriez m'emmener de l'autre côté de la frontière ?

— On fait pas taxi, a répondu l'un des hommes avec un accent de l'ouest de l'Angleterre.

— Je cherche un endroit où dormir, au Kenya.

— On fait pas hôtel », a dit l'autre avec un accent londonien.

Ils ont démarré. Je suis resté sur le bord de la route. Cet épisode devait devenir assez typique de mon expérience avec les envoyés des missions humanitaires en Afrique rurale : en général, c'étaient des sales cons prétentieux, et souvent de vrais salauds.

Je suis revenu près de notre camion, et j'ai vu que Wolde pleurait.

« Qu'est-ce qui ne va pas ?

— Wolde est trop triste tu pars. »

Wolde, le visage dans les mains, sanglotait. J'ai été ému et un peu gêné. Il ne parlait pas anglais, mais Tadelle avait pris l'habitude de lui traduire nos conversations. Il avait donc partagé tous nos échanges, au fil de la route.

Nous avons trouvé un hôtel, le pire de tous, mais le meilleur de Moyale, le Ysosadayo, trois dollars la nuit pour une chambre zonzonnante de moustiques, des pâtes pour un dollar, la bière à cinquante cents, l'électricité qui marchait ou pas. La pièce étouffante sentait les blattes et la poussière. Le lit était dur et aussi puant qu'une paillasse de prison. J'ai donné l'équivalent de dix dollars en *birr* à Tadelle et à Wolde, et je me suis promené dans Moyale en posant des questions. Au bout d'une heure, j'avais compris que des bétaillères passaient au Kenya à sept heures du matin, qu'il leur fallait huit heures pour atteindre Marsabit ; non, il leur fallait dix heures pour Marsabit ; non, douze. Non, il fallait deux jours pour Nairobi, ou trois, ou si le camion tombait en panne (« et ils tombent toujours en panne »), quatre jours.

La plus longue route d'Afrique se déroulait sans fin, vers l'horizon, dans ce pays râpé de collines brûlantes, au loin, au-delà des tuyaux d'acier qui servaient de barrière à la frontière, après la douane et l'immigration. Partout où j'allais, j'étais harcelé par des quémandeurs, insolents à la manière de ceux qui n'ont rien à perdre. Mais les *faranjis* qui arrivaient là étaient eux aussi des vagabonds, et personne n'était surpris quand je répondais : *Yelem!* – je n'ai rien pour vous. Il n'y avait pas l'eau courante à Moyale. L'Ysosadayo possédait une citerne, les boutiques utilisaient des seaux. La principale activité sur la longue route nord-sud était le portage d'eau, par des jeunes garçons et des jeunes filles qui fouettaient la croupe des ânes chargés chacun de quatre bidons de vingt-cinq litres d'eau ; ils passaient et repassaient la frontière, car l'eau venait de puits du côté kényan. Dans le « no man's land » entre les deux pays, vivait pourtant dans une cahute un fou en loques avec des cheveux comme du feutre.

Wolde était toujours bouleversé quand je l'ai retrouvé, mais il portait une chemise neuve. Il était amical, serviable. Il ne cherchait pas sans cesse à soutirer un pourboire, il avait naturellement bon cœur. Je regrettais beaucoup notre séparation, car je sentais que j'aurais pu aller loin avec eux – notre petite équipe. Ils étaient de vrais aventuriers et ils seraient loyaux, Tadelle était un bon chauffeur, ce pessimiste entre deux âges (« Ze déteste ce pays, ils sont tous des termites »). Wolde avait l'optimisme de la jeunesse, et il voulait faire plaisir. Nous aurions pu aller au bout du monde – mais nous y étions probablement déjà, car ce n'était pas une mauvaise description de Moyale.

Tadelle avait acheté une veste neuve, deux chemises, une paire de chaussures et un pantalon kaki – et il lui restait quelques pièces sur les dix dollars. Les vêtements avaient passé la frontière du Kenya et abouti au marché de Moyale.

« J'aime les vêtements », a dit Tadelle avec franchise.

Il portait sa nouvelle veste, en dépit de la chaleur. Il faisait bien plus de trente degrés, même le soleil couché.

Wolde et lui ont paradé dans les rues de Moyale ; leurs vêtements les distinguaient nettement de la population locale.

Le dîner – pâtes froides et bière tiède – a été triste. Wolde reniflait toujours de désespoir, Tadelle énonçait doucement des remarques subversives. La lumière s'est éteinte et tout est devenu silencieux. Finalement, dans le noir, Tadelle a dit :

« Mon nom veut dire “cadeau”.

— C'est un beau nom.

— Il y avait un homme, Adam.

— Oui.

— Il avait des enfants.

— Oui. On a trouvé des ossements en Éthiopie. »

Le squelette de Lucy : jambes arquées, petite, proche du singe – je l'avais vu au musée.

« Selon l'air conditionné, a expliqué Tadelle en voulant parler du temps et du climat, ses enfants étaient différentes couleurs.

— Oui.

— Je suis noir, tu es rouge.

— Oui. »

Au bout de la table, dans l'ombre, Wolde s'est mis à pleurer doucement.

« Mais on est frères. »

8 — Safari Pétaouchnock sur la route du Bandit

Seules les bétaillères allaient vers le sud, en un convoi d'une dizaine de véhicules. « A cause des *shiftas* ». Le nom de ces groupes venait d'un clan somali sanguinaire et voleur, les Mshifta, mais maintenant, il s'appliquait à tout bandit dans cet immense désert qui s'étend de la Somalie au Soudan et englobe tout le nord du Kenya. Les *shiftas* s'attaquaient surtout aux villages isolés et aux véhicules qui circulaient seuls sur la route. Il y avait peu de routes, et beaucoup de *shiftas*.

Aucun service de cars sur cette voie nord-sud. Aucun nom d'agglomérations sur la carte, juste Marsabit au beau milieu du désert de Dida Galgalu – le territoire des Samburu – à un jour de route vers le sud. J'ai été rassuré de circuler dans un camion plein de bovins et non de gens, car dans ces régions, le bétail est précieux et la vie humaine ne vaut pas grand-chose. Quand des hommes étaient abattus près de cette frontière, on ne prenait même pas la peine de faire un rapport. On disait simplement : « Les Borénas se battent » – quand ce n'étaient pas les Oromo, les Somalis ou les *shiftas*. Personne ne comptait le nombre de victimes. Si du bétail était égorgé ou volé, on connaissait le nombre exact des bêtes concernées et on se lamentait.

Chaque camion transportait vingt bêtes. J'ai payé trois dollars pour voyager dans la cabine du chauffeur en compagnie de trois femmes, de deux bébés et d'un gamin qui toussait, un petit tuberculeux de six ou sept ans que j'ai surpris en train de boire au goulot de ma bouteille d'eau. Les femmes, dont une nourrissait son bébé, étaient voilées, et comme elles étaient mariées, elles avaient les mains et les pieds décorés au henné. Les ravissantes courbes des motifs ont attiré mon attention, même à sept heures du matin, dans cette cabine étouffante.

« Quitte pas ton siège, *bwana*, quelqu'un le volera », m'a dit l'homme que j'avais payé.

J'ai été surpris qu'à moins d'un kilomètre de la frontière, tout le monde parlât swahili.

Après beaucoup de cris querelleurs et une rixe – un homme, monté à l'arrière sans payer, avait été jeté hors du camion, et il avait défendu son honneur en frappant ceux qui l'avaient éjecté – nous sommes partis en direction du sud, sur une mauvaise route, dans la chaleur et la poussière. Les animaux frissonnaient et tremblaient, et sur les pires tronçons de la route, certains tombaient, et les autres les piétinaient et les piégeaient au sol. La route n'a pas tardé à ne plus être qu'une piste caillouteuse. Trois hommes prenaient soin des bêtes, et quand une tombait, ils la frappaient et lui tordaient la queue pour que la douleur la fasse réagir et qu'elle se relève. Elles étaient toutes destinées à l'abattoir de Nairobi. Quel triste spectacle que ces vaches à la tête douce et aux yeux confiants qui, abruties et dociles, allaient à la boucherie ! En l'absence de camions réfrigérés, il fallait les emmener vivantes jusqu'au couteau qui les viderait de leur sang, selon la méthode *halal* stipulée par la foi musulmane.

Mustafa, le chauffeur, était un jeune fumeur à la chaîne grognon qui apparemment ne parlait que swahili. « *Wewe, muzungu* », disait-il quand il voulait attirer mon attention – « Toi, homme blanc ». Ce genre d'expression familière est très insultante, mais j'étais habitué à traiter avec des pourvoyeurs avides et grossiers. Il était clair qu'il détestait son travail, et on ne pouvait le lui reprocher – la cabine encombrée de gens, le camion plein d'animaux, et encore des passagers en équilibre sur les ridelles, assis sur le toit de la cabine, accrochés aux côtés. Beaucoup mâchaient du *khat* pour rester sereins.

J'avais connu de mauvaises routes, pendant ce voyage, mais celle-ci était d'une médiocrité spectaculaire, pire que la route « sans route » à travers le désert du Soudan. C'était une piste étroite creusée de nids-de-poule aussi profonds qu'une demi-roue et d'ornières en vagues serrées qui faisaient osciller et sursauter le camion. Le pire, c'étaient les rochers qui avaient déboulé là. Brisés, leurs arêtes coupantes, ils étaient si gros que le camion manquait de verser en les escaladant et en plongeant de nouveau sur la piste – ce qui faisait tomber des bêtes. On n'était encore qu'au petit matin, mais la journée s'annonçait très chaude, et il n'y avait pas d'ombre sur la plaine qui s'étendait devant nous, blanche, aveuglante, comme un désert de chaux. Nous progressions à environ quinze kilomètres à l'heure, et trois cents kilomètres nous attendaient.

Les enfants africains pleurent rarement. On peut trouver miraculeux qu'ils aient déjà la patience de leurs parents. Mais ceux qui voyageaient dans la cabine hurlaient.

A cause des combats dans la région – oui, comme l'avaient dit les soldats, les Oromo avaient attaqué des postes de police – les contrôles étaient fréquents. Comme il s'agissait de contrôles africains, c'était toujours une occasion, pour les hommes armés qui montaient la garde, de se faire quelques billets. Chaque arrêt était donc une sorte d'embuscade. Mustafa donnait de l'argent et continuait sa route en grommelant.

L'agréable compagnie de Tadelle et Wolde me manquait ; je regrettais les bien meilleures routes, la verdure et la politesse que j'avais connues en Éthiopie. Mais je me consolais à la pensée que j'avais réussi à passer au Kenya. J'avançais vers le sud, comme prévu.

Au milieu de la matinée, nous nous sommes arrêtés devant des abris aux toits de tôle, en bordure de la route.

« *Chakula* », a dit Mustafa – nourriture.

On a apporté des plats de viande de chèvre grasse et, dans des bols sales en émail, une bouillie grumeleuse grise que les Kényans appellent *ugali*. Les Africains, les hommes d'abord, se sont précipités vers la table maculée d'éclaboussures et se sont jetés sur la viande. J'ai offert un Coca à Mustafa pour acheter ses faveurs, et je lui ai demandé quand nous arriverions à Marsabit.

Il a haussé les épaules en faisant onduler la canette.

« *Si jui* » – j'sais pas.

Les autres se montraient tout aussi familiers, à la limite de l'insolence. J'ai entendu beaucoup de *Wewe muzungu*, et un homme qui rongeait un os de chèvre a même pointé son doigt gras vers moi.

« *Wewe, mzee* » – eh, toi, vieil homme !

Quoi ? Ce terme pouvait être affectueux ou respectueux, comme quand on surnommait Jomo Kenyatta *Mzee*, pour souligner le fait qu'il était un ancien et un chef. Mais il était tout à fait évident, en l'occurrence, que l'homme se moquait de mon âge.

« *Hapana mzee* », ai-je répondu – pas vieux.

C'était du swahili de cuisine, mais ces gens du Nord ne parlaient rien d'autre, puisqu'ils étaient surtout des Borénas et des Samburu, des habitants du désert, sans langue commune. Le swahili n'est grammatical et subtil que sur la côte et dans quelques villes.

« *Mimi vijana* », a dit l'homme pour affirmer sa jeunesse.

Un homme, sans doigts à sa main droite et qui frappait un os de chèvre de son poing gauche, a visiblement dit dans sa langue, le boréna, qu'il mangeait le meilleur, la moelle, qu'il a déposée sur la table en un amas visqueux avant de la lécher avec délectation.

Dehors, d'autres camions du convoi s'étaient arrêtés aussi, et les soldats qui voyageaient avec eux m'ont demandé s'il y avait des ennuis (*shauri*) d'où je venais.

« Il y a la guerre en Éthiopie ? Vous avez vu ? »

Ces ignorants voyageaient sur une route horrible dans un désert surchauffé d'une province abandonnée d'un des pays d'Afrique les plus corrompus, les plus désolés et les plus infestés de criminels, et ils considéraient l'Éthiopie pauvre et sèche, mais digne, comme une zone de guerre !

Quand nous sommes repartis, j'ai vu qu'un soldat montait à l'arrière du camion de Mustafa. Je n'ai pas su si je devais être inquiet ou soulagé de voyager avec un homme en uniforme et lourdement armé.

Dans le désert, on ne voyait que des villages borénas – ou de sous-tribus borénas : Mbuji, Lédile, Gabra. Les hommes étaient beaux et les femmes jolies. Ils vivaient de peu, entourés de leurs troupeaux de chèvres toujours plus réduits. Ils avaient beau promener leurs bêtes dans le vaste désert, ils ne trouvaient guère de pâturages. Il n'avait pas plu depuis trois ans, ce qui les avait contraints à manger leurs animaux, leur richesse. Dans une mission, j'ai vu des Lédiles émaciés qui restaient assis là, sans rien faire.

Il n'y avait pas grand-chose d'autre à manger que les troupeaux, car peu d'animaux sauvages survivaient dans la région. J'ai vu quelques petits cervidés qu'ils appellent *dikdiks*, et bien sûr il y avait des oiseaux – milans, faucons, pigeons – et dans les épineux, des tisserins avaient construit de nombreux nids.

La route filait entre deux lacs, droite, caillouteuse, rocheuse, défoncée, jusqu'à l'horizon lointain. Les lacs étaient magnifiques sous le soleil, vastes étendues d'eau scintillante qui reflétait le ciel ; promesses de fraîcheur dans ce paysage aride, ils attiraient le voyageur. Mais ces lacs, bien sûr, n'étaient que des mirages. Seule la piste était réelle.

Nous allions si lentement que lorsqu'un pneu a crevé à l'arrière, à quatorze heures, non seulement j'ai entendu comme un coup de pistolet, mais aussi l'air qui s'en échappait en sifflant. Mustafa a coupé le moteur et il est sorti en jurant.

C'était le pneu du milieu – il y en avait huit sur l'essieu arrière, deux groupes de quatre, pour supporter le poids des animaux. Il a sorti un petit cric rouillé qu'il a mis en place et lentement le camion s'est soulevé. Aidé par d'autres hommes, il a retiré la roue et examiné le pneu éclaté. Il ne présentait pas seulement un trou mais une déchirure si longue qu'on aurait pu y mettre le bras.

Pas surprenant, dans ce contexte. Moi, en tout cas, je n'en ai pas été surpris, mais les autres, si, apparemment, puisqu'il n'y avait pas de pneu de rechange. Les hommes ont sorti tout un fatras d'un sac de toile – des tuyaux, des rustines, de gros pieds-de-biche, des morceaux de métal, des tubes de colle, et quelque chose qui avait l'air d'un vieux soufflet à pied – et ils se sont acharnés sur la roue, comme si jamais cela ne leur était arrivé auparavant. Leurs outils se tordaient dès qu'ils essayaient de démonter le pneu.

Ils se sont relayés sans arriver à rien, pendant que nous autres attendions debout dans la chaleur intense du soleil. Pas d'ombre, aucun moyen d'échapper à la lumière aveuglante ni à la chaleur sauf à se glisser sous le camion. Quelques hommes l'ont fait et se sont endormis.

Mustafa, qui ne parlait que rarement, et seulement en swahili, m'a offert son opinion en anglais :

« C'est putain de route. »

Je me suis dit que c'était mauvais signe : j'étais en panne en plein désert, dans un lieu où personne ne s'inquiétait que je vive ou que je meure, en rade avec les mécaniciens les plus incompétents et les moins bien outillés que j'avais jamais vus...

Au bout d'une heure, un autre camion chargé de bestiaux est arrivé en cahotant. Il ne s'est pas arrêté. A l'évidence le chauffeur se foutait comme d'une guigne de nos ennuis. Mais cette bétaillère m'a rappelé que nous étions censés voyager en convoi. J'aurais dû sauter dans ce véhicule providentiel pour continuer ma route. Je me suis un peu éloigné de notre épave et j'ai scruté l'horizon dans l'espoir d'y découvrir un autre véhicule. Au bout de vingt minutes, j'ai vu un nuage de poussière : un camion.

Je me suis planté au milieu de la route et j'ai fait des signes à son approche. C'était aussi une bétaillère, et quand elle a ralenti j'ai sauté contre la portière du chauffeur. La cabine était pleine de femmes et d'enfants. J'ai demandé qu'on m'emmène.

« Vous pouvez venir, mais en haut. »

J'ai récupéré mon sac dans le camion de Mustafa et je l'ai jeté aux hommes qui étaient assis sur la cabine. Il a fallu que je coure pour monter moi aussi, car le camion ne s'était pas vraiment arrêté. Il dépassait maintenant le véhicule de Mustafa et les empotés qui s'acharnaient sur des rustines. Il y en avait justement un qui essayait d'adapter un énorme bout de caoutchouc à la fente dans l'espoir que ça pourrait tout arranger. Il était clair qu'ils seraient encore là demain à essayer de colmater le pneu pendant que le bétail commencerait à mourir.

En équilibre sur le toit de la cabine, accroché au tuyau d'échappement, dans le vent brûlant et la poussière qui m'étouffaient, je les ai vus disparaître au loin derrière nous. Le camion cahotait, très instable à cause du centre de gravité trop haut et du poids des animaux.

J'étais pourtant calme, heureux, même. Je me suis pelotonné dans ma veste pour me protéger de la poussière et j'ai regardé les bêtes qui souffraient. Affaiblies par la soif, titubant dans les secousses du camion, tombant à genoux et souvent projetées sur le plancher, elles étaient en plus piquées dans les côtes par les vachers. J'entendais leurs gémissements de douleur, plus puissants que le tumulte du camion sur la route.

Au plus profond du désert serpentaient les pistes de chameliers boréna s, pure panique revêtue de beauté, les femmes en robes jaunes devant, les hommes qui guidaient les chameaux. Ce superbe spectacle était pourtant la façade d'une lutte pour la vie ; il illustrait la quête désespérée de l'eau. Pas de pluie, pas de puits. Les chameaux parcouraient donc de grandes distances et revenaient chargés de jerrycans et de bidons d'eau, couverts de ces lourds conteneurs métalliques qui leur descendaient sur les flancs.

Il fallait que je me tienne bien pour ne pas tomber du camion. La route ne se contentait plus de cahoter, elle n'était plus droite : elle serpentait entre d'énormes bosses, trop petites pour être qualifiées de collines, mais qui n'en constituaient pas moins une obstruction. Nous avancions très lentement. Je ne pouvais pas voir devant nous, mais nous avons ralenti au point que j'ai été soulagé de ne plus devoir m'accrocher avec autant de force.

J'ai soudain entendu un « bang » et je me suis dit : Oh, non, pas une autre crevaison ! Mais un autre « bang » a suivi et les hommes exposés comme moi ont littéralement plongé dans la masse des bêtes gémissantes.

J'ai aperçu deux hommes en robes poussiéreuses, le visage dissimulé par des bandes de tissu, debout au milieu de la route, fusils levés, qui tiraient en l'air.

Deux choses se sont alors produites. La première, qui m'a stupéfié, c'est que l'homme recroquevillé près de moi – un soldat – a levé son arme et a tiré droit sur les bandits, qui se sont cachés derrière des rochers. La seconde : le camion a accéléré, partant si vite qu'il s'est presque cabré et qu'il a ensuite piqué du nez dans un étroit défilé entre les collines, comme un bateau qui redescend d'une grosse vague.

Pendant ce temps je plongeais du sommet de la cabine avec les autres hommes et je me cachais derrière les flancs métalliques du camion (et d'ailleurs, ce métal était-il en mesure d'arrêter des balles ?) entouré des bêtes qui titubaient. Nous sommes passés de huit à quarante kilomètres à l'heure, une accélération modeste, somme toute, mais suffisante pour nous mettre hors de portée des hommes armés et pour leur montrer que nous étions bien décidés à nous échapper.

Ces hommes étaient des *shifta* qui, en bons voleurs de grands chemins, s'étaient placés à l'endroit parfait pour une embuscade : le camion avait ralenti pour passer entre deux monticules, qui offraient des cachettes efficaces et dont les hommes avaient surgi pour tirer en l'air et nous arrêter. Peut-être ne s'attendaient-ils pas à se faire tirer dessus. Plus sûrement, ils avaient été surpris par le réflexe d'accélération du chauffeur.

Le soldat accroché à la rambarde près de moi a secoué la tête et éclaté de rire.

« *Shifta ?* ai-je demandé.

— Ouais ! a-t-il assuré en souriant pour dérider mon visage lugubre.

— *Sitaki kufa* – Je ne veux pas mourir.

— Ils veulent pas ta vie, *bwana,* a-t-il dit en anglais. Ils veulent tes chaussures. »

Bien des fois, après cela, au cours de mes errances africaines, je me suis murmuré ces mots, épitaphe du sous-développement, le désespoir en une simple phrase. A quoi leur sert ta vie ? A rien. Mais tes chaussures – ah, c'est une autre affaire ! Elles valent quelque chose, bien plus que ta montre (ils ont le soleil) ou ton stylo (ils sont illettrés) ou ton sac (ils n'ont rien à mettre dedans). C'étaient des hommes qui avaient besoin de chaussures, parce qu'ils étaient toujours en marche.

Pendant la suite du trajet, le camion a avancé avec une plus grande urgence, les bêtes tombant plus souvent que jamais les unes sur les autres, les vachers en loques les bousculant plus encore. Mais nous n'avons pas tardé à arriver à un contrôle, et nous avons dû nous arrêter. Il y avait là quatre soldats, volontairement lents, qui ont demandé à voir mon passeport (*Wewe, muzungu*), et qui ont fait du zèle.

Ce contrôle m'a rassuré, comme s'il pouvait servir de barrière contre les bandits. Les autres voyageurs ont semblé penser la même chose, car ils ont repris leur place en haut du camion. La route était meilleure, et nous avancions plus vite vers les hautes terres et les collines, vers le soleil couchant. Un peu plus loin, la verdure n'était pas un mirage, mais les frondaisons de la ville de Marsabit.

Le camion s'est arrêté au marché de cette petite agglomération poussiéreuse. Quand je me suis laissé tomber au sol, j'ai constaté que je tremblais, signe de ce bonheur hystérique qui s'empare de vous quand vous venez de l'échapper belle, quand vous éprouvez la certitude réjouissante d'avoir survécu.

Au bout de quelques pas, j'ai trouvé un endroit où dormir, le Jey-Jey, un hôtel dirigé par un musulman qui m'a appelé *mzee*. Était-ce l'approche de mon anniversaire qui me rendait ce mot particulièrement insupportable ? Encore une de ces chambres à trois dollars. Je me suis lavé sous la douche commune et je suis retourné jusqu'au marché boire une bière Tusker et parler à des gens. Je me suis vanté :

« On m'a tiré dessus ! »

Mais personne n'a été ni surpris ni impressionné. Ils ont haussé les épaules.

« C'est la route des *shiftas*. »

De retour au Jey-Jey, j'ai rencontré un homme qui venait d'arriver dans le dernier camion du convoi. C'était un Anglais, épuisé, en sueur, sale, pas rasé, furieux, les yeux rouges, encombré d'un gros sac.

« Comment ça va ?

— On s'est fait tirer dessus !

— Nous aussi. Entre les collines.

— On devait être juste derrière vous, a dit l'homme au fort accent du Lancashire. Mais on s'en est sortis. Je me suis aplati par terre, et les soldats en haut ont tiré, bien décidés à tuer. »

Il s'appelait Ben Barker et il était le chauffeur d'un camion qui transportait des passagers payants pour un voyage en terre africaine. Après le dîner, nous avons retrouvé son frère, Abel, un de ses mécaniciens, et nous sommes allés boire une bière au marché de Marsabit. Ben m'a décrit son trajet. Il avait réparé un vieux camion diesel et il avait quitté sa maison de Grange-over-Sands pour la Turquie, la Syrie, la Jordanie, l'Égypte et le Soudan, où il avait pris une barge pour traverser le lac Nasser. Lui aussi allait en direction du Cap. Il avait sept passagers et, pour un prix modique, il a été ravi de me prendre aussi à bord jusqu'à Nairobi.

« Ça ne m'ennuie pas de conduire. Le pire, dans ce genre de voyage, c'est quand les passagers commencent à faire la tête et à se plaindre. "Pourquoi est-ce qu'on ne peut pas voir les crocodiles ?"

"Et pourquoi est-ce qu'on repart aujourd'hui ?" "Est-ce qu'on ne peut pas s'arrêter un moment ?" »

Bien que misérable, Marsabit était une oasis au milieu de villages très largement disséminés. Les animaux des bergers étaient en piteux état, à cause de la sécheresse, comme les champs des agriculteurs, avec leurs végétaux chétifs et comme brûlés. Cette situation avait amené à Marsabit organisations humanitaires et autres agents de vertu, dont beaucoup avaient garé leurs superbes Land Rover blanches devant le Jey-Jey.

Le modèle de Marsabit avait été décrit par M. Kurtz dans *Au cœur des ténèbres* : « Chaque étape devrait être comme un lumignon sur la route vers des choses meilleures, un centre de commerce, bien sûr, mais aussi un lieu pour humaniser, bonifier, instruire. » C'était avant qu'il perde ses illusions et devienne chef des cannibales...

Cinquante ans plus tôt que M. Kurtz, Mme Jellyby, dans *Bleak House*, de Dickens, avait conçu un projet comparable. Son obsession, au grand désespoir de sa famille londonienne, était un « projet africain ». Elle avait prévu « d'aculturer le café – *et* les autochtones – d'installer joyeusement, sur les rives des fleuves africains, la population surabondante de chez nous [...] et d'éduquer les habitants de Borrioboola-Gha, sur la rive gauche du Niger ».

Fiona et Rachel travaillaient pour une organisation caritative britannique. Ce que Kurtz avait tenté d'accomplir au Congo et Mme Jellyby sur le Niger, elles le voulaient pour la région de Marsabit. Elles étaient venues du sud, comme chaque semaine. Elles avaient environ vingt-cinq ans et leurs visages luisaient de sueur à cause de la chaleur et de la longue route qu'elles venaient de parcourir. Elles disposaient pourtant d'un chauffeur et d'un véhicule haut de gamme qui valait une fortune. Est-ce que j'ai seulement imaginé que le logo sur la portière montrait un continent en larmes et le slogan *Pleurez pour l'Afrique* ?

« Nous supervisons un *wet feeding*, demain, a dit Fiona.

— Oui, a ajouté Rachel, quatre-vingt-dix enfants trop maigres, certains très mal nourris, de la naissance à quatre ans.

— Qu'est-ce que c'est un "wet feeding" ?

— De la bouillie. Un mélange nutritif, l'Unimix : maïs, haricots, huile, un peu de sucre et de graisse animale. Les Américains appellent ça "Corn Soy Blend".

— Vous allez dans un village laisser de l'Unimix dans une auge pour que les gens mangent ?

— Je ne l'exprimerais pas de cette façon, a protesté Fiona.

— De mon temps, on disait : “Donnez des graines aux gens pour qu’ils fassent pousser leur propre nourriture.”

— Les pluies sont très rares, a fait remarquer Rachel.

— Peut-être devrait-on déplacer ces populations. Ailleurs, elles pourraient trouver du travail, elles pourraient entretenir un jardin, si vous ne les nourrissiez pas.

— Nous sauvons des vies, pas des modes de vie », a déclaré Fiona.

J’ai eu l’impression qu’elle récitait une brochure qu’aurait pu écrire Mme Jellyby.

« Vous pourriez aussi les aider au travers d’un programme de planning familial.

— Nous ne parlons pas de planning familial, a dit Rachel. Nous nourrissons les enfants de moins de cinq ans et les mères qui allaitent. Pourquoi me regardez-vous comme ça ?

— Je ne sais pas. Il y a quelque chose dans l’expression “superviser un *wet feeding*” qui évoque pour moi un geste que vous feriez dans un parc animalier. »

Elles se sont senties insultées et j’ai regretté d’avoir formulé ma pensée de cette façon, parce qu’à l’évidence elles travaillaient dur et sérieusement, et elles avaient fait une longue route pour servir de la bouillie à quelques petits aux visages cendreux, dans le désert, au nord du Kenya.

« Dans un parc animalier, les mauvaises années, il arrive que les soigneurs déposent quelques bales de luzerne près des points d’eau pour aider les hippopotames à passer la mauvaise saison. »

Elles me regardaient, malheureuses de me voir contester leur action.

« Que se passerait-il si vous vous contentiez d’envoyer les aliments ?

— Les parents les voleraient et laisseraient les enfants mourir. »

En d’autres termes, ils opéreraient une sélection naturelle. C’était pourquoi les Samburus étaient si durs. Seuls les plus forts survivaient. Les enfants faibles mouraient. Des enfants meurent tout le temps en Afrique, et pourtant, en dépit du sida et de la mortalité infantile, la croissance de la population est la plus forte du monde. C’était déjà le cas à l’époque de l’Angleterre victorienne. Dans le roman de Thomas Hardy, *Jude l’Obscur*, les enfants condamnés d’un village affamé laissent un mot : « Pace qu’on est trop bocou ».

Fiona et Rachel avaient bon cœur, et elles accomplissaient leur mission avec sérieux. Mais cela me fascinait que, pour nourrir ces « enfants trop maigres », elles dussent combattre les parents, qui voulaient (et qui pouvait les en blâmer ?) arracher la nourriture de la bouche de leurs enfants. Ou bien est-ce qu'on dramatisait la situation à outrance ? Car il y avait parfois une touche de mélodrame chez les humanitaires. En Afrique, la charité prend souvent la forme d'une représentation théâtrale.

« Combien de temps allez-vous faire cela ?

— Je pars la semaine prochaine, a dit Fiona.

— Moi, il me reste un mois, a dit Rachel.

— Il est donc possible que ces enfants que vous nourrissez d'Unimix soient abandonnés après votre départ.

— L'organisation viendra faire le point dans quelques mois », a dit Fiona d'un ton administratif.

Par besoin de m'informer, je me suis rendu dans l'école de Marsabit, le lendemain, et j'y ai rencontré le directeur, M. Maina, qui avait toujours vécu à Marsabit, sauf les quelques années qu'il lui avait fallu pour obtenir son diplôme d'instituteur. Il a nié que quiconque dans le district soit affamé. Il a insisté sur le fait qu'il y avait plus à manger que jamais grâce à l'indifférence du gouvernement envers les cultures traditionnellement lucratives.

« Les fermiers du Kenya sont très démoralisés, parce que le gouvernement ne les soutient pas quand ils cultivent pour vendre, a dit M. Maina. Dans de nombreuses provinces, les fermiers ont arraché leurs caféiers, et font pousser des choux et du maïs pour se nourrir.

— Pourquoi le gouvernement adopte-t-il cette attitude ?

— Qu'est-ce que ça peut leur faire ? Ils encaissent l'argent de la Banque mondiale, de l'IMF, d'Amérique, d'Allemagne et de partout. »

En un mot, le gouvernement kényan dépendait trop de sa propre version de l'Unimix sous forme d'argent venant des pays donateurs. Il était prouvé que cet argent allait dans les poches des politiciens. Pendant mon séjour, le Dr Richard Leakey, un Kényan blanc, dirigeait une commission mise sur pied pour enquêter sur la corruption au Kenya. Mais quelques semaines plus tard, quand il a prouvé l'ampleur de la corruption dans le pays, le Dr Leakey a été renvoyé de son poste, et le gouvernement kényan l'a traîné en justice... accusé de corruption.

*
* *

En plus de Ben et Abel, dans le camion qui traversait l'Afrique, il y avait Mick, qui venait du Yorkshire. Mécanicien en chef, il prétendait avoir emporté un kit complet pour toutes les réparations possibles, y compris les soudures, un moteur de rechange et un générateur. Les sept passagers payants étaient encore très secoués par l'attaque dont ils avaient été victimes la veille, quand des *shiftas* leur avaient tiré dessus. Une d'entre eux, Jade, de Nouvelle-Zélande, était asthmatique, et le stress la faisait suffoquer – ou bien était-ce la poussière soufflée par les fenêtres ouvertes du camion ? Un autre, un Canadien d'une vingtaine d'années – immigrant d'Ukraine – m'a souhaité la bienvenue avant de m'adresser un sourire de dément.

« Ouais, c'est un bon jour pour mourir ! »

Et il l'a souvent répété. Il n'avait pas d'autre conversation. Il n'était pas tant victime d'un stress post-traumatique que l'exemple même de l'emmerdeur-né.

Il y avait aussi deux soldats, un souriant qui ne parlait jamais et un grognon bavard, Andrew, qui a commencé à râler dès que nous avons quitté Marsabit. Voir des Samburu sur la route – en toges de couleurs vives, avec boucles d'oreilles et colliers de perles, fusils à l'épaule et long bâton à la main – l'a mis en rage.

« Tous des *shiftas* ! Lui, lui, et là-bas, tous. Le gouvernement kényan leur fournit des armes parce que les tribus en demandent – "On veut protéger notre bétail". Mais ils utilisent les armes pour attaquer les gens sur la route. Il y a eu quarante morts ces deux derniers mois. »

Nous étions dans un désert d'épineux, aussi désolé, sec et vaste que la veille, et la route était tout aussi mauvaise. J'étais installé dans le camion avec les touristes choqués : Jade qui manquait de souffle, Rebecca et Laura écoutant au Walkman Tracy Chapman, la petite amie de Mick, Judy (Mick était dans la cabine avec Ben), Abel allongé sur une banquette, et le Canadien qui grimaçait en regardant la route et en murmurant : « C'est un bon jour pour mourir. »

En plus des Samburu, il y avait aussi des Rendilles dans la région. Les Rendilles sont tellement attirés par la couleur et les ornements qu'on les voit souvent sur les cartes postales – *Guerriers kényans en costume traditionnel*, dit la légende. Ils portent des visières perlées sur le front et des boucles tressées serrées enduites d'ocre rouge sur la nuque. Leurs colliers et leurs pendentifs en perles à dominante rouge et blanc cliquettent, comme leurs brassards, bracelets et ornements de chevilles. Leur tenue, outre leur sorte de sarong rouge vif, comporte des armes – des bâtons à jeter en forme de maracas passés dans leurs ceintures perlées, des couteaux à poignée décorée et des lances. Ils sont l'ornementation personnifiée, et on les repère à plus d'un kilomètre dans le désert de Dida Galgalu – le but recherché, probablement.

Deux d'entre eux nous ont fait signe au milieu de nulle part. Nous les avons pris en stop, mais leur swahili était si rudimentaire que les soldats ne pouvaient discuter avec eux. L'un a dit : « Laisamis », et les soldats ont reconnu le nom d'une mission à une cinquantaine de kilomètres plus loin. Ils sont restés assis sans rien dire, mais ils ont autorisé Rebecca à les photographier.

Laisamis, une mission catholique, était aussi un village rendille dans le désert. Il n'y avait ni arbres ni ombre, mais c'était jour de marché et des centaines de personnes vêtues de couleurs vives étaient assises par terre entre une grande église, une petite école, un trou de sondage et plusieurs cases primitives. Les décorations rendilles se limitent aux personnes ; les cases ne sont que des masses arrondies de branchages et de paille dont les habitants ont mis leurs plus belles plumes. Une phrase de Conrad m'est revenue en mémoire : « Il n'y avait pas de joie sous le soleil brillant. »

Jade l'asthmatique, qui respirait difficilement, a supplié qu'on s'arrête un moment à Laisamis. Elle avait l'air très mal, les yeux enfoncés et rouges, le visage blanc, et pendant ses pires crises, ses lèvres viraient au bleu. L'arrière d'un camion dans la chaleur et la poussière du désert de Dida Galgalu ne me semblaient pas le lieu où un asthmatique pouvait être le plus heureux, et visiblement, Jade souffrait, mais sans se plaindre. Pendant que Ben tentait de faire fonctionner son nébulisateur électrique – il a dit que cela risquait de lui prendre une heure – je suis allé regarder les oiseaux dans un bosquet d'épineux aux limites du désert. Outre des faucons et des vautours, il y avait un étourneau métallique de Rüppell, ventre rouille, tête noire et gorge aile de papillon vert foncé et un adorable oiseau au joli nom : le spréo superbe.

Mark, un policier kényan qui n'était pas en service, est venu nous voir et nous a dit qu'il avait besoin qu'on l'emmène. Ben a accepté, car bien qu'il fût en vêtements civils, il avait un pistolet ; et une arme de plus n'était pas inutile sur cette route pleine de *shiftas* en embuscade. Mark était un Samburu.

« Après la circoncision, on choisit entre l'école et les soins aux animaux. Si on s'occupe des animaux, on s'habille comme ces hommes. On les appelle *mowlé*, a-t-il dit en écrivant *limooli* sur mon carnet. Mon frère en est un. Les Rendilles nous ont copiés. »

« Mon asthme recommence », s'est excusée Jade.

Elle cherchait son souffle et elle avait une mine affreuse, mais elle pouvait compter sur un groupe de soutien composé de femmes compatissantes – Sarah, Laura, Judy et Rebecca, qui s'occupaient d'elle et l'aidaient à prendre ses médicaments et à se servir de son atomiseur. L'embuscade des *shiftas* les avait unies. Sarah, dix-neuf ans, sur le point d'intégrer une université anglaise, avait sangloté de peur après les coups de feu.

Au début de l'après-midi, sur la route, nous avons entendu une détonation si forte, si terrifiante, que nous avons tous plongé par terre. Les deux soldats ont pris leurs fusils et cherché des *shiftas* des yeux, tandis que Ben tentait d'accélérer. Mais il n'y a pas eu d'autre détonation. En revanche, le camion ralentissait.

« Un pneu crevé, a annoncé Mick en sortant la tête de la cabine.

— Hier, on a cru que c'était un pneu, a dit Judy, mais c'étaient des coups de feu. »

Personne n'a regretté de s'être aplati au fond du camion. Ça nous avait servi d'exercice d'urgence.

« Ouais, c'est un bon jour pour mourir », a dit le Canadien.

Nous avons continué péniblement sur six kilomètres, jusqu'à un ensemble de cases, si peu nombreuses qu'elles ne formaient pas vraiment un village, mais qui portait un nom, Serolevi, parce qu'il y avait là un poste de contrôle routier, et que tout poste militaire a un nom. Nous étions au cœur du pays samburu, dans le désert de buissons épineux et d'arbres morts, le désert des bergers vêtus et ornés à outrance. Pas d'ombre, nulle part où s'asseoir, juste la poussière et les graviers, une poignée de personnes à l'air perdu et quelques policiers indolents.

Mick et Abel ont soulevé le camion sur un cric. Ben supervisait. Le pneu a été changé en une demi-heure – ce qui contrastait agréablement avec l'incompétence de Mustafa et de ses hommes la veille. Pendant qu'ils travaillaient, j'ai fait le tour de la petite agglomération. Seigneur, quel lieu horrible ! Il y avait une boutique – simple appentis avec une étagère unique et dessus du savon, du riz, de la farine de maïs, des biscuits secs et de la graisse de marque Kasuku. En swahili, *kasuku* veut dire perroquet. J'ai fait la plaisanterie attendue sur de la « graisse de perroquet » et la boutiquière a soupiré d'ennui.

« Derrière les montagnes, a dit Ben tandis que nous rangions les outils, c'est Isiolo. »

Isiolo était notre but, la frontière du désert, une vraie petite ville avec nourriture et eau.

« Avant, il y a Archer's Post, a dit le soldat Andrew. C'est le pire endroit pour les *shiftas*. »

C'était exactement ce que je détestais entendre dans la bouche d'un Africain : Il y a des méchants, là-bas.

J'ai demandé si je pouvais monter dans la cabine. Ben a été

d'accord, et nous sommes repartis, Mick à la fenêtre, moi au milieu. La route était si cahoteuse, creusée de longues ornières profondes qui faisaient sursauter et osciller le camion, que Mick comme moi nous tenions les pieds contre le tableau de bord.

Sur un tronçon particulièrement mauvais, le camion s'est soulevé et il est retombé lourdement, au point que le châssis a cogné avec un bruit de marteau sur une enclume. Ben s'est raidi au volant et il a penché la tête.

« Merde, a-t-il dit.

— Quoi ? a demandé Mick.

— Il penche. Putain ! »

Ben s'est arrêté. Il est sorti examiner le dessous du camion. Puis il nous a livré la nouvelle :

« On a niqué un ressort. Trois grosses lames. Le châssis repose sur l'essieu. Merde ! Chier ! C'est ce que je redoutais. Merde ! a-t-il répété en passant une vitesse pour faire demi-tour. J'avais peur de cette route depuis qu'on a quitté Le Caire.

— Moi aussi, ai-je dit.

— Pourquoi t'as pas pris l'avion ?

— Parce que je voulais voir ce qu'il y avait sur cette route tant redoutée.

— Mille cinq cents kilomètres d'emmerdes. »

Mais Mick pensait à la suspension à réparer.

« Il faut souder les lames. Peut-être soulever le camion avec une chaîne, ou je sais pas quoi. »

Nous sommes retournés lentement à Serolevi, le village qui m'avait serré le cœur. Les soldats qui nous escortaient sont devenus nerveux, même celui qui était calme, d'habitude.

« On répare et on file », a dit l'irritable.

Ben n'a pas pris la peine de répondre. La panne était grave. Même moi, je pouvais voir le corps du lourd camion qui menaçait de briser l'essieu.

Mick a soulevé le camion sur le cric et il a sorti les outils : générateur, machine à souder, boîtes métalliques, récipients pleins de clés et de pièces détachées, dont des lames de ressort. Tandis que le soleil descendait vers l'horizon désertique, Abel et lui se sont relayés pour tenter de déloger les lames cassées. Le soir tombait. Ils n'avançaient guère.

« Envie de passer une nuit dans le désert ? m'a demandé Ben.

— Il faut partir tout de suite, a dit le soldat grincheux. Ces gens vont profiter de notre faiblesse.

— Eh oui ! » a répondu Ben en tirant sur une lame de ressort à l'aide d'un pied-de-biche.

Avec les soldats, nous étions douze, et l'obscurité ne tarderait pas à nous envelopper. Nous allions avoir faim. Déjà las de rester assis, j'ai proposé de me charger du repas du soir. Des poulets couraient partout, et la boutique vendait du riz. La femme la plus aimable du village était une Kikuyu, Helen, qui portait une robe verte.

« Je suis missionnaire de l'Église de l'Évangile. J'apporte Jésus dans ces contrées.

— Est-ce que ces poulets sont à vous ? »

Elle a dit que oui, et que pour 1 700 shillings, soit une vingtaine de dollars, elle nous en tuerait trois et ferait des pommes de terre et des chapatis pour nous nourrir tous les douze en plus de sa famille.

L'obscurité était tombée, mais Helen a entrepris d'attiser trois feux pendant que, près du camion, on avait commencé à souder. Mick regardait à travers un petit morceau de verre fumé, parce qu'il avait cassé son masque. Les étincelles qu'il projetait ont attiré des gens hors des cases. Ils se sont assis pour regarder.

J'ai aidé Helen à peler des pommes de terre, impressionné par ses talents de cuisinière et affolé par le désordre, car elle était accroupie au milieu d'une masse de plumes, de viscères, de pelures, près des braises de charbon et des pots pleins d'eau bouillante qui débordaient. Mais c'était la méthode de Serolevi : feux découverts, faitouts ébréchés, viande brûlée.

J'ai envoyé un petit garçon m'acheter de la bière et je me suis assis sur une bûche pour peler des pommes de terre tout en buvant au goulot de ma canette. J'éprouvais un obscur sentiment de satisfaction.

« La bière, c'est mauvais, a gloussé Helen.

— La bière ne figure pas dans la Bible, ai-je dit. Jésus buvait du vin. Il en faisait aussi. Il le préférait à l'eau. Il a changé l'eau en vin pour les noces de Cana. Sa propre mère le lui avait demandé. Où avez-vous lu que l'alcool était mauvais ?

— Dans l'épître aux Galates.

— Où Paul condamne les beuveries et la fête ? Helen, je ne peux pas croire que boire une bouteille de Tusker tiède devant une hutte en terre chez les Samburu puisse constituer une beuverie ! »

Elle a vu l'humour de la situation et elle a ri.

« Vous ne serez pas sauvé !

— Un homme a demandé à Jésus : “Bon maître, comment trouver le royaume des cieux ?” et Jésus a dit : “Aime ton prochain. Obéis aux Commandements.”

— Il faut que vous renaissiez, pour ça. Vous êtes un bon éplucheur. »

Elle était enjouée et vive, trente-deux ans à peine – l'espérance de vie moyenne au Kenya était d'un peu plus de quarante ans. Elle n'était pas mariée.

« Vous n'avez pas rencontré l'homme idéal ?

— Jésus est l'homme idéal », a-t-elle dit en faisant claquer des rondelles de pâte à chapatis d'une paume dans l'autre.

Je me suis senti comblé et j'ai ri en buvant une autre Tusker. J'adorais cet endroit, j'adorais être assis dans la lueur rouge du soleil couchant à peler des pommes de terre et à parler de mon salut. La chaleur du jour était retombée, l'air était doux, il y avait des enfants partout, qui s'amusaient, se chamaillaient, se cherchaient des noises, entre les feux, dans l'odeur de poulet et de légumes.

L'obscurité nous enveloppait. Les feux de cuisson étaient les seuls points de lumière en dehors de l'arc bleu aveuglant du chalumeau. Il a fini par s'éteindre : le générateur n'avait plus de carburant, et on ne pouvait continuer le travail avant d'en acheter au poste d'Archer. Nous risquions bien d'être coincés là quelques jours. Je m'en moquais. Les autres étaient épouvantés.

C'étaient peut-être ces mauvaises nouvelles qui avaient déclenché une nouvelle crise d'asthme de Jade. Elle a dit qu'elle ne pouvait plus respirer. On l'a installée confortablement. Quand des Somalis en costume traditionnel sont arrivés au poste de police dans une Land Rover, Jade les a suppliés de l'emmener. « Il faut que j'aille à l'hôpital. » Ils l'ont mise à l'arrière du véhicule avec Laura, et ils sont partis vers le sud, dans l'obscurité.

Ceux qui restaient ont dîné. Le chef local, un jeune homme qu'on appelait chef George, nous a rejoints avec d'autres, qui nous observaient depuis un moment, visiblement affamés. J'ai aidé Helen à servir les quinze convives.

« Ce sera peut-être la seule fois de votre vie où vous serez servis à table par un membre de l'Académie américaine des Arts et Lettres », ai-je dit.

En entendant « américaine », chef George a engagé la conversation :

« On m'a dit que des Américains sont pauvres. Ici, on n'imagine pas des Blancs pauvres. On dit aussi que certains ne parlent pas anglais. Comment est-ce que ça peut se faire, en Amérique ? »

Il prétendait que les bergers samburus pouvaient marcher soixante kilomètres par jour et les femmes plus loin et plus vite que les hommes.

« Les femmes ont un meilleur rythme. Les hommes marchent trop vite, et puis il faut qu'ils se reposent. Les femmes ne se reposent pas. »

J'ai somnolé cette nuit-là sur une banquette rembourrée du camion ouvert et relevé d'un côté. L'air sec était immobile et sans odeur. Pas d'eau, cela signifiait pas d'insectes. Silence et obscurité. Personne ne bougeait. La lune presque pleine, orange foncé, comme la poussière, s'est levée tard pour éclairer le désert autour de nous.

Au matin, le Canadien regardait Serolevi, les épineux morts, les enfants, notre camion en panne. Il m'a vu.

« C'est un bon jour pour mourir !

— Je ne crois pas.

— Est-ce que je remporte le prix du plus cinglé du camion ?

— Oui.

— Tu sais où on est ? A Pétaouchnock. Putain qu'est-ce qu'on fait ?

— Le safari Pétaouchnock.

— Ouais. On dirait bien qu'on va rester coincés ici toute la journée. Tu veux une fumette ? »

Il ne savait que blablater. En attendant, Abel avait fait du stop jusqu'au poste d'Archer et acheté de l'essence pour le générateur. La nuit avait été douce, mais la lumière du jour nous a rappelé qu'il n'y avait pas d'ombre et nulle part où s'asseoir, sauf sur la bûche devant la case d'Helen. Au milieu de la matinée, on n'avait vu aucun véhicule dans aucune direction, et la température avait dépassé trente degrés.

Ce que j'avais pris pour une implantation improvisée près d'un poste de contrôle de l'armée était en fait un village de quelques centaines de Samburu. C'était le poste de contrôle qui était improvisé. L'école était vide, inutilisée – « pas d'argent pour un enseignant » – mais il y avait un bar sous un toit de tôle, où les hommes buvaient de la bière toute la journée, dès huit heures du matin, et se disputaient une place à la petite table de billard. Sur le côté du bar, une pancarte en swahili et en anglais disait : *Ministère de la Santé, UNFPA. Protégez-vous et protégez vos amis. Utilisez un préservatif (tumi mpira). Servez-vous !* Mais le distributeur du Fonds pour les Populations d'Afrique des Nations unies était vide.

De jeunes garçons, ornés dans la tradition *limooli* – lances, jupes, perles – gardaient des chèvres dans les champs alentour, et de temps à autre, des enfants arrivaient avec des seaux d'eau. J'ai emprunté une cuvette en plastique à Helen et j'ai suivi ces porteurs d'eau jusqu'au trou de forage muni d'un tuyau, près de l'école abandonnée. Il en coulait un fin filet d'eau. J'ai posé ma cuvette et je l'ai regardée se remplir lentement. J'ai calculé qu'il ne fallait pas loin d'une heure pour remplir un seau.

Quand j'ai eu recueilli un bon litre, je suis allé dans un champ et je me suis lavé le visage et la tête en m'émerveillant de la chaleur du soleil qui séchait mes cheveux. J'ai trouvé une souche sur laquelle m'asseoir et je me suis mis à lire. La situation ne m'ennuyait pas vraiment, car je n'avais pas de date à respecter. Personne ne m'attendait. Je me sentais même privilégié de passer du temps dans un village samburu au milieu du désert au nord du Kenya, en parfaite sécurité, au milieu des habitants, observateur d'un mode de vie que je n'aurais pas soupçonné depuis la route.

Ce jour-là, quelques véhicules sont passés au poste de contrôle. L'évêque de Marsabit, le père Ravisi, un Italien volubile, ne s'est arrêté qu'un instant pour serrer les villageois dans ses bras et plaisanter avec eux en swahili.

« J'ai été prêtre dans le New Jersey pendant vingt ans ! »

Et maintenant, sa paroisse était une des plus vastes et des plus sauvages d'Afrique.

Les réparations n'avançaient que très lentement, malgré les efforts de Mick, à genoux, une petite plaque de verre fumé sur un œil, torche à la main. Le seul qui s'inquiétait vraiment du retard était le soldat grognon. J'ai fini par comprendre que ses plaintes avaient la peur pour origine : peur de partir trop tard, peur de tomber dans une embuscade, peur de l'obscurité qui permettait aux *shiftas* d'approcher sans être vus.

Je bavardais avec un policier au poste de contrôle quand une Land Rover blanche – un véhicule d'une organisation humanitaire, logo sur la porte – s'est arrêtée. L'homme et la femme qui l'occupaient ont montré leurs passeports – américains.

« Vous allez vers le sud ? » ai-je demandé.

Ils ont dit que oui et ont commencé à avancer tandis que la barrière se levait.

« Je voyageais dans ce gros camion. Nous avons cassé la suspension. Est-ce que vous pourriez m'emmener au poste d'Archer ou à Isiolo ?

— On n'a pas de place, a répondu l'homme sans me regarder.

— Si, tout le siège arrière est vide.

— Désolé. »

Il avançait toujours, mais je marchais près de lui, la main à sa fenêtre ouverte.

« D'accord, ne m'aidez pas. On va réparer le camion. Mais c'est une longue route vide, jusqu'à Isiolo, et si on vous voit en panne sur le côté de la route – allez vous faire foutre ! On passera sans s'arrêter. »

Il a accéléré et j'ai lâché la portière. Quand la poussière est retombée, j'ai entendu le chuintement de la torche de Mick, des hommes ivres qui criaient dans le bar, des enfants qui jouaient. J'ai trouvé dans le camion un livre sur l'IRA, *Killing Rage*, d'Eamon Collins, ancien gros bras de l'IRA. C'était un livre de souvenirs, mais il sonnait comme une confession tant il était sincère, plein de tueries motivées par une sorte de « tribalisme » qui n'aurait pas été déplacé en terre samburu. Après avoir participé à nombre de meurtres, dont certains de victimes innocentes – erreur sur la personne, balles perdues – Collins était sorti du mouvement et s'était caché, rongé par les remords, pour raconter la période où il était un meurtrier.

Mark, le policier samburu que nous avions pris en stop, m'a dit qu'il n'était pas content de voyager avec des soldats. « Parce que, quand les *shiftas* les voient, ils savent qu'on possède quelque chose qui vaut la peine de se battre. Ils vont tirer dans les pneus, ou dans le radiateur. Ils pourraient tirer sur le chauffeur. Ils en ont tué un la semaine dernière. S'ils ont vraiment faim, ils nous tireront dessus.

— Ils ne veulent pas votre vie, ils veulent vos chaussures. C'est ce qu'on m'a dit.

— Si tu ne leur donnes pas tes chaussures, ils te tueront. »

C'était très inquiétant car, à cause de notre arrêt forcé ici, à Serolevi, nous avions été abandonnés par notre convoi, qui avait continué vers Nairobi. Quand nous repartirions enfin, nous serions seuls, grosse cible bien lente sur une route vide.

Sous un arbuste, sans rien à faire, j'ai interrogé Mark sur l'excision des femmes chez les Samburu.

« Oui, c'est la tradition. Tout le monde le fait : les Borena, les Rendilles, les Meru. Mais je n'ai jamais assisté à l'opération parce que ce sont les femmes qui circoncisent les femmes et les hommes qui circoncisent les hommes. On retire le clitoris. Complètement.

— Douloureux.

— Bien sûr que c'est douloureux, et la fille n'est pas soignée. Mais elle ne doit pas montrer sa douleur. Elle reste allongée et ne dit rien. On le fait pour qu'elle ne ressente pas de plaisir sexuel. Sinon, elle voudra d'autres hommes que son mari. De cette façon, son mari peut partir, elle lui restera fidèle.

— A quel âge le fait-on ?

— A n'importe quel âge. Avant le mariage, en tout cas. Si elle doit se marier à seize ans, on le fait alors, ou à vingt ans.

— Mais elle a pu avoir des relations sexuelles avant.

— Bien sûr. Elle a des relations sexuelles très jeune, mais seulement dans son groupe d'âge. »

Il a expliqué qu'il n'y a pas de sanctions contre un garçon ou une fille de douze ans qui ont des relations sexuelles, ni contre deux gamins de quatorze ans qui s'amusent à ça. Mais un homme plus vieux n'a pas le droit d'avoir des relations sexuelles avec une jeune fille à moins de vouloir l'épouser. Au sein du même groupe d'âge presque tout est permis.

« Il y a des risques, pourtant. Si la fille est enceinte et qu'elle a un enfant, elle ne trouvera personne pour l'épouser. Les hommes veulent quelqu'un de frais, et des enfants qui sont les leurs. Le père de l'enfant niera être le père s'il ne veut pas se marier. La fille peut devenir la seconde épouse d'un homme, ou ne pas se marier du tout, élever son enfant seule.

— Est-ce qu'elle sera mise à l'écart ?

— Oui, parce que, quand une femme est circoncise et mariée, elle porte des vêtements différents – pour montrer à tout le monde qu'elle est une épouse. »

Ce folklore et le livre sur l'IRA étaient déprimants. Je me suis rendu chez Helen et j'ai organisé le repas suivant. Cette fois, je n'ai pas discuté de la Bible. J'ai plutôt laissé Helen m'apprendre des hymnes en samburu. Helen a frappé dans ses mains et chanté joyeusement :

Marango pa nana !
Shumata tengopai !
Na ti lytorian – ni !

(Ce monde n'est pas chez moi !
Mon foyer est au Ciel !
Avec Dieu !)

Fort d'une telle promesse, vous pouvez ignorer les années de sécheresse, les maigres moissons, les écoles abandonnées, le puits ensablé et son petit filet d'eau, l'horrible bar et ses ivrognes, l'excision, et les épouvantables statistiques sur le sida : ce ne sont que des sanglots dans la vallée de larmes qui conduit au ciel.

La soudure était terminée, mais il arrive un moment, dans tous les voyages africains, en général tard dans la journée, où il est plus sage de se rapprocher des autres proies possibles et de se recroqueviller contre elles plutôt que de se montrer et de tenter les prédateurs, qui presque tous partent en chasse le soir. C'est aussi vrai dans la brousse que dans n'importe quelle ville africaine. Nous avons donc dû passer une nuit de plus à Serolevi, y prendre un autre repas, regarder à nouveau les étoiles, et tôt le lendemain matin, nous sommes partis pour Isiolo, en bordure du désert.

Nous n'y sommes pas parvenus. Sur un tronçon de route particulièrement mauvais, où nous craignions de voir arriver des *shiftas*, nous avons entendu un « bang » sonore, et nous nous sommes encore une fois aplatis sur le fond du camion. Mais là aussi, c'était un pneu crevé. Ça ne nous a pas arrêtés, mais ça nous a ralentis, et à la manière dont le camion penchait, il était évident que les lames ressoudées avaient perdu de leur ressort et que le châssis reposait à nouveau sur l'essieu, menaçant de le briser. Nous nous traînions de choc en choc.

Pour soulager l'anxiété générée par notre situation – il était clair que nous ne tarderions pas à nous retrouver immobilisés, alors pourquoi s'inquiéter ? – j'ai regardé le paysage. Je n'avais rien vu de plus beau que ce désert du nord du Kenya depuis que j'avais quitté Le Caire. La région n'était pas bien définie. Officiellement, elle appartenait au Kenya, mais elle était hors carte, et ce côté immatériel lui donnait un aspect enchanté.

Nous progressions sur un haut plateau, et si l'espace était presque plat et caillouteux, des montagnes en jaillissaient brutalement, au loin. Certaines étaient énormes, telles des miches de pain de mille cinq cents à deux mille mètres – des masses de pierre escarpées, superbement lisses, aux sommets arrondis et presque sans végétation, comparables à aucun autre paysage de ma connaissance ; elles ont fait naître dans mon imagination l'idée que je pouvais me faire d'une autre planète, de la planète jumelle de la nôtre, semblable mais autre – de l'étoile noire de l'Afrique.

Plusieurs heures ont passé. Le véhicule meurtri roulait lentement sur la mauvaise route, célèbre pour ses bandits. Pourtant, c'était midi, et il faisait si chaud que rien ne bougeait – pas même les *dikdiks* ou les dromadaires. Pendant tout ce temps nous avions progressé sur une terre dépeuplée. Le Canadien bavassait. Je savais ce qu'il disait. Je me suis détourné et j'ai porté mon regard vers les collines.

Le poste d'Archer était une petite tache au loin. En le voyant, je me suis dit que si nous tombions en panne juste là, dans ce *wadi*, je pourrais prendre mon sac et marcher le reste du chemin, la distance n'était pas infranchissable à pied. Mais cela n'a pas été nécessaire. Le camion était de travers à cause de sa suspension cassée et du pneu crevé, mais nous avons réussi à entrer dans la rue principale – la seule rue – du poste d'Archer. Là, quand Ben a annoncé qu'il lui faudrait sans doute une autre nuit de réparations, avec Jade l'asthmatique qu'il fallait sauver de l'hôpital, avec le Canadien qui souriait bêtement – chieur à la conversation réduite à une seule remarque – j'ai pris la décision de quitter le groupe. J'allais abandonner la convivialité de ces compagnons de voyage sur la terre d'Afrique et tenter de prendre le prochain car pour Isiolo – s'il y avait un service régulier. Faire partie d'un groupe de touristes, ce n'était pas pour moi.

« Bonne chance, mon pote ! » m'a crié Ben en me faisant un signe de sa clé anglaise.

Je leur ai dit au revoir à tous et, sac à l'épaule, je me suis éloigné du camion. J'avais vu des publicités dans les magazines : « Parcourez les routes d'Afrique – connaissez l'aventure ! » Maintenant, je savais ce que voulait dire cette aventure. Quand on participe à un de ces « tours », on est une marchandise humaine, un camion de jeunes gens, dont beaucoup pleins de bonne volonté, certains complètement idiots, tous assis sur une banquette au fond d'un camion, les écouteurs du Walkman sur les oreilles, mangeant de la poussière. On peut être intercepté par des *shiftas*, on aura à coup sûr des pneus crevés, on se lavera rarement. Personne ne demande : « On arrive bientôt ? » parce que personne ne peut croire que le chauffeur a la moindre idée de la route ni des difficultés qui l'attendent. Nous avions traversé le vaste désert de Dida Galgalu, et la plaine de Ngaso au nord de Marsabit. Nous avions escaladé le plateau de Kaisut et nous étions restés en rade pendant deux jours à Serolevi, dans la réserve losai. Nous avions longé le pied de la montagne du désert, Olkanjo. Si vous parlez à l'un d'entre eux d'un endroit où il est allé, il vous dira : « C'est là que Kevin a dégueulé ? » ou bien : « C'est là que Jade s'étouffait ? » ou encore : « C'est pas cette route infecte ? » Au bout de plusieurs mois de camion en Afrique, tout le monde a le sourire béat et l'air crétin d'un adepte d'une secte.

« Est-ce que tu n'es pas un peu âgé pour ça, papa ? » me demandent mes enfants, quand je leur parle d'une expérience qui suppose de voyager à l'arrière d'un camion. Et je réponds que non, pas vraiment. Ce n'est pas le camion qui fait que je me sens vieux – les gros camions surmontent les obstacles et battent les petites voitures. Ce sont les passagers qui font que je me sens – pas vieux, pas embrumé, mais... déplacé. J'étais reconnaissant qu'on m'ait pris à bord, reconnaissant à Ben et Mick de leur franchise et de leur patience. J'étais aussi reconnaissant de partir, même si les quitter signifiait que j'allais m'éloigner, seul dans l'unique rue du poste d'Archer, petite ville au milieu de nulle part où le vent souffle la poussière.

Des adolescents se sont levés des sièges qu'ils occupaient devant les boutiques pour me suivre, me demander où j'allais, d'où je venais. Ils étaient habitués à voir des étrangers au poste d'Archer, car la réserve animalière samburu était juste à l'ouest. J'avais vu des panneaux vantant les mérites de *lodges* où les étrangers pouvaient résider dans le confort. On les y emmenait très vite dans des minibus, dès leur descente d'avion. Ils portaient tous d'onéreux vêtements « spécial safari » avec casque colonial et veste kaki, pantalon à onze poches, manches bordées de cuir avec plis d'aisance.

Les gamins continuaient à me harceler et commençaient à vraiment m'agacer (« *Wewe, mzungu* »). J'étais sur le point de les rembarrer vertement quand une Jeep est arrivée. J'ai levé la main pour qu'elle s'arrête. Elle s'est arrêtée : un miracle.

Sauvé une fois de plus par une religieuse, sœur Matilda, dont l'accent m'était devenu familier !

« Oui, je viens de Sardaigne. Montez ! Nous pourrons bavarder. »

En parlant de l'Italie, nous avons gagné Isiolo, plus au sud. Ce n'était qu'à une heure de route, dans cette voiture rapide, mais nous n'avions pas roulé longtemps quand l'odeur oubliée de terre humide s'est élevée dans l'air frais. Les champs étaient verts, la route boueuse par endroits. Je n'avais pas revu de boue depuis Addis-Abeba. Il y avait des pâturages, des champs de céréales, des fermettes, des vallées boisées et des collines griffées par les socs des charrues. Des touffes de végétation bien verte ornaient les rives de petits cours d'eau.

« Avez-vous eu des ennuis sur la route ?

— Des *shiftas* nous ont tiré dessus près de Marsabit. Plusieurs camions ont été attaqués. C'était dans le journal ?

— Non ! a-t-elle ri. Se faire tirer dessus, ce n'est pas une nouvelle au Kenya ! »

C'était évident. Dans le quotidien *Nation* de Nairobi, acheté à Isiolo, j'ai lu les nouvelles du jour alors que j'avais pris place dans un *matatu* – un minibus qui fonçait sur ses pneus lisses, bourré de Kényans en sueur. « 47 morts lors de l'attaque d'un village » ai-je lu en titre d'un article racontant que 600 membres de la tribu des Pokots s'étaient vengés sur un village, dans l'ouest du Kenya. Ils avaient mis le feu à 300 cases, volé des centaines de têtes de bétail, tué les enseignants, les élèves, des femmes et des enfants dont un n'avait que trois mois. On racontait l'histoire d'un gamin de quatorze ans qui avait été tué d'une balle perdue pendant un échange de feu entre policiers et voleurs à Kisii. On racontait aussi le vol de quatre millions de shillings au cours d'un braquage : « La police a retrouvé sur place des cartouches d'AK-47. » J'ai lu le récit aussi vivant que terrorisant d'une émeute lors d'un match de football, et un rapport sur l'état actuel de l'épidémie de sida au Kenya.

En comparaison, des coups de semonce sur des camions filant vers Marsabit ne valaient pas la peine qu'on en parle. De toute façon, le désert entre la frontière éthiopienne et Nanyuki n'existait pas dans l'esprit de la plupart des Kényans.

« Le Nord, c'est pas le Kenya, m'a dit un Africain de Nanyuki. C'est ni la Somalie ni l'Éthiopie. C'est un autre pays. Le gouvernement kényan ne s'en occupe pas du tout. C'est un espace géré par les étrangers. Les organisations charitables et les ONG y font tout, des écoles aux hôpitaux, en passant par les églises. Pas nous. »

Il n'était ni furieux ni cynique, pas même reconnaissant. Il énonçait simplement une vérité.

L'hôtel Sportsman's Arms de Nanyuki accueillait une conférence sur la santé des camélidés. Des soldats britanniques du poste militaire tout proche jouaient au ping-pong en s'insultant dans un salon du bar, à l'étage, tandis que, dans le hall, des Africains riaient leurs téléphones portables à l'oreille. Je n'ai jamais vu un Africain faire autre chose que rire, avec un téléphone portable. Près de l'hôtel, des prostituées en robes moulantes faisaient le trottoir sur leurs talons aiguilles – bien mal adaptés à une rue boueuse, mais qu'importait ! C'était la civilisation.

9 — *L'époque de la vallée du Rift*

Dans la brousse, en Afrique de l'Est, sauf quand on vous mettait en garde, rituellement, contre les *shiftas* armés et affamés, personne ne semblait guère s'inquiéter des crimes. Les attaques contre le bétail faisaient exception, bien sûr ; mais cela ne visait pas le voyageur que j'étais, moi le fugitif poussiéreux qui prenait des notes, avec son petit sac, sa manière de contourner les difficultés, sans contraintes de temps. Je savais que j'étais sorti de la brousse et que j'approchais d'un village ou d'une ville quand les mises en garde contre le crime se faisaient plus nombreuses et plus précises, quand on les illustrait (toujours) par une histoire horrible. Rien n'est plus sinistre ni plus visuel qu'une mise en garde africaine.

Plus j'approchais de Nairobi, pires étaient les mises en garde. A Nanyuki, des gens m'ont énuméré de nombreux dangers. Si on vous demande votre véhicule en vous menaçant d'une arme, abandonnez-le : une femme avait été tuée d'un coup de couteau dans l'œil la semaine précédente pour ne pas avoir suivi ce conseil. Donnez votre portefeuille aux voleurs, sans hésitation : un homme avait été massacré par ses agresseurs, la veille, pratiquement démembré à coup de *pangas* (de machettes). Ne croyez surtout pas que les crimes sont réservés à la nuit : sept hommes armés avaient cambriolé une parfumerie à midi, avenue Kenyatta, en plein Nairobi, cette semaine. Mais si vous sortez la nuit, vous serez volé, aucun doute, m'a-t-on assuré. « Vous avez cent pour cent de risques. J'en suis sûr à cent pour cent. » Ne résistez pas, donnez-leur ce qu'ils veulent et vous resterez peut-être en vie.

J'étais donc à Nanyuki, ville fraîche et verte, allongé dans l'ombre matinale des six mille mètres du pic Bâtian, un des sommets du mont Kenya, avec ses neiges éternelles et – merveilleux sous l'équateur – ses glaciers bien visibles.

Un Meru m'a dit : « Les esprits vivent là. La montagne est sacrée, pour nous. Nous allons dans la montagne pour prier. »

Mais même le mont Kenya était pillé. Cette semaine-là, des politiciens kényans avaient signé un contrat par lequel le pays vendait des centaines d'hectares de forêts protégées sur les pentes de la montagne à des hôteliers et des promoteurs.

J'ai gagné Nairobi dans un taxi Peugeot bondé, neuf d'entre nous écrasés sur des sièges prévus pour cinq, et j'ai passé tout le voyage de deux heures dans les bras d'un certain Kamali, un guide professionnel. Il avait dans son sac un nouveau livre sur les lions écrit par Elizabeth Laird, une Anglaise qui le lui avait dédicacé : *A Kamali, qui m'a raconté des histoires de lions dont je me souviendrai toute ma vie.*

« Kamali » était un surnom ; il signifiait « singe vert ». Des Kényans de l'Ouest le lui avaient attribué pour son astuce et sa bonne humeur. Il savait tout des régions du Nord et du comportement des animaux, il connaissait tous les détails nécessaires au bon déroulement d'un safari.

Ce sont les chasseurs qui, en racontant leurs « safaris », ont situé le Kenya sur la carte du monde. Le nom d'Hemingway vient immédiatement à l'esprit, comme celui de Karen Blixen. Mais bien avant eux, il y avait eu le personnage de *Man-Eaters of Tsavo* du colonel Patterson, une sorte de Tarzan. Ce que tous ces livres sur le Kenya ont en commun, c'est une obsession pour les animaux et un sentimentalisme paresseux pour les serviteurs et les porteurs de fusils. Pas de crimes, pas de politique, pas d'agents de vertu dans ces livres. Le Kenya d'Hemingway n'a sans doute jamais existé – avec la distance qu'introduit le temps, il ressemble au fantasme personnel d'un écrivain riche qui a besoin de prouver sa virilité, et le safari est un des moyens les plus choquants qu'ont trouvé les touristes pour s'affirmer.

« On ne chasse plus, a dit Kimali. J'en suis ravi. »

J'ai regardé par la fenêtre, à la recherche de quelque chose de familier. J'avais passé des mois, à la fin des années soixante, à aller de l'Ouganda au Kenya et retour, mais je ne reconnaissais rien, hormis les panneaux portant des noms de lieux. J'ai compris, en gagnant Nairobi, que le Kenya que j'avais connu n'existait plus. Cela ne m'ennuyait pas : la nouveauté pourrait rendre ce voyage d'autant plus mémorable.

Notre Peugeot surchargée allait à quatre-vingts à l'heure.

« Ça vous ennuierait de demander au chauffeur de ralentir ? ai-je suggéré à Kimali.

— *Pole-pole, bwana* », a dit Kimali en se penchant en avant.

Insulté par une telle suggestion, l'homme a conduit plus vite et plus nerveusement encore. Comme beaucoup de routes étaient meilleures qu'avant, les Kényans avaient pris goût à la vitesse et les accidents mortels s'étaient multipliés. Il était fréquent de lire des titres comme : « NOMBREUX MORTS DANS LE CAR QUI A PLONGÉ DANS L'HORREUR » à la une des journaux kényans.

« C'était une erreur. J'aurais dû me taire », a dit Kamali.

Les barrages de police – il y en avait huit ou dix sur cette route – n'ont en rien découragé le chauffard. Il s'arrêtait. La voiture était à l'évidence en piteux état et surchargée. Le policier nous regardait d'un œil torve et réprimandait le chauffeur, mais après nous avoir retenus quelques minutes, il nous fit signe de passer.

« Regardez – les bidonvilles, a signalé Kamali tandis que nous entrions dans les faubourgs de Nairobi. C'est ce qui m'inquiète le plus. »

Nous avions à peine dépassé Thika, qui se trouvait en pleine campagne de mon temps, et dont Elspeth Huxley, qui y avait grandi, avait parlé affectueusement comme d'un village idyllique. Il était maintenant cerné par un labyrinthe de baraques improvisées et de rues pleines de gamins oisifs, de voitures et d'une odeur de pourriture : égouts, ordures, caniveaux – la puanteur de l'Afrique urbanisée.

Notre voiture, contrainte de ralentir, était entourée d'enfants en loques qui mendiaient de l'argent et tentaient de glisser leurs mains par les fenêtres à demi ouvertes.

« Faites attention quand vous voyez des *totos* comme ceux-là, m'a prévenu Kamali. Il leur arrive de prendre leurs propres défécations dans la main et de vous les étaler sur les vêtements pour vous forcer à leur donner quelque chose. »

L'expression « emmerder quelqu'un » devait sûrement venir de là !

Nous nous sommes arrêtés, retenus comme les autres véhicules par une foule qui traversait la rue et par les chauffeurs curieux qui voulaient voir ce qui se passait.

« Regardez, vous voyez le voleur ? » a demandé Kamali.

C'était une vision de l'Afrique ancienne : un homme nu qui courait le long d'une berge et éclaboussait d'eau sale la foule qui le poursuivait jusqu'à un ruisseau.

« Ils lui ont pris ses vêtements. Il essaie de s'échapper par la rivière. »

Mais il était cerné. Il y avait des gens sur les deux rives, bâtons et pierres à la main, riant d'excitation à la vue de l'homme tellement affolé qu'il ne pensait même pas à couvrir son sexe, qu'il se contentait de courir, actionnant ses bras comme des pompes, faisant jaillir la boue répugnante sous ses pas.

La foule a bondi vers lui en balançant les bâtons, et les voitures ont repris leur route.

« Ils vont le tuer », a déclaré Kamali.

Jadis, même dans mes souvenirs, Nairobi était une petite ville tranquille autour de son marché, avec ses maisons basses et leurs longues vérandas, deux rues principales et des salles de vente à la criée où les fermiers venaient proposer leur récolte de café ou de thé. Il ne fallait qu'une nuit de train pour gagner la côte – à cause des risques de bilharziose dans les eaux douces des lacs et des rivières, Mombasa-sur-Mer était le seul endroit où nager en toute sécurité. Dans l'autre direction, on était à une nuit de train de Kampala. La ligne ougandaise traversait des fermes sur les hautes terres.

Les White Highlands, « hautes terres blanches », portaient bien leur nom : le gouvernement colonial britannique interdisait aux Indiens et aux Africains de cultiver des plantes pour les vendre. Les Indiens tenaient boutique, les Africains étaient ouvriers agricoles ou vivaient dans des villages et travaillaient la terre pour leur propre consommation. Les rares étrangers qui visitaient la ville étaient de timides touristes ou des chasseurs prudents que des guides blancs prenaient par la main pour les entraîner près des bêtes sauvages. En dehors de cela, le Kenya fonctionnait sur le vieux système colonial de propriétaires terriens et d'hommes d'affaires pressurés par des politiciens avides, et le reste de la population n'était guère plus que des bêtes de somme et des serfs qui marchaient à coups de fouet.

Peu de choses avaient changé après l'indépendance. Le portrait de Jomo Kenyatta s'était retrouvé accroché dans toutes les boutiques à la place de celui de la reine Elizabeth. On avait construit des écoles et rebaptisé des rues. Mais les gens instruits font courir un risque aux dictatures. Les écoles ont donc été sous-financées et peu sont restées ouvertes. Le gouvernement a reçu beaucoup d'argent étranger – et l'essentiel de cet argent s'est retrouvé dans les poches des politiciens, dont certains ont été assassinés. En Afrique, il est presque impossible d'exagérer l'avidité des politiciens corrompus.

Juste après Noël 1963, alors que je rejoignais le Nyassaland en tant qu'enseignant du Peace Corps, j'ai vu Jomo Kenyatta à la télévision kényane. Un peu éméché, corpulent, l'air jovial, il a souhaité à tous une bonne année d'une voix pâteuse. Je suis allé par une rue sombre jusqu'à la bibliothèque de Nairobi. Deux Anglaises tenaient le bureau de prêt et tamponnaient les cartes. Dans l'église anglicane, une Anglaise faisait briller les cuivres. Des histoires de scandales et d'amours impossibles alimentaient les conversations des colons blancs. Je prenais pour de la vantardise provinciale la manière dont les Anglais, dans les zones rurales, racontaient comment ils s'étaient saoulés la veille au pub. Pour eux, il n'y avait pas d'autre sujet de conversation que les cuites.

Même à l'époque, je soupçonnais que cette colonie britannique que je côtoyais n'avait guère changé en cent ans. Le plan d'urbanisme et le fonctionnement de Nairobi avaient été copiés sur un chef-lieu de canton britannique, mais avec tellement plus de main-d'œuvre bon marché à disposition que tout fonctionnait beaucoup mieux.

Le Kenya n'a pas explosé à l'occasion de son indépendance. Il n'a même pas beaucoup changé, au début, et il n'a été modernisé que superficiellement. Il s'est contenté de devenir plus gros, plus sale, plus misérable, avec plus de pauvres hères dans les campagnes et plus de bidonvilles dans les agglomérations. Plus d'écoles aussi, mais médiocres, afin de ne pas altérer la structure sociale, parce que le pouvoir était aux mains d'un petit nombre d'hommes d'affaires et de politiciens. C'est resté vrai. Jomo Kenyatta est mort en 1972, et Daniel Arap Moi est devenu président. Nous nous moquions de lui, qui avait dit : « L'État, c'est Moi [1] » – mais cela décrivait assez bien sa manière de gouverner. Trente ans plus tard, Moi était toujours président – un président épouvantable.

Le Nairobi que j'abordais dans mon taxi surchargé, après mon long voyage depuis l'Éthiopie, était une version assez reconnaissable de la petite ville-marché que j'avais connue presque quarante ans plus tôt. C'était resté une ville provinciale, avec les mêmes politiciens à sa tête, mais le cœur commerçant s'était étendu ; la ville était immense, dangereuse et laide.

Le pire quartier de Nairobi – tout le monde le disait – c'était celui par lequel je l'abordais : le dépôt de bus et de taxis. Vieillot, peuplé de ce monde flottant de voyageurs qui arrivent et repartent, il accueillait surtout de jeunes oisifs, des vagabonds et des marchands qui vendaient boissons, aliments et grappes de lunettes de soleil dans des échoppes improvisées. La foule des gens qui passaient là en faisait le royaume des pickpockets, des gamins des rues qui chapardaient, des aveugles, des lépreux et des infirmes qui

1. En français dans le texte. (N.d.T.)

mendiaient. Je me suis souvenu que c'était l'image qu'on gardait de toutes les villes médiévales. Les villes africaines font renaître le genre de scènes de rue qui ont disparu des villes d'Europe – un mélange d'activités qui a conduit, par sa couleur et sa vitalité, à ces vieilles légendes à l'origine de grandes œuvres littéraires. On pense au Londres de Dickens, ville improvisée, peuplée d'oisifs, de voleurs, de nouveaux arrivants – comme Nairobi aujourd'hui.

Ceux qui viennent au Kenya en route vers un parc animalier sont emmenés directement de l'aéroport à leur hôtel et ne voient que rarement le désespoir de Nairobi, qui n'est pas le côté sombre du pays, ou une tache de misère urbaine, mais l'émanation même de l'atmosphère du lieu.

J'avais décidé de marcher vite et d'avoir l'air occupé, de ne pas porter la tenue des soldats ou des touristes – ni vêtement kaki, ni appareil photo, ni short, ni portefeuille, ni objets de valeur, juste une montre bon marché et quelques pièces de monnaie, car je pénétrais dans une société rapace, affamée, charognarde. Tous mes objets de valeur étaient enfermés dans mon sac. Les femmes travaillaient ou se prostituaient, mais les hommes et les jeunes garçons erraient en groupes, sans rien à faire, jacassaient entre eux ou regardaient les passants comme pour évaluer ce qu'ils pourraient leur arracher. Aux carrefours les plus encombrés, les gamins des rues, agités, la faim écrite sur leur visage amaigri, s'agrippaient aux étrangers, aux voyageurs, aux femmes seules, aux vieux, à tous ceux qui venaient d'ailleurs ; ils les suivaient, associant menaces et suppliques.

Même les animaux s'y mettaient. Des marabouts, grands oiseaux hirsutes sur leurs longues pattes, plumes sales et gros bec encrassé, perchaient dans les arbres au-dessus de ceux qui vendaient à manger. Ces cuisiniers étaient si désordonnés que les oiseaux avaient renoncé à se nourrir dans la nature, où ils ne trouvaient pas toujours de quoi apaiser leur faim, pour devenir des résidents permanents des villes, sans aucune peur des hommes, comme ces ours sortis des forêts qui hantent les abords des villes américaines et fouillent les ordures.

Milans et faucons planaient et plongeaient pour s'emparer du déjeuner d'un passant. Ce qu'ils laissaient tomber faisait le bonheur des rats, chauves et pelés, qui couraient dans les caniveaux et les égouts à ciel ouvert de Nairobi.

La déforestation, dramatique au Kenya, était aussi le fait de charognards. En m'écoutant raconter mon voyage à travers le désert, un diplomate m'a dit :

« D'accord, il n'a pas plu depuis trois ans, dans le Nord. A qui la faute ? Ils ont coupé les arbres pour du carburant, ils les ont vendus aux promoteurs, ils ont détruit les réserves d'eau. Et ça continue. »

Après avoir pris en note le détail de quelques cambriolages officiels de choix dans mon carnet de route, je suis allé acheter le journal de Nairobi, que je voulais lire – et dont je voulais faire les mots croisés – en buvant une tasse de café. On racontait qu'une équipe de tournage allemande s'était fait voler tout son équipement vidéo et audio dans son hôtel de Nyeri.

« Dar es-Salaam, c'est mieux, m'a dit un certain Shah. Les femmes indiennes y portent des bracelets en or. Pas ici. »

On jugeait la sécurité régnant dans une ville africaine aux bijoux que les femmes osaient porter dans les rues.

Shah, indien, m'a raconté que son père était venu au Kenya dans les années 1940, à la recherche d'un emploi. Il était devenu revendeur d'objets d'occasion qu'il achetait aux Kényans blancs et revendait aux Africains. « Il achetait n'importe quoi. » Dans les années 1950, avec l'état d'urgence et la terreur des Mau-Mau, les Kényans blancs ont commencé à vendre leurs fermes et à partir – beaucoup pour l'Afrique du Sud. Le vieux M. Shah a acheté leurs meubles et leur argenterie, leurs tableaux, leurs sacs en cuir Gladstone et leurs encriers en cristal, « tout ce qui était ancien ». Le marchand d'objets d'occasion des années 1950 et 1960, sans en avoir conscience, s'était lancé dans le commerce lucratif des antiquités, et c'est de cela que son fils avait hérité. Shah se devait de reprendre l'affaire, car il lui était impossible de retourner en Inde.

« Nous n'y avons plus personne, plus rien, même notre maison de famille n'existe plus. Je n'ai plus de parents en Inde. Je n'y vais jamais. Mon frère est en Australie. J'aimerais y aller, mais ma boutique est pleine ! »

Il s'inquiétait pour ses enfants, terrifiés par les rues de Nairobi.

« Mon fils a seize ans. Il reste tout le temps à la maison. Il a peur de sortir. Jamais il n'est sorti seul. Il ne sait pas faire les courses, il ne sait même pas acheter les choses les plus simples. Quand il veut des chaussures, il me dit : "Papa, tu viens m'acheter des chaussures ?" Mais vous comprenez, il faut qu'il apprenne à sortir de sous son bouclier. C'est comme s'il était assigné à résidence. »

Un autre Indien de Nairobi, arrivé récemment, a utilisé la même expression. Il n'était au Kenya que depuis six ans, et tenait un restaurant.

« Je suis seul, ici. Ma famille est en Inde. S'ils venaient, ils ne pourraient pas sortir. Je vais en Inde une fois par an. Je suis ici pour travailler. Je ne parle pas swahili. Pourquoi est-ce que j'assignerais ma famille à résidence, en la faisant venir ici ? »

A cause de toutes ces histoires abominables sur Nairobi, je suis rarement sorti le soir. Au lieu de prendre longuement mes notes le matin, je les écrivais la nuit tombée dans ma chambre d'hôtel. Quand il me restait du temps, je continuais ma nouvelle érotique sur l'homme qui va fêter son anniversaire et se souvient d'une relation sulfureuse avec une Allemande plus âgée. Je l'avais située en Sicile, au début des années soixante, dans un palais décadent. Cet auto-érotisme était une manière de m'échapper et de me distraire, mais cela valait mieux que de se faire voler.

Même les plus prudents se faisaient voler. En septembre 1998, après l'attentat contre l'ambassade américaine de Nairobi, trois des agents du FBI venus pour les besoins de l'enquête descendaient l'avenue Kenyatta, une des grandes artères. Leur voiture a percuté un taxi. Ils sont sortis constater les dégâts, et la foule habituelle des gamins des rues, des oisifs, des sans-logis, des charognards et autres opportunistes n'a pas tardé à les entourer.

Sans même s'en rendre compte, les hommes du FBI ont été soulagés de leurs portefeuilles et de leurs armes de poing. Quand ils ont compris que leurs poches étaient vides, très en colère, ils se sont retrouvés face à une foule hilare. Le lendemain, les journaux ironisaient sur leur stupidité.

Le cynisme était rare et mal considéré, au début de l'indépendance, mais même mes plus anciens amis africains au Kenya, même les plus idéalistes, étaient devenus cyniques. L'un d'entre eux m'a fait l'éloge du chef de l'opposition, Mwai Kibaki.

« Il est différent de tous les autres, au Kenya, car il est parvenu où il est en se montrant raisonnable. Il est un des très rares politiciens du pays qui n'a pas trouvé nécessaire de tuer des gens pour accéder au pouvoir politique. »

Un étudiant d'un de mes amis africains m'a dit :

« Vous pensez que seuls les déshérités deviennent des criminels, mais c'est faux. Beaucoup de ceux qui ont obtenu leur diplôme universitaire en même temps que moi n'ont pas encore trouvé de travail. Il n'y a pas de travail. Ils deviennent donc des voleurs. Des garçons avec de bons diplômes ! J'en connais un qui a un diplôme de commerce et qui a volé une voiture. Un autre a essayé de voler un riche Asiatique. Il a été pris. Il est en prison.

— Est-ce ce que nous appelons le crime en col blanc ?

— Non ! Il s'agit de vol à main armée. Beaucoup de vols sont commis par des personnes instruites.

— La plupart des habitants de ce pays n'ont rien, m'a dit un autre ami africain.

— Comment les choses vont-elles s'améliorer ?

— Certains espèrent que la prochaine élection pourra aider. Les pays donateurs nous conseillent de privatiser tous les services et toutes les industries appartenant à l'État ; ce serait la solution. Mais ce n'est pas la solution, m'a-t-il assuré en souriant.

— Alors, quelle est la réponse ?

— Peut-être n'y a-t-il pas de réponse. »

Peut-être n'y a-t-il pas de réponse. Les Blancs, enseignants, diplomates ou agents de vertu, lors de dîners, pensaient à peu près la même chose que leurs collègues des années 1960. Ils parlaient de budgets de soutien et de bourses d'études, de réforme agraire et de camps de réfugiés, de programmes alimentaires d'urgence et d'assistance technique. C'étaient des nouveaux venus. Ils ne se rendaient pas compte qu'on disait la même chose depuis quarante ans, et qu'au bout de ces quatre décennies, le niveau de vie était plus bas et le taux d'illettrisme plus élevé qu'avant ; qu'il y avait une énorme surpopulation et beaucoup plus de problèmes de santé.

Les étrangers qui travaillent aux programmes de développement ne restent jamais assez longtemps sur place pour constater à quel point ils ont échoué. Les Africains les voient arriver et repartir, ce qui les rend fatalistes. *Peut-être n'y a-t-il pas de réponse*, comme a dit mon ami avec un sourire.

La réputation du Kenya est si mauvaise que certains étrangers, considérant que le pays a gravement régressé, ironisent et le traitent de royaume cannibale. A l'époque où j'étais au Kenya, on a offert un voyage à Mombasa au maire de Toronto, une occasion pour lui de s'adresser à l'association des Comités olympiques nationaux d'Afrique et de solliciter leur soutien afin que la ville de Toronto soit choisie pour l'organisation des Jeux olympiques de 2008. Il a refusé, et expliqué son refus :

« Et pourquoi est-ce que j'irais dans un endroit comme Mombasa ? J'aurais l'impression de me retrouver dans un chaudron d'eau bouillante entouré de sauvages qui danseraient autour de moi. »

Il y a encore des Allemands pour prendre des vacances à Mombasa et Malindi, où les gérants d'hôtels kényans parlent leur langue ; les touristes continuent à faire des safaris ; l'observation de la faune reste populaire (des ornithologues amateurs vont au lac Baringo pour y voir plus d'oiseaux en deux jours qu'ils en verraient pendant toute leur vie chez eux). En dépit des massacres d'éléphants et de la contrebande d'ivoire, en dépit du braconnage des lions et des léopards pour leurs griffes et leur fourrure, il reste beaucoup d'animaux dans les parcs kényans. Cette forte population d'animaux sauvages est due en partie à l'ancienne politique de l'incontournable Richard Leakey, qui avait demandé que les gardiens des parcs tirent à vue sur les braconniers.

Le Kenya touristique – prévisible, programmé, avec ses touristes d'un jour en vêtements de safari qui observent la nature depuis leur Land Rover – ne m'intéressait pas. Les touristes regardaient les animaux, et les animaux les regardaient. Le Kenya des grands chasseurs de gibier et des récits sentimentaux, celui d'Hemingway, d'Isak Dinesen ou des mythomanes d'aujourd'hui comme Kuki Gallmann, me font rire. Si le roman sentimental et nombriliste *Out of Africa* était à un bout de l'étagère, à l'autre bout, on trouverait une foule de livres de safari comme *Elephants arrive at Half-Past Five*, d'Ilka Chase. D'après ces écrits, on pourrait penser que le Kenya n'est constitué que de fermes pour amateurs de safari où des serviteurs zélés évoluent en silence pour veiller aux désirs des hôtes des chambres luxueuses. Le summum du luxe est atteint au Mount Kenya Safari Club, près de Nanyuki. Un hôte a dit après coup dans un magazine de voyage que c'était « si luxueux qu'on oubliait qu'on était dans la nature sauvage »... et on oubliait aussi que Nanyuki n'est pas dans la nature sauvage !

L'observation du gros gibier et les soirées passées à boire de la bière sont à un monde de la vie réelle au Kenya. Même quand j'habitais et travaillais en Afrique, je trouvais ahurissants les gens qui faisaient des safaris, ceux qui pénétraient dans la brousse la plus civilisée qui soit en minibus peints de rayures de zèbres, emportant des glacières pleines de mets délicieux. Ces étrangers crédules ne s'intéressaient pas du tout à l'école où j'enseignais. De temps à autre on annonçait dans le journal qu'une personne célèbre était venue en Ouganda ou au Kenya pour chasser. A la fin des années soixante, un des membres de l'administration Nixon, Maurice Stans, avait visité l'Ouganda armé d'un fusil puissant, à la recherche du timide et fuyant bongo, une antilope massive, que l'on chassait avec des chiens. C'était une méthode de chasse « assistée » : les chiens pourchassaient le bongo qui, une fois piégé, tête baissée, essayait de se débarrasser de la meute sanguinaire ; on lui tirait alors dans le cerveau ou le cœur. Stans en a eu un ou deux. Il ne reste plus de bongos, en Ouganda. Maurice Stans est mort, mais son espèce n'est pas le moins du monde en péril, alors que le pauvre bongo a été presque éliminé dans le reste de l'Afrique.

« Le Kenya, c'est bien plus que des animaux », m'a dit un Africain, lors d'une soirée mondaine à Nairobi. Il s'est présenté : Wahome Mutahi, et il a continué. « Je dirais que les petites choses que les gens font, ici, sont bien plus importantes que tout ce que font les animaux. »

Wahome avait été prisonnier politique.

« J'ai été torturé, m'a-t-il dit avec un sourire. Mon histoire est trop longue pour vous la raconter ici. »

J'ai insisté pour le revoir le lendemain. Il s'ajouterait à tous les ex-prisonniers africains que j'avais rencontrés au cours de ce voyage.

Wahome était journaliste et romancier, très lu en Afrique de l'Est. Il avait un discours subtil et arborait un sourire d'autodérision quand il évoquait, avec un émerveillement amusé, les contradictions de sa propre personnalité et celles du Kenya. Son style était dans la même veine : plein d'euphémismes de courageuse ironie. Comme il avait la cinquantaine lors de notre rencontre, il était en âge, au moment de l'indépendance, d'être témoin de toutes les folies et de toutes les fausses promesses. Il représentait une véritable espèce en péril : formé sur place, opposant intelligent au régime brutal, il vivait et travaillait toujours dans son pays natal.

« Il y a moins de débats, moins d'activité intellectuelle qu'à l'époque où vous viviez ici », m'a-t-il dit pendant que nous déjeunions au New Stanley Hotel.

J'étais descendu dans le même hôtel trente-huit ans plus tôt, quand il était tout neuf et que les chasseurs blancs buvaient au Long Bar, à l'intérieur, pendant que les touristes bavardaient au Thorn Tree Café, dehors. A l'époque, les prédateurs étaient dans la brousse ; maintenant, ils étaient dans les rues de Nairobi et au gouvernement kényan.

« Il y a eu une tentative de coup d'Etat, en 1982, a continué Wahome. Après qu'il a échoué, le régime a durci son attitude envers toute activité intellectuelle. J'ai été arrêté en août 1986 et emprisonné.

— Avez-vous été mis en accusation ? Y a-t-il eu un procès ?

— J'ai été accusé de ne pas avoir dénoncé un complot. J'étais donc coupable de sédition. On a dit que mon crime était d'avoir connu des gens qui publiaient des documents séditieux – c'est-à-dire des textes où ils critiquaient le gouvernement.

— Était-ce vrai ?

— Non, je ne connaissais personne. J'étais seulement un journaliste de *The Nation*. Je me contentais d'écrire.

— Mais vous avez avoué ?

— Oui, a-t-il répondu en souriant. Ça n'a pas été simple. » Il a posé sa fourchette et son couteau et s'est penché en avant. « La Branche spéciale est venue chez moi en pleine nuit, à ma recherche. J'étais dans un bar, à cette heure-là. Quand on m'a informé de cette visite, j'ai disparu quelques jours. La police m'a retrouvé dans mon bureau, au journal, vers dix heures, un dimanche matin. On m'a emmené à la Maison Nyayo pour m'interroger. »

Nyayo est un joli mot. Il veut dire « traces de pas » en swahili. En devenant président, en 1978, Daniel Arap Moi avait dit qu'il marcherait dans les pas de Jomo Kenyatta. Le mot *Nyayo* est alors devenu le symbole de la tradition et du respect. La Maison Nyayo était un immeuble de bureaux occupé par la police, d'aspect respectable dans les étages, mais barbare au sous-sol, où se trouvait le bureau des interrogatoires, les cellules et, comme Wahome l'a découvert, les chambres de torture.

« J'ai été détenu là pendant trente jours, mais les premiers ont été les pires. Ils m'ont interrogé, à Nyayo. Ils ont dit : “Nous ne vous détenons pas pour un crime ordinaire. Nous savons que vous appartenez à un mouvement organisé.” J'ai dit : “Si vous avez des preuves contre moi, traduisez-moi en justice.” Ça les a rendus furieux. Ils ont cessé de me parler. Ils m'ont déshabillé et ils m'ont frappé – trois hommes avec des bâtons. Ils exigeaient que j'avoue. Ensuite, ils m'ont emmené dans ma cellule et m'ont arrosé d'eau. Ma cellule avait à peu près la taille d'un matelas. Ils ont tout trempé. Il y avait de l'eau partout. Et puis ils ont fermé la porte et m'ont laissé là. »

Dans son roman *Three Days on the Cross*, Wahome a décrit une scène identique. Le prisonnier Chipota est frappé au sang avant qu'on ouvre sur lui un jet d'eau « comme un canon », qui lui coupe le souffle. Il se détourne. Le jet vise alors le plafond, les murs, et la cellule est inondée. « Le seuil de la porte est surélevé, si bien que l'eau ne peut s'écouler au-dehors. » Chipota se rend alors compte que la cellule a été spécialement conçue pour cette torture diabolique.

« Ils m'ont laissé là, a dit Wahome. Je ne savais plus si c'était le jour ou la nuit. J'étais toujours nu, debout dans l'eau, dans l'obscurité ; j'avais très froid. L'eau dégoulinait sur moi du plafond. Je ne sais pas combien de temps a passé – dans les douze ou quinze heures. Et puis la porte s'est ouverte brusquement et un homme a dit : “*Una kitu ya kuambia wazee ?*” – Avez-vous quelque chose à dire aux anciens ? »

Les anciens (*wazee*, pluriel de *mzee*) était un autre joli mot, qui désignait les tortionnaires.

« J'ai dit que non. Ils m'ont encore laissé un long moment, et quand la porte s'est rouverte, ils m'ont posé la même question – *Una kitu...* ? – et j'ai dit non. Je vivais un cauchemar, et je faisais des cauchemars : je rêvais que je volais ou que je faisais du vélo, mais que je m'écrasais toujours au sol. Je rêvais de nourriture, mais c'était une torture. J'avais des hallucinations. Je voyais des aliments dans les taches du sol. Je voyais une saucisse à travers le mur et j'essayais de casser le ciment pour l'attraper. »

Ces cauchemars, il les a racontés dans le roman qu'il a écrit à partir de son expérience. Les pires, dans le livre, sont ceux où il est violé et frappé, ceux où il s'écrase violemment au sol ; mais les cauchemars restaient préférables à la réalité de l'emprisonnement. Comme Wahome le dit de Chipota : « Soudain, un éclair de lumière, et il se réveille d'un cauchemar – pour s'apercevoir qu'il est toujours entre les murs de sa cellule... et il souhaite retourner dans son cauchemar. »

Il m'a dit que c'était exactement ce qu'il avait éprouvé : l'espoir de retourner dans son cauchemar. Il était désespéré de se réveiller d'un mauvais rêve et de se voir dans l'eau jusqu'aux chevilles, frissonnant, pissant et chiant sur lui, incapable ni de se tenir debout ni de s'asseoir.

« Où les Kényans ont-ils appris cette technique de torture ?

— Des Roumains, peut-être. Ils étaient nos amis, à l'époque.

— Et votre famille ? Savait-elle où vous étiez ?

— Elle n'en avait aucune idée. J'avais trente-cinq ans, à l'époque, et j'étais père de deux jeunes enfants. Personne ne savait que j'étais à Nairobi, dans une cellule de torture de la maison Nyayo. Au bout de cinq ou six jours, je suis parvenu à distinguer le jour de la nuit grâce aux bruits au-dessus de moi.

— N'aviez-vous pas la tentation d'avouer ? »

Il a souri à nouveau, un sourire triste.

« Avant mon arrestation, j'avais été stupéfait du nombre de gens qui confessaient des crimes qu'ils n'avaient pas commis. Je n'arrivais pas à comprendre pourquoi ils avouaient une culpabilité, dont je savais qu'elle n'avait aucun fondement. Là, je comprenais. J'étais dans le noir, dans l'eau. Mes pieds pourrissaient. J'étais sur le point de craquer. J'ai songé au suicide. Au bout d'une semaine, ils ont dû penser que j'étais mourant, parce qu'ils m'ont mis dans une cellule sèche. »

Mais les interrogatoires ont continué. Les yeux bandés, on l'a emmené au vingt-deuxième étage de la maison Nyayo, où on l'a enfermé dans une pièce avec son interrogateur, toujours le même homme, qui posait toujours les mêmes questions :

« “Quand avez-vous rejoint MwaKenya ?” demandait-il, en référence à un mouvement clandestin d'opposition au gouvernement. “Qui vous a recruté ? Quels livres avez-vous lus ?” »

Il a nié être membre d'aucun mouvement clandestin. Quand il a dit qu'il avait lu *La Mère* de Maxime Gorki, l'interrogateur (« Il partait au quart de tour ») s'est écrié : « C'est un manuel de recrutement ! »

Ça durait une heure environ, et on le ramenait dans sa cellule au sous-sol. Mais il savait qu'il faiblissait, qu'il était sur le point de craquer, qu'il était suicidaire. Ce n'étaient pas les limbes, m'a-t-il assuré, mais un « enfer de suspense ».

Il a dit que les meilleurs moments, il les avait vécus quand on lui donnait l'occasion de laver les assiettes des prisonniers, après le dîner.

« Un vrai épisode de bonheur ! Il y avait un miroir dans la pièce. Je regardais mon visage. La vaisselle ne prenait pas plus de cinq ou dix minutes, mais j'adorais ça. Je faisais quelque chose. C'était formidable. »

Wahome s'est rendu compte que l'attente insupportable l'affaiblissait et qu'il préférait purger une peine précise plutôt que de ne pas savoir quand son incarcération prendrait fin.

« Je le leur ai dit. Ils m'ont donné le choix entre trois possibilités, trois crimes que je pourrais confesser. J'ai choisi le troisième, la sédition, car c'était celui qui entraînait la peine d'emprisonnement la plus courte. Ils m'ont pris en photo. »

Il s'est interrompu dans son horrible récit et il a secoué la tête au souvenir d'un détail, un instant kafkaïen dans une histoire qui aurait effectivement pu sortir de l'imagination de Kafka.

« Je souriais quand ils ont pris ma photo, a-t-il dit en m'adressant le même sourire. J'étais heureux. »

On l'avait conduit au tribunal un soir, pour ne pas attirer l'attention. Sa famille ne savait toujours pas où il se trouvait. Il n'avait pas d'avocat. Il était resté menotté même dans le box.

« Le procureur s'appelait Bernard Chunga. Il est possible que vous voyiez son nom dans le journal. Il a été récompensé. Il a parlé comme s'il connaissait mon crime : "L'accusé est un homme intelligent, a-t-il dit. Il savait qu'un crime était commis et il a choisi de ne pas rapporter l'infraction aux autorités légales" – blablabla. Le juge H.H. Buch était un *Muhindi*, un Indien. Le procès n'a duré que sept minutes en tout. Mais j'étais heureux. On m'a condamné à quinze mois. C'était quelque chose de précis, ce n'était plus une torture. »

Il a dit que ce genre d'arrestation était très courant au Kenya, au début des années 1990. Il avait été détenu dans trois prisons différentes, toutes dans la brousse, près de petits villages, au milieu des réserves d'animaux sauvages, dans le Kenya pittoresque des agences de tourisme et des cartes postales montrant des indigènes souriants sous leurs ornements colorés.

Il avait passé presque toute sa peine en isolement, sans papier ni crayon. Il avait trouvé un exemplaire de *L'Arc-en-ciel*, de D.H. Lawrence, et l'avait lu dix ou douze fois. « Curieusement, je ne m'en souviens pas du tout ! » m'a-t-il confié. Il avait trouvé un autre livre : *L'Espagnol facile*. Pendant ses courtes promenades dans la cour, il avait appris aux autres quelques mots d'espagnol, mais les gardiens les avaient soupçonnés de médire d'eux, et lui avaient confisqué le livre. Il passait son temps à rêvasser. Il avait contracté la malaria et souffrait toujours de poussées hebdomadaires de fièvre.

A sa libération, il était rentré chez lui et avait repris son emploi au journal.

« Je ne haïssais pas mes bourreaux. Je me suis dit qu'ils devaient avoir honte. »

Il n'était pas le seul à avoir vécu cette expérience, ni même à l'avoir relatée dans un livre. Beaucoup de Kényans ont été emprisonnés après de fausses accusations, et beaucoup ont relaté par écrit leur détention et les tortures auxquelles ils avaient été soumis. Des livres, comme *Detained*, de Ngugi Wa Thiong'O, l'avaient aidé à se préparer. Wahome n'avait lu que plus tard *Le Zéro et l'Infini*, d'Arthur Koestler, et il avait apprécié l'attention portée aux détails dans sa description de la vie en prison.

« J'ai continué à écrire. Le gouvernement voulait me briser. Je voulais prouver qu'il avait tort. La prison avait été une sorte de baptême, pour moi, mais je savais que pour d'autres, c'était horrible. Jamais ils ne s'en remettaient. Ils étaient traumatisés à vie. Ils restaient brisés. Moi, je voulais survivre. C'était difficile. Quand je suis sorti, mes amis avaient peur de moi.

— Mais ces policiers et ces interrogateurs doivent toujours être dans le coin.

— Oui, m'a répondu Wahome avec son sourire ironique. Il y a quelques années, j'étais dans un bus, et sur un autre siège, j'ai vu l'homme qui m'avait interrogé, celui qui me demandait : "Qui vous a recruté ?" Lui ! Quand il m'a vu, il a fait semblant de dormir.

— Vous étiez en colère ?

— Non, j'ai eu peur. J'étais parano. Je suis descendu du bus. »

Le tortionnaire, qui rentrait chez lui dans un bus municipal, au milieu d'autres travailleurs, est resté dans ma mémoire comme une des images marquantes du Kenya urbain.

Wahome Mutahi, que je considérais comme un héros, non comme une victime, est devenu mon ami, mon *rafiki*. En nous promenant dans Nairobi, nous avons parlé du passé et de sa famille, il m'a montré les bonnes librairies, les meilleurs cafés, les rues à éviter, ce qui survivait de l'ancienne ville-marché. Nous avons regardé les restes de l'ambassade américaine, bombardée en 1998 – presque tout le quartier, près de la gare, était toujours en ruines. Wahome m'a conseillé sur les courses que je devais faire avant de continuer ma route vers le Kenya de l'Ouest et la frontière ougandaise. Dans une librairie, je lui ai acheté un exemplaire de mon *Royaume des Moustiques*, et il m'a acheté son livre sur la prison, qu'il m'a dédicacé « à *Bwana Theroux* », et nous nous sommes dit *kwaheri* en nous promettant de rester en contact.

Quelques jours plus tard, en lisant *The Nation*, j'ai vu le nom de l'homme qui avait poursuivi Wahome après sa confession forcée, le procureur Bernard Chunga, qui dispensait maintenant la bonne parole : « J'en appelle aux organisations chargées des jeunes pour m'assurer qu'elles les traitent en accord avec les normes internationales des droits de l'homme. »

La noblesse d'âme était le thème du mois, dans les discours kényans, car l'ambassadeur américain, M. Carson, avait énoncé une grave mise en garde lors d'un discours devant des hommes d'affaires kényans : à cause de ses violations des règles, le Kenya était sur le point de perdre son statut de zone commerciale préférentielle. Afin d'aider les économies africaines, le congrès américain avait voté l'African Growth and Opportunity Act, qui mettait en place pour ces pays un système de visa leur permettant d'envoyer des marchandises aux États-Unis sans avoir à respecter des quotas. Cette idée charitable visait à encourager les industries locales, mais elle n'avait encouragé que la criminalité locale. Au Kenya, ce passe-droit était devenu un formidable moyen de faire de l'argent. Après avoir donné des pots-de-vin à quelques Kényans haut placés, des industriels chinois et indiens frappaient leurs marchandises du sceau « Made in Kenya » et les envoyaient aux États-Unis *via* le Kenya.

« Les signaux ne sont pas positifs », avait dit l'ambassadeur Carson à propos de la filière du textile.

Il avait menacé aussi : à moins que le Kenya ne réussisse à enrayer la corruption, à respecter les règles et les droits de l'homme, à moins qu'il ne rétablisse une économie saine, ce statut préférentiel lui serait repris. La réprimande du diplomate et son doigt pointé vers les notables marquaient une rupture avec les paroles paternalistes sur la négritude que les Kényans avaient entendues dans la bouche de ses prédécesseurs. Mais on était dans un Kenya différent, Nairobi était différent aussi, avec tous les crimes et toute la corruption qui y régnaient. Je ne regrettais pas le passé. J'avais hâte de me retrouver dans l'arrière-pays, dans la brousse, plus simple, plus heureuse.

*
* *

Il était assez facile de quitter Nairobi. Le train de Kampala ne circulait plus, mais il y avait beaucoup de cars pour la frontière. Je suis parti tôt un matin du quartier qu'on associait au danger – d'autant plus dangereux avant l'aube, quand les cars démarraient, à cause de l'obscurité. On m'avait prévenu : « Prenez un taxi ! » J'ai suivi ce conseil pour parcourir les trois pâtés de maisons qui me séparaient de la gare routière. Le chauffeur, Bildad, a insisté lui aussi sur les précautions à prendre, attisant ma terreur jusqu'au moment du départ.

Nous sommes partis dans la nuit et, au lever du soleil, nous traversions la Grande Vallée du Rift, parsemée de petites fermes. La vallée était jadis une vaste étendue verte aux courbes douces, plus profonde au nord-ouest, avec des forêts jaunes d'épineux sur les sommets aplatis et, en dessous, des pâturages où paissaient antilopes et gazelles. Mais l'herbe avait poussé et les arbres disparu, remplacés par une foule d'oisifs qui s'abritaient dans de vilaines huttes.

Le cratère Longonot, volcan noir, brûlé, nous rappelle que toute la vallée du Rift n'est qu'une série de fossés d'effondrement qui s'étendent irrégulièrement de la mer Morte au cours inférieur du Zambèze, au Mozambique. Le Rift est le résultat d'une intense activité volcanique qui a déchiré le cœur de l'Afrique par ses éruptions majeures et ses flots de lave. Une théorie controversée veut que les deux zones climatiques différentes que sépare la vallée du Rift aient influencé l'évolution de l'homme : les forêts tropicales à l'ouest seraient devenues le royaume des singes, tandis que les hominidés devaient s'adapter au terrain ouvert de la savane orientale. En tout cas, c'est dans la portion orientale du Rift qu'on a trouvé les fossiles d'hominidés les plus anciens du monde.

Le mont Lengai, au Ruanda, est un volcan en activité, et on déplace régulièrement les villageois. Le Kilimandjaro est endormi, de même que les monts Rwenzori, en Ouganda, et une cuvette de trente kilomètres de large n'est plus que le souvenir du cratère du Ngorongo, en Tanzanie. Des failles titanesques ouvertes par les éruptions se sont remplies d'eau et ont formé le lac Victoria, le lac Tanzania, le lac Malawi. Presque toutes les caractéristiques du paysage – le Mau, haut escarpement à l'ouest de Longonot, par exemple – sont un vestige de ces volcans anciens et du mouvement des plaques tectoniques.

La ville de Naivasha avait l'air bien tranquille, toute jolie, rouge de jacarandas en fleur qui avaient jonché les rues d'un épais tapis de pétales. Comme souvent les agglomérations au Kenya, Naivasha a un passé trouble, et un présent tout aussi trouble. Tout le monde à Nairobi connaît l'histoire du père Kaiser, un prêtre catholique du Minnesota, qui avait été envoyé dans une paroisse près de Naivasha. Ce missionnaire est resté au Kenya plus de trente ans. Inquiet de la haine croissante entre ethnies et tribus, il a entrepris de rassembler des informations sur des actes de violence avérés, dont il soupçonnait qu'ils avaient une origine politique. Personne d'autre n'en gardait trace – pas la police, en tout cas, et surtout pas le gouvernement, qui niait les accusations, qui niait même que le sida fût un problème au Kenya. Le père Kaiser, que l'on accuse maintenant d'avoir été un fauteur de troubles, mais qui en fait présentait surtout une grave menace pour la crédibilité du gouvernement, voyait grossir ses dossiers concernant les viols et les meurtres.

Certaines que la police resterait indifférente à leur sort, car des politiciens étaient en cause, deux jeunes filles bouleversées sont venues voir le père Kaiser et lui ont rapporté qu'elles avaient été violées par un ministre du gouvernement. L'homme était bien connu et membre du parti au pouvoir, le KANU – le parti de Kenyatta, le parti de Moi, le parti qui régnait sur le Kenya depuis quarante ans, et qui était toujours au pouvoir.

Le père Kaiser s'est adressé à diverses instances officielles et il a soulevé le problème des viols ainsi que d'autres crimes dont il connaissait les détails. Au début, on l'a éconduit, puis on a tenté de l'intimider afin qu'il cesse de faire connaître les faits. Comme il continuait, on lui a retiré son permis de travail et on lui a ordonné de quitter le pays. Mais il a résisté, attirant l'attention sur le taux élevé de crimes, et sur les dénis du gouvernement. En août 2000, on a retrouvé le cadavre du père Kaiser en bordure d'une route. Il avait été assassiné. Au moment où je passais près du lieu du crime, le meurtrier n'avait toujours pas été appréhendé et l'homme accusé de viol occupait toujours son siège de ministre dans le gouvernement de Moi.

« Le Kenya bénéficie d'un gouvernement stable », a insisté l'employée d'une prestigieuse agence de safari qui a son siège à Londres quand, l'interrogeant sur l'observation des animaux sauvages, j'avais exprimé des doutes sur ma sécurité. Elle avait nié que le gouvernement fût corrompu et peu fiable, et elle m'avait parlé non des crimes mais des prix que son entreprise consentait pour ses safaris.

« Je dois vous dire que nous offrons des prestations de qualité exceptionnelle. Nous adaptons le safari à chaque client, selon ses attentes, ses intérêts, ses exigences de confort. »

« Autoritaire » ne veut pas dire « stable », mais les clients en safari s'intéressent surtout au gros gibier, pas à la politique. Il est possible, avec des hélicoptères, des gardes armés et une surveillance rapprochée, d'assurer la sécurité du client, au Kenya. A condition que le client ne s'écarte pas d'un itinéraire précisément tracé.

J'ai dit à un Kényan blanc que j'étais venu du nord par la route, depuis la frontière éthiopienne jusqu'à Marsabit et Isiolo. C'était un homme costaud qui avait sillonné le Kenya en tous sens. Il possédait la Land Rover la plus puissante que j'avais jamais vue – le dernier modèle, avec moteur BMW. Pourtant, jamais il ne s'était risqué dans cette région.

« Personne n'emprunte cette route », m'a-t-il dit.

Les lacs que je longeais maintenant, peu profonds et corrosifs à cause de la soude qu'ils contiennent, étaient à juste titre célèbres pour leurs flamants. Les flamants nains se retrouvaient au lac Nakuru, alors que les flamants roses préféraient le lac Natron. Je pouvais distinguer les vastes taches roses formées par les milliers d'oiseaux sur le lac Elmenteita. Ils se nourrissaient dans les hauts fonds, tête baissée; balançant leur cou gracieux, ils laissaient traîner leur bec dans l'eau pour la filtrer et retenir les éléments nutritifs.

Les touristes ne voient que ces merveilleux oiseaux et ne savent rien du père Kaiser ou des forces de l'ombre qui l'ont vaincu.

Nous nous sommes arrêtés à Nakuru pour boire, manger et faire étape dans des toilettes révoltantes de crasse. Nakuru, qui jouit d'un climat agréable, était passé de la taille d'un village autour d'un marché à une énorme agglomération sans logique, formée de cahutes aux toits de tôle ondulée. Mais une communauté plus récente encore a construit là quelques-unes de ces maisons luxueuses qui commencent à faire leur apparition à distance raisonnable de Nairobi. Elles appartiennent à la nouvelle « classe moyenne » m'a-t-on dit, des Africains qui occupent des emplois dans des banques ou des compagnies d'assurances, dans des concessions automobiles, dans des entreprises d'import-export, ou qui traitent avec des organismes caritatifs étrangers ou de riches donateurs. On voyait encore, sur des pancartes délavées par le soleil, aux devantures de boutiques des magasins généraux de l'ère coloniale défunte, des publicités vantant les mérites de médicaments puissants ou d'aliments pour le bétail, et sur un mur était écrit *U-Like-Me Porridge Oats*, une réclame pour des flocons d'avoine.

Des colporteurs – surtout des gens de la côte, des Africains avec calottes sur la tête et *gallabiyas* – poussaient des chariots de lunettes de soleil et de montres bon marché vers les passagers du car. Des étals improvisés proposaient des glaces et des fruits, des hot dogs et du poulet frit.

La moitié des passagers du car étaient africains, de petites familles qui semblaient ougandaises ; l'autre moitié était composée d'Indiens, avec leurs grandes familles installées au fond, bruyants parce qu'ils étaient en groupe – hommes qui glapissaient, femmes silencieuses, gamines geignardes, gamins turbulents coiffés de casquette de base-ball avec la visière sur la nuque. L'Africaine assise devant moi lisait, dans *Tirez vous-même les ficelles*, le livre de développement personnel de Wayne Dyer, le chapitre intitulé : « Prendre la décision d'être libre ».

Au temps jadis – disons, dans les années soixante, une époque où je peux vérifier mes dires – le trajet pour Nakuru, Kericho et Kisume, où j'allais, aurait été une balade à la campagne. Routes étroites, presque pas de véhicules, Africains à bicyclettes, bétail paissant sur les collines, quelques fermes, un troupeau d'antilopes par-ci, par-là. Une terre verte et vide sous le vaste ciel. Des lieux qui n'étaient alors que des villages ou des arrêts pour camions avaient maintenant la taille d'agglomérations étendues, la brousse si peu habitée était devenue populeuse et visiblement dangereuse.

C'était la tendance du monde, mais il semblait que ce soit une particularité africaine, qu'à chaque fois qu'un village ou une ville prenait de l'ampleur, ils devenaient plus laids, plus sales, plus dangereux – conséquence d'une mauvaise planification, de fonds insuffisants et de vols. Dans chacune de ces implantations humaines, on voyait des Africains debout sous les arbres, rassemblés à l'ombre. Ils n'attendaient pas les cars ; ils tuaient juste le temps, car ils n'avaient pas d'emploi. Ils devaient posséder un jardin – la plupart des gens en ont un – mais le travail de la terre, planter et récolter, c'est un travail dévolu aux femmes. Au Kenya, chaque fois que je voyais un bel arbre près d'un village ou d'une ville, il y avait des hommes dessous, qui ne faisaient rien, l'air flegmatique, absent.

Dans cette partie du Kenya, les villes les plus prospères étaient ornées des grandes affiches apposées par les organismes humanitaires, qui invitaient les gens à venir dans leurs bureaux et leurs entrepôts pour des conseils, des aliments et des préservatifs – les marchandises des gangs de vertu. C'était vrai de Kericho, dont les vastes plantations de thé adoucissaient de leur verdure collines et vallées. Peut-être ces lieux attiraient-ils les missionnaires et les agents de vertu parce qu'ils étaient si agréables à vivre ? Peut-être les communications étaient-elles meilleures ici que dans la brousse profonde ? Chaque fois que je voyais une ville proprette et habitable, j'avais la preuve de la présence d'organismes charitables étrangers – Oxfam, Project Hope, Hunger Project, Food for Africa, SOS Children's Villages, Caritas, et tous les autres, avec beaucoup de noms pieux et de nouvelles Land Rover ou Land Cruiser blanches garées devant.

Comme c'était une région de culture du café, n'importe lequel de ces véhicules aurait pu appartenir au personnage satirique de Dickens, Mme Jellyby, et à son Projet africain. « Nous espérons, avait-elle dit, qu'à cette époque l'an prochain, il y aura cent cinquante à deux cents de nos belles familles qui cultiveront le café et éduqueront les indigènes de Borrioboola-Gha. »

Je n'énonce pas là une plainte, juste une observation, car à force d'entendre des histoires horribles sur des Africains sans éducation qui meurent de faim, la plupart des Américains et des Européens s'indignent : *Pourquoi est-ce que personne ne fait rien ?* Mais apparemment, on fait beaucoup : plus que je ne l'avais imaginé. Comme le gouvernement kényan se moque du bien-être de son peuple, les problèmes de santé et d'éducation sont pris en charge par des étrangers compatissants. Les organismes caritatifs sont bien établis. Entre les boutiques vendant des chaussures Bata et les échoppes indiennes locales, on trouve les bureaux de World Vision ou de Save the Children – dont les cyniques, par dérision, s'amusent à déformer les noms, comme les politiciens en détournent les fonds. Ces organismes sont nés de mouvements de sauvetages dans l'urgence et sont devenus des institutions nationales, des services permanents pour la santé et le développement.

Je me suis demandé – sérieusement – pourquoi cet effort n'était qu'étranger, pourquoi les Africains n'étaient pas impliqués dans l'aide qu'on leur apportait. Et aussi, puisque j'avais été moi-même enseignant volontaire dans ces contrées, pourquoi, quarante ans plus tard, si peu de progrès avaient été accomplis.

Toute une bibliothèque de bons livres décrivent au mieux l'inutilité, au pire la grave nocivité des organismes d'assistance. Certains de ces livres sont des récits d'expériences personnelles, d'autres sont des études scientifiques ou savantes. Leurs conclusions sont identiques. « L'assistance n'aide en rien » et « l'assistance ne marche pas » sont deux des conclusions auxquelles aboutit Graham Hancock dans son *The Lords of Poverty : The Power, Prestige and Corruption of the International Aid Business* (1989), rapport très documenté sur le gaspillage de l'argent confié aux organisations humanitaires. Hancock s'irrite tout particulièrement contre les activités douteuses de la Banque mondiale. Quant à Michael Maren, il écrit, dans son *Road to Hell : The Ravaging Effects of Foreign Aid and International Charity* (1997) : « Les projets d'aide sont une fin en soi ». Une des cibles de Maren est Save the Children, qu'il considère comme une manne monumentale pour ceux à qui elle n'est pas destinée. Ces deux auteurs parlent d'expérience : ils ont passé des années dans le tiers-monde à travailler pour des projets d'assistance.

S'ils sont moins critiques envers les volontaires intervenant lors de désastres ponctuels qu'envers les bureaucrates grassement payés des organismes caritatifs institutionnels, ils affirment tous deux que l'assistance aide ceux qui viennent aider, que les grandes famines sont accueillies par ces organismes comme des « occasions de croissance » et que les publicités visant à stimuler les dons recourent à la « pornographie de la faim ».

« Il y a une règle universelle que vous pouvez appliquer sans risque partout dans le tiers-monde, écrit M. Hancock : si un projet est financé par des étrangers, il sera toujours conçu par des étrangers et mis en œuvre par des étrangers qui utiliseront un équipement étranger qu'ils se procureront sur le marché étranger. »

Pour preuve de cette règle, le livre le plus salutaire et le moins souvent cité sur le développement en Afrique, une étude italienne intitulée *Guida introduttiva alle technologie ad alta intensità di monodopera* (1992). Révolutionnaire dans sa simplicité, elle prône l'utilisation d'une main-d'œuvre africaine pour résoudre les problèmes africains. Après une démonstration des nombreux avantages sociaux et économiques liés à l'emploi des populations concernées, travaillant de leurs mains, pour construire des barrages, des routes, des systèmes d'égouts et d'irrigation, les auteurs, Sergio Polizzotti et Daniele Fanciullacci, parlent des contraintes imposées par les donateurs. Toute donation stipule que les achats de machines doivent être faits dans le pays donateur, et que les appels d'offres sont réservés aux entreprises ayant un lien avec le pays donateur – quand ils n'imposent pas un calendrier précis au projet, ce qui « encourage une tendance à recourir aux services de grosses entreprises étrangères et à engager de lourdes dépenses en équipement ».

Les projets reposant principalement sur la main-d'œuvre locale sont rares en Afrique, parce que l'essentiel de l'aide est intéressé.

*
* *

Après avoir passé d'énormes masses rocheuses arrondies, aussi hautes que des maisons de deux étages, nous sommes arrivés à Kisumu, un port sur le golfe de Winam, au bord du lac Victoria, départ d'une ligne ferroviaire, appontement d'un ferry. Toutefois le train ne vient plus et le ferry est si irrégulier et dans un tel état qu'il est presque inutile. Je m'étais dit que je pourrais rester là quelques jours et prendre un ferry pour l'Ouganda, mais c'était hors de question.

Kisumu n'était plus qu'un arrêt de car. Sur son marché, il y avait les petits camelots habituels avec leurs boîtes de thé et leurs bidons de lait, des femmes qui faisaient griller des épis de maïs, des hommes devant des piles de vieilles chaussures et de vêtements d'occasion. Même les Africains ne trouvaient pas chers les vêtements d'occasion sur ces marchés. La plupart vous ont appartenu. Ce sont les vieilles robes et les tee-shirts déformés, les shorts et les cravates démodés, les couvertures et les pulls mités que vous avez mis dans un sac et que vous avez donnés à votre église, à l'Armée du Salut, à Blankets for Africa, ou à tout autre organisme caritatif. Vous pensiez qu'ils seraient distribués aux nécessiteux, mais non : ils sont triés – chaussettes, chaussures, pantalons, chemisiers, jupes, tee-shirts, pulls, etc. – et ils sont cédés très peu cher au poids à des professionnels des marchés qui les empilent devant eux pour les revendre.

Quand mes vêtements étaient usés, moi aussi j'en achetais d'autres au marché. C'était ma manière de ne ressembler ni à un touriste ni à un soldat. Et j'ai fini par bien aimer mes polos d'occasion, surtout un, rouge vif, frappé du logo d'une entreprise de plomberie.

J'ai passé la journée à me promener dans Kisumu, parce que j'avais été à l'étroit dans le car. Je suis allé jusqu'à l'ancienne jetée, où il n'y avait pas de ferry, jusqu'à la gare, où il n'y avait pas de train. J'ai remarqué que le marché était plein de ce que donnaient les organisations humanitaires ; rien qui soit fait au Kenya, aucun textile du cru, juste quelques poteries.

En quittant Kisumu, l'après-midi, dans un car qui me conduirait à la frontière, j'ai vu une industrie florissante au Kenya : en bordure de la ville, des échoppes de menuisiers s'alignaient, les unes contre les autres, et toutes fabriquaient des cercueils dans du bois fraîchement coupé, rougi par l'humidité. Les ouvriers sciaient et clouaient les longues boîtes, tout le monde travaillait dur. Les cercueils terminés étaient empilés ou dressés debout, nombreux. C'était l'industrie locale la plus active que j'avais vue dans tout le Kenya. Ces fabricants de cercueils et leur production lugubre formaient une image parfaite d'un pays qui semblait souffrir d'une maladie incurable.

J'ai noté mes observations sur les cercueils, j'ai esquissé leurs formes et calculé leur taille sur mon carnet. Mais j'ai aussi noté que, assis dans ces cars à regarder défiler l'Afrique, pouvant m'arrêter quand je le voulais, je voyageais heureux, très satisfait, du moins, en suivant les vols d'oies – ce jour-là, c'étaient des oies égyptiennes, *Alopochen aegyptiaca*, un joli nom pour des oies sauvages.

10 — Vieux amis dans la vallée des Chauves-Souris

Du papyrus poussait en épaisses touffes feuillues, aussi frais que de la salade, au bord du lac, juste derrière la frontière de l'Ouganda. Les hautes tiges ondulaient gracieusement, leurs têtes emplumées comme acquiesçant au passage de mon car qui filait vers l'ouest à la sortie de la ville frontière de Busia. Je n'avais pas vu de papyrus au Kenya, même du côté Kisumu du lac Victoria, mais dès que je suis passé en Ouganda, des bouquets de la haute plante échevelée poussaient dans les marais entourant le lac. C'était comme une preuve supplémentaire que le Nil prend sa source en Ouganda. Dans son cours inférieur, en Égypte, où il n'existe plus de vrais papyrus, j'avais vu les images de la ravissante plante qui se détachait en couleurs végétales lumineuses sur les murs des tombeaux pharaoniques et au sommet des colonnes de Karnak. Tout ce qui reliait l'Égypte au cœur de l'Afrique m'intéressait : papyrus, lotus, crocodiles, hippopotames, grues couronnées, babouins, éléphants et leur ivoire, même les images d'esclaves, et l'eau du fleuve, aussi.

« Comment êtes-vous venus ici ? » demandais-je, dans les années soixante, aux vieux colons et aux missionnaires. Beaucoup répondaient : « En remontant le Nil. »

Cela voulait dire : en bateau et en train à travers l'Égypte, en train jusqu'à Khartoum, en vapeur à aube de Khartoum à Juba et ensuite quatre-vingt-dix kilomètres de route jusqu'en Ouganda.

Moi, j'arrivais en « car à poulets » – les cars qui transportaient les Africains et leurs produits, y compris des poulets troussés et des bébés si bien emmaillotés qu'ils avaient l'air momifiés. Un car à poulets m'avait déposé à la frontière avec le Kenya. Des colporteurs et des vendeurs ambulants, des changeurs et des mendiants, tous aussi volubiles les uns que les autres, s'étaient abattus sur moi. Ils m'avaient suivi en courant dans le « no man's land », plus d'un kilomètre de désert pierreux et surchauffé, sans ombre, puis ils avaient fait demi-tour à la clôture de fils métalliques affûtés comme des rasoirs, du côté ougandais. La manière dont quelqu'un court est très révélatrice – et d'autant plus s'il tente de vous approcher que s'il veut fuir.

A la douane ougandaise, j'ai accompli les mêmes formalités qu'à la sortie du Kenya, au milieu d'une foule de gens qui jouaient des coudes pour tenter d'entrer dans une baraque où on tamponnerait leur passeport. Dehors, d'autres changeurs, d'autres mendiants. J'ai acheté un journal où j'ai appris qu'il y avait eu des explosions à Kampala, la veille : « Violences à l'occasion des élections ». Dans le car suivant, je me suis dit que toute personne qui n'a pas passé une frontière africaine à pied n'est pas vraiment entrée dans le pays, car l'aéroport de la capitale n'est qu'un stratagème pour donner confiance ; la frontière lointaine, qui semble être « en bordure », c'est la réalité centrale du pays.

Dès la frontière, l'Ouganda semblait plus propre et mieux gouverné que le Kenya, et il était visiblement plus vert et plus fertile, avec plus de palmiers, plus de végétation, des rizières bien entretenues, et des bananeraies où on cultivait toutes sortes de bananes ; les Ougandais disent qu'il y en a soixante variétés, et elles sont comme le symbole du pays. Le sud-est de l'Ouganda était plus vert, plus bas, plus marécageux, avec le vaste lac qui pénétrait à l'intérieur des terres.

Les routes étaient meilleures aussi, de même que les maisons, les anciennes comme les nouvelles, que du côté kényan, signe supplémentaire de l'état pitoyable du Kenya et, peut-être, du redressement de l'Ouganda. On cultivait encore la canne à sucre, comme dans le passé, sur des terres qui appartenaient depuis toujours à des Indiens. Étant donné le prix du sucre et d'autres denrées de base sur le marché mondial, c'était plutôt surprenant. Il n'y avait aucun doute : en Afrique, ceux qui faisaient pousser du café, du thé, du coton, du sucre et du tabac gagnaient peu, et dans certains lieux, beaucoup revenaient à des cultures de subsistance ; ils abandonnaient les cultures marchandes et plantaient des céréales pour se nourrir.

Tard dans l'après-midi, mon car a traversé la ville de Jinja où, aux chutes d'Owen, le lac Victoria coule vers le nord – le Nil

Victoria –, vers le lac Kyoga, et continue vers les chutes de Murchison et le lac Albert, prolongé par le Nil Albert. Cette progression simple avait laissé perplexes ceux qui, comme Ptolémée et les explorateurs européens, s'étaient interrogés – jusqu'à l'expédition de Burton et Speke qui, en 1857-1858, est arrivée par la côte est pour découvrir la région lacustre de l'intérieur. Quand Burton, malade, a dû s'arrêter dans la ville actuelle de Tabora, en Tanzanie, Speke a continué jusqu'à la limite sud du grand lac pour voir ce qu'il y trouverait. Il n'avait aucune idée de la véritable taille du lac, mais d'après ce que des Arabes lui avaient dit, il soupçonnait qu'à son point nord, il y avait une sortie d'eau : la source du Nil. Burton s'est opposé à lui et il a critiqué sa hâte, son impatience, qui ne lui avaient pas permis de naviguer sur le lac. Speke était sur la défensive, peu sûr de lui – fragile, de toute façon, puisqu'il se suicidera plus tard. Pourtant, son intuition était juste : on a prouvé plus tard que le lac est bien la source du Nil.

Ce paysage familier m'a donné l'impression apaisante et presque nostalgique de rentrer à la maison. J'éprouvais toujours une grande satisfaction à voyager – sur mes gardes, bien sûr, mais sans avoir vraiment l'impression de courir un danger. A l'évidence, en tant que *mzungu*, je sortais du lot, mais j'étais un vieux *mzungu* portant des vêtements d'occasion, une montre bon marché, un chapeau délavé. Lors d'un de mes trajets en car, l'acide contenu dans des piles électriques avait creusé de gros trous dans ma veste de sport. Les vêtements usés sont une sorte de camouflage, en Afrique, et les miens me faisaient passer plus inaperçu, mais j'ai pourtant profité de ces lieux merveilleux que sont les marchés pour trouver quelqu'un capable de ravauder les vêtements et, à Kampala, on a remis ma veste à neuf. Le simple passage de cette frontière m'a rendu plus heureux. J'ai éprouvé l'excitation rimbaldienne de celui dont personne sur terre ne sait où il est. J'avais réussi à disparaître dans la brousse au sud-est de l'Ouganda, un lieu que je connaissais assez bien. J'adorais sentir les bosses sous les pneus de ce car, seul véhicule sur la route, au coucher du soleil, sous le ciel cramoisi qui conduirait à l'obscurité complète en moins de trente minutes, car la nuit tombe comme une couverture sur la brousse ougandaise.

J'étais enthousiasmé d'être là, parce que c'était un retour vers ma jeunesse, vers mes premières années d'adulte. J'avais été heureux en Ouganda, que j'avais quitté trente-trois ans plus tôt. Je me demandais si, mon anniversaire approchant, je n'avais pas au fond de moi l'idée de revenir à une époque particulière de ma vie où j'avais connu un bonheur suprême. J'étais alors amoureux d'une femme qui m'aimait, je prévoyais de me marier et j'avais publié mon premier livre. Je savais que j'étais jeune, qu'on m'appréciait, que je vivais la vie que j'avais choisie.

J'avais décidé d'éviter de fêter mon anniversaire. Mon âge me préoccupait tant, que je demandais souvent à des Africains de le deviner, dans l'espoir – ou peut-être sachant à l'avance – qu'ils me donneraient un chiffre très bas. C'était toujours le cas. Peu de gens deviennent âgés en Afrique. Quarante ans, c'est vieux ; à cinquante ans, un homme est au seuil de la mort ; et à soixante ans, il n'est plus qu'un vieux débris. En dépit des ans, j'étais en bonne santé et assez souple et résistant pour prendre plaisir à ce voyage en Afrique. Là-bas, je n'avais pas l'air vieux, je ne me sentais pas vieux, les Africains ne me croyaient pas vieux. C'était donc l'endroit idéal, autre fantasme africain, pour une aventure de rajeunissement.

« Vous avez dans les quarante ans », avait supposé Kamal, à Addis. Jamais on ne m'avait donné plus de cinquante-deux ans. Ils ne pouvaient deviner à quel point ils flattaient ma vanité, car personne n'est fier de sa longévité, en Afrique : la notion de longévité n'y existe pratiquement pas. Comme personne ne vit vieux, l'âge n'a pas d'importance, et cela explique peut-être la décontraction avec laquelle les Africains considèrent le temps. En Afrique, personne ne vit assez longtemps pour accomplir quoi que ce soit d'important, ni pour voir s'achever une tâche d'une quelconque ampleur. Deux générations en Occident, ça en fait trois en temps africain, télescopées grâce aux mariages d'adolescents, aux naissances dans des couples de parents très jeunes et à la mort précoce.

Dans le sud-est de l'Ouganda, j'ai noté dans mon journal : *Je ne veux plus être jeune. Je suis heureux d'être ce que je suis. Cette satisfaction m'aide beaucoup dans un voyage aussi long et difficile que celui-ci.*

Il m'avait fallu des années pour trouver la volonté de retourner en Afrique, parce que, dans tout voyage, l'humeur est cruciale. Ici, j'avais été heureux et plein d'espoir. Je commençais à voir que l'Afrique avait vieilli comme les Africains avaient vieilli – vieux à quarante ans. La plupart des Kényans et des Ougandais que j'avais rencontrés jusque-là étaient trop jeunes pour se souvenir de l'indépendance. J'avais sans cesse repoussé ce moment de mon retour, car je soupçonnais que l'Afrique que j'avais connue avait disparu, qu'elle était devenue anarchique et violente. Cela semblait se vérifier dans les titres des journaux ougandais de la semaine à propos des bombes (« grenades ») qui avaient explosé au marché central de Kampala. Deux personnes avaient été tuées, dix blessées – « violence postélectorale », donnait-on comme explication, pour accuser l'opposition. Mais ces troubles allaient avec le territoire. C'était de la politique, comme disaient les Africains. Et je n'étais qu'un anonyme en vieux vêtements sur un siège d'un car à poulets en train de lire le journal local.

Ce que savent tous ceux qui ont de la bouteille, ce que j'avais mis presque soixante ans à apprendre, c'est qu'un visage âgé est trompeur. Je ne voulais pas être le barbant de service, celui qui ressasse ses souvenirs, et pourtant je le savais maintenant : Les vieux ne sont pas aussi frêles qu'on le croit, on les insulte quand on considère qu'ils sont faibles. Ils sont pleins d'idées, de puissance cachée, d'énergie sexuelle aussi. Ne vous laissez tromper ni par le cheveu plus rare ni par les traits qui s'affaissent ni par le scepticisme. Les vieux voyageurs le savent : dans notre cœur, nous sommes jeunes, et c'est nous insulter que de nous traiter en vieillards, en fardeaux, car nous avons beaucoup appris, les années nous ont rendus plus puissants et certainement mieux capables que les jeunes de nous débrouiller dans la vie. Les années ne sont pas une affliction. L'âge est une force.

Jadis, Jinja était pleine de boutiques indiennes qui vendaient des tissus, des ustensiles de cuisine et de quoi manger. Plusieurs étaient même spécialisées en sucreries indiennes – bouchées sirupeuses de *gulabjamun* et *laddhu* jaune poisseux. Il n'y avait plus d'Indiens. Plus de boutiques de sucreries, plus de *panwallahs*. Certaines boutiques étaient condamnées par des planches, d'autres avaient été reprises par des Africains. A la gare routière de Jinja, j'ai rencontré deux jeunes Américains nerveux, sac au dos, en short LL Bean et chapeau Orvis, de la crème solaire grasse sur le nez ; la fille avalait des fruits secs, le garçon tenait à la main le guide *Lonely Planet de l'Afrique de l'Est*. Un peu trop voyants, ces jeunes étrangers.

« Est-ce que vous ne croyez pas qu'il serait plus prudent de rester ici plutôt que d'aller à Kampala, jusqu'à ce que les choses se calment ? m'a demandé le jeune homme.

— Préparez-vous alors à rester des années à Jinja, lui ai-je répondu. Kampala n'a jamais été tranquille depuis 1962. Prenez le car. Tout se passera bien. »

Mais ils ne l'ont pas fait. Ils sont restés. Si, comme ils l'ont dit, ils ne sont pas partis avant que Kampala soit calme, ils doivent toujours être à Jinja.

Quand je racontais à des Africains d'où je venais, avec quelle lenteur j'avais progressé, ils me disaient :

« Vous devez être à la retraite.

— Non, non, non », insistais-je, d'autant plus vigoureusement que je méprise ce mot, qui équivaut à une sorte de renoncement. « Je voyage. Je travaille. »

Ce n'était pas le cas non plus. Ni affaires ni plaisir, ni travail ni retraite, mais ma manière de vivre, la manière dont j'avais choisi de passer le temps.

Plus près de Kampala, la brousse était plus dense et les villages plus rassemblés, enfermés dans un périmètre mieux délimité – subdivisions régulières plutôt que ces camps improvisés au hasard qui formaient les faubourgs, au Kenya. En Ouganda, on sentait aussi que les habitants étaient fiers de leurs maisons. Cases et huttes étaient peintes et clôturées, avec un potager, un jardin fleuri. De hauts arbres exotiques se dressaient, isolés ou en bosquets, derniers vestiges de la forêt primitive – l'habitat qui avait permis la prolifération de familles de singes comme celle des orchidées sauvages. Ce dont je me souvenais le plus clairement, à propos de cette route de Jinja, c'était que, par endroits, pour des raisons que personne ne pouvait expliquer, d'immenses groupes de papillons s'y installaient. On pouvait avoir trente mètres de route couverts d'un tapis de papillons blancs, si nombreux que, si on roulait trop vite, les pneus perdaient leur adhérence à la route. Des gens étaient morts, en glissant sur des papillons.

En bordure de Kampala se trouvait un terrain de sport, le Stade national Mandela. A mon époque, il se serait appelé Stade Obote, ou Stade Amin. Au Kenya, c'eût été le Stade Moi. Les politiciens africains donnent en général leur propre nom aux routes, aux écoles et aux arènes, ils affichent leur visage sur l'argent, de face sur les billets, de profil bosselé sur les pièces. La santé politique d'un pays est trahie par l'argent et le nom des rues. Dans les pires pays, on voit partout le même nom et le même visage du président à vie.

Une élection avait eu lieu en Ouganda, la semaine précédant mon arrivée. Les affiches et les banderoles des différents partis étaient encore exposées dans les boutiques. J'ai reconnu certains des candidats – j'en connaissais personnellement deux, orateurs ambitieux même à mon époque. Le sortant Yoweri Museveni avait gagné, et bien qu'un des perdants, Kizza Besigye, ait contesté les résultats, on considérait en général que l'élection s'était déroulée dans de bonnes conditions. Mais on lançait toujours des grenades dans les marchés de différentes villes du pays et on brûlait des voitures par-ci, par-là.

Quand je suis enfin parvenu à Kampala, on disait que le perdant,

Besigye, qui contestait les élections, s'était rendu à l'aéroport d'Entebbe pour aller faire une conférence en Afrique du Sud. On l'avait empêché d'embarquer. On lui avait dit qu'il ne pouvait pas quitter le pays « tant que l'enquête sur les explosions était en cours ».

« Je ne suis pas content des élections, m'a dit un Ougandais. Il y a eu des intimidations et de la fraude. Les résultats sont *bichupali* » – mot local, et non swahili, qui veut dire « faussé ».

« Que pensez-vous du résultat ?

— C'était truqué. On n'a pas de travail. En fait, la vérité sera connue. »

Comme il était ougandais, il disait *tuuqué* et *taavail*, et cette manière ougandaise de parler m'était familière.

Quand je n'avais guère plus de vingt ans, si j'avais passé bien des soirées à boire de la bière sous la véranda de l'hôtel Speke, je n'y étais jamais descendu. J'habitais de l'autre côté de la ville, près de la vallée des Chauves-Souris. En revenant à Kampala, j'ai fait du Speke ma maison. Une de ses nombreuses curiosités était ses téléphones qui n'avaient pas été modernisés depuis quarante ans : impossible de joindre les États-Unis – et personne ne pourrait m'appeler. D'un meilleur hôtel, j'ai envoyé un fax à mon épouse pour la rassurer et lui dire que je continuais ma route. En le lisant, elle s'est dit : Pauvre Paul, tout seul...

De retour au Speke, ce soir-là, je me suis rendu compte que je marchais en toute sécurité dans une ville africaine. C'était ce que j'aimais : une promenade nocturne – une vraie nouveauté. J'ai marché une heure, dans toute la ville, même dans le marché bombardé, et je me suis arrêté dans un restaurant indien. Personne ne m'a harcelé, bien qu'il y eût beaucoup de monde dans les rues.

Nombreux étaient ceux qui attrapaient les sauterelles qui se rassemblaient sous les réverbères. Je me suis souvenu de la saison des sauterelles quand, dans les familles, on secouait les draps sous les lampes pour qu'en tombent les insectes qu'on mettait dans des marmites pour les faire frire. Les sauterelles arrivaient avec la pluie. « On aime les *senene*, m'a expliqué un homme qui se promenait avec deux autres et qui s'était arrêté pour me parler.

— Les sauterelles, c'est ça ?

— Non, non ! a-t-il protesté comme si je les avais dénigrées. Pas sauterelles. Elles font pas de mal.

— Comment est-ce qu'on les attrape dans les villages ou dans la campagne ?

— Très dur, là, a répondu un des hommes. Pas assez de lumière. »

Les illuminations urbaines étaient un don splendide de l'aide internationale. Elles permettaient à l'Ouganda d'éclairer les rues des villes, et peu importait qu'il n'y eût pas de circulation – très peu de voitures en général, moins encore la nuit. Mais la modernité de l'éclairage, qui avait coûté plusieurs millions de dollars, permettait aux Ougandais de récolter de bonnes sauterelles à manger.

« Elles ont bon goût ?

— Très bon !

— Quel goût ?

— Meilleur que les fourmis blanches. »

J'ai trouvé cette réponse si drôle que j'ai éclaté de rire.

« Mais c'est la seule comparaison qu'on peut faire ! » a dit un des hommes.

C'était vrai. Il s'agissait d'insectes, et on les préparait de la même façon : on leur retirait élytres et pattes, et on les faisait frire dans de la graisse avant de les vendre dans des sacs gras au marché. Les gens les grignotaient avec délice.

Parmi les sauterelles en vol, les ramasseurs de sauterelles, les cireurs de chaussures et les promeneurs, il y avait une multitude de prostituées, comme des insectes, elles aussi. Elles arpentaient les rues, se tenaient sous les arbres, s'asseyaient sur les murets, s'adossaient aux voitures. La plupart étaient très jeunes, bien habillées et semblaient sages, gentilles. Quand j'approchais, elles me susurraient, comme dans un baiser, comme si elles appelaient un chat : « Tu veux un rendez-vous ? » « Tu veux un massage ? » Et celles qui semblaient pourtant les plus innocentes collaient leur visage comme laqué contre le mien et murmuraient doucement : « Tu veux baiser ? »

Une des plus jeunes m'a suivi et m'a supplié de la prendre. Elle a parlé d'une petite somme d'argent. Elle ne devait pas avoir dix-sept ans, et elle portait une robe rouge scintillante de paillettes et des talons hauts – le genre de fille que j'aurais pu rencontrer à une fête de l'université trente-cinq ans plus tôt, la fille de quelqu'un, l'amie de quelqu'un, une élève du lycée, peut-être, pleine d'esprit et si jolie ! Celle-là parlait assez bien anglais. « Allons danser ! » aurais-je pu dire. Mais j'ai dit non, et comme elle ne me lâchait pas, me promettant du plaisir, je lui ai dit que j'étais fatigué, alors qu'en fait, j'étais troublé.

« Demain, alors, a-t-elle dit en fouillant dans son sac à main de luxe pour en sortir une carte de visite. Appelle-moi sur mon portable. »

Dans *The Road to Hell*, Michael Maren écrit : « D'un point de vue économique, se prostituer est une décision rationnelle pour une femme africaine. C'est une des rares occupations qui s'offre à elle et qui rapporte de l'argent. L'industrie du sexe est un des rares points d'intersection de l'économie locale et de l'économie des expatriés. » Dans ce pays, les gens se vendent plus que jamais, c'est un commerce florissant. Comme le fait remarquer Stephen Dedalus : « Ne crains pas ceux qui vendent leur corps mais n'ont pas le pouvoir d'acheter ton âme. »

A mon avis, la prostitution est une adjonction inévitable au commerce humanitaire ; elle suit les camps au sens le plus traditionnel du terme. Les prostituées marchent dans les traces de l'armée des organismes caritatifs étrangers. Partout où l'économie apportée par l'extérieur est fortement implantée en Afrique – à Addis, Nairobi, Kampala, Lilongwe ou Maputo – la prostitution règne, avec en général de jolies filles vêtues « à l'occidentale » (du moins le croient-elles) pour attirer les expatriés, les banquiers, les experts de l'humanitaire, les bureaucrates des organismes présents sur place. Ce n'est pas un mystère. Les prostituées suivent l'argent.

Mais ce soir-là, à Kampala, comme au cours de bien des nuits pendant mon long safari, je suis resté dans ma chambre et j'ai avancé ma nouvelle (qui prenait de l'ampleur) qui raconte l'histoire du jeune homme et de la vieille femme, en Sicile, un été.

A la saison des pluies, dans mon souvenir, Kampala était une ville délicieuse, parce qu'elle était de taille modeste, entourée de collines boisées et que toutes ses rues étaient bordées d'arbres en fleurs – tulipiers, flamboyants, jacarandas. Mais beaucoup d'arbres avaient été coupés afin d'élargir la chaussée devant les nouveaux immeubles, et ceux qui restaient étaient devenus le repaire des marabouts mangeurs d'ordures et fouilleurs de décharges. Ils surveillaient aussi la rue, par deux ou trois, dressés sur les trottoirs comme des Africains indignés.

Le jour qui a suivi mon arrivée, j'ai laissé des messages à quelques-uns de mes vieux amis et collègues africains, et je me suis promené dans l'espoir de retrouver mes marques. Kampala n'était plus une ville de boutiques indiennes. Les boutiques étaient toujours là, mais rarement tenues encore par des Indiens, certaines en ruines, d'autres reprises par des Africains. La ville était bien plus vaste, et les nouveaux immeubles plus hauts mais sans grâce. Par manque d'entretien, les anciens bâtiments ressemblaient à des reliques oubliées, hantées, d'un temps jadis. Il m'a semblé que les nouveaux immeubles auraient le même sort, que, sans entretien, ils tomberaient en ruines mais resteraient là, défigurés et inutilisables, tandis qu'on en construirait de plus neufs. Cette vétusté des bâtiments, que l'on pourrait pourtant éviter, m'a semblé une constante des villes africaines. Rien n'est jamais réparé ou maintenu en bon état, le concept d'entretien ou de perfectionnement n'existe pratiquement pas. A Kampala, la grande et élégante Grindlay's Bank était devenue une horreur, le Théâtre national une monstruosité envahie par la végétation, la gare une décharge. Privée de centre, la ville semblait ne pas avoir non plus de but.

« Chaque construction nouvelle a supposé un nombre incroyable de pots-de-vin », m'a dit un Ougandais, qui m'a demandé de ne pas citer son nom.

Rien n'est plus apparent qu'un cinéma, car c'est le genre d'architecture qui fait sa propre publicité : large façade avec marquise, vaste entrée, escaliers majestueux, hall ouvert, murs destinés à recevoir des affiches. A Kampala, l'Odéon, le Delite, le Norman et le Neeta, où j'avais vu les premiers *James Bond*, *Quoi de neuf Pussycat ?* et *Midnight Cowboy*, étaient fermés. Les nouveaux complexes multisalles les avaient remplacés, mais dans des immeubles à façade plate, et le plastique et l'aluminium dont elles s'ornaient montraient déjà des signes de dégradation. Les anciens cinémas de Kampala m'ont pourtant aidé à m'orienter. Dans cette grande ville en ruines s'en cachait une plus petite et plus familière.

Avec tant d'arbres coupés, la ville était chauve, laide. Près de l'université, les huit cents mètres de la route étaient jadis bordés de hauts arbres au feuillage sombre rendu plus sombre encore le jour par la présence des chauves-souris. C'était le quartier de Wandegeya, appelé la vallée des Chauves-Souris. J'avais habité tout près, et c'était un lieu que je pouvais indiquer à un chauffeur de taxi : « Conduisez-moi à la vallée des Chauves-Souris. » Ce vieux quartier était célèbre, il conférait un caractère spécial à Kampala, et à l'université un côté plus africain, car l'université jouxtait la vallée des Chauves-Souris.

Toute la journée, des dizaines de milliers de petites chauves-souris restaient accrochées dans les branches de ces arbres, frétillant et couinant, se laissant parfois tomber pour aller s'accrocher à une autre branche. Leurs mouvements et leurs petits cris sans but animaient l'air. Les nouveaux venus les prenaient pour des oiseaux. Quand je les leur montrais du doigt, ils demandaient : « Des hirondelles ? » Et ils souriaient. Mais quand je disais : « Regardez mieux ! », et qu'ils voyaient l'immense rassemblement de chauves-souris, toute une vallée de grands arbres le long de la route noire de ces animaux, les nouveaux venus grimaçaient de dégoût.

Au crépuscule, comme si elles répondaient à un signal, les chauves-souris s'envolaient en grands courants tourbillonnants qui assombrissaient le ciel comme des nuages de moucherons ou de moustiques. Les arbres abandonnés ressemblaient alors à de la dentelle qui laissait passer les derniers rayons du soleil, ce soleil que les petits mammifères bloquaient pendant le jour. Ces toutes petites chauves-souris, dont aucune n'était plus grosse qu'une main humaine, gagnaient les faubourgs marécageux à la recherche d'insectes. A l'aube, elles étaient de retour dans les arbres, laissant pleuvoir leurs déjections et jacassant comme des hirondelles.

J'ai parcouru la route à pied, le nez en l'air. Il n'y avait plus d'arbres. Des huttes, des cabanes, des appentis avaient pris leur place. Pas d'arbres, pas de chauves-souris. La vallée des Chauves-Souris n'existait plus.

Peu d'arbres, mais beaucoup de cahutes. J'ai continué ma route au-delà du Rotary avec ses taxis en maraude et ses petites boutiques, tenues par des femmes, qui étaient aujourd'hui la concrétisation la plus visible de l'économie. Par-delà les grilles de l'université Makerere, se détachait une mosquée peinte en vert. Dans le cadre vallonné des pelouses d'une université, on ne s'attendait vraiment pas à voir une mosquée et son minaret. Mais elle était bien là – cadeau de Muammar Kadhafi, m'a-t-on dit. Les Africains ne refusent rien. Une route, un dortoir, une école, une banque, un pont, un centre culturel, un dispensaire – tout est accepté. Mais l'acceptation ne signifie pas que le cadeau soit utile ni qu'on l'utilisera ni qu'on l'entretiendra. Et cette mosquée, absolument hideuse, tombait en ruines.

J'avais été employé à l'université Makerere pendant quatre ans, de 1965 à 1968. Quand les expatriés sont rentrés chez eux, j'ai dirigé le département de Formation permanente. Je suis devenu un mari, un soutien de famille et un père, à Kampala – mon aîné est venu au monde à l'hôpital Mulago. C'est en Ouganda qu'on m'a encouragé à écrire et qu'ont commencé mes trente années d'amitié avec V.S. Naipaul, venu à Makerere grâce à une bourse de la fondation Farfield. Époque d'innocence : on n'a appris que quelques années plus tard que Farfield était un écran de la CIA. Mais l'Ouganda m'a fait.

Après une série de troubles – premiers signes de l'arrivée d'Idi Amin Dada, le fou, le monstre – j'étais parti en hâte. Je n'étais pas revenu jusqu'à aujourd'hui, en cet après-midi brûlant, trente-trois ans plus tard. Je voulais revenir, car le passage du temps est merveilleux, et je vois dans l'effet du temps quelque chose qui ressemble à un rêve, à une prophétie. Vieillir peut être aussi une expérience fascinante : la pousse devenue un beau chêne, le vaste édifice tombé en ruines, la grille en fer forgé – comme l'élégante clôture qui encercle Makerere – rouillée et cassée. Les lieux peuvent prendre un aspect hanté – ou peuvent vous surprendre par leur modernité.

L'Ouganda avait acquis une bonne réputation, et pourtant, rien de ce que je voyais ne me surprenait par sa nouveauté ; tout dépérissait. Je ne m'en suis pas plus lamenté que je n'ai été impressionné par un nouvel hôpital, don de la Suède et du Japon, par une nouvelle école financée par le Canada, par la clinique baptiste, par le moulin à farine qui portait une pancarte : *Cadeau du peuple américain*. C'étaient des sortes de cadeaux de Noël qui cessent de fonctionner quand les piles sont usées, ou qui se brisent et ne sont pas réparés. Les projets devenaient ruines, tous autant qu'ils étaient, parce qu'ils portaient en eux les graines de leur destruction. Et quand leur ruine serait consommée, personne n'en serait désolé. C'est ce qui se produit en Afrique : les choses s'abîment.

Les ruines semblaient participer au projet. C'était le bureau colonial britannique qui avait décidé d'établir une université à cet endroit. La devise de Makerere était *Pro Futuro Aedificamus* – nous construisons pour l'avenir. Quelle belle idée ! Mais c'est une idée humaniste, et l'humanisme, qui déjà se raréfie en Occident, n'est en tout cas pas du tout une tradition en Afrique. Changement, délabrement et renouveau : tel est le cycle africain. On construit une case en terre, elle s'écroule, on la remplace par une autre. L'Ouganda de cette université vivait au sein d'une économie de subsistance – un système direct de la main à la bouche, qui avait permis aux gens de traverser des périodes terribles. Quand l'université a été fermée et qu'elle est tombée en ruines sous Idi Amin, à l'époque où les structures gouvernementales n'existaient plus, où les marchés étaient vides, où on manquait de carburant, où l'anarchie s'était emparée de l'Ouganda, c'est l'économie traditionnelle qui a permis de nourrir les Ougandais. Comme l'université, ensemble de bâtiments inutiles, devenait ruineuse, les Ougandais se sont enfuis et ils ont été sauvés dans leurs cases en terre, dans leurs anciens villages qui ont été leur refuge.

L'immeuble d'un étage où j'avais travaillé, le Centre d'Enseignement pour Adultes, était en piteux état et on n'y avait pas apporté la moindre amélioration en trente ans. La faculté de droit s'y était installée.

« La plupart des nouveaux bâtiments que vous voyez ont été construits ces dix dernières années », m'a dit un professeur.

C'était John Ntambirweke. Il devait approcher de la cinquantaine, mais c'était un homme puissant, avec une assurance qui m'a plu. Il n'hésitait pas à exprimer ses opinions. Justement, il occupait mon ancien bureau. Il m'a fait faire le tour du campus – les anciens bâtiments négligés et les beaucoup plus nombreuses nouvelles constructions. Il était évident qu'après tous ces bouleversements politiques, l'université ne s'était pas encore relevée au niveau qu'elle avait atteint trente-trois ans plus tôt.

Les arbres me manquaient. Comment se faisait-il que je me souvenais mieux des arbres que des constructions ? Tandis que nous passions près du bâtiment principal en ruines, devant les fenêtres cassées de la bibliothèque, j'ai interrogé John Ntambirweke sur les récentes élections.

« L'élection n'est pas le seul indicateur d'une démocratie », m'a-t-il dit, au volant de sa voiture, négociant les obstacles dans cette tour d'ivoire si pitoyable. « La démocratie signifie bien plus – les Romains ne tenaient-ils pas des élections ? Rome était-elle une démocratie pour autant ? Il nous faut une définition plus large. Il nous faut plus d'institutions, pas une seule, mais de nombreuses institutions, pour que les gens soient libres.

— Ils sont libres, non ? Mais ils ont faim.

— Ici, les gens ont besoin qu'on leur accorde un espace politique. »

Le terme « espace » m'a semblé bien convenir aux Africains, qui se regroupent toujours les uns contre les autres. « Ce que nous contestons vraiment, c'est qu'un homme intelligent comme Nsibambi, le Premier ministre, explique en quelques mots qu'il nous faut un système à parti unique, que nous, les Africains, ne sommes pas assez intelligents, pas assez mûrs pour penser par nous-mêmes, que nous serions "moins" que les autres peuples – inférieurs à ceux qui ont une véritable opposition.

— Il y avait plusieurs partis d'opposition qui luttaient pour remporter ces élections. Ils ont perdu, c'est ça ?

— Les élections n'apportent aucune amélioration.

— Dans certains pays d'Afrique, il n'y en a même pas.

— Il en faut, mais il nous faut plus. Je suis vraiment déçu du niveau du débat politique dans ce pays.

— Les Ougandais ne le disent-ils pas depuis 1962 ? Je l'entendais tout le temps.

— C'est pire, maintenant. On nous traite comme si nous ne valions rien, comme si nous étions incapables de faire la différence entre les opinions qui s'affrontent, d'opérer des choix. C'est insultant !

— Que vous répondent les gens, en Ouganda, quand vous leur dites cela ? Ou bien ne le leur dites-vous pas...

— Oh, si ! Tout le temps. Et je l'écris. Je le dis à la radio. Je le disais encore sur les ondes jeudi dernier, juste après les élections. Nous sommes libres de dire tout ce que nous voulons.

— C'est formidable.

— Mais ça ne sert à rien. Les gens pensent : "Et voilà qu'il recommence ! John se plaint, comme d'habitude."

— C'est mieux que de se retrouver en prison. C'était la réaction traditionnelle, avant.

— Personne ne me jettera en prison pour avoir dit cela. »

Il avait un air résigné. Il regrettait que ses opinions aient aussi peu d'effet sur ses compatriotes.

Il m'a raconté que, pour avoir trop parlé, il avait dû fuir au Kenya après la chute d'Amin, quand Obote avait pris le pouvoir. Quand il avait compris qu'il courait un danger vital, il était parti au Canada pour étudier et enseigner. Il était rentré en Ouganda sous le nouveau régime et il avait assumé un poste de consultant en droit légal. Il était aussi devenu consultant de la Communauté d'Afrique orientale, une association pour le développement du commerce et de la communication qui venait de renaître.

Il avait voyagé dans presque tous les pays d'Afrique et il énonçait des opinions tout aussi tranchées sur les autres nations africaines.

« Le Kenya, c'est encore autre chose. Il s'y trouvait des colons blancs très durs et bien décidés à dominer. Ici, nous n'en avions que très peu – comme ces planteurs de thé près de Fort Portal. Ils n'étaient personne. J'ai consulté les archives. Si un commissaire de district blanc offensait un de nos rois, il était immédiatement transféré. Les officiels blancs avaient dû apprendre à s'entendre avec les chefs et les rois ougandais. Cette politique a duré jusqu'à l'indépendance. Nous n'étions pas colonisés, en Ouganda. C'était un pays sous protectorat. Nos rois ont continué à régner pendant l'indépendance.

— C'est bien, mais si les chefs et les rois avaient tant de pouvoir, alors peut-être est-ce un problème ougandais, que toute figure d'autorité devienne aussi tyrannique.

— Peut-être. Mais ce n'était pas le cas au Kenya. Et il y a le problème racial. J'ai souvent voyagé en compagnie d'autres Africains, et j'ai remarqué que ceux qui viennent du Kenya, du Zimbabwe et de Zambie ont une curieuse manière de traiter avec les Blancs. Ils se comportent bizarrement, en leur présence.

— Vraiment ?

— Oui ! a-t-il dit en riant. Quand nous voyageons en Grande-Bretagne ou en Amérique, ces autres Africains décèlent des insultes, ou bien ils imaginent des réactions que je ne vois pas. Ils sont très mal à l'aise avec les Blancs, mais ce n'est pas le cas des Ougandais. »

Je lui ai dit que j'étais heureux de l'entendre, parce que j'avais toujours eu ce sentiment, en Ouganda, et c'était une des raisons pour lesquelles j'avais aimé y vivre. Les gens me regardaient droit dans les yeux. Mais le racisme avait fini par s'insinuer dans le discours politique et j'étais devenu un *mzungu* du pays *Wazungu*, un coupable désigné – une des raisons qui m'avaient conduit à penser que je serais heureux de quitter l'Afrique.

John et moi étions parvenus au terme de notre tour du campus de Makerere. En dépit de quelques bâtiments nouveaux, c'était un lieu fantomatique et délabré. De la musique beuglait par les fenêtres du dortoir, dont beaucoup étaient brisées. Mon ancienne maison était devenue une horreur, avec ses montants de fenêtres pourris, ses portes dégondées, ses murs cassés. Les rues du campus étaient trouées de nids-de-poule. La bibliothèque – bon étalon de la santé d'une université – était en piteux état, sans entretien, avec peu d'utilisateurs et beaucoup d'étagères vides.

« Ce Premier ministre dont vous avez parlé, Apolo Nsibambi, c'était un de mes amis. Nous étions collègues.

— Il vit près d'ici, parce que sa femme travaille à l'administration de l'université. »

Quand John Ntambirweke m'a déposé, je suis allé chez Apolo – une petite maison au crépi neuf dans un jardin fleuri bien entretenu. J'ai sonné à la porte et la servante qui est venue m'ouvrir m'a dit que le maître n'était pas à la maison. J'ai laissé un mot pour demander *Te souviens-tu de moi ?* et le moyen de me joindre au téléphone.

J'ai envoyé d'autres mots semblables et j'ai laissé des messages chez d'autres vieux amis, qui étaient maintenant conseillers, commissaires ou consultants politiques ou encore membres du Parlement. Plusieurs avaient été candidats aux élections présidentielles, et l'épouse de l'un d'entre eux avait aussi été une collègue à moi. Tout le monde les connaissait. En Afrique, les gens de mon âge connaissent tout le monde.

Je suis retourné à la bibliothèque, où j'ai un peu fouiné. Les rares livres qui occupaient encore les étagères étaient poussiéreux et déchirés. Je me suis dit que les autres avaient été volés. Je n'ai vu aucun livre récent. Cette bibliothèque, jadis la meilleure d'Afrique orientale, n'était plus qu'une coquille vide. Les arbres alentour avaient été coupés. Si les bâtiments ne s'étaient pas encore écroulés, c'était qu'ils dataient d'une époque de constructions solides. Mais on ne pouvait douter que le campus fût en pleine disgrâce.

En descendant la colline herbue vers les logements des professeurs, je me suis souvenu comment, juste là, au milieu d'une chaude journée de 1966, sous un eucalyptus à l'écorce rugueuse, Vidia Naipaul, avec qui je me promenais, m'avait dit qu'il détestait vivre ici. Il en était devenu laid de rage. « Les faibles et les opprimés, avait-il dit, ils sont terribles ! Il faut leur donner des coups de pied au cul. C'est la seule chose que les Africains comprennent ! » Et il avait donné un coup de pied, très fort, dans une pierre.

Naipaul râlait souvent, en Ouganda, mais il n'était pas convaincu par sa propre colère. Il avait peur. Sa rage prenait sa source dans son sentiment d'insécurité. Les Africains le regardaient et voyaient un *Muhindi* – un Indien. Le temps passant, Naipaul est devenu encore plus étroitement « Indien » dans son attitude et ses préjugés. Par la suite, tout ce qu'il a écrit sur l'Afrique a été imprégné de cette peur qu'il avait connue, enfant indien isolé sur l'île noire de Trinidad. Ses peurs d'enfant, il les avait emportées en Afrique, et elles avaient tourné à la terreur pendant ses mois en Ouganda, à l'horreur pendant son voyage au Congo. Pour sauver la face, il dissimulait ses émotions profondes et n'affichait que mépris, quand il écrivait sur l'Afrique. Dans *A la courbe du fleuve* et *Dans un État libre*, on lit des attaques voilées contre les Africains et l'Afrique de la part d'un étranger qui se sent faible. Paralysé par une peur tant indienne qu'insulaire de la brousse, jamais il n'a compris que les étendues sauvages peuvent être aimables. L'Afrique l'a tant effrayé qu'il l'a maudite ; il lui a souhaité du mal jusqu'à ce que sa malédiction devienne un mantra que les lecteurs ignorants pouvaient reprendre à leur compte : « L'Afrique n'a pas d'avenir. »

En quittant Makerere plus tard dans la journée, j'ai demandé au chauffeur de taxi pour qui il avait voté aux dernières élections. Il a ri :

« Les élections, c'est surtout fait pour impressionner les pays donateurs, pour prouver qu'on fait ce qu'il faut ! Mais elles sont truquées. Nous, les électeurs, elles nous impressionnent pas. »

J'ai interrogé quelqu'un qui était au courant de ces pratiques. Il m'a dit que c'était vrai, qu'afin de se présenter à une élection, tout candidat devait donner de l'argent aux électeurs, un dollar par tête faisait l'affaire, mais ceux qui réussissaient le mieux offraient des casseroles et des poêles, des pièces de tissu ou des chemises (pas des tee-shirts !). Les recruteurs exigeaient des bicyclettes. « En Ouganda, toutes les élections supposent de donner de l'argent et des cadeaux. »

Comme j'avais du temps, j'ai demandé à un couturier installé sous un arbre de ravauder ma veste de sport trouée. Le résultat a été merveilleux : un ensemble de pièces superbement assemblées et une nouvelle doublure verte. Pour faire plaisir à un ami, j'ai donné une conférence devant une trentaine d'étudiants du département d'anglais, dont beaucoup, qui avaient écrit des poèmes et des nouvelles, disaient souhaiter faire une carrière d'écrivain.

Je voulais aller dans la brousse. Le jour où j'avais prévu de prendre un car vers la province occidentale, vers Kabila, pour voir les chimpanzés dans la réserve des primates, il y a eu des problèmes. On disait que près de Kabila, on avait attaqué un village de brousse et laissé onze morts (« hachés à mort ») et cinquante voitures incendiées. Le gouvernement prétendait que cela pouvait bien être le fait de l'opposition, mais la plupart des gens pensaient qu'il s'agissait d'un groupe qui se faisait appeler la Force de Défense africaine, une organisation antigouvernementale. Quelques jours plus tard, un minibus plein d'étudiants partis observer la faune dans le parc de Murchison Falls a été pris pour cible par un autre groupe antigouvernemental, l'Armée de Résistance du Seigneur. Dix étudiants ont été tués. Ce genre de chose semblait assez courant. Des hommes armés sortaient des massifs et se livraient à un massacre. Je ne suis donc pas parti en brousse.

Je suis resté à Kampala, en quête du passé. Même si parfois on lançait des grenades dans le marché central, la ville semblait assez tranquille.

« L'économie va mieux. On est revenu au niveau atteint dans les années 1970 », m'a dit un économiste. C'était à cette époque que j'étais parti.

Ce qui avait conservé son unité à l'Ouganda, c'était en grande partie la tolérance religieuse en général et la pratique religieuse en particulier. Il y avait une grande proportion de musulmans – partout des minarets perçaient le ciel et les muezzin appelaient à la prière. L'Église d'Ouganda était anglicane, et la cathédrale en brique rouge sur une colline de Kampala était très fréquentée. On entendait ses cloches sonner tous les dimanches. Un des rois ougandais, Mutesa Ier, n'avait pas apprécié que ses sujets se convertissent au catholicisme, et il en avait fait brûler plus d'un. Leur martyre, en les sanctifiant, avait accéléré l'implantation du catholicisme en Ouganda, même avant que le pape n'y vienne en visite.

« Nous prêchons l'harmonie et la réconciliation », disait un prêtre dans son sermon du dimanche, retransmis par haut-parleurs dans les rues. Il parlait des élections, des vainqueurs qui « jubilaient alors que d'autres pleuraient ». Il a terminé de façon très émouvante par un : « Aimez-vous les uns les autres ».

C'était une soirée douce, et tous ceux qui se promenaient pouvaient entendre le sermon : les gamins des rues et les prostituées, les écolières qui mendiaient de l'argent, les vendeurs de journaux, ceux qui voulaient vous fourguer des lunettes de soleil ou des briquets. Il était impossible de savoir si un seul parmi eux comprenait ce qui était dit.

Pourquoi y avait-il tant de prostituées dans ce quartier ? Jadis, elles ne traînaient qu'autour des bars et des boîtes de nuit. Mais ces femmes et ces gamines étaient dans la rue, vautrées sur des murets, adossées aux arbres. C'était un lieu tranquille et ombragé, et il y avait trois hôtels dans le quartier. Je me suis dit qu'elles devaient trouver là des clients – personnel des organisations humanitaires, bureaucrates en tournée, étrangers. Mais ces femmes arrêtaient aussi les voitures conduites par des Africains. A mon époque, beaucoup moins d'Africains possédaient des voitures. Ces putains étaient donc une des caractéristiques de la nouvelle économie.

Certaines s'installaient sous la véranda du café de mon hôtel et racolaient tous les hommes qui passaient avec ce regard insistant et ce sourire familier qui est commun aux prostituées et aux vendeurs de voitures – le contact oculaire qui ferre le client potentiel. Ils ont aussi la même phrase d'attaque : « Que puis-je pour vous ? » – qui veut dire : « Que pouvez-vous faire pour moi ? »

Ces femmes voulaient qu'on leur offre un verre pour que leur but ne soit pas trop évident. En leur payant une bière, j'ai fait la connaissance de trois d'entre elles, qui s'asseyaient toujours ensemble et bavardaient en swahili – Clémentine, du Congo, Angélique, du Ruanda, et Fifi, du Burundi.

Fifi n'était arrivée de Bujumbura qu'une semaine plus tôt, « parce qu'il y a des troubles », a-t-elle expliqué. « Il y a beaucoup de combats, au Burundi, en ce moment. »

Elle avait pris trois cars successifs et avait dû passer par Kigali, au Ruanda.

« Le Ruanda c'est... ah ! s'est écriée Angélique en levant les mains de désespoir.

— Mais c'était pire avant, non ? » ai-je demandé.

Je pensais aux descriptions d'horribles massacres dans l'ouvrage de Philip Gourevitch intitulé *Nous avons le plaisir de vous informer que, demain, nous serons tués avec nos familles*. Même si vous n'adhérez pas à l'analyse historique de l'auteur, qui veut que le colonialisme belge ait imposé des distinctions tribales et un système de classes dans les sociétés watusi et bahutu, le livre, bouleversant, reste un excellent reportage.

« Bien pire avant, a-t-elle confirmé. Ma famille a été tuée. »

Elle était la plus jeune des trois et ne devait pas avoir dix-sept ans. La plus âgée, Clémentine, venait de la province de Bakavu, au Congo. Elle voulait aller en Amérique.

« *Ku fanya nini ?* » ai-je demandé – Pour quoi faire ? Je le lui ai demandé en swahili, parce que c'était une question délicate, étant donné le genre de travail qu'elle faisait ici.

« *Ku fanya un salon de coiffure*, a-t-elle répondu en mêlant swahili et français. Je sais bien coiffer. Regarde les cheveux d'Angélique, tellement jolis ! »

Le swahili, pas le français, était leur langue commune. Leur anglais était bon, mais elles disaient les choses embarrassantes en swahili...

« *Mimi na sakia njaa* », m'a dit Fifi en faisant une petite moue : elle avait faim.

Je leur ai offert des frites, trois assiettes, et il a été évident que ce qu'elles voulaient vraiment, ce n'était pas l'occasion de faire une pipe à un étranger ni de gagner dix dollars pour un massage ou pour une passe sur le siège arrière de la voiture d'un bureaucrate africain, mais une grande assiette de frites et une bière. Et peut-être un billet d'avion pour l'Amérique. Quoi qu'il en soit, elles étaient affamées, et ne le cachaient pas.

« Tu voyages ? » a demandé Clémentine.

J'ai dit que oui, que je venais de traverser le Kenya.

« On dit que Nairobi est très dangereux. »

De la part d'une Congolaise qui avait vécu dans une des régions les plus anarchiques du Congo oriental et échappé aux massacres du Ruanda, ça m'a étonné, et je le lui ai dit.

« Oui, mais il y a aussi des endroits bien, a rétorqué Clémentine. Allons au Congo ensemble, et je te montrerai les endroits bien. »

Nous avons organisé le voyage au Congo. J'allais louer une Land Rover et acheter à manger et des caisses de bière. Il nous faudrait aussi des cadeaux à donner aux gens. Des bonnes chaussures, des imperméables, quelques médicaments, peut-être, et de l'argent, bien sûr – surtout des dollars américains. Nous partirions vers le sud-ouest, traverserions le Ruanda jusqu'à la ville frontière de Goma et nous nous promènerions au Congo, où nous conduiraient les routes.

« Les routes sont très mauvaises, mais ça nous est égal ! a dit Angélique.

— On te massera gratis. Trois filles ensemble, qu'est-ce que t'en dis ? s'est enquise Clémentine.

— J'adorerais ça.

— On y va tout de suite ? a-t-elle demandé en montrant l'escalier.

— *Wewe napenda wazee ?* me suis-je étonné – Vous aimez les vieux ?

— T'es pas vieux. Peut-être... Combien ? Quarante ans, par là ? »

Une autre parole bienvenue. Elles me fascinaient, à cause des voyages qu'elles avaient faits, de leur résilience, de leur élégance, même. Ces filles en robes de satin moulantes, avec leur coiffure élaborée, leurs talons aiguilles, venaient de villages sinistres et dangereux au cœur sombre de l'Afrique, et elles s'étaient réinventées en déesses du sexe. Mais seules leurs histoires m'intéressaient. Si la règle en Ouganda était « pas de préservatif, pas de sexe », elles n'en exerçaient pas moins une profession à haut risque dans une ville décimée par le sida, en compétition avec des centaines, voire des milliers d'autres femmes. Je ne pouvais manquer d'admirer leur débrouillardise. De temps à autre, j'apprends qu'un groupe de femmes américaines ou européennes vont à Nairobi ou à Kampala pour encourager les prostituées à quitter la rue, pour les former à un métier, pour leur redonner le « contrôle » de leur vie, expliquent ces agents de vertu. Les prostituées que j'ai rencontrées auraient ri d'une telle proposition.

« Alors ? a demandé Clémentine avec un sourire, on va dans ta chambre ? »

Mais j'y suis monté seul, et j'ai pris des notes.

Pour continuer mon voyage, j'ai tenté d'obtenir un passage sur un bateau qui traversait le lac Victoria. Au cours de mes allées et venues, je suis souvent tombé sur Clémentine, Angélique et Fifi, à l'hôtel, et je me suis presque toujours arrêté pour leur offrir à boire et à manger. Je leur ai même demandé ce qu'elles aimeraient faire comme travail, quelles étaient leurs ambitions. Si la coiffure venait largement en tête, elles voulaient surtout gagner de l'argent.

« Je veux juste un homme, a dit Clémentine. Quelqu'un qui veillerait sur moi. S'il est bon avec moi, je serai gentille avec lui. Ça te dit ? »

Et, encore et toujours, j'ai dormi seul dans mon petit lit.

*
* *

Mes multiples visites au bureau des Chemins de fer d'Afrique de l'Est m'avaient convaincu que si je persévérais, je pourrais obtenir une couchette sur un ferry. Il y en avait plusieurs par semaine, de Port Bell, en Ouganda, pour Mwanza, la ville portuaire de l'autre côté du lac, en Tanzanie. Mais depuis trois mois, on avait interdit de faire traverser le lac Victoria à des passagers sur des ferries.

« Et pourquoi ?

— A cause du virus ebola, m'a dit la secrétaire du directeur. Il y a eu plusieurs cas en Ouganda, il y a deux mois, et la Tanzanie a pris des mesures. »

Il y avait aussi eu le naufrage tragique d'un ferry, en 1996. Le *MV Bukoba* avait sombré à la pointe sud du lac, et plus de mille passagers s'étaient noyés. A cause des risques et du coût de l'assurance, très peu de passagers étaient encore admis sur les ferries pour traverser le lac. Je l'apprenais. En avait-on parlé dans les médias ? Le naufrage du *Bukoba* était une de ces catastrophes africaines qui méritaient à peine une ligne dans la presse mondiale.

« Peut-être devrais-je écrire une lettre ? »

J'ai demandé du papier et je me suis installé dans le bureau pour adresser un plaidoyer fleuri au directeur de la ligne. Deux visites plus tard, une réponse du directeur m'attendait. Si j'acceptais les risques (le virus ebola ? un naufrage ?) il ferait une exception pour moi. Je pourrais prendre un des ferries. On me ferait savoir lequel. C'était un peu imprécis, mais cette autorisation m'a donné une impression de victoire. « Comment saurai-je quand part mon ferry ?

— Venez ici tous les jours pour vous renseigner. »

*
* *

« M. le Premier ministre a laissé un message pour vous, M. Thorax », m'a dit un jour le réceptionniste.

C'était d'Apolo Nsibambi, mon vieil ami et collègue, qui s'était élevé dans l'échelle du monde. Je l'ai appelé et il m'a dit de venir à son bureau le lendemain. Il a ajouté que ce serait une perte de temps de m'expliquer la route.

« Le bureau du Premier ministre ? Tout le monde sait où il est ! Demande à n'importe quel chauffeur de taxi ! »

Quel fanfaron ! Il n'avait pas changé. Dès qu'il était arrivé dans mon département comme lecteur, en 1966, je l'avais trouvé intéressant. Il revenait de Chicago, où il avait décroché son doctorat en sciences politiques. Lors de notre première rencontre, je lui avais demandé s'il aimait Chicago. Il m'avait répondu : « Immensément ». Quelques mois plus tard, il m'a dit qu'il avait eu plusieurs fois affaire à la police de Chicago, pour ce qu'on appellerait maintenant un « délit de faciès ».

« A chaque fois, c'était la même chose : je rentrais tard chez moi, à pied, après avoir étudié à la bibliothèque, une voiture de police s'arrêtait le long du trottoir et un policier blanc me disait : "Ramène-toi ici, négro. Où tu vas ?"

— Et qu'est-ce que tu faisais ? lui ai-je demandé.

— Je disais : "Officier, je ne suis pas un négro. Ne m'appelez pas négro. Je suis Ougandais, Africain. Je suis étudiant ici, et je ne fais rien de mal. Je ne suis pas un négro !" » ajoutait-il d'une voix suraiguë.

Dire qu'il était africain marchait, en général. Un policier s'était même excusé : « Désolé, on ne savait pas que vous étiez africain – on pensait que vous étiez un nègre. »

Apolo était plus qu'ougandais : il était une sorte d'aristocrate, issu d'une famille distinguée. Une de ses grands-mères était une princesse. Il était donc parent du roi, le kabaka. Le royaume de Buganda, gouverné par les kabakas, était vieux de plusieurs siècles et toujours puissant. En 1966, le kabaka, qu'on appelait « roi Freddy », avait été renversé. De nos bureaux au Centre de Formation permanente, nous avions vu la fumée s'élever de son palais, quand Amin Dada et ses hommes l'avaient attaqué. La même semaine, le dauphin, Ronald Mutebi – l'actuel kabaka – s'était réfugié chez Apolo.

« J'ai décidé d'être un homme du peuple, a dit Apolo. Mes enfants sont des gens du peuple, libres d'épouser qui ils veulent. »

L'université la plus prestigieuse d'Ouganda est le King's College Budo. Le grand-père d'Apolo en a été le directeur, et son père aussi – et Apolo après lui. Son père, Semyoni – une variante de Simon – avait été un grand propriétaire terrien. Lors d'un accès de ferveur religieuse, en 1922, dans un état d'esprit proche de celui de Tolstoï sur ses vieux jours, Semyoni avait renoncé à sa terre, abandonné ses appartenances politiques et pris la tête d'un mouvement de renaissance religieuse appelé le mouvement Balokole.

Apolo le qualifiait de « puriste spirituel ». Il expliquait : « Il croyait pouvoir remettre les choses dans le droit chemin, il croyait au repentir, il croyait pouvoir être "sauvé". Il n'était pas un fondamentaliste. Le mouvement ne s'est pas séparé de l'Église d'Ouganda. »

La première fois que j'avais rencontré le père d'Apolo, il était étendu sur un canapé, souffrant de quelque mal, et de sa position allongée, il m'avait adressé ces mots, en guise de salutation : « Etes-vous sauvé ? » Je lui avais répondu que je n'en savais rien.

Ça l'avait fait rire, et il avait déclaré, sûr de lui : « Alors, la réponse est non. Si vous ne le savez pas, c'est que vous n'êtes pas sauvé ! »

Apolo, qui avait exactement mon âge, s'était marié la même année que moi. Nous étions allés au mariage l'un de l'autre, et nous étions des contemporains dans tous les sens du terme. Je suis parti, il est resté. Idi Amin a pris le pouvoir. Neuf ans d'horreur. Apolo a eu quatre enfants. Les années quatre-vingt ont été une décennie d'ajustements, pendant laquelle Apolo a enseigné à l'université. Dans les années quatre-vingt-dix, il est devenu ministre des Services publics et de l'Éducation. A mon retour, il était Premier ministre. Il était aussi célèbre pour ses réformes que pour ses manières patriciennes. « Je l'ai vu à New York l'an dernier, m'a dit un ami commun. Un secrétaire portait son attaché-case. Je lui ai demandé pourquoi. Il a répondu : “Parce que je suis le Premier.” »

C'était aussi un célèbre plaisantin, et sa solennité pompeuse rendait ses blagues d'autant plus dévastatrices. Quand il m'a revu, après trente ans, il m'a accueilli par ces mots :

« Oh, Paul ! Tu vas avoir de gros ennuis en Ouganda. Tu as couché avec ma cousine. Pourquoi ne l'as-tu pas épousée ? Tu en voulais toujours plus. Je vais te donner une amende de dix mille shillings pour ne pas l'avoir épousée. Tu lui faisais ça, a-t-il dit en joignant à la parole un geste grossièrement indécent.

— Apolo, je n'ai jamais rencontré ta cousine.

— Tu lui as fait ça », a-t-il insisté en agitant les bras et en se contorsionnant.

C'était un spectacle curieux, car il était très digne, dans son costume trois-pièces, avec sa cravate en soie, affectant un accent pointu.

« Jamais.

— Si ! Elle aimait beaucoup les Européens.

— Quel était son nom ?

— Tu connais son nom. Il figurera sur l'acte d'accusation quand je te taxerai ton argent. Ah, tu ne perdais pas ton temps, dans ce domaine !

— Quel domaine ?

— Les dames. »

A cet instant, son téléphone a sonné et il a décroché. Il a entrepris sur-le-champ d'insulter la personne en ligne, de sa même voix pointue : « Dites-moi pourquoi cet homme m'a écrit cette lettre stupide... Mais c'est vous qui devez vous charger de lui... Ce que je ne supporte pas, c'est qu'il me prenne pour un bulldozer – je vous prie de me laisser terminer ! Je le méprise. Nous nous sommes déjà accrochés... Je veux qu'on agisse – il est hors de question qu'on dise que je fais votre travail à votre place. »

Il y avait huit casiers sur son bureau, avec des étiquettes : *Très urgent*, *Urgent*, *Normal*, *Ministres*, *Garde des Sceaux*, *Président de la Chambre*, *Vice-président*, *Président*. Tous étaient pleins d'imprimés et de papiers divers. Le *Très urgent* débordait. Apolo continuait à crier dans son téléphone.

« Il a délibérément biaisé ce que j'ai dit. Pourquoi personnalise-t-il le débat ? J'ai dit : "Vous êtes un homme de valeur, mais vous êtes autocrate et dominateur." Il a rétorqué qu'il pouvait dire la même chose de moi ! Impossible ! Cet idiot a écrit "désolé". Mais jamais je n'ai dit ça. J'ai dit "désolant"... Non, non, non ! Pourquoi ne pas dire : "Ces gens ont créé la culture de la défaite" ? »

« Je suis un Premier ministre technocrate, m'a-t-il expliqué après avoir raccroché d'un geste furieux. Ce que ça veut dire ? Ça veut dire – prends ça en note, Paul – que je ne subis pas de pressions électorales. »

Il avait vu que je prenais des notes pendant qu'il fulminait contre la personne à l'autre bout du fil. Il avait toujours été porté sur le monologue, et je crois qu'il s'était mis en tête que ses mots étaient enregistrés, ne serait-ce que dans le carnet sur mon genou.

« Selon l'Article Soixante-Dix-Sept de notre constitution, si tu es président ou ministre, tu es automatiquement membre du Parlement, sans être élu. »

J'ai dû arrêter d'écrire – de toute façon, était-ce intéressant ? – parce qu'il m'a dit :

« Paul, note ça : Article Soixante-Dix-Sept. Et imagine un peu les pressions qu'on exerce sur un membre élu du Parlement ! Des pressions de la part des électeurs. Il faut payer.

— Payer quoi ?

— Il faut leur acheter des cercueils, payer l'école des gosses, et tout et tout ! Ils bouffent ton temps. Ils envahissent ta maison ! »

Il faisait les cent pas, comme un homme d'État, devant son énorme bureau, devant la grande carte de l'Ouganda au mur, devant tous ses casiers – *Très urgent*, *Urgent*, etc. – sa main droite serrée sur un revers de son veston, l'autre agitée.

« A mon avis, Paul, la plaie de ceux qui gouvernent c'est que les ministres sont surchargés de travail ; ils subissent des pressions excessives et ils ont trop à faire entre le Parlement, le vote des lois et les affaires courantes de leur charge. Ce qui souffre le plus de cette surcharge de travail, c'est le Parlement. Ils n'y viennent pas assez. Il arrive qu'on n'ait pas le quorum. »

Son téléphone a sonné de nouveau. Un appel d'un journal.

« Votre reporter a déformé mes propos. J'ai dit que les candidats avaient "concédé" la victoire. Je ne les en ai pas remerciés. J'ouvre le journal ce matin, et qu'est-ce que je lis en page cinq ? "Le Premier ministre a félicité ceux qui avaient accepté la défaite." Ce n'est pas le cas. Et votre reporter a fait plusieurs autres erreurs, à propos de la constitution. »

Apolo a établi la liste des erreurs et il a raccroché en m'adressant un signe de tête approbateur, car il avait vu que je prenais des notes. J'ai eu l'impression que le fait que je prenne des notes l'avait fait s'écouter et l'avait rendu volubile. Mais peut-être pas, car il avait toujours été très à l'écoute de son propre discours.

« Ils sont fascinés par ma connaissance de la constitution, a-t-il dit. Ma femme affirme : "Apolo est inéligible". C'est probablement vrai ! Si les gens sont idiots, je leur dis qu'ils sont idiots. »

Je l'ai noté, et le téléphone a encore sonné – un autre ministre. Apolo a de nouveau imposé silence à son interlocuteur par ses affirmations.

« Ma réponse au ministre de la Santé est : Ont-ils vraiment besoin de neuf milliards de shillings pour acheter des médicaments ? Dans ce cas, pourquoi avons-nous intitulé ce département "microfinance" ? Ce que je veux vous dire, c'est que l'empereur est nu, parfois... Oui, je lui en ai touché un mot... Écoutez-moi, je vous prie ! Nous avons un dicton : "Quand on met un homme à terre, on ne le mord pas en plus." »

Avant qu'il ait pu reporter son attention sur moi, il y a eu un autre appel, de quelqu'un de son propre parti.

« Cela prouve que j'avais raison, a roucoulé Apolo après avoir écouté quelques secondes. Traditionnellement le Muganda s'en remet au chef pour qu'il lui dise comment voter. Pour la première fois, la démocratisation a atteint la campagne. C'est bien, parce que le Buganda était à la traîne. Il faut qu'ils soient responsables ! Si nous ne respectons pas l'Article Deux Cent Quarante-Six, nous périrons. »

Il a raccroché et s'est à nouveau tourné vers moi.

« Tu vois ? Je suis un Premier ministre technocrate. Diriger l'État est ma spécialité.

— Apolo, les gens prétendent qu'on en revient à un système de parti unique. Qu'en dis-tu ?

— Notre système n'est pas celui du parti unique, mais d'un grand mouvement, ce qui est inconnu ailleurs en Afrique. Dans un système de parti unique, on élimine ceux qui ne suivent pas la ligne du parti. Dans un mouvement, on tente de trouver un consensus.

— Comment y parviens-tu ?

— Ha ! Ici, les élites savent très mal négocier. Les Britanniques en étaient arrivés à cette conclusion dans les années cinquante, et je peux le confirmer.

— Au Buganda ? ai-je fait préciser en pensant au royaume, pas au pays.

— Ou-ou-ou-ganda ! Tu te souviens comment Obote gouvernait le pays ?

— Obote était égoïste et borné.

— Bien dit. Oui. C'est exact. Museveni est bien plus sûr de lui. Il sait écouter. Quand au multipartisme, l'Article Soixante-Quatorze l'institue après la quatrième session parlementaire. Paul, il est très important que tu cites notre constitution. Je t'en prie, note ça : le Paragraphe Trois établit que dans trois ans, ce système doit être en place. Mais il ne s'agit pas d'être trop légaliste. Mieux vaut négocier politiquement et arriver à un consensus durable. »

Il marchait toujours de long en large, monologuant, pointant le doigt vers la carte de l'Ouganda. Il a répondu à d'autres appels téléphoniques. Il a bu une canette de Coca-Cola. Sa tante était morte en France. Il a organisé le rapatriement de son corps en Ouganda.

« Oui, nous l'identifierons. Oui, nous organiserons les funérailles pour le vingt-huit. Oui, nous la pleurerons. »

Il a raccroché. Comme tout le monde, il a dit que les années sous Amin Dada avaient été les pires qu'il avait connues. « Aucun mot ne peut décrire une telle horreur. Les soldats ont pris ma vieille voiture. Ils ont semblé très contents, quand ils ont vu qu'un professeur d'université vivait dans des conditions aussi modestes. »

Il a houspillé ses secrétaires, il a répondu à un appel de plus, il a bu deux Coca-Cola, il a brandi son exemplaire de la constitution ougandaise, dont il avait été un des rédacteurs. Les annotations et les pages cornées du texte lui conféraient un caractère sacré. Nous avons parlé du besoin de partis politiques, de l'importance d'une autorité morale, de la nécessité d'un débat public. C'était le même genre de conversation que nous avions, en 1966, devant des bières Bell au Club du Personnel de Makerere.

« Qui voudrais-tu rencontrer ? Que souhaites-tu ? Que puis-je faire pour toi ? a-t-il demandé. Je dois aller au Parlement. Tu vois comme je suis occupé !

— Te souviens-tu de l'histoire que tu m'as racontée, quand tu étais étudiant à Chicago – comment les policiers t'arrêtaient et te traitaient de négro ?

— Oh, oui. La police de Chicago était raciste dans les années soixante. C'est une ville très vivante. J'y retourne de temps en temps. »

Il est parti pour le Parlement et je suis retourné au bureau des Chemins de Fer.

« Pas de ferry ce soir. Demain, peut-être. »

Il n'y en avait pas non plus le lendemain, ce qui m'a donné le temps de voir trois autres de mes vieux amis. Comme Apolo, ils étaient des piliers de la société, toujours mariés à la même personne, une trentaine d'années plus tard. A eux quatre, ils avaient eu vingt-quatre enfants. Ils étaient plus ronds, plus grisonnants et, comme Apolo, ils étaient de beaux parleurs. Dans le contexte de l'Afrique, ils avaient tous défié le temps, puisqu'ils avaient la soixantaine, l'âge des anciens respectés, en Afrique. Ils avaient survécu et prospéré dans un pays qui avait connu un régicide, deux révolutions, un coup d'Etat, le sida et Idi Amin Dada. Mes vieux amis avaient bien réussi. Une femme, Thelma Awori, ancienne ambassadrice, avait épousé un candidat à la présidence qui était arrivé troisième lors des dernières élections ; un autre ami, Jassi Kwesiga, dirigeait un groupe de réflexion ; le troisième était un conseiller à la présidence qui avait refusé un poste d'ambassadeur (« Je ne suis pas de l'étoffe des diplomates. Je l'ai dit au président, et c'est vrai »). C'était Chango Machyo, qui avait été maoïste dans les années 1960 et qui restait extrémiste, fustigeait les « impérialistes », les « néo-colonialistes » et la « bourgeoisie noire ».

Thelma venait du Liberia. Éduquée en Amérique, elle avait épousé un Ougandais et vivait et travaillait en Ouganda depuis trente-cinq ans. Je connaissais les origines des trois autres : Apolo était un Muganda, Kwesiga un Muchiga, Chango un Musamia.

« Tu as cité ma tribu dans un de tes livres », m'a dit Jassi Kwesiga en guise de bonjour.

En effet, car la sous-tribu des Bachigas, au sud-ouest de l'Ouganda, avait un curieux rituel de mariage qui engageait les frères du marié et la mariée dans la cérémonie de l'Urine. Je ne pouvais pas entendre le nom de la tribu sans penser à ce pipi rituel assez peu ragoûtant.

Kwesiga avait passé plusieurs dizaines d'années à enseigner à l'université. Son épouse y dirigeait un département et leurs enfants avaient bien réussi. Il était gras et heureux. Nous nous sommes souvenus de nos vies de jeunes gens en Ouganda dans les années soixante, quand nous hantions le Club du Nil Blanc, le Gardenia et le Susanna Club, le New Live et le City Bar. Comme beaucoup d'autres, il avait la nostalgie de ces temps anciens plus ordonnés, quand le pays était toujours intact, avant la violence politique, avant le sida – l'âge de l'innocence.

« Les années soixante étaient merveilleuses, a-t-il dit. Nous étions l'élite, sans le savoir. Les années soixante-dix ont été un désastre, avec Idi Amin. Les gens disparaissaient... pour tant de raisons ! C'est une période à oublier. Les choses s'améliorent. La démocratie est un processus. Le processus, c'est la démocratisation. La démocratie progresse à son propre rythme. Qu'est-ce que tu écris, *bwana* ?

— Rien encore. Je me contente de voyager.

— Les gens de l'extérieur n'écrivent que les mauvaises nouvelles – les désastres, l'ebola, le sida, les bombes. Ils posent les mauvaises questions.

— Que devraient-ils demander ?

— "Comment quiconque a pu survivre ?"

— Je crois que je connais la réponse : parce que vous avez une économie de subsistance, et que la survie, les Africains l'ont apprise.

— Oui. Des années et des années à seulement joindre les deux bouts », a-t-il dit avec une note de regret, de tristesse, presque, et il a continué sur le même ton : « J'ai voyagé, moi aussi, tu sais. Je suis allé à Beijing il y a quelques années. Moi qui croyais que j'allais dans une ville où les gens étaient pauvres et misérables... c'était stupéfiant ! J'étais au trente-troisième étage d'un superbe hôtel, et la ville était incroyable. Comment est-ce que ça a pu se produire ? »

Il se souvenait de notre collègue Chango Machyo et des exemplaires de la *Peking Review* et du *China Reconstructs* dans son bureau. Nous avions vécu la Grande Révolution culturelle prolétarienne de Mao par procuration à travers ça, comme toute l'Afrique socialiste. Les Chinois, dans ces magazines, plantaient du riz, récoltaient des haricots et faisaient du saumon d'élevage. Leur mot d'ordre était : *Servir le peuple*. Ils portaient des chaussures de toile et des vestes bleues et ils avaient l'air idiots. Et voilà qu'ils s'étaient transformés en millions de ploutocrates souriants portant cravate !

Ce qu'il voulait dire, c'était : Pourquoi les Africains ne peuvent-ils pas en faire autant ?

« Voudrais-tu vivre en Chine ? ai-je demandé.

— Jamais !

— Alors peut-être que ce que tu vois en Ouganda est plus ou moins ce que tu as voulu. »

Par un revers de fortune, la République populaire maintenant prospère investissait dans la paysannerie de l'Ouganda, parce que l'Ouganda cultivait du coton. Une usine chinoise venait d'ouvrir, dans la ville septentrionale de Lira, une filature où l'on confectionnait aussi des vêtements pour le marché local et l'exportation. D'autres collaborations étaient en projet. Ce que la Chine n'avait pas réussi à accomplir en Afrique de l'Est par le biais du maoïsme, elle pourrait bien l'accomplir par le biais du capitalisme.

Kwesiga avait confiance dans l'avenir de son pays, pour preuve le fait qu'il avait encouragé ses cinq enfants à vivre et travailler en Ouganda – certains étaient déjà mariés, aucun n'avait quitté le pays. Mon ami Chango Machyo, le maoïste, avait neuf enfants. Tous travaillaient en Ouganda. La manière dont vous conseillez vos enfants est un signe irréfutable de votre foi politique. Un parent aimant ne sacrifie pas volontiers ses enfants à une pensée faussée ou à une économie condamnée à l'échec.

Le bureau de Chango était situé dans les locaux de la présidence, sur la colline Kololo, un ensemble d'immeubles en crépi éclaboussés de boue et protégés par une haute clôture. Il était commissaire politique national, position vague, mais comme Chango avait toujours été un idéologue, le président avait dû considérer qu'il serait un esprit utile. Il avait l'air épuisé et malade, un peu titubant. Il s'est excusé et m'a dit qu'il avait cette semaine un accès de malaria et que ça lui donnait des vertiges. Je lui ai proposé que nous nous rencontrions un autre jour.

« Non, ça me fait du bien de te voir, après tant d'années. Que penses-tu du pays, maintenant ?

— Plus de gens. Moins d'arbres.

— C'est vrai. Et pas d'Indiens.

— C'est une bonne chose ?

— Très bonne. Ils nous exploitaient et nous saignaient à blanc. »

Même la malaria n'avait pas affecté sa rhétorique maoïste. Nous avons parlé du président, Yoweri Museveni.

« Tu ne te souviens pas de lui ? m'a demandé Chango. Il était un de nos étudiants à Ntare, pour les cours du week-end. »

Ntare était une école proche du village de Mbarara. Dans les années soixante, les plus jeunes enseignants du département de Formation permanente partaient dans la campagne et y organisaient des cours d'anglais et de sciences politiques. Je ne revoyais, à Mbarara, qu'une masse d'élèves de la tribu pastorale banyankole qui prenaient des notes dans une salle de classe encerclée par leurs troupeaux.

« Je ne me souvenais pas de lui non plus, a avoué Chango. Mais il se souvenait de moi. Tout allait si mal sous Amin, que je suis parti pour Nairobi. Museveni y était. Il m'a vu. “Monsieur Machyo !” J’étais étonné. “Eh, eh, que fais-tu là ?” Il était soldat. Il portait le nom du bataillon de son père, le septième. Il a dit qu’il avait un projet. Il avait été formé par le FRELIMO au Mozambique. Je suis allé à Dar es-Salaam avec lui, mais ma famille me manquait. Et puis, après Amin, après l’anarchie, après la guérilla contre Obote, quand Museveni a pris le pouvoir en 1986, il m’a envoyé chercher. Il m’a fait ministre de l’Eau, puis ministre de la Réhabilitation – nous distribuions des couvertures ! Plus tard, je suis devenu commissaire politique national.

— Tu as toujours été commissaire politique.

— Oui. Je n’ai pas changé. Je dis toujours la même chose.

— “Néo-colonialisme”, “prolétariat”, “impérialisme”, “bourgeoisie noire”, “exploiteurs”...

— C’est ce qu’ils ont au Kenya. La bourgeoisie africaine a hérité des fermes des colons. Elle a repris les hôtels des Blancs. Ils font de gros profits. Ce genre d’Africains n’est pas bon pour l’Afrique. Au niveau bourgeois, c’est une lutte pour le pouvoir. »

Je lui ai dit qu’il me semblait que l’Ouganda n’était pas encore remis des années d’anarchie d’Idi Amin. Chango pensait que c’était vrai, en partie. A l’époque, il avait perdu son emploi à l’université, comme beaucoup d’autres. Il était rentré dans son village près de Mbale, à l’est.

« La vie était horrible sous Amin, a-t-il dit. Ça tirait de partout. Pendant des années, il y avait un couvre-feu de dix-huit heures à six heures du matin. Si tu sortais, tu te faisais tirer dessus. Les gens avaient peur. Quand on voyait un soldat, on s’inquiétait, parce qu’un soldat pouvait te faire tout ce qu’il voulait. Beaucoup de gens ont été enlevés. Moi-même, j’ai été emmené, puis relâché.

— Comment as-tu survécu ?

— Je n’avais rien. Les temps étaient très durs. J’ai repris mon ancienne profession de géomètre – oui, j’ai une formation de géomètre – mais il n’y avait pas de travail.

— N’étais-tu pas plus en sécurité à Mbale que tu l’aurais été à Kampala ?

— Non. Un jour, j’étais dans un café de Mbale, et un soldat est entré. Les gens l’ont salué, mais j’ai eu un mauvais pressentiment. J’ai quitté les lieux. Arrivé chez moi, j’ai entendu des coups de feu dans la direction du café. Voilà ce qui s’était passé : deux hommes arrivaient dans la rue ; le soldat a dit : “Regardez un peu !” et il les a abattus tous les deux, sans aucune raison. C’est après ça que je suis parti pour Nairobi. »

En l’écoutant, je me suis dit que toutes ces théories sur « il est temps d’oublier » et « il faut se tourner vers l’avenir » étaient peut-être des erreurs. Des étudiants m'avaient demandé : « Comment pouvons-nous devenir des écrivains connus ? » Mais leur vraie question aurait dû être : « Que devrions-nous écrire ? » Et la réponse était : écrivez à propos de ces années-là. A cause de la honte, de l'humiliation et de la défaite, personne n'aimait parler des années sous Amin Dada, mais il semblait que le talent de tout écrivain devrait se mettre au service d'une compilation de l'histoire orale de ces années d'horreur.

Thelma Awori, du Liberia, était une vieille amie et collègue. Thelma avait aussi une histoire horrible à raconter. Son mari, Aggrey, était directeur de la télévision ougandaise, en 1971, quand Amin était au pouvoir. Des soldats sont entrés dans son bureau et se sont emparés de lui. L'un d'entre eux voulait l'abattre sur place, mais un autre a dit : « Pas ici – emmenons-le. » Ils l'ont traîné dehors et l'ont adossé à un arbre. Un soldat l'a visé, mais juste avant qu'il tire, Aggrey s'est effondré par terre.

Un autre soldat qui passait l'a reconnu et a dit à ses collègues : « Ne le tuez pas ! » Mais les autres ont insisté et ils se sont bagarrés. « Amenons-le à Amin », a dit l'un d'entre eux. C'est donc Amin qui a décidé du destin d'Aggrey : il a été relâché. Il a fui le pays et enseigné dans une école au Kenya jusqu'à ce qu'il puisse retourner chez lui en toute sécurité. La semaine précédente, il n'avait pas réussi à se faire élire président, mais il restait membre du Parlement.

« Et nos enfants sont là, a ajouté Thelma. Nous voulions qu'ils soient là. Nous leur avons dit : "Revenez et prenez pied dans votre pays. Trouvez un bon emploi. Essayez de participer au processus." »

Ils avaient cinq enfants, presque tous instruits aux États-Unis, comme leurs parents – Thelma avait un diplôme de Radcliffe, Aggrey était allé à Harvard. Une de leurs filles avait un Master's de Wharton.

« Elle travaillait à Wall Street, a dit Thelma. Aggrey a insisté pour qu'elle rentre au pays. Elle gagne beaucoup moins d'argent, et elle n'en revient pas de constater l'inefficacité de tout ce qu'on fait ici, mais elle a dit : "Si je n'étais pas là, ils ne feraient pas les choses comme il faut." »

Tout le monde parlait ouvertement des problèmes du pays. De ce point de vue, l'Ouganda n'avait pas changé. Le pays, même pendant cette convalescence apparente, dépendait toujours de l'aide internationale. Plus de la moitié de son budget venait de pays donateurs. Le sida avait atteint son maximum en 1992, quand il touchait trente pour cent de la population, mais grâce à une campagne intensive d'éducation, il diminuait : il n'y avait plus que dix pour cent de la population contaminée. Pourtant, la maladie avait tué presque toute une génération. L'Ouganda comptait deux millions d'orphelins.

« Je suis payé pour être optimiste, m'a dit un diplomate américain peu avant mon départ de Kampala. Je veux dire qu'il faut bien être optimiste pour travailler dans un lieu pareil ! Mais si je n'étais pas payé pour ça, je désespérerais de voir ce que les Africains ont fait de leur pays – la déforestation, les violences, le sida... Mon Dieu ! »

Il m'a demandé ce que j'en pensais, moi qui pouvais faire des comparaisons avec « avant ».

« Les gens que je connais, ai-je dit, des gens très intelligents, veulent que leurs enfants restent ici, qu'ils n'émigrent pas. Pour des parents, c'est un bon signe. »

Je n'avais rien d'autre pour me rassurer, mais c'était déjà ça : la certitude de mes amis que leurs enfants avaient un avenir dans le pays était l'étalon de leur confiance, une manière de dire que le *pays* avait un avenir.

A Kampala, je menais une vie tranquille, pas celle d'un voyageur, mais celle d'un habitant d'un lieu que je recommençais à apprécier. J'ai vu de vieux amis, j'ai pris de longs repas détendus, je me suis promené, j'ai observé les oiseaux au bord du lac. La plupart des soirs, j'ai travaillé à ma longue nouvelle érotique.

Ma manière de voyager était parfois onéreuse, car elle n'était qu'improvisations et projets de dernière minute. Mais ce séjour à Kampala me coûtait fort peu. De plus, dormir dans le même lit plusieurs nuits de suite et écrire ma nouvelle avait restauré mon énergie. Certains jours, je me contentais de me promener et de regarder les enfants s'amuser avec des jouets qu'ils avaient fabriqués – des cerceaux en plastique, de petits véhicules en fil de fer et planches, des boîtes de conserve recyclées en jeux, des insectes vivants, parfois – comme des scarabées rhinocéros – qu'ils faisaient voler attachés par un fil.

Mes pas me conduisaient quotidiennement jusqu'aux bureaux des Chemins de fer pour savoir si je pouvais embarquer sur un ferry. Un jour, j'ai repoussé cette visite à l'après-midi, et ce jour-là, justement, la secrétaire du directeur s'est levée de sa chaise et m'a montré la porte :

« Filez à Port Bell ! Apportez la lettre du directeur Sentongo. N'oubliez pas votre passeport. Prenez vos affaires. Le ferry part tout de suite ! »

11 — Traversée du lac Victoria sur le MV Umoja

Pendant trois heures, sur le quai du ferry, à Port Bell, j'ai regardé les tisserins construire leur nid dans les papyrus au bord du lac. Je devais prendre le ferry *Kabalega*. « Bientôt, bientôt, me disait un officier du port. Ils soudent le bateau. » Un aigle pêcheur planait. Un homme n'avait remonté que quelques petits poissons après avoir plusieurs fois jeté son filet. Une heure de plus a passé. Près de bateaux coulés, dix ou douze gamins pêchaient des talapia avec des tiges de bambou. Ce n'était pas un jeu, c'était leur prochain repas. Une heure de plus.

Je faisais les cent pas en me souvenant que tous les livres que j'avais lus sur l'Afrique contenaient de longs passages, parfois des pages entières, sur les retards. « Nous sommes restés plusieurs jours chez le chef pour attendre la permission de retourner sur la côte », est le genre de phrase qu'on retrouve dans presque tous les ouvrages traitant d'exploration en Afrique. Les voyages africains de Burton sont pleins de cris et de plaintes contre les retards, de même que ceux de Livingstone et de tous les autres. Livingstone, qui était convaincu que « la constipation entraîne à coup sûr la fièvre », avait ordonné à ses hommes de faire de longues marches dans la brousse, car cet exercice était bon pour leurs intestins. En Afrique « avec le changement de climat, il se produit un état particulier du ventre qui fait que l'individu imagine toutes sortes de choses ». Pour Livingstone, les retards provoquaient la constipation. *Au cœur des ténèbres* est plein de retards à rendre fou, au point que même la narration est une obstruction – hésitante, délibérément tangentielle. Il arrive que les retards prennent la forme d'un suspense qui vous force à la concentration, mais le plus souvent, c'est un ennui qui vous rend cinglé. Et qui donc peut bien avoir envie qu'on lui en parle ? Ce paragraphe est déjà trop long.

Il me semble parfois qu'on va en Afrique pour trouver un lieu où l'on doit attendre. Beaucoup d'Africains que j'ai rencontrés me l'ont dit, mais sans se plaindre, car la plupart le vivaient avec une patience fataliste. Les étrangers considèrent l'Afrique comme un continent « retardé » – économie en suspens, société inconsistante, politique et droits de l'homme mis de côté, communautés étranglées ou paralysées. « Pas encore ! » ont déclaré les voix de l'autorité aux Africains pendant les années de colonisation comme d'indépendance. Mais le temps africain n'est pas le même qu'ailleurs. Une génération en Occident, c'est deux générations en Afrique, où les adolescents sont parents et les trentenaires ont un pied dans la tombe. En voyant passer le temps africain, je me suis dit que le rythme des pays occidentaux est fou, que la vitesse qu'entraîne la technologie moderne n'a rien accompli, que l'Afrique va à son propre rythme par ses propres chemins pour de bonnes raisons : l'Afrique est le refuge, le lieu où se reposer, le dernier territoire où fuir. Je l'ai pensé, je ne l'ai pas toujours ressenti. Je suis impatient de nature.

« Quand les soudures seront-elles terminées ? ai-je demandé.

— Ils soudent pas, *bwana*, ils réparent le moteur.

— Depuis combien de temps y travaillent-ils ?

— Quelques jours. »

La nuit était tombée. On avait allumé des lampes si puissantes qu'elles vous éblouissaient et vous empêchaient de rien voir. Cela faisait plus de cinq heures que j'étais arrivé, hors d'haleine, au quai, imaginant que j'avais juste le temps de sauter à bord d'un ferry en partance. « Vous en faites pas, Monsieur », a dit M. Joseph. « On va s'occuper de vous », m'a affirmé l'agent des douanes. Ces deux hommes se faisaient des blagues, tels de grands gamins joueurs et bruyants, comme souvent ceux qui occupent des emplois impliquant de longues attentes – sur les docks, dans les entrepôts, sur les plates-formes de chargement. Mais je les ai crus. Ils m'ont rassuré.

Par cette nuit sans lune, au bord du lac, la puanteur de la boue s'est élevée comme si elle appartenait à l'obscurité, entraînant moustiques et moucherons. Deux heures ont passé.

« Combien de temps cela prend-il pour gagner l'autre rive ? ai-je demandé à l'agent des douanes.

— Moi, je peux pas vous le dire, Monsieur. J'ai jamais traversé le lac de ma vie. »

M. Joseph écoutait. Il a secoué la tête et ri pour exprimer son incompréhension.

« Dormir sur l'eau, hi hi ! Jamais je l'ai fait. Ça doit être bizarre. »

Sept heures depuis que j'étais arrivé au quai.

« Je crois qu'on ne partira pas ce soir, m'a annoncé le capitaine Opion, du *MV Kabalega*.

— Vraiment ? ai-je demandé en sentant mon cœur se serrer à cette terrible nouvelle.

— Vraiment, a-t-il confirmé solennellement. Je vais donc vous présenter le capitaine Mansawawa, de l'*Umoja*.

— Partez-vous ce soir, capitaine ?

— Oui, dès que les camions que nous devons embarquer seront arrivés de Kampala. »

C'était un détail. L'important, qu'il s'agisse d'un ferry ou de n'importe quel bateau, c'était de monter à bord, de trouver une couchette et de glisser ses pieds sous la table. Dès lors, les retards n'avaient plus d'importance : vous alliez vous coucher, et même si l'embarcation était toujours à quai le lendemain, vous n'aviez qu'à vous installer sur le pont avec un bon livre. C'était préférable à un banc au bureau des douanes. C'était mieux que de faire les cent pas sur le quai pendant sept heures.

« Puis-je venir avec vous ?

— *Karibu* », m'a répondu le capitaine. Bienvenue.

Le fait qu'il le dise en swahili m'a renvoyé un accent de sincérité.

Le capitaine était un homme sérieux et dur au travail. Il venait de Musoma, sur le lac, et il parlait aussi chichewa. J'avais appris cette langue bantoue quand j'étais membre du Peace Corps, afin de pouvoir enseigner au Malawi. Le capitaine l'avait apprise quand il était officier sur l'*Ilala*, un bateau qui transportait des passagers sur le lac Nyasa.

« Vous êtes notre invité d'honneur, m'a dit le capitaine en montant à bord. Je vous présente Alex, l'ingénieur principal. »

Un homme portant une calotte se tenait en haut des marches, tout sourire, un œil sur moi, l'autre au loin. Son œil paresseux lui donnait un air perdu et aimable. Il m'a aussi dit « *karibu* » en prenant mon sac, et il a ajouté : « Vous allez prendre ma cabine. C'est par là. » Il m'a entraîné vers la proue.

En arrivant devant sa cabine, qui portait une plaque de laiton où était gravé *Ingénieur principal*, il n'a pas ouvert la porte tout de suite. Il m'a regardé d'un œil et m'a donné ses instructions.

« Il faut d'abord éteindre toutes les lumières. Celle-ci, et celle-là, a-t-il dit en éteignant les lumières du pont. C'est à cause des mouches de mer. Elles aiment la lumière, mais elles ne piquent pas. »

Il a ouvert la porte d'un coup et m'a poussé à l'intérieur avant de se faufiler après moi et de refermer derrière lui. Nous étions dans l'obscurité.

« N'ayez pas peur ! » m'a-t-il dit en allumant la lumière dans la cabine.

La pièce était pleine d'insectes qui tourbillonnaient, de la taille de moucherons, des nuages entiers qui tournaient autour de la lampe et s'écrasaient contre le hublot. Des cadavres d'insectes jonchaient le lit. Alex les a balayés de la main, nettoyant comme il pouvait le drap jaune et l'oreiller gris.

« *Doudous*, ai-je dit en utilisant le terme générique d'"insecte" en swahili.

— Ces *doudous* ne vous ennuieront pas », a dit Alex en en balayant d'autres d'une étagère où il a posé mon sac.

Son œil baladeur semblait le rendre plus efficace, mieux capable de voir en même temps les deux côtés de la cabine.

« Ils ne piquent pas ?

— Non. On les mange, a-t-il ajouté en claquant des lèvres. Ils sont très sucrés.

— Les *doudous* ne vous mangent pas, c'est vous qui mangez les *doudous* !

— Oui, oui ! a-t-il dit en riant. Bien : c'est votre cabine.

— Et où dormirez-vous ?

— Quelque part ! » a-t-il répondu en s'inclinant avant de sortir.

C'était parfait pour un ferry qui portait bien son nom : *umoja*, en swahili, cela veut dire « unité », « unicité ». Peu importait que la cabine fût rouillée et malodorante, que les draps n'aient pas été changés, que les mouches de mer me harcèlent : c'était l'harmonie, mes quartiers privés, le genre de confort auquel j'aspirais. La cabine était assez grande pour contenir aussi un fauteuil et une lampe. Au mur, une horloge arrêtée et un calendrier de l'an passé avec une photo de rhinocéros. Une table était boulonnée à la coque. Dans un tiroir, j'ai trouvé un tampon en caoutchouc qui disait : *Ingénieur principal, M.V. Umoja*. Je partageais une douche d'eau froide avec la cabine voisine. Je pouvais lire, je pouvais écrire, je pouvais écouter ma radio. Je me moquais bien que la traversée prenne deux ou vingt jours.

Une demi-heure plus tard, j'écrivais dans mes notes : *Dormir sur l'eau, hi hi ! Jamais je l'ai fait. Ça doit être bizarre*, quand on a frappé à ma porte. Alex m'invitait à venir dîner. Les marins et l'ingénieur en second nous ont rejoints, ainsi que le capitaine, car les camions n'étaient toujours pas arrivés de Kampala.

« Vous aimez *nyama ya kuku* ? » m'a demandé le capitaine en posant une cuisse de poulet sur mon assiette.

Alex a ajouté une petite montagne de riz et une cuillerée d'avocat en purée.

« Vous avez de la sauce pili-pili ?

— Trop, a dit Alex pour plaisanter.

— Vous avez de la bière ?

— Pour vous, oui.

— Je suis au paradis ! » ai-je dit en levant mon verre à leur santé.

Ils étaient en service, et ne pouvaient donc pas boire d'alcool.

« Vous êtes le bienvenu, monsieur Paul. »

Alex était de la tribu Sukuma. Les WaSukuma vivaient à l'extrémité sud du lac, dans ce qu'on appelait le grand Unyamwzi. Je connaissais ce peuple. A Nairobi, j'avais vu une marionnette en bois géante, dans une boutique. Une poupée d'un mètre cinquante de haut, avec un gros torse aux seins coniques et un visage à faire peur qui vous regardait fixement. C'était une œuvre ancienne et fort belle, avec des bras et des jambes articulés. Elle pesait dans les vingt kilos. « Du peuple Sukuma », m'avait dit le vendeur indien. Il l'avait obtenue d'un négociant de Tanzanie. Je la lui avais achetée en lui expliquant que je lui signalerais mon retour chez moi et qu'il devrait alors me l'expédier. « On s'en sert dans les villages », m'a dit Alex.

Il a raconté que ça s'appelait une *vinyago vibubwa* (une grande poupée), personnage bienveillant qu'on promenait dans le village à l'époque des moissons. Il était content d'en parler, mais il avait cette tendance des Africains urbanisés à se dissocier de tous les rituels ou superstitions propres à sa tribu d'origine. « Seulement dans la brousse, a-t-il bien précisé. Tout au fond de la brousse. »

J'ai songé, assis là parmi eux, que personne sur le quai ou sur le ferry ne m'avait demandé mon passeport. Personne n'avait lu la lettre qui autorisait mon voyage. On n'avait pas parlé d'argent. Personne ne m'avait demandé qui j'étais, si j'avais un billet. On m'avait juste présenté. On m'avait simplement dit : « Montez à bord ! » comme le chauffeur de la bétaillère au nord de Marsabit, sur la route des *shiftas*, avant l'embuscade.

Tout l'équipage était tanzanien, des gens amicaux et attentionnés. Ils étaient à Port Bell depuis plusieurs jours à charger des marchandises sur le ferry, et ils en avaient récolté de telles taches de cambouis que la cérémonie du lavage des mains à l'heure du repas avait été toute une affaire : les convives s'étaient présentés tour à tour au-dessus d'une cuvette et s'étaient savonnés pendant qu'un autre leur versait de l'eau d'un pichet. Il fallait frotter dur, car charger un ferry est un travail vraiment salissant. Mais on pouvait être très sale et pourtant ne pas vouloir se mettre à table sans se laver les mains.

« J'aime venir ici, a dit le capitaine en swahili. L'Ouganda est notre ami. Les Kényans sont aussi nos amis, mais la police kényane demande sans cesse du *rushwa.* »

C'était un mot nouveau pour moi.

« Des pots-de-vin, a expliqué le capitaine. De l'argent en plus. Pour ça, le Kenya est un mauvais pays. »

Quand le repas s'est terminé, il était tard, et pourtant nous n'avions pas quitté le port. Et alors ? Je suis retourné dans ma cabine, j'ai pris des notes, écartant les moucherons d'une main loin de la page blanche qui les attirait, écrivant de l'autre. Puis je me suis allongé sur mon lit et j'ai écouté mon poste de radio à ondes courtes. Des moucherons se sont posés sur mon visage. Je les ai chassés. J'ai entendu les roulements et les chocs des camions qui montaient à bord par les rails de chargement. Au milieu des cris des dockers, le ferry réagissait au poids de sa nouvelle charge et se stabilisait à nouveau. Je somnolais déjà, goûtant des moucherons chaque fois que je bâillais. Le ferry a eu comme un frisson quand les moteurs se sont mis en marche. Mais je dormais profondément quand nous sommes partis. A une heure et demie de Port Bell, pendant mon sommeil, nous avons passé l'équateur.

Je me suis réveillé plusieurs fois dans la nuit, à cause de rêves curieux – le genre de rêves qu'on fait dans un lit étranger – et non à cause des mouvements du bateau, car l'*Umoja* voguait sans tanguer, fendant les eaux calmes du lac à peine troublées par un petit vent de sud-est. Il régnait une température agréable et un courant d'air frais passait même par le hublot. Le ronronnement des moteurs dans les entrailles du ferry faisait vibrer la coque comme pour un massage, et cela me berçait.

A mon réveil, je n'ai vu aucune terre à aucun horizon. Nous étions en mer. Le lac Victoria est le plus vaste plan d'eau d'Afrique – 68 000 km^2. Tout un peuple intact, les Sesse des îles, qui s'adonnent à un artisanat primitif, occupent un archipel particulier au nord du lac. Les eaux sont poissonneuses, mais pleines de crocodiles aussi, et bilharziose et pirates y règnent. Le lac n'a pas été vraiment exploré depuis l'ère coloniale, et on ne dispose que de vieilles cartes. Beaucoup d'écueils et de dangers n'y figurent donc pas.

Des nuées de moucherons survolaient le pont quand je suis sorti. Ils m'ont frappé au visage, sont entrés dans mes yeux. A l'ouest j'ai cru qu'il y avait comme une salissure, et quand nous nous sommes approchés, j'ai vu que c'était une île, plate et boisée.

« L'île Goziba, a dit Alex.

— Qui y vit ?

— Tout le monde : Ougandais, Kényans, Tanzaniens, Congolais, Ruandais et d'autres. Ils arrivent en pirogues, en canots à moteur ou en boutres. C'est sympa ! Pas de police, pas de gouvernement. Pas d'impôts. C'est juste au milieu de nulle part. »

La carte détaillée, au poste de pilotage, montrait que le lac était parsemé de nombre de ces îles, sur le pourtour, près des rives, et au milieu aussi, certaines connues et identifiées, d'autres sans nom, ouvertes à tous les squatteurs capables de ramer jusque-là. Les pirogues étaient souvent retournées par les crocodiles et les rameurs dévorés. Sur une période récente de six mois, l'île Sigulu, au nord-est du lac, avait compté quarante-trois morts à cause des crocodiles. L'activité intense de ces sauriens semblait souligner la liberté pour tous qui était la règle générale sur le « lac Vic ».

Le petit déjeuner se composait d'*ugali* – une bouillie africaine qui ressemble à un gruau trop clair – et de thé sucré. Cela m'a rappelé que l'Afrique que je connaissais n'avait jamais été un paradis pour les gourmets, mais ce qu'on trouvait était mangeable. Certains lieux devaient pourtant leur célébrité à des produits particuliers, comme le sud de l'Éthiopie et ses ananas, le Kenya et ses oranges, l'Ouganda et ses bananes. Le côté tanzanien du lac était célèbre pour ses mangues, les meilleures du monde, disait-on. Il y avait aussi les avocats des rives du lac, gros et savoureux, qui étaient justement de saison, et nous nous en sommes régalés.

L'ingénieur en chef était à la table du petit déjeuner, quand je suis arrivé. Il lisait le dernier *Shipping News and Ship Repair*, périodique britannique destiné aux marins et aux mécaniciens et publié sous l'égide du Royal Institute of Naval Architects.

« Vous auriez sans doute dû laisser cette revue aux ingénieurs du *Kabalega*, ai-je suggéré.

— Dans ces articles, ils n'auraient trouvé aucun conseil pratique en mesure de les aider, m'a-t-il répondu en levant les yeux de sa lecture. Ils ont un problème d'eau qui se mélange au carburant quelque part. Ils n'arrivent pas à trouver à quel niveau. »

J'ai songé une fois de plus à la gentillesse du capitaine. Si cet homme ne m'avait pas aidé, ne m'avait pas fait monter à son bord, je serais toujours sur le quai à battre la semelle. Et qui étais-je ? Juste un de ces pauvres *mzungu* qui n'aimait pas l'avion et qui voulait gagner Mwanza en bateau. Ici comme ailleurs, j'étais le seul voyageur *mzungu*. Les autres ne prenaient pas les cars, ils craignaient le Soudan et l'Éthiopie, ils s'en tenaient aux routes officielles et voyageaient en groupe, pour regarder des animaux. En règle générale, ils restaient à bonne distance de la population locale. Et pourtant, bien que je fusse solitaire, je n'avais entendu que *karibu, karibu*, bienvenue, bienvenue, et : « Vous voulez plus d'*ugali* ? »

L'ingénieur en chef s'appelait John Kataraihya. Il avait probablement à peine plus de quarante ans, et comme la plupart des autres membres de l'équipage, il avait grandi sur les rives du lac. Il avait fait en Belgique des études d'ingénieur qui lui permettaient de concevoir des machines et de réparer les moteurs. Il était intelligent et amical, avec un regard franc et une confiance tranquille dans l'énoncé de ses opinions. Il avait vu une grande partie du monde. Il préférait le lac Victoria.

« Les Belges ont beaucoup de problèmes ! » a-t-il dit.

J'ai ri de l'entendre généraliser sur eux comme les Belges généralisaient probablement sur les Africains, et j'ai trouvé ironique que John ait passé du temps dans la ville que Marlow dénigre dans *Au cœur des ténèbres*. Bruxelles, dit-il, « la ville qui me fait toujours penser à un sépulcre blanchi ». C'est dans les bureaux de sa compagnie, dans cette ville, qu'il reçoit l'ordre de remonter le cours du Congo. Cette compagnie apparemment civilisée, dans cette cité ordonnée, se plie aux directives du roi Léopold. Marlow remarque aussi l'Afrique de l'Est allemande sur une carte, au mur, « tache violette, pour montrer où les joyeux pionniers du progrès boivent joyeusement de la bière ». L'Afrique de l'Est allemande est devenue le Tanganyika, puis la Tanzanie.

« Mais il y a une chose importante qui rend les Belges malheureux, a dit John en refermant son magazine. Le gros problème des Belges, c'est qu'ils ne peuvent pas s'entendre entre eux. Ceux qui parlent flamand détestent ceux qui parlent français. C'est une sorte de racisme, pourrait-on dire. Ou quelque chose dans le genre. Anvers, c'est la pire des villes, pour ça », a-t-il affirmé comme s'il parlait d'un village de brousse.

Là-bas, il avait passé presque tout son temps à étudier, mais il avait aussi voyagé – timidement au début, puis de plus en plus loin au fur et à mesure que son français s'améliorait. Il avait vu presque toute la Belgique et les pays alentour, « même des villages, je dois dire, de très petits villages » – ce qui m'a fait penser à Bombo et Bundibugyo en Ouganda, et à la petite communauté préservée sur l'île de Goziba.

« Des problèmes pour voyager ?

— Oui, j'ai rencontré quelques problèmes, a dit John de ses pérégrinations en Belgique. S'ils croient que vous êtes congolais – originaire, donc, d'une de leurs anciennes colonies – ils vous traitent très mal et vous insultent.

— Ce n'est pas un *karibu* très amical ! »

Il a ri.

« Je leur disais : "Je suis de Tanzanie !" et c'était bon. Ils me disaient : "Alors, vous venez de Nairobi ?" Ha ! »

L'idée qu'après presque cent ans de règne colonial en Afrique, ces ignorants ne voyaient toujours pas la différence entre le Kenya et la Tanzanie le faisait éclater d'un rire moqueur.

C'était un bon sujet de bavardage, dans le carré de l'*Umoja*, entre John et d'autres membres de l'équipage. J'avais lu récemment avec beaucoup d'intérêt l'histoire de cette curieuse période qu'avait décrite Adam Hochschild dans *Les Fantômes du roi Leopold II*. L'auteur détaillait la sauvagerie de l'impérialisme, le côté pathologique et mégalomane d'un règne par l'intimidation, mais aussi la réaction idéaliste à ce colonialisme, qui se situait aux origines du mouvement moderne des droits humains. Les Belges avaient inspiré ce poème, « Le Congo » de Vachel Lindsay, qui disait en partie :

> Écoute le cri du fantôme de Léopold
> Qui brûle en enfer pour ses mutilations
> Entends comme les démons rient et crient
> En lui coupant les mains, en enfer.

J'ai dit que je trouvais curieux que les Belges soient agressifs contre les Congolais, puisque c'étaient les Belges qui avaient pillé leur pays, d'abord pour son ivoire, puis pour son caoutchouc, et enfin pour les diamants, le chrome et l'or. L'essentiel du travail avait été réalisé par des esclaves, des villages entiers avaient été voués à la collecte de l'ivoire, puis du caoutchouc, et si les esclaves ne donnaient pas le meilleur d'eux-mêmes, on leur coupait les mains ou on les tuait. Ça avait duré des dizaines d'années, jusqu'à ce que cette énorme colonie soit saignée de toutes ses richesses. Comme Joyce le fait dire dans *Ulysse* à un Irlandais indigné dans un pub : « Ils violaient les femmes et les jeunes filles et jetaient les hommes à plat ventre pour extirper d'eux tout le caoutchouc rouge qu'ils pouvaient. »

« Vous savez, tout le Congo appartenait au roi des Belges, ai-je ajouté. C'était sa propriété privée. Le Congo était le propre *shamba* du roi. »

Cela a intéressé les hommes à la table, car c'était un fait surprenant. Le Congo n'était pas une colonie belge, mais pendant vingt-trois ans à partir de 1885, il avait été le domaine privé du roi Léopold. Les horreurs qui s'y déroulaient avaient à tel point scandalisé Joseph Conrad lors de son voyage sur le fleuve jusqu'à Stanleyville qu'elles lui avaient inspiré *Au cœur des ténèbres*.

« Tout le Congo, son *shamba* ? a répété un des hommes.

— En Belgique, a ironisé John, ils donnent le nom de Léopold aux plus grandes rues ! »

L'équipage de l'*Umoja* était attentif. Les hommes comprenaient les contradictions de la période qu'Hochschild appelait « un des silences de l'histoire ». Ils ont réagi par des questions très pertinentes, et quand le devoir les a rappelés à leur poste en différents points du ferry, ils ont dit qu'ils aimeraient lire ce livre.

« Venez, je vais vous montrer la salle des moteurs ! » m'a dit John.

Chaleur et bruit s'élevaient par l'étroite échelle de coupée, quand nous avons descendu les marches glissantes. Au plus bas, il n'y avait plus que des barreaux métalliques, et les chocs des pistons étaient si puissants que j'entendais à peine ce que me disait John. Il m'expliquait que le ferry avait été construit par les Britanniques et qu'il était entré en service en 1962. Ni ses moteurs Diesel ni son générateur Caterpillar, ni ses chaudières n'avaient été changés depuis quarante ans. La compagnie qui avait construit le ferry n'existait plus. Ce type de moteur n'était plus fabriqué.

« Très difficile de trouver des pièces détachées, m'a crié John par-delà le bruit assourdissant de la chambre des machines. On a deux moteurs, alors on parvient toujours au but, mais il arrive qu'on ait des problèmes de gouvernail. »

Il m'a tendu des cache-oreilles, du genre qu'on voit sur la tête des canonniers, afin d'étouffer le rugissement des moteurs et m'a précédé dans la fournaise.

Un des plus curieux spectacles que j'ai eu le privilège d'observer au fil de mes nombreux mois de voyage du Caire au Cap, m'a été offert sous le pont, dans la salle des machines de l'*Umoja*. Au plus profond de la chambre de chauffe, dans le bruit le plus assourdissant, dans la chaleur la plus étouffante, près des tuyaux brûlants – la plupart sans isolant, certains laissant échapper des jets de vapeur aux jonctions coudées – un jeune Africain était assis à une table en bois mouillée en train de résoudre des équations mathématiques complexes. Au premier coup d'œil, je l'ai cru nu. Il avait glissé un pouce dans le fascicule contenant ses tables de logarithmes et un manuel était ouvert devant lui. Il avait couvert une feuille d'équations, nombres et lettres, du haut en bas. Pour moi, la chaleur et le bruit étaient d'une intensité terrifiante. Mais ce jeune homme était serein, et il travaillait, son bout de crayon à la main, vêtu de son seul caleçon, des bouchons d'oreilles en caoutchouc rose dans les oreilles.

Il était tellement absorbé par son travail, par ses devoirs de classe, qu'il ne nous a pas salués. Ce n'est que lorsque j'ai à demi fermé le livre pour regarder la couverture qu'il a levé le nez et souri. Puis il est retourné à son travail. Il étudiait les *Principles of Diesel and High Compression Engines*.

« L'anglais est la langue des impérialistes », ont souvent dit les officiels tanzaniens dans le passé. Une des politiques instituées par le bien-aimé premier président de Tanzanie, le *mwalimu* (professeur) Julius Nyerere, a été la très onéreuse traduction en swahili de tous les manuels scolaires. Pour prouver que c'était faisable, il avait personnellement traduit le *Jules César* de Shakespeare dans cet idiome côtier. Je me suis dit, dans la salle des machines de l'*Umoja*, qu'il faudrait sans doute un peu de temps avant que les « Principes des moteurs Diesel et à taux de compression élevé » soient disponibles en swahili.

Il était impossible de discuter dans un tel vacarme. J'ai pris un bout de papier où j'ai écrit : *Qu'est-ce qu'il fait ?*

John a hoché la tête, pris le papier et le crayon et écrit : *Il étudie.*

Dans quel but ? ai-je demandé.

Transpirant dans la chaleur, les mâchoires serrées car il ne portait pas de protections d'oreilles, John a écrit : *Afin d'améliorer sa qualification pour son emploi.*

Toujours dans le tumulte, nous nous sommes assis dans une salle de contrôle entourée de grillage, où nous avons pris une tasse de café conservé dans un Thermos. A un moment, j'ai écarté mes protections d'oreilles, mais le hululement du moteur était insupportable. John a ri de ma réaction – j'avais eu l'air de recevoir des coups de marteau sur la tête. Ça ne semblait pas le gêner : peut-être des années dans ce bruit l'avaient-elles rendu partiellement sourd. J'ai remarqué que la salle des machines était très propre et bien organisée, beaucoup plus ordonnée et mieux entretenue que les ponts supérieurs du ferry. Il m'a montré du doigt les cadrans indiquant la pression de la chaudière, le niveau de carburant, la température et la preuve que nous voguions presque à douze nœuds. Pas mal.

Au bout de vingt minutes, je ne pouvais plus supporter d'être là. Je lui ai fait signe que je remontais, là-haut, dans l'air frais, au soleil. Nous étions toujours en mer, sans terre en vue.

« Vous ne prenez plus de passagers ? ai-je demandé.

— C'est un bateau de transport de marchandises, m'a répondu John. Si nous prenons plus de six personnes, nous sommes considérés comme un bateau de transport de passagers et nous devons observer des règles de sécurité très strictes – nombre de gilets et de canots de sauvetage, exercices d'alerte, etc.

— A cause du naufrage du *Bukoba* ?

— Oui. Nous allons passer tout près de l'épave. Il se rendait à Mwanza. »

Plus tard, j'ai lu que le lac Victoria n'avait jamais été vraiment étudié et que toutes les données sur les risques dataient de 1954, à l'époque où la région était une colonie britannique. Les informations sur les points marquants et les mises en garde étaient d'un autre âge. Les seules personnes qualifiées pour piloter un gros bateau sur le lac Victoria étaient celles qui connaissaient bien ses eaux et en avaient une longue expérience.

John et le capitaine travaillaient ensemble sur l'*Umoja* depuis la fin des années soixante-dix. A l'époque, c'était un bâtiment militaire.

« Pendant la guerre contre Idi Amin Dada, nous avons convoyé beaucoup de soldats. Cinq mille, debout, comme ça, a dit John en rentrant les joues et en se tenant droit comme un piquet. Nous les amenions à Jinja Port et ils se cachaient dès qu'ils descendaient à terre.

— Qu'apportez-vous en Ouganda, maintenant ?

— Je n'en sais rien. C'est toujours des colis dans des véhicules fermés. Mais d'Ouganda, nous rapportons du café et du thé. Nous, nous produisons du coton, du café, du thé, des noix de cajou et des clous de girofle à Zanzibar.

— Pas de tissu ?

— Il ne nous reste qu'une filature. Nous vendons notre coton, nous ne le tissons pas. »

Quarante ans d'indépendance et d'investissements étrangers, quarante ans de rhétorique politique à rendre fou portant aux nues l'*Ujamaa* (l'esprit de famille) et le « socialisme africain », quarante ans de nationalisations, d'industrialisation et de neutralité, et ce vaste pays fertile de vingt millions d'âmes avait réussi à tomber en quasi-faillite et ne possédait plus qu'une usine !

Étrangement, j'ai eu l'impression d'avoir connu une des rares réussites de la Tanzanie : le ferry *Umoja*, qui traversait et retraversait fidèlement le lac depuis ces mêmes quarante années, en temps de guerre comme en temps de paix, qui transportait citoyens et soldats, vaches, denrées alimentaires et produits manufacturés afin que l'Ouganda fonctionne et que la Tanzanie gagne de l'argent. Le ferry avait toujours fait des bénéfices, et il était aux mains d'un équipage sérieux et dévoué, dont un membre était encore à fond de cale, en caleçon, pour améliorer sa qualification.

Au coin sud-est du lac, nous avons croisé au large d'un chapelet d'îles. Je suis monté sur la passerelle pour utiliser les jumelles du capitaine et vérifier leur nom. La plus grande était Ukerewe, et au loin, derrière, c'était la côte de la Tanzanie.

Ukerewe était le nom que les Arabes donnaient à tout le lac à l'époque de l'expédition de Burton et Speke, en 1858. A Kazeh (Tabora), l'esclavagiste arabe Snay bin Amir, qui voyageait beaucoup, avait dit qu'il y avait « quinze à seize marches » jusqu'à l'Ukerewe, mais dangereuses, car peuplées de tribus hostiles. Si les gens étaient hostiles, c'était peut-être parce qu'ils n'avaient pas envie de devenir esclaves et de marcher enchaînés jusqu'à ce port auquel ils avaient donné le nom mélancolique de Bagamoyo, « Je laisse mon cœur derrière moi ».

Des commerçants de Zanzibar et d'Aden sillonnaient la région depuis plus d'un siècle quand les premiers Européens y sont arrivés. Les Arabes se livraient au trafic des esclaves, mais aussi de l'ivoire et du miel, comme plus au sud, sur le Zambèze. Ils la pillaient, bien sûr, mais jamais ils n'avaient contrôlé cette lointaine savane. Comme ils s'étaient fait haïr parce qu'ils emmenaient les gens en esclavage, ils ne pouvaient pas s'écarter des routes les plus sûres, et dans bien des cas ils devaient compter sur les Africains eux-mêmes pour leur fournir esclaves ou ivoire en échange d'autres marchandises.

Les vestiges les plus frappants de cette ancienne occupation arabe et des échanges avec les gens de la côte étaient les nombreux boutres sur le lac, de taille considérable, dix mètres ou plus, la plupart avec leur voile gonflée, d'autres le mât nu, chargés de pêcheurs. Ce type de bateau lent mais stable, avec sa voile latine, symbole des embarcations arabes, naviguait toujours sur le lac, au cœur de l'Afrique.

En fin d'après-midi, je voyais distinctement Mwanza et sa côte, les presqu'îles et les îlots qui l'annonçaient. Le paysage était composé de rochers polis effondrés, certains énormes, comme des immeubles de deux ou trois étages, qui faisaient paraître les huttes si petites qu'on songeait à des maisons de poupées. A première vue, la berge rappelait Stonington, dans le Maine, des palmiers remplaçant les épicéas : rochers empilés, côte rocheuse, galets polis par les flots et petites maisons en bois, basses, comme collées au sol.

J'étais au bastingage avec Alex, l'ingénieur principal. Un canot à moteur en plastique blanc, bruyant, proue dressée, rapide, est passé très vite.

« *Mzungu* », a dit Alex.

Un autre l'a suivi.

« *Mzungu* », a redit Alex.

Des missionnaires, peut-être, ou des commerçants, ou des fermiers, ou encore des médecins ou des agents de vertu. Comment savoir ? Ils étaient juste des Blancs dans des bateaux blancs bruyants.

« Ces rochers, on les appelle les Bismarck Rocks, a dit Alex en pointant le doigt. C'est en l'honneur de l'Anglais qui les a trouvés. »

Ou plutôt en l'honneur d'Otto von Bismarck, qui avait jadis gouverné ce lointain avant-poste teuton, ainsi que les îles Samoa, la Nouvelle-Guinée et le Cameroun.

Peu après nous être rapprochés du port de Mwanza, nous avons décrit un cercle et ralenti, adoptant une position d'attente. Un ferry kényan, le *MV Uhuru*, déchargeait ses camions et ses marchandises. Et ce déchargement se faisait très lentement.

Presque tout l'équipage, y compris Alex, était à son poste – dans la salle des machines, sur les ponts, sur la passerelle. Je me suis rendu dans le carré et j'y ai trouvé le capitaine qui mangeait.

« Ne vous en faites pas, *mzee*, on accostera bientôt. »

Je me suis joint à lui pour le repas habituel de l'*Umoja* : riz, légumes, bouts de poulet, le tout noyé dans de la sauce pili-pili.

« Merci de m'avoir pris comme passager, lui ai-je dit. J'aime ce ferry. Tout le monde y est serviable et très amical.

— Ils sont bien, a dit le capitaine.

— Et amicaux », ai-je répété pour souligner ma gratitude.

J'étais seul, le seul étranger, un passager non payant, de surcroît, et moi seul ne faisais rien à bord. Ils ne savaient ni qui j'étais ni où j'allais, et j'étais traité comme un hôte de marque. Comment ne pas être reconnaissant ?

« Ils sont amicaux, m'a dit le capitaine avec une certaine retenue, mais je ne suis pas trop amical avec eux. »

Il mangeait toujours, mais j'ai compris qu'il me disait là une chose qu'il voulait que je comprenne, une sorte de règle hiérarchique.

« Pour moi, être trop amical, ce n'est pas bon », a ajouté le capitaine.

Nous n'accostions pas, nous ne jetions pas l'ancre, nous attendions. L'*Uhuru* continuait de décharger. La rive était jonchée d'épaves de bateaux. Je suis allé à la poupe, où je me suis assis sur un baril pour écouter ma radio. J'ai trouvé la BBC. L'émission parlait d'un roman, *Ali et Nino*, d'un auteur d'Azerbaïdjan. J'avais écrit une introduction à la traduction anglaise de ce roman, et j'apportais ma contribution à l'émission, car mes petites pensées avaient été enregistrées, mais si longtemps auparavant que j'avais oublié leur teneur. J'ai donc écouté ma propre voix venant de Londres et une heure de plus a passé sur le lac Victoria.

« Ne vous en faites pas, *mzee*, m'a dit le capitaine.

— Je ne m'en fais pas », ai-je dit, non sans avoir envie d'ajouter que je n'étais pas non plus un *mzee*.

Peu m'importait que ce ferry accostât maintenant, ce soir, demain ou la semaine suivante ! Je n'avais pas de projet autre que trouver la gare de Mwanza et prendre le train pour la côte, jusqu'à Dar es-Salaam, où personne ne m'attendait. Au moment présent, j'étais heureux, là, sur l'*Umoja*. Je ne voulais pas vraiment quitter ce bateau.

Quand la nuit est tombée, les choses se sont accélérées. Le ferry kényan s'est détaché du quai et l'*Umoja* a pris sa place, le capitaine et Alex travaillant ensemble, l'un sur la passerelle, l'autre dans la salle des machines. Une manœuvre délicate. A l'instant où nous avons accosté, la température est montée d'un coup ; sans la brise du lac, l'air était lourd.

Je n'étais pas pressé de partir. Mais l'équipage s'activait. Ils étaient chez eux et ils avaient hâte de regagner leur village pour retrouver femmes et enfants. Ils ne pourraient débarquer avant que le ferry soit vide. Ils m'ont donc dit adieu.

« *Kwaheri, mzee !* » m'ont-ils crié alors que je posais le pied sur le sol tanzanien. Bon voyage, vieil homme !

12 — Le train de brousse pour Dar es-Salaam

« Des armes ? » m'a demandé l'inspecteur des douanes tanzanien dans sa cahute de Mwanza en fouillant mon sac.

Peu importaient ses vêtements sales : on devinait qu'il était un personnage officiel à l'encre qui avait taché sa poche de chemise.

Bien qu'une sorte de part de tarte du lac Victoria appartînt à la Tanzanie, la rive sud est la vraie frontière.

« Pas d'armes.

— Vous pouvez y aller. »

J'ai traversé la foule venue accueillir le ferry, dont l'escale irrégulière représentait un des moments forts de la vie à Mwanza. En gagnant la ville, j'ai compris pourquoi. L'endroit était comme abandonné, des ruines, des boutiques vides, la rue principale en terre battue presque impraticable. De vieux bus oscillaient, risquant à tout moment de verser quand une roue s'enfonçait dans un trou. Encore un de ces postes frontières hantés, aussi lamentable qu'intéressant, que les touristes qui venaient en safari par avion et qui atterrissaient à l'aéroport international d'Arusha ne verraient jamais, même si, à coup sûr, ils allaient voir des animaux sauvages et des indigènes pittoresques.

A Mwanza, les indigènes n'étaient pas pittoresques, juste nombreux et en guenilles, et il y en avait tant qui s'étaient accrochés à moi que, quand un taxi est passé, je l'ai hélé et je l'ai pris.

« Quel jour part le train pour Dar es-Salaam ? ai-je demandé au chauffeur.

— Ce soir.

— A quelle heure ?

— Dans une heure environ. »

Nous avons gagné la gare cahin-caha. Elle était pleine de vendeurs à la sauvette et de gens qui charriaient leurs biens dans des sacs en plastique. L'agitation ambiante semblait déplacée (et tous ces gens bien habillés dont certains couraient) car c'était un spectacle, dans un continent où les distractions prenaient rarement cette forme puisqu'on n'y connaissait guère l'urgence.

J'ai dérangé dans son bureau le chef de gare, qui mangeait les cacahuètes qu'il venait d'acheter à la vendeuse accroupie près de lui devant son grand plateau métallique.

« Est-il trop tard pour prendre un billet sur ce train ?

— On a de la place pour vous, *bwana* », m'a-t-il répondu.

Il est allé me chercher un billet, et la vendeuse de cacahuètes a secoué son plateau en disant : « *Njugu ? Njugu ?* »

Une heure après mon arrivée à Mwanza, le *Bon voyage, vieil homme !* sonnant toujours à mes oreilles, j'étais à bord du train, dans un petit compartiment à deux couchettes, mais apparemment seul, avec une bouteille d'eau achetée au vendeur qui arpentait le quai.

« Vous êtes bien installé ? m'a demandé le chef de gare en s'arrêtant devant mon compartiment pour obtenir un pourboire.

— Oui, merci, ai-je dit en lui tendant une pièce qu'il n'avait pas gagnée. Quand arriverons-nous à Dar ?

— Dimanche dans la journée », m'a-t-il répondu en s'éloignant déjà.

On était vendredi soir, mais qu'importait ? J'avais une couchette et une fenêtre sur l'Afrique dans un train plein d'Africains. Dans peu de temps, nous traverserions la brousse vers l'est, au cœur de la Tanzanie.

Le puissant éclairage de la gare y attirait les gens, et ils s'y installaient pour bavarder. Un grand groupe d'enfants donnait des coups de pied dans un ballon. Ce n'était pas vraiment un match de foot, mais ils jouaient avec un tel entrain, dans les rires et les cris, qu'ils ont retenu mon attention. L'Afrique est pleine d'enfants maigres et énergiques qui crient en jouant, et le jeu consiste en général à donner des coups de pied dans un ballon. Ces enfants ne disposaient pas d'un ballon en cuir ni même en plastique : ils s'étaient fabriqué une boule en lambeaux de tissu. Le terrain n'était ni plat ni lisse mais une succession de tas de terre et de trous, avec des pierres partout. Les enfants couraient pieds nus, et ils étaient plus d'une vingtaine engagés dans un jeu sans équipes – du chacun pour soi.

En les regardant jouer et s'interpeller dans la chaleur de cette soirée, soulevant la poussière sous les lumières de la cour de la gare, j'ai été impressionné et rassuré par leur énergie. Leur stade était un terrain vague en partie plongé dans l'obscurité, et les enfants couraient de l'ombre à la lumière en criant. L'obscurité n'avait pas d'importance, les irrégularités du sol non plus, pas plus que le ballon de fortune. Objectivement, ces enfants jouaient et riaient dans une des provinces les plus désespérées d'un pays presque en ruines. Même après que le sifflet de la locomotive avait retenti, alors que nous nous éloignions de Mwanza, j'entendais encore les rires cristallins et je me suis souvenu pourquoi ce spectacle heureux me fascinait et me faisait ressentir à ce point ma solitude.

Il m'avait rappelé la fin de *L'Insupportable Bassington*, le roman de Saki, dans lequel une scène semblable se déroule : des enfants qui jouent, tout excités, sous le regard d'un solitaire, Comus Bassington. Cela se passait en Afrique aussi, dans un lieu très semblable à Mwanza, « désert brûlé par le soleil, ravagé par la fièvre, où les hommes vivaient comme des vers de terre et mouraient comme des mouches. Il fallait bien croire aux démons, si on ne contenait pas son imagination dans les limites recommandées par l'hygiène – mais à un Dieu de bonté qui préside à toutes choses, jamais ! »

Bassington est si seul et se sent si mal qu'il ne peut pas supporter de regarder cette scène joyeuse.

> Ces jeunes chats humains représentaient la joie de la vie, et il était hors du jeu : comme un étranger solitaire il contemplait un spectacle auquel il ne pouvait participer, un bonheur pour lequel il n'était pas fait [...] Et, dans son inexprimable solitude, il laissa tomber sa tête sur ses bras, pour ne pas voir les luttes et les gambades joyeuses qui se déroulaient sur le flanc de la colline.

La lune éclairait assez le paysage au-delà de Mwanza pour que je voie qu'il était aussi rocheux que la rive : une plaine dont la platitude n'était interrompue que par des empilements de rochers, certains hauts comme des collines, d'autres arrondies comme des tombes.

Les villages n'étaient guère plus que des cases en terre dans lesquelles tremblait la flamme des lampes à huile, mais malgré leur simplicité, ils avaient une unité qui manquait aux villages d'Ouganda, qui montraient toujours les traces des attaques, des abandons, des reprises, des reconstructions, des améliorations et des nouvelles dégradations dont ils avaient fait l'objet à la suite des guerres, des expulsions, des changements violents. Les cicatrices des batailles donnaient à l'Ouganda un air de pays fort. En Tanzanie, il n'y avait aucune preuve visible du passé, hormis le déclin – un délabrement aussi simple que linéaire, et l'effondrement dans certains villages.

Très vite, à une trentaine de kilomètres, nous nous sommes retrouvés dans la brousse, une plaine herbue parsemée d'arbustes, le grand vide africain, aussi vide que le lac Victoria par endroits, et tout aussi semblable à l'océan sous la lueur aqueuse de la lune.

Quand les nuages ont couvert la lune, j'ai exploré le train, et j'ai trouvé un wagon-restaurant où quelques Africains s'enivraient déjà. Le serveur m'a demandé en swahili si j'avais faim, et pour me tenter, il m'a montré des assiettes bien garnies en disant « *Chakula, chakula* », à manger, à manger.

Pour le novice, c'était de la « viande mystère ». Mais j'étais dans le secret. Un des plats était à l'évidence une tartine violette amblydonée, l'autre une pile de côtelettes croustimoussantes et il y avait aussi des pâtons grastilleux. J'avais reconnu tous ces mets car j'étais un grand amateur des livres de *Nonsense* d'Edward Lear. Les côtelettes étaient cuites à la perfection, et on voyait bien que la recette avait été suivie à la lettre (« Quand le tout est haché menu, frottez-le rapidement avec une brosse à habits neuve »). Le serveur me les agitait toujours sous le nez, mais j'ai décliné son offre.

« Juste une bière », ai-je dit.

Je l'ai emportée dans mon compartiment. En chemin, j'ai repéré deux étrangers, les seuls du train à part moi. Ils étaient pâles, bouffis et brûlés par le soleil, un jeune homme et une jeune femme, qui n'avaient sans doute pas trente ans mais que leur masse faisait sembler plus âgés. Il s'est trouvé qu'ils étaient le genre d'évangélistes gras, mâchonneurs de biscuits et mordus du Christ qui apparaissent dans des lieux comme Mwanza sans rien d'autre qu'une Bible et un sac à dos avec les provisions nécessaires : des biscuits et un recueil d'hymnes en swahili. Je l'ai découvert parce que les fenêtres du train, ouvertes pour laisser entrer une petite brise, permettaient aussi d'entendre des voix. Quand le train a ralenti, j'ai entendu mon nom, *Paul*.

Seigneur, m'avaient-ils vu ? Ils n'allaient pas tarder à me dire que leurs parents aimaient mes livres, et quelle incroyable coïncidence de me rencontrer dans un train !

Non, car l'homme disait d'un ton pédant, la bouche pleine de biscuits : « Paul nous dit, dans son épître aux Galates... »

De petits éclairs ont commencé à exploser à l'horizon ouest. Ils s'épanouissaient comme un arbre en feu reliant le sol aux nuages, qui passaient du noir à une lumière aveuglante. Ils étaient plus soudains qu'un feu d'artifice, plus proches, par leur violence et leur échelle, d'une grande bataille au cours de laquelle leur petite taille empêcherait que l'on voie canons et combattants, mais où la chaleur des bombes serait incroyablement destructrice. C'était un orage africain à trente ou quarante kilomètres de nous. De temps à autre, le ciel de nuages noirs semblait pris de convulsions et donnait naissance à un éclat de lumière pénétrant et durable. Grâce à cet éclat, je voyais clairement la terre, je voyais qu'elle était vide, l'orage n'achevant rien de plus que de la montrer nue et indestructible.

« Il nous donne une autre directive, dans l'épître aux Galates », disait à nouveau l'homme, et le ciel s'éclairait d'un feu crépitant, le tonnerre éclatait de rire, l'orage était loin.

Cherchez la vérité dans la nature, avais-je envie de dire à ces missionnaires mangeurs de biscuits du compartiment voisin : rien n'est achevé, tout est imparfait, rien ne dure. Allez vous coucher.

*
* *

Avant l'aube, nous sommes arrivés à Tabora. Nous y étions encore trois heures plus tard. Les missionnaires avaient quitté le train. Presque tous les autres avaient fait de même, mais il s'était rempli de nouveaux passagers. Un Africain m'avait rejoint dans mon compartiment, avec un billet pour occuper la couchette supérieure.

Le train était le seul moyen pratique pour venir à Tabora et en partir, le lien entre cette ville de belle taille mais en ruines et la capitale, à mille trois cents kilomètres de là. Des dizaines d'années de négligence avaient laissé les routes de Tanzanie dans un état épouvantable, et beaucoup étaient impraticables. A l'exception, comme toujours, des routes touristiques. Un crétin en safari, vêtu de jodhpurs en whipcord et coiffé d'un casque colonial, debout dans une Land Rover en route pour le cratère du Ngorongoro afin de regarder les phacochères, pouvait s'émerveiller de la modernité de la Tanzanie – superbes hôtels, excellentes routes, faune sauvage abondante. Mais un pêcheur du lac Sukuma qui voudrait vendre ses poissons à Shinyanga, à soixante kilomètres de là, aurait du mal à trouver une route carrossable, et plus encore un véhicule, et il n'aurait même pas songé à venir jusqu'à Tabora, sauf dans ce train de brousse.

La Tanzanie, engagée dans une impasse de la route socialiste, est un échec économique, tant sur le plan industriel qu'agricole.

Elle se vend à l'étranger en faisant valoir son superbe ensemble de parcs animaliers et en invitant les touristes, contre beaucoup de billets de banque, à prendre des photos de ses espèces en voie de disparition. Le gouvernement a même loué de vastes espaces sur la route migratoire principale du gibier, à Loliondo, près de la frontière kényane, à un ressortissant des Émirats arabes unis cousu d'or qui les utilise comme réserve de chasse privée et permet aux plus riches de ses amis de tuer des léopards sans respecter aucune réglementation. Les indigènes, des guerriers massaï, servent de guides et de bonnes à tout faire dans les hôtels, mais ils n'apprécient pas cette intrusion et prétendent que lorsque le gibier se fait rare à Loliondo, les chasseurs vont tirer des animaux dans le parc national du Serengeti.

La Tanzanie est une destination touristique. Les camarades, les maoïstes, les idéologues, les révolutionnaires, les *fidelistas* et leurs slogans, recherchent maintenant des emplois dans les hôtels et emmènent les touristes voir les animaux. Et si le village d'un Tanzanien ne se trouve pas près des lions ou des éléphants – ce qui est le cas de Tabora – pas de chance ! Les habitants doivent se contenter de mauvaises écoles, de simples pistes en guise de routes et de cette voie ferrée incroyablement populaire, construite par les Allemands presque cent ans plus tôt et qu'on appelait jadis la Central Line.

L'homme de la couchette supérieure m'a dit qu'il s'appelait Julius, comme le père de son pays, Julius Nyerere. Homme instruit, quarante-cinq ans environ, il parlait bien et il avait de bonnes manières (il quittait toujours le compartiment pour fumer une cigarette, par exemple). Il travaillait au ministère de l'Utilisation des Terres qui l'avait chargé d'aider les fermiers à gagner de l'argent en faisant pousser des denrées lucratives. C'était un sujet grave à Tabora. Il devait participer à une réunion à Dar es-Salaam la semaine suivante, et il était parti une semaine plus tôt pour être certain d'arriver à temps.

« Ce qui se vend, ici, c'est le tabac pour les cigarettes, m'a-t-il expliqué. On avait une coopérative de tabac. Le gouvernement achetait les récoltes à un prix correct.

— Qu'est-il arrivé ?

— Les directeurs étaient corrompus. Ils ont mal géré les coopératives. Elles ont fait faillite, et l'industrie a été privatisée. »

Il parlait sans passion, d'un ton châtié, presque défait. La Tanzanie dogmatique et ses mots d'ordre psalmodiés à l'envi avait été vaincue. Personne ne parlait plus ni d'impérialisme ou de néocolonialisme ni des méfaits du capitalisme – et pourtant on aurait pu, car même le capitalisme avait échoué en Tanzanie.

« A Tabora, il y a beaucoup de petites fermes où on cultive du tabac, sur vingt ou quarante ares, a continué Julius. Il y a deux ans, des entreprises privées ont acheté la récolte. Les prix étaient corrects pour du tabac déshydraté. Mais cette année, le prix est le quart de ce qu'il a été. Les fermiers – les paysans – triment comme des fous. Ils ne peuvent pas joindre les deux bouts.

— Au Kenya, les planteurs de café sont revenus à des cultures de subsistance.

— Ici aussi. Beaucoup se contentent de faire pousser ce qu'ils mangent : maïs, haricots, oignons. »

Après tout ce temps, un retour aux cultures de subsistance... C'était un mode de fonctionnement africain qui m'était familier. Je ressentais la forte impression, non pas que ces lieux que j'avais connus étaient en pire état, mais qu'ils n'avaient pas changé du tout. Au bout de quarante années d'expérimentations de diverses idéologies et d'industries variées, ils étaient revenus à la culture sans machines, ils pilaient toujours le maïs pour le réduire en farine, vivaient toujours de bouillie et de haricots. Rien de neuf sauf qu'il y avait beaucoup plus de gens, des bâtiments plus minables, plus d'ordures, moins d'arbres, plus d'ivrognes, moins de gibier.

Pendant cette longue attente, je suis descendu du train et j'ai visité Tabora. Les rayons des boutiques étaient vides, mais il y avait des produits au marché : des femmes vendaient des bananes, des tomates et des tas d'oignons poussiéreux.

Nous avons fini par quitter Tabora au milieu de la matinée, dans la chaleur, et nous nous sommes enfoncés dans la brousse verte et boisée, et toujours le vide malgré les oiseaux que nous faisions s'envoler. Il y avait si peu de changements par rapport à l'Afrique du XIXe siècle avant qu'on l'explore, celle que Burton et Speke avaient gagnée depuis la côte cent cinquante ans auparavant, qu'ils l'eussent facilement reconnue. C'était la route commerciale arabe, la route des esclaves.

Julius m'a demandé : « Pourquoi ne pas aller à Arusha voir les animaux – les lions, les éléphants ? »

C'était ce que faisaient ceux qui visitaient l'Afrique, ceux qui arrivaient par avion à l'aéroport international construit pour eux, près des animaux. Mais ce vaste pays n'avait aucun rapport avec ce que voyaient ces touristes – il était encore sous-développé et en grande partie inexploré. L'ironie du sort voulait qu'Arusha ait été, en 1967, le site de l'autodétermination nationale. La ville avait servi de cadre à un éloquent discours du président, qui avait affirmé que la Tanzanie serait autosuffisante. Ce qu'on appelait la Déclaration d'Arusha promettait que le gouvernement éradiquerait

« tout type d'exploitation » afin de « contrer l'accumulation de richesses, qui n'est pas compatible avec l'instauration d'une société sans classes ». Quarante ans plus tard, le problème – ici et ailleurs – n'était ni l'exploitation ni les classes sociales ni la richesse, mais comment trouver son prochain repas.

On parlait du Zimbabwe, à la radio – des fermiers blancs voyaient leurs domaines envahis par des Noirs qui exigeaient de reprendre leurs terres. Le président Mugabe défendait les Africains qui enfreignaient les lois sur la propriété privée – et qui dans certains cas allaient jusqu'à assassiner les fermiers blancs. J'ai partagé ces informations avec Julius.

« Mugabe veut durer quelques années encore, m'a-t-il répondu. C'est pourquoi il fait des discours sur la terre. Oui, ils vont reprendre les terres à ces fermiers blancs. C'est arrivé ici, en Tanzanie. Une partie de ces terres vont revenir à de riches Africains. Le reste sera divisé entre les paysans – de petites parcelles. Ils y feront pousser ce qu'ils voudront, et ils se retrouveront où nous en sommes maintenant : avec des paysans qui survivent à peine sur des exploitations trop petites, qui font pousser du maïs et des haricots pour nourrir leur famille. »

J'avais déjà entendu des affirmations sans pitié comme celle-ci de la part d'Africains dans des trains ou dans des villages, mais jamais je n'avais rencontré un bon sens aussi tranchant chez un représentant politique africain – ni d'ailleurs chez un agent de vertu étranger.

A cette saison, sous l'équateur, le soleil, à midi, se trouve à la verticale. Nous nous sommes arrêtés en gare de Kazi-Kazi, simple cahute au toit en tôle ondulée cernée par la dense végétation de hautes herbes et de bouquets de fleurs jaunes sauvages. Au-delà, s'étendait la plaine, immense et plate.

J'étais émerveillé par la force qui se dégageait de cette contrée. J'étais venu par là dans les années soixante, et à l'époque, j'avais probablement vu cette vieille gare, le toit rouillé, les pylônes et les poteaux, les bosquets, les bales de branches épineuses utilisées pour les clôtures, avec leurs brindilles tordues comme du fil de fer barbelé. Cette halte n'avait pas pu changer en quarante ans – elle n'avait pas changé depuis sa construction, cent ans plus tôt. Mais si elle n'avait pas bénéficié d'améliorations, elle n'était pas gravement détériorée non plus. Plus loin, à l'arrêt de Kilaraka, un gamin est sorti en courant d'un ensemble de cases en terre et a couru sur le chemin poussiéreux, un bol plein d'œufs durs entre les mains, dans l'espoir d'en vendre pour quelques pièces aux passagers. Il atteignait juste le train quand le sifflet a retenti et que nous sommes repartis, le laissant crier près de la voie.

Nous avons traversé les plaines de Wagogo, le cœur sauvage de la Tanzanie : pas de routes, pas de villes, juste cette voie ferrée. Les animaux qui vivaient là étaient chassés – braconnés pour être mangés par la peuplade pastorale des Wagogo. S'ils avaient été aussi pittoresques que les Massaï – auxquels ils ressemblaient quelque peu avec leurs gros inserts d'oreilles et leurs lances d'aspect meurtrier – on leur eût sans doute prêté plus d'attention. Malgré leurs incisives taillées en pointe et les ornements perlés qu'ils portaient, ils n'intéressaient toujours personne. Ils auraient pu prospérer par eux-mêmes, mais à cause de la sécheresse, de la mort des animaux et de la négligence des autorités, ils vivaient encore comme à l'époque où Richard Burton était passé par là, dans les années 1850. Il s'était arrêté brièvement pour s'intéresser aux mœurs sexuelles des Wagogo. Avec sa méticulosité habituelle, il avait interrogé les femmes, mesuré les hommes. Les femmes étaient « bien disposées vis-à-vis des étrangers au teint clair », et le sexe d'un homme « mesurait, au repos, près de quinze centimètres ».

La vallée du Rift s'étendait devant nous, dépression visible dans la grande plaine verte, moins profonde et moins spectaculaire qu'au Kenya, mais plus boisée, couverte de véritables forêts par endroits, autre vision de l'Afrique ancienne et sa savane apparemment sans limites. Des fleurs sauvages violettes poussaient le long de la voie, comme habitées par des hirondelles rapides ; et au-delà, la brousse, seulement la brousse. De loin en loin se dressait un arbre exceptionnel – manguier ou baobab – trahissant le site d'un village Wagogo. Mais c'étaient à peine des villages. Pas plus de cinq cases en cercle, pas plus que ce qui pouvait bénéficier de l'ombre de l'arbre.

Il y avait des Wagogo dans toutes les petites gares, à Itigi, à Saranda, certains qui mendiaient, d'autres qui tentaient de vendre des aliments et des objets. Ils souriaient pour montrer leurs dents pointues, et comme j'étais le seul *Mzungu* à bord du train, ils se rassemblaient autour de mon wagon pour me présenter des mortiers et des pilons en bois sculpté, des petits tapis en paille tressée, des rames et des cuillers en bois, des paniers ; des aliments cuits aussi : poulet et poissons volants.

L'après-midi, il faisait nettement plus de trente degrés, avec un soleil brûlant dans un ciel sans nuages. C'était décevant pour les indigènes qui avaient besoin qu'il pleuve sur leur maïs récemment planté. Le soleil était presque une malédiction, et les gens tentaient de s'en protéger, mais ce n'était pas facile.

A une petite gare dans ce vide recuit, il n'y avait qu'un arbre, un manguier de taille modeste, mais au feuillage dense. Dans son ombre circulaire se pressaient une trentaine de personnes que regardait avec envie une pauvre chèvre attachée au soleil. Cela faisait penser à un jeu de groupe, mais c'était à l'évidence une habitude de survie en plein après-midi. Plus que ces villageois autour d'un unique tronc d'arbre, une chose m'a intrigué : pourquoi personne, dans cet endroit si désolé, n'avait pensé à planter un autre manguier, voir plusieurs, pour bénéficier de leur ombre ? Planter un arbre n'avait rien de compliqué. Ce manguier à lui seul donnait des milliers de graines, et pourtant personne n'en avait planté une seule – à moins que les autres arbres aient été coupés. L'image de ces Africains, dans ce minuscule arrêt en Tanzanie centrale, qui s'efforçaient de tenir dans ce peu d'ombre est restée en moi comme l'exemple vivant de leur incapacité totale à faire des projets à long terme.

En reprenant notre route, nous avons retrouvé de gros rochers, comme à Mwanza, mais plus gros encore, et gris, et très arrondis. De loin, on aurait dit un troupeau d'éléphants, d'immenses boules de pierre grise comme des culs d'éléphants, si nombreux à paître sur les collines qu'ils les recouvraient – des collines comme un troupeau d'éléphants gris.

On ne devinait la présence humaine qu'aux wagons de train cassés et tordus, basculés sur le bas-côté, vestiges d'un déraillement. Je m'en suis souvenu un jour où je relisais *Au cœur des ténèbres* :

> Je rencontrai une chaudière vautrée dans l'herbe, puis trouvai un sentier qui montait la colline. Il décrivait des courbes pour éviter des blocs de roche, et aussi un petit wagon de marchandises qui gisait sur le dos, les roues en l'air. Il en manquait une. La chose paraissait aussi morte qu'un cadavre de bête. Je rencontrai d'autres pièces mécaniques en décrépitude, un amoncellement de rails mangés de rouille.

Les machines brisées ou pillées au bord des routes sont un spectacle courant en Afrique. Personne pour s'en lamenter, plus personne ; pas moi, en tout cas.

Le cannibalisme était un des thèmes qu'abordait Conrad – de manière insistante plus que suggérée – dans *Au cœur des ténèbres*. Marlow traitait souvent les Africains de « cannibales ». Même Kurtz, l'idéaliste devenu homme de main, avait pris goût à la chair humaine et conservait des crânes humains comme presse-papiers chez lui, ce qui suffisait à expliquer que ses derniers mots aient été : « L'horreur ! L'horreur ! » Ces insinuations accentuées de scènes d'anthropophagie sont un peu théâtrales, de la part de Conrad. Si les Belges étaient coutumiers des mutilations, des amputations et des massacres, jamais le cannibalisme n'avait été institutionnalisé par les Africains du Congo (comme c'était le cas, par exemple, aux îles Fidji). Prétendre que les indigènes mangeaient de la chair humaine n'était qu'une affirmation raciste de plus, comme lorsque le maire de Toronto avait refusé d'aller au Kenya parce qu'il ne voulait pas finir « dans une marmite ». On retrouve ce genre d'allusion dans *Au cœur des ténèbres*.

Le livre observe plus prosaïquement les exemples beaucoup plus horribles mais moins spectaculaires des ruines et de l'exploitation – les routes qui ne mènent nulle part, les cases effondrées, les efforts inutiles, les machines cassées, le métal rouillé. Ce genre de détails, destinés à horrifier le lecteur de 1902, n'était plus, un siècle plus tard, que de simples faits de la vie quotidienne en Afrique. Il y a longtemps, j'aurais pu dire que ces ruines représentaient des espoirs déçus, mais je sais maintenant qu'il ne s'agissait pas d'espoirs africains.

La voie de chemin de fer construite par les Allemands reliait Dar es-Salaam à Kigoma, sur le lac Tanganyika. L'idée, comme la plupart des idées coloniales, était de piller le pays avec plus d'efficacité. Les Britanniques avaient construit la branche vers Mwanza. Depuis, pas un mètre de voie n'avait été ajouté, et aucune amélioration n'avait été apportée. Dodoma, où nous sommes arrivés en début de soirée, prouvait bien que l'apogée de la technologie du rail en Tanzanie centrale datait de la période coloniale. La gare avait cent ans, et bien qu'en ruines, elle fonctionnait toujours.

Peu m'importait. Dodoma (comme Tabora et Dila, Marsabit et Nanyuki) était le genre d'endroit où j'aurais pu vivre heureux – en y faisant quelque chose de valable, bien sûr, comme enseigner ou amener les indigènes à s'intéresser à l'apiculture autant que leurs ancêtres (encore une compétence perdue en Afrique orientale). Les gens diraient de moi, toujours admiratifs de ce genre d'existence : « Il a voué sa vie à l'Afrique. » Mais ce ne serait pas du tout ça. Ce serait une variation de Rimbaud à Harar : l'exil d'une bête égoïste avec ses petits fantasmes de pouvoir, la jouissance secrète d'une vie passée à boire de la bière, à gribouiller et à laisser libre cours de temps à autre à sa mythomanie dans un climat agréable où personne ne venait vous interrompre, où on ne souffrait de l'arrivée ni de lettres ni de fax ni d'appels téléphoniques désagréables. C'était un idéal excentrique, une vie vécue hors de la carte du monde.

Dodoma, c'était aussi le lieu où la voie ferrée est-ouest croisait la Grande Route du nord, qui s'enfonçait dans la steppe massaï. Mais si la voie ferrée était en piteux état, la Grande Route était bien pire, à éviter pour ses trous et ses bosses et aussi pour sa boue à la saison des pluies. Justement, des nuages noirs s'amoncelaient autour de Dodoma, pleins d'espoir pour les fermiers qui frémissaient à chaque coup de tonnerre, chaque éclair qui explosait et illuminait les nuages sombres de l'intérieur, quelques secondes, ce qui les faisait paraître plus noirs quand ils s'éteignaient.

En me voyant griffonner, Julius m'a demandé :

« Qu'est-ce que vous écrivez ?

— Juste un rapport. »

Ça, il pouvait le comprendre. Il n'aurait pas compris, en revanche, que je sois en train d'écrire une nouvelle érotique qui prenait l'envergure d'un petit roman.

Quand je m'interrompais, je regardais par la fenêtre, je prenais des notes, j'écoutais la radio. J'ai acheté des bananes et des œufs durs à des petits vendeurs qui couraient le long de la voie et, au wagon-restaurant, j'ai risqué les « côtelettes croustimoussantes ». Si le train s'arrêtait un long moment, je descendais et je marchais un peu. J'ai acheté une noix de coco. J'ai même eu le temps de bavarder avec le chef de gare de Dodoma, qui manœuvrait de son mieux les vieux aiguillages.

Plus tard dans la journée, j'ai découvert que Julius avait été appelé pour régler un drame.

« C'était épouvantable, a-t-il dit.

— Que s'est-il passé ? »

Au début, il n'a pas répondu. Il y avait encore du grabuge dans le couloir menant aux wagons-lits. Un groupe de grands jeunes gens est passé d'un pas nonchalant, suivi par un contrôleur à l'air grave. Les jeunes étaient les garçons en loques et ivres que j'avais vus au wagon-restaurant, et c'était à cause d'eux que j'évitais d'y rester longtemps.

« Ces trois gamins, a dit Julius en baissant le ton, ont coincé une fille aux toilettes. Elle y est entrée, et quand elle a voulu sortir, ils sont entrés avec elle.

— Que voulaient-ils ?

— Ils allaient la violer, mais elle a hurlé, et quelqu'un l'a entendue. On m'a appelé parce que je la connais. Elle était très inquiète – elle a encore peur. Je vais prévenir la police. »

Je m'attendais à d'autres ennuis, mais il n'y a pas eu de bagarre, juste le silence, un silence ostentatoire. Et vers minuit, nous nous sommes arrêtés. Au lieu d'entrer dans Morogoro, l'avant-derrière gare sur la ligne, nous nous sommes arrêtés dans le village de

Kimamba, et nous ne sommes pas repartis. Nous étions toujours là sept heures plus tard, dans l'air chaud et humide du matin, poisseux, plein de moustiques.

J'ai entendu qu'on murmurait le mot *shauri* – qui veut dire problème, ennuis. Puis quelqu'un, dans le couloir, a mis un nom sur le problème : « Un déraillement. »

Les villageois de Kimamba s'étaient rassemblés sur le quai pour regarder le train arrêté. Bien que ce fût un arrêt non programmé, certaines personnes entreprenantes s'étaient organisées pour vendre des bananes et du thé, mais la plupart se contentaient de regarder. D'une mosquée lointaine, un muezzin a commencé sa litanie.

Sur les façades écaillées des boutiques abandonnées de la rue principale, on lisait encore des inscriptions délavées, une à propos de tracteurs, une autre annonçant l'hôtel des Nouveaux Planteurs. Après avoir longuement visité Kimamba, il m'a été possible de comprendre que ç'avait été une vraie ville, jadis, peut-être même une ville importante, avec un semblant d'économie locale. Maintenant, les lieux s'apparentaient à des ruines antiques.

Julius, l'expert en utilisation des sols, m'a dit : « Ils faisaient pousser du sisal, ici. »

Le sisal était une fibre indispensable à la fabrication de tous les cordages du monde, jusqu'à ce qu'on invente le Nylon. Julius m'a expliqué que des planteurs européens et indiens faisaient pousser du sisal à grande échelle. Il n'y avait pas de petits propriétaires terriens. L'apogée de la production de sisal en Tanzanie se situait dans les années 1960. A l'époque, les grandes propriétés avaient été nationalisées par le gouvernement impatient d'engranger les bénéfices de cette culture lucrative. Les planteurs expatriés avaient été expulsés du pays. Quand le marché du sisal s'était effondré, la production était tombée au quart de ce qu'elle avait été, et dans les années 1990, elle n'était plus qu'au dixième de son maximum. C'était à cette époque que le gouvernement avait voulu réduire ses pertes et qu'il avait vendu les propriétés de sisal à des particuliers. La culture du sisal était revenue au niveau atteint quarante ans plus tôt, sauf qu'il n'y avait plus de marché. Un autre échec terrible de l'économie tanzanienne.

La culture du sisal n'est pas complexe. Les plants supportent la sécheresse et les fortes pluies, et ils n'exigent que peu de soins. Seuls de rares parasites et maladies s'y attaquent, et il ne brûle pas, sauf à insister vraiment. On peut aussi le cultiver en parallèle avec des denrées alimentaires. C'est un merveilleux moyen de gagner de l'argent, et des petits fermiers le cultivent encore au Brésil, au

Mexique, en Chine et aux Philippines. Pourtant – personne ne sait pourquoi – la culture du sisal a échoué en Tanzanie.

« Une mauvaise gestion, peut-être, a dit Julius. Les gens préfèrent cultiver de quoi manger.

— Ce n'est pas une mauvaise idée, si ? S'ils avaient fait pousser du sisal, ils auraient dépensé l'argent pour acheter des aliments. »

Le peuple survivra. En l'occurrence, c'est le gouvernement qui s'est retrouvé le bec dans l'eau, sans revenus, sans exportations, sans devises.

Je me suis assis près de la voie et j'ai écouté ma radio : L'encéphalopathie spongiforme détruisait les troupeaux de bovins britanniques ; la guerre ravageait la Macédoine ; il y avait des morts en Tchétchénie, à Bornéo, en Israël, en Afghanistan ; Wall Street était en baisse et les valeurs technologiques « se repliaient ».

Il faisait chaud à Kimamba, c'était sale et pauvre. Mais on parvenait à s'y nourrir. On saisissait toutes les occasions, comme ce train arrêté aujourd'hui, pour gagner un peu d'argent grâce aux passagers.

En me voyant, un jeune garçon s'est arrêté près de moi avec son plateau chargé d'une théière, de lait chaud et de tasses.

« Bonjour, Msieu !

— Comment t'appelles-tu ?

— Je m'appelle Wycliffe.

— Quel est le problème, Wycliffe ?

— Le problème, Msieu, c'est l'argent. »

Plus les heures d'immobilisation à Kimamba s'accumulaient, plus nous souillions notre portion de voie. Les toilettes se déversaient directement sous les wagons et les passagers jetaient peaux de bananes, papiers gras, boîtes de conserve et bouteilles en plastique par les fenêtres. Ils polluaient aussi le silence par leurs cris, leurs conversations à tue-tête et le rap qu'on chantait dans le wagon-restaurant. Les habitants de Kimamba s'approchaient pour regarder et écouter.

Les Africains ivres du train devenaient intenables, et je n'aimais pas ça du tout.

En quête d'informations à propos du déraillement, je suis tombé sur Weston, qui m'a dit être comptable. Il se rendait à Dar es-Salaam pour conduire un audit de la comptabilité d'un patron. Il pensait que la Tanzanie était sur une très mauvaise pente.

« Nous sommes plus pauvres que le Malawi. Nous n'avons pas d'économie digne de ce nom. Nous n'avons rien. Mais c'était pire avant la “libéralisation”. »

La « libéralisation », c'était l'époque où le gouvernement avait décidé d'abandonner toutes les industries déficitaires, qu'il avait vendues au secteur privé. Maintenant, il lui restait plus ou moins ce qu'il possédait avant l'indépendance : des trains grinçants, une agriculture simple et quelques lions, quelques éléphants au milieu de nombreux gnous.

Plusieurs explosions et un coup de sifflet ont percé le silence de Kimamba et interrompu le rap. Quelques explosions de plus et nous avons quitté Kimamba vers midi, aussi brusquement que nous nous y étions arrêtés au milieu de la nuit.

Nous avons cahoté dans un désert d'arbres rachitiques, dans une plaine sans aucun habitant. Les regroupements de population comme Kimamba parsemaient une mer verte de petites îles plates. Quelques heures plus tard, nous étions dans les collines, autre forme d'îles vertes dans la même mer. La ville de Morogoro est située dans ces collines, et j'aurais voulu m'y arrêter parce que c'était un carrefour routier. De là, j'aurais pu prendre au sud et éviter la mégapole de Dar es-Salaam. Mais j'avais un problème : comme le bureau d'immigration était fermé à Mwanza, le fonctionnaire des douanes m'avait donné un visa de quatre jours. Je ne pouvais acheter une extension de mon visa qu'à Dar, et il fallait que cela se passe le lendemain.

Après tous les coups de tonnerre et les présages de pluie, le temps a fini par nous rattraper alors que nous approchions de la côte. La chaleur était toujours aussi écrasante, mais nous cheminions maintenant sur une terre humide et bourbeuse, entre des rizières plus marécageuses encore. La saison des plantations venait de commencer, avec le début des pluies.

Julius m'a rejoint à la fenêtre et je me suis souvenu d'une question que je voulais lui poser : « Avez-vous déjà entendu parler de *Kwanza* ?

— Comme vous le savez, cela veut dire “premier”, m'a-t-il répondu.

— Oui, mais je parlais de la fête de Kwanza.

— Il n'y a pas de fête. *Kwanza* veut dire “premier”. *Gari a kwanza*, a-t-il insisté en pianotant sur le flanc du compartiment.

— Wagon de première classe.

— C'est ça. »

C'était une façon de parler. Presque trois jours après avoir quitté Mwanza, le train était d'une saleté repoussante. Le personnel nettoyait les lavabos à l'aide de désinfectants puissants, car il savait que la plupart des hommes utilisaient par paresse les lavabos de leur compartiment comme urinoir. Avant de manger, les serveurs nous fournissaient un bout de savon, et nous nous lavions les mains dans une bassine avec un pichet d'eau. Mais on ne pouvait se laver entièrement. A cause de l'absence de douches, le train puait l'humain sale. Les toilettes étaient une horreur. Le wagon-restaurant restait crasseux alors qu'il n'y avait plus rien à manger, avec tout ce retard. J'ai aimé le trajet dans ce train parce qu'il traversait des régions de Tanzanie où les routes étaient impraticables. Si on avait utilisé de temps en temps un balai, une serpillière ou une brosse, le voyage eût été agréable. Les retards ne m'ennuyaient pas vraiment. Je n'avais pas de date à respecter, et personne ne m'attendait. Mais la saleté, les ordures, la merde et les ivrognes rendaient ce voyage en Afrique difficile à supporter.

Peut-être aurais-je dû m'émerveiller que ce train roulât, tout simplement. Cependant quel autre moyen, hormis l'avion, auraient eu ces milliers de Tanzaniens pour aller de Mwanza à Tabora ? Ce train était nécessaire et les contraintes imposées par le nombre de passagers et l'entretien minimal du matériel interdisaient un voyage sans problème. Mais il n'y avait pas d'excuse à la crasse.

Les collines basses et pentues indiquaient que nous approchions de la côte. Aux flancs des collines, on distinguait très nettement des entrées de grottes.

« Du kaolin », m'a dit Julius.

Ces collines en étaient de véritables réservoirs, et les excavations dataient de l'occupation allemande. A une époque, le kaolin était un bien d'exportation, pour la Tanzanie. On faisait des tuiles, des briques et des poteries avec cette argile très fine.

« Mais maintenant, les gens s'introduisent dans les grottes et le volent », m'a expliqué Julius.

Encore une industrie défunte, comme celle du sisal, du tabac, du riz, du coton – comme l'apiculture, que des volontaires du Peace Corps avaient tenté de réintroduire et qui produisait un miel de grande qualité. Les volontaires étaient rentrés chez eux.

« Qu'est-il advenu des ruches, après ça ?

— Elles sont juste tombées en désuétude. »

Dar es-Salaam commençait à des kilomètres de la côte par de misérables rizières et des villages de cases en terre disséminées qui se rapprochaient en groupes de plus en plus denses, qui devenaient plus prétentieuses. Puis venaient des maisons en ciment, cubes d'un étage collés les uns aux autres pour former une sorte de bidonville où vivaient trop de gens pauvres, les uns sur les autres, dans les flaques d'eau sale.

Pourtant, la vie continuait. Au milieu de ces taudis boueux, sous la pluie fine, un homme se lavait les pieds dans une cuvette, il les frottait avec une brosse. Des gens frappaient la terre avec leurs bêches, préparant une parcelle pour l'ensemencer. Des femmes remuaient des marmites noircies sur des feux qui dégageaient une abondante fumée – la cuisine dehors, sous la pluie. Du maïs poussait le long des voies, dans un jardin. Le paysage s'est mis à ressembler à un tableau de quartier pauvre par Hogarth, jusque dans des détails très hogarthiens : des gens qui buvaient ou se battaient, des groupes assis, quelqu'un qui vidait un pot de chambre, un homme qui pissait contre un poteau, un enfant qui pleurait sans que personne lève même les yeux vers lui. Un gamin surexcité par notre passage s'est mis à sauter dans une flaque de boue en criant.

Je n'étais pas pressé, je n'avais aucune obligation, et pourtant, chaque fois que j'arrivais dans une ville africaine, j'avais envie de partir.

*
* *

La vie urbaine est cruelle partout dans le monde, mais pire encore en Afrique. De mon point de vue, mieux vaut un an à Tabora qu'une journée à Nairobi. Aucune des villes africaines que j'avais vues depuis Le Caire ne semblait convenir à l'habitat d'êtres humains – bien qu'il ne manquât jamais d'étrangers pour chanter les louanges de ces fosses à serpents : comment on peut y utiliser des téléphones portables, envoyer des fax, se connecter à l'Internet, acheter des pizzas ou téléphoner chez soi – précisément tout ce que je voulais éviter.

Un jour, j'ai lu dans un journal : *En 2005, soixante-quinze pour cent de la population d'Afrique vivra dans les zones urbaines.* Nous n'en étions pas loin. Je me suis félicité de faire ce voyage maintenant, car les villes africaines devenaient plus horribles – plus désespérées, plus dangereuses, en prenant de l'ampleur. Elles ne devenaient pas plus denses : elles s'étalaient, sortes de villages gigantesques où les femmes transportaient toujours l'eau depuis les robinets publiques, faisaient la cuisine sur des feux de bois en plein air et lavaient les vêtements dans des ruisseaux pollués, où les gens chiaient dans des latrines à ciel ouvert. « Urbanisé », en Afrique, signifiait simplement plus grand et plus sale.

Comme une personne si pauvre et tombée si bas perd tout amour-propre, tout sentiment de honte, les villes africaines ne font même pas semblant d'être autre chose que d'immenses taudis. Jadis, chacune de ces villes avait son caractère propre : Nairobi à l'architecture de stucs et aux tuiles si particulières sur les toits, Kampala sur ses collines harmonieuses, Dar es-Salaam à l'atmosphère côtière et coloniale, avec ses bâtiments aux murs épais pour se garder de la chaleur. Leur style particulier donnait à chaque ville une unité et une apparence d'ordre dont l'espoir n'était pas totalement absent.

Maintenant, toutes les villes se ressemblent, parce qu'un taudis est un taudis. L'improvisation a remplacé la planification. De nouvelles constructions bon marché se sont élevées parce qu'on trouvait les anciens bâtiments trop chers à rénover. Et comme aucun bâtiment n'est correctement entretenu, toute construction dans une ville d'Afrique se détériore rapidement. J'avais une liste des hôtels de Dar es-Salaam où je pourrais descendre. J'en ai cité un au chauffeur de taxi. Il a dit : « Fini ». J'en ai nommé un autre : « Bûulé paa le feu ». Un autre : « *Shenzi* » (sale). Un autre : « Feemé. Maache pu. »

Les Tanzaniens commençaient toutes leurs affirmations par : « Le problème, vous comprenez... »

A toute observation ou remarque de ma part, les Tanzaniens répondaient par une répartition des responsabilités. Pourtant, ils venaient de vivre une longue période paisible : pas de guerre, pas de révolution, pas de coup d'Etat, pas de loi martiale. Une ou deux fois en quarante ans, les Tanzaniens avaient même participé à des élections libres.

Nulle part ailleurs on ne pouvait davantage perdre son temps que dans un bureau de l'administration tanzanienne. Je l'ai découvert à Dar es-Salaam. Cette perte de temps faisait comprendre ce qui allait mal. Les Tanzaniens se plaignaient du chômage. Dans la capitale, presque la moitié des adultes n'avaient pas d'emploi. Mais ceux qui avaient du travail ne faisaient presque rien, à en croire ce qui se passait dans le bureau d'Immigration. J'avais mon passeport, mes cinquante dollars en liquide, mon formulaire de demande de visa touristique rempli. J'avais attendu l'heure habituelle dans la queue. Je n'étais pas une personne spéciale. Toutes celles qui étaient avec moi dans cette grande salle où « travaillaient » vingt employés rencontraient les mêmes obstacles : l'apathie, la grossièreté voire l'hostilité.

La foule de mes compagnons se contentait de regarder et d'attendre. La pièce était sale, les bureaux en désordre, un fonctionnaire mangeait un gâteau, une fonctionnaire, bigoudis sur la tête, lisait le journal du matin, une autre regardait dans le vide, un homme tapotait son accoudoir de ses ongles. J'ai tenté de détacher l'urgence personnelle qui était la mienne de cette situation (j'avais besoin du visa et de mon passeport pour acheter un billet de train) et j'ai observé la scène comme s'il s'agissait d'un documentaire comique.

« Revenez plus tard », m'a dit une femme revêche.

Mais je voulais suivre mon dossier à toutes les étapes, le regarder passer de bureau en bureau, se couvrir de miettes de gâteaux chez le gourmand et de taches de thé chez une femme aux doigts sales. Six personnes ont examiné et paraphé mon formulaire – qui a été placé dans une corbeille, où il est resté vingt minutes. On me l'a alors passé par une fente dans le mur d'un bureau annexe.

Si j'avais protesté, ils auraient répondu, à juste titre : « Pourquoi vous êtes pressé ? » « Qui vous êtes, vous ? » « Quelle importance ? » Rien n'avait jamais fonctionné en Tanzanie. Ils n'avaient jamais connu que l'échec, la langue de bois des politiques, les promesses non tenues. Si les chômeurs de Dar es-Salaam avaient l'air désespérés, ceux qui travaillaient étaient envieux et en colère, parce qu'ils s'étaient fait avoir.

En suivant mon passeport j'ai entrouvert la porte d'un bureau. Me confondant en excuses, feignant de m'être égaré, j'ai vu le responsable des visas en chemise blanche et cravate bleue, un plateau sur son bureau, un morceau de pain dans la main, qui mangeait un grand bol de ragoût sans se soucier de la sauce qui tombait à grosses gouttes sur les formulaires de visa.

« Désolé », ai-je dit en ressortant précipitamment pour éclater de rire.

C'est là que je suis tombé sur Christopher Njau, vingt-deux ans, diplômé de l'université, au chômage, qui tentait d'obtenir un passeport.

« Le problème, vous comprenez », a-t-il commencé dès que je lui ai fait remarquer que j'avais perdu deux heures et demie et cinquante dollars pour un visa de tourisme – et ce dans un pays qui tentait désespérément d'attirer des touristes ! – « le problème, c'est que la Banque mondiale ne veut pas nous donner d'argent.

— Je ne vois pas le rapport entre l'inefficacité de ces fonctionnaire et un prêt de la Banque mondiale.

— C'est qu'il y a trop de corruption, ici.

— Aurais-je dû proposer un pot-de-vin ?

— Nationaliser les banques a été une erreur, a-t-il répondu en haussant les épaules. Et il y a un problème de surpopulation.

— Quelle est donc la solution ?

— Je veux partir. C'est pour ça que je suis ici. J'ai besoin d'un passeport pour partir. Mais ça fait des mois que j'attends.

— Où voulez-vous aller ?

— Ma sœur est au Texas. Elle est étudiante et elle possède sa propre voiture ! Avec une voiture, elle peut aller travailler, et étudier en même temps. »

Il a secoué la tête d'incrédulité. Il lui semblait presque inimaginable que sa sœur, une femme de vingt-quatre ans, pût posséder une voiture. J'avais encore plus de mal à imaginer qu'elle était effectivement passée par ce bureau pour obtenir un passeport.

Plus tard dans la journée, mon visa en poche, j'ai acheté mon billet de train. Le billet ordinaire de Dar es-Salaam jusqu'au milieu de la Zambie coûtait vingt dollars ; en première classe, c'était cinquante-cinq dollars, et on partageait le compartiment avec trois autres personnes. C'était loin de l'idée que je me faisais d'une première classe, mais ça irait.

Comme j'avais du temps à tuer, j'ai pris le ferry pour Zanzibar. L'île était restée presque intacte, avec son odeur de clous de girofle et ses maisons blanchies à la chaux agrémentées de parapets décorés et de vérandas closes. Mais il y avait aussi des immeubles d'appartements, aussi laids que ceux qu'on voit en Roumanie – et peut-être construits par des Roumains, puisque ceux-ci figuraient parmi les premiers colons bien intentionnés de Tanzanie.

Il y avait des boutres sur le front de mer, à Zanzibar, des bateaux à moteur aussi, et des négociants, des vendeurs à la sauvette, des maraîchers qui proposaient leurs fruits, et toujours ce côté « spectacle médiéval », incarné ce jour-là par un gamin qui marchait sur une torde tendue entre deux arbres. Il avait attiré cinquante à soixante spectateurs, des gamins de Zanzibar sans rien d'autre à faire que de se distraire en frémissant de peur à la vue du jeune acrobate habile à assurer sa propre promotion. Il insistait beaucoup pour qu'on se rende bien compte qu'il ne disposait d'aucun filet de sécurité.

« Je pourrais tomber ! Je pourrais mourir ! » criait-il.

Blanche et lumineuse de loin, sur l'océan, Zanzibar était une île aux rues puantes encombrée de musulmans maussades. J'ai erré dans le bazar, où j'ai trouvé un commerçant indien grincheux.

« Le commerce va mal, m'a-t-il dit.

— Quand allait-il bien ?

— Dans les années soixante.

— Combien, pour ces pantoufles ? »

Elles étaient rigides, anciennes, en argent. C'étaient les pantoufles d'argent que portait la mariée la nuit de ses noces pour gagner bruyamment le lit dans la pénombre, où son nouveau mari attendait son triomphe : la déflorer.

« Je dois les peser. »

J'ai ri à l'idée que ces jolis objets étaient vendus au poids.

« L'argent, c'est deux cent vingt shillings le gramme. »

J'ai calculé que les pantoufles valaient 120 dollars. J'ai marchandé un moment, puis je lui ai donné cent dollars en liquide et il a emballé mon achat dans un vieux journal serré par un élastique. Pendant cette opération, il m'a raconté que son grand-père était arrivé à Zanzibar en 1885. Toute sa famille était là.

« Nous voulons partir, mais comment ?

— Vous voudriez retourner en Inde ?

— Pas en Inde. Je ne suis jamais allé en Inde.

— Où voulez-vous partir ?

— En Amérique.

— Y êtes-vous déjà allé ?

— Non. »

Les deux jours suivants, j'ai acheté des provisions pour mon prochain voyage vers le sud. Il était impossible, à Dar es-Salaam, de ne pas rencontrer des étrangers qui tentaient de résoudre les problèmes de la Tanzanie. J'ai été frappé par la modestie des projets. Personne ne brassait plus de grosses sommes d'argent. C'était essentiellement de la « micro-finance », un terme populaire pour une activité populaire. Un Américain accordait des prêts de deux cents à cinq cents dollars, à rembourser en un temps assez court.

« Je leur dis : "Ne recherchez pas un autre donateur. Nous allons vous remettre sur pied. Nous sommes le dernier donateur dont vous aurez jamais besoin."

— Le croyez-vous ? »

Il a ri et il a expliqué que les Africains étaient « accros aux dons », auxquels ils étaient habitués. Ils savaient bien que l'argent qu'on leur donnait s'épuisait en trois à cinq ans, et ils savaient donc que dans l'avenir ils devraient à nouveau chercher de l'argent pour leurs projets : petites unités de transformation des produits laitiers, boutiques, commerces, projets d'autonomie des femmes.

« Peut-être notre argent ne sert-il à rien. Mais ce sont de petites sommes. »

Un jour dans un café, j'ai entendu un prédicateur américain qui rencontrait des Africains, deux hommes et deux femmes, qui voulaient obtenir de l'argent. Ils disaient qu'ils avaient besoin de cet argent très vite. L'homme de foi leur a répondu que, contrairement à eux, lui n'était pas pressé. Il devait avoir soixante-dix ans, et ses sourcils broussailleux lui donnaient un regard de hibou très sévère.

« Je suis ici pour évaluer la situation, a-t-il expliqué. Oui, nous avons des ressources, mais elles nous viennent de Dieu, qui se préoccupe de vous et qui vous aime. »

Un des Africains a cité l'exemple d'une école pour laquelle il fallait immédiatement de l'argent liquide.

« Il y a une chose sur laquelle nous insistons, a répondu le prédicateur : nous ne voulons aucune ingérence du gouvernement.

— Il n'est là que pour nous guider, a répondu l'Africain.

— C'est la Bible qui nous guide.

— Un partenariat... a risqué une femme avant de grimacer à la réponse du prédicateur :

— Nous pouvons envisager un partenariat, mais seulement basé sur la foi, avec des gens qui partagent nos principes. »

L'autre femme a reparlé d'argent.

« Constituez vos dossiers, et je les étudierai. »

Puis, après leur avoir dit le grand privilège que c'était pour lui d'être en relation avec eux, il les a entraînés dans une prière solennelle, tête baissée. Les Africains avaient un regard suppliant, car ils pensaient (comme moi) : Jamais nous ne verrons l'argent de ce type.

Tant d'argent avait été gaspillé en Tanzanie, qu'on avait du mal à en trouver encore, m'ont dit les gens. Les Tanzaniens avaient beau insister sur le fait qu'ils avaient des besoins urgents, les donateurs potentiels soulignaient l'évidence : d'énormes montants avaient été donnés dans le passé, sans guère d'effets positifs.

Il était plus facile de partir.

« Je veux aller en Afrique du Sud », m'a dit un jeune homme au marché, avant de tenter en vain de me soutirer de l'argent. « Beaucoup de gens que je connais y sont partis. Mes amis veulent tous quitter la Tanzanie. Il n'y a rien à espérer, ici.

— Comment se rendent-ils en Afrique du Sud ? lui ai-je demandé.

— Ils prennent le train jusqu'en Zambie, puis un car.

— Comment est le train ? »

Il a fait une grimace en fronçant le nez, peut-être dans l'intention de me décourager. Mais il n'y est pas parvenu. Moi aussi, je voulais partir.

13 — Le Kilimandjaro Express pour Mbeya

La voie Tazara, cadeau des Chinois, s'inspirait de la Grande Révolution culturelle prolétarienne. Sa construction par des ingénieurs, ouvriers et gardes rouges chinois avait occupé toute la désastreuse décennie de cette Révolution, de 1966 à 1976. L'intention des Chinois, méritoire s'il en fut, était de délivrer, pour leur approvisionnement, tant la Tanzanie que la Zambie de leur dépendance vis-à-vis de « l'impérialisme » d'une Afrique du Sud dominée par les Blancs.

Construire cette voie ferrée visait aussi à démontrer ce que des mains volontaires pouvaient accomplir quand des paysans durs au travail devenaient les boulons inoxydables de la machine révolutionnaire (comme disaient les maoïstes). Malheureusement, il n'y avait pas là de paysans révolutionnaires, juste des petits producteurs de cacahuètes découragés par le peu d'argent qu'ils gagnaient au beau milieu de la Tanzanie, mais les gardes rouges n'avaient pas semblé le remarquer. La voie avait été achevée plus tôt que prévu, et tout le monde reconnaissait que c'était une magnifique réalisation chinoise.

Pour montrer leur gratitude aux Chinois, les bureaucrates tanzaniens, pendant des années, ont scandé comme des perroquets des slogans maoïstes, se sont appelés « camarades » et ont porté des costumes « Mao ». Au milieu des années quatre-vingt, les Chinois ont dénoncé les horribles erreurs de la Révolution culturelle. Cette révision n'a pas atteint Dar es-Salaam. Longtemps après que les Chinois avaient cessé de considérer Mao comme leur Grand Timonier, qu'ils avaient compris leurs erreurs, adopté cravates, lunettes de soleil et nouvelle ligne politique – « Devenir riche est glorieux » – les Africains psalmodiaient toujours « Servir le peuple », bien que ce fût la dernière chose que les Tanzaniens avaient à l'esprit. Ils étaient toujours des cultivateurs de cacahuètes désenchantés.

La voie Tazara a commencé à se détériorer dès qu'elle a été terminée, même si au fil du temps il y a eu des élans – des sortes de convulsions – pendant lesquels on a tenté de la réparer. Certaines années, on avait dû en interrompre le fonctionnement. On y avait interdit les étrangers pendant un temps. Du moins fonctionnait-elle maintenant, et on l'avait rebaptisée « Kilimandjaro Express », bien qu'elle n'ait rien à voir avec la montagne.

A Dar, on m'avait prévenu : « Le train est toujours en retard ». Comme si ça m'importait !

La gare principale de Dar es-Salaam, terminus du train, bon indicateur du peu de soin qu'on prenait à entretenir la voie Tazara, était le genre de bâtiment où j'avais passé beaucoup de temps à acheter des billets et à manger des nouilles avant de prendre divers trains à travers la Chine. Vaste et solide comme un mausolée marxiste, sans salle d'attente ni bureaux annexes, elle était entièrement ouverte, à la chinoise, conçue pour que la police puisse voir tout le monde et intervenir dans la foule. Nulle part où se cacher – c'était la règle de toute planification urbaine chinoise. Cette gare, copie conforme de la plupart des gares chinoises, aurait convenu au centre de Datong. Bien qu'elle fût tout à fait déplacée en ce lieu, elle n'était pas plus bizarre que la plupart des bâtiments coloniaux – les anciens bureaux allemands ou les clubs britanniques du centre de Dar, ou l'architecture arabe à Zanzibar.

Prévoyant retards et autres pannes, j'ai acheté une boîte de nourriture et assez de bouteilles d'eau pour quatre jours. Le voyage de deux jours pour Mbeya en durait en général trois. De Mbeya, j'avais l'intention d'aller au Malawi en bus. Dans l'ensemble, j'étais satisfait de mon voyage à travers l'Afrique. Je n'avais pas quitté le sol depuis le vol du Soudan à Addis-Abeba.

Trois Africains m'attendaient dans le compartiment : Michel, un Congolais, Phiri, un Zambien et Ali, de Zanzibar.

« Vous allez au Malawi ? m'a demandé Ali. Les hommes sont de bons domestiques. Ils sont instruits. Ils parlent anglais. Nous, nous préférons vendre des choses. »

Phiri, cheminot de cinquante-trois ans sur le point de prendre sa retraite, a approuvé. « Et ils aiment travailler pour les Blancs », a-t-il ajouté.

J'ai eu le sentiment que c'était plus une critique qu'une louange.

Nous sommes partis à onze heures du matin. A trente kilomètres au sud de Dar, nous sommes entrés dans un tunnel, le premier que je voyais en Afrique de l'Est, long, creusé sous une haute colline car, dans l'esprit des Chinois, quand ils posaient les rails, les obstacles devaient sauter pour que la voie soit droite.

De l'autre côté du tunnel, la brousse, rien que de hautes herbes et des arbres au sommet plat. Tout était vert grâce aux fortes pluies récentes. Pourtant la journée était ensoleillée et chaude. Si Michel, le Congolais, passait le plus clair de son temps à dormir (ce gros homme avait une mère malade à Lubumbashi), les autres aimaient bavarder et échanger des informations.

Trois heures après notre départ, filant vers le sud, nous nous sommes arrêtés. « Quelque chose ne va pas. Nous ne devrions pas nous arrêter là. » Quatre heures plus tard, nous n'avions toujours pas bougé. « Vous voyez ce que je veux dire. » Il y avait un problème sur la voie, semblait-il. « La chaleur du soleil a dilaté le rail, qui s'est courbé. Nous devons attendre qu'il refroidisse. » C'était une explication peu convaincante.

Pour tuer le temps, deux Africains, deux jeunes garçons musclés, faisaient le poirier en bordure de la voie. Ils sont retombés sur leurs genoux et ont exécuté des flips-flaps. Puis l'un est monté sur les épaules de l'autre, qu'il a quittées par un saut périlleux. Il n'était pas courant en Afrique de l'Est de voir des garçons si forts, aux muscles si développés, mais j'ai compris quand ils m'ont dit qu'ils étaient acrobates professionnels.

« Nous allons au Botswana, m'a expliqué l'un d'eux. Il n'y a pas de travail ici, pour des acrobates. »

Une jeune femme blonde était assise dehors et lisait un épais livre de poche tout corné – que j'ai reconnu.

« Que pensez-vous de ce livre ?

— Fantastique ! C'est à propos de ce type, en Afrique, qui baise toutes ces Africaines...

— Mais c'est un roman.

— Je sais.

— C'est drôle, vous savez : j'en suis l'auteur.

— Sans blague ! s'est-elle exclamée avec un joli sourire et un doux accent sud-africain. Conor, a-t-elle appelé, viens voir ! »

Un homme énergique est arrivé en courant et s'est planté face à moi, l'air menaçant.

« Kelli, est-ce que ce type t'a touchée ? »

Puis il a ri. M'accuser de peloter sa femme était sa manière de me dire bonjour. Il était irlandais, son épouse venait de Cape Town, mais tous deux vivaient maintenant à San Francisco. Ils se rendaient en Afrique du Sud dans le wagon qui suivait le mien.

Comme beaucoup de passagers s'étaient déversés hors du train, j'ai pu évaluer la foule. Il y avait surtout des Africains qui rentraient chez eux, mais quelques Européens en voyage aussi, quelques volontaires d'organisations humanitaires, une Finlandaise qui avait l'air en état de choc, un couple de missionnaires blancs qui voyageaient avec leurs enfants pieds nus, quelques familles indiennes, et beaucoup de Tanzaniens quittant le pays pour chercher fortune ailleurs.

« Ils attendent que les rails refroidissent, a dit Conor. Vous le croyez ? »

Pourtant, au crépuscule, l'air s'est rafraîchi, le sifflet du train a retenti et nous avons redémarré.

Le crépuscule est stupéfiant de beauté, mais si bref, en Afrique de l'Est, que le soleil semble pressé. Il descend dans la poussière soulevée pendant la journée, les nuages s'enflamment et tout le ciel à l'ouest devient une symphonie rose indien et or fondu ourlée d'orange et de violet, avec ses visages crochus et ses filigranes, ses taches de jacinthe, ses éclaboussures de sabayon, comme si la lumière fondait. Mais il peut d'autres fois être de couleurs fortes, incarnat, comme un grand morceau de foie sanglant qui se fend en tranches, se décolore, meurt dans la friture et produit des fragments de lumière friable avant de disparaître dans un tourbillon cotonneux. On ne peut voir d'un coup qu'une partie du coucher de soleil, parce que l'ensemble est si vaste, et cette magie ne vous enchante que quelques minutes au mieux, le plus beau ne dure que quelques secondes avant que tout soit obscur.

Le soleil était parti, mais le ciel était allumé, toile de fond céleste qui avait pris la couleur de la seule pierre précieuse de Tanzanie, la tanzanite bleu lavande, avec des stries jaunes, des tresses de lumière céleste dorée et épaisse qui illuminait la brousse.

En regardant l'ombre en bordure de la voie, j'ai cru voir un arbre haut et mince. C'était une girafe. Du couloir, j'ai entendu prononcer son nom en swahili : *Twiga.* Il y en avait deux autres qui couraient entre les arbres. Nous traversions une zone sauvage, où les animaux se rassemblaient aux points d'eau le soir tombé – des phacochères, deux éléphants, des gazelles se détachaient comme s'ils étaient peints sur la lueur violette et jaune inattendue du crépuscule, les phacochères devenant mauves, les éléphants dorés.

La nuit est tombée. Les animaux se sont dissous dans l'obscurité et le silence est tombé, mettant en relief le coassement des crapauds.

En me promenant dans le train plus tard dans la nuit, je suis tombé sur une voiture-salon. De la musique rap américaine explosait des haut-parleurs – obscénités furieuses, accusations, argot incompréhensible. L'endroit était plein d'Africains ivres et bruyants. L'un d'entre eux a collé son visage luisant de sueur contre le mien et a exigé que je lui offre une bière.

« *Kesho, kesho* », ai-je répondu – demain, demain.

Ma manière de le dire a évité une confrontation.

J'allais partir quand j'ai vu Conor et Kelli qui buvaient des Tuskers à l'autre bout du wagon. Ils m'ont invité à les rejoindre. Ils étaient en compagnie de la Finlandaise, qui semblait toujours en état de choc. Elle était jolie, mais son expression effrayée crispait son visage et donnait à sa beauté un côté inquiétant.

« Je vous présente Ursula, m'a dit Kelli. Paul est écrivain. Il a écrit un roman qui raconte l'histoire d'un type qui baise des Africaines. »

Ursula a froncé les sourcils. C'était un sujet sensible. Elle travaillait pour un programme contre le sida, en Zambie, où elle retournait. Mais plus pour longtemps.

« Avant de quitter la Finlande, je connaissais bien le problème du sida en Zambie, et je croyais avoir quelques bonnes solutions », a expliqué Ursula. Elle se balançait un peu d'avant en arrière en parlant, autre sujet d'inquiétude, mais le mouvement accompagnait assez bien son accent finnois chantant. « Quand je suis arrivée en Zambie, j'ai compris que c'était plus compliqué que je le croyais. Maintenant, je ne cerne plus le problème aussi clairement. Tout est si compliqué, que je ne vois pas de solution.

— Qu'avez-vous découvert en Zambie que vous ne saviez pas auparavant ?

— Le comportement des gens, a-t-elle répondu en levant les yeux au ciel. Il y a tant de sexe. Tout est sexe. Et ça commence si jeune !

— Jeune à quel point ?

— Comme si vous ne le saviez pas ! a dit Kelli pour me taquiner.

— Dix ans, c'est courant, a répondu Ursula.

— Mais dans leur propre groupe d'âge, ai-je fait remarquer en utilisant le terme que j'avais appris d'un Samburu dans le désert de Chalbi.

— Pas dans leur groupe d'âge – n'importe qui avec n'importe qui.

— Ça semble amusant ! a dit Conor. Je plaisante...

— C'est horrible, a ajouté Ursula. Il n'y a aucune éducation sexuelle. Personne ne parle de sexe, et tout le monde a des relations sexuelles. Personne ne veut parler du sida, mais tout le monde est infecté. On nous a envoyé un film sur la prévention du sida et nous l'avons montré. Mais dans les villages, les gens ont dit que c'était honteux – trop indécent – et nous avons dû cesser de le projeter. Que pouvons-nous faire ?

— Le leur avez-vous demandé ?

— J'ai essayé.

— Qu'est-il arrivé ?

— Ils voulaient coucher avec moi. »

Conor s'est couvert le visage de ses mains pour éclater de rire.

« Les hommes me suivent. Ils m'appellent *mzungu*. Je déteste ça. Ils n'arrêtent pas de m'appeler : “*Mzungu ! Mzungu !*”

— Distinction raciale, a affirmé Conor pour tenter d'alléger l'atmosphère. Je ne le supporterais pas, si j'étais toi, pas une seconde ! »

Mais Ursula n'a pas souri. Pour elle, c'était bien plus que subir un outrage à la pudeur ; c'était du désespoir, la reconnaissance de l'inutilité de son action, une sorte de deuil accompagné de colère.

« Ils n'arrêtent pas de me demander de l'argent. “Tu me donnes de l'argent” – seulement à moi, parce que je suis une Blanche. »

Elle tremblait. Elle s'est tue. Elle est restée assise, assaillie par l'horrible musique rap et les hurlements des ivrognes.

Conor et Kelli revenaient de ce qu'ils auraient voulu être une visite des parcs animaliers. Ça n'avait pas été une grande réussite.

« J'ai eu envie de quitter Arusha presque dès que nous y sommes arrivés, a dit Kelli. Des gens ont vu un voleur et l'ont pourchassé. “Voleur ! Voleur !” Ils l'ont attrapé et l'ont frappé, sous nos yeux. Ils l'ont battu à mort. Ça m'a rendue malade. »

Je leur ai dit que j'avais assisté à la même scène le jour de mon arrivée à Nairobi, quand un homme soupçonné de vol avait été pourchassé et tué dans un ruisseau boueux.

« Qu'est-ce que vous croyez ? a dit Conor à personne en particulier.

— Je retourne en Finlande », a déclaré Ursula en cessant son mouvement de balancier pour se recroqueviller en boule.

Les trois Africains ronflaient quand je suis revenu dans mon compartiment. Je me suis glissé sur ma couchette inférieure et j'ai laissé le mouvement du train m'endormir. Avec les volets clos et la porte verrouillée pour que les voleurs ne puissent entrer, le petit espace était étouffant, et la chaleur dans ce lieu étranger m'a fait faire de curieux rêves, où une machine dangereuse et puante me réveillait par sa violence, où les roues se détachaient d'un wagon, les boulons devenant des projectiles.

La chaleur et l'odeur étaient tout aussi fortes dehors : toute la nuit, nous avons traversé les marécages qui entourent le fleuve

Kilombero. Mais au matin nous étions dans les hautes terres, et il faisait plus frais. Une heure environ après le lever du soleil, nous sommes arrivés dans la gare de Makambako, où beaucoup de passagers sont sortis pour prendre des cars à destination de la ville tanzanienne de Songea, plus au sud.

Le train n'a plus bougé pendant une heure. Phiri, le cheminot, a interrogé un des employés du chemin de fer qui lui a confirmé qu'on devait attendre : il y avait un problème sur la ligne.

Comme je n'avais pas dîné la veille, je suis allé jusqu'à une échoppe portant une pancarte *Cantine de la gare* ; et j'y ai cherché des aliments sans danger. J'ai acheté un œuf dur, deux chapati et une tasse de thé. Conor est entré tandis que je mangeais.

« Mais oui, il met vraiment ces trucs dans son ventre ! s'est-il exclamé pour se moquer de moi. Dis donc, il paraît qu'on va encore rester là trois heures. Tu veux aller te promener ? »

Nous avons parcouru huit cents mètres dans Makambako, qui n'avait rien d'un village. Simple ensemble d'abris le long d'une route pavée, on n'y voyait que des gens oisifs. Les petits garçons nous insultaient d'une voix criarde et menaçaient de nous jeter des pierres. Trente ans plus tôt, la ligne du parti était : *La voie ferrée va ouvrir cette province au progrès. Les gens voudront y vivre. Le train donnera à tous l'accès aux marchés. On cultivera la terre. Des écoles jailliront du sol. La vie changera et les gens seront plus heureux.* Livingstone avait appelé le Zambèze « La Grand-Route de Dieu ». Le gouvernement avait baptisé cette voie ferrée « La Grand-Route du Peuple ».

Rien de tout cela ne s'était produit. J'étais venu là en 1965, par la route, et je retrouvais presque la même chose. Qu'est-ce qui avait changé ? Il y avait maintenant un semblant de marché tenu par des femmes accroupies le long de la rue, et une pompe à essence, mais en ruines, abandonnée, et peu de choses faites de la main de l'homme sont plus laides qu'une station-service abandonnée. Les anciennes cases en terre étaient devenues des cahutes en planches disjointes. Les enfants en loques se montraient insolents. Les hommes ne faisaient rien d'autre que bavarder dans la rue, pour tuer le temps. Les vieilles femmes vendaient des fruits et des cacahuètes en baissant la tête pour se protéger du vent frais et poussiéreux qui arrachait des brindilles aux buissons épineux.

Nous avons acheté des bananes et des cacahuètes, et j'ai trouvé un journal vieux d'une semaine. J'en ai lu les titres à Conor : « ELLE DÉSIRAIT AVOIR DE PLUS BELLES FESSES ET ELLE EN EST MORTE » et « UNE ÉPOUSE (DIX ANS) ADMISE AU SERVICE DES MALADIES MENTALES À DAR ».

« Voilà ce qui me fait le plus peur », a dit Conor.

Il montrait : « La bourse américaine à nouveau en forte baisse. »

Comme il était irlandais, je lui ai demandé s'il connaissait *Killing Rage* d'Eamon Collins, ce livre que j'avais lu dans le nord du Kenya et qui racontait la vie d'un homme de main de l'IRA pris de remords.

« Oh, bien sûr ! Très bon livre. Dommage pour Eamon.

— Que lui est-il arrivé ?

— Il a été assassiné devant sa famille il y a deux mois par un commando de l'IRA. Parce qu'il avait écrit ce livre, justement. »

Et les tireurs, et les Irlandais en général, ironisaient avec mépris sur la sauvagerie de l'Afrique !

Je me suis assis sur le quai parmi les autres passagers. Personne ne s'inquiétait vraiment du retard. Si on ne devait apprendre qu'une chose à l'occasion d'un tel voyage, c'était qu'en Afrique de l'Est, l'urgence est un concept étranger. Il avait beau exister plusieurs mots pour dire l'urgence en swahili, *lazima, juhudi, shidda, haraka*, aucun n'avait une racine bantoue ; ils provenaient tous de mots empruntés à l'arabe. Dans la culture de l'Afrique de l'Est, se presser était quelque chose de négatif, ce qu'illustrait la maxime rythmée : *Haraka, haraka, haina baraka* – Se presser, se presser, ça porte malheur. Bien sûr, il y avait des Africains que ce manque d'empressement rendait fous et qui tentaient d'émigrer. Mais en général, cet état d'esprit donnait des gens patients, et expliquait aussi leur totale indifférence à ce qui tournait mal. Dans un lieu où le temps semblait si peu compter, il régnait une sorte de nihilisme qui s'apparentait à une forme de sérénité, à un talent pour la survie.

Un homme dont le nez coulait vendait des oranges ; il tendait aux clients les fruits couverts de morve. Un autre charriait un cageot plein de sous-vêtements féminins faits en Chine, soutien-gorges et culottes. Des gamins le suivaient en gloussant. Les enfants des missionnaires – joues roses, joyeux – s'ébattaient pieds nus dans les champs derrière le quai, encouragés par leurs parents. Je n'ai pas eu l'impression que c'était mon rôle de les mettre en garde contre les nématodes. Le bâtiment de la gare, autre œuvre chinoise, était vide, le guichet vandalisé, le sol couvert de détritus.

Les deux acrobates se promenaient sur les mains, au grand délice des villageois. Ils venaient de Zanzibar, m'a dit l'un d'eux et ils mouraient d'impatience de se produire au Botswana.

« M. Morris nous a invités.

— Pour un spectacle ?

— Quelque chose comme ça. On a un contrat de trois ans. »

Ils étaient très heureux de partir et d'avoir un vrai travail.

Michel, mon compagnon de compartiment qui allait au Congo acheter des objets d'artisanat, a dit que ce n'était pas très difficile d'atteindre Lubumbashi – il prendrait un bus au nord de la Zambie. De son propre aveu, il ne connaissait rien aux masques ni aux fétiches, mais, au Katanga, il allait retrouver un Luba qui savait tout des tribus. Et c'était le meilleur moment pour acheter des sculptures et autres objets anciens au Congo. Les villageois vendaient leurs plus belles pièces.

« Des pièces de musée ! » a-t-il dit.

J'ai ri de l'entendre employer ce terme commercial.

« Comme ils sont pauvres, ils vendent tout. »

La matinée avançait et le soleil devenait plus brûlant. La campagne, c'était la brousse, mais Makambako, c'était hideux. Je me suis demandé, avec tant de terres vides et sauvages alentour, quelle importance pouvait avoir un village souillé.

Vers midi, la locomotive a sifflé, et nous sommes repartis, sursautant et oscillant à travers la brousse sur des rails qui semblaient ne pas être fixés. Nous traversions une longue plaine pentue. Des collines vertes sont apparues à l'horizon. On avait planté des tournesols et du blé dans plusieurs jardins mais au loin, dans la plaine, il n'y avait plus personne, plus de plantations, juste la brousse vierge du sud-ouest de la Tanzanie, ses gros baobabs et ses forêts si denses par endroits qu'elles cachaient beaucoup de témoignages de la présence de gibier – empreintes de sabots dans les rives boueuses des trous d'eau, arbres aux branches brisées et à l'écorce mâchonnée comme les laissent les éléphants affamés.

Le train a été immobilisé par plusieurs autres pannes. Les Africains de mon compartiment se contentaient de bâiller et de dormir. Je suis allé au wagon-restaurant et je me suis arrêté à la porte, émerveillé par tant de crasse.

« Vous voulez, *bwana* ?

— Je voudrais un sandwich à la dinde fumée dans un pain au sésame avec une tranche de provolone, de la laitue et des rondelles de tomate, un peu de moutarde, pas de mayonnaise, et un verre de jus de fruits frais. Une tasse de café pour finir. »

Il a ri, parce que cela ne voulait rien dire pour lui. Je babillais pour ne rien dire. Mais ne m'avait-il pas demandé ce que je voulais ?

« Que me proposez-vous ?

— Du riz et du ragoût. »

Je n'avais plus rien à manger. Je me suis donc assis près de la fenêtre pour mâcher distraitement mon riz et mon ragoût, fasciné par la beauté du paysage, par les vallées longues et larges, les collines, la crête des montagnes.

Près de Chimala, en voyant un petit village, je me suis demandé en quoi ces maisons au toit de paille étaient différentes des maisons au même toit de paille qui se dressaient là, disons, en 1850, avant que les missionnaires européens et les « améliorateurs » de tout poil arrivent dans la région. C'était une question logique. Elle avait même une réponse. C'était presque le même village de maisons au toit de paille – la conception des cases, les feux de cuisson, les mortiers en bois et les pilons, les haches et les couteaux primitifs, les paniers et les bols, la texture de la vie. Cela expliquait qu'il ait survécu si longtemps. Les habitants avaient travaillé leurs petits lopins et s'étaient nourris, mais ils étaient restés muets et ignorés pendant un siècle et demi d'exploitation, de colonialisme et d'indépendance. Ils étaient probablement devenus chrétiens, et ils aspiraient à posséder des choses comme des bicyclettes et des postes de radio, mais il n'y avait là aucun de ces objets, et peu de perspective de changement.

Sauvons-les! disaient de ces villageois les agents de vertu. Pourtant, ces fermiers s'étaient sauvés tout seuls. L'agriculture de subsistance n'était plus une activité triste, à mes yeux. Et si cette attitude de « chacun pour soi » handicapait fort le gouvernement tanzanien lourdement endetté, tant pis pour les bureaucrates qui avaient dilapidé l'argent des donateurs et si mal planifié l'économie ! Les gens de ce petit village avaient clairement la capacité de survivre, voire de dominer. Au rythme où nous avancions vers Mbeya, ils dureraient sûrement plus longtemps que le Kilimandjaro Express.

*
* *

Au loin, la petite ville de Mbeya, dans les collines, avait l'air jolie quand on s'en approchait par la route qui traversait les plantations de café vert sombre et les champs labourés. Quand il l'avait visitée dans les années soixante, Evelyn Vaugh avait écrit : « Mbeya est une petite banlieue-jardin anglaise sans raison particulière d'exister... un ensemble de toits rouges parmi les conifères et les eucalyptus. » Cinq ans plus tard, quand j'y suis passé, c'était toujours une petite ville ordonnée qui devait sa prospérité au café.

Aujourd'hui, de plus près, j'ai vu une ville en ruines, des cahutes branlantes, des rues défoncées et des boutiques misérables qui presque toutes vendaient des marchandises identiques : enveloppes poussiéreuses et stylos à bille, chaussures de sport et vêtements chinois. Les contrefaçons de marques de radios s'appelaient « Philibs », « Naiwa » ou « Sunny » – très subtil ! Et je savais que c'était de la camelote, car j'avais acheté, en Égypte, un poste « Sunny », qui avait très vite cessé de fonctionner. D'autres boutiques d'aspect mélancolique vendaient des livres dont personne ne voulait, y compris une sorte de bibliothèque des erreurs politiques de la Tanzanie : *Démocratie à parti unique*, *Quelle voie pour l'Afrique ?*, *Les Discours du mwalimu Nyerere*, *La Voie tanzanienne du développement*, *Marxisme en Afrique*, etc. Debout devant une de ces « librairies », j'ai lu un chapitre d'un de ces livres, intitulé « Élections en terre ugogo », écrit par un de mes anciens collègues à Makerere, un pétulant Irlandais qui avait été tellement persécuté et rendu paranoïaque par Idi Amin Dada, qu'il avait pété les plombs : devenu musulman, il avait renoncé à sa bourse Wagogo.

J'ai dit au revoir à mes amis du Kilimandjaro Express, et j'ai décidé de rester quelques jours à Mbeya, parce que c'était un lieu où j'étais venu trente-cinq ans plus tôt. Je voulais vraiment voir ce que le temps lui avait fait. A peine les yeux posés sur la ville j'avais su que le temps ne l'avait pas améliorée, même s'il l'avait changée. A la place de la banlieue-jardin et ses conifères, Mbeya était une agglomération vaste et nue, en ruines, effrayante. Il y avait encore beaucoup d'Indiens moroses. Une famille indienne vendait des cuisinières électriques, des fers à repasser, des grille-pain, et autres ustensiles.

« Mais qui a l'électricité ? » m'a demandé le vendeur comme s'il se posait la question.

Les seuls fers à repasser que les gens voulaient étaient ceux qu'on chauffait avec des braises.

« On m'a envoyé de Dar pour améliorer les choses, m'a dit un jeune Indien. Mais tout va encore mal. Les affaires sont très mauvaises.

— Qu'est-ce que vous vendez le mieux ?

— Les casseroles. Les marmites métalliques. C'est tout ce qu'achètent les Africains. Qui a de l'argent ? Ils n'ont pas d'argent. »

J'ai dit que j'allais au Malawi.

« Le Malawi, c'est aussi mauvais. Il va par là, a dit le premier Indien en montrant le jeune homme.

— C'est une ville morte, a-t-il affirmé.

— Quelle ville ? Lilongwe ?

— Non, tout le Malawi – une ville morte. »

Ce coin de Tanzanie, je le considérais comme un des lieux peuplés les plus reculés d'Afrique. Ce n'était pas une zone complètement sauvage, mais c'était la brousse, loin de la capitale et pas assez près de la Zambie ou du Malawi pour attirer les investisseurs. Le coin sud-est du Congo était juste derrière les collines et cette proximité posait un problème de plus. Dans les années 1930, Mbeya avait été déclarée « capitale provinciale », mais maintenant, elle avait disparu de la carte et n'y passaient plus que des contrebandiers et des gens oisifs comme moi.

Mbeya, ruine habitable, attirait les organismes caritatifs étrangers. J'ai trouvé ça déprimant au lieu d'y voir une raison d'espérer, parce qu'ils étaient là depuis des décennies et que la situation était plus pathétique que jamais. Il y avait beaucoup de volontaires de ces organismes en ville, l'air affairé, soupçonneux, toujours par deux comme des policiers ou des évangélistes mormons, ne partageant rien. Ils semblaient représenter une nouvelle race de prêtres – les gens les plus circonspects, les plus fuyants, les moins accueillants que je connaisse, à l'exception des travailleurs sociaux cantonnés aux bureaux – ce qu'ils étaient, dans un certain sens. Ils ne savaient que critiquer et rester silencieux.

Les agents de vertu, sorte de race à part, évitent toute intimité avec les étrangers, surtout ceux dans mon genre, ceux qui errent, sans attaches. Ils semblent considérer que nous représentons un danger pour leur mission. Ils avaient dû lire dans mon cœur, car à ce stade de mon voyage, je remettais sérieusement en question leur mission, justement. On avait même du mal à croiser leur regard. Cette habitude anglaise d'éviter le regard de l'autre était inspirée par la crainte que toute démonstration d'amitié pût obliger à faire un geste : proposer un trajet en voiture, rendre un service. Ils avaient les plus beaux véhicules neufs du monde, toujours ces Land Rover ou ces Land Cruiser Toyota blanches, et ils les conduisaient avec la morgue d'un ministre.

Parfois, des Africains lavaient et faisaient briller ces véhicules sur l'aire de stationnement de l'hôtel Mount Livingstone, où j'étais descendu. C'était un établissement minable, vide, sale et mort, sauf une pièce sombre qui, dès six heures du soir, se remplissait d'Africains ivres. Elle était sombre parce que presque toutes les ampoules manquaient aux lampes.

Les travailleurs sociaux avaient les meilleures chambres, mais ils restaient entre eux. J'ai tenté de les aborder, pour obtenir des informations sur la route pour le Malawi, mais ils m'ont éconduit en arborant cette expression coincée qui semblait demander : *Est-ce que je porte quelque chose qui vous appartient ?*

« Je suis ici pour donner une conférence », m'a dit l'un d'entre eux avant de s'éclipser.

« Le Malawi n'est pas dans ma zone, m'a annoncé un autre. Excusez-moi, je dois me rendre à une série de rendez-vous. »

« Je participe à une commission, cet après-midi », m'a-t-on aussi répondu, quand ce n'était pas : « Nous organisons un atelier. »

Je commençais à adhérer à la thèse défendue dans les ouvrages antidonateurs, *The Lords of Poverty* de Graham Hancock et *The Road to Hell* de Michael Maren, qui veulent que l'aide étrangère ait été destructrice, pour l'Afrique – qu'elle ait effectivement fait du mal. Autre avocat enflammé de cette théorie : l'économiste africain George B.N. Ayittey, dont les livres *Africa Betrayed* et *Africa in Chaos*, ont donné des arguments pour comprendre que les revers de fortune de l'Afrique résultent des dons humanitaires.

Il revient à d'autres que moi d'évaluer les réussites et les échecs des efforts charitables en Afrique. Au débotté, je dirais que toute l'entreprise a été faussée dès le départ, parce qu'elle dure depuis trop longtemps pour des résultats bien négligeables. Si quelqu'un me demandait de m'expliquer, je lui dirais : Où sont les Africains dans tout ça ? A mon avis, l'assistance est un échec si au bout de quarante ans de charité les seuls qui apportent à manger et qui fournissent de l'argent sont les étrangers. Les Africains ne sont pas impliqués dans cette entreprise – le concept même de volontarisme africain ou de projets africains nécessitant un travail intensif n'existe pas. Si tout ce que vous avez fait a été de dépenser de l'argent sans inspirer quiconque, la meilleure leçon que vous pouvez donner est de faire demi-tour et de rentrer chez vous.

C'est ce que font les Africains. La solution la plus imaginative des Africains à leur calvaire, c'est simplement de partir – de renoncer, de s'échapper, de courir, de foncer, d'aller en Grande-Bretagne ou en Amérique et d'abandonner leur patrie. C'était la leçon qu'enseignait le Kilimandjaro Express : la moitié de ses passagers africains fuyaient dans l'intention d'émigrer.

Dans une ville comme Mbeya, j'ai compris le sens du mot « futile ». Peut-être était-ce la raison pour laquelle j'aimais tant l'Afrique rurale, pourquoi j'évitais les villes : dans les villages, je voyais l'autosuffisance et une agriculture viable à l'œuvre. Dans les villes d'Afrique, en revanche, je sentais tout le poids des promesses non tenues, des espoirs déçus, du cynisme. Et des explications bancales : « Le prix du café baisse... Les inondations ont gâché la récolte de maïs... La coopérative a été nationalisée... Les managers ont volé dans la caisse... Ils ont fermé l'usine... Le problème, vous comprenez, c'est qu'on n'a pas d'argent. »

Dans ces villes je me disais : aucune réalisation, aucune réussite, cet endroit est seulement plus grand, plus sombre, pire. Je me suis mis à imaginer que l'Afrique que je traversais était souvent comme un univers parallèle, l'image de l'étoile noire dans mon esprit, où chacun existait sous forme d'une ombre, sorte de pendant symétrique de quelqu'un dans un monde plus lumineux.

Les habits étrangers que portaient ces ombres constituaient pour moi une preuve de leur état d'ombres. La plupart des gens n'achetaient pas les articles chinois neufs des boutiques, mais des guenilles au marché provenant de l'habituelle revente des vêtements d'occasion donnés ou collectés. Ce système a contribué à nourrir mon histoire imaginaire. Je voyais défiler des tee-shirts affichant *Springfield Little League*, *Jeunes de Ste Marie*, *Gonzaga*, *Jackman Auto Co* et *Notre Dame College Summer Hockey*, *Wilcox*, *Sask.*, et j'imaginais que les Africains qui les portaient étaient les doubles de gens qui les avaient portés dans cet autre monde parallèle.

Je m'étais arrêté à Mbeya pour voir comment les choses avaient évolué pendant les trente-cinq ans où je n'y étais pas revenu. La réponse, c'était que les choses allaient très mal, mais que personne ne semblait s'en soucier. Il était temps de partir.

Un car reliait Mbeya au Malawi. J'ai pris un billet. Mais quand je me suis présenté pour monter dans le car, on m'a dit qu'il n'y en avait pas ce jour-là, et peut-être pas non plus le lendemain, et que je ne pouvais pas me faire rembourser, parce que l'argent que j'avais versé avait été envoyé au bureau principal de Dar es-Salaam. « Le problème, vous comprenez... » a commencé un employé.

En entendant ça, je me suis éloigné.

Le gamin qui m'avait floué m'a suivi et m'a demandé de lui donner plus d'argent.

« Achète-moi un soda. J'ai faim. Je n'ai rien mangé de la journée.

— Tu n'as pas de mère ?

— Si.

— Alors, va la trouver et demande-lui de te nourrir. J'essaie d'aller au Malawi et ce billet que tu m'as vendu ne vaut rien. »

Je me suis dit qu'un commerçant indien pourrait aller dans ma direction. J'ai déniché une boutique où deux Indiens découpaient de longues tiges jaunes de savon de lessive brut. Ils ne savaient rien du Malawi, sauf que des contrebandiers arrivaient parfois de là-bas. Ils ne parlaient pas swahili. Incroyable : ils n'étaient pas de Mbeya ! Prasad, qui venait d'arriver, et Shiva, qui était là depuis longtemps, étaient des expatriés originaires de Bombay.

« Le savon, c'est un commerce facile, a dit le vieux. On le fait à Dar, avec de l'huile de palme et de la soude caustique. On le vend en barre ou en morceau – on coupe, vous voyez. Personne d'autre au monde n'utilise ce savon, personne ne l'achète comme ça. On le vend dans les villages, mais les affaires stagnent.

— Pas de pouvoir d'achat, a dit le jeune.

— Il ne se passe rien en Tanzanie. Rien. Rien. Et dans dix ans, toujours rien.

— Il y avait une filature ici, dirigée par un Indien qui était né ici. Ça marchait bien. Nyerere l'a nationalisée et il a mis à sa tête des directeurs africains. Ils ont volé. Ça a capoté. On l'a fermée. En 1987, l'usine a été vendue – à un Indien ! Les machines étaient encore bonnes. Elle fonctionne à nouveau.

— Les Africains sont de mauvais gestionnaires. Les ouvriers sont paresseux. Paresseux ! Paresseux ! Même les Indiens – paresseux ! Je dois les frapper, frapper, frapper ! »

Il a accompagné ses paroles de coups de pied en l'air, ressemblant soudain à V.S. Naipaul lors de sa première visite en Afrique : *des coups de pied au cul – c'est la seule chose qu'ils comprennent.*

Le vendeur de savon m'a paru hystérique. J'avais touché un point sensible. Aborder le sujet des Africains lui avait rappelé qu'il les haïssait. Pourtant, il se plaisait à Mbeya.

« Pour moi, c'est comme des vacances, a-t-il dit. C'est paisible ici, pas de problèmes. Mes enfants peuvent marcher dans les rues. Les légumes sont très bons et pas chers. Le riz est bien aussi. Ils le font pousser ici. A Bombay, je perdais un tel temps dans les embouteillages ! Des heures tous les jours. Ici, je peux traverser toute la ville en un quart d'heure.

— Le commerce du savon, c'est très simple, a dit Shiva. N'importe quel type avec un peu de bon sens pourrait faire mon travail. N'importe qui. C'est si simple que j'ai honte ! Mais pas un Africain ne peut le faire. Qui pourrions-nous embaucher ? Les Africains ne peuvent même pas vendre un pain de savon.

— Ils s'en moquent, parce que, de quoi ont-ils besoin ? Un peu à manger, quelques vêtements et... quoi ? Ils ne pensent pas à demain. Ils n'ont pas besoin de le faire. La nourriture est bon marché. La vie est bon marché. Ils ne pensent pas à l'avenir. L'an prochain, c'est... quoi ? L'an prochain, ça ne veut rien dire pour eux. »

Pendant des années, j'avais entendu des Indiens énoncer des platitudes d'ignorants. Ils continuaient ! La différence, maintenant, c'était que ces hommes étaient des étrangers. Ils étaient comme les premiers Indiens venus en Afrique de l'Est pour faire du commerce ou construire des voies de chemin de fer, un siècle plus tôt, ces coolies importés des villages pauvres du Gujarat et du Kutch, ces poseurs de rails dans *The Man-Eaters of Tsavo* que Patterson appelle des *baboos*. Comme ces âmes précoloniales éberluées, ces

Indiens n'avaient aucune idée de la manière de gagner le pays voisin, ils ne parlaient pas la langue, ils ne connaissaient aucun Africain, ils vivaient dans l'obscurantisme, et bien sûr ils avaient l'intention – le temps venu – de partir.

Prenant volontairement ma patience pour une forme de fatalisme désespéré, j'ai passé une journée de plus à Mbeya, et j'ai fait un effort pour partir. Il n'y avait pas de car, mais je pouvais prendre un minibus, un *matatu* rouillé et puant, jusqu'à la frontière.

Quand ils me voyaient avec un sac, signe évident d'une occasion qui se présentait à eux, les gamins m'entouraient, et je tentais de les repousser.

« Oui, ce *matatu* va jusqu'à la frontière, mais quand vous serez à la frontière, on pourrait vous faire du mal.

— Pourquoi voudrait-on me faire du mal ?

— Il y a des méchants, là-bas. »

La plus funeste des mises en garde. Mais avais-je le choix ?

Aucun véhicule ne partait avant midi. La pluie s'est mise à tomber. Je me suis éloigné, les gamins à mes trousses pour me soutirer de l'argent, et j'ai bien senti aussi qu'ils s'ingéniaient à me distraire pour pouvoir me voler mon sac. J'ai marché de la gare routière jusqu'au centre ville et retour. Puis j'ai embarqué dans un *matatu* crasseux et visiblement dangereux et je me suis inséré au milieu des seize autres passagers écrasés, qui dégageaient une odeur horrible. Je me suis dit : Tu es complètement cinglé.

Les choses se passaient ainsi : le chauffeur accélérait, virait vers le côté, s'arrêtait, débarquait une personne, en prenait deux autres, repartait à toute vitesse, couché sur son klaxon, et tout recommençait. Chaque fois qu'il s'arrêtait, on assistait à une querelle à cause de quelqu'un qui n'avait pas d'argent, d'un autre qui voulait qu'il attende, d'un troisième qui hurlait en swahili. Des femmes se pressaient contre la carrosserie pour proposer cacahuètes et fruits. Ce qui m'inquiétait le plus, c'était que maintenant il pleuvait très fort. J'avais un poncho imperméable et je ne craignais donc pas de me mouiller, mais le problème était ailleurs : la route glissante, nos pneus lisses et le chauffeur qui conduisait horriblement mal.

Sur cette même portion de route, une semaine plus tard, pendant un orage, deux véhicules se sont percutés. Dans le minibus, dix-huit personnes sont mortes – tous les passagers –, dans le car qui venait en face quatorze autres ont perdu la vie et beaucoup ont été blessées. Le chauffeur du minibus avait glissé en tentant d'éviter une vache et s'était retourné avant de percuter le car.

Selon le journal dans lequel j'ai lu la nouvelle, un homme très actif est apparu sur la scène de l'accident et a entrepris de ramasser

« des têtes et d'autres parties des corps des trente-deux victimes ». Il s'est prétendu « guérisseur traditionnel », quand des villageois qui avaient entendu le choc sont venus voir ce qui s'était passé et lui ont demandé ce qu'il faisait. « L'homme a expliqué qu'il avait jeté un sort la veille pour que se produise l'accident, afin de collecter des fragments de corps humains dont il avait besoin pour ses traitements. »

Les villageois l'avaient battu à mort sur-le-champ.

Nous sommes arrivés à Tukuyu. Tout le monde est sorti du minibus – dix-sept personnes, petites et grandes.

« On va pas plus loin », a déclaré le chauffeur.

J'étais heureux de sortir de ce piège mortel. J'ai trouvé Tukuyu sur ma carte.

« Missié, Missié, tu veux un taxi ? »

Les rabatteurs habituels, à deux dans une voiture sans âge. Nous nous sommes mis d'accord sur un prix pour traverser la frontière.

« On vous amène à Karonga. »

Ça semblait si parfait que j'ai eu des doutes. Nous avons parcouru une cinquantaine de kilomètres en silence. Presque à la frontière, dans le désordre et la boue, avec les habituels vendeurs de fruits et les gens qui attendent devant la baraque des douanes, mes chauffeurs se sont garés (comme j'avais deviné qu'ils pourraient le faire), et ils ont demandé plus d'argent :

« Il faut qu'on achète de l'essence.

— Discutons-en là-bas », ai-je dit en sortant du véhicule et en me mettant à marcher.

Ils m'ont suivi. Ils ont attendu pendant qu'on tamponnait mon passeport et ils ont exigé plus d'argent. La pluie a cessé pendant que je gagnais, toujours suivi par des gamins, le poste d'entrée au Malawi. J'imagine que j'aurais dû être inquiet : il était tard, j'étais harcelé par des gosses et des changeurs, mes chauffeurs qui avaient tenté de me flouer m'insultaient violemment.

Mais j'étais heureux. Mbeya était derrière moi. Je n'étais pas resté coincé à Tukuyu et j'avais contré la malédiction du *Il y a des méchants, là-bas*. La frontière, devant moi, avait l'air merveilleuse. Au-delà des montagnes, je voyais le paysage beaucoup plus plat de la république du Malawi. Les gamins me harcelaient toujours, mais j'ai accéléré le pas et passé le poste de douane du Malawi, par-delà lequel ils ne pouvaient pas me suivre. Je les ai laissés là, accrochés à la clôture. Juste avant la tombée de la nuit, le soleil a percé les nuages et a lancé vers moi un rai de lumière, une puissante barre dorée qui s'est écrasée sur la terre avant de se liquéfier et de glisser. J'ai suivi la dernière lueur au Malawi.

14 — Par les avant-postes du plateau

J'ai passé la frontière, trois ou quatre pas pour entrer dans un pays différent, heureux d'être revenu chez moi au Malawi jovial, au pays des routes poussiéreuses et des visages plus poussiéreux encore, le huitième pays le plus pauvre du monde. Ce qu'on paye pour un repas dans un bon restaurant américain, un habitant du Malawi le gagne en une année entière. Ici, au Malawi, j'avais passé mes deux ans au sein du Peace Corps à tenter d'enseigner dans une école, au pied d'une colline, dans une province méridionale. Ici, aussi, j'avais été en contact avec mon premier dictateur, j'avais fait ma première expérience de la prison et un idiot de soldat furieux de ma couleur de peau m'avait menacé de son arme – trois événements plus ou moins liés qui m'avaient inspiré peur et dégoût. Mais j'avais été heureux, ici, et peut-être pour les mêmes raisons, puisque l'horreur de la mort qui peut vous frapper à tout moment est parfois en mesure de doper votre aptitude à l'amour et de vous inspirer une grande passion de la vie.

Quand on venait de Tanzanie, il fallait retarder les montres d'une heure, mais il faisait néanmoins nuit à la frontière. Personne d'autre n'entrait dans le pays. J'étais seul dans le bureau, petit bâtiment sur la route sombre qui s'enfonçait dans la forêt. Tous ces éléments donnaient la forte impression d'entrer dans le pays par la porte de service.

J'ai salué les fonctionnaires dans leur langue, utilisant la formule de politesse la plus respectueuse, les voussoyant. J'ai rempli ma fiche d'immigration. Comme métier, j'ai écrit « enseignant », alors que j'avais envie d'écrire « provocateur ». J'ai payé mon visa et j'ai récupéré mon passeport tamponné. J'allais passer la porte, en route vers le pays lui-même, quand un petit homme assis à une table en bois nu m'a interpellé :

« Certificat de vaccination contre la fièvre jaune, s'il vous plaît. »

Étonnant, mais j'en avais un, que je lui ai tendu.

« Date dépassée, a dit l'homme. Il a expiré l'an dernier. Il n'est valable que dix ans.

— Je ne le savais pas.

— Vous devriez lire le certificat. »

Ce petit homme anonyme qui s'adressait à moi de manière aussi brutale a pris soudain des traits particuliers : il est devenu un prédateur aux yeux froids, au museau de rat, avec des taches sales dans les cheveux.

« La fièvre jaune sévit-elle à Karonga ? ai-je demandé. Parce que c'est là que je vais.

— Oui, il y a des cas, a-t-il affirmé en tournant vers moi son visage aux dents pointues. Et vos autres vaccins ne sont plus valables non plus. On a le choléra. On a la variole. On a la malaria. La polio aussi. On a beaucoup de maladies.

— *Ntenda Kwambiri. Pepani !* ai-je dit – beaucoup de maladies. Désolé !

— C'est très grave. Venez avec moi. »

Dès que j'ai entendu la liste, j'ai su que la véritable signification de ces mots était *Achetez-moi !* Il croyait avoir l'avantage : la frontière venait de fermer, le bureau était vide hormis pour quelques agents des douanes, et la route était sombre. Nous nous trouvions dans le coin le plus reculé, le plus septentrional de ce pays tout en longueur. La première fois que j'étais entré dans le pays, en décembre 1963, l'agent de l'immigration avait souri, il m'avait souhaité la bienvenue et m'avait remercié d'avance de venir enseigner au Malawi.

« Par ici », m'a ordonné l'homme à face de rat.

Il a ouvert une porte donnant dans un bureau miteux. Le poste frontière avait été si mal construit, comme s'il ne devait être que temporaire, que les murs n'atteignaient pas le plafond. J'ai entendu des murmures dans la pièce d'à côté. Je me suis assis sur une chaise en plastique et il a pris place derrière le bureau, sous un portrait du président du Malawi, un certain Muluzi, gros homme aux mauvaises dents et portant lunettes. La première décision de cet homme politique à son arrivée aux affaires avait été d'afficher son vilain visage sur toute la monnaie nationale, son gros profil sur les pièces, son visage rond de face sur les billets. Les choses avaient un peu changé, mais l'argent circulait toujours, et son portrait intimidant trônait dans toutes les boutiques du pays. Il faut savoir qu'il reprochait entre autres à son prédécesseur d'avoir instauré un culte de la personnalité...

J'ai souri à l'homme vénal derrière son bureau en me disant : Tu n'obtiendras rien de moi, sale con.

« C'est très grave, a-t-il répété en prenant un bordereau officiel qui pouvait être un ordre de déportation.

— Je me ferai revacciner à Karonga.

— Pas possible à Karonga. Il n'y a pas d'hôpital.

— A Lilongwe, alors.

— La prophylaxie, comme on dit, n'est efficace qu'au bout de dix jours. Et si vous tombiez malade ? Ce serait très grave. »

Je détestais son air pompeux, et chaque fois qu'il utilisait le mot « grave », j'avais l'impression qu'il voulait m'extorquer un peu plus d'argent. J'ai décidé de ne pas lui parler en anglais.

« *Ndithy, bambo, Ndadwala ndikupita ku chipatala,* lui ai-je dit – Sans aucun doute, monsieur, si je tombe malade, j'irai à l'hôpital.

— Je serais désolé que vous tombiez malade.

— *Pepani, pepani sapolitsa chironda.* »

C'était un vieux proverbe du Malawi : « Dire “désolé, désolé” ne soigne pas la blessure. »

Il n'a pas semblé apprécier mon humour.

« La route est très mauvaise à cause de la pluie. Il se pourrait que vous n'atteigniez pas Lilongwe avant plusieurs jours.

— *Mvula ! Matope ! Nzeru za kle, anthu anasema : Walila mvula, malila matope !* – Pluie ! Boue ! Il y a longtemps, la sagesse populaire disait : “Demandez de la pluie et vous demandez de la boue !” »

Mon bavardage l'irritait visiblement, mais il continuait à me retarder, car il n'avait pas renoncé à me demander un pot-de-vin. Il a agité mon passeport sous mes yeux.

« Vous devez comprendre que c'est grave. Vos certificats ont expiré. Ils ne sont plus bons.

— Comme on le dit d'un arc : *Uta wabwino wanga wagwa !* – Mon bon arc n'est plus bon. »

Je terminais cette allitération, dans cette langue qui en permettait de magnifiques, quand j'ai entendu un Africain qui chantonnait en chichewa de l'autre côté de la cloison : « Eh, eh ! Qu'est-ce que j'entends ? Un Blanc qui parle notre langue. Où est ce Blanc ? »

La porte s'est ouverte, et un homme chauve et costaud en uniforme de policier est entré en riant, la main tendue. Nous avons échangé des salutations polies en chichewa, il m'a demandé mon nom, de quel pays je venais, et il m'a souhaité la bienvenue.

« Je veux aller en Amérique, a-t-il dit. Mais où donc avez-vous appris à parler chichewa ?

— J'étais enseignant, il y a longtemps, à Soche Hill.

— Je vous en prie, revenez enseigner ici à nouveau. On a besoin de vous, père ! »

Le policier retenait toujours ma main dans les deux siennes pour montrer son respect.

« J'aimerais apporter mon aide, ai-je répondu, mais j'ai un problème.

— Quel est le problème ? »

Il avait élevé le ton et s'était penché pour regarder le petit homme desséché à son bureau.

Mais la tête de rat de l'homme était baissée. Il écrivait très vite pour terminer le formulaire qu'il m'a tendu. Dans un souffle, il m'a dit :

« Je vous autorise à entrer dans notre pays pour raisons humanitaires. »

Le policier m'a accompagné à la porte et m'a demandé de nouveau :

« Vous aviez un problème, là-dedans ? »

Je lui ai rappelé une autre sagesse malawite : « *Matako alaabili tabuli kucumbana* – Deux fesses ne peuvent éviter de se frotter l'une contre l'autre.

— Vous devez rester, a-t-il dit en riant. Nos écoles sont mauvaises, en ce moment. Nous avons grand besoin d'enseignants.

— Je n'enseigne plus. Je suis un *mlendo*. »

C'était un joli mot à tout faire qui signifiait à la fois voyageur, promeneur, étranger, invité.

J'ai trouvé un minibus garé sur la route sombre près d'échoppes où on vendait des fruits et des boissons. Le véhicule puait le gazole et le sang de poulet, dans la chaleur du soir, et il était à demi plein de passagers. Je suis resté debout près de la porte. J'ai écouté le tintamarre des insectes nocturnes. Le marché était délabré et très sale, tenu par des grands-mères et des gamins en haillons. Un homme faisait griller des épis de maïs sur un feu. Un peu plus loin, à la lueur de la lune, un énorme cactus avait l'air d'un saguaro, les bras levés.

« Quand ce minibus part-il pour Karonga ? ai-je demandé.

— On ne sait pas. »

Cela m'était égal. Je me sentais indulgent et patient, parce que j'étais où j'avais envie d'être. L'obscurité ne m'effrayait pas – ni la route vide ni ce marché miteux ni les ordures qui pourrissaient ni la fumée soufflée du brasero ni les haillons ni la puanteur. J'étais rassuré. Pour commencer, il semblait que rien n'avait changé : le pays le plus simple que j'avais jamais connu était toujours simple.

Au bout d'un moment, le chauffeur est arrivé, et après bien des essais à coups de clé de contact et de jurons, il a fait démarrer le moteur. Nous sommes partis.

Pendant les quatre-vingts kilomètres qui nous séparaient de Karonga, dans ce véhicule bringuebalant, j'ai établi mentalement une liste intitulée : « On sait qu'on est au Malawi quand... »

• les sept premières boutiques qu'on voit vendent des cercueils ;
• un vieillard sur la route porte une robe de chambre rose à col de plumes que les femmes affectionnaient en Occident dans les années 1950 ;
• le porte-bagages d'une bicyclette disparaît sous dix peaux de vaches non tannées ;
• un barrage routier est constitué d'une tige de bambou reposant sur deux barils et le fonctionnaire qui le garde porte un tee-shirt où est inscrit *Winnipeg Blue Bombers* ;
• deux policiers arrêtent votre minibus sans raison en brandissant leurs armes et contraignent quatorze passagers à sortir dans la nuit (puis regardent votre passeport pendant un long moment) ;
• la belle route goudronnée, noire et lisse, s'interrompt brutalement et devient une piste boueuse presque impraticable ;
• les gens commencent leurs phrases par : « Mais nous souffrons, Monsieur » ;
• les gens disent, à propos de n'importe quoi : « le jour où la vieille femme disparaît, c'est celui où la hyène chie des cheveux gris » ;
• en même temps que le ministre des Finances annonce un Plan d'Austérité national, on apprend que le gouvernement vient de commander trente-huit Mercedes-Benz en Allemagne.

Dans l'air frais et humide, sur les routes boueuses jonchées de cailloux, passant devant des cases et des cabanes éclairées par des lampes à pétrole, nous avons progressé lentement, arrêtés par des policiers armés à des barrages routiers, par d'insolents jeunes gens à d'autres barrages. Nous étions dans l'obscurité. Par endroits, des gens accroupis sur la route attendaient un véhicule qui les conduirait à Karonga. Cela m'a paru le summum du désespoir, car il était plus de vingt heures, deux heures après le coucher du soleil, et presque personne ne roulait la nuit. Mais nous les avons pris et ils sont entrés en plissant les yeux, hissant sacs et enfants derrière eux.

L'adolescent qui collectait le prix de la course m'appelait *mzun-*

gu depuis la frontière. Au début, je l'ai ignoré ; c'était insultant, mais j'étais au-dessus de ça. Le gamin a insisté.

« Homme blanc, où tu vas ? » m'a-t-il demandé en chichewa.

Il aurait dû m'appeler « *bambo* » (père) pour me montrer du respect, ou « *bwana* » (Monsieur), voire « *achimwene* » (frère). Dans le passé, aucun jeune du Malawi n'aurait songé une seconde à parler à un étranger avec autant de grossièreté.

Finalement, comme il persistait – nous étions toujours dans l'obscurité du minibus puant sur une route en terre battue – je me suis tourné vers lui et je lui ai demandé : « Veux-tu que je t'appelle "homme sombre" ? » (*muntu muda* – l'adjectif signifiant aussi bien sombre, noir, brun ou bleu).

Il n'a rien répondu et s'est mis à bouder. Le minibus a continué sa route, péniblement. J'étais toujours face à lui.

« *Kodi. Dzina lanu ndani ?* – Excuse-moi, quel est ton nom ?

— Simon, a-t-il répondu.

— Bien, Simon. Ne m'appelle pas "homme blanc" et je ne t'appellerai pas "homme sombre". Mon nom à moi, c'est Paul.

— Monsieur Paul, où est-ce que vous allez ? » m'a-t-il demandé d'une voix polie.

Je n'avais aucune idée de l'endroit où j'allais ! Nous sommes entrés dans un petit village lugubre. La rue principale était en pire état encore que la route depuis la frontière : ornières profondes, nids-de-poule et grandes flaques de boue. La lumière des rares néons qui servaient de réverbères montrait des boutiques, fermées pour la plupart.

« Laissez-moi à l'hôtel » ai-je dit, considérant qu'il devait bien y avoir un hôtel.

A l'odeur mûre et à l'humidité qui montait du sol, je savais que nous nous approchions d'un lac. On m'a déposé là, devant un bâtiment sinistre en parpaings gris dont la façade annonçait « Marina Hotel ». Je venais de descendre du véhicule quand il s'est mis à pleuvoir, pas une averse, mais de grosses gouttes tombaient comme une mise en garde bruyante sur les larges feuilles des arbres et sur les eaux du lac où elles clapotaient.

On m'a conduit à une chambre dans une case au toit de paille où l'air bruissait de moustiques. C'était une « suite de luxe », quinze dollars la nuit avec le petit déjeuner. J'ai posé mon sac, je me suis aspergé de répulsif et je suis parti à la recherche de quelque chose à manger. Je ne me souvenais pas si j'avais mangé ou non, ce jour-là. Des bananes peut-être, ou des cacahuètes. En Tanzanie, comme en Éthiopie, l'air désespéré des gens me coupait l'appétit.

Il y avait un restaurant et un bar à la Marina, et malgré la pluie annonçant l'orage, la musique jouait fort pour des Africains ivres, dont certains chantaient et d'autres titubaient, à moins que ces pas désordonnés n'aient été leur manière de danser. La pluie tombait de plus en plus fort, cinglant l'avancée du toit, mouillant les tables, inondant l'allée d'accès. Deux hommes au valeureux visage bronzé des guides de safari ont tiré une chaise à mon intention et m'ont proposé de me joindre à eux.

« Cette pluie, c'est rien ! a dit l'un d'eux. Hier soir, c'était torrentiel. La pluie la plus violente que j'avais jamais vue de ma vie. »

Il parlait d'une voix forte pour surmonter le bruit ambiant.

« Que faites-vous ici ? ai-je demandé.

— On va au Kenya en voiture, a répondu l'autre. Vous êtes seul ?

— Oui, j'arrive de la frontière. En fait je viens du Caire. J'ai traversé le Kenya. Vous connaissez Moyale ?

— Je suis né au Kenya et j'y ai vécu toute ma vie, a répondu le plus jeune, mais je ne suis jamais allé à Moyale. »

J'ai soudain éprouvé un sentiment de supériorité. Et j'avais raison de penser qu'ils étaient guides de safari : ils dirigeaient une entreprise haut de gamme, la Royal African Safaris. Le nom m'a évoqué le genre de safari de luxe où les clients portent des casques et des vêtements kaki et campent dans des tentes élégantes près des trous d'eau dans la brousse, visitant une Afrique toute différente de celle que je parcourais.

Le plus jeune s'appelait David Penrose, son associé – gigantesque, la peau tannée par sa vie sportive, les cheveux blancs – était Jonny Baxendale. Ils avaient tous deux l'air jovial, intrépide et fiable. Nous avons bu une bière, j'ai mangé du poisson et des chips, et la pluie a redoublé. Ils avaient travaillé pour le film *Out of Africa*. David vivait à Nanyuki, Jonny à Karen, dont il a dit que c'était maintenant un endroit sûr – « Nous en avons chassé la racaille ». Ils ont admis que Nairobi était en plein déclin, avec tous ces gens qui s'installaient dans les faubourgs – « Mais nos affaires, on les réalise dans la brousse ».

Ils remontaient vers le nord après l'achat d'une Land Rover neuve en Afrique du Sud. Ils avaient déjà traversé le Zimbabwe et la Zambie.

« Vous allez aimer l'Afrique du Sud. Le Cap, c'est une ville formidable ! a dit David. On se croirait en Europe.

— Que pensez-vous du Malawi ?

— Ça va, a répondu Jonny. On est passés par le Plateau. C'est complètement vide. Un peu de gibier. C'est bien l'Afrique ! »

Pendant que nous bavardions, le vent a fraîchi et poussé la pluie sous la véranda où nous étions installés. Nous nous sommes repliés plus près du mur, et nous nous apprêtions à rentrer quand, après un coup de vent et une giclée de pluie plus forts encore, les lumières se sont éteintes, la musique s'est tue, les Africains se sont mis à crier. Nous sommes restés assis dans l'obscurité complète, entourés des hurlements de la nature et des hommes.

« Nous devons démarrer de bonne heure », a fini par dire David en se levant.

Nous nous sommes serré la main. Le barman m'a donné une lanterne et m'a indiqué dans quelle direction je trouverais ma case.

L'intérieur était humide et plein d'insectes, mais il y avait une moustiquaire accrochée au-dessus du lit. Je l'ai dénouée, je l'ai bordée sous le matelas et je me suis glissé à l'intérieur. Allongé, j'ai écouté ma radio, qui annonçait une tentative de coup d'Etat dans la capitale, Lilongwe. La nouvelle aurait pu m'inquiéter, mais je me suis dit que le gouvernement utilisait probablement la ruse habituelle : il se trouvait un prétexte pour arrêter les membres de l'opposition et donnait aux policiers une excuse pour pressurer les voyageurs aux barrages routiers.

En tournant le bouton, j'ai trouvé une station qui jouait cette musique *country* qui avait toujours été populaire au Malawi : Jim Reeves, Hank Williams, Flatt et Scruggs – de la bonne vieille musique. Mais un prédicateur a pris le relais et s'est mis à parler des pécheurs, avant d'ajouter : « Bienvenue sur Radio Moisson du Monde, la station de musique *country* chrétienne. » Ça m'a rappelé cette nouvelle de Paul Bowles, « Le Pasteur Dow à Tacaté », où des païens mexicains sont tellement fascinés par le pasteur qui joue « Fascinatin' Rhythm » sur son vieux gramophone dans la chapelle, qu'ils restent pour le sermon.

J'ai éteint le poste et je suis resté allongé dans le noir à écouter la pluie, m'émerveillant d'avoir réussi à atteindre tout seul le Malawi, après un si long safari. Je voulais y passer mon anniversaire. J'avais même un projet. J'avais demandé à l'ambassade américaine en Ouganda et au Kenya d'envoyer un courriel à l'ambassade américaine de Lilongwe pour dire que j'étais disposé à faire une conférence dans une école ou une université du pays, pour rencontrer des Africains aspirant à devenir écrivains. Je me rendrais aussi dans mon ancienne école, j'apporterais peut-être quelques manuels et je proposerais d'enseigner une semaine gratuitement, afin de montrer ma gratitude au Malawi après tant d'années. Je serais le fils prodigue revenant le jour de son anniversaire donner quelque chose en échange de ce qu'il avait reçu. Je voulais marquer mon retour par un geste, quel qu'il soit.

La matinée à Karonga était dorée, après la pluie, avec des couleurs lumineuses – le lac qui scintillait, le ciel d'un bleu pur sans trace de nuage, l'épais feuillage vert, la route noire. Les arbres dégoulinaient encore. La chaleur et l'humidité pesaient sur mon corps. Un livreur de l'hôtel m'a reconduit jusqu'à la route pour que je puisse chercher un moyen de continuer vers le sud.

La rue principale de Karonga m'a causé un choc. Les boutiques qui, la veille, m'avaient semblé fermées pour la nuit, étaient vides, abandonnées. C'est la première grande différence que j'ai remarquée – les boutiques fermées, ces boutiques qui étaient tenues par des Indiens, de mon temps. La seconde différence, c'était les nombreux fabricants de cercueils. C'est un artisanat qu'on pratique à l'extérieur, en Afrique, sur des tréteaux, sous un arbre. L'énorme impact du sida expliquait le nombre de morts et la nécessité de faire beaucoup de cercueils.

Le pouvoir avait harcelé les Indiens, dans les années soixante. Le premier président du pays, Hastings Banda, était venu à Karonga en 1965 et les avait montrés du doigt, admonestés et accusés, par leur commerce, d'exploiter les Africains. « Ce sont des Africains qui devraient tenir ces boutiques ! » s'était-il écrié. Mais beaucoup d'Indiens étaient restés. Dans les années 1970, le président était revenu à Karonga, et à nouveau il avait porté des accusations contre les Indiens. Cette fois, les Indiens avaient compris le message, et presque tous étaient partis. Les rares qui hésitaient encore avaient vu leurs boutiques brûlées par les Jeunes Pionniers de Banda, entraînés en Israël. Tous les Indiens ont fini par quitter Karonga pour des villes plus méridionales, quand ils n'ont pas émigré. Banda s'était rendu dans d'autres petites villes de province, où il avait fait le même discours, entraînant les mêmes résultats.

Ce qui m'a choqué, ça n'a pas été le départ des Indiens, mais le fait que personne n'ait pris leur place, que, des boutiques en ruines, on n'ait même pas effacé les noms ismaïliens ou gujaratis. Les boutiques vides et les fabricants de cercueils donnaient à Karonga l'aspect d'une ville frappée par la peste – ce qui dans un certain sens était justement ce qui s'était produit.

Au marché, j'ai trouvé un minibus qui partait vers le sud, et je m'y suis entassé avec vingt et une autres personnes, adultes et enfants, brûlants, aromatiques. Quand, bien sûr, le chauffeur s'est mis à aller bien trop vite, je me suis à nouveau demandé : Pourquoi est-ce que je risque ma vie dans une guimbarde bondée et dangereuse que conduit un gamin incompétent ?

La réponse était simple : il n'y avait pas d'autre moyen de circuler. J'aurais pu prendre l'avion, bien sûr. Il y avait une piste d'atterrissage à Karonga, où un avion se posait toutes les semaines; mais il était réservé aux missionnaires, aux hommes politiques, aux agents de vertu et aux touristes qui voulaient être parachutés à Karonga pour ne voir que le lac. Je me suis promis, sur cette route qui m'éloignait de Karonga, qu'après ce voyage en Afrique, plus jamais je ne prendrais d'autre car à poulets, minibus ou *matatu*, plus jamais de bétaillère ni de taxi collectif. Si je survivais à ce voyage, jamais plus je ne mettrais ma vie entre les mains d'un chauffeur idiot dans un cercueil roulant.

Les fenêtres fêlées étaient fermées, les passagers couverts de sueur serrés les uns contre les autres.

> Une symphonie d'odeurs émane de la masse de formes humaines pressées les unes contre les autres. Les effluves des aisselles, des oranges qu'on suce, des lotions de poitrine qui fondent, de l'eau de thym, des haleines après un souper d'ail sulfureux, des pets nauséabonds et phosphorescents, de l'opopanax, de la sueur franche des femmes mariées et à marier, de la puanteur du savon des hommes.

James Joyce, en décrivant le balcon malodorant de l'opéra de Trieste, semblait établir la similitude universelle de l'odeur que dégagent les corps humains. Mais la forte puanteur qui règne dans les bus africains est celle de la mortalité humaine; elle m'apportait un relent de cadavre.

La mauvaise route était un gage de sécurité, car presque tout le temps, il n'y avait pas moyen d'aller vite. Les nids-de-poule étaient si nombreux et si profonds que le chauffeur devait ralentir et les contourner, comme lors d'une course d'obstacles; sinon, il plongeait au fond, et sautait, pof, pof, pof de trou en trou, ce qui faisait vomir les enfants sur leur menton. Le chauffeur allait bien trop vite sur les tronçons plus lisses de la route, et la vitesse nous envoyait glisser dans les flaques de boue. Deux fois, nous nous sommes embourbés, et des hommes sont descendus pour pousser. Pas moi. J'ai marché devant le véhicule, dans la boue, avec quelques vieillards, jusqu'à ce que le minibus nous rattrape.

En marchant, je me demandais : Qu'est-ce qui a changé ? La route avait toujours été mauvaise. La rive du lac avait toujours été peu peuplée, par des familles de pêcheurs qui parlaient tumbuka dans des cases aux toits de paille, qui utilisaient des pirogues et des filets qu'ils mettaient à sécher sur les buissons. Ils fumaient les petits poissons, les *kapenta*, et les plus gros *chambo*, ils les mettaient à cuire sur un gril fait de branches d'arbres. Le riz poussait ici même, dans des rizières proches du lac et souvent inondées. J'ai vu des pêcheurs, des pirogues, des filets qui séchaient et des rizières, et je me suis dit : Si j'avais pris une photo de cette rive du lac il y a quarante ans, je pourrais reprendre la même photo aujourd'hui.

Au passage d'un tronçon boueux, nous avons vu un petit homme difforme, un nain peut-être, bossu, en tout cas, et les gamins du minibus lui ont crié des moqueries par la fenêtre.

« Vous avez des ennuis ! a répondu le bossu.

— Tu as de plus grands ennuis ! » a crié un des garçons, et tout le monde a ri.

J'avais saisi le mot *mabvuto* – ennuis – et l'homme près de moi a traduit ce qui avait été dit en tumbuka. Les gens qui marchaient le long de la route nous criaient si souvent des choses à l'évidence peu aimables que j'ai demandé pourquoi à cet homme.

« Comme ils sont forcés de marcher, ils se moquent de nous.

— Et vous vous moquez d'eux aussi.

— Pour plaisanter. »

La plaisanterie malawite qu'on criait du bus était : *Continuez à marcher, débiles !*

Le lac était superbe, les montagnes dorées du côté du Mozambique, et du nôtre, les pentes escarpées menant au plateau de Nyika dominaient des eaux scintillantes entourées de sommets vertigineux – la beauté naturelle de l'Afrique. Mais ce n'était que la moitié de l'histoire. L'autre moitié, c'était ce bus misérable et les gamins puants et agressifs qui se moquaient des femmes lourdement chargées et de l'infirme.

Nous sommes arrivés à Chilumba, simple village de pêcheurs, où un homme faisait rissoler des pommes de terre – des petites masses encroûtées dans de la graisse qui avait l'air de sortir d'un moteur. J'en ai acheté et je les ai mangées en attendant d'autres passagers. J'avais encore faim. J'ai mangé deux bananes en plus.

Nous avons gravi la côte par une route vertigineuse en lacet, dont beaucoup de tournants avaient été dégagés – mal – après un glissement de terrain. Nous sommes passés devant des mines de charbon désaffectées avant d'arriver à Livingstonia, la première mission établie dans le pays. Elle se composait jadis d'une église en brique et de petites maisons, d'un hôpital et de cases. C'était un endroit frais en altitude où les expatriés pouvaient faire pousser des choux de Bruxelles et des chrysanthèmes. Le village s'était étendu, il avait perdu des arbres, l'école s'était abîmée, mais l'ensemble restait semblable à mes souvenirs.

Au-delà de Livingstonia, le plateau s'étendait, vert, inhabité.

Nous nous sommes arrêtés souvent, parce qu'un minibus fait d'autant plus de bénéfices qu'il est chargé. Nous prenions donc tous ceux qui nous faisaient signe de nous arrêter, avec leurs colis et leurs animaux vivants. Quand je me suis dit que ce pauvre véhicule ne pouvait plus prendre personne, le contrôleur des billets a fait coulisser la porte latérale et il s'est accroché à l'extérieur, comme d'autres passagers. Le minibus a continué sa route.

Les villes de Rumphi et d'Ekwendeni – que je connaissais assez bien – avaient aussi perdu leurs boutiques indiennes, qu'aucune boutique africaine ne remplaçait non plus. Elles m'intéressaient, ces boutiques en ruines et abandonnées, avec leurs enseignes délavées où on déchiffrait encore *Patel Bros* ou *Bombay Bazaar* ou *Alibhai Merchandise Mart*, toutes détruites, leur toit effondré, les fenêtres brisées, les murs souvent couverts de graffitis. Devant, sur l'herbe près du fossé longeant la route et qui servait de caniveau, des femmes africaines proposaient à la vente du savon, du sel, des allumettes et de l'huile de cuisson sur des carrés de tissu. La vie commerciale de ces villages de la province du Nord avait décliné de manière spectaculaire, les boutiques actives le long de la rue principale réduites à de simples étals, dehors, tenus par des vendeurs de fruits assis dans la boue.

Six heures après avoir quitté Karonga, nous sommes arrivés à Mzuzu, en bordure du plateau de Viphya. J'y connaissais des gens. J'ai donc décidé de descendre à l'hôtel et de les chercher. Je voulais surtout revoir Margaret, la veuve d'un de mes premiers amis au Malawi, Sir Martin Roseveare.

Quand il avait pris sa retraite du British Civil Service, en 1962, Sir Martin était venu au Nyassaland pour diriger une école de formation des enseignants. C'était un homme jovial, toujours la pipe à la bouche qui, à près de soixante-dix ans, restait un bon joueur de hockey sur herbe. Mais il était aussi très attaché aux détails. La frugalité que la guerre avait imposée aux Britanniques avait conduit nombre d'entre eux à économiser les bouts de chandelle, mais elle avait inspiré à d'autres une ingéniosité incomparable, les transformant en bricoleurs, en inventeurs. De cette époque de privations, Martin était ressorti doté d'une formidable imagination créatrice. Il avait commencé par concevoir un registre de rationnement infalsifiable, dont il avait été récompensé par un anoblissement. Mais il s'était aussi intéressé à l'éducation, au jardinage et au sport. Ses enthousiasmes l'avaient entraîné jusqu'au Malawi, où il s'était inséré dans la tradition des éducateurs, pas des évangélistes ; il était venu en Afrique pour servir, pour s'y sentir chez lui, pour mourir dans la brousse.

Son épouse, Lady Margaret, était comme lui : sportive, intelligente et pleine de ressources, capable de réparer la pompe hydraulique qui les fournissait en électricité. Je l'ai vue parfois, penchée sur un moteur, les mains dans le cambouis et la clé anglaise à la main, mais en jupe de tweed, les cheveux en chignon, ses socquettes écossaises dans ses sandales couvertes de boue.

Quand Martin était mort dans les années quatre-vingt-dix, Lady Margaret avait continué sur la voie qu'il avait tracée et, dès lors veuve, elle avait pris la direction du collège de Viphya. Je les avais toujours considérés comme des personnes admirables, des modèles à suivre, des retraités vigoureux que je pourrais imiter, quand j'en serais arrivé là. Ils m'avaient insufflé l'ambition que je nourrissais depuis longtemps : revenir en Afrique, vers soixante-cinq ans, peut-être, et justifier ma présence en fondant une école, ou en remettant une école en état. Vouer le reste de ma vie à voir sortir de mon école autofinancée des élèves intelligents et instruits me semblait un but parfait. Je n'avais pas l'intention de subir un martyre délibéré, ni même de me sacrifier. J'aime être loin de tout, faire pousser des légumes, mener une vie rustique, appliquer une pédagogie tolstoïenne. Vivre un dessein aussi positif est tellement bon pour la santé, que ma vie en serait prolongée. Je deviendrais un de ces raseurs aux joues roses, en short trop large, qui écrit parfois, et qui se livre aux joies de l'apiculture dans le *bundu*, dirige une école d'élite, et se contente d'imaginer ce qu'on dit de lui.

Qu'est devenu Paul ?

Il est quelque part en Afrique centrale. Il est parti comme ça. Il y est depuis des années.

« Lady Margaret, elle est morte », m'a dit une gamine à l'école – une école dont les dégradations n'auraient pas plu à sa scrupuleuse ancienne directrice.

Elle était morte deux ans plus tôt, à quatre-vingt-sept ans.

« Où est-elle enterrée ? »

La gamine a haussé les épaules – aucune idée. Les Roseveare n'étaient pas prosélytes, mais ils étaient pratiquants. Je me suis donc rendu à l'église anglicane de Mzuzu et j'ai demandé au vicaire africain s'il les avait connus. « Vicaire général », a-t-il précisé. Oui. Il les avait connus. C'étaient des gens merveilleux. Ils avaient contribué à la construction de l'église. Ils étaient enterrés juste là.

Dans le cimetière boueux de l'église, j'ai trouvé les deux pierres tombales rectangulaires côte à côte, celle de Lady Margaret sans inscription, celle de Sir Martin portant : *aimé de tous*. J'ai eu le sentiment que ces tombes envahies de mauvaises herbes étaient non seulement négligées mais oubliées. Jardiniers passionnés, détestant le désordre, ils auraient été choqués à la vue de ce fouillis végétal. Je me suis agenouillé, comme on montre sa vénération, et j'ai nettoyé leur tombe.

Plus tard, en regagnant mon hôtel, je me suis arrêté dans un bar pour boire une bière. Je savais qu'un Africain allait venir me demander de lui offrir un verre et me raconter une histoire, c'était inévitable. Celui-là s'appelait Mkosi.

« Nous sommes des Angoni, les Zoulous d'Afrique du Sud qui sont venus s'installer ici.

— Comment ça va, Mkosi ?

— Nous souffrons, Monsieur.

— Et pourquoi cela ?

— Pour ma part, Monsieur, ma femme sort avec un soldat. J'ai découvert une lettre qu'elle lui a écrite. C'était terrible : “Je t'aime, mon amour chéri.” Je lui ai montré la lettre. Elle m'a nargué : “Comment est-ce que je pourrais t'aimer ? Tu n'as pas d'argent. Je ne peux pas aimer un pauvre. Tu es pauvre.”

— Bon débarras ! » ai-je dit.

Deux amis de Mkosi nous ont rejoints dans l'espoir d'une tournée gratuite. Mais j'avais décidé de partir. Ils m'ont suivi dehors, désireux de parler. Comme on ne pouvait ignorer la présence de prostituées dans le bar, j'ai abordé le sujet du sida. Ils ont dit que des gens mouraient beaucoup au Malawi – qui pouvait affirmer qu'il savait comment on attrapait le sida ?

« Si vous couchiez avec une de ces femmes, utiliseriez-vous un préservatif ?

— On est des vrais hommes ! a dit l'un d'entre eux avec des gestes de négation énergiques. On aime peau contre peau. »

Les autres ont ri. « Les préservatifs, c'est du caoutchouc, a dit un autre. Le caoutchouc a plein de petits trous dedans. Le virus peut passer par là, même l'air, il peut passer. »

Il y avait un taxi garé contre le trottoir.

« Si le caoutchouc fuit, pourquoi ce pneu n'est-il pas à plat ? » ai-je demandé.

Ils sont restés un moment à discuter, puis ils ont parlé de la prochaine vente aux enchères du tabac, mais quand ils ont compris que je ne leur donnerais pas d'argent, ils se sont éloignés.

Le lendemain, je suis parti à la recherche d'un véhicule allant vers le sud. Ils ne manquaient pas à Mzuzu, dont les plus chers, bien sûr, étaient les 4 × 4 portant sur les portières le logo d'une organisation caritative – de toutes celles dont j'avais jamais entendu parler et de quelques nouvelles venues, avec des noms comme : D'un Peuple à un autre Peuple, Mission contre l'Ignorance et la Pauvreté, Projet alimentaire, Aide en Action, Croisade contre la Pauvreté, et d'autres.

Je n'ai pas été surpris qu'ils refusent de me prendre à leur bord. L'expérience m'avait appris qu'ils étaient les derniers à proposer leur aide aux voyageurs. Mais cela m'a pourtant agacé au point que j'ai analysé mon agacement. Ce qui m'agaçait, c'était que ces véhicules étaient souvent conduits par des Africains, les Blancs à l'arrière, comme des ministres. Ils avaient des lecteurs de CD dont ils montaient le volume au maximum. De temps à autre, je voyais tout le toutim : Un Africain ou un Blanc conduisant d'une main son véhicule « Save the Children » tout en parlant dans un téléphone portable avec la musique à fond – la personne la plus heureuse du pays. Pour chaque agent de vertu que j'ai vu suer sang et eau sur le terrain, j'en ai vu deux qui paradaient dans leur véhicule tout-terrain de luxe.

Ce bonheur sur roues, si visible, que permettaient les largesses des habitants du « Premier Monde » poussés par leur culpabilité à ouvrir leur porte-monnaie, n'était qu'une de mes objections, et la plus mineure. J'en avais une plus grave : le fait qu'après des décennies d'efforts charitables, il y avait plus d'institutions caritatives que jamais au Malawi. Ces institutions, les agents de vertu et les ONG étaient dorénavant intégrés à l'économie du pays – ils en constituaient même certainement une des plus grandes parts. Au Malawi, les organisations caritatives étaient des auges où la plupart des gens tentaient en vain de plonger leur groin. Je n'ai pas été surpris d'apprendre plus tard que les admirables volontaires qui distribuaient l'aide aux victimes de famine dans certains pays d'Afrique exigeaient du sexe en échange de colis alimentaires.

Des minibus allaient à Lilongwe, mais ils avaient l'air dangereux – bondés, pneus lisses, portes attachées avec du fil de fer, passagers sur le toit, chauffeur aux yeux vitreux à cause de leur consommation de ganja. Je recherchais quelque chose d'un peu plus grand et de plus sûr, mais je ne trouvais rien. Il n'y avait que les cercueils roulants et les superbes Land Rover des œuvres de bienfaisance.

« Peut-être il y a un grand car, cet après-midi. »

Je suis retourné à l'hôtel réfléchir à ces dernières semaines. Après Mwanza, j'avais passé trois jours dans un train de brousse, j'avais été insulté par les fonctionnaires de l'immigration à Dar es-Salaam, stupéfait de l'état épouvantable du train pour Mbeya – une ville crasseuse où on m'avait escroqué à l'hôtel et vendu un billet de car qui ne valait rien –, retardé par un car qui n'était jamais venu. Il y avait eu ensuite la bataille pour gagner la frontière, et ces types qui m'y avaient conduit avant de tenter de me voler, le fonctionnaire de la Santé qui voulait un pot-de-vin, le voyage de nuit par-delà les barrages routiers jusqu'à Karonga, et enfin la lente montée vers le plateau pour arriver dans le crachin de Mzuzu.

Mais je n'étais plus très loin de la capitale. Sachant que j'y arriverais dans les prochains jours, j'ai décidé d'appeler l'ambassade américaine à Lilongwe. Je m'étais proposé pour donner des conférences quand ils voudraient, où ils voudraient, pour parler à des étudiants, pour être à nouveau un volontaire du Peace Corps. Mon message de bonne volonté avait été envoyé à Lilongwe, du moins l'espérais-je.

De mon hôtel à Mzuzu, j'ai appelé le bureau des Affaires publiques de l'ambassade, et j'ai été surpris de l'accueil d'une femme morose et quelque peu impatiente qui m'a dit : Oui, oui, nous savons qui vous êtes. Les courriels sont arrivés il y a quelques semaines.

« A propos des conférences... »

Elle m'a coupé, elle m'a même interrompu grossièrement : « Je n'ai rien organisé.

— Rien ?

— Vous n'imaginez pas la semaine que je viens de passer ! »

Avait-elle, comme moi, été insultée, retardée, terrifiée, abandonnée, harcelée, roulée, piquée, inondée, bousculée, épuisée, volée, trompée, empoisonnée, suffoquée, affamée ?

Pour éviter de hurler, j'ai raccroché. Sur le coup, j'ai été découragé, car elle n'avait répondu que par sa paresse à mon offre d'aide. Puis, revenant à de meilleurs sentiments, je me suis dit : dans une culture où les étrangers arrivent sans cesse pour proposer leurs services, leur temps et même de l'aide matérielle, la charité n'a rien de spécial – en fait, au Malawi, c'est une routine nécessaire parmi d'autres ; ce n'est pas de la philanthropie, mais un goutte-à-goutte permanent, un élément d'un système d'aumônes.

Qui étais-je donc, pour offrir d'enseigner ou de donner des conférences ? Un agent de vertu de plus à qui une fonctionnaire débordée rappelait qu'elle était plus occupée que moi. Surpayée, zélée, hypocrite, tranchante et désinvolte, elle avait pourtant probablement raison quand elle me répondait : « Prenez un numéro, mon garçon. Mettez-vous au bout de la file. Il y a plein de gens comme vous. »

*
* *

Petit matin sur le plateau de Viphya : pluie fine, arbres noirs dans le brouillard épais, routes boueuses et glissantes, Africains avec des sacs en plastique sur la tête pour rester au sec. A six heures et demie, dans la rue donnant sur la gare routière de Mzuzu, abritée sous le toit de branchages d'un étal de bananes, en équilibre sur une pierre pour éviter de se mouiller les pieds, une femme blanche, la soixantaine, très mince, très pâle dans la pénombre de ce matin humide, fouillait de ses yeux écarquillés le brouillard montagnard pour guetter le car de Lilongwe.

Elle est montée à l'avant et je me suis assis à côté d'elle, bien placé pour voir la pluie ruisseler sur le pare-brise tandis que nous traversions le plateau. Le car était ancien mais assez large et assez haut pour donner un sentiment de sécurité. Chaque passager disposait d'un siège, le chauffeur était un homme adulte prudent qui utilisait les freins et les signaux de changement de direction.

Ma voisine s'appelait Una Brownly, et elle était infirmière à la mission de Livingstonia. Son mari Don et elle étaient en Afrique depuis vingt-sept ans. Don, médecin, était resté à la mission à cause du grand nombre de malades. Una disposait de deux semaines de vacances. Elle avait pris le car de Livingstonia la veille – toute une journée de voyage déjà jusqu'à Mzuzu. Après une nuit dans un hôtel crasseux, elle avait embarqué dans ce car, qui mettrait la journée à atteindre Lilongwe. Elle allait attendre une journée son avion pour Londres. Une journée plus tard encore, elle serait chez elle, en Ulster – un voyage de quatre jours pour passer une semaine chez elle, avant de faire le trajet dans l'autre sens, les cars succédant aux avions. Un avion de Mzuzu à Londres avec changement à Lilongwe n'était pas dans ses moyens. Una ne bénéficiait pas d'un financement par une ONG internationale, elle n'avait ni Land Rover ni téléphone portable ni lecteur de CD. Son mari et elle étaient des missionnaires du corps médical qui vivaient de l'argent collecté par leur paroisse, en Ulster. Ils étaient mal payés, même pour le Malawi. On avait demandé à beaucoup de médecins africains de venir travailler à Livingstonia. Tout le monde connaissait la longue histoire de l'hôpital et le besoin criant d'encadrement médical. Ils avaient tous refusé.

« Il n'y a pas un seul chirurgien au nord de Lilongwe », m'a dit Una.

Quarante ans après l'indépendance, toute la moitié nord du pays n'avait toujours pas de chirurgien pour pratiquer les opérations complexes pour lesquelles son mari n'avait pas reçu de formation suffisante.

« Le gouvernement ne paie pas assez les médecins. Ils quittent le pays pour aller ailleurs toucher un meilleur salaire.

— Et qu'en est-il de votre salaire ?

— Les médecins africains ne se contenteraient pas de notre salaire. »

J'ai commencé à comprendre la futilité de la bienfaisance en Afrique. Elle émanait en général de gens bardés des meilleures intentions, mais le pire, dans sa nature même, c'était qu'elle n'inspirait pas les populations locales. Des étrangers les aidaient depuis si longtemps et ils étaient si bien implantés que les Africains avaient perdu toute motivation – s'ils en avaient jamais eu – pour faire ce genre de travail eux-mêmes. Non seulement il n'y avait aucun état d'esprit incitant au volontariat, mais il n'y avait pas le moindre désir de remplacer les membres des organismes étrangers sur des postes rémunérés. Pourtant, beaucoup d'Africains étaient au chômage, et ils ne faisaient alors rien d'autre que rester assis sous un arbre.

« Le gouvernement du Malawi aide-t-il votre hôpital ?

— Pas du tout. Il ne s'occupe même pas de ses propres hôpitaux.

— Comment les choses ont-elles pu tourner aussi mal ?

— Je ne sais pas. Il y a la corruption, bien sûr. Les ministres réclament un pourcentage de toute l'aide qui atteint le pays. Mais je ne pense pas à la politique – à quoi bon ? Et il y a beaucoup d'aide extérieure. Certains pensent que le problème est là. Des médecins d'ici, Elspeth et Michael King, ont écrit un livre où ils expliquent que l'Afrique est sous-développée *à cause* de l'aide extérieure.

— Est-ce votre avis ? »

Elle a semblé amusée que je sollicite son opinion sur le sujet, car une des caractéristiques des médecins expatriés de longue date en Afrique est de faire leur travail sans se plaindre et sans montrer le moindre cynisme. Toute personne préoccupée par les contradictions et les répétitions quotidiennes du mythe de Sisyphe trouverait le travail intolérable et les plaintes ennuyeuses, voire démoralisantes.

« Il y a toujours des contreparties, a-t-elle dit. Ce n'est pas une mauvaise chose, mais dans bien des cas, il n'y a aucun engagement local. Les donateurs déterminent ce dont les Africains ont besoin, et les Africains adaptent leurs projets à ce qu'attendent ceux qui donnent l'argent. »

Intérêts croisés – c'était l'interprétation la plus indulgente qu'on pouvait donner. Plus brutalement, on pouvait parler d'escroquerie.

« Pourquoi les routes sont-elles aussi mauvaises, dans le Nord ? ai-je demandé.

— La route en lacet a cent ans. Elle a été superbe, mais vous avez vu tous ces glissements de terrain ? Dans le passé, on dégageait la terre à la force des bras. Il y fallait beaucoup de gens, mais la main-d'œuvre ne coûte pas cher. Et ce travail des hommes permettait de bien dégager les fossés d'évacuation. Ces dernières années, on utilise des bulldozers qui nous ont été donnés. Ils poussent tout sur le côté de la route, et bouchent les fossés. Quand la pluie tombe à nouveau, elle ruisselle sur la route en torrent – et entraîne un autre glissement de terrain. »

Le don de bulldozers avait donc aggravé le problème et mis beaucoup d'ouvriers au chômage.

« Le gouvernement payait cinq hommes pour entretenir la route. Ils n'ont plus été payés. La route se détériore depuis.

— L'école de Livingstonia avait l'air en piteux état.

— Il faut vingt-quatre instituteurs pour qu'elle fonctionne. Ils ne sont que quatorze. L'Anglais qui est là va partir. Dans un mois, ils ne seront plus que treize, pour environ six cents élèves. Le salaire des enseignants est tellement bas !

— Je me demande pourquoi un enseignant étranger est venu à Livingstonia faire la classe, si les gens du pays ne sont pas prêts au même sacrifice. »

C'est par un doux sourire qu'elle a écarté une question qu'elle trouvait bien trop logique.

« Quel véhicule avez-vous à Livingstonia ? ai-je demandé en pensant aux Land Rover blanches des volontaires étrangers que j'avais vues partout.

— Une ambulance, mais elle a neuf ans, et elle est en réparation, pour le moment. C'est une bien triste histoire, je le crains. Nous sommes allés à Lilongwe il y a un mois pour acheter des pièces détachées, des outils et du tissu pour les uniformes de l'école. Nous avions tout fermement attaché à l'arrière d'un camion à ridelles, mais au moment où nous avons démarré, des gamins ont sauté sur le camion, ont coupé les cordes et ont tout volé. »

Il y avait partout des vols et du vandalisme, a-t-elle dit. Un gamin de Lilongwe lui avait arraché sa chaîne en or du cou. Elle avait crié : « Voleur ! Voleur ! » mais les hommes qui pouvaient l'entendre, engoncés dans leur siège de voiture, s'étaient contentés de regarder le gamin s'enfuir en courant. Le bateau de Livingstonia avait été vandalisé, si bien que les deux cliniques situées sur la rive du lac et qu'on ne pouvait atteindre qu'en bateau n'étaient plus guère accessibles.

« Pourtant, je dois dire que mon mari sait tout réparer. »

Quand il n'opérait pas ses malades, Don réparait les bateaux comme les moteurs. Il s'est trouvé qu'il avait connu ces deux autres bricoleurs de génie : les Roseveare.

Nous avons parlé du sida. « Il doit y avoir une vraie épidémie dans le pays, a dit Una, parce que nous avons de très nombreux cas, et nous sommes pourtant dans une région rurale. »

Même le personnel hospitalier était infecté, dont deux des infirmières de Livingstonia [1]. « Nous n'avons aucun moyen de soigner les malades du sida. Nous n'avons pas les médicaments nécessaires. Ils meurent chez eux. Un homme qui souffrait d'une grave hernie est venu jusqu'à nous. Nous l'avons opéré, mais son état ne s'est pas amélioré. Nous l'avons testé. Il était séropositif. Il est rentré chez lui et il est mort.

— Pourquoi tant de gens attrapent-ils le sida, ici ? Est-ce seulement parce qu'ils n'utilisent pas de préservatifs ?

— Je me suis posé cette question il y a plusieurs années. Il y a forcément eu un contact avec le sang ou le sperme. Mais beaucoup d'Africains attrapent d'autres maladies sexuellement transmissibles, et c'est ça qui crée des conditions propices à l'infection. Mais nous voyons tellement de pathologies différentes – tant d'enfants mal nourris, tant d'anémies ! Sans parler de la malaria, qui détruit les globules rouges. »

Nous avions traversé la forêt du plateau, dense de pins plantés cinquante ou soixante ans plus tôt pour fabriquer de la pâte à papier. Mais le projet avait échoué – trop coûteux de transporter les grumes, trop difficile à gérer – et on coupait maintenant les arbres pour du bois de chauffage et pour faire du charbon de bois. Une fois sortis de la forêt, nous avons traversé des marais jusqu'aux limites du plateau marquées par des villages isolés et détrempés, les toits de paille des cases noircis par les moisissures. Nous sommes redescendus, toujours sous la pluie, vers les basses terres et une vaste région de collines comme j'en avais connues en Tanzanie et au Kenya : le paysage caractéristique de la Vallée du Rift, témoin de l'ère volcanique. Des rochers en forme d'œufs avaient la taille de petites montagnes.

A Mzimba, où nous nous sommes arrêtés pour faire le plein, j'ai

---

1. En janvier 2002, l'Organisation mondiale de la Santé a déclaré que soixante pour cent des malades des hôpitaux du Malawi avaient le sida. L'épidémie de sida avait fait deux millions d'orphelins dans le pays.

déambulé dans le marché. On n'y vendait presque rien à manger, juste des racines couvertes de terre et des salades flétries.

« C'est la mauvaise saison, a dit Una. On n'a pas encore fait la récolte, et la dernière production a été mangée. Vous savez, en Afrique, les enfants ne sont pas prioritaires. Nous voyons des enfants à des stades de dénutrition avancés – ventres gonflés, peau qui pèle. Certains de ces enfants meurent à peine arrivés chez nous. »

Comme cette infirmière de mission avait une longue expérience et donnait volontiers des informations, je l'ai interrogée sur l'hygiène. Pourquoi les cars, les *matatus* et les lieux clos étaient-ils tellement plus nauséabonds que quelques décennies plus tôt ? Est-ce que c'était moi ? Étais-je devenu plus délicat, en vieillissant ? J'ai senti que je touchais un point sensible.

« Oh, l'odeur ! Quand ils sont tous rassemblés dans l'église... l'odeur dans l'église ! a-t-elle dit en fermant les yeux et en souriant d'horreur. Mais vous comprenez, il n'y a pas d'eau chaude pour se laver. Et ils ne lavent pas les malades – ils pensent que c'est mauvais pour eux, que les laver les refroidira et qu'ils seront plus malades. »

A Kasungu, nous nous sommes arrêtés pour des passagers, et je suis sorti me détendre les jambes. La pluie tombait si fort que j'ai dû m'abriter dans le dépôt de bus, où je me suis plaint du temps.

« C'est parce que vous êtes européen ! a dit un Africain du garage en regardant les trombes d'eau. Je suis africain. Nous aimons la pluie. Nous n'aimons pas le soleil comme les Européens. Les Européens s'allongent presque nus au soleil. Les Africains – vous en avez déjà vu faire ça ? Eh, non ! Le soleil nous donne chaud. Mais la pluie, c'est bon. Ça nous donne une bonne température. Ça fait pousser les cultures. Malheureusement, maintenant, nous avons des inondations, et les épis de maïs pourrissent dans les champs. »

Cela m'a semblé constituer une explication claire d'une réelle différence culturelle.

« La bataille est si rude, ai-je dit à Una quand je suis remonté dans le car. Est-ce que vous vous demandez parfois : A quoi bon ?

— Nous faisons ce que nous pouvons. Et vous savez que Livingstonia est dans une très belle région. Le lac est délicieux. Les gens ont bon cœur.

— Mais si peu de choses ont changé ! Tout est pratiquement comme je l'ai laissé il y a trente-cinq ans. Pire, peut-être. Le gouvernement est tellement peu concerné par le pays qu'il ne vous aide même pas ! »

C'était un sujet trop vaste. Elle a hésité avant de finalement faire une déclaration qui montrait sa force :

« C'est juste... allumer une petite bougie. »

Nous sommes passés devant des cases, devant des champs détrempés, devant des petits champs de tabac, où travaillaient justement des paysans, parfois. Peu de circulation automobile mais beaucoup de gens en loques qui marchaient sur la route.

« Mon mari a soixante-quatre ans. Il ne va pas tarder à prendre sa retraite. Le gouvernement n'a pas prévu de le remplacer. Il est probable qu'il n'enverra personne, a-t-elle dit d'un air triste. Si nous ne sommes pas là, il n'y aura personne.

— Qu'arrivera-t-il alors ?

— Ils mourront, a-t-elle dit doucement. Ils mourront, tout simplement. »

Nous n'étions plus dans la forêt, et jusqu'à l'horizon lointain, il n'y avait que la brousse et les nuages, tout était vert. J'avais parlé des problèmes, et Una l'optimiste m'avait rappelé que Livingstonia était un endroit charmant. Et cette brousse dans les collines était charmante aussi. C'était l'Afrique vierge, verte grâce aux pluies.

Mais Una avait continué à réfléchir à sa future absence, parce qu'elle a repris la parole : « C'est ce qui se passait avant. Ils mouraient. »

Elle a recommencé à regarder la route devant elle. Nous abordions les premiers villages du district de Lilongwe, avec leurs cases effondrées, les murs de terre, les cahutes. J'ai admiré cette femme, surtout pour son humilité. Sa plus grande vertu était de ne pas se rendre compte à quel point elle était vertueuse. Jamais elle ne s'était montrée moralisatrice. Elle ne savait pas que j'étais écrivain. Sa sympathie était tempérée par son réalisme, mais elle ne s'était pas plainte de son sort. Pas une infirmière, pas un médecin indigène n'aurait voulu monter dans ce car public, ni entreprendre un voyage de deux jours de Livingstonia à Lilongwe.

Les compétences médicales ou pédagogiques ne manquaient pas en Afrique, même dans les pays sinistrés comme le Malawi. Mais la volonté de les utiliser était souvent absente. Et il fallait se poser une question : Pourquoi des étrangers devaient-ils continuer à faire le travail et à prendre des risques qui rebutaient les Africains ?

*
* *

J'ai décidé de rester une semaine à Lilongwe avant de partir plus au sud. J'avais besoin de me reposer de ces déplacements incessants, et je devais rappeler à ma famille que j'étais toujours en vie. J'ai choisi un hôtel sur la rue principale. Les lieux de villégiature de luxe dans le tiers-monde sont une aberration ; même le Malawi en possède quelques-uns au bord du lac. Mais les hôtels luxueux en sont une autre, tout aussi horrible, parce qu'ils accueillent les économistes et le personnel de l'ONU, les experts en réfugiés et les dirigeants des fondations caritatives, les opportunistes en visite et les politiciens. J'ai connu au Malawi les pires hôtels de mon voyage – et les plus chers aussi – qui fonctionnent selon deux tarifs : un tarif bas pour les Africains, un tarif exorbitant pour les étrangers. C'étaient pour la plupart des hôtels d'État, gérés par des entreprises sud-africaines.

« Qu'est-ce que c'est que ça ? ai-je demandé au Lilongwe Hotel en montrant les dix pour cent ajoutés à ma note.

— Le service.

— Quel service ? Il n'y a personne pour porter les bagages, personne ne balaye par terre, la chambre n'est pas propre, les toilettes sont cassées. Vous voyez ce que je veux dire ? Pas de service. Pourquoi le comptez-vous ?

— C'est le nom. “Service”. Dix pour cent, plus-plus. »

Les œuvres caritatives et les donateurs étrangers avaient eu un effet douteux sur la pauvreté, sur la misère du pays, mais ils avaient été franchement destructeurs dans les hôtels, qui recevaient des distributeurs d'argent pour qui l'argent, justement, n'était pas un problème. Ceux d'entre nous qui devions veiller à nos dépenses, nous, les errants, étions punis de leur prodigalité. Mais je suis resté dans ce mauvais hôtel trop cher. Je n'avais pas le choix. Dans mon lit, je préparais la rédaction de ce chapitre. Pendant la journée, au cours de cette semaine passée à Lilongwe, je m'appliquais à écrire ma nouvelle érotique.

Lilongwe, c'étaient deux villes accolées : l'ancienne ville-marché, avec ses boutiques, ses stations d'essence et sa foule de gamins déguenillés ; et la ville adjacente beaucoup plus récente, la capitale de la nation, avec ses rues larges, ses immeubles officiels, le palais présidentiel, les résidences des personnalités, les propriétés des riches et les ambassades. Soldats et policiers montaient la garde dans toutes les rues de la nouvelle capitale, mais dans la vieille ville-taudis, tout le monde se plaignait des délinquants, surtout les boutiquiers indiens.

Chassés des zones rurales par les hommes de main du parti d'Hastings Banda, les Indiens avaient afflué vers la vieille ville commerçante de Lilongwe, où la vie était plus sûre et où, pendant un temps, ils sont passés inaperçus. Une des caractéristiques de la dictature de Banda, c'était la violence politique constante. Mais, parallèlement, la délinquance civile – vol de voitures, cambriolages, viols, meurtres – était presque rare. Ça avait changé. Ça s'était même inversé, les vols, les viols et les meurtres devenant plus courants que la terreur politique.

Banda était parti après avoir tenu le pouvoir pendant trente-quatre ans, et son nom avait été retiré du stade national, des rues, des écoles et des hôpitaux. Sous le nouveau président, Bakili Muluzi, l'homme qui avait mis son visage poupin sur la monnaie, les rues n'étaient plus sûres et les cambriolages fréquents. Muluzi avait été un anti-Banda populiste. Il devenait un despote. Musulman dans un pays majoritairement chrétien, il avait trouvé un de ses plus ardents soutiens dans le gouvernement libyen de Muammar Kadhafi. Il y avait un proverbe, au Malawi, qui expliquait la personnalité de tous les Muluzi : « Élevez un python et il vous avalera. »

« Avant, on pouvait dormir tranquilles chez nous, la nuit, m'a dit un certain Salim qui dirigeait un restaurant et qui m'avait rejoint à ma table pendant que je dégustais un de ses samosas. On n'est plus tranquilles, maintenant. Plus maintenant. Il y a des voleurs.

— J'ai habité ici, il y a longtemps, ai-je dit.

— Et qu'est-ce que vous en pensez ? m'a-t-il lancé comme un défi.

— Dites-le-moi, Salim.

— C'est pire, pire, pire. Et ça ne s'arrange pas. Ça devient bien pire. »

En me tenant sur mes gardes, j'ai pourtant parcouru les rues de Lilongwe et j'ai exploré le marché – énorme déballage de vêtements d'occasion qui, ici comme ailleurs, étaient vendus au détail par des commerçants habiles qui les obtenaient presque gratuitement d'institutions caritatives. Il y avait si peu de véhicules automobiles que les piétons marchaient souvent au milieu de la rue. Les Indiens m'ont mis en garde contre les vols, mais j'étais mal habillé, et si je transportais des choses précieuses dans mon sac (argent liquide, passeport, objets divers) je ne portais visiblement rien qui valût la peine d'être volé. La plupart de mes vêtements venaient de marchés comme celui-là.

Même les prostituées m'évitaient, sauf si je leur offrais à boire, ce que je faisais quand je me sentais trop seul, me livrant à un déplacement d'activité assez semblable à celui de ces pauvres hères qu'on voit parfois dans les ruelles à des heures indues en train de nourrir des chats errants. Parler du sida me frappait de détumescence. En général, je m'asseyais seul sous les arbres d'un bar proche du Lilongwe Hotel. Il m'arrivait de rejoindre des filles à leur table et de leur parler. Elles étaient joliment habillées, presque discrètes.

« Nous sommes lycéennes. Nous sommes toutes cousines.
— J'étudie le secrétariat.
— Moi, le commerce.
— Moi, je travaille dans une boutique qui vend de tout. »

Elles étaient adolescentes, pas mariées, sans enfants, ne buvaient pas de bière, juste des sodas. Elles gloussaient, minaudaient, chuchotaient. Elles m'ont parlé d'elles, elles m'ont posé des questions, elles m'ont charrié un peu.

« T'es pas vieux ! Combien ? Quarante, quarante-cinq ?
— Je t'offre un autre Coca, petite ! »

On avait enchevêtré des décorations de Noël dans les arbres, on passait de la musique douce, l'endroit n'était pas bruyant. Pour un voyageur malmené qui avait sauté dans des bus, des camions et des trains à travers toute la grande vallée du Rift, d'Éthiopie au Malawi, c'était une nouveauté et un plaisir de rester dans un même lieu un moment, de manger de vrais repas réguliers, de prendre des bains, de faire laver son linge, de bavarder sans but, d'écrire une nouvelle, de faire les mots croisés du *New York Times*, qu'on m'avait faxés de chez moi.

« Qu'est-ce que tu fais, monsieur Paul ?
— Un simple jeu. Je mets des mots. Tenez, l'indice, c'est “Thé interdit”. »

Elles se sont penchées vers moi, m'offrant leurs odeurs de parfum, de poudre de riz, de lotion capillaire, le bustier de leurs robes bruissant contre moi comme les robes des débutantes de ma jeunesse.

« Je pense que c'est “Oolong tabou”». Ça tient.

Quand j'ai eu terminé, j'ai glissé la feuille pliée dans ma poche et une des filles s'est collée à moi en murmurant dans un souffle chaud, ses lèvres contre mon oreille : « Je voudrais te faire un massage, monsieur Paul. Prends-moi. Je suis bonne. »

Mais je suis rentré chastement seul dans ma chambre et je suis resté allongé dans mon lit humide à regarder les taches du plafond, où je voyais des visages. Et je me demandais : Que s'est-il passé, ici ?

Les journaux arboraient toujours des titres comme : « UN NOUVEAU VOYAGE DE LA PAUVRETÉ À LA PROSPÉRITÉ » (suivait un discours du ministre de l'Agriculture), ou : « NOUVEAU DÉPART DANS LE SECTEUR AGRICOLE » (il s'agissait là d'un programme financé par les Américains qui incitait les producteurs de tabac à passer à la culture des pois cajan et du soja), ou encore : « LES ESTIMATIONS DES ENCHÈRES DU TABAC SONT PROMETTEUSES » (mais une semaine plus tard, les prix réels étaient le cinquième de l'année précédente). Et je me demandais : Qu'est-ce qui marche ?

Toujours vexé d'avoir été repoussé quand j'avais proposé des conférences gratuites, j'ai demandé à rencontrer l'ambassadeur américain. Dans un livre, on doit utiliser un vocabulaire particulier pour décrire ce genre d'homme. On parlera de « source officielle » ou de « diplomate occidental de haut niveau » quand on ne choisira pas le discret : « une personne que j'ai rencontrée ». Mais notre rencontre a été si brève et si anodine, qu'elle ne mérite aucun camouflage, et la qualité de diplomate de l'homme m'a fait sourire pendant que je lui parlais.

J'ai eu l'impression que l'ambassadeur ne m'aimait pas plus que son employée – son alliée, apparemment – qui m'avait dit : *Vous n'imaginez pas la semaine que je viens de passer!* Il devait avoir mon âge. Plutôt affable dans l'ensemble, il réprimait pourtant à l'évidence son agitation et son envie de retourner à ses affaires. Était-ce à cause de mes vêtements américains d'occasion tout délavés achetés sur un marché africain ? Plus probablement, c'était à cause de ma frustration étonnée, de mes critiques impatientes, de mes plaisanteries déplacées. Mais j'étais fatigué de la route parcourue pour mon safari sur l'étoile noire, et l'évolution de l'Afrique était devenue une obsession. Dans d'autres pays, j'avais pu rester un observateur distant mais, aussi absurde que cela puisse paraître, je prenais la situation au Malawi de manière très personnelle.

« J'ai enseigné ici, lui ai-je dit. Je connais assez bien le pays. Je parle même la langue locale. Il y a plusieurs semaines, j'ai proposé de donner quelques conférences, mais votre service des Affaires publiques n'en a pas vu l'intérêt et n'a rien fait pour les organiser. »

L'ambassadeur n'a pas réagi.

« Je suppose que vous recevez beaucoup de propositions de ce type », ai-je suggéré.

L'ambassadeur a pris une gorgée de son verre et a poussé vers moi une coupelle de cacahuètes, comme pour adoucir mon humeur.

« Rien ne s'est *amélioré* dans ce pays, bon Dieu ! Citez-moi une seule chose qui va mieux !

— La terreur politique ne règne plus. Alors que c'était le cas auparavant.

— J'ai été fouillé et retardé à vingt barrages routiers de Karonga jusqu'ici.

— Je prévois de me rendre dans le Nord...

— Les routes sont horribles. Il a fallu qu'on pousse l'autocar.

— Les routes sont meilleures qu'avant. »

J'ai bâillé et j'ai tendu le bras pour prendre une poignée de cacahuètes.

« Mon poste précédent, c'était le Congo, a dit l'ambassadeur. Au Congo, il n'y a pas de routes du tout.

— A quoi bon des routes, s'il n'y a pas de véhicules motorisés.

— Il y a des cars.

— En avez-vous déjà pris un ? » Mais, conscient que c'était un coup bas, j'ai ajouté : « Et ils font pousser du tabac pour le vendre... du tabac !

— Maintenant, les petits fermiers peuvent faire pousser du tabac. Avant, c'était un monopole d'État.

— C'est une denrée en plein déclin !

— La production de café est en hausse.

— Et le prix en baisse ! Le café est encore un leurre économique.

— Tout cela n'est qu'anecdotique. Mais je sens que des changements positifs se préparent.

— En tant que diplomate, vous êtes payé pour être optimiste. »

L'ambassadeur a plongé le nez dans son verre pour ne pas réagir verbalement à cette remarque insolente. Il n'avait pas du tout aimé mes paroles.

« Honnêtement, je suis vraiment déprimé par ce que je vois ici. Rien ne marche, les écoles sont délabrées, le taux de mortalité infantile est toujours le plus élevé du monde. Mon avis, c'est que le gouvernement veut maintenir les écoles au niveau le plus bas, parce que les ignorants sont plus faciles à gouverner.

— Le gouvernement a à cœur d'améliorer les écoles. Mais les enseignants sont mal payés.

— Et alors ? Personne n'est jamais devenu enseignant pour s'enrichir.

— Il y a quelques progrès très enthousiasmants dans le développement des télécommunications. La technologie des téléphones portables, par exemple. L'an prochain, peut-être. »

Cette expression, « l'an prochain », aussi horrible que crédule, m'a fait rire autant que le fait qu'il ait parlé des téléphones portables. « Nous espérons, d'ici l'an prochain à cette époque... » dit Mme Jellyby à propos de son projet africain pour les indigènes de Borrioboola-Gha. Et Dickens se moque de cette expression. L'ambassadeur ressemblait beaucoup à l'ami philanthrope de Mme Jellyby, M. Quale (« Avec de gros boutons luisants en guise de tempes »), qui projette « d'apprendre aux colons du café à apprendre aux indigènes à tourner des pieds de pianos et à les exporter » *(sic)*. En Afrique, les Jellyby et les Quale d'aujourd'hui ne manquent pas de projets d'utilisation de la main-d'œuvre dans des manufactures à échelle quasi familiale. Ce qui avait semblé une idée folle et ridicule à Charles Dickens il y a cent cinquante ans, des bienfaiteurs à l'air grave le considèrent comme un espoir pour le Malawi d'aujourd'hui.

« Ah, des téléphones portables ! Ils joueront avec comme des membres d'une secte. Ils croiront que ce sont des jouets ! »

Un chauve peut exprimer sa frustration avec toute sa tête. Mon sens de la répartie épuisait la patience de l'ambassadeur, mais alors même que son crâne se plissait de colère, il est resté poli et positif. Je me devais d'admirer son équanimité. Pourtant, je voyais bien qu'il mourait d'envie que je parte. Il ne m'a pas resservi à boire, signe évident que le temps qu'il m'avait imparti était écoulé. Quand des silences lourds de sens m'ont signifié que la réunion était terminée, nous nous sommes levés et il m'a montré son jardin, m'a fait admirer ses palmiers. Je suis rentré couver ma rage dans ma chambre d'hôtel.

Le lendemain, j'ai appelé le président de l'université du Malawi, un homme que j'avais connu quand nous étions collègues. Il m'a dit combien il était heureux d'avoir de mes nouvelles.

« Je ne fais que passer », ai-je dit. Je n'ai pas parlé de la promesse d'anniversaire que je m'étais faite – d'enseigner pendant une semaine, d'aider, de faire quelque chose d'utile. « J'aimerais offrir mes services – donner une conférence à l'université ou enseigner à Soche Hill.

— C'est excellent ! Viens à Zomba. Je vais organiser quelque chose. Et bienvenue au pays, *achimwene*. »

Achimwene est le mot le plus chaleureux pour dire « frère ».

15 — Chemins de traverse jusqu'à l'école de Soche Hill

« Ta mère est ta mère, même si elle a une jambe trop courte », dit un proverbe du Malawi, et cette sagesse permet à ses habitants de pardonner ses défauts à leur pays.

Presque personne ne se plaignait. Certains même se vantaient – « Meilleures routes » triomphaient-ils souvent. Bien. Peut-être ici et dans le Sud, mais le Malawi était si pauvre que seuls les politiciens avaient de vraies voitures. Ils conduisaient des Mercedes-Benz sur ces bonnes routes tandis que tous les autres marchaient, allaient à bicyclette, ou ne se déplaçaient qu'au rythme de leurs troupeaux. Les enfants utilisaient les routes pour jouer – grâce au revêtement dur, les ballons rebondissaient mieux, les jouets faits maison roulaient plus vite. Quant aux cars, la plupart étaient dans un tel état qu'une bonne route ne faisait guère de différence. Démoralisé par mes divers trajets en bus depuis l'extrême Nord, j'ai loué une voiture à Lilongwe, pour la première et la dernière fois de mon long voyage. C'était moi, maintenant, le chauffeur harcelé par la police aux barrages routiers.

« Ouvrez le coffre, *bwana*, m'a ordonné un policier lourdement armé.

— Que cherchez-vous ?

— De la drogue et des armes.

— Vous arrive-t-il d'en trouver ? »

Les deux aides du policier fouillaient mon sac tandis qu'un chien reniflait le coffre à la recherche de ganja ou de *chamba*, comme on appelle aussi le haschich en chichewa, un produit qu'on trouvait à acheter très bon marché partout dans le pays.

« Avant la fin de la journée, on en trouvera », m'a répondu le policier.

Si j'oublie les barrages, les trois cents kilomètres jusqu'à Zomba ont été un vrai plaisir. J'ai conduit lentement, jouissant de la liberté que me donnait mon propre véhicule et de la force des montagnes aux découpes bizarres, chacune se dressant seule sur la plaine verte. J'en suis venu à considérer comme une spécificité africaine unique – comme les animaux qui paissaient à leur pied – ces rochers de la vallée du Rift, ces montagnes grises écorchées, comme tirées par le canon d'un cratère volcanique à l'époque farouche de la préhistoire. Lisses et solitaires, pas vraiment des *buttes* comme au Canada, pas vraiment des *mesas*, comme au Nouveau-Mexique, certaines étaient en forme d'œuf, d'autres en forme de fruit exotique. Cela m'a rappelé ce que j'avais ressenti en les voyant pour la première fois, l'impression que j'étais arrivé dans un endroit très spécial, au cœur de l'étoile noire, et que lors de mes voyages à travers les autres continents, je n'avais jamais rien vu de tel.

Des routes pavées couraient où il n'y avait jadis que des pistes d'argile rouge. La voie ferrée pour Balaka, que j'avais empruntée en 1964 pour gagner une léproserie mua en bordure du lac, n'existait plus – pas plus d'ailleurs que ce regroupement de lépreux. Le ferry qu'on prenait à Liwonde, pour traverser la Shire et ses eaux bouillonnantes et brunes quand elle gonflait, avait été remplacé par un pont. Tout cela marquait un progrès, mais sur ces nouvelles voies de communication, les Africains, les fesses à l'air dans leurs vêtements déchirés, marchaient toujours pieds nus.

Je progressais si paresseusement, m'arrêtant souvent pour regarder un oiseau ou parler à des paysans, que je ne suis arrivé qu'à la nuit tombée à Zomba, une petite ville dans les collines. La rue principale n'était pas éclairée et les gens titubaient et trébuchaient dans le noir. Mon ami m'avait dit de me rendre au Zomba Club, et là de l'appeler. Il viendrait m'y retrouver et me guiderait jusqu'à sa maison, difficile à trouver au flanc abrupt du plateau.

Zomba avait été la capitale de l'incarnation britannique du Malawi, ce petit protectorat appelé Nyassaland, où on faisait pousser du thé. Toujours de taille modeste, la ville était un ensemble de bâtiments en brique rouge à toits de zinc serrés les uns contre les autres en bordure du plateau de Zomba. De la route, le plateau ressemblait à une table à repasser drapée d'un linge vert, et il était assez haut pour qu'on le voie de loin – un des pics s'élevait à plus de trois mille mètres. Les crevasses des flancs disparaissaient dans la brume et, dans certains de ses secteurs, le plateau était encore assez sauvage pour qu'y vivent des meutes de hyènes et de petites antilopes, sans oublier les troupes de singes, surtout des babouins. L'emprise britannique avait imposé toutes ses règles au bas des pentes de Zomba : la maison du gouverneur général en brique rouge, l'église anglicane en brique rouge, les bungalows des fonctionnaires en brique rouge, le club en brique rouge. Les toits en zinc de ces bâtiments étaient altérés maintenant. Ils avaient pris la couleur des briques.

Le Zomba Gymkhana Club avait été le lieu de rencontre des colons et le centre de la vie sociale à l'époque britannique. Votre acceptation comme membre était fonction de la pigmentation de votre peau : les Blancs dominant en nombre y acceptaient quelques Indiens et de rares métis qu'on disait « de couleur ». Dans les années qui ont suivi l'indépendance du Malawi, le club était encore presque entièrement réservé aux Blancs – des hommes et des femmes qui pratiquaient l'équitation, jouaient au cricket ou encourageaient leur équipe de rugby. Pas de footballeurs : donner des coups de pied dans un ballon rond était considéré comme un sport de Noirs.

A l'époque, je n'étais membre d'aucun club, mais j'y étais bien à contrecœur entraîné parfois par des groupes de Britanniques buveurs de bière et vêtus de blazers et de pulls aux armes d'un club (« C'est mon uniforme du Royaume-Uni ») qui clamaient : « Laissez entrer des Noirs ici, et ils dormiront sur les tables de billard, ils s'enivreront, ils amèneront leurs insupportables négrillons au bar et on trouvera des femmes en train de nourrir leur bébé au sein dans les salles de jeu. » C'était grossier et raciste, mais dans leur excès même, ces paroles étaient prophétiques. Ce soir-là, des adolescents plantaient leurs queues de billard dans le feutre déchiré de la table, le bar était envahi d'hommes ivres (pas d'enfants, pourtant, et plus personne n'aurait utilisé l'insultant « négrillon » pour les désigner), et une femme allaitait effectivement son bébé sous la cible à fléchettes. Mais si la fréquentation du lieu avait changé, son atmosphère demeurait la même.

Restaient des reliques : les trophées de koudous et de springboks au mur, les vitrines renfermant des mouches pour la pêche, toutes bien étiquetées et rangées, les plus grosses pour les saumons, les toutes petites pour le menu fretin. Le calendrier datait, les portraits avaient disparu, le sol n'était pas balayé et les lustres éclairaient cet intérieur sale d'une lumière crue.

En attendant mon ami, je me suis assis pour boire une bière et observer les lieux.

Il n'a pas tardé à arriver et m'a salué chaleureusement en deux langues. C'était David Rubadiri, que j'avais rencontré pour la première fois en 1963, quand il était directeur de mon école, Soche Hill – il fallait dire *Sochai*. On manquait à tel point de diplômés de l'université à l'indépendance, que Rubadiri avait été arraché à l'école et embauché dans les services diplomatiques. Le premier ministre Hastings Banda l'avait nommé ambassadeur du Malawi à Washington. Rubadiri y avait prospéré pendant trois ou quatre mois après l'indépendance, jusqu'à ce qu'éclate soudain une lutte pour le pouvoir. Les ministres avaient dénoncé le despotisme d'Hastings Banda, ils l'avaient attaqué verbalement et ils avaient voté la défiance au Parlement. De loin, Rubadiri s'était joint au cœur des mécontents. Mais Banda avait survécu à cette tentative de coup d'Etat, et il s'était retourné contre ses accusateurs. Ceux qui s'étaient opposés à lui avaient dû soit fuir le pays soit entrer dans la guérilla clandestine. Banda était resté au pouvoir pendant les trente années suivantes.

Rubadiri avait connu la disgrâce politique pour ses prises de position, et il avait perdu son poste. Il s'était rendu en Ouganda pour enseigner à Makerere. Quand on avait su que je l'avais aidé – je lui avais simplement apporté sa voiture, à laquelle j'avais fait traverser les trois mille kilomètres de brousse jusqu'en Ouganda – on m'avait accusé d'avoir soutenu les rebelles et on m'avait qualifié de révolutionnaire. J'avais été expulsé du Malawi fin 1965, renvoyé comme un malpropre du Peace Corps (« Vous avez saboté tout le programme ! »), et grâce à l'aide de Rubadiri j'avais été embauché à Makerere. D'instituteur, j'étais devenu en une semaine professeur d'université. Cette époque tragique des années soixante associait en Afrique les risques physiques, l'activisme social, la ferveur révolutionnaire, la politique tiers-mondiste et la naïveté [1].

Nos carrières, celle de Rubadiri et la mienne, s'entrecroisaient. Nous étions amis depuis trente-huit ans. La chance lui avait à nouveau souri avec le changement de gouvernement au Malawi. Au milieu des années quatre-vingt-dix, il avait été nommé ambassadeur du Malawi aux Nations unies, et au bout de quatre à cinq ans, il était devenu le vice-président de l'université du Malawi. Il avait deux épouses et neuf enfants. A bientôt soixante-dix ans, il était blanchi, digne et vénérable comme le général Othello, un rôle qu'il avait joué à l'université pendant ses études en Angleterre. Après quelques verres, il lui arrivait de lever la main, d'arquer un sourcil et de déclamer d'une voix profonde et voilée :

1. J'ai narré la triste histoire de mon engagement dans un essai « The Killing of Hastings Banda », dans *Sunrise with Seamonsters*.

Doucement. Un mot ou deux avant votre départ.
J'ai rendu à l'État quelque service...

C'était merveilleux de le revoir au Zomba Gymkhana Club, toujours en vie, survivant d'un passé lointain. En suivant sa voiture sur la route secondaire étroite au flanc du plateau de Zomba – des chiens de garde et des vigiles jaillissant de temps à autre de l'obscurité – j'ai eu un aperçu du pouvoir en place. Les anciennes demeures des bureaucrates britanniques étaient devenues celles des bureaucrates africains. La maison de Rubadiri avait été celle du haut commissaire britannique. De style colonial, à un étage (en brique et stuc, avec un toit en zinc), elle se détachait sur la pente abrupte au sommet d'un jardin en terrasses.

Une seule de ses épouses était présente, Gertrude, que j'avais connue et dont j'appréciais l'intelligence et le bon sens. Elle m'a accueilli en me souhaitant la bienvenue et m'a mis à l'aise.

« Nous dînerons dans une heure.

— Le temps pour toi de parler à quelques étudiants », a déclaré Rubadiri.

Nous avons redescendu la colline jusqu'à l'University Club, autre bar glorieux des années 1920, où j'ai discuté avec un groupe d'étudiants et d'enseignants. Un homme, que j'ai immédiatement reconnu, avait été un de mes élèves. Il avait gardé son visage poupin, sa grosse tête sur des épaules étroites, et ses lourdes paupières qui lui donnaient un air tantôt solennel tantôt ironique. Il avait les cheveux gris, mais sinon il était le même Sam Mpechetula, sauf qu'il portait des chaussures. La dernière fois que je l'avais vu, c'était un gamin de quinze ans, pieds nus et en short gris ; et voilà qu'il avait cinquante-deux ans, une veste et une cravate !

Sam a dit que, simplement de passage à Zomba, il avait appris que j'allais venir, et qu'il était resté exprès. Il était marié, père de quatre enfants, et il enseignait à l'université Bunda, non loin de Lilongwe. Je pouvais au moins dire qu'un de mes anciens élèves avait repris mon poste d'enseignant d'anglais dans une salle de classe au Malawi. C'était un de mes buts les plus modestes.

« Avez-vous beaucoup de souvenirs de notre école ? lui ai-je demandé.

— C'était une bonne école. La meilleure. C'est là que j'ai été le plus heureux de ma vie. Les types du Peace Corps étaient merveilleux. Ils ont apporté les blue-jeans et les cheveux longs au Malawi !

— Quel héritage ! ai-je plaisanté, parce que Rubadiri écoutait.

— Ils parlaient aux Africains, a continué Sam. Vous savez, avant votre venue, les Blancs ne nous parlaient pas.

— Tu te souviens de lui, hein ? lui a demandé Rubadiri.

— Oh, oui ! Quand il a été déclaré "immigrant interdit", nous avons été tristes. »

Il se souvenait de la récompense que j'avais reçue pour avoir aidé Rubadiri.

« Vers la même époque, Jack Mapanje nous donnait aussi des cours. Vous souvenez-vous de lui ? »

Encore une victime de la politique : Jack Mapanje avait été emprisonné dix ans pour avoir écrit des poèmes que le gouvernement du Malawi jugeait subversifs.

Sam m'a donné des informations sur mes autres élèves. Beaucoup étaient morts, certains avaient quitté le pays, mais un bon nombre occupaient des emplois utiles dans différentes régions du pays. Une forte proportion de mes anciens élèves étaient des femmes qui travaillaient.

Plus tard dans la soirée, après le dîner, je me suis souvenu de la force et de la vision claire des choses propre aux femmes du Malawi quand David Rubadiri est monté se coucher et que Gertrude est restée avec moi pour boire une dernière tasse de thé. Cette femme au visage large, aux bras puissants, assise au fond du sofa, dans les coussins, légèrement penchée en avant pour parler, l'air attentif, était intelligente et, pour sa génération, elle avait reçu une bonne éducation, puisqu'elle était allée à l'université Fort Hare, en Afrique du Sud. Robert Mugabe, qui sera un guérillero et deviendra le fantasque président du Zimbabwe, avait été un de ses camarades de classe. Nous avons un peu parlé de lui, parce que ce mois-là, il harcelait les fermiers blancs du Zimbabwe au point que nombreux étaient ceux qui me déconseillaient d'approcher de ce pays.

« Mugabe était tellement studieux, que nous l'appelions "rat de bibliothèque" ! »

Craignant de me montrer insultant, car j'étais son hôte, je n'ai tout d'abord confié que prudemment ma déception, à mon retour au Malawi, de voir un pays si exsangue. Mais Gertrude a saisi l'occasion de dire ce qu'elle pensait, elle qui était aussi restée loin de son pays pendant environ vingt-cinq ans.

« Les choses sont pires, a-t-elle affirmé. Quand je suis revenue, en 1994, j'ai été surprise. La pauvreté m'a vraiment choquée. Je n'arrivais pas à croire que des gens puissent être aussi pauvres. J'ai vu un gamin avec quelques pièces dans la main qui voulait acheter du savon. Il lui fallait un *kwacha* [1,3 cent], et il n'avait pas assez ;

il est reparti sans rien. Les gens étaient vêtus de guenilles. Les rues couvertes d'ordures.

— J'ai remarqué.

— Mais tu sais ? En deux semaines, je ne le voyais même plus !

— Quoi d'autre t'a choquée quand tu es revenue ?

— La manière dont les jeunes parlaient dans la maison m'ennuyait vraiment. Même mes propres neveux ! Si je posais une question, ils répondaient par une question, ou par "*Si chapita ?*" [Et alors ?]. Ce n'est pas dans nos traditions de montrer si peu de respect à nos aînés. Si je demandais du sucre, l'enfant haussait les épaules et restait assis en disant "*Si watha ?*" [Il n'y en a plus ?] C'était choquant !

« Et la manière dont les gens médisent des autres. Tu sais que dans cette société, les gens ont toujours été envieux. Quelqu'un rentre de l'étranger avec un Master's et on dit qu'il est "maître en bêtise" ! On raconte des choses sur cette personne, on dit qu'elle est prétentieuse. Je suis allée à des funérailles, récemment, et j'ai entendu des gens qui en profitaient pour ironiser ainsi. Tu imagines ça ? A des funérailles !

« Et nous sommes devenus tellement sales ! Non seulement parce qu'on jette des ordures dans la rue, mais aussi personnellement. Les gens sont de moins en moins propres dans leurs habitudes personnelles. On le remarque dans les bus. L'odeur ! Et tu as vu comment les gens te poussent ? Jamais ils ne faisaient ça, avant. Cela ne fait pas partie de notre culture d'être dans une foule ou de se presser les uns contre les autres. Notre culture détermine que nous avons besoin d'espace. Un serviteur te donne de l'espace – il se tient à distance. Les gens font de même les uns envers les autres. Il n'est pas naturel pour nous d'être poussés et compressés ; pourtant, ça arrive tout le temps. Plus personne ne respecte les anciens. Plus personne ne me cède son siège dans les transports. Peut-être est-ce que je dis ça parce que je suis vieille...

« Que s'est-il passé ? Est-ce à cause de toutes ces années sous Banda, quand on disait aux gens ce qu'ils devaient faire, qu'ils devaient être propres, respectueux ? Maintenant ils pensent : "Le vieux est parti. On peut être sales et rattraper toutes ces années de respect" ?

« Les fondations caritatives font notre travail à notre place – et il y en a tant ! Quels progrès réalisent-elles ? Est-ce que nous les aurons ici à jamais ? Il n'y en avait pas tant, avant. Pourquoi avons-nous toujours besoin d'elles au bout de tant d'années ? David dit que je suis pessimiste, mais pour te dire la vérité, j'ai un peu honte. »

Je suis allé me coucher en réfléchissant. Je n'étais donc pas victime de mon imagination.

Le lendemain matin, je suis parti revoir mon école de Soche Hill, à soixante-dix kilomètres de Zomba.

Certains voyages sont si importants qu'on les fait dans sa tête de manière presque obsessionnelle, non pour s'y préparer, mais pour les anticiper, pour l'avant-goût délicieux que ça nous procure. J'avais imaginé ce voyage de retour sur les pistes jusqu'à Soche Hill depuis des années. C'était un retour plus significatif et plus profond pour moi que de revenir à Medford, dans le Massachusetts, où j'avais grandi. A Medford, j'étais un individu parmi d'autres qui voulait partir, commencer sa vie ; au Malawi, à Soche Hill, j'étais unique, je façonnais ma vie.

En Afrique, pour la première fois, j'avais entr'aperçu le cours que devrait prendre ma vie : elle serait dominée par l'écriture, la solitude, le risque et, déjà, alors que j'avais à peine plus de vingt ans, j'avais goûté à ces plaisirs ambigus. J'avais appris ce que beaucoup d'autres avaient découvert avant moi : l'Afrique, malgré les risques qu'on y courait, représentait la nature sauvage et tous les possibles. Je n'avais pas seulement eu la liberté d'écrire, en Afrique, j'avais eu quelque chose à écrire.

Le monde africain que j'avais appris à connaître n'était pas celui de l'existence mesquine du touriste ou du chasseur de gros gibier. Je n'avais pas eu non plus l'expérience étroite et trompeuse du diplomate. J'avais connu la progression beaucoup plus révélatrice d'un exilé ambitieux dans la brousse. Je n'avais ni argent ni statut. Au Malawi, j'ai commencé à m'identifier à Rimbaud et à Graham Greene, et c'est en Afrique aussi que j'ai commencé à ne pas aimer Ernest Hemingway, à cause des armes qu'il affectionnait et de sa prose maniérée. Ernest était à la fois le touriste et le chasseur de gros gibier. La vision de l'Afrique selon Hemingway commence et se termine par le massacre de grands animaux, pour le plaisir de monter leur tête sur une planche et d'impressionner ses invités par l'étalage de ses prouesses. Ce genre de safari est facile à faire. Vous payez et on vous conduit aux éléphants et aux léopards. Vous parlez à des Africains serviles, à ces indigènes anonymes qui ne sont guère plus que des Oumpa-Loumpas obéissants. Le côté humain de l'Afrique, on le trouve lors d'une visite d'un après-midi dans un village authentique. C'est pourquoi, de tous les genres de voyages possibles en Afrique, le plus facile et le plus trompeur est celui qui reproduit les expériences d'Hemingway. D'une certaine manière, l'obsession de « nourrir les gens », qui est le moteur de bien des fondations caritatives, est liée à cela, car j'ai rarement vu des volontaires de ces organisations qui, d'une manière ou d'une autre, ne me rappelaient pas des touristes allant voir des animaux à qui ils jettent de la nourriture, comme les rangers en jettent aux animaux frappés par la sécheresse dans les parcs animaliers.

L'expérience de l'enseignement en Afrique, plus difficile à mettre en œuvre, demande moins d'argent mais plus d'humilité. J'avais eu de la chance. Redoutant la conscription, j'avais rejoint le Peace Corps dans une des premières vagues de volontaires, et j'avais été envoyé au Nyassaland, un pays africain qui n'avait pas encore accédé à l'indépendance. J'avais donc vécu les derniers sursauts du colonialisme britannique, la période intermédiaire et incertaine de la passation de pouvoir, l'affirmation pleine d'espoir d'une Afrique noire décidée à se gouverner elle-même. J'ai eu la chance d'observer ce processus de près, et le règne des Africains sur leurs terres, aussi nécessaire qu'il fût, avait aussi, dès le premier jour, pris la forme d'une tyrannie, dans le jeune Malawi.

L'enseignement dans une école primaire est le poste d'observation parfait pour comprendre comment les gens vivent et ce qu'ils voudraient obtenir. Et mon travail justifiait ma présence en Afrique. Jamais je n'avais voulu être un touriste. Je voulais partir loin, dans un coin du monde aussi reculé que possible, parmi des gens à qui je pourrais parler. J'avais réalisé tout cela au Malawi. Ce que j'aimais le plus en Afrique, c'était que ce continent ne semblait pas terminé, qu'il restait quelque chose d'inconnu, à découvrir, un élément muet mais qui imposait sa présence, comme l'obélisque géant dans la carrière d'Assouan : ce merveilleux artefact était resté piégé dans la roche, mais si on l'avait érigé, il aurait mesuré cinquante mètres de haut. C'était pour moi le symbole même de l'Afrique que je connaissais.

Ce que j'aimais alors, je l'aimais encore : la vie rurale, ce peuple tenace, les montagnes comme un grand dos d'animal en pierre, les plaines plates avec leurs fourmilières plus hautes que les cases. La route de Zomba avait tout pour me plaire : la vue qui s'étendait presque jusqu'au Mozambique, la savane ponctuée d'arbres, les villages, les échoppes au bord de la route où des paysans vendaient des pommes de terre et du sucre de canne – une nourriture de temps de famine, car on n'avait pas encore récolté le maïs. J'aimais la douce somnolence de l'Afrique rurale, où je m'étais toujours senti en sécurité.

Au lieu d'aller droit à l'école, je me suis arrêté dans le village tout proche de Limbe, qui commençait de manière abrupte par des taudis et des commerces de rue – ateliers de réparation de bicyclettes ou de voitures, fabriques de cercueils –, puis devenait chaotique, avec les ordures et la foule, les petits magasins et les boutiques, la prolifération de bars et de cliniques à l'air peu engageant. J'ai tourné un peu à la recherche de quelques points de repère, et j'ai trouvé un bar où j'allais souvent, Le Cocotier, puis le marché et le cinéma L'Arc-en-Ciel, où, jusqu'à l'indépendance, je devais me lever quand on jouait le « God Save the Queen » avant chaque film.

Si la campagne m'avait semblé plus vide qu'avant, la ville était bien plus pleine, plus vaste aussi, et l'air mauvais. Je me suis garé et je suis entré dans une banque pour tirer de l'argent liquide avec ma carte de crédit.

« Cette transaction prendra trois jours », m'a dit l'employé.

Un Africain qui faisait la queue a soupiré pour moi.

« Ça ne devrait pas prendre plus d'une heure. C'est répugnant. »

J'ai abandonné l'idée d'obtenir de l'argent et j'ai choisi plutôt de parler à cet homme. Le Dr Jonathan Banda était du Malawi et enseignait les sciences politiques à Georgetown, en Afrique du Sud. Il avait quitté le Malawi très jeune, en 1974, et il avait voyagé et étudié dans divers pays avant d'obtenir son doctorat aux États-Unis. Il rentrait juste au Malawi et il était déçu de ce qu'il y voyait.

« C'est sale, c'est horrible », a-t-il dit.

Nous étions dans la rue principale de Limbe, parmi la foule. Jonathan Banda avait à peine quarante ans, et durant son long séjour à l'étranger, il avait été bien nourri, ce qui l'avait rendu plus grand et plus fort que ses concitoyens. Il avait l'air d'un athlète, avec cette confiance en soi que donnent les muscles, une manière de s'affirmer, bien droit sur ses pieds, dans une posture qui convenait à son sourire sceptique.

« Les gens sont avides et matérialistes, a-t-il continué. Et ils sont paresseux. Ils n'ont aucun respect pour les autres. Ils poussent et jouent des coudes. Ils sont terribles les uns envers les autres.

— Que faites-vous ici ?

— Je suis venu voir ma famille, mais j'avais aussi l'intention de m'installer ici pour enseigner. Une université avait pris contact avec moi. »

J'écoutais avec attention. Ne résidais-je pas justement chez le vice-président de l'université ?

« Que s'est-il passé ?

— Un jury m'a posé des questions. On m'a interrogé sur mes opinions politiques ! Vous imaginez ça ? Si j'enseignais les sciences ou la géographie, d'accord. Mais j'enseigne les sciences politiques ! J'ai dit que je n'étais affilié à aucun parti.

— Qu'ont-ils répondu ?

— Ils n'ont pas aimé ma réponse. J'ai dit : "Je voudrais apprendre à mes élèves comment se forger leurs propres opinions, élaborer leurs propres idées politiques. C'est ce qui compte pour moi." Ils se sont regardés, et un d'entre eux m'a dit : "On ne peut pas beaucoup vous payer."

— Je suis certain que le salaire est bien inférieur à celui de Georgetown.

— Je m'en moque. Je leur ai dit : "C'est bon. Je suis ici pour apprendre." »

Mais le Dr Jonathan Banda n'avait pas obtenu le poste. Il était certain qu'il avait été repoussé pour des raisons politiques. Il a dit que s'il avait fait l'éloge du gouvernement et du parti au pouvoir, on l'aurait engagé.

J'ai repensé à ce que m'avait dit l'ambassadeur.

« Un diplomate m'a dit que la terreur politique ne règne plus ici. Est-ce vrai ?

— Peut-être, mais les pressions politiques ont pris une forme très insidieuse. »

Il semblait si franc, que je l'ai interrogé sur les institutions caritatives et les ONG, sur leur attitude, sur les agents de vertu dans des Land Rover blanches. Que parvenaient-ils à changer ?

« Pas grand-chose – parce que toute aide est politique. Quand ce pays est devenu indépendant, il n'avait que peu d'institutions. Il n'en a toujours pas beaucoup. Les donateurs ne contribuent pas au développement. Ils maintiennent le *statu quo*. Les politiciens adorent ça, parce qu'ils détestent le changement. Les tyrans adorent l'aide étrangère. L'aide leur permet de rester au pouvoir et contribue au sous-développement. Ce n'est ni social ni culturel, et en tout cas ce n'est pas économique. L'assistance est une des principales raisons du sous-développement en Afrique.

« C'est vous qui l'avez dit, pas moi. Il y a un nombre incroyable d'organisations caritatives, ici.

— Tous ces véhicules... partout où vous porte votre regard... a-t-il dit en exprimant exactement ce que je ressentais.

— Comment les choses pourront-elles s'améliorer ?

— Pour qu'il y ait un changement, il faudra que tous les vieux meurent. Ça prendra encore... une quarantaine d'années !

— Et si les institutions caritatives étrangères s'en allaient ?

— Ça pourrait marcher. »

Je lui ai souhaité bonne chance et j'ai remonté la rue principale à pied pour confirmer un vieux souvenir : je voulais savoir si le Bureau de la Censure fonctionnait toujours. En effet, c'était encore un organisme officiel, dans son grand immeuble, à l'extrémité est de la ville. Les bureaux étaient occupés par un personnel nombreux, dont les noms figuraient sur une liste dans le hall : Directeur exécutif, directeur adjoint, comptable, secrétaires, technicien de la salle de visionnage, etc. – une trentaine de personnes en tout.

J'ai frappé à une porte, au hasard, et j'ai trouvé un Africain en costume à son bureau bien rangé, devant une Bible ouverte.

« Je vous prie de m'excuser, avez-vous une liste à jour ? ai-je dit en restant dans le vague, parce que je ne savais pas bien ce que je demandais.

— Je peux vous vendre ça, a-t-il répondu en me tendant un fascicule intitulé *Catalogue des Publications, des films et des disques interdits, avec supplément* qui datait de 1991. Ça vaut cinq *kwacha.* »

Il a resserré sa cravate et ouvert le registre des *Comptes du bureau de la censure*, où il a laborieusement rempli un long reçu en triple exemplaire, qu'il a tamponné et dont il m'a tendu la première copie. Tout ce travail pour six cents !

« Vous n'avez rien de plus récent que 1991 ?

— Je vais vérifier. Quel est votre centre d'intérêt ?

— Je veux écrire quelque chose sur la censure. J'étudie le problème.

— Attendez ici, je vous prie. Il me faudrait votre nom. »

J'ai écrit mon nom sur un bout de papier, qu'il a emporté hors de la pièce. En son absence, j'ai regardé autour de moi. Les murs étaient ornés de phrases très inspirantes et d'un portrait du président Muluzi. Des pamphlets religieux trônaient sur les étagères. La Bible était ouverte sur le livre d'Ézéchiel, au chapitre du châtiment par le feu de l'enfer, des menaces contre les pécheurs qui annonce en quelque sorte la mission du Bureau de la Censure du Malawi – même s'il contient beaucoup d'images explicites qu'on eût trouvé impropres pour le lecteur du Malawi, comme Ézéchiel 23 : « ... sa passion et ses prostitutions furent plus scandaleuses que celles de sa sœur. [... Oholiba] a multiplié ses prostitutions, en souvenir de sa jeunesse, lorsqu'elle se prostituait au pays d'Égypte, qu'elle s'y éprenait des débauchés dont la vigueur est comme celle des ânes et le rut comme celui des étalons. »

Le paradoxe, c'était que le catalogue des livres interdits au Malawi aurait constitué une liste de lecture parfaite pour une première année d'université dans un pays éclairé. Le fascicule citait des romans de John Updike, Graham Greene, Bernard Malamud, Norman Mailer, Yukio Mishima, D.H. Lawrence, James Baldwin, Kurt Vonnegut, Vladimir Nabokov ou George Orwell et sa *Ferme des animaux*, et – plus prévisible – nombre d'ouvrages aux titres comme *Pauline la débauchée* et *Le Sexe et les lycéennes*. Le nom de Salman Rushdie figurait sur la liste ; le président était musulman, cela pouvait être une explication. J'y ai aussi trouvé mon nom. Après toutes ces années, mon roman *Jungle Lovers*, qui se déroule au Malawi, était encore interdit.

Le préposé à la censure n'était toujours pas de retour. J'ai trouvé plus sage de quitter le bureau avant que quelqu'un fasse le lien entre mon nom et cet auteur pernicieux de la liste. Je suis sorti sur la pointe des pieds, j'ai vu que le couloir était vide, que toutes les autres portes étaient fermées et je suis parti à toute vitesse alors que des nuages d'orage s'amoncelaient sur les collines.

Dans une brume fraîche et mouvante qu'on appelle *chiperoni* au Malawi, je suis sorti de Limbe par une route que je connaissais bien : elle montait dans une forêt qui avait été beaucoup plus vaste, par-delà un village qui avait été beaucoup plus petit, sur une route pavée qui n'avait été qu'une piste boueuse. J'ai repris espoir sur la route étroite mais lisse et noire qui montait vers les pentes de Soche Hill, car je me suis dit que cette meilleure route indiquait que l'école avait été améliorée.

Mais j'avais tort. L'école était presque méconnaissable. De l'ancien ensemble de bâtiments au milieu des arbres ne restaient plus que des bâtisses délabrées dans un champ boueux. On avait coupé les arbres, l'herbe montait à hauteur de poitrine. A première vue, l'endroit était si mal entretenu qu'il devait être abandonné : fenêtres cassées, portes dégondées, murs envahis de moisissures, trous dans les toits, et quelques personnes à peine, les mains vides, qui ne faisaient rien d'autre que me regarder bouche bée.

Je me suis approché à pied de mon ancienne maison. L'étroit bâtiment maintenant décrépi se cachait jadis derrière une haie fleurie ; il n'y avait plus qu'un jardin en friche avec quelques épis de maïs et du manioc dans un coin. De hautes herbes à éléphant – symbole de la brousse – avaient presque tout envahi et enserraient la maison, effritée et tachée, un mur noir de suie au-dessus de l'aération du fourneau, le toit de la véranda cassé. Sur l'allée d'accès, des tas de farine blanche avaient été mis à sécher sur des nattes – sauf que la pluie qui tombait commençait à les transformer en pâte. On avait jeté des fagots de bois de chauffage en une haute pile à la porte de la cuisine.

Pour quelqu'un qui n'aurait pas connu l'Afrique, cette maison eût été l'image même du désordre. Mais j'étais mieux informé. Elle avait subi une transformation. Ce bungalow anglais était devenu une hutte africaine pratique, pas une hutte très pittoresque, une hutte plutôt moche, mais il ne me serait pas venu à l'idée d'en vouloir à ses occupants d'avoir trouvé une autre utilisation pour l'allée d'accès, d'avoir coupé les arbres pour faire du feu, d'avoir arraché la haie ou de faire pousser du manioc sur mes parterres de pétunias. J'ai pourtant regretté que la peinture se soit écaillée autour des fenêtres et du toit, que le bois ait pourri, que les briques se soient fendues et que les fenêtres aient glissé de leur cadre. Les cases du village étaient en meilleur état. Il ne faudrait pas longtemps pour que cette habitation mal entretenue s'effondre.

« Oui, vous cherchez quelqu'un ? »

L'occupant de mon ancienne maison est sorti, pieds nus, le pantalon taché, en maillot de corps. Il grattait des traces de farine sur ses joues. Je lui avais fait quitter la table où il mangeait.

« Non, je ne fais que passer, ai-je répondu. J'habitais ici, dans les années soixante.

— Il y a longtemps ! »

Cette remarque m'a fasciné. Trente-cinq ans, cela ne me semblait pas long, et au cœur de l'Afrique ancienne et immuable, ce n'était rien. Mais c'était avant la naissance de cet homme. Il ne s'est pas présenté et il ne m'a pas souhaité la bienvenue, ce qui était presque grossier, dans cette région. Il ne m'a pas demandé pourquoi j'avais vécu dans cette maison ni ce que je faisais là, tant d'années plus tôt. Il s'est léché les lèvres, il a croisé les bras. Il n'était qu'un villageois qui mangeait un repas traditionnel dans sa hutte de village, et je l'avais interrompu, moi qui débarquais d'une autre planète.

« C'est une vieille maison, a-t-il dit en se tournant pour la regarder.

— Pas vraiment.

— Construite avant l'indépendance », a-t-il insisté comme s'il remontait à une période oubliée du passé.

L'indépendance, c'était en 1964. Mais dans un lieu où les gens se mariaient jeunes, avaient des enfants jeunes, mouraient jeunes, c'était deux générations, très loin pour lui dans l'histoire de l'Afrique.

L'ancienne résidence des Roseveare, à côté, beaucoup plus grande, était en pire état encore. Pour ces deux Anglais méticuleux aux doigts verts, un jardin plein de mauvaises herbes était un cauchemar. Mais leur jardin avait lui aussi subi une transformation : un beau champ de maïs avait remplacé les roses et les lupins – illustration vivante de la vie africaine, de son histoire qui n'est pas celle d'une série d'adaptations mais d'un simple instinct de survie.

« Les Roseveare vivaient là.

— Moi, je les connais pas.

— Sir Martin Roseveare a fondé cette école. Son épouse et lui ont enseigné ici pendant des années. »

L'homme a haussé les épaules. Ça ne lui disait rien.

« Ils sont morts, maintenant.

— Oh, désolé. »

Mais il avait l'air plus soupçonneux que désolé, comme s'il pensait que je tentais de l'embobiner pour qu'il baisse sa garde et que je puisse le voler, peut-être.

« Vous êtes enseignant ? ai-je demandé.

— Communication, ce genre de chose.

— Merci. Je dois y aller.

— Au revoir, Monsieur. »

Dans l'autre quartier où résidaient les enseignants, plus loin sur la route, la pluie mouillait aussi les murs décrépis et les toits enfoncés, les fenêtres de guingois et les vérandas cassées. Elle tombait dru, maintenant, mais la pluie et la boue, les arbres dégoulinants et la moisissure verte sur les murs en brique s'harmonisaient avec la mélancolie que j'éprouvais.

J'ai rencontré deux enseignants qui bavardaient sur la route. Ils se sont présentés : Anne Holt, de Fife, en Écosse, et Jackson Yekha, du Malawi, qui étaient en poste ici depuis peu.

« J'ai lu quelques-uns de vos livres, a dit Anne. Je ne savais pas que vous aviez enseigné ici.

— C'était il y a longtemps. Avez-vous entendu parler des Roseveare ? Ils ont fondé cette école. Ils vivaient là-bas. »

Rien, aucun souvenir d'eux. J'ai pensé que les mauvaises herbes qui avaient recouvert leur tombe à Mzuzu reflétaient avec exactitude ce que représentaient leurs dizaines d'années de travail et de sacrifice. C'était comme s'ils n'avaient jamais existé, ou qu'ils n'étaient que des fantômes. Ce qu'ils avaient aidé à créer n'existait presque plus ; dans un certain sens, ils auraient donc pu ne jamais être venus ici, même s'ils hantaient encore l'école.

Et moi aussi, j'étais un spectre, une apparition du passé qui frappait à des portes brisées de ses doigts osseux, qui pressait son crâne contre les vitres et qui, de sa tête de mort dentue, demandait : *Vous souvenez-vous de moi ?* Mais j'étais un spectre si obscur et avec si peu de substance que ces gens me voyaient à peine, alors que je les voyais clairement, comme une répétition, un autre cycle, une incarnation plus triste d'avant. Anne Holt avait vingt-deux ans, comme moi quand j'étais à Soche Hill, et, fantôme, je rendais visite à mon moi antérieur, je me hantais, je me voyais comme j'avais été : mince, pâle, debout sur une route mouillée de la brousse, un manuel corné et moisi dans la main.

Pendant que nous parlions, la pluie a redoublé, claquant sur les feuilles au-dessus de nos têtes, menaçant de nous tremper jusqu'aux os. Nous avons trouvé refuge dans la maison la plus proche, celle de Jackson Yekha. Justement, cette maison était aussi la première que j'avais occupée au Malawi. Pendant qu'on terminait la mienne, j'avais séjourné dans celle-ci, où vivait un enseignant écossais, grand bosseur, John MacKinnon. Il venait de l'île de South Uist. Un pilier de l'école. Un autre homme oublié. La table qui avait jadis porté ses bouteilles de sauce, ses pots de moutarde et un bocal poisseux de cornichons Branston était maintenant couverte d'une fine couche de farine de maïs, comme du talc, tombée d'un *nsima*. Cette maison avait pris un air de brousse, avec son bazar et ses blessures. Le bungalow, encore une fois, était devenu une hutte.

Assis dans cette maison avec la pluie qui frappait le toit, c'est Jackson Yekha, pas moi, qui a critiqué la pauvreté et le désordre régnant dans le pays.

« Quand j'étais là, ai-je fait remarquer, les gens disaient : "Encore cinq ou dix ans, et tout ira beaucoup mieux."

— Tout va terriblement mal, a affirmé Jackson comme s'il terminait ma pensée. Que pouvons-nous faire pour que ça change ?

— Vous devez d'abord décider ce qui est important pour vous. Que voulez-vous ?

— Je veux que les choses s'arrangent. Des maisons. De l'argent. La vie.

— Qu'est-ce qui vous arrête ?

— Le gouvernement ne nous aide pas.

— Peut-être le gouvernement veut-il empêcher que les choses aillent mieux. »

J'ai résumé ma théorie, selon laquelle certains gouvernements, en Afrique, dépendaient du sous-développement pour survivre – mauvaises écoles, communications difficiles, presse faible, peuple en loques. Ces gouvernements avaient besoin de la pauvreté pour obtenir l'aide de l'étranger, ils avaient besoin de l'ignorance et d'un peuple inculte, sans éducation, pour rester au pouvoir pendant des décennies. Un bon système éducatif dans une société ouverte produirait des rivaux de poids, opposerait de vrais adversaires et des formations politiques structurées à des gens dont le seul but était de s'accrocher au pouvoir. C'était une hérésie de tenir de tels propos, mais ils reflétaient ma pensée.

« C'est tellement déprimant ! a dit Anne. Mais personne ne veut enseigner. Un instituteur ne gagne que 2 000 *kwacha* par mois. A l'université, un professeur ne peut guère espérer plus de 5 000 *kwacha*. »

Ces chiffres représentaient respectivement 25 et 65 euros environ – bien peu, mais il faut savoir que le revenu moyen par tête au Malawi est de 200 euros par an.

« Ce sont les ONG qui attirent les enseignants potentiels, a dit Jackson. Elles offrent de meilleurs salaires et de meilleures conditions de travail. »

C'était intéressant : les institutions caritatives et les militants de la vertu, en voulant améliorer les choses, détournaient les enseignants de leur mission et les transformaient en distributeurs de nourriture en Land Rover blanche, laissant les écoles sans personnel.

La pluie avait cessé. J'ai demandé à Anne de me faire visiter l'école. Dans les bureaux, j'ai rencontré le principal.

« Je vous présente M. Theroux, a dit Anne. Il a enseigné ici. »

Le principal a rétracté son cou comme une tortue surprise et m'a regardé.

« C'est intéressant », a-t-il dit avant de retourner à ses écritures.

La bibliothèque de Soche Hill, grand bâtiment bien fourni, avait été le cœur de l'école. Nous n'avions jamais eu de mal à obtenir des caisses entières de livres auprès des agences étrangères. J'avais gardé le souvenir d'une vaste salle subdivisée par de hauts rayonnages pleins de livres, dix mille ouvrages en tout, une table de magazines, une section d'usuels avec des encyclopédies.

Une seule lampe était allumée dans la salle plongée dans la pénombre. Presque toutes les étagères étaient vides, comme les lampes privées de leurs ampoules.

« Il fait un peu sombre, ai-je dit.

— Vous auriez dû voir ça avant, a dit Anne. Nous avons au moins une ampoule. Je ne peux pas vous dire combien de fois nous avons demandé au ministère de nous envoyer des néons, mais ils ne répondent même pas aux courriers.

— Vous demandez des ampoules et on ne vous en donne pas ? Je crois qu'on vous envoie un message : le gouvernement s'en moque.

— C'est possible.

— A mon époque, c'était une des meilleures écoles du pays.

— Oui, c'est triste, je suis d'accord.

— Qu'est-il arrivé aux livres ?

— Les élèves les ont volés.

— Seigneur !

— Nous essayons de mettre au point un nouveau système. Quand il fonctionnera, nous pourrons éviter la plupart des vols. »

Je me suis dit que jamais plus je n'enverrais un seul livre dans ce pays. Je me suis dit également : si tu étais un élève africain et que tu avais besoin d'argent, il serait assez logique de voler des livres et de les revendre. Ce genre de fauche se justifie, comme quand un villageois braconne un phacochère – ce n'est pas permis, mais c'est peut-être nécessaire. La tradition tribale n'inflige pas de sanctions au braconnier quand il s'agit de sa survie.

En quittant la bibliothèque de Soche Hill, j'ai eu l'impression d'émerger du trou noir de l'ignorance et du pillage. Nous avons gagné le bâtiment des salles de classe, aussi délabré que les autres, mais pire encore, d'une certaine manière, car les vérandas n'avaient pas été balayées et l'herbe n'avait pas été coupée. Des ordures jonchaient les allées. Quelle excuse pouvait-on trouver à ça ?

« Ce pays souffre d'un grave manque d'argent, a dit Anne.

— C'est probablement vrai. Mais combien coûte un balai ? Les élèves pourraient balayer et couper l'herbe. Je ne crois pas que ce soit un problème d'argent. Je crains que ce soit quelque chose de plus grave. Tout le monde se moque de ce qui se passe. Vous êtes là pour faire le travail, et vous êtes volontaire, pourquoi donc se fatigueraient-ils ?

— Je ne fais pas qu'enseigner. J'apprends beaucoup.

— Absolument. C'est une bonne raison pour être là. C'est pour ça que j'ai aimé mon séjour ici. »

Nous avons traversé le bâtiment, et nous nous sommes retrouvés dans la cour, où des élèves oisifs nous ont regardés. L'espace où avait lieu l'appel du matin était plus vaste que dans mon souvenir, et pavé de parpaings, maintenant, mais aussi couvert d'ordures et taché d'humidité, comme les murs des salles de classe. Une femme forte, l'air confiant, vêtue d'une robe verte, est sortie d'une classe où elle déjeunait, à l'évidence, car elle se léchait les doigts. C'était l'institutrice principale.

« Voici M. Theroux. Il a enseigné ici.

— Merci. C'est intéressant. »

Sans cesser de se lécher les doigts, elle est retournée dans sa classe pour continuer son repas.

Anne et moi nous sommes arrêtés au milieu de la cour et j'ai regardé l'école délabrée en pensant combien j'avais rêvé de revenir ici. J'avais prévu d'y passer une semaine, pour aider l'équipe enseignante, pour enseigner, peut-être, pour revivre l'époque où j'étais volontaire. C'était mon Afrique. *Vous plantez une graine !* m'avait-on dit à l'époque. Mais la graine n'avait pas germé. Elle pourrissait maintenant dans le sol.

« J'ai parfois des doutes, a dit Anne comme si elle lisait dans mes pensées. Il m'arrive d'écrire à ma mère : "Et si nous faisions nos bagages et que nous partions ? Tous. Jusqu'au dernier."

— Que croyez-vous qu'il se passerait ?

— Les gens d'ici devraient alors se mettre à réfléchir par eux-mêmes. Ils devraient décider ce qui est vraiment important pour eux, ce qu'ils veulent. Personne ne les influencerait. Peut-être qu'ils décideraient qu'ils veulent une bonne éducation. Il faudrait alors qu'ils enseignent. Il faudrait qu'ils fassent ce que nous faisons.

— Pour votre misérable salaire.

— Oui. Ou bien décideraient-ils qu'ils veulent un changement. Ils pourraient vouloir laisser les choses en l'état. Beaucoup de gens vivent bien dans leurs villages. Ils ne sont pas misérables. »

Ces questions graves posées par quelqu'un qui était volontaire pour travailler – la personne que j'avais été – m'ont redonné espoir. Trop peu d'Africains se posaient ces mêmes questions.

Je voulais voir des volontaires africains, des gens qui seraient attachés à ces lieux, qui balaieraient, qui couperaient l'herbe, qui laveraient les fenêtres, qui recolleraient le dos des quelques livres qui restaient, qui gratteraient la moisissure des murs des salles de classe. Ou bien, si ce n'était pas ce qu'ils avaient choisi de faire, je voulais les voir mettre le feu à cet endroit, le brûler jusqu'au sol et danser sur les braises, puis labourer le terrain et y planter des denrées alimentaires. Je ne reviendrais pas avant qu'une de ces deux choses se produise. Je n'ai pas éprouvé le désir de m'attarder plus longtemps, certainement pas de travailler ici. J'ai souhaité bonne chance à Anne Holt et je lui ai abandonné les lieux, avec le sentiment que jamais je ne reviendrais, que c'était mon dernier safari dans cette région.

Je ne connaissais pas la réponse aux problèmes. Je ne connaissais même pas la question. Une sorte de clarté m'est tombée dessus : j'ai compris l'inutilité, la vanité de mon retour et de mon désir d'enseigner à nouveau. Je n'aurais fait cet effort que pour mon propre plaisir. Je ne me sentais plus désespéré qu'on ait contrecarré mes projets. J'avais plutôt le sentiment solennel que, puisque seuls les Africains pouvaient définir leurs problèmes, seuls les Africains pourraient les régler.

Peut-être qu'aucune de ces écoles minables n'était le vrai problème, mais seulement les institutions étrangères. J'ai pensé à ces objets étrangers – ces gros conteneurs métalliques qui arrivaient pleins de machines ou d'ordinateurs qu'on distribuait, qui étaient utilisés pendant un temps, puis qui tombaient en panne et n'étaient jamais réparés. J'en avais vu dans toute l'Afrique, de ces conteneurs, en lisière des villes. Quel qu'avait pu être leur contenu, ce qui restait le plus précieux, c'était le métal même dont ils étaient faits. Vides, ils devenaient des habitations solides, et il y avait toujours des gens ou des animaux pour y vivre, comme des indigènes crédules, corrompus par un *cargo cult*.

En revenant à Zomba, je suis passé par Blantyre (qui doit son nom au lieu de naissance de David Livingstone, en Écosse), et je me suis arrêté dans une boutique d'une ruelle, Supreme Furnishers, pour voir un autre de mes élèves, Steve Kamwendo. Steve était gérant d'une succursale d'une entreprise d'ameublement. Cinquante et un ans, père de six enfants, ce grand homme en pleine santé avait la stature puissante et la présence impérieuse de Vernon Jordan, l'expert en contrôle de l'environnement de Bill Clinton. Il m'a serré dans ses bras et m'a dit combien il était content de me voir. Je lui ai dit d'où je rentrais. Son visage s'est décomposé.

« Vous êtes allé à Soche ? Vous avez pleuré ? »

Cela résumait tout. Tous ceux qui pensent que j'ai été trop dur envers mon ancienne école, je peux les envoyer à Steve, qui s'est lamenté sur l'état de l'école, sur la criminalité en hausse, sur la vie si dure, en général. Sa propre entreprise marchait bien. Les meubles « made in Malawi », les têtes de lit et les lampes importés d'Afrique du Sud et du Zimbabwe étaient populaires, parce que les meubles fabriqués dans des pays hors d'Afrique étaient trop chers.

« Vos anciens élèves s'en sortent bien, mais le pays, pas aussi bien. Les gens sont différents – plus pauvres, irrespectueux.

— Et vos gosses, Steve ?

— Ils sont en Amérique. J'en ai quatre à l'université, dans l'Indiana. Le premier va avoir son diplôme en juin. »

Quand on connaissait son histoire, Steve avait vraiment réussi. Toutes ses économies passaient à l'éducation de ses enfants, et s'il était pessimiste quant à l'avenir du Malawi, il encourageait ses enfants à revenir au pays pour travailler.

« C'est à eux de décider, maintenant », ai-je dit.

Je suis rentré à Zomba plus tôt que prévu, une question sans réponse dans la tête : Pourquoi les écoles étaient-elles si peu financées ?

« Je peux te le dire, m'a assuré Gertrude Rubadiri, les pieds bien à plat sur le sol, comme d'ordinaire. L'argent a été détourné. »

Elle m'a expliqué que les deux millions de dollars destinés à l'éducation et envoyés par un pays européen avaient été récemment détournés par le ministre des Finances et deux autres politiciens grâce à un stratagème qui supposait la création d'écoles fictives et la nomination d'enseignants tout aussi fictifs. D'autres fonds manquaient aussi dans les caisses. Les hommes étaient en prison dans l'attente de leur procès, mais l'argent avait disparu, et on ne le retrouverait jamais.

Il y avait donc une bonne raison pour que les fenêtres cassées ne soient pas réparées, pour que les ampoules mortes ne soient pas remplacées, pour que les murs ne soient jamais repeints, à Soche Hill ni dans aucune autre école du pays : une grande partie du budget de l'Éducation avait été volée par les membres du gouvernement à qui il avait été confié.

Le lendemain, les Rubadiri ont invité des amis à dîner. Un homme, très gros, prétentieux, avait été ambassadeur du Malawi en Europe. Il était maintenant bureaucrate à Zomba.

« Vous avez vu une grande partie de notre pays, Paul ! Dites-nous ce que vous en pensez ?

— Le visiteur apporte en général un couteau pointu », a dit quelqu'un – encore un proverbe qui signifie que l'étranger a souvent une perception plus nette de la situation que les gens du pays.

Je ne savais pas par où commencer, mais pour je ne sais quelle raison, j'ai soudain vu dans ma tête la route qui traversait les villages du Nord, les avant-postes du plateau – Karonga, Livingstonia, Rumphi, Ekwendeni, Mzuzu –, les boutiques indiennes vides, les femmes accroupies par terre pour vendre des bananes et des cacahuètes. J'ai fait allusion à cette vision du déclin rural, mais je n'ai pas employé le mot « déclin » ; j'ai parlé de « changement ».

« Les Indiens ont été chassés, a dit l'ancien ambassadeur. Pas par une loi ; et il n'y a pas eu non plus de campagne de presse. Mais c'est un détail. Dès que le président a fait son discours contre les Indiens – au milieu des années soixante-dix – ils ont fermé leurs boutiques. Ils sont partis pour le Royaume-Uni ou pour l'Afrique du Sud. »

Je le savais, mais je voulais l'entendre le dire. J'ai continué :

« Pour quel motif le président a-t-il décidé de faire ce discours ?

— Nous voulions donner aux Africains une chance de tenir ces boutiques. Pour qu'ils entrent dans le circuit du commerce. On leur a donné les boutiques. Même moi, j'en ai acheté une !

— Quel a été le résultat ?

— Ha-ha ! Pas grand-chose. Ça n'a pas marché. Elles ont toutes fait faillite ! »

Il était en train de dire : Nous avons expulsé les Indiens, nous avons repris leurs boutiques et nous avons échoué. Et alors ? Fin de l'histoire. Il a même tenté de changer de sujet de conversation, mais cela m'intéressait, et je lui ai demandé de décrire la faillite en détail.

« Comme vous le savez, les Indiens sont de bons commerçants. » Puis, en riant de déception comme s'il venait de faire tomber une tartine côté beurre contre le tapis, il a ajouté : « Qu'est-ce qu'on y connaît, nous ? Les gens n'avaient pas de capital. Les boutiques ont fermé, presque toutes ! Ha ! Elles ont été abandonnées, comme vous l'avez vu. Les rares qui sont encore ouvertes sont devenues des *chibuku* bars » – des bars à bière.

Dans les zones rurales, le résultat était celui-ci : plus du tout de boutiques et, vingt-sept ans plus tard, toujours pas de boutiques. Le projet avait produit l'effet contraire de celui qu'on recherchait. Quand je l'ai fait remarquer, un autre invité africain a commencé à dénigrer les Indiens, raillant leur don pour le commerce.

« Vous voyez, ils restent assis là, ils ont ces petits bouts de papier et ces colonnes de chiffres, a-t-il dit avec mépris comme s'il décrivait un enfant obsédé par ses jouets cassés. Un Indien s'occupe de la caisse, un autre compte les sacs de farine et les boîtes de lait condensé. Un, deux, trois. Un, deux, trois ! »

Les railleries que cet Africain instruit voulait infliger de sa voix prétentieuse – l'apparente absurdité de tous ces comptes – étaient la description même de gens qui faisaient simplement l'inventaire des marchandises de leur boutique.

« C'est ainsi que fonctionne un commerce, ai-je dit. C'est normal, dans une boutique. On fait une liste de ce qu'on a vendu pour savoir quoi commander.

— Les Indiens ne savent rien faire d'autre ! Ils sont enfermés jour et nuit dans leur boutique. Il n'y a que les chiffres et l'argent, les marchandises sur les étagères. Un, deux, trois !

— Tenir un registre, c'est la base d'une petite affaire, ne croyez-vous pas ? ai-je demandé d'une voix calme pour le pousser à parler, alors que j'étais furieux du mépris qu'il montrait envers ces petits commerçants. Les marges sont si faibles !

— Mais nous, les Africains, nous n'avons pas été élevés comme ça, a-t-il dit en faisant un signe de tête aux autres en quête d'approbation. Que nous importent les boutiques et la comptabilité ? Nous avons une vie bien plus libre. Cela ne nous intéresse pas. Le commerce, ce n'est pas notre point fort.

— Pourquoi donc avoir fait partir les Indiens ? »

Il a été décontenancé, mais pas longtemps.

« Peut-être qu'on pourra faire quelque chose des boutiques. La vente, ce n'est pas notre héritage. Nous ne sommes pas des hommes d'affaires.

— Des femmes vendent du savon, des allumettes et de l'huile de cuisson.

— Mais pas dans des boutiques.

— Non, elles sont assises dans la boue, ai-je dit en ayant de plus en plus de mal à cacher mon irritation.

— Je vais vous dire pourquoi ces boutiques n'ont pas marché, a déclaré l'ancien ambassadeur. Quand les Africains ont une affaire, leur famille arrive et mange tout ce qu'ils vendent. Elle vit sur leur commerce. Dès qu'un Africain réussit dans les affaires, toute sa famille l'assaille. N'est-ce pas ?

— C'est vrai, frère, a dit un autre homme.

— Et nous ne sommes pas faits pour tenir boutique, pour faire les comptes, a-t-il dit en me lançant un clin d'œil, nous ne sommes pas des ordinateurs. »

Jamais je n'avais entendu de telles conneries ! Enfin... sans doute que si, mais je ne les avais pas prises autant à cœur. Cet homme était en train de dire : *Tout ça c'est trop dur pour nous. Nous ne pouvons pas apprendre à tenir un commerce. On doit nous donner de l'argent, on doit nous donner des sinécures, parce que nous ne savons pas faire des bénéfices.*

« Si vous êtes incapables de tenir des registres et de calculer les dépenses, pourquoi voudriez-vous que les pays étrangers continuent à vous donner de l'argent ? »

C'était un peu brutal, et ça a eu pour effet de mettre fin à cette discussion.

« Paul a fait une expérience très dure en retournant dans son ancienne école », a dit Rubadiri, notre hôte, pour excuser ma sortie agressive. « C'est pour ça qu'il était un si bon enseignant. C'était très important pour lui.

— Pas de lumière, ai-je dit sans me décourager. L'école s'écroule littéralement. On a volé les livres de la bibliothèque. Je sais ce que vous allez me dire, mais... quand même, pourquoi est-ce que personne ne prend la peine de balayer par terre ?

— Une commission étudie le système éducatif. »

Je me suis dit : Foutaises ! Et j'ai bu une bière de plus, enfoncé dans mon fauteuil, pendant qu'ils parlaient d'autre chose.

Je n'ai pas entendu de quoi il s'agissait. J'ai entendu des rats qui couraient au-dessus du plafond en bois de la vieille maison coloniale. La fenêtre ouverte laissait entrer de charmantes libellules aux ailes irisées, des papillons de nuit jaunes et des scarabées bruyants.

Le gros homme me regardait. Je ne savais que dire. J'ai fini par demander :

« Dans quel pays étiez-vous ambassadeur ?

— En Allemagne. Quatre ans.

— Beaux musées.

— Je ne suis allé qu'une fois, dans un musée. Ils ont donné un dîner... dedans, vous voyez ? Des tables et des chaises disposées devant les tableaux. On a mangé en les regardant. C'était très agréable. Je ne suis pas allé dans d'autres musées.

— Belle musique, ai-je dit.

— J'ai un peu appris ce que c'est que la musique classique. Jusque-là, ma musique préférée était *pata-pata*, cette chanson d'Afrique du Sud. J'aime toujours *pata-pata*. C'est mon Mozart à moi !

— Avez-vous voyagé en Allemagne ?

— Ah, je suis allé à Berlin, dans cet hôtel, l'Adlon. Splendide. Ça coûtait 300 dollars la nuit. »

J'ai résisté à l'envie de répondre que le Mount Soche, cet hôtel médiocre et prétentieux de Blantyre, coûtait 250 dollars la nuit, parce que c'était là que descendaient le personnel des missions humanitaires et les observateurs politiques en tournée.

« Une nuit, a continué l'ancien ambassadeur, je prenais un verre au bar de l'Adlon – mon épouse ne quittait pas Mme la Présidente, quand notre président est venu en Allemagne – et j'ai vu James Bond ! Vous savez, ce type ? Comment est-ce qu'il s'appelle ? Pierce Brosnan ! Je me suis approché de lui. "Salut, lui ai-je dit, j'aimerais vous parler." Il a dit : "Oui ?" Je lui parlais, vous vous rendez compte ! Oh, c'était formidable. Je n'avais rien sur quoi écrire. Il m'a donc signé le menu. Ma fille était furieuse : "Pourquoi est-ce que tu ne m'as pas amenée le voir, papa ?" Oui, le James Bond, je lui parlais, à Berlin ! »

Le dîner terminé, quand les invités sont partis, je suis resté assis avec David Rubadiri, tellement irrité que j'avais l'impression de ressentir les symptômes d'une maladie. J'ai encore bu de la bière. Les pas et les sauts des rats dans le plafond avaient cessé ; les petits rongeurs se contentaient de crier et de gratter. Les libellules, presque aussi grandes et agiles que des hirondelles, étaient retournées dehors.

Je n'osais pas dire dans cette maison à quel point j'étais horrifié par le fait que tant d'efforts aient été gâchés, car Rubadiri était très amical. Cet homme expansif et romantique avait traversé les pires années du Malawi, il avait occupé de hautes positions, il avait connu l'exil et il était à nouveau puissant, puisqu'il présidait aux destinées de l'université nationale – même si cette université avait des millions de dettes et que les salaires n'avaient pas été versés depuis si longtemps que les cours avaient dû être interrompus. Les étudiants menaçaient de manifester à Zomba.

« Tes enfants réussissent bien, a-t-il dit. Quand j'étais à Londres, l'un avait son propre show télévisé et l'autre venait de publier un roman. Des jeunes gens intelligents.

— Merci. »

J'étais flatté, mais j'avais du mal à dire autre chose. Un vertige, des nausées me rendaient laconique. Mon sentiment d'irritation avait tourné au malaise physique. Je me demandais si j'avais ingéré un aliment avarié.

« Oui, ai-je ajouté. Ce sont de bons garçons. Ils travaillent dur.

— Ce que j'aimerais », a dit David d'une manière emphatique un peu théâtrale, comme s'il redevenait Othello, « ce que j'aimerais vraiment beaucoup, ce serait qu'un de tes enfants vienne ici un certain temps. »

Après ce que j'avais vu depuis mon entrée au Malawi par Karonga, quelques semaines auparavant, j'ai trouvé cette idée choquante, inacceptable, comme Dieu le Père ordonnant à Abraham de sacrifier Isaac. Le choc passé, sont restées l'incrédulité et la stupéfaction.

« Que ferait un de mes fils ici, pour l'amour de Dieu ?

— Il pourrait travailler, enseigner. Il serait une source d'idées et d'inspiration. »

C'était la vieille chanson, mais juste une chanson.

Avec un sourire furieux, je me suis penché en avant, parce que j'avais mal au ventre.

« Il y a plein de gens comme ça, ai-je dit. Des années que des gens comme ça viennent ici. Des années et des années.

— Je veux ton fils. »

Ses paroles se voulaient flatteuses, et c'est peut-être cette flatterie qui m'a offensé. Son insistance m'a fait penser à un des soldats d'Hérode, juste avant le Massacre des Innocents : *Je veux ton fils*.

Pourquoi ces métaphores bibliques meurtrières me venaient-elles à l'esprit ? Peut-être parce que les habitants du Malawi se pressaient si nombreux dans les églises.

« Combien d'enfants as-tu, David ?

— Tu le sais, neuf.

— Combien d'entre eux enseignent ici ?

— Il y en a un à Reno, un à Baltimore, un à Londres, un à Kampala, un autre... Pourquoi me poses-tu cette question ? a-t-il demandé soudain d'un air grincheux.

— Parce que tu fais ce que font tous les autres : tu me demandes de donner un de mes enfants pour enseigner au Malawi. Marcel a enseigné en Inde, Louis a enseigné au Zimbabwe. Ils ont fait l'expérience. Et les tiens ? »

Il a bien pris ma réponse un peu trop vive. Mais il a considéré que j'avais des préjugés contre le Malawi, que je n'étais plus convaincu par « la cause ». Il a soupçonné que j'étais devenu un M. Kurtz. Il avait tort. La cause me passionnait toujours. Mais j'avais tiré une conclusion : si une expérience d'un travail bénévole en Afrique pouvait en effet enrichir énormément mes enfants, rien ne changerait grâce à ce qu'ils feraient ici. J'ai repensé à ce que mon amie m'avait dit, en Ouganda, à propos de ses enfants qui faisaient leurs études en Amérique : *Nous voulons qu'ils soient ici. Nous leur avons dit : « Revenez et prenez les choses en main. Trouvez un bon travail. Essayez de participer au processus. »*

Je tentais toujours de contrôler mon indignation.

« Et tes enfants ? ai-je insisté d'une voix aussi calme que possible. C'est leur pays. Ils pourraient faire une différence. Ils sont les seuls – les seuls – à pouvoir jamais changer les choses, ici. »

C'était la révélation que je devais au Malawi : seuls les Africains étaient capables de faire une différence en Afrique. Tous les autres, les donateurs, les volontaires et les banquiers, malgré tout leur idéalisme, n'étaient que des agents de subversion.

Dans ma chambre, cette nuit-là, j'ai subi le contrecoup de ces conclusions : crampes, nausées, maux de ventre, gargouillis effrayants dans mes intestins noués. Les *chimbudzi* étaient au bout du couloir. Je me suis rendu toutes les heures dans la petite pièce, malade pour la première fois depuis Le Caire. J'ai somnolé tard. Il n'y avait plus personne dans la maison quand je me suis réveillé. Je me suis réhydraté avec de l'eau additionnée de sucre et de sel, j'ai pris des comprimés, et j'ai redescendu la colline en voiture. En passant devant tous ces gens, j'ai presque écrit « guenilles », j'ai presque écrit « pieds nus », j'ai presque écrit « oisifs ». Mais non, ce n'étaient que des hommes et des femmes qui marchaient dans la rue – des gens que je ne pouvais aider.

A Blantyre, j'ai choisi un hôtel et je me suis enfermé dans ma chambre pour me soigner. Je suis resté plié en deux quelques jours, puis je suis sorti dans la ville. Je n'avais pas remarqué, lors de ma visite précédente, le grand nombre de boutiques et d'églises tenues par des évangélistes – dont des émules de Jimmy Swaggart. Le système éducatif était presque inexistant, mais on ne manquait pas de piétistes pour chanter des cantiques ni de prédicateurs qui promettaient de nourrir ceux qui abandonneraient leur âme.

Je me suis rendu compte que je n'avais plus de compassion pour le nouveau Malawi quand j'ai vu cet homme, sur le trottoir, qui m'avait repéré et m'attendait. Dès qu'il m'avait vu, il m'avait souri et il avait gambadé devant moi en agitant les bras pour attirer mon attention. Il a fait d'autres clowneries avant de s'accroupir devant moi, bloquant ma progression.

« J'ai faim, a-t-il dit. Donne-moi de l'argent !

— Non », ai-je répondu.

Je l'ai enjambé et j'ai continué mon chemin.

16 — *Safari sur l'eau jusqu'à la côte*

Possédé une fois de plus par le besoin de quitter ce territoire – encore un territoire – je suis tombé malade. Ce genre de maladie est si courant chez les voyageurs, qu'il est inutile d'en décrire les particularités. Mes souffrances ont eu pour effet sur moi de me rendre oisif. Mes souffrances ont eu pour effet sur les autres de les rendre actifs et importuns. Les Africains comprenaient que j'étais faible et ils me poursuivaient, comme les prédateurs harcèlent des animaux plus lents ou plus hésitants dans lesquels ils reconnaissent immédiatement une proie possible. En me voyant les yeux cernés, traînant les pieds dans les rues surpeuplées de Blantyre, ils ne m'ont pas lâché. Je marchais lentement. Les gamins me suivaient, me touchaient, criaient « *Mzungu ! Mzungu !* ».

Un homme m'a abordé devant une boutique.

« S'il te plaît, m'a-t-il demandé, donne-moi de l'argent pour manger.

— Pourquoi me demandes-tu de l'argent pour rien ? ai-je répondu dans sa langue. Pourquoi ne me demandes-tu pas du travail ? »

Il a été si étonné qu'il en est resté perplexe.

« Tu ne veux pas travailler ? Si tu travaillais, tu aurais de l'argent chaque semaine. »

Il s'est effondré au sol, il s'est prosterné sur ses genoux qui sortaient de son pantalon déchiré, et il m'a imploré de lui donner de l'argent. Son avilissement avait dû marcher d'autres fois, parce qu'il s'y est livré sans hésitation. Il s'est même accroché à mes chevilles pour me supplier.

« Lève-toi ! ai-je dit. Tu es un homme. Mets-toi debout comme un homme et demande-moi du travail.

— J'ai faim.

— Je suis malade – tu ne le vois pas ? Pourquoi est-ce que tu ne me donnes pas de l'argent pour me soigner, puisque je suis malade ? »

Mon agressivité inattendue et ma demande étrange ont semblé l'effrayer, et je me suis surpris moi-même, car je n'avais pas prévu de réagir de la sorte. Je me suis éloigné rapidement.

Mon affaiblissement me rendait irritable. J'avais l'impression que tout le monde s'opposait à moi, me persécutait. Jadis, Blantyre était une communauté mêlée : boulangers grecs, planteurs de thé indiens, beaucoup de familles multiraciales, pas seulement des Indiens interchangeables, mais des Ismaïliens, des Sikhs, des Gujaratis. Même le pire d'entre eux avait joué son rôle pour que le Malawi fonctionne – les frictions avaient été nécessaires, les défis avaient rendu les gens plus imaginatifs, le pluralisme avait contraint à plus de considération. Mais toutes ses personnes exotiques avaient été chassées. Il n'y avait plus de diversité raciale, maintenant, en dehors des agents de vertu, tous blancs, tous là pour peu de temps. La société fonctionnait grâce aux institutions caritatives dont les membres dirigeaient les orphelinats, travaillaient dans les hôpitaux, enseignaient comme ils pouvaient dans le pathétique système éducatif. Ils sauvaient des vies – on ne pouvait en douter – mais dans l'ensemble, le simple fait de les voir me désespérait, eux qui n'étaient que des agents d'entretien du pouvoir, qui avaient transformé les Africains en mendiants geignards et le développement en l'exemple même de l'inutile.

Dans le journal, on annonçait que la récolte de maïs était mauvaise. On s'attendait à une famine, cette année.

*
* *

Un matin, je me suis réveillé guéri. Je n'avais aucune envie de rester plus longtemps au Malawi et de parler de ce qui allait mal. J'ai donc décidé de partir. J'étais de nouveau assez costaud pour emprunter une route inhabituelle, à travers la brousse, pour m'enfuir vers le sud, vers un territoire presque inconnu.

C'était le safari ultime, celui que j'avais conçu, qui supposait de descendre la Shire jusqu'au Zambèze, au Mozambique. En aval, à Caia, je pourrais prendre la route pour Beira, sur la côte, puis m'enfoncer dans les terres jusqu'à Harare. Je justifiais ce détour en me disant que je pourrais établir des comparaisons avec un voyage que j'avais déjà effectué en suivant la même route. Mais en fait, cette façon compliquée d'aller au Zimbabwe était une sorte de folle virée, de blague, d'antidote à tous les cars misérables et à tous les gens malhonnêtes qui se permettaient de distribuer des blâmes.

Comme je m'étais juré de ne plus prendre les dangereux minibus, j'ai négocié avec un chauffeur de taxi pour qu'il m'emmène jusqu'à Nsanje par la piste boueuse couleur rouille. Agglomération la plus méridionale du Malawi, Nsanje, qu'on appelait jadis Port Herald, était tellement infestée d'insectes et éloignée de tout, elle était un tel foyer de malaria, qu'elle avait longtemps été considérée comme la Sibérie du Malawi, une colonie pénale où on envoyait les dissidents politiques. On y expédiait les indésirables pour qu'ils y pourrissent.

Mais Nsanje était pour moi un de ces lieux, lointains, ruraux, qui avait conservé l'aspect et l'atmosphère de l'Afrique ancienne. Peu peuplée, habitée par des Senas méprisés parce qu'ils n'étaient pas modernes et vivaient si loin sur leurs terres basses et marécageuses, la ville de Nsanje était assez sauvage pour posséder son propre parc animalier : la Mwabvi Game Reserve. Nsanje se trouvait aussi sur une large rivière navigable. Quand David Livingstone était arrivé dans la région, il avait remonté le Zambèze et un de ses affluents, la Shire, jusqu'à Nsanje et le labyrinthique marécage de l'Éléphant, avant de gagner les hautes terres. En chemin, il avait déduit que ce serait l'endroit idéal pour cultiver du coton. Cent cinquante ans plus tard, on faisait toujours pousser du coton autour de Nsanje. Mais ce n'est pas une matière très demandée.

Mon chauffeur s'appelait Hudson. Il m'a répété ce que disaient les journaux : la région sud allait souffrir de la famine, parce que la pluie était tombée avant qu'on ne récolte le maïs.

Le Sud avait connu des pluies torrentielles. Le cycle de la maturation des récoltes avait été bouleversé. Le gouvernement avait donné des semences gratuites (grâce à des pays étrangers), dix kilos par famille, assez pour quarante ares. Ce don posait un problème en soi, car il laissait entendre que l'agriculture de subsistance à petite échelle n'était pas la norme. Tout agriculteur qui fait pousser des céréales non génétiquement modifiées peut destiner un champ aux semences à venir. Mais comme les paysans utilisaient des semences hybrides (grosses plantes, mais graines stériles), ils ne pouvaient produire leurs propres semences pour l'année suivante. Ils devaient attendre qu'on leur en donne. Sans ces OGM, seules semences gratuites chaque année, ces gens mouraient de faim.

Normalement, les champs sont nettoyés en septembre, le sol labouré et préparé en octobre, ensemencé en novembre. A partir de là, les paysans attendent la pluie. Les épis de maïs qui arrivent à maturité en février sont laissés dans les champs jusqu'à ce qu'ils sèchent, puis récoltés en avril. On égrène les épis et les grains sont mis en sacs, prêts à être moulus pour faire de la farine. Juin, juillet et août sont des mois d'abondance. Le Malawi a accédé à l'indépendance en juillet, quand les gens avaient beaucoup de temps libre et assez à manger. Au premier anniversaire de l'indépendance, Hastings Banda s'était levé dans le stade national et avait entraîné des milliers de compatriotes à chanter le robuste cantique « Bringing in the Sheaves », qui glorifiait les moissons et correspondait bien au mois en cours.

Une famille moyenne de quatre ou cinq personnes a besoin, par an, de douze sacs de maïs (chaque sac pesant cinquante kilos). On les conserve dans un silo (*nkokwe*) hors de la hutte. Les rats, les moisissures et les parents parasites diminuent les réserves. Pour faire la farine destinée à la *nsima* – cette boule de pâte cuite à la vapeur et servie avec un ragoût que je mangeais depuis Karonga – et confectionner ce mets typique du pays, on broie les grains dans un mortier ou on les fait moudre dans le moulin communal. De toutes les activités d'Afrique centrale, le cycle du maïs est le plus vital, le seul travail important, la différence entre la vie et la mort. Tout ce qui vient le contrarier – une guerre, le temps, des troubles politiques, de mauvaises graines, une inondation, un feu de brousse – équivaut à une condamnation.

Cette saison, les pluies étaient venues tard. Certaines graines n'avaient pas germé. Beaucoup, pourtant, avaient donné des épis, mais la pluie tombait toujours en mars, et les épis mûrs n'avaient pas été ramassés dans les champs. Une grande partie du Sud avait subi des inondations. La récolte serait maigre. Cette pénurie, à Nsanje comme ailleurs, rendait la famine inévitable.

« Ces gens vont avoir faim », a dit Hudson en regardant les champs détrempés, le maïs noirci par les moisissures, les moyettes qui pourrissaient, le chaume mouillé qui s'incurvait au toit des huttes.

Dix mois plus tard, la situation sera terrible. Le maïs sera si rare que l'Afrique du Sud en enverra un chargement de cent cinquante mille tonnes, et qu'il faudra en commander encore en Ouganda, qui aura un surplus. Mais comme le prix aura triplé, le maïs sera inabordable. Les journaux du Malawi raconteront des histoires de paysans qui mangeaient des feuilles de manioc bouillies, qui déterraient des racines sauvages et mangeaient des vers de terre.

« Un peu plus loin, ai-je dit quand nous sommes arrivés à Nsanje. Je veux aller à Marka.

— Vous connaissez ? »

Je connaissais. J'y étais venu dans les années 1990 faire des recherches pour un ouvrage où je comptais parler du Zambèze. Je possédais mon propre kayak, à l'époque, mais j'avais découvert qu'on pouvait louer une pirogue pour descendre la Shire, et qu'en partant tôt, on ne devait passer que deux nuits dans la nature avant d'arriver au Zambèze et une nuit de plus pour gagner Caia. Restaient une douzaine d'heures de route jusqu'à la côte. J'avais emporté l'équipement minimum : un imperméable, un sac de couchage en duvet compressé à la taille d'un ballon de football, une bombe insecticide et de l'argent liquide pour acheter à manger.

Hudson m'a laissé près de chez le chef du village de Marka, avec qui j'avais déjà traité. Un groupe de femmes, leurs enfants attachés dans le dos, étaient assises en cercle pour trier des haricots dans des cuvettes en émail. Elles bavardaient en retirant les cailloux. Je les ai saluées par les formules habituelles, qui équivalent à « Puis-je entrer ? » et « Puis-je avoir l'autorisation de parler ? ».

Elles m'ont souhaité la bienvenue et m'ont offert un tabouret branlant.

« Je cherche le chef Nyachicadza », ai-je dit.

Il n'était pas là. C'était une mauvaise nouvelle. En les entendant user d'euphémismes, esquisser des gestes gauches, j'ai craint qu'il fût malade, voire mort. Dans un village comme Marka, dans le Lower River District du Malawi, personne ne meurt. Si des gens semblent disparaître de leur existence corporelle, c'est juste qu'ils attendent de revenir sous forme d'esprits, perturbant parfois l'ordre de la vie quotidienne, intervenant d'autres fois pour en arrondir les angles.

Les femmes m'ont envoyé au fils du chef, Karsten, que j'avais rencontré lors de ma précédente visite. Karsten vivait ailleurs sur la rivière, mais il était justement à Marka pour une livraison en pirogue. « Livrer », ça pouvait vouloir dire n'importe quoi, à Marka. Le village était si isolé, qu'on n'y faisait pratiquement pas respecter les lois. Il y avait bien des forces de police à Nsanje, et elles disposaient d'un canot à moteur, mais la rivière était trop large et trop longue pour qu'elles puissent contrôler toutes les allées et venues. La contrebande était donc courante – du sucre et du coton partaient pour le Mozambique et des casseroles en alu, des cuvettes émaillées, des couteaux et des machettes entraient au Malawi.

La Basse Rivière était une province oubliée, habitée par ces Senas dendrophobes que méprisaient leurs compatriotes. Le gouvernement du Malawi négligeait la vallée de la Shire ; plus en aval, où la rivière entrait au Mozambique, cet autre gouvernement la négligeait aussi. Qui pouvait en vouloir aux gens qui vivaient sur ses rives de trouver des moyens illégaux de s'en sortir ? Personne ne s'occupait d'eux. La région, comme beaucoup de zones frontières d'Afrique, était mal définie, avec des Senas des deux côtés. Et la rivière rendait les choses plus ambiguës encore, car elle n'était ni le Malawi, ni le Mozambique, elle n'était que des kilomètres et des kilomètres d'eau en mouvement, une frontière physique fluide – une rivière d'Afrique.

Même les rives étaient difficiles à situer, car leurs limites boueuses nourrissaient de vastes étendues de roseaux qui dissimulaient la grève, comme par endroits les plaques denses de jacinthes d'eau – très jolies mais bien désagréables pour ceux qui pagayent.

Les femmes ont demandé à un gamin de me conduire à Karsten. Nous avons traversé le village de huttes en terre, leurs murs érodés par la pluie, et nous sommes descendus vers le ponton, auquel étaient amarrées une vingtaine d'embarcations.

Des hommes déchargeaient des sacs en plastique de pirogues frappées de gigantisme, des sacs translucides qui m'ont permis de voir qu'ils contenaient des sandales en plastique. Je me suis dit qu'ils avaient remonté la rivière depuis un entrepôt au Mozambique. On déposait les sacs sur des palettes en bois pour qu'ils ne traînent pas dans la boue.

Un pêcheur démêlait ses filets. Sa prise, un seau plein de gros poissons, était posée près de lui. Un autre écopait une pirogue avec une grosse bouteille en plastique coupée en deux. J'ai cru reconnaître Karsten Nyachicadza dans un groupe d'hommes debout près des sacs de sandales.

Fumeur de *chamba*, Karsten avait dans les trente-cinq ans. Il était petit, le visage mince, une ossature légère, et pourtant il était doté d'une force et d'une ténacité que son physique chétif ne laissait pas deviner. Il pouvait donner de vigoureux coups de pagaie toute une journée durant. Il avait l'habitude de se lever tôt, avant l'aube, de monter dans son bateau et d'y rester sans même s'arrêter pour manger – mais observer parfois une pause pour se rouler un joint. Il mangeait des fruits – des oranges, des bananes, des mandarines, ce qu'on trouvait cette saison-là – et à la fin de la journée, il faisait un vrai repas de *nsima* et de ragoût de légumes au poisson fumé.

Malgré son regard embrumé par la drogue, il a semblé se souvenir de moi. Il s'est détourné du groupe pour me serrer la main. Aux autres, il a visiblement expliqué qui j'étais en riant au souvenir de mon précédent voyage.

« Je voudrais aller à Caia dans votre bateau », lui ai-je dit.

Il a souri, et son expression disait *Bien sûr*. Il s'est accroché à ma main comme pour sceller un accord. C'était une main de pagayeur, rude, la paume musclée, les phalanges tellement durcies par les cals qu'elles étaient devenues abrasives.

« Quand ?

— Demain ?

— Ce soir, on va chez moi. On dort. On part demain matin pour Caia. »

Il était plus impatient encore que moi de partir, ce qui m'a plu. Mais il fallait penser aux préparatifs.

« Qu'en est-il de la nourriture ? Je veux emporter de l'eau en bouteille. Nous aurons besoin d'*ufa* – la farine pour faire la *nsima*.

— La boutique du marché a des boîtes. Donne-moi l'argent, je vais acheter la farine. »

Nous y sommes allés ensemble. Nous avons traversé le village jusqu'à la boutique. Pour moi, c'était un des aspects les plus agréables d'un voyage : s'assurer le nécessaire, remplir une caisse de nourriture, ajouter des biscuits et du fromage en boîte. Comme il y avait peu d'eau en bouteille, j'ai pris une caisse de Fanta et une caisse de bière. Une boutique africaine comme celle-là était parfaite pour ce genre de provisions et pour les éléments de base de toute survie – allumettes, bougies, corde. Je voulais acheter des gamelles et des cuillers, le nécessaire du parfait campeur, mais Karsten a dit qu'il avait déjà tout ce dont nous aurions besoin ; et s'il pleuvait, nous pourrions nous réfugier sous la bâche en plastique qu'il utilisait pour dissimuler ses produits de contrebande.

En revenant au ponton (suivis par des gamins qui portaient les caisses sur leur tête), nous nous sommes mis d'accord sur le prix de location de la pirogue – cent dollars en petites coupures. Karsten a dit qu'il fallait un autre rameur, son ami, Wilson Matenge. Mais quand nous avons trouvé Wilson, le soleil était tombé derrière les arbres et la lumière du jour disparaissait. Il était trop tard pour aller jusque chez Karsten. Cela ne m'ennuyait pas de voyager de nuit, mais c'était le moment où les moustiques formaient de véritables nuages. Je voulais trouver une hutte où dormir, un bon feu, me couvrir d'insecticide et me coucher tôt.

Les chiens du village ont aboyé toute la nuit devant la case qu'on m'avait attribuée, probablement parce que des hyènes rôdaient. Il faisait encore sombre quand j'ai entendu les pas de Karsten et sa voix bien réveillée :

« On y va, maintenant. »

*
* *

Le matin aussi, c'était l'heure des moustiques, sur la Shire. Quand nous sommes partis, ils gémissaient autour de ma tête en un essaim aussi dense et affairé que les mouches dans le Maine. Mais je m'étais copieusement aspergé d'insecticide et dès que le soleil s'est levé, les moustiques se sont dispersés. La pirogue avait été creusée dans un énorme tronc : six mètres de long et bien large. Le passage entre le ponton et la rivière était une voie étroite coupée dans le dense tapis de feuilles et de fleurs de jacinthes. La pirogue a fendu les eaux des marécages jusqu'à la rivière même grâce aux coups de pagaie de Karsten à la poupe et de Wilson et moi à tour de rôle à la proue.

La plupart du temps, j'étais assis sur un tabouret au milieu de l'embarcation, comme Stanley dans le *Lady Alice*. Sinon, je m'accroupissais à la proue. Karsten, maître à bord, n'aimait pas passer sa pagaie. Même Wilson préférait pagayer, et je suppose qu'ils ne m'ont donné ma chance que pour se moquer de moi. Mais pagayer me faisait passer le temps, et au milieu de la matinée, nous avions dépassé les jacinthes et la voie d'eau sinueuse et gagné le lit principal de la Shire, où le courant nous poussait vers le sud.

Les pluies récentes avaient rendu la rivière boueuse et plus profonde, mais si elle débordait un peu de ses rives, elle n'avait pas noyé les plaines ni les jardins. Nous avons progressé au rythme régulier du courant qui nous entraînait, utilisant parfois les rames en guise de gouvernails.

De la rive, des gens nous faisaient signe et criaient. Ils devaient nous demander où nous allions, parce que Karsten leur répondait : « *Zambezi !* »

Par endroits, la rivière se contorsionnait dans des marécages affolants, se divisait en plusieurs bras, s'adoucissait, perdait son aspect fluvial pour devenir de l'eau lente dans une masse de végétaux spongieux. La Shire cessait d'être une rivière dans le marais Ndinde, si dense d'herbes hautes et de roseaux que nous ne pouvions rien voir devant nous, si étouffée de jacinthes que notre progression était ralentie et que ramer devenait difficile. J'ai cru que peut-être Karsten avait pris trop de *chamba*, qu'il avait perdu la tête, car nous allions parfois vers l'amont, luttant contre le courant. Mais il ne se trompait pas : c'était le seul moyen de négocier notre progression, et au bout d'une heure dans le marais, nous en sommes ressortis et nous avons vu le Mozambique.

Aucun village, mais de temps à autre un ensemble de cases à

l'écart de la rive. Karsten s'est arrêté une fois pour acheter des mangues, et une autre pour du poisson séché. Les gens le connaissaient, ce qui a renforcé la confiance que j'avais en lui, car il ne pouvait être familier de ces lieux à demi dissimulés que grâce à une fréquentation assidue de la rivière.

Un appontement boueux marquait la frontière avec le Mozambique. Il n'y avait pas d'autre indication que des carcasses de véhicules et de bateaux sur la rive, ce qui signale toujours un point de « civilisation ». Le village de Megaza consistait en deux bateaux échoués, un châssis de camion rouillé, une rampe d'accès glissante et quelques cahutes où on vendait comme d'habitude de l'huile, des bougies, des allumettes, des biscuits, du savon et des cigarettes. Des Africains désœuvrés étaient assis à l'ombre d'une épave de camion. L'endroit recelait tout ce qu'on y attendait, à l'exception de M. Kurtz et de ses crânes humains. Sous un manguier, un homme était assis à une table. C'était l'officier d'immigration mozambicain. Nous avons tiré notre pirogue sur la rive et Wilson a allumé un feu pendant que Karsten allait chercher de l'eau.

Je me suis assis sous le manguier avec le fonctionnaire pendant qu'il feuilletait mon passeport, qu'il a fini par tamponner. Quand j'ai remonté le chemin pour voir ce qu'il y avait d'autre, j'ai remarqué que l'homme me suivait. Je l'ai laissé me rattraper et nous avons continué la route en silence. Trois bâtiments en bois sont bientôt apparus. L'un d'entre eux était un bureau officiel – une seule pièce. Un autre était une boutique abandonnée – j'ai regardé à l'intérieur et j'y ai vu des étagères vides et un banc. J'ai apprécié la largeur du banc. Le troisième était un bar – simple comptoir, bière chaude sur les étagères, musique portugaise à la radio.

« Vous m'achetez du *kachasu* ? » a demandé le fonctionnaire.

Il s'agissait de vin de banane, spécialité du Malawi. J'ai pris deux canettes et nous avons bu.

« J'aimerais dormir à côté, cette nuit, d'accord ? » ai-je demandé.

Il a haussé les épaules sans dire ni oui ni non. Je lui ai offert un autre verre et quand j'ai fait mine de partir, il a dit :

« Venez ! Vous pouvez dormir. »

En faisant bouillir la farine avec l'eau dans la marmite noircie, Karsten avait fait de la *nsima*. Il a émietté du poisson séché dans des légumes. J'ai ouvert une boîte de sauce que nous avons réchauffée sur le feu et nous avons mangé le tout avec la *nsima*. Accroupis autour du feu, nous avons bavardé.

« Jusqu'où arriverons-nous, demain ? Jusqu'au Zambèze ?

— *Mphepho* » – vent, a répondu Karsten en faisant une grimace.

Avec un vent de face, il était probable que nous n'arriverions pas au Zambèze, a-t-il expliqué. La pirogue était haute sur l'eau, et le vent nous affectait plus que d'autres embarcations moins profondes.

Il était à peine dix-neuf heures trente quand nous sommes allés nous coucher. Je me suis allongé sur mon banc dans l'ancienne boutique, et malgré la musique idiote qui sortait du bar, je me suis endormi si profondément que je ne me suis plus rendu compte de rien jusqu'à ce que Karsten vienne me chercher dans l'obscurité qui précède l'aube.

Nous avons fait glisser la pirogue dans l'eau et nous avons ramé en silence pendant presque une heure. Le soleil s'est levé – sans s'annoncer, éclat soudain de lumière, illuminant le ciel, imposant la chaleur puissante de ses rayons incandescents. Devant nous, j'ai vu une montagne qui se dressait, seule, comme une miche de pain . la Morrumbala. Ma carte montrait qu'il y avait aussi un village appelé Morrumbala, mais je n'en ai rien vu. Cette superbe rotondité se dressait à une altitude de 1 300 mètres dans les marais plats qui bordaient la rivière. Il n'y avait aucune autre montagne en vue, pas même une colline.

Nous avons mis toute la chaude matinée à nous en approcher. Quand Livingstone était venu par là en 1859, il avait incité des membres de son équipage à escalader la montagne. Le Zambèze et la Shire avaient permis à Livingstone de pénétrer à l'intérieur de l'Afrique, de découvrir toutes ses merveilles – les lacs Shriwa et Nyasa, le pays que nous appelons Malawi, les marais labyrinthiques autour de la Shire et leurs troupeaux d'éléphants, la « Haute Tour de Garde », soit la Morrumbala. Mais ce voyage avait été horrible pour Livingstone, dont le bateau avait un trop grand tirant d'eau pour cette rivière peu profonde, ce qui avait beaucoup ralenti sa progression entre bancs de sable et marécages. De plus, il était venu à une époque de famine, et la rivière grouillait de crocodiles. Un de ses hommes avait donné son verdict : la Shire était « une rivière de mort ».

Accident géographique monumental, sculptée comme une citadelle, la Morrumbala avait été considérée comme un trophée aux premiers jours de l'exploration portugaise. Dans les années 1640, toute cette région était hantée par des *sertanejos* – des pionniers – portugais dont chacun avait choisi une région sur laquelle régner. Tous étaient des colons venus de la mère patrie – quelques aristocrates, beaucoup de criminels. C'étaient des *conquistadores* unis par l'appât du gain et des illusions de grandeur qui ont fait d'eux des potentats de province. Ils vivaient comme des petits rois, avec une cour et des propriétés, dont des esclaves qu'ils utilisaient et vendaient.

Du XVIIe au XIXe siècle, des *sertanejos* ont habité les terres reculées du Mozambique, transformant la brousse uniforme en plusieurs royaumes ruraux où ils amassaient argent, or et ivoire. Le Kurtz de Conrad est une version belge du *sertanejo*. En pourpoint et pantalon bouffant, armé d'une arquebuse, le pionnier portugais au regard fou est pittoresque mais méprisable. Il illustre la remarque de Sir Richard Burton : « Il y a un moment où il faut quitter le Continent Noir ; c'est quand on commence à avoir une idée fixe. "La folie vient d'Afrique". »

La région entourant la Morrumbala était tenue, au milieu du XVIIe siècle, par un Seigneur du Château autoproclamé, un *sertanejo* appelé Sisnanda Dias Bayão, qui s'était installé à Sena, à proximité immédiate de la montagne. En règle générale, les Africains qui vivaient dans le cours supérieur de la Shire et autour de Sena n'étaient ni belliqueux ni bien armés. Bayão avait donc facilement pu les supprimer ou les asservir et les mettre au travail afin qu'ils cherchent pour lui de l'or et de l'argent. Il y avait eu une brève ruée vers l'or, dans la région, à l'époque de Bayão. Quand le gouvernement colonial s'était insurgé contre les méthodes de Bayão et l'avait poursuivi, il s'était caché dans la montagne. A la même époque, grâce à leurs ravines et à leurs cavernes, les pentes boisées de la Morrumbala étaient devenues le refuge privilégié des esclaves en fuite. Ce rôle de refuge, la montagne l'a conservé jusqu'à aujourd'hui, puisqu'elle était encore la cachette préférée des soldats en fuite, pendant la guérilla cruelle qui a duré vingt-cinq ans au XXe siècle.

Le vent s'est levé dans l'après-midi, ridant la rivière, poussant notre embarcation de côté. Pour s'endurcir, Karsten a lâché la rame, allumé un *doobie* et, les yeux écarquillés et fixes, il a repris sa route.

Comme la dernière fois que j'étais venu ici, nous avons vu la Morrumbala pendant de nombreux kilomètres. Son isolement, son étrange solitude – personne autour, personne dessus – rendait la Morrumbala très inspirante. J'ai fixé mon attention sur elle et je m'y suis perdu avec délice. Elle avait plus la forme d'un plateau que d'une montagne. Des fermes abandonnées et des vergers la couronnaient, nous ont dit des Africains en pirogues que nous avons croisés. J'ai demandé comment les Portugais réussissaient à monter jusqu'en haut et à redescendre.

« Des Africains les portaient », m'a répondu Wilson.

J'imaginais sans peine un planteur portugais au teint rose dans un palanquin, s'éventant tandis que quatre Africains le hissaient au flanc escarpé de la montagne. Maisons et plantations abandonnées, vestiges de la présence coloniale portugaise, étaient visibles tout au long des rives. Mélancoliques comme toute ruine dans un endroit reculé, elles étaient les restes solides d'un monde perdu. La rivière, marécageuse par endroits, devenait tout bonnement un marais dans d'autres – série de bras d'eau qui couraient entre la végétation dense. « Une plaine marécageuse sacrée pour les buffles, les gazelles et les moustiques », avait écrit un voyageur en 1863 – un des compagnons de Livingstone. « Nous désespérons presque de trouver le cours de la Shire dans les divers courants qui se mêlent ici. »

Mais Karsten ne doutait jamais du courant. Il avait si souvent parcouru la rivière qu'il en connaissait chaque bras, qu'il en évitait chaque impasse. Nous sommes arrivés dans un village. Comme j'ai cru que Karsten voulait y acheter du poisson ou des fruits, je suis resté appuyé à ma rame. Mais Karsten a soulevé la caisse de nourriture et l'a lancée sur la rive.

« Qu'est-ce qui se passe ?

— Nous allons dormir ici. »

Il restait deux heures de jour et le vent n'était pas mauvais. Je distinguais plus loin un charmant méandre de la rivière, calme, rutilant. J'ai demandé pourquoi nous ne parcourions pas quelques kilomètres de plus.

Mais il a montré le prochain tournant. « Il y a des méchants, là-bas », et le fait qu'il me le dise en anglais m'a semblé de très mauvais augure.

Cette simple déclaration a suffi à me convaincre de sauter sur la rive et de remonter à quatre pattes jusqu'à la terre ferme, devant une foule d'une trentaine de femmes et d'enfants. Un peu plus haut, un ensemble de cases formait un village.

Ses habitants nous ont regardés sortir péniblement boîtes et paquets, mais je savais qu'ils n'étaient pas des spectateurs indifférents. Tout ce que nous ne voudrions pas – bouts de plastique ou de papier, boîtes de conserve, n'importe quelle matière réutilisable – ils étaient prêts à s'en emparer. Un peu plus tard, après que nous avions allumé notre feu, une femme s'est accroupie près de moi pendant que j'ouvrais une boîte de haricots. Elle a dit : « *Wanga* » – C'est à moi. Elle voulait que je lui cède la boîte quand elle serait vide.

Beaucoup de gens me regardaient : des enfants assis en demi-cercle, de grandes filles maigres debout derrière eux, une petite douzaine de femmes et quelques hommes un peu plus loin, soit une trentaine de personnes en tout, qui nous observaient, Karsten, Wilson et moi, en train de faire cuire la *nsima* et de sortir des aliments de nos boîtes de conserve. Non qu'ils eussent faim. Ils avaient de quoi manger ; dans ce village où les hommes pêchaient et où les femmes cultivaient la terre, la nourriture ne manquait pas. Nous regarder, c'était leur distraction du soir.

J'ai pris conscience d'un rire contagieux qui parcourait nos spectateurs et je me suis retourné. Un petit homme très laid arrivait vers moi d'un pas inégal. En voyant son visage hideux, avec ses chairs martyrisées et ses boutons, ses excroissances et ses blessures suintantes, j'ai compris que c'était un lépreux. Mais il pouvait aussi être un épileptique, car ses blessures récentes et son nez écrasé étaient le genre de blessure que j'associais à ceux qui souffraient du grand mal, qui les faisait souvent tomber, pendant les crises.

Quoi qu'il en soit, ses difformités le cantonnaient sûrement au rang d'idiot du village – on devait se moquer de cet innocent exclu, mais il devait aussi exercer son ironie sur ceux qu'il trouvait plus bizarres encore que lui. Ce devait être mon cas, moi le *mzungu* qui venait s'aventurer dans son village.

Il a entrepris de pointer son index vers mon assiette de *nsima* pour faire semblant de me voler ma nourriture. Son doigt était vraiment répugnant, son visage taché et luisant de ce qui suintait des blessures, ses yeux exorbités et fous, ses mains encroûtées, lépreuses, incroyablement maigres. Quand il a ouvert la bouche pour rire, j'ai vu ses dents cassées.

Ses pitreries ont fait rire tous les habitants du village, certains moqueurs, d'autres gênés, car ils ne savaient pas comment j'allais réagir à ces plaisanteries. Mais j'ai vu que le petit homme disgracié, pitoyablement défiguré et probablement faible d'esprit avait quelque chose du fou dans une pièce de Shakespeare, le fou du roi qui a le droit de dire ou de faire tout ce qu'il veut.

« Cet homme est stupide », a dit Karsten en utilisant un mot chichewa sans aucune équivoque : *wopusa*.

Mais j'ai fait un geste de bienvenue à l'infirme – ce qui a déclenché une sorte de peur dans ses yeux. Les gens ont ri quand il a titubé vers moi sur ses pieds tordus.

« *Mukufuna mankhwala ?* » – Tu veux des médicaments ? lui ai-je demandé en lui donnant des biscuits au chocolat que j'avais achetés dans la petite boutique de Marka.

Il s'est enfui pour protéger ses biscuits des autres villageois. Nous avons alors pu manger en paix, même si nos spectateurs ne nous ont pas quittés des yeux. Peu à peu, les enfants se sont approchés de notre feu qui se mourait.

Finalement, la voix rendue rauque par la timidité, l'un d'entre eux a dit :

« Nous aussi, on veut des médicaments. »

Je leur ai donné des biscuits et je leur ai dit de partir. Karsten a envoyé une femme laver les casseroles et les assiettes dans la rivière, et il s'est allongé sur le dos pour fumer un joint postprandial.

Comme nous allions dormir à la belle étoile, je me suis demandé s'il y avait des hyènes, dans le coin. Les hyènes fouillent les ordures, et si elles restent hors des cases, il n'est pas rare qu'elles viennent mordiller les pieds qui dépassent par les ouvertures ; on a même connu des cas où elles avaient mordu le visage de la personne qui dormait près de l'entrée.

« *Palibe mafisi* », a assuré Wilson – pas de hyènes.

Mais je voulais l'entendre de la bouche d'un villageois. Quand la femme est revenue après avoir fait notre vaisselle, je lui ai posé la question. J'ai aimé sa réponse, que j'ai trouvée très poétique :

« *Palibe mafisi, alipo mfiti* » – pas de hyènes, beaucoup d'esprits.

Curieux de connaître les opinions politiques de Karsten, je lui ai demandé :

« Vous arrive-t-il de penser au président ?

— Non. Parce qu'il ne pense jamais à moi », m'a-t-il répondu.

Après lui avoir demandé d'ajouter du bois dans le feu pour écarter les serpents, je me suis aspergé la tête et les mains d'insecticide et, enfermé dans mon sac de couchage, je me suis endormi.

Ni les hyènes ni les serpents n'ont posé de problème. Les aspects les plus dangereux du Zambèze sont presque invisibles : le vent, les moustiques qui instillent la malaria, les mouches tsé-tsé ou ces fruits à l'air innocent près des cours d'eau qu'on appelle des « haricots à buffles » et qui causent des marques douloureuses sur la peau. Il y a aussi les araignées, les scorpions et par endroits de gros crapauds visqueux qui s'installent près de vous, quand vous dormez dehors, et sautent avec enthousiasme et un formidable *flop* sur votre visage pour vous étouffer.

Nous sommes partis avant l'aube, glissant dans les eaux calmes comme la veille. J'ai demandé à Karsten si nous atteindrions le Zambèze ce jour-là. *Kapena*, a-t-il grogné – peut-être. Il a semblé concentré sur sa pagaie, et je me suis joint à lui à l'aide d'une planche en guise de rame. A nous trois nous avons propulsé la pirogue en silence. Ce n'est qu'après le lever du soleil que je me suis souvenu de ce qu'il avait dit la veille sur la portion de la rivière que nous venions de parcourir : *Il y a des méchants, là-bas.*

Au milieu de la matinée, j'étais assis à déguster une mangue, quand Karsten a annoncé :

« Il y a des hippopotames par là. »

Au prochain tournant, ils étaient bien là, soufflant, l'air féroce. Après les êtres humains, ils étaient les occupants du fleuve les plus jaloux de leur territoire. J'ai tenté de penser aux animaux sauvages que j'avais vus depuis que j'avais quitté Le Caire, mais je ne me suis souvenu que des hyènes d'Harar, de quelques antilopes en Éthiopie et au Kenya, des flamants du lac Naivasha et des girafes et autres que j'avais aperçus du train, en Tanzanie. C'étaient mes premiers hippopotames depuis des mois. On vendait de la viande d'hippopotame sur les marchés du Mozambique, le long du Zambèze, m'a dit Karsten. Étant donné le rythme de la déforestation et de la croissance démographique, les spécialistes de l'environnement prédisaient que le jour n'était pas loin où les plus gros animaux ne pourraient plus survivre.

Vers midi, nous sommes arrivés à un ponton de ferry, qu'une barge approchait depuis la rive est, chargée d'un camion auquel elle faisait traverser la rivière. Le Blanc au volant du véhicule était un fermier sud-africain qui faisait pousser des piments sur une propriété achetée pour rien à un Portugais en fuite. Il disait aimer vivre au fin fond de la brousse mozambicaine.

« Avant, m'a-t-il expliqué, l'Afrique du Sud était comme ça. Je n'aime pas ce qui s'y passe. »

Un contremaître africain traduisait ses ordres et dirigeait les ouvriers. Il semblait tout à fait hors de son élément, cet homme gras, couvert de coups de soleil, en short et chapeau mou. Il vendait les piments rouges qu'il faisait pousser à un laboratoire pharmaceutique hollandais, qui les utilisait dans je ne sais quelle préparation médicinale.

« N'avez-vous pas peur que des gens arrivent chez vous et occupent votre propriété ? » lui ai-je demandé.

Il a gonflé la poitrine, serré le poing et dit avec une voix grondante d'autorité :

« Ils feraient bien de se méfier de moi. »

Karsten et Wilson se sont approchés timidement pour me demander de l'argent. Ils voulaient acheter des sodas qu'une femme assise sur une caisse sortait d'une bâche plongée dans l'eau, où ils étaient maintenus au frais. Je leur ai donné de l'argent du Malawi et ils se sont éloignés. Ils étaient maigres, en loques, pieds nus, la chevelure hirsute.

« Ils sont à vous ? »

Question révélatrice d'un *mzungu* qui évaluait ceux qui travaillaient pour un autre. « Mes Africains sont meilleurs que les vôtres » était une vantardise courante, entre colons. Les Africains à l'arrière du camion à ridelles du fermier étaient vêtus de combinaisons de travail solides et coiffés de chapeaux de brousse en toile. La plupart portaient des chaussures, un des bottes en caoutchouc. Pour des Mozambicains, ils étaient bien habillés.

Les vêtements de Karsten et Wilson étaient purement symboliques – tee-shirt déchiré et short fendu pour Karsten, chemise blanche à manches longues en rubans drapée autour de ses épaules pour Wilson – dont le short était aussi fendu.

« Oui, ils sont à moi », ai-je répondu.

Et je me suis dit : dans des pays où tous les politiciens véreux portent des costumes trois-pièces, les meilleurs vont cul nu.

Plus en aval, où la rivière s'élargissait, dévoilant ses berges basses et boueuses, nous avons vu d'autres hippopotames. Il y avait aussi des hérons, des faucons, des cormorans et, dans l'argile des rives, les nids des guêpiers écarlates ou à gorge blanche.

Karsten a dit que le Zambèze n'était plus loin. Pourtant on ne voyait rien que la brousse, devant nous, parfois marécageuse, et quand il y avait des cases, elles étaient disposées en petits cercles. Nous ne sommes jamais passés à proximité d'un ensemble de cases sans entendre les coups de pilon dans les mortiers – une femme qui faisait de la farine, deux parfois, qui soulevaient tour à tour leur lourd pilon. Les hommes pêchaient en jetant leurs filets ou à l'aide de pièges cubiques en roseaux tressés. Dans les arbres, on avait hissé des bûches évidées pour que les abeilles y fassent leur ruche. Livingstone avait lui aussi noté ces particularités culturelles quand il avait navigué sur le Zambèze et sur cette rivière.

Les Arabes aimaient le miel. Ils étaient arrivés dans la région aux XVIIe et XVIIIe siècles à la recherche d'esclaves et d'ivoire, et ils pratiquaient toujours la traite des esclaves à l'époque de Livingstone. Il a raconté qu'il avait pris le commandement de son bateau à vapeur, le *Ma Robert*, dans l'intention de sauver des âmes au nom de Jésus et de mettre fin à la traite des esclaves. Mais la véritable intention de cet étrange dépressif était d'ouvrir l'Afrique au commerce. Il appelait le Zambèze « La Grand-Route de Dieu ». En fin de compte, il n'avait eu qu'un impact négligeable sur la traite des esclaves ; la brousse de Zambézie privée de pistes prouvait que le commerce ne s'y était jamais vraiment implanté ; et il n'avait converti qu'un seul homme au christianisme – qui n'était pas resté chrétien très longtemps.

« Le Zambèze ! » a annoncé Karsten.

La Grand-Route de Dieu était en vue, vaste étendue d'eau qui scintillait sous le soleil à huit cents mètres de nous, charriant des arbres entiers, d'énormes troncs et des branches éparses dans son courant boueux – les débris du cœur de l'Afrique, superbes bois flottés.

J'ai compris quelques mots d'une histoire que Karsten racontait à Wilson – « indien », « poisson », « argent » – et tandis que nous tentions de traverser le fleuve, notre pirogue poussée de côté par la puissance du courant, il me l'a traduite :

Plus haut sur le Zambèze, du côté de la Zambie, des commerçants indiens avaient pour habitude d'enlever de jeunes Africaines dans les villages. Les Indiens tuaient les jeunes filles pour leur arracher le cœur de la poitrine. Ils utilisaient les cœurs frais de ces vierges africaines comme appâts sur de gros hameçons et parvenaient ainsi à attraper certains poissons particuliers du Zambèze, qu'ils fourraient de diamants.

« C'est pour ça que les Indiens ont tant d'argent », a conclu Karsten.

J'étais tellement content d'être parvenu au Zambèze, que je leur ai dit que c'était une merveilleuse histoire. A la fin des années 1990, j'avais lu la nouvelle d'émeutes, en Zambie, contre des Indiens, qu'on accusait de faire le commerce illégal d'organes humains. Selon la rumeur, ils tuaient des Africains, les éventraient et vendaient leur cœur, leurs poumons et leurs reins à des hôpitaux occidentaux pour se faire de l'argent. Même certains Occidentaux croyaient vraie cette histoire invraisemblable.

Autour du fleuve, les terres étaient plates, sans rien de particulier, plaine alluviale herbue et forêt basse, plus loin. Nous avons pagayé entre les arbres et les troncs qui flottaient au milieu du fleuve, là où le courant était le plus fort, les remous produisant dans l'eau des bulles sales et embuées comme on en voit à la surface d'un milk-shake au chocolat. Le large fleuve avançait lentement, et il nous fallait continuer à pagayer, mais le courant nous aidait assez pour que je puisse me reposer de temps en temps et réfléchir.

J'étais heureux. Les villages en bordure du fleuve avaient l'air pauvres mais autosuffisants. Personne au gouvernement ne les aidait ni ne les gênait. J'ai parfois éprouvé des craintes à l'idée de m'arrêter dans un de ces villages, mais sur le fleuve, emporté par les eaux boueuses, surveillé par les pêcheurs, les hérons, et (seuls leurs gros yeux et leurs narines sortant à la surface) les troupeaux d'hippopotames, protégé par Karsten et Wilson, j'étais aussi proche de Huckleberry Finn qu'on pouvait l'être sur terre. J'avais accompli un de mes désirs les plus chers, nourri depuis le départ de mon voyage, car c'était le territoire que je voulais atteindre, et naviguer sur ce fleuve dépeuplé dans un tronc creusé me procurait un plaisir pur.

Deux heures après le confluent entre la Shire et le Zambèze, j'ai entendu un ronronnement puissant : le moteur d'une embarcation à l'air de baignoire qui s'écartait péniblement d'un ponton, sur la rive nord du fleuve.

C'était la barge de Caia, assez grande pour servir de ferry aux semi-remorques. Une organisation caritative britannique, les Mariners, avait conçu cette barge à partir de douze « Uniflotes » et des éléments assemblés de huit moteurs hors d'usage. Les Mariners étaient dirigés par un Anglais, Chris Marrow. Beaucoup de ses hommes, comme Chris, étaient d'anciens soldats engagés dans l'humanitaire. Pour un véhicule roulant, le ferry était le seul moyen de parcourir les centaines de kilomètres entre le sud et le nord du Mozambique.

Caia était un ensemble de baraques, de débits de boisson et de Mozambicains accroupis. J'ai sauté à terre et j'ai retenu la pirogue pour Karsten, mais il a tendu la main pour serrer la mienne.

« On s'en retourne », m'a-t-il dit.

Il allait faire demi-tour, à contre-courant, jusqu'à la Shire, et rentrer chez lui. Il lui restait juste le temps d'atteindre le confluent de la Shire et du Zambèze, mais il devrait faire tout le chemin de retour en luttant contre le courant. Karsten a regardé les hommes et les gamins en haillons sur la rive – ils le harcelaient pour savoir d'où il venait – et j'ai compris ce qu'il pensait : Il y a des méchants, ici. Il était évident qu'un ponton de ferry sur un vaste fleuve devait attirer les opportunistes et les prédateurs de tout poil, les sans-abri et les âmes perdues. Au lieu de l'aider à descendre, je lui ai glissé quelques billets en guise de pourboire, discrètement, pour que les autres ne voient rien, et j'ai repoussé la pirogue dans le courant.

Pendant ce temps, le ferry avait accosté et on l'avait fermement attaché à la rive. Un gros camion chargé de sacs en descendait. Il est allé rejoindre d'autres camions alignés plus loin. Avec des gamins sur les talons qui proposaient de porter mon sac, je me suis approché des camions garés là ; il y en avait quatre, maintenant. Un groupe d'hommes étaient assis sous la véranda d'un restaurant pour boire et manger.

« OK, Monsieur ? m'a lancé l'un d'entre eux en riant de voir approcher un *mzungu*.

— *Bom dia*, ai-je répondu avant de leur demander si quelqu'un allait à Beira.

— On y va tous ! m'a répondu un chauffeur assis, cuiller à la main, devant un bol de riz au poulet.

— Vous pouvez m'emmener ? »

Au lieu de répondre, il a fait un mouvement de tête que j'ai accepté comme un oui. Il s'appelait João. J'ai acheté deux bières, je lui en ai donné une et je me suis assis près de lui. Nous avons un peu discuté du prix, car j'avais juré que pour le bien de ma famille je ne voyagerais plus jamais au sommet d'un camion. Au bout d'un moment, il s'est essuyé le visage, il a payé sa note et nous sommes partis, à quatre dans la cabine, une quinzaine d'Africains accrochés aux sacs de haricots dans la remorque. Beira était à trois cents kilomètres de là, par une douce route de sable et de boue qui suivait l'ancienne voie ferrée portugaise. Voies ferrées et routes avaient relié toutes les provinces du Mozambique, à l'époque coloniale. On avait même prévu de construire un pont ferroviaire à Caia, pour enjamber le Zambèze. On en avait déjà creusé les fondations sur la rive, quand on s'était rendu compte que l'idée était prématurée, et peut-être trop ambitieuse. A Caia et aux environs, j'ai vu beaucoup de wagons renversés et de locomotives rouillées.

L'arrière-pays n'était accessible que depuis peu. Pendant vingt-cinq ans, deux guérillas, l'une après l'autre, avaient transformé l'intérieur du Mozambique en zone de guerre. Il y avait d'abord eu la décennie de combats du FRELIMO contre les Portugais. Après l'indépendance, en 1974, un mouvement anti-FRELIMO, le RENAMO, s'était formé, soutenu en grande partie par des Sud-Africains blancs et un ensemble de personnes de droite au Portugal et aux États-Unis. Pendant la guerre du RENAMO, des millions de personnes avaient été tuées ou déplacées, des ponts dynamités, les communications réduites à néant, les routes fermées, des villages et même des villes dépeuplées par les massacres. A cause de cette guerre civile, le Zambèze mozambicain, de Zumbo au delta sur l'océan Indien, et son principal affluent, la Shire, étaient longtemps restés inaccessibles aux étrangers comme à beaucoup de Mozambicains. Pendant ces deux guerres, la brousse mozambicaine avait été un cœur de ténèbres, aussi dangereuse que confuse et difficile à pénétrer.

Il n'était que seize heures. Il nous restait deux heures de jour. En deux heures, j'ai vu que tous les ponts avaient été détruits – dynamités ou brûlés ; que tous les rails avaient été tordus et déplacés ; que toutes les anciennes constructions coloniales n'étaient plus que ruines sans toits.

Au milieu de nulle part, nous nous sommes arrêtés. En me

voyant m'éloigner de la route pour me soulager, João m'a crié « Non ! ». Et m'a fait signe de me rapprocher du camion. Il a montré les bois : « Miné », a-t-il dit.

On savait qu'en pleine campagne, au Mozambique, on ne devait pas s'éloigner des grandes routes, qu'on ne devait pas dévier de son chemin, car seules les voies souvent empruntées étaient à coup sûr débarrassées des mines qui avaient été posées et cachées par les soldats de tous bords, par ces factions bien armées.

La nuit est tombée. Nous avons progressé sur la route à une voie, dans le tunnel que formaient nos phares orange. Nous sommes arrivés à Inhaminga. Du temps des Portugais, Inhaminga était une gare de bonne taille, avec une rue principale jalonnée de maisons à deux étages avec boutiques au rez-de-chaussée et de grandes villas entourées de jardins clos. Mais les conflits et la négligence avaient transformé Inhaminga en une agglomération en ruines avec ses bâtiments effondrés, ses machines rouillées, ses grues cassées. En me voyant dans la cabine du camion, des jeunes se sont mis à crier.

« Ils ne voient jamais de Blancs, par ici, m'a expliqué João.

— Curieux... »

Nous avons atteint la côte, en bordure de Beira, au petit matin. Depuis que j'avais quitté Blantyre, au Malawi, je n'avais plus vu ni lampe électrique ni téléphone ni rue pavée ni eau courante. Je ne le regrettais pas, je trouvais ça reposant, car je n'étais pas dans un pays en déclin – cette partie du pays, en tout cas, ne pouvait reculer davantage. Quelques mois auparavant, les populations avaient connu la pire expérience que la nature pouvait leur envoyer sous forme d'inondations dévastatrices. Elles avaient survécu. Pourtant, de l'avis de tous, le plus terrible dans les inondations n'avait pas été la destruction des récoltes et des habitations, mais l'exhumation des mines, car ces engins explosifs avaient flotté et s'étaient déplacés dans des lieux différents et inconnus.

La ville de Beira était en ruines, elle aussi. João m'a laissé devant un hôtel, dans une ruelle. J'ai dormi jusqu'au milieu de la matinée et je suis allé me promener dans les rues envahies par l'herbe, entre les bâtiments abandonnés. L'immeuble le plus intéressant que j'ai vu à Beira était celui de l'ancien Grand Hôtel et son casino – immense structure squelettique face à l'océan Indien. Ce vaste établissement délabré avait été repris par les pillards et les envahisseurs. Ces sans-abri vivaient dans les chambres, faisaient du feu sur les balcons pour cuisiner et montaient des tentes sur les vérandas. A des cordes, pendait leur linge. Certains jetaient des seaux d'excréments par-dessus les rambardes. L'immeuble n'était qu'une immense pile de stucs cassés et de balustrades rouillées qu'occupaient des squatteurs en haillons. De la fumée montait devant presque toutes les chambres. Je me suis dit que pour certains, cela ressemblait au passé. Mais pour moi, c'était le fantôme prémonitoire d'un avenir désespéré, l'image de ce que le monde allait devenir – les résidences de luxe du tiers-monde transformées en campements de squatteurs.

Au marché, à la recherche d'un car pour Harare, je me suis aventuré sur le parking où attendaient des taxis sans âge. Un homme adossé à une vieille guimbarde a dit qu'il pouvait me faire parcourir les 250 kilomètres jusqu'à Machipanda, à la frontière entre le Mozambique et le Zimbabwe, pour un prix raisonnable. Il me montrerait les sites intéressants en chemin. J'ai dit que j'étais d'accord si nous pouvions partir bientôt. Nous sommes partis une heure plus tard. A mi-chemin, il s'est arrêté à un croisement. Une flèche indiquait « Nova Vanduzi ».

« Je ne vois rien », ai-je dit.

Il a arboré son expression la plus revêche et m'a annoncé que si je ne lui donnais pas plus d'argent, il ne me conduirait pas à Machipanda. J'ai discuté un moment, et j'ai cédé, mais il a continué à geindre jusqu'à Machipanda, pour que je lui donne encore plus, tandis que moi, je me plaignais d'être trop souvent victime de ma nature confiante.

17 — Envahir la ferme de Drummond

Le Zimbabwe avait une fort mauvaise réputation de pays en proie au désordre politique à l'époque où j'ai passé la frontière, à l'est du pays, venant du Mozambique, où j'ai pénétré dans le Mashonaland et où j'ai pris un car pour la capitale. Tout allait mal dans ce pays, à ce que j'entendais, et ça empirait. Il était dangereux, fractionné, démoralisé, ruiné. J'avais hâte de voir un sort si extrême de mes yeux – les exagérations journalistiques, la dramatisation possible, « ce sont les plus chanceux ». J'ai remarqué que les épreuves rendent les gens loquaces, et c'est un bonheur pour tous ceux qui veulent écrire. Comme le ministère des Affaires étrangères américain conseillait d'*éviter les fermes* au Zimbabwe, j'ai eu envie de séjourner dans une ferme. Je n'avais aucun nom, aucun contact, et pourtant je jouissais de cette confiance en soi particulière que donne au promeneur aventurier le fait d'être arrivé jusque-là. J'étais prêt à recevoir la lumière. J'allais rencontrer les bonnes personnes. Tout se passerait bien pour moi. Je ne savais pourtant pas du tout, à ce stade, comment cela allait se produire, car je n'avais aucun ami dans le pays.

N'y allez pas ! me disaient certains. Mais on m'avait mis en garde de la même manière contre le Soudan, et j'avais aimé ce grand pays poussiéreux. Dans le car pour Harare, sur la route qui traversait les hautes terres orientales du Zimbabwe, dans les fermes entre Mutare et Marondera, la détresse était palpable. J'ai noté au dos du livre que je lisais : *Peu de voitures*. C'était une terre magnifique, avec ses champs labourés, son bétail qui paissait, ses fermes. Pourtant, elle semblait presque vide, comme si la peste avait frappé. Le pays que je voyais aurait pu servir de cadre à

L'Invasion des profanateurs, car les gens ne déambulaient que çà et là, et je n'ai aperçu que de rares colons couleur de jambon. En dehors de ces quelques individus, l'endroit semblait curieusement dépeuplé, inerte.

Le livre que j'avais acheté à Mutare m'a aidé à comprendre un peu ce qui se passait. C'était *African Tears*, dans lequel Catherine Buckle, qui avait été peu à peu dépouillée, déplorait l'invasion des terres du Zimbabwe. Sur une période de six mois, sa ferme, dans la région de Marondera, lui avait été arrachée par morceaux à l'occasion d'intrusions violentes. « C'est à cause d'un seul homme », m'expliquaient beaucoup de Zimbabwéens blancs. Selon celui à qui je parlais, j'entendais : « Le président est fou », ou : « Il a perdu la tête », ou : « Il est complètement cinglé ». Même le gentil archevêque Desmond Tutu, prix Nobel de la Paix, a affirmé : « Cet homme est dingue ».

Les rumeurs concernant Robert Mugabe – que j'ai collectées consciencieusement – décrivaient un pauvre homme devenu fou après des tortures subies dans les prisons des Blancs : longues périodes d'isolement, beaucoup d'insultes, parties intimes torturées à l'électricité (ce qui aurait eu pour résultat de lui racornir les couilles). Une autre rumeur voulait qu'il en soit à un stade avancé de syphilis : son cerveau était en feu. « Il a été entraîné par les Chinois, vous savez », m'ont dit de nombreuses personnes. Et : « On a compris qu'il se préparait quelque chose quand il a commencé à s'appeler lui-même "camarade". » Il avait aussi retourné sa veste : il ne prenait plus aucune décision sans consulter ses sorciers. On ne pouvait ignorer son dégoût des homosexuels : « Ce sont des chiens, et ils devraient être traités comme des chiens. » Il avait personnellement interdit les examens de fin d'études, afin de « rompre avec le passé colonial ». Certaines rumeurs étaient assez simples : Il avait haï les Blancs toute sa vie, et il avait toujours eu pour ambition de les chasser du Zimbabwe. « Je ne veux pas qu'il mette son nez rose dans nos affaires » , disait-il du Premier ministre anglais. Mais en notant toutes ces idées, je ne pouvais oublier ce que m'avait dit Gertrude Rubadiri : « On l'appelait "Rat de bibliothèque". » Il n'y avait pas de combinaison plus mortelle que celle d'un rat de bibliothèque et d'un mégalomane. C'était, par exemple, la situation folle de beaucoup de romanciers et d'autant de voyageurs.

Les longues files aux pompes à essence racontaient une partie de l'histoire : il y avait une grave pénurie de carburant. Le nouvel Aéroport international de Harare, qui avait coûté 500 millions de dollars, n'avait plus de quoi remplir les réservoirs des avions. Mais surtout, aucune devise forte, cela signifiait une réduction draconienne des importations.

Il y avait eu des émeutes déclenchées par la faim, à Harare. Les partis d'opposition avaient été persécutés par les hommes de main du parti au pouvoir. Le taux de chômage s'élevait à soixante-quinze pour cent, le nombre de touristes avait chuté de soixante-dix pour cent. L'esprit irrationnel du président était si bien connu qu'on cessait de rapporter ses accusations dans la presse mondiale, sauf quand elles atteignaient des sommets de folie, comme : « Je suis diplômé en violence ». Mais il fallait dire aussi que des journalistes étrangers avaient été attaqués, certains gravement blessés, d'autres expulsés pour avoir tenté de révéler des histoires d'intimidation et de perturbations. Craignant le même sort, comme « métier », sur ma demande de visa d'entrée, j'avais écrit « Professeur de géographie ».

Pendant des années, le Zimbabwe avait été la principale destination africaine, car il avait le Zambèze pour le rafting, le pont des chutes Victoria pour le saut à l'élastique et tellement d'animaux sauvages qu'on pouvait chasser librement le gros gibier. Les chasseurs tiraient à tout-va les Cinq Grands : éléphants, rhinocéros, léopards, lions et girafes. Un guide zimbabwéen m'a dit que certains chasseurs étrangers étaient si exigeants qu'ils refusaient de tirer un éléphant si les défenses de la créature faisaient moins d'un mètre cinquante de long. Le Zimbabwe restait sans doute le seul pays d'Afrique où on pouvait légalement acheter ces corbeilles à papier faites dans un pied d'éléphant et d'autres objets qui donnent la chair de poule aux défenseurs de l'environnement. On trouvait aussi dans les boutiques d'Harare d'énormes défenses récemment coupées, ainsi que des peaux de lions et de léopards, des ceintures en croco, des portefeuilles en peau d'éléphant ou d'hippopotame et d'autres curiosités, comme ces fémurs de girafe longs d'un mètre et ornés d'un paysage africain pyrogravé.

Mais touristes, collectionneurs de curiosités et voyageurs restaient maintenant à l'écart du pays. Le problème, c'était l'invasion des terres. Le président avait activement encouragé les vétérans de la guerre de guérilla – les « paysans sans terre » – à envahir, à occuper et à s'approprier les champs des fermiers blancs, à leur arracher leurs terres par la force. Beaucoup de Zimbabwéens noirs s'étaient exécutés, attaquant parfois violemment des Zimbabwéens blancs. Huit fermiers blancs avaient été assassinés par ces intrus – dont aucun n'avait été poursuivi. On les avait même félicités d'avoir atteint leur objectif, puisqu'ils s'étaient emparés des terres de Blancs et qu'ils étaient devenus des propriétaires terriens, donc des personnes respectables. Quand un juge de la Haute Cour s'était interrogé sur la légalité de l'invasion des fermes, il avait été attaqué si violemment par le gouvernement qu'il avait fini par démissionner. Quant aux fermes volées, comme dans certains cas le gouvernement avait omis de fournir aux envahisseurs des semences, des engrais et des tracteurs gratuits, leurs nouveaux propriétaires démunis les avaient abandonnées et ils étaient revenus vivre en ville. Près de deux mille propriétés avaient ainsi été envahies et occupées ; on promettait d'autres expropriations, et la menace était réelle.

Chaque fois qu'un journal local critiquait l'invasion des terres, le journaliste responsable de l'article était arrêté ou harcelé. Les journalistes étrangers se voyaient retirer leur permis de travail, ou bien ils étaient expulsés du pays. Le rédacteur en chef de l'indépendant *Daily News* et deux de ses reporters avaient été accusés de « diffamation criminelle » quand, après une enquête sérieuse, ils avaient raconté l'histoire des pots-de-vin liés à la construction du nouvel aéroport. Le soudoyeur, un magnat d'Arabie Saoudite, s'était plaint publiquement de ne pas avoir reçu une juste rétribution en échange des trois millions de dollars de dessous-de-table qu'il avait distribués.

Le rédacteur en chef du *Daily News* avait même été la cible d'une tentative d'assassinat. Les Zimbabwéens disaient que rien que la maladresse de l'opération prouvait sans doute possible qu'elle était d'origine gouvernementale. Son échec en témoignait, puisque le gouvernement ne pouvait rien faire correctement. Un autre journal, *The Independent*, était poursuivi pour « outrage au Parlement », car il s'était fait l'écho d'un débat accusateur au Parlement. Une loi avait été votée, stipulant que la musique, les fictions, les nouvelles et tous les programmes de la radio et de la télévision, au Zimbabwe, devaient être strictement zimbabwéens, « afin d'insuffler au peuple un sentiment d'identité nationale et de promouvoir des valeurs nationales ». Cela ne changeait rien, en fait pour les Zimbabwéens noirs, qui figuraient déjà parmi les plus grands novateurs en matière de musique africaine, et qui donnaient déjà des concerts devant des foules aux États-Unis et en Europe. Non, cette loi visait à rendre nerveux les Zimbabwéens blancs. « Tout ce que Mugabe dit et fait vise à faire partir les Blancs », m'a dit l'un d'entre eux.

J'ai répondu qu'il me semblait que les Noirs souffraient autant de la situation, avec le fort taux de chômage, l'inflation, la monnaie instable et une économie en ruines. Les Noirs étaient chassés, eux aussi : beaucoup s'étaient enfuis en Afrique du Sud.

*
* *

Mais Harare n'avait pas l'air en ruines. Même en pleine faillite, Harare m'a paru la ville africaine la plus agréable que j'avais vue jusque-là – la plus sûre, en tout cas, la plus propre, la moins polluée, la plus ordonnée. Après Le Caire étouffé par la circulation, Khartoum surchauffé, Addis dont les maisons s'écroulaient sous leurs toits de zinc, Nairobi grouillant de criminels, Kampala et ses désordres, Dar es-Salaam démoralisé, Lilongwe en haillons, Blantyre désespéré et Beira terrorisé et bombardé, la ville de Harare m'est apparue belle et propre, l'image même de la tranquillité ; et la campagne alentour, c'était l'Eden.

L'apparence paisible d'Harare était en grande partie due aux tensions extrêmes qui régnaient dans la ville, car son ordre reflétait surtout un manque de vie, et le silence avait l'immobilité peu naturelle de quelqu'un qui retient son souffle. Je pressentais que quelque chose était sur le point de se produire, dans quelques mois, une année, peut-être, et que je vivais là un moment historique de silence et d'inaction avant un énorme effondrement, des élections violentes, le désordre social, voire une guerre civile. On aurait eu tort de prendre ce silence pour de l'obéissance ou pour un assentiment ; c'était plus probablement le reflet de la réserve naturelle d'un peuple qui avait déjà traversé de graves bouleversements. L'emprise britannique avait pris fin de manière abrupte, quand, en 1965, la minorité blanche avait promulgué sa Déclaration unilatérale d'indépendance. Des sanctions avaient suivi, puis dix années de guérilla, qui s'étaient terminées par la prise de pouvoir de la majorité noire en 1980 – et avait entraîné vingt ans de « Camarade Bob ».

Des années de sanctions avaient rendu les Zimbabwéens résilients et autosuffisants. Le Zimbabwe était un pays fondamentalement indépendant, fier, doté d'une industrie manufacturière. Il y avait peu d'essence ou de gazole à vendre, mais presque tous les autres besoins fondamentaux étaient couverts. Même aux temps les plus difficiles, les Zimbabwéens continuaient à fabriquer ce dont ils avaient besoin – du papier, des vêtements, des meubles, des chaussures, des poulets congelés, des haricots en boîte – et ils faisaient fonctionner les crémeries, les boulangeries et les brasseries. Il y avait beaucoup de bons hôtels, même si la plupart étaient vides, maintenant.

Blanc ou Noir, le Zimbabwéen râlait ouvertement. C'était nouveau pour moi. Les Tanzaniens et les Malawites étaient beaucoup plus discrets, fuyants. Ils avaient rendu les armes et, ayant abandonné tout espoir de voir les choses s'améliorer, ils en étaient réduits à une mendicité sans complexe qui sous-entendait : Mon pays m'a trahi, vous devez donc m'aider. Certains Zimbabwéens, exaspérés, parlaient de quitter le pays. L'homme qui m'avait vendu mon billet de car m'avait demandé d'où je venais. Dès qu'il l'avait su, il s'était écrié : « Je veux aller en Amérique ! » Un autre m'avait dit : « Il y a trois ans, c'était bien, ici. Mais, ah, plus maintenant ! » Une femme s'était frappé la tête et m'avait prévenu, avec cet accent si particulier aux Noirs du Zimbabwe : « Vous allez booocoup en appende ! »

Le Malawi m'avait démoralisé. Mon interlude sur la Shire et le Zambèze m'avait redonné espoir. Dans la brousse hostile du centre du Mozambique et dans sa ville côtière délabrée, j'avais à nouveau levé ma garde. Maintenant, à Harare, je pouvais sacrifier à mon goût pour les promenades en ville, sur des trottoirs, dans des parcs. Je me suis senti stimulé, habité par la sensation que j'étais témoin de quelque chose qui n'avait pas encore de nom, devinant que l'absence même de drame n'était qu'une période d'attente, prélude à un changement historique. Quelque chose de radical allait se produire. Personne ne savait quoi. A ce stade, la catastrophe n'était qu'une odeur prémonitoire, un goût amer dans l'air, cette sorte d'effluve qui rend les gens soudain attentifs ; ils froncent le nez et demandent : « Vous ne sentez rien ? »

J'ai marché, j'ai pris de bons repas – une nouveauté dans ce voyage –, je suis allé au marché, je me suis arrêté dans des boutiques, j'ai regardé les marchandises dont j'ai noté les prix. A chaque occasion j'ai encouragé les gens à me parler de ce qui se passait. La pénurie de carburant préoccupait la plupart d'entre eux, mais ils s'inquiétaient aussi de l'inflation, qui avait atteint soixante-cinq pour cent et des salaires qui restaient faibles. Une grève récente des fonctionnaires avait été brisée par la police et beaucoup de grévistes avaient été blessés. Pour la plupart des Noirs, le problème, c'était l'argent, l'économie qui s'effondrait. Pour la plupart des Blancs, le problème, c'était la sécurité, car les invasions impunies des fermes faisaient que tous, même les hommes d'affaires en ville, craignaient pour leur vie.

Peu après mon arrivée à Harare, le *Daily News* a titré un matin : « LE GOUVERNEMENT VA ACQUÉRIR QUATRE-VINGT-QUINZE AUTRES FERMES DE RAPPORT ». L'article expliquait qu'il ne s'agissait pas d'un accord commercial – aucune somme d'argent n'allait changer de main. Il s'agissait « d'une acquisition obligatoire dans le cadre de la réforme agraire en cours et du programme de redistribution ». Ces quatre-vingt-quinze fermes amenaient à un total de trois mille vingt-trois, en trois ans, le nombre de fermes commerciales dont le gouvernement avait considéré qu'elles convenaient à une invasion. On donnait la liste des fermes en question.

Le chef de la très militante Association des Vétérans de Guerre était un médecin furieux et malade du sida, Chenjerai Hunzvi, qui s'était surnommé « Hitler ». Des témoignages dignes de foi avaient permis de publier, dans les journaux zimbabwéens, que le cabinet médical de Hitler Hunzvi, en banlieue d'Harare, était utilisé pour torturer cruellement ceux qui refusaient de le soutenir. Hunzvi menaçait les Blancs et envoyaient des factions armées dans leurs fermes. Les exactions de Hunzvi portaient la marque de l'esprit irrationnel d'un homme qui se sait condamné et qui enrage contre sa mauvaise santé – ce qui n'empêchait pas le gouvernement de Mugabe d'encourager ses menaces les plus violentes.

En conséquence, un Zimbabwéen blanc parmi tant d'autres, un fermier qui avait déjà trimé pendant des heures sur ses terres, allait rentrer chez lui pour le petit déjeuner et, trouvant son nom dans le journal du matin, allait s'attendre à ce qu'une foule de vétérans vienne camper chez lui avant midi. S'il avait de la chance, ils n'exigeraient qu'une portion de sa propriété ; s'il n'avait pas de chance, ils le menaceraient de leurs armes et lui ordonneraient de partir en hurlant (comme beaucoup d'envahisseurs le faisaient) : « C'est ma ferme, maintenant ! »

C'était exactement ce qui était arrivé à Catherine et Ian Buckle, comme Mme Buckle le racontait dans *African Tears*, qui venait de sortir en librairie. Un jour de mars 2000, trois douzaines d'hommes avaient envahi leur ferme, hurlant des chants guerriers et « *Hondo* » – le mot shona qui signifie « guerre », et qui est aussi un titre populaire du chanteur-compositeur zimbabwéen Thomas Mapfumo. Les Buckle possédaient cette ferme depuis dix ans, et on leur avait assuré, à l'achat, qu'elle ne figurait pas sur la liste des fermes que le gouvernement voulait saisir. Mais ce n'était qu'un détail. Les événements évoluaient rapidement. Un homme était arrivé à leur porte : « Je suis celui qui dort sur vos terres. » Il s'était présenté ainsi parce qu'il avait besoin de l'aide des Buckle : pourraient-ils l'emmener en ville afin qu'il aille chercher de l'argent pour payer d'autres hommes qui squattaient illégalement avec lui ? Une semaine plus tard environ, le drapeau du Zimbabwe flottait sur la propriété. Les squatteurs avaient construit un bar à bière et bientôt tous les ivrognes de la région s'étaient installés dans la ferme, improvisant un vaste camp de squatteurs où on buvait, où on chantait.

Les fermes voisines étaient occupées. Les fermiers qui résistaient étaient agressés. Beaucoup avaient été tués. Les Buckle en ont appelé au gouvernement pour obtenir de l'aide. Ils voulaient que les autorités interviennent pour mettre fin à l'occupation illégale de leurs terres. Elles n'ont pas bougé. Elles n'ont pas envoyé la police, même quand d'autres vétérans sont arrivés et ont exigé des Buckle qu'ils leur prêtent leur camion afin de se rendre à des réunions politiques où on s'organisait contre les fermiers blancs.

Le chef des ivrognes a fini par venir chez eux et par psalmodier : « Ce sont mes champs ! Ce sont mes vaches ! C'est mon herbe ! C'est ma ferme ! » Et il a ordonné à Mme Buckle de quitter sa maison. « C'est ma maison ! » Les Buckle ne se sont pas laissé intimider. Mais peu après, un groupe de vétérans agressifs ont allumé un feu de brousse, et quand il a noyé la propriété sous les flammes et menacé la maison, la volonté des Buckle a cédé. Un homme a jailli de la fumée et leur a dit, l'air féroce : « *Siya !* » – Partez ! Six mois après les premières menaces, les Buckle sont donc partis pour sauver leur vie. Ils ont tout perdu.

Dans son introduction à *African Tears*, Trevor Ncube, rédacteur en chef du *Zimbabwe Independent*, a écrit que ces « larmes africaines » étaient le récit de la « lutte d'une famille contre la terreur d'État ».

Ces nouvelles étaient toutes fraîches. Il y avait moins d'un an que les Buckle avaient été contraints de quitter leur ferme, près de laquelle j'étais passé, non loin de Marondera.

*
* *

Et je me promenais dans Harare. Au coin d'une ruelle, j'ai trouvé une boutique qui vendait de l'artisanat africain. J'examinais des objets qui avaient l'air anciens – c'est-à-dire qui avaient été utilisés. M'attirait toute sculpture sur bois qui montrait une certaine patine, ou que la main d'un artisan avait usée et lissée, ou qui dégageait une odeur de fumée. Les ustensiles de cuisine – bols, cuillers, spatules – m'intéressaient particulièrement, comme les instruments en bois tels les leviers, les hachettes, les pilons, les tabourets. J'ai remarqué une fronde qui avait été sculptée en forme de personnage écartant les jambes.

« Quelle est l'histoire de cet objet ? ai-je demandé à la vendeuse. Est-il ancien ?

— Vous voyez comme il est noir ? Il a été mis au feu pour durcir le bois. C'est fait par les Chokwe, je crois. Mais, a-t-elle ajouté après un instant de réflexion, je pars toujours du principe que rien n'est vieux. »

Cette déclaration aussi sage qu'honnête de la part d'une marchande d'artisanat m'a donné confiance en elle. Elle devait avoir soixante ans, les cheveux blancs, le langage simple. Née en Afrique de parents anglais, elle avait un fils fermier, et bien sûr elle s'inquiétait de son sort, mais il n'avait pas encore été envahi. Nous avons bavardé un moment. J'ai dit que j'aimerais rencontrer un fermier dont la terre avait été envahie.

« J'en connais un. Il aime assez en parler. Il pourrait accepter de vous voir. Il a le téléphone dans son camion. »

Elle a décroché son propre téléphone et l'a appelé pour lui expliquer ma demande en quelques phrases. Puis elle a écouté avec attention, elle l'a remercié et elle a raccroché.

« Il est assez occupé, mais il va venir dans ce café en fin de matinée, m'a-t-elle annoncé en m'écrivant le nom du café sur un bout de papier. Il a dit qu'il serait content de vous voir. »

C'est ainsi que j'ai rencontré Peter Drummond, grand homme aux cheveux blancs, la cinquantaine passée, son visage buriné adouci par ses yeux bleus pleins d'humour. Le service militaire, le travail à la ferme et le harcèlement politique l'avaient vieilli prématurément, ce qui était le sort habituel des fermiers blancs au Zimbabwe. Il était doux mais fort, et plein de projets. Il avait l'habitude de dire, en prélude à tout récit : « C'est une histoire très drôle ». Et il racontait alors un épisode horrible, plein de mitraillettes et de sang. Le « très drôle » s'appliquait généralement à une issue qui n'avait été heureuse que de justesse.

Il possédait une ferme de trois mille hectares près de Norton, à environ quatre-vingts kilomètres d'Harare, où il faisait pousser des légumes et du maïs pour les semences, et où il élevait des bovins, des ovins, des poulets et des cochons. Il avait une laiterie. Deux de ses fils l'aidaient, et Peter pouvait ainsi s'occuper surtout de son élevage de poulets. Chaque semaine, il importait des États-Unis vingt-trois mille poussins d'un jour qu'il élevait pour la consommation locale. Il procédait à l'abattage, congelait une partie de la production et vendait le reste frais. Il transportait chaque jour à Harare quatre mille trois cents bêtes, certaines fraîches, d'autres congelées, et fournissait des marchés, des boutiques, des hôtels et des restaurants. Comme beaucoup d'autres gros fermiers, il participait à l'alimentation du Zimbabwe, mais ce n'était pas une tâche facile.

Ce qui inquiétait Drummond, c'étaient les vétérans, qui s'installaient sur ses terres, qui créaient des troubles, qui proféraient des menaces, qui s'enivraient, qui coupaient ses arbres, qui tuaient ses animaux, qui terrorisaient sa famille. Et la pénurie de gazole l'empêchait d'utiliser tous ses tracteurs. Cette saison, il n'avait pu ni labourer ni ensemencer une grande partie de ses terres. Les mauvaises herbes poussaient à la place des céréales.

« Le plus drôle, c'est que j'ai expliqué la situation à la télévision japonaise. J'ai été franc. L'après-midi où l'émission a été diffusée, j'ai reçu des menaces de mort.

— Verbales ou écrites ?

— Un coup de fil. Une voix africaine : "Vous avez fait l'apologie du MDC. Nous allons vous tuer." »

Le Mouvement pour le Changement démocratique et son chef Morgan Tsvangirai critiquaient la politique du gouvernement, qui donnait sa bénédiction aux invasions illégales des terres et fermait les yeux sur les violences. Le parti au pouvoir réagissait en accusant le MDC d'être inféodé aux fermiers blancs et en lui refusant l'utilisation des stades ruraux pour ses réunions politiques. Toute critique publique était réprimée.

« J'ai fait une bande de toutes les nouvelles qui étaient diffusées sur la BBC, Sky News, South African News et CNN, m'a dit Drummond. J'en avais une vingtaine de minutes, qui montraient des correspondants étrangers en train de parler du Zimbabwe. J'ai passé la bande à mes ouvriers – j'en ai environ deux cents. Je leur ai dit : "Regardez ça. C'est ce que dit la presse étrangère. Moi, je ne dis pas un mot." Si je m'en mêle, on pourrait me tuer. »

Il avait acheté sa première ferme en 1975, pendant les combats. « J'avais très peu d'argent, mais beaucoup de fermiers étaient tués, et les fermes étaient bon marché. J'ai acheté mille quatre cents hectares dans un coin perdu. » Il avait travaillé dans la perspective d'être là un certain temps. « Mais on s'est fait attaquer dès 1979 par une quinzaine d'hommes. C'est une histoire assez drôle. »

C'était une histoire terrifiante. Il avait été réveillé par un bruit d'arme à feu, trente coups, tout un magasin d'AK-47, tirés dans la maison de son cuisinier. « Il n'a pas été touché ! La Providence, je dirais ! » Drummond possédait un AK-47, lui aussi. Il était sorti discrètement de la maison, entourée par un mur – « pour nous protéger des roquettes. Ils utilisaient des roquettes russes RP-7, qui explosent après avoir pénétré dans les murs. De cette manière elles explosent après le mur d'enceinte et laissent la maison intacte ». Il avait retiré une brique du mur d'enceinte et vidé son chargeur sur les intrus. « Deux de mes hommes se sont mis à tirer. Tout le monde tirait. » Les quinze attaquants s'étaient enfuis. Quand l'Équipe de Soutien aux Fermiers était arrivée pour lui prêter main-forte, elle avait découvert une cache d'armes sur sa propriété – des fusils, des explosifs et des mines – assez pour mener un assaut qui, sans cette découverte, eût été victorieux.

« Comme je le dis, c'est une histoire assez drôle, a-t-il répété. Mes fils avaient un an, quatre ans et cinq ans. Ma femme est allée les voir dans leur lit. Mon fils Garth a demandé : "C'est quoi tout ce bruit ?" Ma femme a répondu : "C'est rien." Garth s'est retourné en disant : "Papa va les tuer." Il était parfaitement calme. Nous étions tous calmes. »

Il avait vendu cette ferme et en avait acheté une autre dont il partageait les pâturages avec un ami, propriétaire d'une ferme adjacente. Les deux fermes avaient été vendues au gouvernement pour qu'il y installe des fermiers.

« Nous avons reçu l'assurance du gouvernement que si nous achetions à nouveau des terres, il n'y aurait plus de problèmes de redistribution, plus d'invasions. »

Avec ce qu'il avait tiré de la vente, il avait acheté les terres qu'il exploitait maintenant, les trois mille cinq cents hectares de la propriété Hunyani. Il avait planté des arbres, il avait construit une maison où vivre, un atelier pour les machines et des bâtiments pour les poulets. Il avait labouré, introduit des bovins, et même des animaux sauvages, sur une partie des terres – des élands et des impalas. Tous ces investissements l'avaient contraint à de lourds emprunts. Il remboursait un prêt immobilier et un découvert à la banque d'un demi-million de dollars du Zimbabwe.

« Et nous avons été envahis, a-t-il continué avec un sourire amer. C'est plutôt drôle, en fait. Le type n'était pas vraiment un vétéran. Il était chauffeur pendant les combats. Il cherchait seulement de la terre gratuite. »

Pendant tout ce temps, assis au café, je gribouillais des notes dans mon petit carnet, sur mes genoux.

« Vous n'avez pas faim ? » m'a demandé Drummond.

J'ai dit que si.

« Venez déjeuner ! Je dois retrouver ma famille dans un restaurant, près d'ici. On y mange assez bien. Je leur vends des poulets. »

Dix minutes plus tard, j'étais assis à une grande table devant du poulet rôti en compagnie de la famille Drummond – Peter, son épouse Lindsay, deux de ses quatre enfants, Troy et Garth, et Lauren, la petite amie de Garth.

Me retrouver si soudainement et si naturellement au sein de cette famille généreuse par une chaude journée à Harare a été un des épisodes les plus tendres de mon voyage. L'hospitalité des fermiers de la brousse, dans le sud de l'Afrique, est bien connue, mais c'était plus que de l'hospitalité. J'étais un étranger, et partager un repas, c'est faire la paix. M'inclure à leur table représentait un geste d'acceptation profonde et de bonne volonté.

« C'est une sorte de conseil de famille », m'a dit Drummond.

Le but précis de cette réunion était de décider de la manière dont ils allaient passer les vacances de Pâques, et cela donnait d'autant plus d'importance à ce repas. Ils ont parlé de ce qu'ils pourraient faire – aller camper dans la brousse, visiter le lac Kariba, au nord, gagner la côte du Mozambique pour nager dans l'océan, rester ensemble à la ferme.

« Il faut que nous trouvions quelque chose de bon marché. Nous n'avons pas d'argent ! »

La discussion a gentiment ronronné et, en Afrique, pour un solitaire en safari comme moi, participer à la vie intime d'une famille a été comme un moment au paradis.

Après que la famille avait choisi le voyage au Mozambique, Peter Drummond a dit à son fils Garth :

« J'ai raconté à Paul le jour où nous avons été attaqués par ces quinze types.

— Et vous n'avez pas eu peur, ai-je dit.

— Je n'ai jamais eu peur.

— Nous n'avons jamais considéré cette guerre comme un problème, a assuré Lindsay. Je disais juste : “S'il y a des ennuis, glissez-vous sous vos lits.”

— Pourtant, dix pour cent des fermiers blancs ont été tués, et parmi les autres, la moitié ont quitté le pays », a dit Lauren.

Lauren, vingt-cinq ans environ, jolie, sans artifice, avait été élevée dans une ferme, elle aussi. « La ferme de mon père a été occupée par des envahisseurs, m'a-t-elle raconté. C'était la ferme Chipadzi. Mon père la possédait depuis des années. Un type du coin s'appelait justement Chipadzi. Un jour, il est venu voir mon père et il lui a dit : “C'est ma ferme !” Il a juste prétendu qu'elle était à lui. Le gouvernement était contre nous. Que pouvions-nous faire ? Mon père et ma mère ont émigré en Australie, à Toowoomba, près de Brisbane. Ils ne sont plus fermiers.

— Qu'est-il arrivé à la ferme Chipadzi ?

— C'est une assez drôle d'histoire, a dit Drummond. Raconte-lui, Lauren.

— Nous y sommes passés, il n'y a pas longtemps. Peu de plantations, pas grand-chose, juste des petites parcelles de maïs çà et là. Pour subsister. »

Les nouveaux propriétaires étaient revenus à l'usage de la faux et au désherbage à la main. Pourtant, la ferme, dirigée par le père de Lauren, avait produit assez de maïs pour nourrir mille personnes.

« Le problème, c'est que nous n'avons pas d'armes efficaces, a dit Drummond. Nous avions des AK-47, à l'époque, et le soutien des forces de sécurité. Mais si nous rencontrons un problème, maintenant, la police ne nous aide pas.

— Des vétérans se promènent dans notre jardin avec des AK, a continué Lindsay. J'en vois tout le temps. Ils tentent de nous effrayer. Je me sentais plus en sécurité avant, pendant les combats.

— J'ai cinq gros combretum, a dit Drummond. Ce sont des arbres de la région, très beaux. J'adore ces arbres. Un dimanche, nous rentrions de l'église et j'ai vu un vétéran, un simple ivrogne du coin. Il avait coupé un de mes arbres ! Ça laissait un gros trou. C'était une manière d'envoyer un message, vous comprenez. Mais ça m'a mis plus en colère que n'importe quoi d'autre. Il était venu chez moi, et il avait coupé mon arbre ! »

Cet ivrogne avait une autre habitude gênante : chaque fois qu'il avait besoin d'argent, il allait voir des congénères et leur vendait des parcelles de la ferme des Drummond.

« Ils débarquent tout le temps. Ils me montrent des bouts de papier qui disent qu'ils possèdent une partie de mes terres. Vous devriez aller les voir. C'est vraiment drôle.

— J'adorerais envahir votre ferme », ai-je dit.

Nous avons convenu d'un jour.

*
* *

Comme les touristes, les chasseurs blancs et même les voyageurs évitaient le Zimbabwe, j'étais curieux de savoir ce que faisait le ministre du Tourisme pour contrer l'impression que le Zimbabwe était un trou noir. Me travestissant en journaliste inoffensif, j'ai demandé à rencontrer l'homme qui occupait ce poste, et à ma grande surprise, il a accepté de me recevoir. Ce membre du Parlement et ministre de l'Environnement et du Tourisme s'appelait Edward Chindori-Chininga.

A mon arrivée au ministère, une secrétaire m'a accueilli et m'a demandé d'attendre – « Le ministre a pris du retard ». Je me suis assis sur un canapé en cuir dans l'antichambre, j'ai posé ma tête contre le dossier et je me suis endormi. Une demi-heure plus tard, je me suis réveillé ragaillardi et prêt à rencontrer cet homme.

Il était jeune et bien en chair, pas même trente ans, probablement, et de belle prestance, avec un costume sombre ajusté et une cravate en soie. Il venait de Kanyemba, dans le coin nord-est du Zimbabwe, sur le Zambèze.

« Est-ce que le peuple Va-doma “à deux orteils” ne vit pas dans cette région ? » ai-je demandé.

Il a dit que j’avais raison, mais il n’avait rien à ajouter à ce que je savais déjà : on racontait qu’une particularité génétique de cette tribu donnait aux gens une démarche saccadée et bancale, car ils avaient des pieds curieusement fendus en deux – des pieds fourchus, pourrait-on dire.

Le ministre, pour sa part, était un Shona, et il a bien vite souligné que cette tribu perdait ses valeurs culturelles et ses croyances traditionnelles.

« Les gens prétendent que nos croyances sont diaboliques, ou je ne sais quoi. Mais on ne peut pas fuir sa bonne culture.

— Donnez-moi un exemple de votre bonne culture.

— La croyance qu’aucune famille ne peut exister sans respect des ancêtres.

— Mais je le crois aussi.

— J’ai vu comment vous pleurez les morts, aux États-Unis.

— Bien sûr que nous les pleurons. Dans le monde entier, les gens pleurent leurs morts.

— Et on doit toujours les consulter, parce que les ancêtres contrôlent et influencent notre vie quotidienne.

— Pour l’influence, je ne sais pas...

— Ils l’influencent sérieusement. S’il y a un problème, dans n’importe quelle famille, ici – un gamin en prison ou une fille malheureuse – nous consultons nos ancêtres et nous découvrons que nous pouvons résoudre le problème. Si quelque chose ne va pas, moi-même, je me rends dans mon village natal et je vais voir mon *mondhoro* – le guérisseur. »

Ce mot shona veut aussi dire « lion ». Le guérisseur est le dépositaire de toute l’histoire locale et il connaît en particulier le lignage de tous les membres du village. Le ministre a souligné que le *mondhoro* n’avait pas de registres, qu’il n’écrivait rien : l’histoire était entièrement dans sa tête. En apprenant les difficultés d’une personne, il peut faire le lien avec quelque chose qui s’est produit dans le passé – un ancêtre mort depuis longtemps qui exerce une influence maléfique sur le présent. J’ai aimé cette croyance parce qu’elle formait un tout cohérent et parce qu’elle affirmait que personne ne meurt jamais : les morts sont présents pour toujours.

« Il y a aussi des animaux qui nous aident. Tout Africain du Zimbabwe a un lien avec un animal. Souvent, quand les gens se rencontrent, ils demandent : “Quel est votre totem ?”

— Quel est votre totem ? ai-je donc demandé.

— Une sorte de souris. C'est le seul animal que je n'ai pas le droit de manger. Pour certains, ce sera un éland, ou un zèbre, ou un éléphant. Moi, c'est une souris bien particulière, la *nhika*. Je ne connais pas son nom dans une autre langue. Elle est toute petite, avec une tache blanche sur la tête. Il y en a qui les mangent, mais pas moi, non. »

Je lui ai dit que j'avais remarqué un animal peint à l'arrière des cars, parfois, au Zimbabwe.

« Ce sont des totems. C'est la preuve que notre peuple respecte les animaux, grâce aux totems.

— Comment expliquez-vous le braconnage ?

— Les gens ont faim. L'économie va mal, nous sommes dans une mauvaise situation, a-t-il répondu avant de redevenir enjoué. Il y a pourtant des points positifs ! La situation nous prouve que nous devons être autosuffisants. Personne hors du Zimbabwe ne viendra forcément à notre secours. Il va falloir que nous apprenions à nous en sortir seuls. »

C'était bien différent de ce que j'avais entendu au Malawi, en Tanzanie ou au Kenya. Le Zimbabwe n'était pas une destination privilégiée pour les Land Rover blanches et les efforts caritatifs des agents de vertu étrangers. Les mouvements contre la faim ou pour le sauvetage des enfants n'avaient pas grand-chose à faire ici, puisqu'il n'y avait pas de famine et que les enfants étaient bien soignés. L'histoire chaotique du pays – Rhodésie du Sud sous les Britanniques, république de Rhodésie gouvernée par des renégats blancs, et enfin Zimbabwe – avait contraint les gens à apprendre une leçon importante : ne compter que sur soi. Mais comme le ministre faisait allusion au statut de paria que le gouvernement de Mugabe imposait au pays, j'ai vu l'occasion d'aborder le sujet des vétérans et de l'invasion des fermes.

« Est-ce que cette situation ne vous inquiète pas ?

— C'est compliqué. Tout a été mélangé », a-t-il dit en se frottant la nuque, gêné par ma question directe. « Oui, des terres ont été prises et des fermes ont été expropriées par ceux qu'on appelle les envahisseurs. Mais les gens qui ont pris les terres sont productifs. Ce n'est pas ce que disent les journaux. Les gens qui en parlent devraient vérifier par eux-mêmes.

— Je vais aller voir. J'ai entendu dire que les fermes redistribuées sont beaucoup moins productives et qu'il y a pénurie de maïs. Mais quoi qu'il en soit, prendre des terres par la force, c'est illégal, non ?

— On pourrait sans doute dire que nous avons besoin d'élever notre niveau de maturité politique, a dit le ministre avec une franchise que j'ai trouvée inhabituelle. Les différents partis doivent se parler. Nous devons veiller à ce que le pays passe avant nos convictions philosophiques. Et peut-être pouvez-vous nous aider.

— Qu'aimeriez-vous que je fasse ? ai-je demandé en me penchant vers lui.

— Vous pourriez montrer les côtés positifs de la vie, dans notre pays. Vous pourriez écarter cette image d'instabilité qui nous est associée.

— Je ferai ce que je pourrai ! » ai-je dit.

Il est ensuite revenu avec plaisir aux curieuses interdictions propres au peuple shona.

*
* *

Le jour où j'ai gagné en voiture la ferme de Peter Drummond, j'ai entendu à la radio que le gouvernement britannique avait cessé toute aide au Zimbabwe et annulé un prêt important, à cause de la « redistribution » – l'invasion des fermes. On mentionnait deux des raisons qui avaient entraîné cette décision britannique : la terre n'était pas réellement donnée aux pauvres, et rien de tout cela ne se faisait dans la légalité. Cette nouvelle avait fait sortir Chenjerai (« Hitler ») Hunzvi de ses gonds : il fulminait contre les Britanniques.

Peter Drummond était passé me prendre à mon hôtel.

« Voyez par vous-même. Parlez aux squatteurs. Parlez à mon personnel. Parlez à tous ceux que vous voudrez. Vous pourrez séjourner à la ferme. »

Je lui ai rapporté les remarques conciliantes du ministre à propos d'un besoin de maturité politique au Zimbabwe et de la nécessité, pour les différents partis, de se concerter.

« Peut-être vous a-t-il dit ce que vous désiriez entendre. Mais c'est vrai, il y a aussi beaucoup de personnes raisonnables, au gouvernement. Je suis certain que vous avez entendu dire que les problèmes ne sont dus qu'à un seul homme.

— Tout le monde le dit.

— Il nous déteste. »

A l'occasion de son discours anniversaire de l'Indépendance, cette année-là, le président Mugabe avait qualifié les Blancs du Zimbabwe de « serpents », disant : « Les serpents que nous avions crus morts sont revenus. Les Blancs reviennent ! » Et dans le mouvement d'opposition pour le Changement démocratique (MDC), il voyait des « pantins » des Blancs, des gens qui s'opposaient systématiquement au gouvernement.

Les fermiers du Zimbabwe étaient en général si habitués à l'adversité que des insultes aussi primaires – comme de se faire traiter de serpent – ne provoquaient chez eux qu'un haussement d'épaules...

Hors d'Harare, la route devenait droite, plus étroitement délimitée, avec des champs labourés de chaque côté ; des alignements de hauts arbres marquaient l'emplacement des fermes. Au bout d'une trentaine de kilomètres, nous étions dans un paysage de pâturages et de champs de maïs dont les hautes tiges séchaient et viraient au brun, dans l'attente de la moisson.

« Comment vont les affaires ?

— Elles pourraient être meilleures, a gloussé Drummond. Il y a toujours eu des vols, bien sûr. Mais nous avons découvert qu'entre novembre et mars, plusieurs de nos ouvriers ont volé des poulets. Et pas un petit nombre. Pendant trois mois, nous n'avons pas fait de bénéfices du tout. Comme cela se passait à l'intérieur de la propriété, les voleurs ont aussi pu falsifier les livres de comptes.

— Qu'est-il arrivé à ces voleurs ?

— Ils travaillent toujours pour moi. Je ne peux pas les renvoyer ; ils appartiennent à des organisations politiques, et ils pourraient nous créer des ennuis. Et même si j'avais prévenu la police, elle ne nous aurait pas aidés. »

Il a dit que les vols de la part d'employés n'étaient pas rares. Ils avaient toujours volé du carburant, des sacs de maïs disparaissaient des camions en route pour le marché, des outils étaient revendus. Mais tant de poulets avaient été volés que les chiffres des registres ne collaient plus, et que les pertes ont signifié que, pendant trois mois, il n'avait pu rembourser son crédit à la banque.

« C'est assez drôle, a-t-il conclu avant de tendre le bras par la fenêtre : Ma propriété commence là. »

Nous avons continué pendant des kilomètres sans quitter sa propriété. Drummond m'a raconté qu'il venait d'apprendre qu'une entreprise minière avait reçu l'autorisation du gouvernement d'exploiter une mine sous ses terres. Des prospecteurs avaient récemment découvert un vaste gisement de platine, et des filons s'étendaient jusque chez lui. La mauvaise nouvelle c'était que, bien qu'il soit propriétaire des champs, des granges, des porcheries, des poulaillers et du carburant qu'on lui volait, le platine ne lui appartenait pas.

« Je ne possède pas le sous-sol. C'est la propriété du gouvernement, qui peut en faire ce qu'il veut. »

La maison de Drummond se dressait sur une colline, une *kopje*, au bout d'une piste de terre meuble. En route, nous sommes passés devant des ouvriers à lui, qui réparaient des clôtures, coupaient l'herbe, s'affairaient autour des tuyaux d'un point d'eau. Drummond s'est arrêté et s'est adressé à eux en shona et en patois chilapalapa, qu'on parle au Zimbabwe.

Sa maison, il l'avait construite lui-même, avec des briques fabriquées dans son propre four. Elle était couverte de chaume qui avait été récolté sur ses terres. Le mortier, il l'avait obtenu en mêlant à du sable l'argile des fourmilières. Elle n'était pas grande, carrée, avec un salon à l'étage dans ce qui aurait été le grenier et en bas, plusieurs pièces pleines de livres et de dossiers et décorées pour l'essentiel d'objets artisanaux africains. Autour, il y avait les maisons du personnel et les dépendances pour les fournitures et les animaux. Des bananiers entouraient une ravissante roseraie. L'ensemble était simple et confortable, mais gardait l'aspect d'un quartier général. Drummond regrettait de ne pas avoir prévu de cheminée.

« Il peut faire froid, par ici. Nous avons connu des gelées en juin. »

Sa propriété entourait un lac, le lac Manyame (anciennement lac Robertson). Après avoir visité en sa compagnie une partie de ses terres, j'ai eu l'impression que cette ferme était plus qu'une simple implantation : un village, plutôt, avec des infrastructures en dur. Les routes étaient bonnes, il y avait une pompe à essence, un dépôt de carburant, un bel atelier de mécanique, un garage, une rue principale, une porcherie, des moutons et des agneaux dans les champs, une usine de traitement des poulets, des vaches qui paissaient, beaucoup de cultures et de l'eau en abondance. Les diverses opérations se déroulaient en différents endroits, ce qui entraînait beaucoup de trajets en voiture. Il employait deux cents personnes, et si on comptait les familles, quatre cents âmes vivaient sur la propriété, dans un village avec des maisons en dur.

Je lui ai dit combien je trouvais l'endroit complet et ordonné. J'étais impressionné par la manière dont il recyclait les sous-produits des poulets, utilisant les fientes et les plumes pour fertiliser le sol.

Mais il a ironisé. Il a dit que cette prospérité apparente n'était qu'illusion, que depuis le rationnement du carburant, il avait fallu réduire la production.

« Ce que vous voyez là, c'est une ferme qui fonctionne à la moitié de sa capacité. »

Près du poulailler et de l'usine où il préparait les poulets, il m'a raconté :

« Une femme est venue ici, il n'y a pas longtemps, et elle m'a dit qu'elle voulait une partie de mes terres. Les Zimbabwéennes sont intelligentes et elles savent travailler. Elle a dit qu'elle voulait construire une maison ici, a-t-il expliqué en montrant un champ près d'un entrepôt. Elle prévoyait de se raccorder au réseau électrique sur ma ligne, ici. Comme ça elle aurait eu de la lumière et j'aurais payé les notes d'électricité. Bonne combine, hein ?

— Était-elle un vétéran ?

— C'est ce que je lui ai demandé ! a-t-il répondu en riant au souvenir de la femme. Elle a dit : "D'une certaine façon." J'ai demandé : "Où avez-vous combattu ?"

— Vous parlez de ça avec les Noirs ?

— Oh, bien sûr. Je leur dis que je combattais pour mon camp. Je leur demande où ils combattaient. Je les charrie un peu. Ils ne s'en offusquent pas. Entre ex-soldats, on a beaucoup de choses en commun. Cette guerre, c'est du passé. C'est terminé. C'était de la folie de penser qu'un aussi petit nombre de Blancs pouvait gouverner des millions de Noirs.

— Est-ce que vous entrez dans les détails, concernant la guerre ?

— Oui. Il m'arrive de demander : "Oh, vous étiez dans quel secteur ? J'étais dans le même. Je vous ai probablement tiré dessus !"

— Quelle est leur réaction ?

— Elle est bonne ! Nous parlons souvent de ceux qui ne combattaient pas, des informateurs. Je dis "Oh, vous avez obtenu cette informations de Blancs ? Qu'avez-vous pensé d'eux ?" et ils disent : "On les utilisait." Ils ne les en aiment pas mieux, vous voyez. Je dis : "Eh bien, nous avions des informateurs noirs. Nous aussi, nous les utilisions." Les informateurs ne se battaient pas, a insisté Drummond. Je ne peux pas bavarder avec un informateur, mais avec un combattant, c'est différent. »

De retour dans la voiture, tandis que nous traversions la propriété, il devait ruminer cette conversation et il voulait s'assurer que j'avais bien compris, parce que tout à coup, il a affirmé :

« Il existe un lien entre les anciens combattants – entre les soldats. Nous étions chacun de notre côté, mais nous partagions une expérience commune. »

Ce soir-là, chez lui, en regardant une carte de sa propriété, il m'a parlé de divers projets qui devaient rendre l'endroit viable. L'un d'entre eux consistait à subdiviser une partie de la propriété et de la vendre par parcelles aux Zimbabwéens qui voudraient devenir des petits fermiers, faire pousser des fleurs ou des légumes, s'insérer dans une sorte de coopérative. L'idée n'était pas seulement de donner des parcelles aux envahisseurs et aux squatteurs, mais de les vendre, avec un titre officiel de propriété.

« Ou bien j'ai envisagé de construire des résidences en copropriété, a dit Drummond en traçant un coin de son doigt. Et toute cette autre zone pourrait être une maison de retraite. Parfait pour un camping aussi, a-t-il ajouté en montrant quelques points d'eau. Déjà, cette zone attire les élands, les koudous et les impalas. Nous pourrions ériger une immense clôture et transformer une partie du domaine en réserve animalière. »

J'ai étudié la carte et j'ai imaginé les maisons, les bungalows, les tentes, les animaux à longues cornes.

« A moins que je ne parte pour l'Australie ! a dit Drummond. Mais j'aimerais vraiment rester ici. Le problème, c'est que j'ai une grosse dette. L'inflation est de soixante-cinq pour cent, j'achète mes poulets aux États-Unis et je dois les payer en dollars – et le dollar du Zimbabwe s'effondre. »

La nuit était froide et claire, la lune, lumineuse, se reflétait dans le lac. Tout était silencieux, à l'exception des chiens qui aboyaient – un gros labrador et un petit Jack Russel terrier. Quand les chiens aboyaient, j'imaginais que nous étions envahis, que des vétérans, des voleurs, des opportunistes et des prédateurs de tout poil venaient d'arriver.

« Je vais voir ce que veulent ces chiens », a dit Drummond, qui était peut-être anxieux, lui aussi.

Mais j'ai préféré cette ferme à Harare, à l'hôtel ; je préférais la campagne à la ville et même aux villages. Je me disais que tout cela ressemblait beaucoup à l'ancienne Russie. A l'ancienne Amérique aussi. J'ai pris conscience que les histoires que je préférais étaient rarement des histoires de villes, mais presque toujours des fictions moyenâgeuses ou des tragi-comédies de la vie rurale. *La Nuit africaine*, d'Olive Schreiner, et *Rire d'Afrique* (qui se déroule près de chez Drummond) de Doris Lessing, les tragédies provinciales de Tchekhov, les œuvres nées de vies passées dans le sud des États-Unis – les romans de Faulkner et Flannery O'Connor, les meilleurs de Mark Twain, avec leur drôle d'atmosphère sombre d'isolement, que résume bien le titre évocateur de Gogol : *Les Soirées du hameau.*

Le matin s'est levé clair et lumineux sur la ferme de Drummond, la fraîche rosée scintillant sur les herbes hautes. J'avais été réveillé par les chiens et par les allées et venues du maître de maison. Au petit déjeuner, il a dit qu'il partait avec deux de ses hommes pour Karoi, à environ cent quatre-vingts kilomètres au nord, afin de construire une salle de classe. C'était son moyen de payer en nature les frais de scolarité de sa fille Misty.

« Mon fils Troy sera là pour vous guider, m'a-t-il dit en partant. Parlez à qui vous voulez. »

Troy avait vingt-six ans. Véliplanchiste de niveau olympique, il venait de représenter le Zimbabwe à une compétition internationale en Nouvelle-Calédonie, dans l'ouest du Pacifique, où il avait obtenu une place très honorable. Il était modeste, discret, agréable, et il savait tout des méthodes agricoles modernes. Son frère Shane et lui surveillaient les champs de maïs, les cochons, les chevaux et les véhicules. Il avait tenté la culture du tabac, mais il m'a expliqué : « Mon père ne fume pas. Il est contre le tabac. On a donc décidé de renoncer. Bien ! Mon père m'a dit de vous montrer tout ce que voudrez voir.

— J'aimerais parler à des envahisseurs.

— On peut le faire.

— Mais ne me dites rien avant. Je veux les voir d'un œil naïf.

— De toute façon, ils sont assez amicaux », a dit Troy en riant.

Nous sommes montés en voiture, et j'ai à nouveau pris conscience de la taille et de la complexité de l'endroit, qui maintenant ne m'évoquait plus un village, mais plutôt tout un pays.

Le premier envahisseur n'était pas chez lui. Il avait planté des piquets dans le sol pour marquer les limites de ses champs – ce qui était assez ironique, puisque ces piquets visaient à arrêter les envahisseurs possibles d'une terre dont il s'était emparé illégalement. Je n'ai vu aucune culture en cours. La hutte était une masure, les installations dérisoires.

« On ne s'agite pas beaucoup, ici », ai-je fait remarquer.

Nous avons pris une autre route, et un quart d'heure plus tard, nous avons tourné sur une piste, qui longeait un champ planté de maïs à peine sorti du sol, alors qu'on était presque à la saison des moissons. On n'aurait rien pu récolter.

« Ce n'est pas logique, ai-je dit. Il n'y a rien à manger, dans ce champ. »

Obéissant à ma demande de ne rien m'expliquer d'avance, Troy s'est contenté de hausser les épaules.

Au loin, devant quatre cases rondes et bien construites, avec leur toit conique, un homme maigre avec une tête qui m'a rappelé celle d'une tortue et vêtu d'un tee-shirt sale agitait les bras.

« En voilà un autre », a dit Troy.

Dans le but de me faire bien accueillir, j'ai salué l'homme en chichewa. Je n'ai pas été surpris qu'il me réponde, puisque le chichewa est parlé bien au-delà du Malawi. Mais il a dit qu'il avait appris cette langue en Zambie, où il avait vécu vingt et un ans. Sa mère était zambienne. Il s'appelait Reywa et tous les membres de sa grande famille vivaient avec lui sur la terre qu'il avait prise à la famille Drummond.

« Que faisiez-vous en Zambie ? lui ai-je demandé en anglais.

— J'étais chauffeur.

— Etes-vous un vétéran ?

— Non. Pas de batailles. Je suis sans terre.

— Je croyais que seuls les vétérans étaient autorisés à envahir les terres.

— Un vétéran m'a dit que je pouvais venir ici.

— C'est juste un type qui veut de la terre, ai-je dit à Troy.

— C'est ça.

— Reywa, votre jardin ne donne pas grand-chose. »

Il s'est mis à crier, son visage pincé plus semblable encore à celui d'une tortue.

« Le jardin fait rien parce que j'ai planté trop tard ! Le gouvernement avait promis des semences, de l'engrais, un tracteur. Mais il m'a rien donné ! J'ai attendu jusqu'à ce qu'il soit trop tard. Il m'a pas aidé ! a-t-il gémi piteusement. J'ai tout fait tout seul, à la main – oui, moi-même !

— Mais il n'y a rien à manger.

— Près de la fourmilière, le maïs est plus haut, a-t-il dit en indiquant une bosse sur la plaine, à une quarantaine de mètres, avec des plants de maïs au sommet. J'ai quelques citrouilles à manger, et des petites tomates. Il me faut une clôture, a-t-il dit à Troy. Les animaux vont arriver et manger mes plantations. Dis à ton père qu'il doit me mettre une clôture, sinon...

— Sinon, quoi ? » ai-je demandé.

Son visage anguleux s'est agité de soubresauts.

« Sinon, il y aura la guerre. Parce qu'il me faut une clôture ! a-t-il dit en donnant un coup de pied pour marquer sa frustration. L'année prochaine, ce sera mieux. Le gouvernement m'aidera.

— Et s'il ne vous aide pas ?

— Alors, M. Drummond m'aidera.

— Et pourquoi M. Drummond vous aiderait-il ? Est-ce que vous n'avez pas envahi ses terres ?

— Parce que j'étais sans terre.

— Maintenant, vous avez des terres.

— A quoi sert la terre si on n'a pas de tracteur ? M. Drummond a un tracteur. Il doit m'aider. Il labourera pour moi.

— Pourquoi devrait-il faire ça pour vous ?

— Il a de l'argent ! s'est écrié Reywa. Je suis pauvre !

— Il doit vingt-deux millions de dollars à la banque.

— Je m'en fiche. Si M. Drummond laboure pas pour moi, alors... Alors, a continué Reywa en regardant intensément Troy pour qu'il comprenne le message, nous ne nous entendrons plus. »

Après avoir envahi la terre et revendiqué des droits, il avait construit quatre grandes cases et voilà qu'il attendait des semences gratuites, de l'engrais gratuit et ses champs labourés à la demande, sa victime conduisant le tracteur ! C'était comme un voleur qui, ayant dérobé un manteau, aurait insisté pour que sa victime le fasse nettoyer et rectifier à ses mesures. Reywa était très en colère à l'idée de toute entrave à la réalisation de ses exigences.

Nous étions assis devant la plus grande des cases. J'ai esquissé un scénario : Reywa s'était emparé d'une grande parcelle de la terre de M. Drummond, trop grande pour qu'il l'ensemence en entier, c'était évident. Et si, ai-je dit, quelqu'un venait et voyait le peu de travail qui avait été fait sur les hectares les plus éloignés (la « terre négligée » était un des arguments qui justifiait officiellement l'invasion des fermes) ? Qu'arriverait-il si cette personne voulait s'installer et construire une case dans ce coin de sa terre ? Que ferait Reywa à un envahisseur sur sa ferme ?

Mais je n'avais pas encore terminé ma phrase que Reywa prenait un air agressif. Il hyperventilait à travers ses narines distendues.

« Non ! Je n'ai rien ! Je les chasserais. »

Il ne voyait aucune contradiction dans son attitude. L'idée que quelqu'un vienne prendre ne serait-ce qu'une petite partie de sa terre le mettait en rage. Il s'est levé et s'est mis à faire les cent pas. Il secouait le poing. Puis il a montré son champ avorté.

« Ça a failli arriver. Un idiot de vétéran avait besoin d'argent, et il a vendu une partie de ma terre. Des gens sont venus. J'ai dit : “C'est ma terre !”

— Et qu'avez-vous fait, Reywa ?

— Je les ai fait déguerpir ! » a-t-il dit en serrant les dents.

Cette histoire hypothétique grotesque que j'avais élaborée pour illustrer son ingratitude avait donc été une réalité. « Vous voulez en voir d'autres ? » m'a demandé Troy.

Mais j'ai dit que non. Je n'avais pas envie d'entendre plus d'absurdités. Je me suis promené. J'ai regardé les chevaux de Troy, puis une Land Cruiser de 1962 qu'il restaurait pour lui rendre sa splendeur passée – « Vous voyez les trous dans la porte ? Ce sont des balles qui les ont faits, pendant les combats. »

Près du lac, plus tard, j'ai bavardé avec un Noir qui possédait une coopérative de pêche. Il s'appelait Joseph et il était malawite. Il m'a dit que l'invasion des fermes était « un désastre ». Je lui ai demandé ce qu'il pensait de son pays natal, le Malawi. « Désespéré », a-t-il répondu. Mais il a ajouté qu'il retournait rarement chez lui, parce que son affaire de poissons marchait bien.

« Si je retourne au Malawi, ma famille va me forcer à lui

“prêter” de l’argent, elle va manger ma nourriture et elle me rendra pauvre. »

Joseph m’a expliqué que protéger ce qu’on a réussi à accomplir était un grave problème dans cette partie de l’Afrique. Il ne parlait pas des fermiers blancs dont on envahissait les terres, mais il aurait pu. Quand quelqu’un avait de l’argent, des terres ou de la nourriture, il attirait les autres, qui considéraient qu’ils avaient le droit d’avoir la même chose, et tout le monde tentait de se servir.

Plus tard dans la journée, Troy m’a reconduit à Harare. En chemin, il m’a indiqué plusieurs fermes qui avaient été envahies. Et il m’a montré autre chose : comment les Africains prenaient des raccourcis à travers les champs de maïs des fermes des Blancs, par facilité, mais aussi pour les insulter. Les traces barraient les rangées bien régulières de maïs.

En voyant un homme et une femme qui faisaient de l’auto-stop, Troy a ralenti et leur a demandé où ils allaient. « A Harare », a répondu l’homme, et Troy leur a dit qu’ils pouvaient monter. On était en pleine campagne. Il était courant de prendre des autostoppeurs ou des gens qui attendaient aux arrêts des cars.

« Si je faisais de l’auto-stop, ici, est-ce qu’un Noir me prendrait ?

— Probablement, a dit Troy. Mais il attendrait de l’argent. Ils savent que nous n’en demandons jamais. Mais ils se demandent toujours de l’argent les uns aux autres. »

Comme son père, il parlait sans amertume. Nous avons continué la route inégale en silence, sous le soleil et le vaste ciel bleu africain, jusqu’à ce que les passagers à l’arrière tapent à la fenêtre et demandent qu’on les dépose.

Je suis resté quelques jours de plus à Harare, fasciné par l’ordre apparent – les enfants en uniformes scolaires, les policiers solennels qui réglaient le peu de circulation, les grands magasins vides, les vendeurs de fleurs, les cafés, les balayeurs des rues – et une sérénité qui, je le savais maintenant, cachait une tension extrême.

J’ai rencontré un Américain, à Harare, un ancien journaliste qui possédait une maison dans la banlieue. Il ne prévoyait pas de partir.

« C’est la meilleure ville d’Afrique, m’a-t-il assuré. C’est un pays merveilleux. Il traverse seulement une mauvaise passe, en ce moment. »

J’ai rencontré un autre Américain, un diplomate.

« Je veux rester ici, m’a-t-il dit, pour voir comment les choses vont évoluer. »

18 — Le car de brousse pour la frontière avec l'Afrique du Sud

Vers le sud – en une chaude matinée, sortant d'Harare par une route droite et surchauffée, semblable à un défilé entre les barrières clôturant les fermes de chaque côté, par-delà les pâturages du bétail des ranchs des Blancs qui portaient des noms comme « Vastes hectares » ou « Crépuscule », une sentinelle à chaque portail, un rapace presque sur chaque poteau téléphonique, qui faisait le guet – vers l'Afrique du Sud. Quel plaisir de quitter Harare sous le soleil, assis dans le siège confortable d'un car de brousse « grandes lignes », sur une route qui partait du Caire !

Bâtiments de ferme blancs, bas, écrasés par des bougainvillées aussi hauts que des pommiers, ruisseaux et rivières, terre si plate et rurale que j'aurais pu me croire sur une route de l'Ohio ; mais de temps à autre un signal immanquable qu'on était en Afrique : une fourmilière de la taille d'une case, un Africain en costume bleu et feutre rond à bicyclette, un zèbre au gros ventre et un cheval maigre qui paissaient côte à côte, une autruche sous un arbre, un singe, le regard réprobateur, qui se curait les dents, perché sur une clôture, et les traces typiques de l'invasion des fermes : cases rudimentaires, drapeau du Zimbabwe, piles de branches de gommier prêtes pour la construction d'une autre case, et dans de vastes champs, des petites parcelles de maïs bien circonscrites quand on aurait dû trouver des tiges lourdes d'épis sur toute la colline. Dans Dryton, ville poussiéreuse baignée de lumière, vingt-deux voitures attendaient à la pompe à essence, à cause de la pénurie de carburant.

La voix pieuse du chauffeur animait le car par les haut-parleurs : « Avec l'aide de Dieu Tout-Puissant, nous serons guidés pendant notre voyage, nous serons en sécurité entre Ses mains divines. »

Est-ce que j'ai pouffé de rire ? Peut-être. Quand j'étais dans un car africain, je ne pensais qu'au titre si souvent lu dans les journaux : « NOMBREUX MORTS ET SCÈNES D'HORREUR DANS LE BUS ACCIDENTÉ. » Le bruit que j'avais sans doute produit a incité mon voisin, qui lisait un recueil pieux, à lever la tête vers moi.

« Etes-vous chrétien ? » a-t-il demandé.

On posait souvent cette question impertinente, en Afrique.

« Disons que je m'interroge beaucoup.

— J'étais comme vous, jadis. »

Où les gens apprennent-ils à parler comme ça ? J'ai immédiatement vu qu'il était le genre d'homme à croire qu'il possédait LA vérité. Le plus curieux, c'était que je travaillais sur ma nouvelle érotique commencée en Égypte, à propos du jeune homme et de la vieille femme. J'en avais déjà écrit une grande moitié. J'ai souri à l'évangéliste, j'ai montré que je travaillais et j'ai continué à écrire dans mon cahier, sur mon genou.

> Par cette sombre nuit étoilée, un spectre, qui portait toujours ses gants en dentelle, me tendait un verre de vin. J'ai bu, j'ai touché sa main et j'ai été surpris par la chaleur de la dentelle, par la manière dont sa chair avait réchauffé ses gants, et quand j'ai touché sa poitrine, j'ai été surpris par la manière dont son corps avait réchauffé son déshabillé en soie, sa chemise de nuit, ses manches...

La terre était sèche, la poussière faisait paraître l'herbe argentée au soleil. Une heure est passée, puis une autre, et une troisième, et toujours de jolis pâturages, sans changement. De temps à autre, les signes qu'une ferme n'était pas loin : une piste droite, brûlante, qui partait à angle droit de la route ; et dans la poussière blanche, douce comme du talc, de la campagne profonde, deux traces de roues qui disparaissaient au loin.

L'Africain assis près de moi arborait le sourire triomphant et condescendant de celui qui a la Vraie Foi.

« Quel genre de questions ? a-t-il demandé.

— Comme : est-ce que vous mangez du corbeau ? » ai-je dit.

Pour rester simple, j'ai cité le Deutéronome, chapitre et vers, avant d'ajouter quelques abominations que la loi mosaïque interdisait de manger et que la plupart des Zimbabwéens étaient ravis de déguster en ragoût avec leur *sadza* – leur bouillie du soir.

L'homme a usé d'un faux-fuyant.

« Comment interprétez-vous le chapitre dix des Actes des Apôtres, ai-je demandé, quand Pierre a la vision d'animaux impurs et souillés dans la maison de Corneille ?

— Je vous ai posé une question simple et vous m'en posez qui ne sont pas simples.

— Voilà une question simple : Jésus est né il y a deux mille ans. Qu'est-il arrivé aux millions de gens qui sont nés avant Jésus ? Ont-ils été sauvés ?

— Ils ont été damnés pour avoir adoré de fausses idoles.

— Je vois. Quel est votre nom ?

— Washington.

— Washington, quelle est votre tribu ?

— Je suis Shona.

— Parfait. »

Je pensais effectivement que c'était parfait, depuis que le ministre du Tourisme m'avait amené à croire qu'une personne était éclairée et apaisée quand elle consultait un guérisseur traditionnel, un *mondhoro*. Qu'est-ce que Washington, Shona lui aussi, pensait de cela ?

« L'adoration des esprits, c'est païen, et les *mondhoros* sont responsables de la mort de nombreux enfants. »

Il a expliqué que le *mondhoro* pouvait diagnostiquer un problème, mais que la solution exigeait souvent le sacrifice d'un petit garçon ou d'une petite fille. Les sacrifices humains rituels étaient aussi courants que la fabrication de la bière ou l'utilisation d'une herbe particulière, pour déjouer une malédiction.

« L'enfant est étranglé, a-t-il conclu.

— Ne me regardez pas comme ça ! Beaucoup de gens, dans votre gouvernement, y compris votre président, croient qu'il faut consulter les *mondhoros*.

— Ils ont tort. Si vous avez confiance en Dieu Tout-Puissant, vous serez sauvé.

— Et si Dieu Tout-Puissant était un immense canard capable de cancaner éternellement, nous serions tous nés les pieds palmés, aussi infaillibles que le pape, et nous n'aurions jamais dû apprendre à nager », ai-je dit en transformant quelque peu ce qu'avait dit le père d'Henry James.

Mais ça a marché. Washington a vu qu'il perdait son temps avec moi. Il est retourné à ses dévotions et j'ai écrit quelques pages de plus de ma nouvelle. Puis j'ai regardé par la fenêtre les rochers rectangulaires, comme des ruines, comme des temples effondrés au sommet de petites collines arrondies, les pierres assemblées là comme des fondations brisées, ce qui m'a rappelé les rochers monumentaux des plaines aux alentours de Mwanza, dans la lointaine Tanzanie, près du lac. Mais ces rochers étaient surtout un avant-goût des majestueux empilements du Grand Zimbabwe, qui nous attendaient juste au-delà de la prochaine colline, près de la ville de Masvingo.

En arrivant à Masvingo, j'ai songé à m'attarder dans la ville et à visiter les ruines. Mais c'était contraire à ma nature de faire du tourisme, et Washington est descendu du car, ce qui m'a incité à y rester.

Masvingo était une jolie petite ville de province. Je me suis dit : Je pourrais vivre ici – avant de me rendre compte que je vivais déjà dans une petite ville comme celle-ci. Masvingo s'était appelée Fort Victoria, site du premier fortin colonial blanc avant de devenir une ville de fermiers. Le nom avait été changé, mais pas la ville, où on trouvait encore l'hôtel Victoria, les épiceries et les boutiques indiennes de vêtements, Zubair for Flair, le magasin d'alcool et le maréchal-ferrant. La rue, comme toutes les anciennes rues principales au Zimbabwe, était assez large pour qu'un char à bœufs puisse faire demi-tour.

L'arrêt prévu à Masvingo s'est transformé en attente, mais cela ne me gênait pas. J'ai pu regarder les autres passagers du car : familles blanches, familles noires, femmes indiennes en groupe, six jeunes filles blanches en tenue de sport qui appartenaient à une équipe de football, des Noirs en costume et cravate, d'autres mal habillés comme moi. Mais même si ce véhicule rappelait un Greyhound américain et que les passagers ressemblaient à ceux qu'on pourrait rencontrer dans ces mêmes Greyhounds pour de longs trajets – le correct, le rigide, le marginal, le bizarre, l'odorant... – j'avais pourtant l'impression de me trouver sur une autre planète, semblable en tout point à la planète Terre, mais qui en fait aurait été son étoile noire.

J'ai passé une grande partie de l'après-midi à Masvingo. J'ai parcouru la rue principale en m'étonnant qu'elle soit vide, avant de me souvenir qu'on était dimanche. Nous sommes repartis dans le calme et la verdure des collines du Matabeleland, et nous étions à Beitbridge au crépuscule. Un fleuve marquait la frontière : le Limpopo. Au-delà, c'était l'Afrique du Sud.

*
* *

Dans l'obscurité, après la lente progression de la queue pour faire viser le passeport et répondre aux questions, le voyage est devenu hallucinatoire. Au-delà du Limpopo, une haute clôture métallique, surmontée de barbelés, éclairée violemment, donnait l'impression d'entrer dans un camp militaire. Ou en prison. Le car s'est engagé sur un pont fortifié. Aucune frontière d'Afrique n'était aussi menaçante, aussi efficace que celle-là – comme si on faisait le cauchemar d'un emprisonnement terrifiant, dans l'obscurité percée seulement de lampes aveuglantes, entre les nombreuses sentinelles, interrompu par plusieurs barrages sur une courte portion de route. Au dernier, un soldat blanc est monté dans le car et il a examiné le tampon d'entrée porté sur le passeport de chaque passager – poli, mais curieusement scrutateur et armé d'un automatique.

Dans la ville de Messina, une jeune Africaine est montée, s'est assise à côté de moi et a posé le doigt sur mon cahier.

« Qu'est-ce que vous écrivez ?

— Juste une lettre, ai-je répondu alors qu'il s'agissait toujours de ma nouvelle érotique. Combien de temps, jusqu'à Jo'burg ?

— Douze heures. Mais ce sera plus long pour moi. Je vais à Maseru. »

Elle habitait le Lesotho, elle s'appelait Thulo et elle était une Suthu. « Mon pays ne fait rien. Rien de rien », m'a-t-elle dit.

Elle s'est endormie brièvement, et quand elle s'est réveillée, nous avons un peu parlé du Lesotho, elle m'a dit qu'il y neigeait, parfois.

« Je veux quitter le Lesotho, quitter l'Afrique du Sud. Je ne veux pas émigrer. Je veux juste partir. Vous savez, quitter le tiers-monde un moment. »

Après cela, des éclairs de lumière ont indiqué une implantation humaine. Aucun autre lieu, sur mon trajet, n'avait été aussi bien éclairé que cette introduction à l'Afrique du Sud. Aucun autre pays n'avait été aussi bien électrifié. La lumière était gênante, agressive, elle donnait des aperçus éclatants, mais plutôt mensongers, de prospérité : des poteaux de lignes à haute tension, de vastes maisons, des parkings pleins de voitures d'occasion rutilantes, puis l'ordre sinistre de l'urbanisation, d'autres lumières, d'autres clôtures, des fenêtres éclairées. Une telle quantité de lumière électrique m'a paru cauchemardesque, après l'obscurité à laquelle j'avais habitué mes yeux, car elle déformait la réalité et faisait croire que tout était grandiose. En réalité, il n'y avait guère de modernité dans ce nord du Transvaal peu habité, dans ces villes de Louis Trichardt et de Bandelierkop, dans les collines de Soutpansberg – dans cette province agricole.

Vers minuit, pendant un long arrêt à Pietersberg, je me suis promené dans le froid, et j'ai pourtant vu des gens dans la rue, des femmes qui vendaient des bananes et des oranges, un peu comme leurs sœurs dans la campagne du Malawi. Mais celles-ci menaient leur commerce devant le magasin Big Bite toujours ouvert et dont sortaient des odeurs de tourtes à la viande mêlées à celles du crésyl dont on se servait pour nettoyer et désinfecter. Les habitants de cette ville étaient emmitouflés dans toutes sortes de pulls et de foulards, de bas et de tabliers, de turbans. Ils retiraient des couches de vêtements au fil du jour, à mesure que le soleil chauffait l'air. Mais dans l'obscurité, engoncés dans tous ces lainages, ils avaient aussi l'air de créatures nées d'un rêve, surtout ceux qui erraient dans la rue principale, vide mais violemment éclairée.

J'ai été bercé jusqu'à m'endormir sur l'autoroute qui traversait Springbok Flats et les centaines de kilomètres de cette province afrikaner en plein développement où les villes s'appelaient Potgietersrus, Vanalphensvlei, Naboomspruit, Warmbad ou Nylstroom. Ce dernier lieu, avec son préfixe « Nil », devait son nom aux Boers qui, en 1840, étaient arrivés là, guidés par la Sainte Bible. La rivière qu'ils avaient trouvée, la Mokalakwena, coulait vers le nord, ce qui ne pouvait vouloir dire qu'une chose : c'était forcément le Nil qui traversait le cœur inconnu de l'Afrique pour gagner l'Égypte – et cela avait logiquement valu au village sur sa rive le nom de « Fleuve Nil ».

De temps à autre, je sortais de ma torpeur et, depuis mon siège, de mes yeux embués, je voyais de grandes pancartes éclairées sur la bord de la route – Day's Inn, IBM, Xerox, DHL. Au bout de tant de mois de brousse, ces panneaux publicitaires m'ont effrayé, car dans un rêve, ce qui fait le plus peur, c'est ce qui nous est le plus familier.

Les lumières ont réveillé Thulo. « Je viens de rêver que je vais épouser quelqu'un des Philippines, a-t-elle dit. C'est probablement vrai. »

Mais elle avait un petit ami, au Zimbabwe – « Il veut être professeur de gymnastique » – et une fille de sept ans – « Elle vit avec ma mère ».

J'ai somnolé, je me suis réveillé. Des lumières scintillaient d'un côté de la route.

« Pretoria, a dit Thulo. On dit que les Indiens ne dorment jamais. Ils restent éveillés et font du commerce jour et nuit. C'est pour ça qu'ils sont riches. »

Je me suis à nouveau assoupi. Et réveillé.

« C'est joli. Mais je veux quitter le tiers-monde. »

Elle disait ça comme si c'était un voyage qu'elle ferait en fusée jusqu'à une autre planète.

Vers quatre heures et demie du matin, presque au bout de cette nuit d'images violentes et de rêves étranges, comme un voyage psychédélique provoqué par une prise de LSD ou d'*ayahuasca*, nous avons abordé les faubourgs de Johannesburg. La route était noire et luisante ; notre véhicule roulait seul sur la voie large, comme si nous devions faire une entrée officielle dans cette ville cauchemardesque, dans notre car zimbabwéen filant sous les réverbères qui éclairaient comme en plein jour, avec le chauffeur qui, à nouveau, au micro, remerciait Dieu de nous avoir acheminés en toute sécurité.

« Jo'burg, c'est très dangereux », a dit Thulo.

Nous sommes passés sous un tunnel, nous avons traversé un parking et un garage couvert, nous nous sommes enfin arrêtés dans la gare routière vide mais éclairée. Tous les passagers du car avaient l'air inquiet, quand ils sont descendus, le visage gris, traînant les pieds pour récupérer leurs bagages sur le trottoir. Ils ne se sont pas attardés. Thulo était déjà partie quand j'ai voulu lui dire au revoir. Si la gare routière était éclairée, la rue non, et il n'y avait pas de taxi. Au bout de presque vingt heures assis dans le car, j'étais malade de fatigue, mais j'ai pensé qu'il valait mieux ne sortir qu'en plein jour dans une ville de si mauvaise réputation. Je me suis donc assis, mon sac entre les genoux, et j'ai somnolé jusqu'au lever du soleil.

A l'aube, pour tuer un peu plus de temps dans l'espace protégé de la gare, j'ai acheté le *Star*, un des quotidiens de Johannesburg. Ce n'était pas très malin. Un étranger en ville ne pouvait sans doute pas faire pire, pour troubler sa quiétude. La une s'émaillait de titres politiques sordides, et un long article traitait de la prostitution à Johannesburg, un secteur en pleine croissance dans l'économie bancale du pays. Mais cet article était étonnamment encourageant, tant les femmes insistaient sur les points positifs de leur profession : « Dans ce travail, on ne se fait jamais virer », disaient-elles. « Pas besoin de CV ni de fréquenter l'université », « On peut boire au travail » et « On peut travailler aux heures qu'on veut ».

Comme pour encourager ce choix de carrière, une demi-page de petites annonces avaient clairement été passées par des prostituées, des « escort girls », des bordels. On promettait des parties à trois, de la sodomie, du bondage, du sadisme, du plaisir avec des hommes ou des femmes homos, noirs, malais, indiens, chinois, « zoulous », blancs, « européens ». Toute une colonne attirait l'attention sur des « étudiantes en chaleur » et des « maîtresses de maison qui s'ennuient ». Je suppose que c'était un signe d'urbanisation réussie, sinon de civilisation, que tant de goûts sexuels variés soient pris en compte. Et ces petites annonces suggestives étaient aussi formidablement multiraciales.

Mais dans les pages intérieures – d'autant plus inquiétants, justement, qu'ils étaient à l'intérieur – figuraient les articles sur les crimes. Le pire racontait l'histoire de quatre personnes attachées, un bandeau sur les yeux, deux hommes et deux femmes, qu'on avait retrouvées « abattues comme lors d'une exécution », dans un minibus en banlieue de Johannesburg. Aucun indice, aucune identité, aucune piste. « On pense qu'il s'agit d'un vol. » Un autre article annonçait : « UN TÉMOIN DE PLUS TROUVÉ MORT AVANT LE PROCÈS » ; cela portait à huit le nombre de personnes qui avaient été tuées à la suite de cette affaire de meurtre, et il ne restait plus personne pour venir témoigner à la barre. Suivaient toutes sortes de vendettas raciales, de vols de voitures, de cambriolages, d'invasions de fermes, d'empoisonnements et de bambins délibérément ébouillantés. Il y avait un nombre stupéfiant de règlements de comptes, de blessures volontaires, de vols associés à des violences gratuites. On avait agressé un homme à qui on avait arraché un œil, tranché la gorge et coupé le pénis – « la police soupçonne que ses parties génitales – qu'on n'a pas retrouvées – seront utilisées pour des *muti* [médicaments] par un *inganga* [sorcier]. »

Le journal du matin, et en particulier le rapport sur ce don d'organe forcé, m'a fait craindre de quitter la gare. Ce que je venais de lire corroborait les statistiques stupéfiantes que tout visiteur découvre peu après son arrivée dans le pays : il y a 20 000 meurtres par an en Afrique du Sud, et 52 000 viols, dont presque le quart sur de jeunes enfants, voire sur des bébés. L'explication la plus grotesque de ces viols d'enfants veut qu'une croyance folklorique vicieuse promette la guérison du sida à ceux qui couchent avec une vierge. Même ceux qui considèrent l'Afrique du Sud comme le pays le plus riche et le plus développé du continent avouent que c'est aussi une jungle.

J'ai continué à faire les cent pas pour retarder ma sortie, je me suis rassis, nerveux, sur ma chaise en plastique moulé. Je n'ai pas eu le courage de quitter la gare avant que le soleil dispense sa clarté sur tous à égalité. Alors seulement, j'ai senti que j'entrais en Afrique du Sud.

19 — Les hominidés de Johannesburg

« Ces gens ! » s'est écrié le chauffeur de taxi quand je suis monté dans sa voiture, vers sept heures et demie du matin, après une sortie en flèche de la gare routière de Johannesburg.

La gare portait une imposante frise sculptée dans le granite sur sa façade : des éléphants, des lions, des arbres locaux et des images typiques de l'Afrique. C'était pour moi un fond de scène approprié, car je me sentais plus petit et plus désorienté dans cette ville immense que je ne l'avais été sur les Marais de l'Éléphant, dans le sud du Malawi, à bord d'une pirogue, à déranger de ma rame les jacinthes d'eau. La ville était grise, et les seuls êtres humains que j'ai vus dormaient sur les trottoirs et dans l'herbe autour de la gare, à la manière des bêtes dans la brousse.

Mon chauffeur s'appelait Norman. Il avait l'air d'un Khoisan – brun clair, petite tête, menton étroit, yeux en amande. Les Khoisan sont mieux connus sous le nom d'Hottentots, un nom grossier que leur ont donné les Afrikaners qui, en entendant les cliquetis de leur langue subtile, les avaient considérés comme un peuple de bègues.

Norman jurait toujours contre « ces gens », ceux qui dormaient sous des tentes, dans des cahutes de fortune, sous des bâches en plastique, dans d'ingénieux abris, des cabanes en bouts de bois, les gens allongés en groupes sur l'herbe, d'autres seuls, ou adossés aux réverbères, les vagabonds, les ivrognes, les désespérés, les sinistres, les effarouchés, les délaissés, les perdus qui s'agglutinaient autour de la gare routière.

« Ils puent, ils sont dégueulasses, ils foutent la merde, ils se battent, ils veulent pas partir. Et le gouvernement fait rien, alors c'est de pire en pire. Je déteste ça ! »

Il a dit qu'il venait de Soweto. Il était indigné et en colère.

« Les gens comme vous devez rester loin d'eux. Vos affaires vont pâtir.

— Qui sont-ils ?

— D'autres gens, a-t-il dit pour signifier qu'ils n'étaient pas sud-africains. A Yeoville et Hillbrow, il y a trop de *tsotsis* [racaille]. Des Congolais et des Nigériens. Pourquoi ils viennent à Janiceburg ? Ils font seulement que des ennuis. »

Mais il est devenu joyeux, tandis que nous avancions. Je lui ai demandé pourquoi.

« La fin du monde arrive. Une autre fin du monde. L'Occident est fini.

— Vous croyez ?

— Je sais. »

Il était Témoin de Jehovah, bien sûr. Il prétendait que la quantité de crimes et de violence était un signe. Il y voyait des indications explicites de la proximité du jour du Jugement dans toute l'Afrique du Sud.

« Vous pourriez bien avoir raison, Norman », ai-je dit.

Il s'est trouvé qu'à un feu, un mendiant dégingandé, le cheveu gras, s'est planté au milieu de la rue et a brandi une pancarte où il avait écrit : *Sans abri – Sans travail – Rien à manger – Aidez-moi, s'il vous plaît*. Les gens qui dormaient sur la dure à la gare ne mendiaient pas activement. Le premier mendiant sud-africain que je voyais était donc un Blanc dans la force de l'âge.

Mon hôtel de Braamfontein n'était pas loin de la gare routière. J'aurais même pu y aller à pied, si le quartier n'avait pas une aussi mauvaise réputation. Mais qu'est-ce que cela signifiait dans une ville où les gens étaient agressés et les voitures volées en pleine rue ou dans les propriétés pourtant fermées et protégées ? Le taux de change rendait tout bon marché. J'ai pris un bain, un bon petit déjeuner et je suis parti me promener, joyeux.

J'étais joyeux surtout parce que j'étais en vie. Avant de partir, j'avais eu la prémonition que je mourrais dans un accident, en chemin (« Le globe-trotter meurt tragiquement dans un accident de car »). Comme cela ne s'était pas produit, je pouvais disposer de mon temps et faire des projets. Jamais je n'avais su, à plusieurs semaines près, combien de temps allait me prendre mon voyage, mais l'Afrique du Sud était un pays sillonné de voies ferrées où les trains arrivaient à l'heure. J'ai même pensé que je pourrais me nourrir correctement, ici. Je n'avais pas eu beaucoup de vrais repas, depuis mon départ du Caire, mais le petit déjeuner que je venais de prendre, et ce que j'avais vu du menu pour le dîner, m'avait donné de l'espoir. De plus, maintenant que j'étais arrivé en Afrique du Sud, j'allais pouvoir commencer à réfléchir sur mon voyage, et il me semblait déjà que ce safari avait valu la peine que je l'entreprenne, que ç'avait été un pique-nique idéal.

Enfin, j'étais joyeux parce que j'allais fêter mon anniversaire dans deux jours. Je considérais mon anniversaire comme une fête nationale, une journée à consacrer au plaisir et à la réflexion, une journée sans travail. Et comme je serais en compagnie de gens qui ne savaient pas que c'était mon anniversaire, personne n'allait m'imposer des réjouissances ni faire des remarques facétieuses sur le mot sexagénaire.

Me trouver en Afrique du Sud m'apportait une autre satisfaction : tant de personnes talentueuses avaient écrit sur ce pays ! Nadine Gordimer en particulier. J'avais connu Nadine dans les années 1970, quand elle venait tous les ans à New York et à Londres. Contrairement à d'autres écrivains et militants d'Afrique du Sud, elle avait résisté à l'envie de fuir en exil. En restant à Johannesburg, où elle avait vécu toute sa vie, elle était devenue un des témoins les plus fiables des transformations sismiques de son pays. Elle était cet aboutissement merveilleux que représente un écrivain national qui a transcendé sa nationalité en restant fidèle à son art, comme Borges en Argentine, R.K. Narayan en Inde, Jorge Amado au Brésil, V.S. Pritchett en Angleterre, Shusako Endo au Japon, Nadjib Mahfuz en Égypte ou Yasar Kemal en Turquie. C'étaient des écrivains que moi, le voyageur, j'avais cherché à connaître.

Des mois plus tôt, j'avais averti Nadine de ma venue prochaine en Afrique du Sud et de mon désir de la voir à Johannesburg. Écrivain, elle appartenait au monde, mais fidèle à sa maison et à sa personnalité, elle avait fait de l'Afrique du Sud le sujet de ses écrits, elle s'était penchée sur l'anatomie de ses problèmes et de son peuple. Ce pays complexe devenait humain et compréhensible sous sa plume. Parmi les rares livres que j'avais conservés tout au long de ma route, il y avait celui de Mahfuz, que j'avais rencontré au Caire, le petit *Echoes of an Autobiography*, dont Nadine, en tant qu'amie et prix Nobel, elle aussi, avait écrit la préface. La voir dans son pays serait un plaisir et accomplirait une sorte de symétrie : ce serait une autre façon de joindre les deux extrémités de l'Afrique.

La véracité des romans de Nadine Gordimer m'a sauté aux yeux dès le premier jour à Johannesburg, car ses fictions fourmillaient d'immigrants de villages isolés et de pays lointains – Portugais, Arabes, Lituaniens, Russes, Grecs, Anglais, Indiens, Juifs, Hereros,

Swazi et Khoisan. La ville de Johannesburg était bien pleine d'immigrants, de nomades comme les premiers hominidés, autre espèce native du lieu. Je n'étais pas à Johannesburg depuis longtemps quand j'ai rencontré un Lituanien, un Bulgare, un Portugais, un saint homme sénégalais, un commerçant congolais. J'ai vite appris que tout le monde, en Afrique du Sud, avait une histoire, et souvent une très bonne histoire à raconter.

Au bout de quelques jours, j'étais habitué à l'accent, qui, à sa manière nasillarde et comme avalée, semblait à la fois assuré et amical. Johannesburg devenait « Janiceberg » ou « Jozi », le « e » et les « ai » se transformaient en « i », les « i » en « u ». Il ne manquait pas non plus de coups de glotte, et s'insinuaient de temps à autre des voyelles traînantes. Presque tout le monde utilisait couramment des mots afrikaans comme *dorp*, *bakkie*, *takkies*, *naartjies* ou *dagga*. Mais ces mots avaient été introduits depuis si longtemps au centre de l'Afrique, que je savais qu'ils signifiaient ville, camionnette, baskets, mandarines et marijuana. Le seul problème de prononciation consistait, pour *dagga* ou Gauteng, à savoir produire le doux raclement de gorge et le petit gargouillement du hollandais.

Partout en Afrique méridionale, *Voetsek* signifiait « fiche le camp ! » et c'était très impoli. Des mots interdits se glissaient parfois dans la conversation. *Kaffir* était le pire, *koelie* (« coolie » pour désigner les Indiens) ne venait pas loin derrière, de même que *bushies* (pour les métis de toutes les races). *Piccanin* était une façon vulgaire d'appeler les enfants noirs, mais il y en avait d'autres. Quand un juge blanc, se croyant peut-être affectueux, avait parlé d'enfants africains en utilisant le péjoratif *klein kaffirtijies* (« petits négrillons »), il avait été suspendu de ses fonctions à la cour. L'afrikaans était une langue des plus pittoresques, même si l'étymologie de certains mots d'argot méritait quelques explications, comme *moffie* pour « homosexuel », dérivé de *moffskaep*, « mouton castré ».

« Je ne les appelle pas *kaffirs*, je les appelle "corbeaux" », a dit un homme de ménage à un journaliste qui écrivait un article sur le racisme à Pretoria. *Ek noem hulle nie kaffirs nie, ek noem hulle kraaie*. Et il a ri de ce bon mot. J'ai lu un autre titre : « UNE HISTOIRE D'AMOUR MARGINALE DANS UNE VILLE CONSERVATRICE FAIT BONDIR LES GENS DE DROITE ». On racontait que lorsque Ethel Dorfling, une belle femme de trente ans, mère de quatre enfants, avait disparu et s'était mise en ménage avec Clyde Le Bâtie, beau Noir de quarante-deux ans, vendeur de détergents, aucun de ses anciens amis ne lui avait plus adressé la parole sauf pour l'appeler *kaffir boetie*, soit « putain à nègre ». Pour plaisanter, en afrikaans, on appelle *kugel*, nom d'un gâteau très sucré, la jeune épouse comme la poufiasse trop maquillée.

Quand on s'habituait au déplacement des voyelles, au rythme particulier d'énonciation et au vocabulaire coloré, on comprenait assez bien la langue. Mais les nouveaux immigrants, ceux qu'on méprisait le plus, préféraient garder leur accent d'origine.

« C'est bien ici, en Afrique du Sud, m'a dit un Sénégalais, mais j'aime pas les gens. »

Grand gaillard coiffé d'un bonnet rasta multicolore, il se faisait appeler El Hadji, et croyait avoir des ancêtres éthiopiens.

« Regardez mon visage. Vous nous trouverez partout en Afrique. *Nous avons des bœufs* [1]. Nous avons voyagé avec nos troupeaux pendant des centaines et des centaines d'années. »

Il vendait de l'artisanat. Je recherchais toujours des objets sculptés ou des fétiches. Il en avait quelques-uns, mais au lieu de me les décrire, il a continué à rouspéter contre les Africains du Sud.

« Qui est-ce que vous n'aimez pas ? lui ai-je demandé.

— Tout le monde – Noirs, Blancs, tous. C'est à cause de leur histoire, peut-être. Ils se battent. Ils se détestent entre eux. Ils nous détestent. Ils nous traitent d'étrangers. C'est un vrai problème, mais j'aime bien le pays. Et les affaires sont bonnes », a-t-il dit en caressant un fétiche, qu'il tenait pincé par la tête.

Il était arrivé au début des années quatre-vingt-dix, quand Mandela, libéré depuis peu, avait encouragé l'immigration en Afrique du Sud afin de construire une nouvelle nation. Cette politique de portes ouvertes avait été critiquée et vite interrompue, mais j'ai rencontré beaucoup de gens qui étaient arrivés à cette époque, à peine dix ans plus tôt.

Edward, le Lituanien, était l'un d'entre eux. Maigre, pâle, agité, âgé d'une trentaine d'années seulement, mais le cheveu déjà rare, il avait ce regard méfiant qui influe sur tout le comportement des Européens de l'Est élevés dans un système autoritaire, sur la défensive et sans humour. A vingt ans, interrompant ses études d'ingénieur civil à Vilnius, il avait été amené en Afrique du Sud par ses parents en fuite. « Mais être ingénieur, cela ne me convenait pas. Je m'ennuyais. » Ses parents en avaient assez de travailler pour des picaillons, ils détestaient devoir faire la queue pour acheter la moindre chose et ils ne supportaient pas l'impression d'enfermement et de pauvreté qui avait accompagné le départ des

1. En français dans le texte. (N.d.T.)

Soviétiques. J'ai eu beau écouter attentivement, je n'ai entendu aucun relent de patriotisme lituanien dans ce discours.

« En Lituanie, ils n'ont rien. On attend vingt ans une voiture. La vie est terrible, en Lituanie. J'y vais une fois par an pour voir des amis. Ils ne font rien. Ils achètent et ils vendent. Quel genre de travail est-ce là ? Ici, tout est simple.

— Mais c'est l'Afrique. C'est très loin de la Lituanie. Vous auriez pu aller en Grande-Bretagne.

— Il y fait trop mauvais temps. »

Dédaignant la qualité de vie en Grande-Bretagne, ces Lituaniens amoureux du beau temps s'étaient retrouvés à Johannesburg.

« Mon père est juif, ma mère lituanienne. Je ne voulais pas aller en Israël, avec tous les problèmes qu'ils ont, et même si j'avais voulu, les Israéliens n'auraient pas voulu de moi. En Israël, je suis lituanien, partout ailleurs, je suis juif. La judaïté vient de la mère. Mais ma mère, elle n'est rien ! »

Je ne comprenais toujours pas pourquoi ils avaient choisi l'Afrique du Sud. Il m'a expliqué qu'il fallait dix ans pour obtenir un visa américain, mais qu'ils n'avaient eu aucun mal à obtenir des visas et des permis de travail pour l'Afrique du Sud. « Ici, si vous travaillez, vous pouvez gagner de l'argent. Vous pouvez acheter des choses. Je veux avoir des choses.

— Comme quoi ?

— Des vêtements. Une voiture. Une chaîne stéréo. »

L'Afrique du Sud qui, pour bien des gens, n'est qu'un pays brut plein d'animaux sauvages, de déserts et d'Africains nationalistes, représentait, pour Edward le Lituanien, le monde moderne où accéder à la culture matérialiste. Comme d'autres viennent en Afrique du Sud pour voir des gnous, il était venu pour posséder une stéréo. Un hominidé à la recherche d'objets scintillants.

« Je spécule à la Bourse pendant la journée, je conduis un taxi la nuit. D'accord, le marché baisse, en ce moment, mais pendant trois ans, on a gagné de l'argent. Ceux qui se plaignent du Nasdaq devraient se taire – ils ont gagné beaucoup d'argent. »

Edward, célibataire, m'a dit qu'il n'avait pas d'amis africains, qu'il ne parlait ni afrikaans ni aucune langue africaine. Il y a onze langues officielles en Afrique du Sud.

Le Bulgare que j'ai rencontré à Johannesburg – Dave, l'expert en électronique – devait avoir trente-cinq ans. Petit et pâle, lui aussi avait le regard soupçonneux. Il était arrivé de Sofia en 1991, et il avait un peu la même histoire à raconter qu'Edward : deux emplois, dont le principal consistait à réparer et reconditionner des appareils électroniques comme des téléviseurs et des magnétoscopes. Il ne parlait qu'anglais et bulgare. Il n'était jamais sorti de Johannesburg et ne connaissait vraiment aucun Africain. Ses deux enfants fréquentaient une école privée à laquelle peu d'enfants africains avaient accès.

« Les tarifs de l'école empêchent la plupart des Noirs d'y aller », a-t-il dit avec satisfaction.

Comme Edward, il aimait le climat de l'Afrique du Sud, mais il n'était pas content de l'économie.

« Ça va empirer ici, c'est sûr. Je crois que j'ai dans les cent mille dollars entre mon appartement, ma voiture et mes affaires. Quand on changera dix rands contre un dollar, je partirai. Je ne sais pas où. Pas au Canada – je n'aime pas le froid. Peut-être aux États-Unis, si je peux vivre en Californie. »

Il ne connaissait pas l'histoire de l'Afrique du Sud, pas même les événements les plus récents. Il a secoué la tête d'un air dubitatif quand je lui en ai touché un mot. Quand j'ai dit que les plus farouches militants politiques d'Afrique du Sud, et ceux qui avaient le mieux réussi, avaient été des communistes, il s'est insurgé :

« Mais ils doivent être cinglés ! Quand on vit dans un pays démocratique, être communiste prouve que quelque chose ne va pas dans votre tête. Vous devez être fou !

— Mais ce pays n'était pas démocratique avant 1994. C'est à cette date qu'ont eu lieu les premières élections libres.

— Ça allait bien avant – tout le monde le dit. »

L'idée cynique que l'apartheid était préférable à une démocratie multiraciale était toujours défendue par des sceptiques, même des Noirs. Mais dans l'ensemble, c'était surtout l'opinion de groupes marginalisés comme les Boers, les Khoisan, les métis ou les émigrants de pays proches.

« Mes parents sont venus de Maseru », m'a dit Solly, un Suthu du Lesotho. « Mon père travaillait dans des fermes. Parfois il avait du travail, parfois il n'en avait pas. Il allait de ferme en ferme. Ce n'était pas une vie facile, mais c'était mieux que ça. »

Je me suis étonné : la vie d'un ouvrier de ferme itinérant sous l'apartheid était-elle meilleure que celle d'un ouvrier avec un emploi stable dans une Afrique du Sud libre ?

« C'était mieux, m'a affirmé Solly d'un ton sans réplique. Il y a trop de crimes. J'en vois tous les jours. J'aimerais partir, mais où ? Le gouvernement blanc était meilleur.

— En quoi ?

— Pas autant de crimes. Pas autant d'ordures. Je ne dis pas ça parce que vous êtes blanc. C'est vrai – le gouvernement blanc était meilleur. Je ne sais pas quoi faire. »

En parlant au hasard à ceux qui croisaient mon chemin, je rencontrais constamment des étrangers et des émigrés, des gens qui regardaient Johannesburg avec un mélange de dégoût et d'émerveillement. Presque tous étaient venus pour gagner de l'argent, et maintenant que le travail se faisait plus rare, ils se demandaient sérieusement s'ils allaient rester. Mais même s'ils étaient là depuis toujours, beaucoup de Blancs avaient maintenant l'impression de vivre dans un pays étranger. J'ai senti que pour nombre d'entre eux, l'Afrique du Sud noire était comme une terre étrangère sur laquelle ils n'auraient habité que depuis peu et à laquelle il fallait qu'ils s'habituent.

« Nous sommes des prisonniers économiques, m'a dit un Blanc qui avait une petite affaire. Nous n'avons pas assez d'argent pour aller ailleurs. »

Mais quand j'ai insisté pour qu'il m'explique sa pensée, il a dit qu'il n'avait pas vraiment envie d'aller ailleurs. Il était choqué, disait-il, par le peu d'efforts déployés pendant des dizaines d'années par le gouvernement blanc pour éduquer les Noirs. Comme tous les autres, il a dit que le pire problème de l'Afrique du Sud, c'était le taux de criminalité. Et la police faisait partie du problème.

« Pendant l'apartheid, la police était horrible. Les flics arrêtaient les gens sans raison – parce qu'ils étaient dans une zone blanche, parce qu'ils n'avaient pas leur carte d'identité. Ils tuaient les gens, ils les torturaient, ils étaient très injustes. Personne ne les respectait. Maintenant, leur passé s'est retourné contre eux. »

Un de mes chauffeurs de taxi était un Portugais qui s'était enfui d'abord en Espagne dans les années soixante, puis au Mozambique dans les années soixante-dix, puis en Afrique du Sud dans les années quatre-vingt. Il avait fui les pays où d'autres, justement, voulaient aller. « A cause de l'Union européenne, le Portugal est plein d'étrangers », a-t-il déclaré. Il pensait que l'Afrique du Sud était devenue un lieu abominable.

« Ce n'est pourtant pas un pays du tiers-monde, ai-je fait remarquer.

— Pas encore... »

Et il m'a fait un clin d'œil dans le rétroviseur.

Nous roulions dans une rue bordée d'arbres dans Parktown West, un joli quartier de Johannesburg. Les hauts murs des jardins, blanchis à la chaux, dissimulaient les propriétés, même si de grosses demeures en dépassaient. A presque tous les portails, près du numéro de la maison, était apposée une plaque avec le nom d'une entreprise de surveillance et les mots *Défense armée*. On aurait pu se trouver à Bel-Air ou à Malibu.

« Mais si vous vivez dans cette rue, vous n'avez pas à vous inquiéter », m'a dit le chauffeur.

*
* *

Il s'avançait beaucoup, car Nadine Gordimer y vivait, et elle avait connu bien des angoisses pendant les soixante-dix-sept années qu'elle avait passées en Afrique du Sud. Elle était johannesburgeoise jusqu'à la moelle des os, puisqu'elle était née à Springs, une ville minière à trente-cinq kilomètres de sa jolie maison de Parktown. Elle était d'origine lettone et juive par son père, qui avait quitté Riga pour l'Afrique du Sud à treize ans – seul – afin d'échapper aux pogromes tsaristes. Il avait fait partie d'une des premières vagues d'immigration. Ce gamin, son père, était venu retrouver son frère. Il n'avait pas de métier. Il était devenu horloger. Il allait de village en village, dans le Transvaal, pour vendre des montres. Plus tard, il avait ouvert une boutique, où il avait aussi fini par vendre des bibelots, des alliances et des bijoux à Springs, siège d'une mine d'or. Nadine a raconté la vie de son père dans « Mon père quitte la maison », une des nouvelles du *Safari de votre vie.*

J'avais aimé ses écrits dès que je les avais lus, mais je ne l'avais découverte que dans les années soixante, alors qu'elle écrivait depuis la fin des années quarante. Elle avait commencé à écrire à quinze ans. A vingt-quatre ans, elle était publiée dans *The New Yorker*. Sa première nouvelle, « Veillée du mort », observe merveilleusement le conflit entre les pulsions que son amour parental dicte à une fille et les exigences d'un rituel, dans ce cas, des funérailles juives à Johannesburg.

Très tôt dans sa carrière d'écrivain, Nadine a marqué son territoire émotionnel – les relations passionnelles entre les hommes et les femmes –, et son territoire géographique – l'Afrique du Sud, le Mozambique et la Rhodésie des colons, ainsi que le territoire beaucoup plus étranger, interdit, des villages africains et des *townships* noirs. Jamais elle n'a cessé d'être politique, au sens large du terme. Dans son premier recueil de nouvelles, *La Voix douce du serpent* (1952), ces territoires sont représentés : les amants qui font la route jusqu'à Lourenço Marques dans « La fin du tunnel », le couple mal assorti qui voyage dans « Le Train de Rhodésie », la femme dans « La Vaincue », qui commence son récit par : « Ma mère ne voulait pas que j'approche des boutiques de la Concession, parce qu'elles puaient, qu'elles étaient sales et que les indigènes crachaient des bacilles tuberculeux par terre. Elle disait que ce n'était pas un lieu pour les petites filles. » Dans cette dernière nouvelle, la petite fille en question se rend dans un magasin africain, où elle découvre tant la vitalité que la tristesse.

Dès le début – et la vie était cruellement divisée aux premières heures de l'apartheid – Nadine a parlé des relations interraciales, et ses personnages noirs étaient aussi soigneusement définis que ses personnages blancs. Une des caractéristiques de sa prose a toujours été son intense côté physique : les plaisirs du sexe, de la nourriture, du soleil – ou leur contraire : la frustration, la faim, le mauvais temps.

Ce qui m'étonnait, à Johannesburg, c'était de me dire que je n'y étais jamais venu auparavant, car la ville m'était très familière. Il y avait une raison à cela. Les voix, les visages, les odeurs, le roucoulement nasillard de la langue, l'association dissonante du soleil et de l'adversité – la réalité des lieux, dans l'œuvre de Nadine m'a donné l'impression de revenir à Johannesburg, comme l'œuvre de Mahfuz l'avait fait pour l'Égypte. Pour un auteur, il n'y a pas de plus grande réussite que de recréer avec succès dans sa prose la texture et les émotions d'un lieu réel, de faire de la lecture de l'ouvrage une véritable expérience de voyage, de restituer beaucoup des plaisirs d'une visite. Comme il serait bon, me suis-je dit, que quelqu'un, en lisant le récit de mon voyage africain, ressente la même chose, se dise que c'était presque aussi bien que d'y être, voire mieux – parce que lire qu'on se fait tirer dessus, empoisonner et insulter est en général moins bouleversant que de le subir !

Des jacarandas en fleur ombrageaient le jardin de Nadine, de grosses feuilles plates de monstera entourant leur tronc. Des bougainvillées et les brindilles épineuses de buissons de roses adoucissaient le mur du jardin. Les primevères couvraient le sol spongieux d'un violet duveteux. Les livres de Nadine étaient aussi pleins de fleurs observées avec attention.

Je l'avais appelée la veille et je l'avais invitée à dîner, lui laissant le choix du restaurant. J'avais dans l'idée de profiter d'un agréable repas avec une bonne amie pour célébrer en secret mon anniversaire. Je me suis approché du portail en fer forgé à l'entrée, et un gros chien brun s'est mis à aboyer jusqu'à ce qu'une Noire, à la porte de la cuisine, crie au molosse de se taire. Un Noir en chemise blanche et pantalon bleu m'a ouvert le portail. J'ai eu envie de le remercier en chichewa, parce que je savais que les Malawites, grands voyageurs, avaient beaucoup disséminé leur langue en Afrique méridionale.

« *Zikomo, bambo* » – merci, père.

Nous avons bavardé un instant. Je lui ai demandé son nom. Il s'appelait Albino. Il était originaire du Mozambique.

La maison, tenue par des serviteurs, était impeccable – sol lavé, peu de meubles, douce pénombre. On m'a fait passer de pièce en pièce, dans la cuisine où des serviteurs âgés – des vieilles femmes assises, un vieil homme debout – semblaient sortis d'un tableau, dans des couloirs étroits où je distinguais à peine des masques africains, des paniers et une étagère couverte de chapeaux à larges bords.

Puis on m'a ouvert une porte, comme pour m'envoyer sur scène, et je me suis retrouvé dans le salon, bien éclairé, orné de photos de famille et de tableaux. Nadine était là, debout, bien droite, les yeux perçants. Elle m'a souhaité la bienvenue et m'a embrassé, m'entourant de ses bras, forts pour sa petite taille. Personne ne m'avait pris dans ses bras depuis que j'avais quitté la maison.

« Ça me rappelle quelque chose ! » ai-je dit en regardant par-dessus son épaule.

Derrière elle, au-dessus de la cheminée, le tableau encadré de trois personnages en buste ne pouvait être qu'un Daumier – on le savait, comme on savait que tel paragraphe ne pouvait être que de Nadine Gordimer.

En me retournant pour contempler la pièce, à la recherche d'un endroit où m'asseoir, j'ai vu un autre tableau, aux couleurs vives : une lithographie de Napoléon flanqué d'un lancier et d'un cheik arabe.

« Toulouse-Lautrec, a dit Nadine. Est-ce que Napoléon n'est pas beau ? Je toujours pensé qu'il ressemblait à Marlon Brando. »

C'est alors seulement que j'ai vu un autre être dans la pièce – immobile, assis, une couverture sur les genoux, si calme que je ne l'avais pas remarqué. Il était rattaché à une machine qui l'aidait à respirer par des tubes dans son nez. Il souriait. Apparemment, il avait souri dès qu'il avait vu apparaître ce grand Américain mal habillé qui s'intéressait à ses tableaux. C'était Reinhold Cassirer, intelligent et amical, mais visiblement frêle. Il avait quatre-vingt-treize ans et il était malade, mais encore vif, le teint rose. En dépit du fait qu'il était assis, on voyait qu'il était grand.

« Il est venu du Caire en autocar ! » a dit Nadine à son mari.

Reinhold, toujours souriant, a levé une main pour me saluer et il a murmuré : « Bien, bien, bien. »

Il avait un merveilleux sourire, un sourire qui trahissait une grande générosité et une capacité au plaisir. Il était installé au centre de la pièce, dont il semblait apprécier la chaleur, la lumière, la conversation. Il détestait rester confiné dans sa chambre de malade aux bons soins d'une infirmière. Ce qu'il aimait le mieux, m'a dit Nadine plus tard, c'était ce qu'il avait aimé pendant tout leur mariage : boire un petit whisky avant le dîner, à la fin d'une journée de travail.

Un Noir est arrivé, Raks Seakhoa, poète et ancien prisonnier politique.

« J'aimerais que vous me parliez de vos années d'emprisonnement, lui ai-je dit. J'ai rencontré des ex-prisonniers pendant tout mon voyage.

— Paul est venu du Caire en autocar !

— Je serais ravi de vous en parler. Je suis resté cinq ans à Robben Island.

— Avec Mandela ?

— Oui. Nous nous passions des mots, en secret, sur des sujets philosophiques.

— Est-ce que ce n'est pas votre anniversaire ? a demandé Nadine d'un air coquin.

— Comment l'avez-vous su ? lui ai-je demandé en cachant de mon mieux ma déception.

— Quelqu'un l'a vu sur l'Internet.

— Oh, mon Dieu ! Le monde des informations inutiles.

— C'est aussi mon anniversaire », a dit Raks Seakhoa.

Il m'a semblé moins gênant que mon secret ait été éventé, car celui qui partage votre anniversaire partage beaucoup plus – une sorte de fraternité, des caractéristiques communes. Raks fêtait ses quarante-deux ans. Il faisait plus – encore un ancien prisonnier dont l'enfermement avait ajouté des années à sa vie, l'avait rendu gauche, avait blanchi les cheveux. J'ai aimé l'idée que deux béliers soient frères sous leur peau différente, mais il avait souffert dans sa vie, alors que la mienne avait été une partie de plaisir.

Une autre invitée est arrivée. Elle a serré Reinhold dans ses bras, puis Nadine, puis Raks, et on me l'a présentée : Maureen Isaacson, critique littéraire du *Sunday Independent* de Johannesburg.

« Joyeux anniversaire ! a-t-elle dit.

— Il est venu du Caire en autocar ! »

Nous avons pris deux voitures pour gagner le restaurant. Je suis monté avec Maureen, Nadine avec Raks. Maureen a soigneusement verrouillé chaque porte avant de partir.

« J'ai subi des tentatives de vol. Mais je refuse de me laisser intimider par la violence. Je suis donc vigilante.

— Que s'est-il passé ?

— Des gens ont tenté d'entrer dans ma voiture sur le pont Queen Elizabeth. Un type a frappé sur le pare-brise pour me distraire, pendant qu'un autre ouvrait la porte arrière. Très vite je me suis retrouvée entourée d'hommes, six ou huit, je ne sais pas.

— Seigneur ! Qu'avez-vous fait ?

— Je leur ai hurlé : "Foutez le camp !" a dit Maureen d'un air féroce. Depuis, a-t-elle ajouté calmement, je verrouille tout. »

Le restaurant – charmant, meublé à l'ancienne, vaste – était presque vide. Encore une conséquence du taux de criminalité dans le centre de la ville après le coucher du soleil, des agressions et des vols de voiture. Sur la trentaine de tables, une seule était occupée. Les propriétaires ont chaleureusement accueilli Nadine. Elle a compati avec eux quand ils ont expliqué leur restaurant désert par le taux de criminalité en ville. Puis elle m'a présenté :

« Paul est venu en autocar... depuis Le Caire ! »

Pendant le dîner, Nadine a dit qu'elle était fatiguée d'avoir passé la journée à relire les épreuves de son nouveau roman, *The Pick-Up*.

« Les correcteurs américains veulent souvent corriger mon anglais, a dit Nadine. Ils suivent les règles. Pas moi. J'aime mes phrases. »

J'ai dit que je ne cessais de rencontrer en ville des gens qui avaient d'incroyables histoires à raconter. Elle a confirmé que c'était une des caractéristiques des Africains du Sud en général. Ils avaient des vies très mouvementées. Quand j'ai parlé des immigrants récents, cela lui a rappelé son père, son arrivée ici, à l'âge de treize ans.

« Imaginez mon père... » a-t-elle dit sans finir sa pensée.

Sa mère était anglaise, d'une famille juive établie à Londres de longue date. Nadine a souri au souvenir de sa mère, qui savait jouer du piano et qui, méprisante, évoquait les origines de son mari d'un ton choqué caricatural : « Ils dormaient autour du poêle ! »

Nadine a fait une description impitoyable de ses parents dans sa nouvelle « Mon père quitte la maison » :

> Au cours des querelles conjugales, elle les considérait [les parents de son mari] comme des gens sales et ignorants. Ce qu'elle avait dû lire quelque part servait ses sarcasmes : Vous dormiez comme des animaux autour du poêle, puant l'ail, vous ne vous laviez qu'une fois par semaine. Les enfants savaient ce que c'était d'être sale. Et, mis en colère, il se souvenait de la catégorie la plus basse de toutes dans son pays à elle, ce pays : *Tu me parles comme si j'étais un kaffir !*

« On dirait Mme Morel dans *Amants et fils* : "J'étais faite pour mieux que ça !"

— Oui. C'était ma mère. Mme Morel.

— Mais je ne crois pas que je pourrais supporter de relire ce roman de D.H. Lawrence. Que relisez-vous ?

— Tout. Tout le temps. Je veux relire Dostoïesvski.

— Que devrais-je lire, ai-je demandé, pour mieux comprendre l'Afrique du Sud ?

— Il y a tant de bons écrivains sud-africains ! » a répondu Nadine.

Elle a demandé à Raks et Maureen de l'aider à me constituer une liste de lecture. Elle comprenait : *The Peasants' Revolt* de Govan Mbeki, *Bandiet* de Hugh Lewin, *Ways of Dying* de Zakes Mda, *Douce Vengeance* d'Albie Sacks, et des poèmes de Don Mattera et Jeremy Cronin.

« Et ceux de Raks, aussi, a ajouté Maureen. J'aimerais qu'il écrive davantage. »

Mais Raks a reçu un appel sur son portable, et quand Nadine a soupiré bruyamment en réaction aux notes stupides de la sonnerie, Raks s'était déjà levé de table pour répondre.

« Je suis contente d'avoir lu votre livre sur Naipaul, a dit Nadine. Les critiques m'avaient rebutée. Elles étaient contre vous, pas contre lui, et elles ne vous épargnaient pas. C'est pourtant un si bon livre ! Je vous ai applaudi à la fin. Je me suis dit : "Il est libre !"

— Naipaul a toujours un visage tellement sinistre ! a dit Maureen. Mais est-ce qu'*Une maison pour M. Biswas* n'est pas un livre merveilleux ?

— Vidia déteste qu'on ne parle que de ce livre-là.

— Le livre de moi que tout le monde mentionne est toujours *Ceux de July*.

— Patrick White se plaignait que tout le monde ne parle que de son *Voss*, qui est un grand livre. »

Nadine a approuvé et elle a dit que, de White, elle aimait aussi *A Fringe of Leaves* (« Je veux le relire »). La manière généreuse dont elle louait les talents de ses contemporains n'est pas une caractéristique fréquente, parmi les écrivains.

« Est-ce que cela vous ennuierait si je vous posais des questions à propos du succès de *Ceux de July* ? »

Elle a ri, et elle a dit que si les gens aimaient ce livre, c'était parce qu'il représentait leur pire peur secrète : devoir fuir un cataclysme politique, perdre leur maison, devenir des fugitifs dans leur propre pays, découvrir que leur monde est sens dessus dessous. C'était le cauchemar de tout Sud-Africain blanc, de se retrouver totalement dépendant de ses serviteurs noirs, réduit à vivre dans un petit village isolé.

« J'écrivais dans le présent ! a dit Nadine en référence aux années de sa création, soit de 1976 à 1980. C'était une très mauvaise période, ici. Tout arrivait et j'ai tout mis dans ce livre. »

Elle a dit qu'une fois terminée la rédaction de *Ceux de July*, elle s'était sentie moralement obligée de rester en Afrique du Sud. « J'avais l'impression de tout avoir connu. » Mais il y avait eu une période où elle avait sérieusement songé à quitter l'Afrique du Sud : à la fin des années 1960, quand elle écrivait *A Guest of Honor*. « Nous avons voyagé. Nous avions des amis au Zimbabwe et en Zambie. J'ai eu le sentiment que je pourrais envisager de vivre dans un de ces pays. Je suis africaine. C'est l'Afrique. » Elle avait besoin de rester près de l'Afrique du Sud.

« C'est ce que je croyais, a-t-elle ajouté. J'ai prêté attention à mes amis – presque tous blancs, presque tous expatriés, ils avaient des liens ailleurs. Quelle vie aurait-ce donc été pour moi ? J'aurais été une gentille Blanche qui s'intéressait aux Africains, mais qui vivait dans ce monde d'expatriés. Je n'ai pas pu m'y résoudre, et j'ai cessé de songer à partir.

— Étiez-vous membre d'un parti politique ? »

Ma question l'a fait sourire.

« Je suppose que j'aurais pu adhérer au Parti libéral, mais ils étaient si faibles – et qui représentaient-ils ? J'ai failli adhérer au Parti communiste sud-africain. Mais c'était trop tard pour moi. J'aurais dû le faire plus tôt. Pourtant je garde le plus profond respect pour les communistes d'ici. Jamais nous n'aurions conquis notre liberté sans eux. »

Raks était revenu, et il a raconté ce que cela lui faisait d'entendre parler des luttes pendant que, prisonnier politique, il était enfermé sur Robben Island. Les nouvelles du monde extérieur leur parvenaient sous forme de murmures et de messages griffonnés, car les journaux étaient interdits. Nadine avait réfléchi, pendant qu'il parlait.

« Je ne suis pas partie. Je suis restée. J'ai tout vu. Les gens qui sont partis... On ne peut en vouloir aux Noirs ; la vie était terrible pour eux. Mais les autres – les Blancs, les écrivains – quand ils sont partis, a-t-elle demandé après avoir secoué la tête, qu'ont-ils écrit ?

— J'ai pitié de ceux qui sont partis, a dit Maureen, qui ont raté ça. Toutes ces années. Et ça a duré si longtemps – au-delà de la libération de Mandela.

— Est-ce que ça ne continue pas encore ?

— Oui, en effet. Vous pouvez l'écrire », a dit Nadine.

Après cela, au volant de la voiture de Nadine – qui me servait de navigateur – je l'ai interrogée sur la santé de Reinhold. Elle a dit qu'elle était très mauvaise. Mais elle appréciait d'avoir eu un mariage aussi heureux. « Reini fumait beaucoup, a-t-elle dit. Fumer c'est agréable. Avez-vous jamais fumé du *dagga* ? » Elle s'est lamentée de voir le centre de Johannesburg si vide. Nous avons parlé de nos enfants. Une dernière fois, elle m'a souhaité un joyeux anniversaire et elle a ajouté : « Voyagez bien. Voyagez en toute sécurité. »

Ce n'est pas mal d'être Steppenwolf, ou le Cavalier Solitaire, ou Rimbaud, ou même moi. On visite des lieux, on les observe de près, et on passe au prochain, en profitant au mieux d'être « déconnecté ». Mais un soir comme celui-là, après des mois de voyage solitaire, me rappelait qu'un repas entre amis faisait du bien au moral, qu'un anniversaire n'était pas nécessairement une épreuve. J'avais pourtant été gêné. Une des nombreuses forces de Nadine était de tout remarquer. Les meilleurs écrivains sont des observateurs scrupuleux. Comme un anniversaire est une occasion de faire le point, de tirer un trait sous les comptes d'une année, j'étais certain qu'elle avait vu ma veste ougandaise rapiécée, mon pantalon trop large, mes chaussures éculées, mes tatouages, mes cheveux plus rares ; elle avait vu à quel point j'avais changé en vingt ans, depuis la dernière fois que je l'avais rencontrée. Je ne pouvais me plaindre, c'était la vie. Pourtant, alerte, intelligente, engagée et drôle, elle n'avait pas changé du tout.

*
* *

Le lendemain, Raks Seakhoa m'a invité à une lecture de poésie au Windybrow Theater. « Prenez un taxi ! » Le théâtre était situé dans un des quartiers les plus dangereux de Johannesburg. J'ai failli ne pas m'y rendre, parce qu'en quittant mon hôtel, j'ai rencontré un homme qui m'a dit que le grand événement, ce soir-là, était un match de foot entre les deux meilleures équipes d'Afrique du Sud : les Chefs contre les Pirates. En tant qu'étranger, il était de mon devoir de connaître ces grands sportifs locaux. « Vous pourrez acheter votre billet au stade », m'a-t-il assuré.

Mais j'ai préféré retrouver Raks au centre communautaire, qui avait été la demeure d'un millionnaire de Johannesburg (coupole, fenêtre à meneaux, vérandas, lambris), et après la lecture de poésie, remontant ses lunettes aux verres épais, Raks m'a raconté son histoire. Il avait été arrêté à dix-huit ans, dans un *township* proche de Johannesburg, et on l'avait emprisonné. On l'avait accusé de sabotage et aussi d'appartenir à une organisation illégale. Pendant sa garde à vue, il avait été torturé et battu. C'était à la fin des années 1970.

« Ils voulaient que je leur parle de l'ANC, mais je ne savais pas grand-chose, a dit Raks. Ce qui m'intéressait, c'était le Mouvement de la Conscience noire.

— Qu'en était-il de l'accusation de sabotage ?

— Nous avions participé à diverses actions, a-t-il dit d'un ton neutre. Mais les policiers étaient vicieux. Au début, ils se sont contentés de nous battre. Pas de questions, juste *pan*. On nous battait vraiment fort. Et ça a duré deux ou trois semaines. On nous a mis dans des sacs, on nous a jetés dans la rivière. Nous avons cru que nous allions nous noyer – nous connaissions des gens qui étaient morts ainsi.

— Ils ne vous interrogeaient pas ?

— Après ça, oui. Mais les coups continuaient. Ils voulaient savoir qui étaient nos amis – les détails. "Qui sont les communistes ?" Ce genre de choses. »

Raks parlait sans trop de colère, mais avec intensité, comme si tout cela s'était produit il y avait longtemps et dans une autre galaxie, très loin. Il était bien habillé, avec veste et cravate, comme au dîner d'anniversaire, mais il y avait chez lui quelque chose – des signes de fragilité – qui était très troublant.

« Ils ont cessé de nous frapper quand ils ont compris que nous n'avions rien à leur dire. Puis nous avons été jugés. Le procès a été rapide. Jamais on n'a parlé de torture, rien n'a été dit du traitement que nous avions subi. Nous avons été condamnés. J'en ai pris pour cinq ans. A l'époque, on purgeait chaque jour de sa peine.

— Parlez-moi de Robben Island. »

Robben Island, au large du Cap, était maintenant une destination touristique recherchée, mais éprouvante. Les visiteurs y étaient emmenés en bateau par d'anciens prisonniers, qui leur servaient de guides.

« J'y ai purgé toute ma peine, de 1979 à 1984. Il y faisait froid, il n'y avait aucun confort et il était impossible de s'évader. Comme je vous l'ai dit, j'y ai vu Nelson Mandela. Nous nous passions des bouts de papier sur lesquels nous griffonnions. »

Livres, papier et crayons étaient interdits, et on les confisquait quand on les trouvait. Même Mandela, le futur président, était soumis à cette règle, et on lui avait pris ses livres et tout ce avec quoi il pouvait écrire. Au lieu de lire, de s'instruire, de pratiquer une activité intellectuelle, ils devaient exécuter un travail manuel.

« On réparait les routes, car l'île avait été habitée, et les maisons, les routes, les églises, une léproserie y étaient toujours. La plupart du temps, on sortait du varech de l'océan, des algues de trois mètres. Elles étaient vendues à Taïwan et en Corée. »

C'était intéressant de savoir que les Chinois et les Coréens avaient dégusté avec leurs nouilles ces produits du Cap que des esclaves, suant sang et eau, avaient arrachés à l'océan. Mais Raks ne les a pas critiqués, il n'a pas eu de mots durs contre Margaret Thatcher ou Dick Cheney, qui avaient tous deux publiquement traité Mandela de terroriste ; il n'a montré aucune amertume envers les Belges qui achetaient les diamants, les Israéliens qui vendaient des armes et des denrées alimentaires à un gouvernement raciste décidé à emprisonner, torturer et tuer des êtres humains et à enfermer les Noirs dans des ghettos ; il s'est contenté de rire de ces Japonais qui s'étaient officiellement déclarés Blancs, en partie pour pouvoir commercer avec le gouvernement de ceux qui prônaient la suprématie blanche, mais surtout pour pouvoir être admis dans les clubs de golf, réservés aux Blancs.

« Quand je suis sorti, a continué Raks, j'ai été déporté au Bophuthatswana. »

Le Bophuthatswana était un Bantoustan, un misérable petit ghetto ne disposant que de mauvaises terres et de pauvres maisons et dont les habitants déplacés devaient pourtant réussir un « Développement séparé ». Les Bantoustans ont été démantelés depuis, les clôtures retirées, et ils constituent maintenant des réservoirs de main-d'œuvre et d'émigrants pour les bidonvilles entourant les grandes métropoles.

Telle était l'histoire de Raks. Il n'avait pas aimé la raconter. En l'écoutant, j'ai reconnu quelque chose de familier dans sa posture affaissée et dans son expression triste. C'était l'aspect ravagé de celui qui a fait une bien trop longue expérience de mort imminente : des années dans une cage. J'avais vu ce même regard dans le visage des Éthiopiens qui avaient été enfermés dans les prisons d'Addis, dans celui de mes amis qui avaient souffert de la tyrannie d'Idi Amin Dada en Ouganda, dans celui de Wahome Mutahi qui avait subi la torture de l'eau à Nairobi. C'était l'image même de l'abattement, qui ne reflétait pourtant pas un esprit brisé mais un corps cassé, un vieillissement précoce, une manière oblique d'avancer dans la vie, comme en se retournant pour regarder derrière soi. En un mot, leur esprit n'avait pas été brisé, mais leur santé avait bien été fracassée.

En rentrant ce soir-là, j'ai remarqué beaucoup d'agitation dans les rues. Le chauffeur de taxi était excité, échauffé. Il avait monté le son de la radio. J'ai craint une émeute, ou quelque désordre social, car des hélicoptères vrombissaient au-dessus de nous, sans parvenir à couvrir le hurlement des sirènes des ambulances.

« Des ennuis au match de foot, a dit le chauffeur.

— Quel genre d'ennuis ?

— Des gens piétinés. »

Ceux qui étaient arrivés tard au match, au nombre de quinze mille, avaient été piégés et écrasés dans un tunnel à l'entrée du stade. Ils n'avaient pu fuir nulle part, car soixante mille personnes remplissaient déjà le stade. Quarante-trois personnes avaient été tuées et des centaines blessées. Dès les premiers cris et la confusion qui avait suivi, le match avait été interrompu, puis annulé.

« Quelqu'un m'avait conseillé d'aller voir ce match.

— Ç'aurait dû être un match formidable. Mais la bousculade... Ah, c'est terrible, vieux ! »

*
* *

Grâce à un ami, j'ai rencontré Mike Kirkinis, guide de sites préhistoriques. Je l'ai immédiatement trouvé sympathique. Énergique et optimiste, il travaillait dur. Il n'était pas snob. Il m'a dit : « A Jo'burg, des Noirs me disent qu'ils viennent de la brousse, que leurs grands-parents gardaient des chèvres. Et je leur dis : "Eh, quelle coïncidence ! Mon grand-père gardait des chèvres, à Chypre." C'est vrai. Et c'est important de se souvenir d'où on vient. »

Mike avait à peine plus de quarante ans et possédait un hélicoptère. Il emmenait des gens visiter les sites archéologiques de Sterkfontein et de Swartkrans, des lieux pleins d'os d'humanoïdes, les sites les plus riches en fossiles d'Afrique du Sud et même du monde, classés au Patrimoine mondial. J'ai convenu de partir avec Mike le dimanche matin suivant.

« J'emmènerai mon amie. Nous pourrons pique-niquer. »

Son amie, une vétérinaire allemande, s'appelait Sybilla. Belle femme d'un mètre quatre-vingt-cinq, elle possédait un Rottweiler, mais en tant que vétérinaire, sa spécialité était la santé des éléphants. L'année précédente, alors qu'elle était en expédition au Mali pour traiter un troupeau, une bête trop peu tranquillisée par la fléchette anesthésiante qu'elle lui avait envoyée s'était levée brusquement, l'avait jetée au sol et l'avait piétinée, lui brisant le bassin et les jambes. Mike s'était envolé pour Bamako afin de l'aider, et elle s'était rétablie en quelques mois. Jamais on n'aurait pu deviner qu'elle avait failli être tuée par une énorme patte d'éléphant, à moins de céder à la tentation, comme moi, et de regarder attentivement ses jambes. De petites cicatrices n'enlevaient rien à leur beauté ; elles indiquaient seulement sa force et son courage. Elle avait de longs cheveux soyeux, des yeux bleus perçants et elle pilotait habilement l'hélico.

« Elle intimide les gens, m'a dit Mike.

— Pas moi. Je veux dire que si quelqu'un voulait aller au bout du monde, c'est avec elle qu'il faudrait partir. »

Une fois dans les airs, Mike m'a expliqué ce que je voyais en dessous de nous : le haut plateau sur lequel Johannesburg était construit – le Witwatersrand, ou haut Veld – nettement surélevé, parce que (a-t-il dit) un astéroïde avait frappé la planète à cet endroit précis quelques milliards d'années plus tôt et réorganisé le paysage, déplaçant la mer intérieure en poussant les récifs aurifères, de grosses masses rocheuses, plus près de la surface. L'or découvert en 1886, avait été à l'origine de Johannesburg ; les diamants, eux, avaient été trouvés en grande quantité à Kimberley, une vingtaine d'années plus tôt.

Cette excursion en hélicoptère m'a procuré un plaisir coupable parce que, si je refusais les trajets en avion, j'ai adoré survoler les faubourgs de Johannesburg, voir les demeures qui prouvaient que les Blancs avaient fui la ville, et les Noirs aussi. D'en haut, on voyait les regroupements d'immeubles de luxe dans des quartiers fermés, des demeures avec piscine et paddocks pour les chevaux, et à côté les bidonvilles, les quartiers occupés par des squatteurs. On voyait tout.

Voler avec Mike constituait aussi un véritable cours de langue. Le Grand Escarpement, le *vlei* (marais), les *kloofs* (ravines), les *kopjies* (petites collines), les pistes étroites à travers le veld qu'on appelait *spoor*, une large *wildtuin* (réserve animalière), le *snelweg* (l'autoroute), le *vrymaak* (la route nationale). J'ai aussi appris le nom des divers détritus des mines d'or, car elles produisaient d'énormes quantités de déchets et de boues qui remplissaient des fosses et s'élevaient comme des barrages.

Nous avons atterri à Swartkrans, parce que tous les cars de touristes étaient à Sterkfontein.

« C'est là qu'on a trouvé les plus anciens ossements du monde », a dit Mike.

Il nous a entraînés dans un système de cavernes, par un sentier étroit. Des os blancs sortaient des murs comme des fragments de silex et de craie. En y regardant de près, on distinguait facilement des molaires, des vertèbres, de longs os creux ayant appartenu à des membres, des talons et des canines, et des morceaux de crânes.

Toutes les surfaces verticales étaient incrustées de morceaux d'os cassés.

« Ce site contient la preuve du premier usage contrôlé du feu par l'homme, a dit Mike au fond de la caverne. Il s'agit sans doute là du tournant majeur de l'évolution humaine, il y a un million d'années. Imaginez la différence qu'a fait le feu ! Il a conféré aux hommes la capacité de maîtriser leur environnement et de devenir l'espèce la plus destructrice de l'histoire de la planète. »

On avait aussi trouvé dans cette caverne des restes d'outils préhistoriques en os faits de la main de l'homme, et des preuves que les hommes qui vivaient là avaient été la proie de gros animaux. On fouillait le site de Swartkrans depuis les années 1930, a dit Mike, et on avait découvert que deux types d'hominidés primitifs y avaient coexisté il y avait presque deux millions d'années, l'*homo erectus* et l'*homo robustus*. Mais pendant ces deux millions d'années, cette caverne avait toujours été occupée. En plus des premiers hommes, des animaux l'avaient utilisée comme tanière. Pendant des centaines d'années, elle avait servi d'abri aux bergers africains, et des soldats boers l'avaient investie au cours de la guerre des Boers. Plus récemment, ce genre de cavernes étaient devenues les cachettes privilégiées de la guérilla africaine dans sa lutte pour renverser le gouvernement blanc.

Avec Sybilla aux commandes, nous avons gagné une vallée écartée où nous avons pique-niqué près d'une source fraîche, entourés de chants d'oiseaux et de papillons ocre, surveillés par des faucons.

« Les êtres humains ont évolué ici, a dit Mike. Juste à cet endroit où nous sommes assis, nous avons trouvé des outils en pierre, des ossements, et tout le reste. L'Afrique se prêtait parfaitement à l'évolution. Mais vous voulez que je vous dise une chose ? »

Sybilla brossait ses longs cheveux près de la source. Elle a levé les yeux vers Mike, et j'ai moi aussi détourné mon regard des cheveux de Sybilla qui s'envolaient du peigne pour lui accorder toute mon attention.

« Il est probable qu'aucun de ces ossements ne sont ceux de nos ancêtres directs.

— Et moi qui croyais que j'avais vu Adam et Eve, dans cette caverne !

— Que faites-vous demain ? J'aimerais vous présenter quelqu'un. Il a élaboré une théorie surprenante. »

*
* *

L'homme que Mike m'a présenté dans un bar à sushis d'une galerie marchande de luxe, à Johannesburg, était le professeur Lee Berger. Il était chef de la section de Paléoanthropologie du département de Recherche et d'Exploration de l'université de Witwatersrand. Un paléoanthropologue étudie les anciens êtres humains ; le professeur Berger m'a expliqué que cette science, qui permet d'avoir la vision la plus large possible de l'histoire, est « un des grands privilèges... de l'être humain », puisqu'il s'agit de mener de vastes recherches concernant nos propres ancêtres, si peu connus.

Il avait publié en 2000 *In the Footsteps of Eve*, où, « dans les pas d'Eve », il exposait le sujet de ses recherches. Américain authentique, né en Géorgie moins de quarante ans plus tôt, il avait une théorie : les ancêtres directs de l'humanité ne se trouvaient probablement dans aucun des os fossilisés ou non qui avaient été retrouvés en Afrique ni ailleurs. Oui, des espèces humanoïdes avaient été retrouvées et leur anatomie était plus proche de la nôtre que de celle des chimpanzés. Mais s'il existait une extraordinaire proximité, il n'y avait pourtant pas de lien direct avec nous. Nos vrais ancêtres n'auraient pas encore été trouvés.

« Et qu'en est-il de ces gens qui font état de trouvailles stupéfiantes, ai-je demandé, qui prétendent avoir découvert "l'ancêtre de l'homme" ? Il y en a eu un autre cette année même.

— Le Kenyanthropus... a dit le professeur Berger avec un sourire. Imaginez un peu, donner un nom à une nouvelle espèce, juste comme ça ! Et si vite – trois semaines entre la révélation des découvertes et l'acceptation de la dénomination.

— Vous n'y croyez donc pas ?

— Les paléoanthropologues sont en compétition pour obtenir des fonds et des bourses. Ils ont donc une tendance aux annonces tonitruantes sur la découverte de nos ancêtres. Si vous avez besoin d'argent pour vos recherches, cela vous aide de faire les gros titres. »

La franchise et la prudence sceptique du professeur Berger, son insistance à présenter les fossiles dans leur vrai contexte, son habitude de douter toujours et d'exiger des preuves, lui avaient valu beaucoup d'admirateurs et quelques ennemis. Comme la paléoanthropologie fait jouer beaucoup d'interprétations et de « résonances émotives », les rivalités sont inévitables et la concurrence entre scientifiques et chasseurs de fossiles est intense. Il a dit que les membres de la famille Leakey, qui se faisaient concurrence entre eux, n'avaient pas trouvé Adam dans la gorge d'Olduvai, et que pour lui, le squelette de Lucy, vieux de 3,2 millions d'années, et que j'avais vu à Addis-Abeba, n'était pas Eve, mais un singe d'un mètre de haut qui marchait sur deux pattes et possédait une mâchoire semblable à celle des chimpanzés.

« Elle figure dans notre arbre généalogique. Nous étions des singes jusqu'à il y a deux millions d'années. Nous sommes devenus *erectus* – nous avons acquis des compétences, nous avons su contrôler le feu, nous avons appris à chasser, à fabriquer des armes. Mais le fossile de Lucy est probablement une impasse. »

« Arbre généalogique » n'était pas une expression qu'il utilisait beaucoup, car, a-t-il dit, ce concept faisait naître dans l'esprit une représentation erronée de la progression de nos origines. La notion d'arbre était trop simple et trop linéaire. Le schéma de notre lignée serait mieux représenté par un « buisson touffu ». Contester la découverte de fossiles lui avait bien sûr valu de fervents supporters, dont les créationnistes, qui croyaient littéralement à Adam et Eve, au Déluge, à la femme de Lot transformée en statue de sel. Sortant les mots du professeur Berger de leur contexte, les créationnistes citaient ses ouvrages pour preuve que Darwin et ses hérésies n'étaient rien d'autre que des subterfuges destinés à retirer Dieu des écoles américaines.

Mais on pouvait comprendre qu'on ne sache que très peu de choses sur nos ancêtres. « L'étude des origines de l'homme, a-t-il dit, n'a que trente ou quarante ans. C'est tout. Avant, c'était comme collectionner les timbres. »

Le professeur Berger était venu en Afrique du Sud dans les années 1980 après un passage au Kenya, où il avait assisté Richard Leakey pour les fouilles du lac Turkana, dans le nord-ouest du pays. A l'époque, l'Afrique du Sud espérait encore qu'on y fasse des découvertes. A cause de l'arrivée au pouvoir du parti nationaliste en 1948 et du boycott universitaire contre la politique de suprématie blanche de ce parti, il n'y avait plus eu de fouilles en Afrique du Sud pendant quarante ans – aucune découverte de 1948 à 1989, aucun travail en paléoanthropologie. De plus, beaucoup des fossiles trouvés avant ces dates n'étaient d'aucune utilité parce qu'on ne pouvait les dater.

« Ce n'est pas comme en Europe, où ils ont des sites lacustres. Les sites lacustres sont faciles à dater. Ici, nous n'avons pas d'activité volcanique. Pas de signaux géochimiques. Aucun des chercheurs ne savait précisément ce qu'il avait trouvé. »

En 1990, quand le professeur Berger a commencé à se pencher sérieusement sur les fossiles, il n'y avait que cinq sites où on avait officiellement trouvé des hominidés, en Afrique du Sud. « Mais il y avait des dizaines de cavernes – des dizaines et des dizaines, a-t-il dit. J'ai commencé par me promener dans la brousse autour de

Krugersdorp – non loin de Swartkrans. Je voyais une caverne, et on se mettait à creuser pour trouver des fossiles. Il y en avait partout. Quand on a commencé à fouiller à Gladysville, en deux semaines, on a trouvé des fossiles d'hominidés. Dans certaines cavernes, nous avons trouvé des hominidés qui avaient été tués par des machairodontinés – cette espèce maintenant éteinte de tigres aux canines supérieures en forme de sabres. Non, pas le contraire ! »

À propos de l'Afrique, de la signification plus large des fossiles, le professeur Berger a perdu sa réserve en évoquant des « liens incroyables que créent les fossiles », la manière dont ils rapprochent les gens. La leçon de l'évolution en Afrique n'était pas le tribalisme et la division, mais la coopération.

« Tous les événements critiques du développement de l'*homo sapiens* se sont produits en Afrique », a-t-il dit.

Dans son *In the Footsteps of Eve*, il avait écrit :

> L'humanité est le produit de l'Afrique. Nous sommes ce que nous sommes aujourd'hui parce que nous avons été modelés par notre environnement – et c'est l'environnement africain qui a hébergé presque tous les changements majeurs de notre évolution au cours de notre voyage vers l'humanité.

« La morphologie du visage, la manière dont nous avons perdu nos canines, la définition même de notre humanité ! a-t-il dit. Nous sommes définis par les relations paisibles, par la coopération. Ces qualités se sont développées ici, en Afrique. »

Nous étions quatre, au bar à sushis : le professeur Berger avait amené un ami, et Mike m'avait amené, moi.

« Regardez-nous, a dit le professeur Berger. Vous ne pourriez faire se concerter ainsi aucun autre mammifère. C'est la preuve que nous sommes une espèce coopérative.

— Alors peut-être y a-t-il de l'espoir pour le monde ! a dit Mike en prenant une bouchée au thon épicé.

— Il ne fait aucun doute que nous sommes une espèce paisible. Nous avons acquis un visage pédomorphique – semblable à celui d'un enfant, non menaçant. Allez-y, Paul, menacez-moi avec votre visage. »

J'ai tenté de prendre un air féroce.

« Vous voyez ! s'est réjoui le professeur Berger, il n'a pas montré les dents ! Les mammifères expriment la menace en montrant les dents, mais pas les êtres humains. La guerre est symbolique – elle l'était en tout cas jusqu'à ce siècle. L'idée de meurtre de masse est assez récente. »

Un des événements humains récurrents dans l'histoire, et qui m'avait toujours fasciné, était le « premier contact ». Les occurrences les plus frappantes se sont produites au cours de voyages d'explorations et de découvertes. En général, on imagine le « premier contact » comme on a représenté Christophe Colomb rencontrant son premier Arawak, qu'il prend pour un Indien. Mais il faut penser à l'inverse, à l'Arawak qui rencontre un petit Italien bien gras qui tient à la main un exemplaire des *Voyages* de Marco Polo sur le pont d'une caravelle. L'année du premier contact, en 1778, les Hawaiiens ont cru que le capitaine Cook était le dieu Lono. Les Aztèques, en 1517, ont pris les Espagnols pour des avatars de Quetzalcóatl, le Serpent à Plumes, le Dieu du Savoir et du Vent. Les Inuits du cercle polaire croyaient qu'ils étaient seuls au monde, et quand, en 1821, ils ont vu leur premier étranger blanc, Sir William Parry, l'explorateur, ils lui ont demandé : « Etes-vous du soleil ou de la lune ? »

En 1930 encore, des prospecteurs d'or australiens et des habitants de Nouvelle-Guinée se sont rencontrés pour la première fois. Les Australiens méfiants ont pris les indigènes des hautes vallées pour des sauvages, tandis que les indigènes, croyant que les Australiens étaient les fantômes de leurs propres ancêtres morts qui leur rendaient visite, se sont senti une parenté avec eux et leur ont donné à manger en se disant : ils sont comme les gens qu'on voit en rêve. Mais les Australiens cherchaient de l'or, et ils ont tué les indigènes qui n'étaient pas coopératifs.

Nous en avons parlé, et cela convenait bien à quatre étrangers en train de discuter des éléments d'une rencontre, de l'espoir que recelait notre aimable déjeuner. Le « premier contact » était un événement vivant et récurrent pour chacun de nous – tomber sur un étranger dans le métro, se retrouver avec un inconnu dans un ascenseur, toucher le coude d'un autre passager dans un avion, à un arrêt de bus, à un comptoir, sur la plage, à l'église ou au cinéma, partout où on est jetés ensemble et où il faut s'en accommoder. Pour le voyageur, le « premier contact » est l'histoire de sa vie, et c'était un des motifs de mon safari africain, l'élan qui m'avait fait traverser le désert soudanais, passer la frontière éthiopienne dans une bétaillère, voguer sur le lac Victoria sur un vapeur ou en pirogue sur le Zambèze, déjeuner dans une ferme à Harare, et ici, dans ce bar à sushis.

« Tout ce qui entoure le "premier contact" tend à prouver que nous sommes une espèce pacifique, a résumé le professeur Berger. L'agression vient plus tard. »

L'Afrique, ancienne à l'échelle humaine, était le meilleur lieu où étudier nos ancêtres, a-t-il dit. L'humanité avait réussi à s'y développer sans partir, avait parcouru ce lieu immense avec sa terre généreuse, son bon climat et ses abris nombreux. L'Afrique avait tout, l'Europe pas grand-chose, ce qui explique pourquoi des êtres humains vivaient en Afrique cent soixante mille ans avant qu'un être un tant soit peu humain existe en Europe.

« Nous sommes une espèce côtière – historiquement, nous avons toujours vécu avec un accès à la mer, a expliqué le professeur Berger. C'est d'autant plus vrai en Afrique. Nous avons été capables de conquérir un environnement marin. Quand nous n'avons plus eu d'animaux à tuer, nous nous sommes tournés vers la mer. Il n'y a jamais de mauvaise saison, si vous savez pêcher. »

Une des théories dont il avait parlé dans son livre voulait que le cerveau plus gros des premiers humains soit dû au régime marin riche en protéines dont on pouvait bénéficier sur la côte africaine.

« Mais qu'en est-il, ai-je demandé, des gens qui ont toujours vécu dans les forêts d'Afrique, dans la jungle, dans les déserts, même.

— Au fil de l'histoire, les gens des forêts ont été écartés, a-t-il répondu. Regardez les Pygmées de la forêt Ituri, les Arabes nomades du désert, les Khoisan et certains Indiens d'Amérique. Les peuples qui vivaient loin des voies d'eau ont vite été marginalisés. »

Il avait dépeint un tableau très persuasif : nous, les humains, étions paisibles, pleins de ressources, coopératifs. Mais il y avait le revers plus sombre de la médaille. Peu après le déjeuner, un psychologue de Johannesburg m'a décrit l'Afrique du Sud comme « une société qui sort de l'abîme ».

C'était Saths Cooper, un collègue et ami de Steve Biko, qui avait été assassiné. Le militantisme politique de Cooper lui avait valu neuf ans d'emprisonnement, dont plus de cinq ans sur Robben Island. Il était devenu médecin et occupait une chaire à la Société professionnelle de Psychologie, au sein du Conseil des Professions de Santé d'Afrique du Sud. « Nous n'avons pas encore pris la mesure de la dépravation dans laquelle nous vivons. »

Pour les esprit les plus éclairés, l'Afrique du Sud était une société concernée par la justice, qui se souvenait noblement de son passé meurtrier par l'intermédiaire de la Commission de Vérité et de Réconciliation, qui tentait de prendre à bras-le-corps les problèmes d'un présent lourd de conflits. La peine de mort avait été abolie, la pitié et le pardon figuraient dans chaque sermon et dans la plupart des discours politiques. Mais à un autre niveau, on approchait de la sauvagerie quand on voyait les statistiques criminelles – cinquante-cinq meurtres par jour, un viol toutes les vingt-trois secondes. Et ce n'étaient là que les incidents dont on avait officiellement connaissance – les chiffres réels étaient bien plus élevés. L'organisation sociale de l'Afrique du Sud – probablement la plus ouverte d'Afrique – disposait d'une presse libre, ne souffrait presque d'aucune censure, ne connaissait plus la terreur politique et avait produit une littérature de valeur en deux langues. Son ouverture même assurait que chaque manquement, chaque crime, chaque transgression étaient étudiés en détail.

Au niveau de la population, une sous-culture commerciale commençait à se développer en bordure des villes, en partie en réponse à l'insécurité et aux nombreux crimes dans le centre des villes, mais aussi parce qu'il y avait suffisamment de consommateurs disposant d'argent à dépenser pour des vêtements et des restaurants. Les banlieues de Rosebank et de Sandton étaient multiraciales et assez sûres, et leurs galeries marchandes ornées de verdures étaient sereines.

Entendre un sage paléoanthropologue, qui connaissait ses hominidés, dire, en nous voyant tous quatre, étrangers les uns aux autres, assis à la même table, que nous étions pacifiques, que nous étions une espèce destinée à coopérer, m'a redonné espoir. C'était en effet une raison d'espérer, et le fait qu'il l'ait dit alors que nous déjeunions en toute sécurité dans un restaurant propre d'un centre commercial africain, était aussi un signe d'espoir.

20 — Vie sauvage à Mala Mala

La grande raison qui attire la plupart des gens en Afrique, c'est la possibilité de voir des animaux dangereux en toute sécurité depuis une confortable Land Rover, coiffé d'un chapeau ridicule, une liste d'animaux entre les mains. En fin de journée, il faut avoir coché les Cinq Grands. Je n'aurais pu cocher qu'un d'entre eux, un *tembo* titubant que j'avais aperçu par hasard du train, en Tanzanie. J'avais beau désespérer du tourisme en Afrique et me moquer des voyeuristes qui ne font que déranger les animaux dans la brousse, j'avais envie de gratifier mon propre safari improvisé d'une semaine d'observation de la faune sauvage pour laquelle l'Afrique est célèbre.

J'en avais vu si peu – quelques hyènes montrant les dents à Harar, de timides gazelles au Kenya, quelques girafes au galop et mon éléphant qui avançait péniblement aperçus depuis ma fenêtre du Kilimandjaro Express, quelques hippopotames pommelés dans la Shire, une autruche qui m'avait regardé au Zimbabwe, des dik-diks et des babouins çà et là, des oiseaux partout. Pas de rhinocéros, pas de léopard, pas de troupeau de quoi que ce soit. Mais je me sentais proche des animaux maladroits, car je les voyais solitaires dans la brousse, et tous étaient plus ou moins en fuite – les gazelles étaient parties en levant les genoux comme pour une course d'obstacles.

Les créatures les plus dangereuses que j'avais vues jusque-là en Afrique avaient été les bandits *shiftas* qui, au nord de Marsabit, avaient tiré des coups de feu en direction du camion dans lequel je me trouvais : des hommes sauvages. Les plus exotiques avaient été les prostituées ougandaises dans leurs atours nocturnes qui, dans les rues bordées d'arbres de Kampala, m'avaient susurré des choses à l'oreille : des femmes sauvages.

Un an environ avant que j'entreprenne mon voyage africain, des touristes avaient été massacrés en plein safari à la frontière entre l'Ouganda et le Ruanda, où ils étaient venus voir des gorilles. Non contents de déranger la solitude de ces pauvres bêtes dont le nombre était pathétiquement bas, non contents d'envahir leur habitat toujours plus réduit pour pouvoir raconter qu'ils avaient fait la plus grande expérience qui soit avec des primates en touchant la main, en pinçant les doigts d'un dos argenté de trois cents kilos et de sa compagne dans l'habitat humide et boisé du gorille déconcerté, une douzaine de randonneurs s'étaient introduits dans la forêt Bwindi des montagnes ougandaises, presque impénétrable, et ils avaient été attaqués – non par des singes, mais par des rebelles hutus armés. Huit touristes avaient été tués ; les autres, emmenés en captivité, étaient parvenus à s'enfuir. Tout en feignant de craindre tous les animaux dangereux et imprévisibles de l'Afrique, la plupart des visiteurs étrangers redoutent surtout les Africains, dangereux et imprévisibles. Comparés aux hommes, les Cinq Grands étaient plutôt calmes, inoffensifs et prévisibles.

En Afrique, on emmène prestement les touristes jusqu'aux réserves animales, et en quelques jours, ils peuvent se vanter d'avoir mis en boîte des photos des Cinq Grands sans une seule histoire horrible à regretter. A la fin du safari, les voyageurs étrangers, dans les traces des prétentiards privilégiés d'il y a un siècle, vont noter leur voyage, comme j'allais le lire à mon retour dans une revue de voyage américaine [1].

« [Le personnel africain] essaie de vous faire plaisir »... « [Le personnel africain] fait tout pour vous – vous vous sentez vraiment choyés »... « [Le personnel africain] vous réveille doucement avec un délicieux petit déjeuner au lit »... « Les serveurs [africains] sont toujours prêts à organiser un pique-nique quand vous en avez envie »... « Aucune crainte d'être ennuyés par des insectes », et à propos d'un *lodge* en Tanzanie, près du cratère du Ngorongoro : « Après le safari guidé et les visites culturelles, votre serviteur vous fait couler un bain. »

C'était le safari africain le plus propret qui soit, celui des pleins aux as, des minables prétentieux, des romantiques perchés, dans des *howdahs* de luxe, sur des éléphants, pour gagner l'Okavango, celui de ceux qui pique-niquent à Amboseli (« Voudriez-vous passer la moutarde à ce Monsieur, Nigel ! »), celui des tentes

1. *Condé Nast Traveler*, janvier 2002.

luxueuses dans le Masai Mara et le Serengeti. C'était l'Afrique du « Oui, *bwana* », des rêveurs et des jeunes couples en lune de miel, de ceux qu'on appelle les « consommateurs de voyages » en costume kaki de créateurs. Cette Afrique, où les porteurs de fusils d'Hemingway sont devenus des serviteurs zélés et des traqueurs de gibier, est à la portée de tous ceux qui, comme Ernest, ont beaucoup d'argent et s'intéressent peu aux Africains. Dans un moment de franchise, alors qu'elle rédigeait un récit de voyage, Martha Gellhorn, l'avant-dernière des quatre épouses d'Hemingway, qui parfois résidait au Kenya, a confessé son indifférence aux Africains. Dans *Travel with Myself and Another*, sans vouloir offenser quiconque, elle a avoué que son amour pour la nature africaine « n'englobait pas l'humanité ni ses différents modes de vie ».

Le safari idéal comprend un vol charter, des Africains obséquieux, des plats gastronomiques, des vestes de brousse du rayon sport de chez Harrods, des casques coloniaux de chez Holland and Holland, des chaussures spéciales à cinq cents dollars de chez Gokey « garanties résistantes aux morsures de serpent » et l'indispensable « chemise éléphant dans la brousse » de chez Orvis – ce dernier article étant présenté de manière pittoresque dans leur catalogue de vêtements du printemps 2002 :

> Notre safari africain en train vous conduira en neuf jours de Pretoria jusqu'aux chutes Victoria, avec des arrêts en chemin pour chasser dans le « veld », où plus de cent rabatteurs conduiront le gibier d'eau, pintades et francolins, jusqu'à vous. Dans le désert, vous tirerez le ganga de Namqua depuis les postes de tir en pierre traditionnels, quand des milliers d'oiseaux gagnent les trous d'eaux au petit matin. Cette chemise est conçue pour ce genre d'aventure.

C'était très loin de mon « safari contre l'adversité », qui comprenait les transports publiques, les mycoses, les extorsions, les lépreux moqueurs, les chambres crasseuses, la nourriture immangeable, les intestins en feu, les animaux qui s'enfuyaient à mon approche, les salles de classe délabrées, les retards incessants et les menaces : « Il y a des méchants, là-bas » et : « Donne-moi de l'argent ! » Le consommateur de voyages rêvait de prendre l'avion pour aller passer quelques jours dans une résidence au bord d'un lac, au Malawi ; moi, au Malawi, j'avais été horrifié – comme un Malawite pieux aurait pu le dire en citant la Bible – par les années qu'avaient dévorées les sauterelles (Joël 2, 25).

Mais si je détestais les ennuis, les difficultés ne me rebutaient pas, et si j'avais supporté quelques misères, j'avais aussi découvert des splendeurs, vécu des aventures, trouvé des amis. J'avais traversé bien des frontières, pique-niqué près de la Sixième Cataracte du Nil, navigué sur le lac Victoria, pagayé sur le Zambèze et passé une journée avec mon vieil ami le Premier ministre de l'Ouganda. En route, chaque fois que quelqu'un me demandait de résumer mon safari, je bafouillais, puis je devenais muet, car c'était moins un voyage qu'une expérience de disparition, une longue période de ma vie passée seul en improvisant ma route à travers le continent le plus vert. J'étais fier de ne pas pouvoir dire : « L'Afrique, c'est formidable ! » « Nos serviteurs étaient charmants », « J'ai eu un nettoyage de peau, au *lodge*, et Wendy s'est fait faire une pédicure », « Nous avons mangé de l'éland bourguignon ! » « Il y a eu une espèce d'émeute, dans la capitale, et on ne s'est rendu compte de rien ! » ou « Mon serviteur m'a fait couler un bain ».

Pourtant, j'étais tellement pris par mon voyage, que je ne le remettais presque pas en question. Au bout d'une semaine à Johannesburg, j'avais envie de bien plus. En regardant une carte de l'Afrique, j'ai vu que je n'étais pas très loin de mon terminus, Le Cap, et j'ai décidé de faire un détour dans l'autre direction.

Mala Mala, une réserve animalière adjacente au parc Kruger, m'avait été chaudement recommandée par un ami en qui j'avais confiance. C'était juste au nord des vergers de Nelspruit, à environ cinq cents kilomètres à l'est de Johannesburg, si près de la frontière du Mozambique que les éléphants mozambicains la traversaient pour grignoter l'écorce des arbres. Un des points forts de Mala Mala était que sa réserve s'étendait sur trente kilomètres le long d'une rivière, loin de tout village ou des zones préférées des braconniers. Le gros gibier est plus heureux dans une verdure généreuse, protégé des dangers extérieurs, près d'une source d'eau qui coule toute l'année.

En allant à Nelspruit, j'ai rencontré Hansie, mi-Boer, mi-Anglais. Il a répondu avec lenteur à mes questions, comme s'il n'écoutait pas ou ne trouvait pas ses mots. « Parfois, m'a-t-il dit, mon cerveau va plus vite que ma langue. » Je l'ai un peu interrogé sur lui et je n'ai pas tardé à comprendre la raison de ses réponses lapidaires quand j'ai entendu son fort bégaiement. Il avait passé cinq ans dans l'armée d'Afrique du Sud et il y avait beaucoup souffert.

« J'étais dans le *Koevoet*, a-t-il dit en expliquant que ce mot signifiait "pince à levier" en afrikaans. C'était la branche militaire du renseignement. Je n'avais que dix-huit ans.

— Comment vous êtes-vous retrouvé là ?

— Je ne sais pas. Je crois que c'est parce que tout le monde s'engageait. Mais j'ai été intégré dans un groupe très dur. Notre commandant était parti en Amérique pour se former chez les Marines, puis en Grande-Bretagne, il avait suivi les cours du SAS. Il a adapté ces enseignements à notre entraînement.

— Ça devait être très pénible, ai-je dit en pensant aux épreuves physiques qu'exige ce type d'entraînement. Qu'est-ce qui était le pire, pour vous ?

— Le pire ? Ah, eh bien, je n'étais pas prêt à tuer des gens – pas autant de gens. Tuer vraiment... A ça, on ne peut pas vous entraîner, vous comprenez. »

Il n'avait pas compris ma question : je parlais des marches forcées, de la nage en apnée, des efforts physiques inhérents à l'entraînement des commandos.

« Mais c'était eux ou nous, a-t-il dit doucement. Ah, il fallait qu'on le fasse, sinon, on y passait. On était en Namibie. On se battait contre la guérilla SWAPO [1]. Je m'occupais de contrer les rébellions, et je crois que je faisais bien mon travail. Mais c'était quand même terrible, vieux !

— Quelle était votre mission, précisément ?

— Il fallait pouvoir entrer dans un camp de guérilla et le détruire sans laisser la moindre trace de notre passage.

— Cela voulait dire tuer tout le monde.

— Ah, oui ! Tout le monde. Et le faire seul, si on perdait son coéquipier – ce qui arrivait, parfois. Moi-même, j'ai perdu mon partenaire, mais pas dans la brousse. Il était noir, namibien. Il est allé dans un pub célébrer son anniversaire. Un informateur de la SWAPO s'y trouvait. Il a appelé des copains et leur a dit que quatre de nos hommes étaient là. Les gars de la SWAPO sont entrés dans le pub et se sont mis à tirer. Mais, vous comprenez, la fête avait commencé, et une femme savait que c'était l'anniversaire de mon partenaire. Elle s'est jetée devant lui pour le protéger.

— Incroyable !

— Ouais. Mais ils lui ont tiré dessus, ils ont tué mon partenaire, et ils ont tué les autres. Quatre morts. Ils ont laissé la femme se vider de son sang. »

C'était une histoire horrible, sans morale. Quand j'ai pu réagir, j'ai demandé à Hansie quel anniversaire célébrait son ami.

« C'est ça qui est intéressant. Ouais. Il avait vu toute sa famille tuée par des tireurs de la SWAPO, et c'était pour ça qu'il s'était

1. South West Africa People's Organisation, l'organisation populaire des Africains du Sud-Ouest qui, en 1990, a donné à la Namibie son premier président, Sam Nujoma.

enrôlé, à quatorze ans. Il était grand, et personne n'a de carte d'identité, par là. Personne ne connaissait son âge. Il célébrait son seizième anniversaire.

— Et la SWAPO a pris le pouvoir.

— Tous ces gens contre lesquels nous nous sommes battus sont maintenant au pouvoir – en Namibie, au Zimbabwe et ici, a ricané Hansie avec amertume. C'est fou ! On disait qu'ils étaient communistes. Est-ce qu'ils l'étaient ? Ils étaient entraînés par les Russes. La Chine ou Cuba leur fournissait des armes. Ils savaient les utiliser. Et les mines ! Ils avaient des mines russes en bakélite qu'on ne pouvait pas détecter. C'était vraiment mortel. Des amis à moi ont sauté sur ces mines. J'ai perdu tant d'amis – et pourquoi ? »

Après m'avoir raconté sa triste histoire, Hansie était bouleversé. Mes questions l'avaient conduit trop loin sur la route sinistre de ses mauvais souvenirs. Mais c'était souvent le cas en Afrique du Sud. Quelques questions réveillaient des réminiscences, rappelaient le passé, et le passé, en Afrique du Sud, était assombri par les martyrs.

« Ah ! Si je perdais un de mes gosses dans un truc comme ça, je deviendrais *doolaly* ! » a conclu Hansie.

Plus nous approchions du camp de Mala Mala, plus les arbres étaient mâchonnés et piétinés, comme si une tornade était passée par là, qu'elle avait déshabillé et fracassé les bois.

« Les éléphants », a dit Hansie.

Il m'a expliqué qu'à cause de la chasse, il n'y avait presque plus d'éléphants, par ici, dans les années 1960. Il y en avait maintenant plus de six cents dans cette région qui ne pouvait en faire vivre que 150 environ – d'où les dégâts.

Il a montré un troupeau de buffles, certains portant sur leur dos des oiseaux qui les débarrassaient de leurs parasites, d'autres qui nettoyaient leurs plaies. Il y avait aussi deux phacochères. « Le plus gros est blessé. Un léopard, probablement. Il y en a qui s'en sortent, vous voyez. » Les phacochères ont tourné vers nous leur tête brutale ornée de défenses, l'air apparemment indigné qui n'était que leur manière de se mettre en alerte.

Mais je regardais à peine, je n'entendais même pas vraiment, car je repensais à ce que Hansie m'avait dit : *Ah, eh bien, je n'étais pas prêt à tuer des gens – pas autant de gens*. J'avais entendu des histoires de mutilations, de personnes piétinées, éventrées, mais ces massacres contre les insurgés étaient bien pires. L'enfant qui s'était engagé à quatorze ans parce qu'il avait vu tuer toute sa famille ; son anniversaire de seize ans dans un pub ; la trahison ; l'arrivée de l'ennemi arme au poing ; la femme qui avait protégé le jeune homme, et les remords de Hansie. Il y avait d'autres mots pour dire « fou », mais il avait utilisé celui qui évoquait la forme la plus extrême de la folie militaire, et qui était représentée par Deolalie, un asile d'aliénés à Bombay, au XIXe siècle.

A ce stade de mon voyage, après avoir vu autant de l'Afrique, il m'était impossible de prendre la direction d'un *lodge* de safari sans comparer l'astuce des animaux avec la sauvagerie humaine. Je crois que j'avais réduit les risques, en Afrique de l'Est et du Centre, en admettant qu'en tant qu'étranger blanc, j'étais une proie, et en évitant les prédateurs – j'avais imité les animaux : j'avais bougé vite de jour, en restant sur mes gardes, et je n'étais pas sorti la nuit. Les prédateurs sont surtout des animaux nocturnes – les lions et les hyènes dorment et se distraient pendant la journée. Et à l'exception de la panthère, on sait qu'en Afrique, tous les prédateurs sauvages sont plus lents que leurs proies. Plus prudentes, plus astucieuses, le pied plus léger, les proies, dans leur évolution, sont devenues des créatures difficiles à attraper.

Dans le même ordre d'idées, les Africains honnêtes tentaient d'être plus malins que la racaille, se prévenaient des dangers et en prévenaient aussi les étrangers. Les vols, les agressions et les viols étaient en général des crimes nocturnes, non seulement parce que l'obscurité aidait le criminel, mais surtout parce que le voleur ou le violeur pouvait être impunément battu à mort, en application d'une coutume africaine qui acceptait tacitement qu'on se fasse justice sur-le-champ.

Le territoire définit le comportement. Différentes espèces peuvent coexister – girafes et zèbres, phacochères et koudous. Mais deux rhinocéros ne peuvent habiter le même espace sans se battre pour dominer, comme les gangs à Soweto.

Pourtant, les gros mammifères et les oiseaux décoratifs – impressionnants par leur taille ou leurs couleurs – étaient prévisibles. Ils faisaient ce que font les animaux : manger, dormir, chercher de l'eau; se nettoyer l'un l'autre et s'affronter, vocaliser et grogner leurs émotions, se battre; ils passaient leur vie à apprendre comment subsister tout en sauvant leur peau. Mais aucun ne se battait aussi cruellement, sans raison, que les humains, et aucun, pas même les éléphants qui trompettent dans leurs crises de rage, ne pouvait se racheter par les remords. Comme l'avait dit le professeur Berger, les êtres humains étaient vicieux, ils avaient inventé le meurtre de masse, mais ils étaient aussi les animaux les plus paisibles – à la fois bien meilleurs et bien pires que les autres mammifères

*
* *

De toutes les créatures qui habitent les deux mille hectares de Mala Mala – dont le royal cobe à croissant, le majestueux circaète brun, l'élégant oréotrague sauteur et des varans d'un mètre vingt, sans compter les Cinq Grands – celui qui m'a le plus fasciné a été Mike Rattray, propriétaire et élément central de la réserve. Alors qu'il approchait en agitant sa canne et en criant, de loin il ressemblait beaucoup à un des calaos à huppe rouge qui se pavanaient autour de chez lui ; il était une espèce animale de plus et d'autant plus pittoresque et subtil ; l'être le plus joyeux, le plus farouche, le moins prévisible, le plus difficile à photographier. On le voyait le plus souvent en compagnie de sa jolie femelle, Norma.

Jamais il ne lâchait son bâton. Il l'utilisait pour souligner un propos, pour montrer quelqu'un dans une foule ou comme une arme, quand il arborait une posture menaçante. Il ressemblait un peu au capitaine Mainwaring, avec les mêmes joues pendantes et la même expression pince-sans-rire, la même façon de parler en roulant les « r », et un comportement toujours inattendu.

« Il va “lutter à mort”, c'est ça ? m'a-t-il demandé d'une voix quelque peu nasillarde. Eh bien, laisse-moi te dire que chaque fois que quelqu'un pense qu'un animal va lutter à mort, ça veut dire qu'il est prêt à se rendre. Il est mort de trouille. Tu bouges ? Prends un bâton, comme ça, a-t-il dit en agitant le sien, donne-lui deux coups sur le dos. Fort. “Arrête de faire l'idiot !” et il arrête tout de suite ses conneries. Tu sais ce que fait le nyala mâle ? »

J'ai dit que je ne savais pas grand-chose de cette grande antilope.

« Le nyala est un animal très étroit, a dit Rattray en dressant son bâton à la verticale et en y appliquant la paume de sa main libre. Très étroit. Mais quand il veut faire peur à un ennemi, il gonfle, a-t-il montré en arrondissant les joues pour prendre du volume et feindre la férocité. Ils gonflent leur tête pour avoir l'air dangereux. Mais c'est que du vent ! »

Dans les années 1920, ce domaine était un ranch d'élevage avec un relais de chasse et une grande réserve animale. Mike et son père, qui possédait un ranch dans la région, l'avaient acheté dans les années 1960. Riche en animaux, le domaine avait attiré les chasseurs. On y avait tué jusqu'à deux cents lions en une seule saison – pour le sport autant que pour protéger les troupeaux. Mais à cause des insectes et du climat, l'élevage ne marchait pas bien. Dès qu'ils avaient été mis sur le marché, Mike avait ajouté d'autres ranchs et d'autres réserves contigus à la parcelle centrale. Il avait construit deux loges en plus du camp principal luxueux, et il avait amélioré le corps de ferme authentique pour en faire le Kirkman's Kamp, associé aux logements meilleur marché (mais agréables) du Harry's Camp. Dans son ensemble, Mala Mala employait 250 personnes. En 1993, grâce à l'insistance de Mike, la haute clôture, longue de plusieurs kilomètres et qui faisait office de frontière internationale séparant le parc Kruger du Mozambique, avait été retirée. Après quoi les animaux avaient pu se déplacer librement et avaient donc choisi de se rapprocher de la Sand, la rivière qui traversait le domaine de Mike Rattray.

Rattray, vigoureux sexagénaire, élevait des chevaux de course dans la province occidentale du Cap. Il était devenu écologiste à une époque où les chasseurs tiraient encore sur tout ce qui bougeait. C'était un bon vivant qui aimait gérer ses hôtels. Il veillait aux détails, savait diriger ses équipes et finançait s'il le fallait des travaux publics – comme ce grand pont de conception italienne sur la Sand qui avait résisté aux terribles inondations de 1999. Il aimait raconter de merveilleuses histoires, mais constituait aussi une source inépuisable de bonnes idées.

« Les rhinocéros se font massacrer, hein ? m'a-t-il dit au bar, un soir, en agitant son bâton pour souligner l'importance de la question. C'est horrible. Et pourquoi ? Parce qu'une corne de rhino, au détail, ça se vend 75 000 dollars à Macao – à ce qu'on m'a dit. C'est quoi la réponse, Paul ?

— Quelle est la question, Mike ?

— Éviter l'extinction des rhinos ! Moi je dis, a-t-il affirmé en cinglant l'air de son bâton : il faut un élevage de rhinocéros ! Une ferme qui produirait des cornes de rhino. Les gens s'insurgent contre cette idée, dès que je l'aborde, mais tu comprends, la corne du rhino, c'est comme les ongles. Tu la coupes, elle repousse. Si tu mets sur pied un élevage de rhinocéros blancs – les noirs, ils valent rien, pas la peine – tu récoltes les cornes en les sciant. Comme ça, tu court-circuites les braconniers, tu court-circuites les intermédiaires, et les cornes repoussent en trois ans, prêtes à être coupées à nouveau. Mais est-ce que quelqu'un m'écoute ? Non. Tout le monde pense que je suis cinglé. »

J'ai dormi dans une charmante case à toit de chaume dans le camp principal, et je suis parti avant l'aube voir les animaux dans une Land Rover décapotée en compagnie d'un ranger. Nous sommes revenus en milieu de matinée et repartis au crépuscule, car c'était dans l'obscurité que lions et léopards sortaient des hautes herbes à la recherche d'un impala à manger. Mon ranger, Chris

Daphne, était jeune mais expérimenté. Son assistant, John, un Zoulou, ne lâchait pas son fusil.

Dans la brousse sèche et poussiéreuse de l'automne, dès notre première sortie, nous avons vu des buffles et un groupe d'éléphants, une paire de nyalas, un troupeau de koudous mâles et des arbres éléphants gravement endommagés (ils portent ce nom parce que les éléphants adorent le goût de leurs fruits gras en forme de cacahuète).

Mala Mala n'était pas un désert sauvage, mais une réserve, et c'était une chance, parce qu'on ne tirait pas sur les animaux, et ils s'étaient tant habitués au ronronnement des véhicules et aux exclamations des passagers, qu'à condition de garder une distance raisonnable entre eux et nous, il était possible de les voir sans qu'ils s'inquiètent, dans leur attitude naturelle d'animal qui ne se sent pas menacé. En règle générale, les animaux étaient visiblement heureux, bien nourris et sereins, et la réserve était si bien organisée que des touristes comme Margaret Thatcher ou Nelson Mandela – qui tous deux étaient venus à Mala Mala – pouvaient y faire un saut, voir quelques gros animaux et repartir sans être dérangés et dans le plus grand confort. Il n'était pas rare de voir un troupeau de deux cents buffles ou vingt éléphants raser une colline en grignotant les arbres. Et j'ai vu des hyènes – « les prédateurs les plus prompts à déceler une faiblesse », a dit Chris –, un couple de rhinocéros blancs – « Est-ce que vous savez que les rhinos ont une parenté avec les chevaux ? » a demandé Chris –, un éléphant sans défenses – « probablement plus agressif parce qu'il n'a pas de défenses », a affirmé Chris. Les oiseaux étaient spectaculaires : le choucador à oreillons bleus, le vanneau armé et son cri caractéristique, tik-tik-tik, le calao à bec jaune.

Et une nuit, sur le talkie-walkie, en pleine brousse, Chris a entendu qu'un léopard venait de se jeter sur un impala dont il avait brisé la nuque. Nous nous sommes rapidement rapprochés du lieu, à temps pour voir le léopard entraîner son butin – l'impala mort faisait le même poids que le léopard, soit dans les quarante-cinq kilos – sur une branche d'un micocoulier, à dix mètres de haut. De cette manière, le léopard pouvait dévorer sa proie en paix, sans attirer les animaux opportunistes. En dépit du phare dirigé sur lui, le léopard a continué à arracher sa chair à l'impala, et à mastiquer en faisant craquer les os du dos et des hanches. En dix minutes, il avait avalé toute la patte arrière.

Pendant ce temps, les visiteurs de Mala Mala prenaient leur dîner assis en cercle sous les étoiles, dégustant un steak d'impala qu'on venait de griller au barbecue. Les flammes du feu de camp faisaient luire les canines et les doigts gras des convives qui, quand ils ont eu avalé la dernière bouchée ont soupiré de satisfaction et ont vanté les qualités de leur safari.

Je suis arrivé en retard pour le dîner, parce que j'avais regardé longtemps le léopard, mais j'ai trouvé un siège près de Mike Rattray et je lui ai demandé comment il avait réussi à stopper la chasse sur ses terres.

« J'ai eu du mal ! Les chasseurs étaient très en colère. Ils voulaient continuer à venir massacrer les lions », a-t-il dit avec un sourire, sans doute au souvenir de ceux qui s'étaient opposés à lui, car il était homme à aimer les défis. « C'était une région de chasse très appréciée. La princesse Alice a tué un lion ici, oui ! »

Mais il avait présagé le déclin du gibier et compris un fait économique très simple : la chasse était réservée à un petit nombre – l'innommable en quête de trophées – alors que l'observation des animaux touchait le plus grand nombre. Il était plus logique et plus profitable de devenir écologiste. Tandis que d'autres réserves continuaient à accueillir des groupes de chasseurs, Mala Mala avait éliminé la chasse et pratiqué la gestion du gibier en engageant des rangers formés à leur tâche à l'université. On n'avait pas tardé à récolter les bénéfices de cette solution. Les animaux se portaient au mieux.

« Tu vois, le problème, avec les chasseurs, c'est qu'ils choisissent les meilleurs animaux – les spécimens parfaits. Ils puisent dans le meilleur réservoir génétique, ils perturbent l'équilibre naturel. Ils tempêtent contre moi, mais je leur réponds : “Vous voulez chasser ? Allez-y ! Mais tirez sur ceux qui y voient mal, qui entendent mal. Tuez les faibles. Prenez ceux que prendrait un carnivore.”

— Et quelle est leur réaction ? »

Même pendant le dîner, Rattray avait son bâton à portée de la main pour illustrer ses arguments. Il s'en est saisi et en a frappé l'air.

« Ils n'ont pas aimé ça ! Mais je leur ai dit : “Ne prenez pas les plus malins !” Il faut être malin pour survivre dans la brousse. A la fin de la saison sèche, il ne reste que les meilleurs. Mais ils veulent des trophées. Ce sont justement les meilleurs qu'ils veulent. Je dis non. »

Il avait pris là une décision inspirée car, si on tue les mâles dominants pour monter leur tête sur une plaque de bois, les mâles plus faibles et plus jeunes restent au sein de la troupe et s'accouplent avec leur mère ou leurs sœurs et « bousillent la diversité génétique ». De plus, une troupe sans chef agressif devient une proie facile pour les prédateurs. Ces dix dernières années, la population de lions a chuté de cinquante mille à quinze mille individus environ. Le Botswana a décrété l'interdiction de la chasse au lion pendant un an, en 2001, afin d'avoir l'occasion de déterminer l'état de santé de sa population de lions et le nombre de bêtes. Dans le même temps, le Safari Club International – qui a son siège en Arizona et dont les membres sont des chasseurs de gros gibier millionnaires, sans compter qu'ils sont en plus des bailleurs de fonds républicains – ont assiégé la Maison Blanche de Bush afin qu'elle fasse pression sur le Botswana et qu'il renonce à cette interdiction. Le Botswana a résisté, mais il a fini par céder. Tous ceux qui possèdent vingt-cinq mille dollars peuvent jouer les Francis Macomber d'Hemingway et tuer un lion, au Botswana.

Les jours suivants, depuis le véhicule de la réserve de Mala Mala, dans la brousse surchauffée, j'ai vu trois girafes qui buvaient dans une flaque, leurs longues pattes largement écartées, leur corps plié et penché afin qu'elles puissent se désaltérer. Un babouin, un doigt dans la bouche, les suivait à distance entre des rochers devant une *krans* – une caverne. J'ai vu des hippopotames dans des pièces d'eau boueuses qui nageaient, plongeaient et me regardaient, seuls leurs yeux et leurs narines sortis de l'eau. (Le poème de T.S. Eliot « L'Hippopotame » contient une douzaine d'observations à propos de ces animaux, et toutes sont erronées, depuis « l'hippopotame à dos large / repose sur son ventre dans la boue » – une chose qu'ils ne font jamais – jusqu'à la description de leur démarche.)

J'ai vu des zèbres avec des reflets roux dans leur crinière emmêlée, une mère rhinocéros avec son petit, âgé de huit jours, cinquante babouins ensemble, et beaucoup d'oiseaux – barbus, pies-grièches, coucals, calaos, cormorans, martins-pêcheurs, aigles et vautours (« les serres de l'aigle sont bien plus puissantes que celles des vautours », a dit Chris). J'ai vu douze lions, petits et grands, qui se faufilaient dans la brousse juste après le coucher du soleil, prêts à attaquer un petit troupeau d'impalas dissimulés dans un bosquet.

Voir tous ces animaux, en bonne santé, sans peur, libres dans la brousse, était une expérience superbe, mais le personnage rondouillard de Michael Rattray, splendide et imposant, était tout aussi unique. On racontait des histoires sur lui, toujours avec admiration, de vieilles histoires de la vie en brousse, et aussi celles dont des visiteurs difficiles étaient les héros.

Il y avait eu ce couple d'Allemands impossibles, par exemple, de vraies caricatures, mais qui avaient été les acteurs d'une tragédie. Le Herr et la Frau étaient arrivés, on leur avait servi un bon repas, et ils étaient partis en voiture voir des animaux en compagnie d'un ranger très fiable. Mais ils s'étaient plaints de la nourriture, n'avaient pas apprécié le ranger et les animaux les avaient déçus. Le Herr était plus modéré que sa Frau, qui avait passé tout l'après-midi à protester et à donner des ordres au ranger. La femme, une mégère qui avait tout d'une pie-grièche, ne cessait de crier : « *Schlecht! Schlecht! Schlecht!* »

Au dîner, Mike Rattray s'était approché de leur table en frappant sa paume de son bâton. Non, il ne les avait pas battus... malgré son envie de le faire. La femme avait tenté de proférer une objection à sa présence, mais avant qu'elle ait pu s'exprimer pleinement, Rattray avait déclaré : « Vous ne vous amusez pas. Vous vous plaignez. Vous n'aurez rien à payer. »

Le couple, amadoué par cette concession apparente de la direction, était retourné à son repas, puis s'était rendu compte que Rattray n'avait pas bougé.

« Vous repartez demain par le premier avion », avait ajouté Rattray.

Il s'était détourné rapidement et il était parti, non sans entendre la femme protester.

Avant de partir, la femme avait insisté pour que Rattray atteste par écrit des circonstances de leur départ et exigé qu'il avoue les avoir fait partir contre leur volonté.

« Absolument pas », avait dit Rattray.

Il avait surveillé le chargement des bagages dans l'avion et leur avait tourné le dos pour la dernière fois.

Menaces et poursuites étaient arrivées peu après d'Allemagne, beaucoup de lettres d'avocats allemands qui faisaient allusion à des actions en justice et à des dommages et intérêts et qui allaient mettre Mala Mala à genoux. Ce harcèlement avait duré environ un mois. Puis, aussi vite qu'elle avait commencé, la pluie de lettres s'était arrêtée. Quelques mois avaient passé. Intrigué par ce silence, Rattray s'était renseigné : l'Allemande s'était suicidée.

Les hommes qui venaient dans ce genre d'endroits, en short et chaussettes hautes, pouvaient se montrer étrangement machos. Quant aux femmes, elles faisaient l'expérience, soit de l'inconfort et des insectes insupportables, soit de la réalisation d'un fantasme d'hommes musclés en kaki et, leur désir animal stimulé, elles tombaient amoureuses.

Dans un lieu où la traque était un mode de vie pour les animaux, les femmes se mettaient au diapason et rien ne les distrayait de leur chasse. J'ai entendu nombre d'histoires où les femmes s'amourachaient ainsi. Pendant que les maris se relaxaient au lodge, une bière à la main, le regard perdu vers le bord de la rivière où des éléphants s'ébattaient dans les hautes herbes, les rangers faisaient l'objet de cajoleries et de clins d'œil, voire de franches provocations, de la part de leurs épouses subjuguées. Il s'ensuivait que ces rangers, chargés de traquer des prédateurs, se retrouvaient dans une position curieuse : eux-mêmes étaient traqués par une cliente amoureuse.

« Après, elles écrivent des lettres, m'a dit un ranger. Elles téléphonent d'Amérique ou d'Europe. Elles disent qu'elles veulent quitter leur mari et s'installer en Afrique. "Je rêve de l'Afrique". Certaines mettent longtemps à renoncer. Mais ce n'est pas une attitude professionnelle d'avoir ce genre de relation avec une cliente. »

Un exemple de traque, célèbre à Mala Mala, avait été l'œuvre d'une femme en lune de miel. J'ai eu la présence d'esprit de murmurer : « *Shocking* », mais j'étais fasciné par le récit du cocu en kaki et de sa jeune épouse, mariée depuis deux jours, tombée amoureuse du ranger. Il ne s'était rien passé de répréhensible, mais personne ne donnait beaucoup de chances de réussite à ce mariage ! J'ai regretté que l'histoire soit si pauvre en détails sordides...

Il y avait trois couples en lune de miel, à Mala Mala, pendant que j'y séjournais. Ils se retrouvaient au bar. Ils dînaient ensemble. Ils rivalisaient de bonnes histoires d'incidents risibles le jour de leur mariage. Ils ressemblaient beaucoup aux créatures de la brousse qui s'accouplaient pour la vie – ils se pelotaient, se frottaient le nez comme des félins, ronronnaient à l'ombre des arbres pendant les heures chaudes.

Si Michael et Norma Rattray n'étalaient pas de cette manière leur affection l'un pour l'autre, ils ne se quittaient pourtant que rarement. Ils avaient sept grands enfants, et beaucoup de petits-enfants. Michael était chargé de la gestion et des infrastructures, Norma du décor des lodges. Ils aimaient prendre des photos d'animaux, et rien ne les avait plus enchantés que de voir un léopard de Mala Mala en couverture du *National Geographic*. Le léopard n'était pas un prédateur égaré qui s'était approché, dans l'obscurité de la brousse, pour terroriser les hommes, mais un félin familier qui avait même un nom, une sorte de gros chaton gâté, un membre de la famille, et comme Norma l'a dit avec plus qu'une pointe d'admiration, « un vrai frimeur ».

« Tu t'en vas ? m'a demandé Michael le matin de mon départ.

— Je le crains.

— Tu retournes aux États-Unis ?

— En fin de course.

— Mon Dieu ! a-t-il dit en se concentrant pour se souvenir de sa vie citadine. J'ai eu des visiteurs de New York. Des amis, en fait. La plupart de nos hôtes deviennent des amis. Le type nous a dit : "Appelez-nous, si vous venez à New York !" On l'a fait. On est allés chez ce type, dans ce grand immeuble. Je n'arrivais pas à le croire : il habitait tout en haut ! a dit Rattray en dressant son bâton pour montrer la taille du gratte-ciel. Les murs étaient en verre. Les fenêtres allaient du sol au plafond. Norma ne pouvait pas regarder en bas ! On avait hâte de partir.

— C'est comme vivre dans un arbre, a dit Norma.

— Pire ! Ce type était perché là comme un fou de Bassan dans une *krans* ! »

Cette image frappante de l'horreur animale m'a fait rire. J'étais triste de partir. Je savais que cet homme me manquerait, et vivre dans le luxe au milieu de la brousse était une si délicieuse façon de passer le temps – admirer de grands animaux paisibles, observer les oiseaux, lire dans une case confortable avec un bureau où je pouvais m'asseoir pour ajouter des pages à ma nouvelle érotique ! C'était une petite partie seulement de mon expérience de voyage, la fenêtre ouverte sur la vie sauvage, avec le meilleur de l'Afrique du Sud. Je pouvais comprendre pourquoi les touristes arrivaient en foule : c'était agréable, simple, harmonieux et sans danger. Pas de luttes, pas de famine, rien pour vous bouleverser. Peu d'Africains. C'était à peine l'Afrique.

21 — Foi, espoir et charité sur la ligne du Limpopo

De retour dans le village de Nelspruit parsemé de jaquiers, entouré d'orangeraies et de champs de tabac aux feuilles tombantes, j'ai regardé ma carte et j'ai vu que je n'étais qu'à cent kilomètres du Mozambique. J'ai donc pris un car qui traversait la frontière et continuait jusqu'à Maputo. Je savais d'avance que j'allais repasser la frontière dans l'autre sens, ce qui signifiait quatre goulots d'étranglement aux guichets des douanes, deux dans chaque sens, et de longues files d'attente. Mais tout valait mieux que de prendre l'avion. Je ne cessais de penser à la manière dont Nadine Gordimer m'avait présenté à tout le monde : « Il arrive du Caire ! En autocar ! »

Le car était plein d'Africains, dont beaucoup de Mozambicains, qui avaient passé la frontière pour acheter à Nelspruit des objets introuvables à Maputo. Deux Indiens coiffés d'une calotte occupaient les quatre sièges au premier rang du niveau supérieur. Ces hommes avaient retiré leurs chaussures et croisé les jambes, et l'odeur de fromage de leurs pieds empuantissait tout l'étage. Comme c'était censé être un « car de luxe », on a diffusé un film sur un téléviseur accroché au plafond.

J'avais considéré ce film, *Jack*, avec Robin Williams, comme une aimable plaisanterie un tant soit peu sentimentale quand je l'avais vu en 1997. Mais comme j'étais épuisé par le voyage et que je venais de dépasser un important anniversaire, le message que transmettait le personnage prématurément vieilli à sa remise de diplôme – « vivez autant que vous le pouvez » – m'a rendu bêtement émotif. Une scène où on parlait de pets, accompagnés de crépitations explosives, a lancé les Indiens dans un tel fou rire, que l'un d'eux, se tenant les côtes, est tombé dans l'allée centrale. Pour reprendre pied avec la réalité, j'ai regardé par la fenêtre les cases en terre des Swazi, en direction de Piggs Peak, où régnait la Ndkovukazi, leur reine mère, la Grande Éléphante du Swaziland.

Par-delà les longues collines, après avoir traversé les montagnes rocheuses, quand nous sommes passés devant les premières baraques, j'ai su que nous étions dans le no man's land entre les deux pays. On y trouvait surtout des gens de passage. Personne ne se sentait chez soi, à cet endroit. Il y avait les nouveaux arrivés et ceux qui étaient en instance de départ. Le car s'est arrêté. Nous sommes descendus et nous avons fait la queue pour accomplir les formalités. Si les fonctionnaires sud-africains étaient efficaces, le protocole mozambicain, en revanche, manquait de rigueur – le tampon qu'on a apposé sur mon passeport, par exemple, n'avait pas assez d'encre pour laisser une trace. Au bout d'une heure et demie, nous avons pu reprendre notre voyage sur une bonne route, cadeau des Sud-Africains qui l'avaient construite. Nous avons vu Komtipoort et sa gare. Aucun train n'y passait, ce jour-là.

« Il y a eu des inondations, ici, l'an dernier, m'a dit l'Africain assis près de moi. Tout ça était sous l'eau. »

C'était paru dans la presse mondiale, comme tous les désastres africains – tremblements de terre, éruptions volcaniques, massacres, famines, colonnes de réfugiés. *Et ceux-là sont les plus chanceux !* Des images de champs inondés, de gens accrochés à des arbres, des hélicoptères venant à leur secours, avaient fait leur apparition sur les écrans de télévision pendant une semaine, avant que ce ne soient plus que des nouvelles périmées. Il y a un problème, avec ce genre de désastre : les images sont toujours les mêmes. Les spectateurs s'en lassent car elles n'ont rien de particulier et ne changent jamais. Pour qu'une catastrophe intéresse, il faut que l'histoire se déroule comme un scénario, avec ses moments forts et sa progression, et si possible une fin heureuse. Les inondations au Mozambique s'étaient terminées par le choléra et de l'eau empoisonnée, par des milliers de gens sans abri, des centaines de victimes noyées comme des rats.

« Le pire, c'est que les flots ont déplacé les mines, a dit l'homme. Ils les ont arrachées à la terre et les ont emportées partout. On avait une carte qui indiquait leur emplacement, avant, mais après les inondations, les mines étaient parties ailleurs, et on ne savait pas où. »

Ray, l'expert en déminage que j'avais rencontré au Soudan, m'avait dit qu'il s'agissait là en grande partie d'une légende africaine. Il était rare que tout un champ de mines se déplace comme un paysage fantôme. De toute façon, les chiens savaient les retrouver. Je l'ai suggéré à cet homme, assis près de moi.

« J'ai vu une femme qui pourchassait un cochon, a-t-il rétorqué. C'était tout près de chez moi, en banlieue de Maputo. Soudain, il y a eu une énorme explosion. La tête de la femme s'est retrouvée dans un arbre. Ses bras et ses jambes étaient éparpillés aux quatre coins de son jardin, son propre jardin ! Elle avait marché sur une mine, et la mine n'était pas là avant. »

Maputo a commencé par une succession de bidonvilles très étendus, et nous n'avons pas tardé à passer d'un district à un autre sans que l'aspect des choses s'améliore vraiment. Maputo était une version de plus de la ville africaine typique, avec ses kilomètres de bidonvilles et ses marchés conduisant aux vraies rues avec leurs boutiques dans le centre de la ville – quelques hauts bâtiments et des rangées de réverbères entourés par les kilomètres glauques et dangereux d'une urbanisation que personne ne pouvait contenir.

Dès que je suis descendu du car, des mendiants, des chauffeurs de taxi, des vendeurs de chewing-gum, des cireurs de chaussures et autres opportunistes criant « Missé ! » se sont jetés sur moi. J'ai cédé à un chauffeur de taxi et je lui ai demandé de me conduire sur le front de mer au Polana, sorte de gâteau de mariage délabré qui avait réussi à survivre à l'époque coloniale.

« Un conseil ? ai-je demandé à Candido, le chauffeur.

— Ne sortez pas à pied la nuit. »

Il m'a expliqué les dernières fluctuations du taux de change de leur monnaie dévaluée, le *metical*. La course en coûtait soixante mille et un repas correct dans les cent soixante-quinze mille. Pour un billet de car jusqu'en Afrique du Sud, il en faudrait probablement un demi-million. Contre cent dollars, on avait dans les deux millions de *meticais*, voire deux millions et demi. Le taux de change avait encore empiré pour la monnaie du pays, depuis que j'étais passé à Beira.

« Et faites attention aux méchants garçons, m'a dit Candido en guise d'au revoir. Ils vont vous voler. »

Les Africains du Sud vont au Mozambique comme les Américains vont au Mexique : pour la « couleur locale », pour un aperçu des caniveaux et des bidonvilles, pour manger bon marché – surtout des crevettes tigrées fraîches – pour « la véritable Afrique », l'authenticité et les souvenirs hideux, et aussi pour la pêche sous-marine, la natation et les putains.

Les points chauds et les plaisirs se concentraient dans le sud du Mozambique et sur la côte, juste au nord de Maputo. Beira et la province de Zambézie, où j'étais passé avant le Zimbabwe, étaient presque inaccessibles par la route depuis la capitale. Le nord du Mozambique, c'était quasiment un autre pays, avec sa frontière commune avec la Tanzanie et sa culture est-africaine, ses villages isolés dans les terres, ses anciennes communautés de pêcheurs sur la côte, et certains des meilleurs artisans et sculpteurs d'Afrique : les Makonde. Personne n'y allait.

En revanche, le sud du Mozambique était très sud-africain : industrialisé, détribalisé, surpeuplé, avec un fort taux de criminalité, des frontières communes avec le Swaziland et la province sud-africaine du Kwazulu-Natal, à une demi-journée d'autocar de la ville côtière prospère de Durban.

On recommandait souvent d'aller à Maputo, qui n'était pourtant qu'une horrible ville décatie. Elle rassemblait les désespérés qui s'étaient repliés là pendant les vingt-cinq ans de cette guerre qui avait ravagé les provinces et détruit les ponts, les routes et les voies ferrées. Les banques, les donateurs et les fondations caritatives prétendaient avoir remporté de grands succès au Mozambique. Je soupçonnais qu'ils inventaient cette réussite afin de justifier leur existence : je n'ai vu aucun résultat positif des efforts charitables. Mais chaque fois que j'ai exprimé mon scepticisme à propos de l'économie, du chômage ou seulement des nids-de-poule dans les routes ou des vols à la tire, les gens de Maputo m'ont dit, comme le disaient les Africains partout ailleurs : « C'était pire avant. » Pourtant, je savais que, dans bien des lieux, c'était beaucoup mieux, avant.

Il était difficile d'imaginer à quel point la situation avait dû être horrible pour que l'on considère qu'une ville aussi délabrée que Maputo représentait une amélioration ! Il restait des hôtels, des villas, des boutiques et des cafés de l'ère portugaise, mais cette époque était révolue depuis des dizaines d'années. Le plus grotesque, c'était qu'à partir de 1482, quand le capitaine Diogo Cão avait planté le drapeau portugais sur la côte du Congo, les cinq cents ans d'histoire de la présence portugaise en Afrique avaient été un catalogue d'extorsions et d'exploitation – la traite des esclaves tout d'abord, puis l'extraction des diamants, l'exploration pétrolière en Angola, l'adaptation de l'agriculture au Mozambique.

Les étrangers sans mémoire admiraient Maputo. Mais Maputo n'était que le fantôme de sa précédente incarnation, la pourtant piteuse capitale du pays, Lourenço Marques, avec des murs plus hauts autour des villas, plus de barbelés et des routes défoncées. Comme j'avais vu l'intérieur du pays, je savais ce qu'il y avait au-delà de ce qui était déjà inacceptable : les ponts détruits, les villages dévastés, les routes ridicules, les voies ferrées abandonnées, pas d'électricité, pas d'eau, pas de téléphone, pas de transports publics. On pouvait penser que la pauvreté que j'avais constatée dans les campagnes découlait de l'afflux massif des paysans vers les villes. Il était facile de voir que Maputo avait toutes les caractéristiques de beaucoup de villes africaines : bidonvilles tentaculaires, pauvres marchés, population oisive, rôdeurs, une immensité terrifiante et un appauvrissement désespérant. Maputo n'avait rien d'une métropole. Comme toutes les autres villes d'Afrique, ce n'était qu'un village gigantesque et invivable.

Renonçant à suivre le conseil de Candido, et à l'encontre de tous mes principes habituels, qui m'imposaient de ne pas sortir la nuit, je suis parti me promener dans Maputo à la recherche d'un lieu où me restaurer. La longue route en autocar depuis Nelspruit m'avait donné envie de prendre de l'exercice. Si je marchais vite, me suis-je dit, mes chances d'être volé en seraient réduites d'autant.

Comme des chacals, des petits garçons ont bondi de l'ombre et m'ont suivi en criant : « J'ai faim, j'ai faim ! »

J'ai continué ma route, encouragé par les devantures éclairées des boutiques, les vigiles, les cafés. C'était la rue principale du centre ville. Le port était en contrebas, dans le quartier commercial. Les gamins, quatre petites silhouettes osseuses qui avaient l'odeur de la rue, ne me quittaient pas et s'agrippaient à mes doigts. Ils avaient de tristes visages d'embryons et les mains poisseuses.

« Donne-moi de l'argent ! » disaient-ils tour à tour.

Je m'étais préparé à ce genre de rencontre. Je n'avais rien dans les poches, je portais une montre bon marché, je ne transportais que très peu d'argent. J'ai dit non et j'ai accéléré le pas. Mais ils sont restés avec moi.

Alors que j'attendais de pouvoir traverser la rue et que je continuais à agiter les mains pour éviter que les gamins s'y agrippent, le plus sûr de lui, le plus insistant des quatre a pris un ton péremptoire pour me déclarer, en bon anglais :

« Si tu me donnes quelque chose, je te laisserai et tu pourras partir. Mais si tu me donnes pas d'argent ou autre chose, je te suivrai et je te quitterai pas, et je te demanderai et te demanderai sans arrêt. »

C'était là un discours autoritaire très impressionnant qui laissait présager pour ce gamin une grande carrière dans la politique ou au tribunal, mais je leur ai dit à tous de partir. Pendant que je parlais, une meilleure occasion s'est présentée : deux jeunes femmes blanches portant des sacs en bandoulière, l'air perdu et gentil.

Comme de grosses mouches, les gamins des rues se sont précipités sur leurs nouvelles proies.

J'ai trouvé un restaurant, j'ai commandé le repas prévisible – pour sept dollars de crevettes tigrées – et j'ai discuté avec le propriétaire, Chris. Comme beaucoup d'autres commerçants au Mozambique, il était sud-africain, ferrailleur, au départ. Le commerce de la ferraille avait été florissant au Mozambique pendant les combats des guerres successives, avec tout le métal qui s'était retrouvé sur le marché quand on avait fait sauter des ponts, exploser des camions, dérailler des wagons, ce qui avait permis de collecter leur métal et celui des rails, des tuyaux et des fuselages d'avions qui s'étaient écrasés.

« Nous avons fait de bonnes affaires. On achetait et on revendait pour le double. On envoyait en Inde, en Turquie, à Singapour. »

Mais les combats avaient cessé dans le pays. On avait tant cassé, qu'il ne restait plus grand-chose à détruire. Le père de Chris était retourné en Grèce pour y finir sa vie, et Chris avait ouvert ce restaurant – pas aussi lucratif que la ferraille, mais un commerce d'avenir.

En revenant à mon hôtel, comme il était tard, j'ai pu constater que les rues et les trottoirs étaient pleins – sans-abri, prostituées, gamins des rues, mendiants et tous ceux qui faisaient ce qu'on fait dans les villes africaines la nuit : ils dormaient, comme momifiés dans des couvertures usées jusqu'à la corde, devant les portes les plus éclairées, en quête d'un semblant de sécurité.

En route pour la gare de Maputo, le lendemain, je me suis arrêté au musée d'Histoire naturelle, afin de voir ce qu'il recelait en matière d'ethnographie. La réponse : pas grand-chose. Parmi des créatures naturalisées, la paille qui les remplissait ressortant par endroits (un éléphant bancal, un éland piteux, un lion mité), il y avait quelques sculptures makondes inhabituelles représentant des personnages aux bras levés, comme des dévots égyptiens stylisés. Mais pour le reste, on ne voyait que des lances, des boucliers, des louches, des bols, des flèches et des bracelets qui ne présentaient pas d'intérêt particulier.

Aucun objet des musées africains (à Nairobi, Kampala, Dar es-Salaam ou Harare) ne soutenait la comparaison avec les collections africaines des musées de Berlin, Paris ou Londres. Bien sûr, l'essentiel de ces collections avait été pillé ou arraché à des chefs locaux appauvris. Mais il y avait, partout dans le monde, beaucoup de ventes aux enchères d'« art tribal », comme on dit, et à ce que je voyais, aucun de ces objets ne retrouvait la route de l'Afrique. A quelques remarquables exceptions près, les principales pièces d'art africain se trouvaient dans des collections privées hors d'Afrique. L'Afrique même était une destination décevante pour qui cherchait à admirer de beaux exemples d'art africain.

Le musée des Coutumes anciennes du nord Mozambique montrait des photographies de personnes tatouées et scarifiées, de gamins souriants dont on avait taillé les dents en pointe, d'hommes et de femmes nus. On visait, en exposant ces images, à prouver l'horreur de ces coutumes. Sur ces mêmes photos figuraient d'ailleurs des observateurs choqués – des Africains en costume européen qui souriaient, honteux, à la vue des fesses nues de leurs concitoyens mozambicains. Les photos avaient été prises dans la province nord de Zambézie, à Nampula, Niassa et Cabo Delgado, des lieux plus faciles à atteindre en traversant le lac Malawi ou en empruntant les routes de terre venant de la Tanzanie du Sud.

Cet arrière-pays – la plus grande partie du Mozambique – me tentait beaucoup, car c'était une immense zone sans routes ni commerces où atterrissaient parfois les avions des missionnaires, mais qui sinon était coupée du reste du pays. En regardant les objets, les photographies et la carte détaillée de la région, au musée, je me suis dit que si je revenais en Afrique un jour, j'irais dans cette zone sauvage oubliée. J'avais découvert au cours de mon voyage sur la Shire et le Zambèze, que l'Afrique rurale n'était pas une cause perdue, comme je le pensais des villes, qu'il y avait souvent dans la vie des villages assez de vestiges des traditions pour qu'elle reste honorable et encore vaguement digne.

Le nom d'un de ces lieux éloignés, Quionga, était gravé dans la pierre d'un mémorial, sur la Praça dos Trabvalhadores – la place des Travailleurs, autre ironie africaine, car elle était devenue le point de ralliement des oisifs et des marginaux, qui y traînaient jour et nuit. Le mémorial, devant la gare principale de Maputo, était un curieux monolithe des années 1930 découpé dans une roche de granite de dix mètres de haut. Il représentait dans un style Art déco une femme à forte poitrine tenant une épée et flanquée d'un serpent dressé. D'un côté on avait inscrit *Força*, et de l'autre *Génio*. En portugais, sur le piédestal on pouvait lire : *Aux combattants, européens et africains, de la Grande Guerre 1914-1918*, avec le nom des batailles, qui toutes s'étaient déroulées dans des villages de l'Afrique profonde, curieuses escarmouches dans la jungle entre les Portugais et les Allemands, aux confins de leurs colonies. Quionga figurait sur la liste.

Comme on reconnaissait là la perversité des colons portugais qui voulaient considérer Quionga comme une victoire ! Peut-être était-ce pour sauver la face, car la bataille avait été une cuisante défaite, une des nombreuses qu'avaient essuyées les Portugais en Afrique de l'Est au cours de la Première Guerre mondiale. Le Portugal n'était entré en guerre qu'en 1916. La même année, dans l'espoir de reconquérir Quionga, des officiers portugais, commandant une armée d'Africains, avaient lancé une attaque par-delà la Rovuma et la frontière nord très contestée de l'Afrique de l'Est allemande.

Les Allemands les y attendaient. Ils avaient répliqué, le général Paul von Lettow-Vorbeck menant la charge avec deux mille Africains. Les Portugais avaient dû se replier, puis battre en retraite, de plus en plus loin, sur des centaines de kilomètres dans la brousse, tandis que von Lettow-Vorbeck avançait vers le sud, maraudait, alimentait ses réserves en pillant les colons, mettait les Portugais en fuite avec leur armée dépenaillée de guerriers africains. A la fin de la guerre, von Lettow-Vorbeck s'était enfoncé à mi-chemin du territoire portugais, presque jusqu'à la vallée du Zambèze.

La guerre au Mozambique avait été un des épisodes les plus hideux du colonialisme. On n'avait aucun mal à imaginer un fou dans le style Klaus Kinski dans les Andes, portant monocle, le nez aquilin rougi par le soleil, dans son rôle de conquérant d'espaces sauvages, un général aristocratique de l'Afrique de l'Est allemande avec ses Africains armés mais pieds nus, qui avançaient dans la brousse pour combattre les Portugais indignés mais impuissants avec leurs Africains armés mais pieds nus. Toute cette folie africaine à cause d'une guerre folle en Europe ! Tout cela eût été comique si, à la fin de la guerre, après l'Armistice, en suppliant qu'on leur rende Quionga, les Portugais n'avaient annoncé que cent trente mille Africains avaient été massacrés en combattant, au Mozambique, pour le Portugal. D'où ce monument.

*
* *

J'ai trouvé que la gare centrale de Maputo, qui date de 1910 environ, était la plus belle d'Afrique, avec son dôme en fer conçu par Gustave Eiffel, tout aussi élégant que sa tour à Paris, sans être beaucoup plus pratique. Ses formes et ses lignes procuraient une satisfaction esthétique et forçaient l'appréciation de toute personne sensible à l'art, mais ne servait d'autre but que de mettre à l'abri quelques employés sous-payés des chemins de fer – Caminhos de Ferro de Moçambique – compagnie qui lentement s'enfonçait vers l'obsolescence.

Haute et large d'épaules, en brique couverte de stuc peint en vert et crème, coiffée de son dôme d'acier, avec son horloge très haut sous une arche, la gare était un tel chef-d'œuvre de frivolité architecturale qu'on s'émerveillait qu'elle n'ait pas encore été démantelée. Les bâtiments coloniaux ne suscitaient guère d'attachement sentimental, dans l'Afrique indépendante. Comme ils représentaient les dominateurs blancs pompeux et riches et les années d'oppression, ils étaient en général les premiers bâtiments vandalisés ou dépecés.

Quand on avait demandé à Eiffel de concevoir cette gare (ainsi que la Maison de Fer, près du jardin botanique de Maputo), il avait déjà été désavoué pour sa participation au scandale du canal de Panamà, projet vicié auquel il avait associé son nom illustre. Il avait été inculpé en 1893, au côté de Ferdinand de Lesseps et de quelques autres, pour détournement de fonds – en particulier pour avoir soudoyé des hommes politiques français afin qu'ils approuvent un emprunt dans le seul but d'acheter du temps à l'entreprise en faillite. Condamné avec sursis, ce pionnier de l'aérodynamique, ce novateur dans l'utilisation du métal – libre mais couvert de honte – avait repris un siège discret dans son entreprise de conception industrielle, qui jouissait d'une célébrité mondiale. Ses chefs-d'œuvre étaient derrière lui – la tour à Paris, le dôme de l'observatoire de Nice, le pont Tan An en Indochine, les grands magasins du Bon Marché à Paris, le pont Maria Pia au Portugal, l'armature de la statue de la Liberté de New York. Plus d'un siècle après sa construction, on sent encore aujourd'hui la patte du maître dans la gare qui avait été celle de Lourenço Marques – capitale lointaine d'une colonie méconnue.

La gare d'Eiffel était bien plus belle et mieux conservée que toutes les gares d'Égypte et d'Afrique du Sud. Les gares d'Éthiopie étaient pittoresques (même si seuls des trains sinistres s'y arrêtaient); les gares du Kenya étaient en ruines; celles d'Ouganda n'existaient plus; celles de Tanzanie n'étaient que des réalisations minimalistes de plans maoïstes grandioses; les chemins de fer du Zimbabwe continuaient d'entretenir de solides petites maisons en brique, semblables aux gares de campagne anglaises, mais elles disparaissaient peu à peu, comme presque tout le reste dans ce pays sur le déclin. J'ai trouvé la gare de Maputo purement par hasard, et j'y suis retourné deux jours de suite pour admirer le bois de ses lambris et ses verrières structurées, son buffet et ses salles d'attente. Le troisième jour, j'ai décidé de faire une promenade en train.

Bien que personne en ville n'ait semblé savoir grand-chose du réseau de chemins de fer du Mozambique et que ce moyen de transport ne soit pas très populaire, certains trains roulaient toujours, sur trois lignes en tout cas, dont un express international, lent à l'extrême, qui reliait Johannesburg à Komatipoort, en Afrique du Sud, et qui se prolongeait jusqu'à Maputo et son port. Il n'y avait pas d'horaires établis. On griffonnait l'heure des départs et des arrivées sur des bouts de papier qu'on punaisait aux tableaux d'information de la gare. Je me suis penché sur les noms. J'adorais l'idée d'aller à Zona Verde, mais j'ai finalement décidé de prendre la ligne du Limpopo, pour la seule sonorité de son nom.

La ligne du Limpopo, qui montait au nord-est de la capitale jusqu'à Chokwe, était l'image même de tout ce que j'avais aimé et de tout ce qui m'avait désespéré dans l'Afrique que j'avais vue jusque-là. Le train était un engin solide et utilisable, presque indestructible dans sa simplicité, et plein d'atmosphère : mal entretenu, d'une saleté décourageante et en manque de personnel. Ces reliques avaient été conservées parce que le pays était trop pauvre pour les remplacer ou les moderniser. A ses beaux jours, cette ligne avait emporté de nombreuses personnes dans le confort jusqu'aux coins les plus reculés de la brousse. L'ambition des colons portugais était telle, que cette ligne avait jadis continué à travers la province de Gaza jusqu'au centre de l'Afrique, reliant le Mozambique à la Rhodésie et au Nyassaland. Ces pays s'appelaient maintenant le Zimbabwe et le Malawi, et ils étaient cent fois plus difficiles à atteindre par la route qu'il y a quarante ans et plus. Une des conclusions de mon voyage avait été que partout où le mode de vie avait subi un véritable changement, dans l'Afrique que je connaissais, il était devenu pire.

L'aspect du train qui attendait en gare à huit heures du matin m'a autant remonté le moral que la procédure nécessaire pour acheter un billet et se voir attribuer un siège. Mais le train ne faisait pas longtemps illusion, et l'attente pour obtenir un billet n'était que du cinéma. Il n'y avait que peu de gens à bord, le train tombait en ruine, et on avait l'impression que le personnel ne faisait que des gestes mécaniques. Le train assurait pourtant une de ses missions principales : accepter les lourds colis et les caisses. Dans sa fonction de transport de marchandises, le train était indispensable, et beaucoup plus évident et plus simple que n'importe quel autocar.

Ce vieux train était tellement bizarre qu'à son premier arrêt au nouvel aéroport de Maputo, Mavalane, il faisait l'effet d'un train fantôme sorti du passé et qui venait hanter le présent en secouant ses chaînes. Le nom des gares était imprimé sur des pancartes qu'on glissait dans des cadres accrochés au mur : Romão, Albasine, Jafar, Papucides, Marracuene, Bobole, Pategue, Manhiça – des noms charmants, mais qui ne désignaient que des villages boueux.

Manhiça n'était qu'à quatre-vingts kilomètres de Maputo, même s'il fallait presque toute la matinée pour y arriver. J'ai décidé de descendre là et de prendre la direction de Xai-Xai, plus haut sur la côte, célèbre pour ses plages et ses beautés naturelles.

« L'inondation a touché cette région », m'a dit un homme qui m'avait vu regarder par la fenêtre alors que nous traversions une zone basse où s'étaient installées des baraques, en bordure de la ville. « Les gens ont été relogés, a-t-il continué. D'autres gens sont venus s'installer ici dans l'espoir qu'après une nouvelle inondation, le gouvernement leur paiera un logement. »

Mais ce n'était pas le gouvernement qui avait payé ce relogement. C'était ce qu'un chroniqueur américain spécialisé dans l'histoire récente du pays avait appelé « La république des donateurs du Mozambique ».

Qu'il y ait des Africains priant pour qu'arrive un désastre afin qu'on remarque leur existence m'a paru la triste conséquence de la manière dont les fondations caritatives avaient concentré l'attention des gens sur le malheur : sans de grandes catastrophes, les Africains restaient invisibles aux pourvoyeurs d'aide.

Le passager du train qui m'avait parlé des cahutes portait une cravate et manipulait son téléphone portable d'un air important. Les autres passagers portaient des haillons. Des femmes nourrissaient leur bébé, des enfants me faisaient les gros yeux ; je ne leur en voulais pas de l'attention méfiante qu'ils me portaient, car j'étais le seul étranger dans le train – du moins à ce que je croyais avant d'aller me promener de voiture en voiture.

La sonnerie d'un autre téléphone portable a attiré mon attention. J'ai regardé dans cette direction et j'ai vu une jeune étrangère, tête baissée, qui parlait discrètement en portugais dans son petit appareil. J'ai continué ma route dans les wagons tintinnabulants, au son *ka-chink, ka-chink, ka-chink* des roues passant sur les joints des rails. Le train n'était qu'à moitié plein, une rareté en Afrique, où les transports ne semblent jamais démarrer sans deux fois le nombre de passagers pour lequel ils ont été conçus – dix par voiture, vingt par minibus, quatre-vingts dans un car, et les trains tanzaniens disparaissaient littéralement sous des grappes de gens. Ici, les passagers étaient installés dans des positions de repos. Certains dormaient. D'autres grignotaient des tiges de canne à sucre. J'ai compté soixante-deux enfants, dont aucun ne pleurait ; ils restaient assis en silence et regardaient les palmiers dégoulinants, les champs boueux et les cases devant lesquels nous passions.

En revenant vers ma voiture, j'ai croisé le regard de la femme blanche et je lui ai dit bonjour. Elle m'a répondu d'un ton si amical que je me suis arrêté pour bavarder avec elle, jusqu'à ce que les sursauts du train et son balancement dans les tournants me fassent perdre l'équilibre et me forcent à m'accrocher au dossier d'un siège pour ne pas tomber – ce qui m'a aidé, car il a semblé naturel alors que, pour éviter de tomber, je m'assoie dans un siège libre de l'autre côté de l'allée centrale, face à la gentille jeune femme.

« Je m'appelle Susanna.

— Paul », ai-je dit en lui serrant la main.

Elle était jeune, vingt-cinq ans environ, pâle, plutôt mince, avec une silhouette si diaphane et des cheveux coupés si court qu'on aurait pu la prendre pour un joli garçon. Elle portait un pantalon kaki et un pull ample, pas de maquillage, comme toutes les femmes qui voyageaient seules en Afrique, si elles avaient un peu de jugeote, afin de ne pas attirer l'attention sur elles ; mais dans son cas, elle avait un physique androgyne si stupéfiant qu'elle forçait l'attention. Elle était Américaine, de l'Ohio.

« Je vais à Manhiça.

— Quelle coïncidence ! Vous êtes en voyage ?

— En mission. »

J'ai aimé ça. Cela voulait dire tant de choses ! Mais dans son cas, l'expression avait son sens traditionnel. Elle était une missionnaire de l'Assemblée de Dieu. Un jour, elle avait décidé qu'elle était appelée en Afrique. Elle avait suivi les cours d'un collège biblique en Afrique du Sud, et après plusieurs incursions au Mozambique, elle s'était installée à Maputo avec l'ambition de convertir les habitants en masse, c'est-à-dire d'amener les autochtones à croire au feu de l'enfer et à la pénitence. Quand ses sombres ouailles se seraient soumises à ses croyances, elle irait proposer son enseignement dans d'autres parties de l'Afrique pieuse, déclamant des sermons inspirés du texte de Joyce : *Et depuis, de cette terre féconde, le manguier aux larges feuilles fut prodigieusement florissant.*

« Pourquoi avez-vous décidé de venir ici en mission ?

— Parce que je suis une pécheresse sauvée par la grâce. »

Il arrive qu'on vous dise : *J'ai la réponse à notre problème de perruche ! Jetons-la dans les toilettes et tirons la chasse, ainsi nous n'aurons pas à emmener cette emmerdeuse à Daytona, cette année !* Et vous ne savez pas bien quoi répondre.

« Comment vont les affaires ? ai-je demandé pour cacher mon trouble.

— Il y a tant à faire, ici !

— Je croyais que Jimmy Swaggart s'occupait de tout. »

J'avais vu les livres et les vidéos de l'évangéliste en vente sur les marchés de Maputo et du Malawi.

« Il est très populaire, a confirmé Susanna. Ils adorent Jimmy Swaggart, par ici. C'est à cause de la musique sur les bandes vidéo.

— Il faut croire qu'ils n'ont pas entendu dire qu'il est un autre Elmer Gantry... »

Ma pique est tombée à plat – peut-être n'avait-elle pas lu Sinclair Lewis ? J'ai donc précisé :

« Un imposteur, un vendeur d'huile de serpent, un vieil hypocrite.

— C'est un pécheur sauvé par la grâce, a-t-elle dit comme si la phrase ne faisait qu'un seul mot. Comme moi. Comme vous.

— Merci, mais pas comme moi. J'ai mes défauts, mais ressembler à Jimmy Swaggart n'est pas un d'entre eux.

— Nous sommes tous des pécheurs sauvés par la grâce. »

Qu'elle me traite de pécheur n'était pas aussi offensant qu'on pourrait le croire, car elle souriait en le disant, avec un air de Peter Pan. Et bien sûr, elle sous-entendait quelque chose de plaisant, avec une coquetterie dans sa façon de faire allusion à une attitude de méchant garçon, comme si elle me disait : *Que vous êtes vicieux !* J'ai donc laissé passer. En ce qui me concernait, cette conversation n'était qu'un bavardage sans conséquences sur la ligne du Limpopo.

« Combien de temps pensez-vous consacrer à votre mission ?

— Le Seigneur est mon guide. Le Seigneur m'a envoyée ici. Je resterai aussi longtemps que le Seigneur le voudra.

— Qu'est-ce que le Seigneur veut que vous fassiez au Mozambique ?

— Il veut que je parle de Lui à ces gens, pour qu'ils soient sauvés.

— Qu'en est-il des homosexuels ? Vous avez des projets pour eux ?

— L'homosexualité est une abomination. C'est écrit dans le Lévitique. »

Une enfance chrétienne, une vie de voyages et de nuits seul dans des chambres d'hôtel sans rien d'autre à lire que la Bible mise à ma disposition sur la table de chevet, des années d'analyses de texte pour donner vie aux prêcheurs de mes romans *Le Royaume des moustiques* et *Millroy le magicien*, m'avaient procuré une connaissance assez approfondie des Écritures pour répondre à des évangélistes de cette trempe, qui s'attendaient rarement à ce qu'on élève, avec leurs propres arguments, des objections à leurs affirmations. Et puis, nous étions sur la ligne du Limpopo, au Mozambique, et je n'avais rien d'autre à faire.

« Le Lévitique dit beaucoup de choses qu'aucune personne raisonnable ne peut admettre, ai-je tenté. La loi mosaïque est pleine de curieux préjugés. Le chapitre quinze dit que la femme est elle aussi une abomination souillée quand elle a ses règles, et qu'elle doit alors dormir seule. Je me demande combien de chrétiens obéissent à cette loi. Le chapitre onze dit que les poissons sans écailles, comme le thon, sont une autre abomination. Au fait, si vous suivez cette logique, c'est aussi le cas des calamars et des crevettes. Ça fait de la sauce marinara l'abomination absolue ! Le Lévitique 11,6, dit que les lièvres sont des ruminants. Avez-vous jamais vu un lièvre ruminer ? Plus loin, on lit qu'un homme ne peut épouser une femme qui n'est pas vierge ni une femme divorcée, et que les prêtres ne peuvent couper leur barbe. »

Susanna n'a pas été ébranlée. Têtue, elle a dit : « Il n'y a pas que dans le Lévitique. Dans l'épître aux Romains, Paul dit que l'homosexualité est un péché.

— Vous portez un pantalon. Que dit le Deutéronome à propos de ça ? »

Elle a souri comme une gamine, car elle savait ce qui allait suivre.

« La Bible dit que les femmes n'ont pas le droit de porter des vêtements d'homme, ai-je assené.

— Il arrive qu'on doive interpréter les Écritures, a concédé Susanna.

— J'espérais que vous diriez ça. Le Deutéronome, 22,5, considère comme une abomination la femme qui porte un vêtement d'homme. Vous portez un pantalon. Cela ne me pose aucun problème. Mais Moïse dit que ça en pose au Seigneur.

— Je crois que j'ai interprété la loi.

— C'est parfait. Pourquoi n'interprétez-vous pas ce que Paul dit des homosexuels ?

— Je ne déteste pas les homosexuels, mais ils commettent un péché.

— Pourquoi ne pas les tuer ? Le Lévitique 20,13 dit que les sodomites doivent être mis à mort. Et si vous mangez du thon et que vous portez des vêtements d'homme, vous commettez un péché, vous aussi, non ?

— Je sais que je suis une pécheresse, a-t-elle dit d'un ton enjoué. Nous sommes tous des pécheurs sauvés par la grâce

— Croyez-vous en l'évolution ?

— Je crois en la Bible. »

Le joyeux terrain de chasse de tous les esprits qui ont perdu leur équilibre n'est pas l'œuvre de Shakespeare (comme le dit Buck Mulligan) mais la Sainte Bible.

« Adam et Eve ? Le jardin d'Eden ?

— Oui.

— Depuis combien de temps les êtres humains sont-ils sur terre, à votre avis ? Dans les quatre mille ans ?

— Entre quatre et six mille ans.

— Vous considérez que c'est un fait scientifique ?

— C'est dans la Bible. »

Ce genre de personne n'a qu'un livre dans sa bibliothèque, qui contient toute l'histoire, toute la science, toute la géographie, tous les nutriments nécessaires à l'esprit. Elle n'était pas la seule dans ce cas. Elle aurait été d'accord avec les idées absurdes défendues par Philip Gosse, chrétien fanatique et scientiste avide très contesté, qui dit que « lorsque l'acte cataclysmique de la création a eu lieu, le monde a présenté, instantanément, l'aspect structurel d'une planète sur laquelle la vie existait depuis longtemps », en d'autres termes (pour reprendre les mots de son fils Edmond dans le livre où il a relaté sa curieuse enfance, *Père et fils*) que « Dieu a caché les fossiles dans les roches afin de mettre à l'épreuve la foi des géologues ».

Ce qui donnait envie de pleurer, ce n'était pas seulement l'ignorance satisfaite et obtuse de Susanna, mais le fait bien plus grave qu'elle était là, au Mozambique, en train de diffuser fausses informations et terreur.

« Vous pouvez penser qu'il s'agit là du raisonnement d'un pauvre rationaliste, lui ai-je dit, mais les êtres humains sont sur terre depuis deux millions d'années. La civilisation mésopotamienne est née à l'époque que vous désignez comme celle de la Création. »

En l'an 1498, Vasco de Gama avait jeté l'ancre au large de l'Ilha de Mozambique, sur la côte nord de ce territoire déjà portugais. Dix ans plus tard, des prêtres avaient été envoyés de Lisbonne et un centre de commerce très actif avait été fondé en parallèle avec une mission – les prédécesseurs prosélytes de Susanna. Cinq siècles qu'on énonçait ce genre de discours ! Mais je savais d'expérience qu'il n'y avait aucun moyen de la détourner de ses croyances, qu'on ne pouvait l'éclairer.

« Je ne veux pas discuter, lui ai-je dit. Je sais que je ne vous ferai pas changer d'avis. Je voulais seulement vous dire que je ne suis pas d'accord avec vous et que vous défiez la logique. Dites-moi ce que vous faites au Mozambique.

— J'enseigne les Écritures et je tente aussi de monter des centres pour retirer les prostituées des rues, a répondu Susanna comme l'avaient fait pendant cinq cents ans les missionnaires sur cette côte. Leurs familles envoient ces filles gagner de l'argent. Et des gens viennent ici d'Europe pour les rencontrer – des Allemands adeptes du tourisme sexuel viennent au Mozambique pour trouver des enfants prostitués.

— Et comment mettrez-vous fin à ces pratiques ?

— Nous avons une mission des rues. Nous prions. Nous aidons les prostituées.

— Est-ce que des hommes ne vous font pas des avances ?

— Tout le temps ! Ils me disent des choses horribles. Mais je réponds : “Le Christ est mon époux – je suis mariée au Seigneur.” Ça les fait rire, a-t-elle conclu en haussant les épaules.

— Si j'ai bien compris, votre mission concerne principalement les prostituées, c'est ça ?

— En grande partie. »

Je lui ai dit ce que j'avais lu dans *The Road to Hell* : Michael Maren y expliquait que les hommes qui encourageaient la prostitution enfantine étaient des criminels, mais que d'un point de vue économique, une femme qui choisissait la prostitution prenait une décision rationnelle. Que c'était une des seules façons pour une femme de vraiment gagner de l'argent. Cet argument n'a pas impressionné Susanna.

J'avais un emploi dans une usine, sur une machine, et je me suis tout à coup rendu compte que j'étais assise sur une mine d'or, dit la prostituée pour résumer l'appel qu'elle a entendu ! Cette réflexion explique aussi clairement que possible la difficulté qu'on peut rencontrer quand on tente de persuader les prostituées qu'elles ont tort de se livrer à cette activité. Le Lévitique avait aussi beaucoup à dire sur les prostituées – sur les femmes qui pouvaient ou non entrer dans le temple et qu'il était interdit d'épouser. Le Seigneur a dit à Osée : *Va, prends une femme portée à la prostitution et des enfants de prostitution, car ce pays, abandonnant Yahvé, ne fait que se prostituer.*

« Il ne s'agit pas seulement des prostituées, a dit Susanna. Je veux dire que le sexe, c'est terrible. Les gens ont des relations sexuelles tout le temps.

— Les Africains ont tendance à avoir des relations au sein de leur propre groupe d'âge, ai-je fait remarquer en citant le vieux Samburu que j'avais rencontré au Kenya.

— Non, des gamins couchent avec des grands-mères, des petites filles avec des hommes. Des femmes commettent l'adultère. Elles commencent à six, huit ans.

— Peut-être n'est-ce qu'un jeu », ai-je suggéré.

Et je me suis dit que si on avait besoin qu'on vous fasse un dessin, il était bien plus agréable de parler de sexe avec une chrétienne scandalisée comme Susanna qu'avec une libertine.

« Non – elles le font ! a dit Susanna, dont le visage s'est assombri. Un jour où j'étais à Nampula, nous parlions des préservatifs à un chef. Il a dit : "Vous ne mangez pas les bonbons dans leur papier ! Vous n'ouvrez pas votre parapluie s'il ne pleut pas !" et il s'est moqué de nous.

— Je ne comprends pas ce qu'il a voulu dire avec le parapluie.

— Moi non plus. Mais le sida pose un problème, parce que personne ne fait rien contre. Beaucoup de gens, dans notre église, ont le sida. Trois de mes collaborateurs l'ont. C'est terrible. Ils ont des relations sexuelles avec des gamines de quatre ans, persuadés que ça va les guérir. Et ils prient leurs ancêtres !

— Je crois que c'est bien que vous vous préoccupiez du sida, mais quand vous reprochez aux gens de prier leurs ancêtres, on dirait que vous les condamnez parce qu'ils sont païens. "Détruisez les idoles païennes !" N'est-ce pas ce que disent les talibans ? »

Non, les Mozambicains n'étaient pas assez malheureux, pas assez pauvres, pas assez malades, pas assez oubliés. Il fallait qu'ils se sentent plus mal encore, plus accusés, plus pécheurs, coupables du simple fait d'être nés, coupables du péché originel. Ils ne pouvaient y échapper. Comme tant d'autres missionnaires, Susanna avait pour but de forcer les Africains à abandonner l'ancien panthéisme, que leur avaient inspiré les animaux et les fleurs de la brousse, les saisons, les espoirs et les peurs qui leur étaient propres.

Cette punaise de bénitier et tous ceux qui lui ressemblaient allaient chercher les Africains dans des lieux aussi reculés et frustes que Nampula, afin de les affliger de l'idée qu'ils étaient des pécheurs, de les engager dans des formes d'abrutissement pervers comme chanter des hymnes et faire pénitence, de les forcer à détruire les objets de leurs anciennes vénérations.

Mais c'est d'une voix douce que je lui ai suggéré ces arguments. J'aurais voulu ajouter, comme Henry James dans une lettre à une bonne âme de ses amis : « Seulement, je vous en supplie, ne *généralisez* pas trop vos sympathies et vos tendresses. Souvenez-vous que toute vie constitue un problème particulier qui n'est pas le vôtre mais celui d'un autre, et satisfaites-vous de la terrible algèbre qui vous est propre. »

Elle a tenu bon, mais elle a plus tard laissé échapper le fait qu'elle avait été mariée. Elle a avoué à contrecœur qu'elle avait été mariée trois ans, et qu'elle avait divorcé. J'ai trouvé ça merveilleux.

« La Bible affirme que le divorce n'est pas acceptable, ai-je dit du ton réprobateur que je l'imaginais utiliser quand elle s'adressait à un homosexuel. N'avez-vous pas peur d'encourir le courroux divin ?

— Mon mari était violent. Je priais. Il me battait. "Je veux que tu m'adores, moi !" disait-il. Il détestait que j'aime notre Seigneur. Je ne savais comment changer les choses, a-t-elle dit avec un visage torturé. J'ai juste prié.

— Je trouve que vous avez fait ce qu'il fallait en quittant cet homme, s'il vous traitait de la sorte. Mais un chrétien très pieux ne serait pas de mon avis. Un chrétien vous dirait : "Sois une martyre de ta foi ! Il te bat, il te tue parce que tu aimes le Seigneur ? Tu iras au Paradis. Tu n'as rien à perdre. Le pécheur verra son crime et éprouvera des remords. Il se repentira. Vous vous retrouverez tous deux au Paradis !" Je ne veux pas dire que je suis d'accord, mais n'est-ce pas ce qui est censé se produire ?

— Je ne sais toujours pas si j'ai eu raison.

— Vous avez eu parfaitement raison, mais ce n'était pas dans les règles. Tout ce que je veux vous dire, c'est que vous devriez avoir l'esprit aussi ouvert quand il s'agit des homosexuels. »

Elle n'a rien répondu. J'ai songé à changer de siège. Mais elle était une bigote attachante et très décorative qui ne pensait qu'au sexe, et nous n'avions pas encore atteint Manhiça. Je suis resté là, et je suis content de l'avoir fait, car avec tout le temps que nous avions à tuer, Susanna m'a expliqué le fonctionnement de son refuge de Maputo – encore un effort admirable. Les enfants des rues étaient invités à y rester. On leur donnait un bain, à manger et des vêtements propres. Elle faisait cela depuis deux ans, et pendant ce temps, elle avait appris à connaître les gamins – surtout des garçons. Un soir, alors qu'elle descendait d'une voiture, des gamins l'ont accostée et lui ont demandé de l'argent. Profitant du fait qu'elle était seule, ils lui ont arraché son sac et lui ont volé tout ce qu'elle avait. Elle a reconnu des garçons, qu'elle avait baignés, nourris et habillés au refuge. Le pire, c'était qu'ils avaient reconnu en elle une victime facile.

Ce refuge, lui aussi, semblait un autre de ces projets foireux, comme de vouloir sauver les prostituées d'un travail lucratif dans les rues de Maputo, un des seuls moyens de gagner sa vie au Mozambique qui ne soit pas lié à la culture du maïs. Ce n'était pas la première fois que me venait à l'esprit l'exemple de Mme Jellyby et de sa philanthropie obsessionnelle.

« Je vais prier pour vous, a dit Susanna quand nous sommes arrivés à Manhiça. Pour votre bonheur, votre santé, votre famille, et pour que vous fassiez bon voyage.

— Je prierai pour que vous cessez d'utiliser le mot "abomination" quand vous parlez des homosexuels, lui ai-je dit. Je vais prier pour que vous lisiez un livre d'histoire et un livre de paléoanthropologie et que vous cessiez de traiter de pécheurs ces pauvres gens. Comme s'ils n'avaient pas déjà assez de malheurs ! »

Nous sommes arrivés si tard que j'ai raté le bus pour Xai-Xai. Il n'y avait aucun autre moyen de s'y rendre, sauf à prendre un *matatu* ou un *chapa*, comme on appelait ici les minibus surchargés. Maintenant que je lisais régulièrement les journaux sud-africains, je ne cessais de voir des articles sur des accidents de minibus qui avaient causé de nombreux morts, et j'avais juré que je ne reprendrais plus ces pièges mortels. J'étais arrivé sain et sauf jusque-là. Je ne voulais pas forcer ma chance en me mettant davantage en danger. J'ai déjeuné à Manhiça – *caldo verde*, une soupe de pommes de terre, légumes verts et ail, héritage culinaire douteux des maîtres coloniaux. Irrité par mes échanges avec la jeune missionnaire qui se croyait seule détentrice de la vérité, j'ai décidé de prendre un taxi pour retourner à Maputo.

Le lendemain était un jour de fête nationale, le jour de Samora Machel, devenu président du Mozambique à son indépendance en 1975, et qui l'était resté jusqu'à sa mort en 1986 dans un accident d'avion – un événement qui semblait bien avoir été l'aboutissement d'un complot sinistre. Cette journée célébrait le quinzième anniversaire de l'accident. Personne ne semblait se soucier que Machel ait été le chef d'un pays chaotique et en pleine faillite. On ne pouvait pas lui imputer entièrement l'échec politique et économique du Mozambique, mais il y avait présidé. Sur les affiches, on le présentait comme un personnage bienveillant, barbu, en tenue de combat avec casquette à la Fidel Castro, et sous son image, un slogan : *Samora – Nossa Inspiração* – notre inspiration.

« Machel, c'était personne ! m'a dit au Polana un Portugais aigri, un certain Da Silva. Il n'était qu'un brancardier. Son travail à l'hôpital consistait à emporter les cadavres à la morgue. Je le sais ! Ma femme travaillait dans le même hôpital. »

On ne pouvait en vouloir à Da Silva de son amertume. Sa maison de Maputo avait été confisquée. Il était revenu de Johannesburg à Maputo pour tenter d'obtenir réparation. Son départ forcé du pays en 1974 avait été humiliant.

« Ils ont dit que ma femme se prostituait. Ils ont fait de nous des réfugiés. Nous n'avons rien pu sauver. Nous avons été forcés de nous enfuir. Je suis là, mais vous savez quoi ? J'ai envie de pleurer. Ils ont détruit ce pays. Les seuls qui survivent ici sont les opportunistes et les voleurs. L'Angola vaut mieux. »

C'était une nouvelle ! J'avais toujours eu l'impression que l'Angola, encore déchiré par une guerre civile, était un lieu impossible, dangereux. Le Mozambique, bien que chaotique, était au moins en paix.

« Mon fils y vit », a expliqué Da Silva en frottant ses doigts pour m'indiquer que son fils se faisait beaucoup d'argent.

J'ai passé les deux jours fériés dédiés à Samora Machel assis sur la jetée, devant l'océan Indien, pour écrire. J'avais presque terminé ma nouvelle érotique, qui atteignait la longueur d'un petit roman, puisqu'elle faisait plus de cent pages. C'était une tâche agréable, comme attaquer un bloc de bois pour en extraire une forme reconnaissable. Je l'ai mise de côté et j'ai regardé l'océan Indien en réfléchissant à mon voyage, à la distance parcourue, à ce qui me restait à faire, en train, de Johannesburg au Cap.

J'envisageais le dernier tronçon de mon safari avec des sentiments mêlés. Si j'étais impatient de monter dans ce train, j'étais triste que mon voyage prenne fin. Je n'en avais pas assez de voyager. Ce genre de voyage convenait à mon tempérament. J'avais tenu les promesses que je m'étais faites pour la paix de mon esprit : pas de dates à respecter, pas de rendez-vous sérieux, pas de projets, pas de travail, pas de téléphone portable, pas de courriel. Si quelqu'un s'enquérait de moi, j'étais injoignable. J'étais resté injoignable. Personne ne savait que j'étais au Mozambique, en ce moment. Ce genre de disparition me donnait l'impression d'être un spectre, sans substance, comme si j'étais devenu un fantôme sans avoir pourtant connu l'inconvénient de mourir afin d'en arriver là.

Pour prendre de l'exercice, je suis allé à pied aux célébrations de Samora Machel sur la Praça da Independencia, à l'extrémité de l'avenue Samora Machel, près du jardin botanique. Je suis passé devant la Maison de Fer, la « Casa de Ferro », autre réalisation d'Eiffel que j'ai admirée. Des enfants couraient et sautaient sous la statue de Machel. La plaque, au pied du monument, avait été vandalisée, rendant l'inscription indéchiffrable. Sur la place, des soldats dansaient ensemble, hommes et femmes en uniformes identiques, frappant lourdement le sol de leurs chaussures de combat, riant de leur maladresse.

J'ai quitté Maputo le lendemain matin dans le premier autocar convenable, j'ai respiré l'air de la savane, j'ai ondulé sur les collines, j'ai supporté les tracasseries et les regards curieux habituels au poste frontière, puis j'ai apprécié le miracle pervers des superbes routes d'Afrique du Sud et des belles maisons au milieu de sinistres campements de squatteurs. J'étais à Johannesburg avant la nuit.

22 — Le Trans-Karoo Express pour Le Cap

Après ce séjour, pourtant bref, qui m'avait entraîné dans la quatrième dimension des ruines et de la reconstruction mozambicaines, il m'a semblé curieux de me retrouver si vite dans la frénésie de l'Afrique du Sud urbaine. J'ai été déconcerté par les rues aux chaussées lisses, avec des feux tricolores aux carrefours, des arbres adultes le long des trottoirs, des parcs entretenus et même, à Rosebank, la vision insolite d'une jeune Noire qui parlait dans un téléphone portable au volant d'une décapotable dernier modèle – une diamantaire, peut-être, à moins qu'elle ne s'occupât du commerce des Tanzaniens. Il était plus étrange encore d'entendre les Johannesburgeois rouspéter constamment, Noirs et Blancs égaux dans les récriminations contre le peu de prospérité, l'économie malade, le pouvoir d'achat de leur argent qui avait été divisé par deux en quelques années.

La réflexion qu'on entendait souvent en Afrique du Sud – « C'est un pays du monde riche avec une mentalité du tiers-monde » – aurait facilement pu s'appliquer à tant de pays du monde que j'avais visités, que je ne la prenais pas au sérieux. Cela me rappelait non seulement l'Irlande du Nord, mais quelques lieux plus pittoresques et désolés des États-Unis et d'Europe – avec leurs factions irréconciliables, comme certains secteurs d'Afrique du Sud.

Pour moi, l'Afrique du Sud était un lieu où presque tout fonctionnait, même le système politique. Cet immense pays était accessible en totalité grâce aux trains ou aux cars. Une des conséquences de décennies de gouvernement paranoïaque blanc avait été la mise en œuvre d'un programme ambitieux de réseau routier –

pour des raisons militaires, car un bon maillage routier du pays permettait de maintenir l'ordre : l'armée pouvait aller partout. Maintenant, les civils pouvaient faire de même. Les universités étaient excellentes ; les journaux, entraînés par l'exercice général de la démocratie, contribuaient à des débats publics d'un niveau impressionnant et rendaient compte des crimes autant qu'ils évaluaient avec impartialité la politique du gouvernement et les scandales ; en Afrique du Sud, il y avait souvent un lien sulfureux entre scandales et politique. On reconnaissait même au système éducatif une élévation d'esprit appréciable.

A mon retour, j'ai donc pris pour un signal alarmant la une du journal, où j'ai lu : « GORDIMER “TROP RACISTE” POUR LES ÉCOLES ». Le roman de Nadine, *Ceux de July*, avait été retiré des listes de lecture par le Comité de Sélection des livres de l'académie de la province de Gauteng. Comme cette province était celle de Johannesburg et Pretoria, elle comptait la plus forte concentration de classes du pays où ce roman, sombre mais plausible, était lu depuis longtemps. On considérait maintenant qu'il était « profondément raciste, condescendant et prétentieux », qu'il constituait « un anachronisme, puisque ce qu'il prédisait pour l'avenir de l'Afrique du Sud ne s'était pas produit », et qu'il était « inacceptable car il n'encourageait pas une bonne pratique grammaticale ».

Ces remarques stupides m'ont donné envie de relire *Ceux de July*, ce que j'ai fait avec plaisir. Un matin, j'ai écrit un article pour le *Sunday Independent* de Johannesburg, fustigeant l'ignorance et l'hypocrisie du Comité de Sélection des livres et me moquant un peu du principal accusateur de Nadine, un membre du comité qui portait fièrement le nom d'Elvis Pacayachee. J'ai souligné que le génie imaginatif de Nadine Gordimer collait fidèlement à la réalité – comment nous nous comportons, comment nous parlons, l'aspect de nos villes, le fonctionnement de nos mariages, notre manière de nous aimer, notre manière de mourir ; que, si quelqu'un s'exprime avec sincérité, son œuvre a toujours un accent prophétique. Étant donné les incertitudes et les changements que vivait l'Afrique du Sud, les événements cataclysmiques décrits dans *Ceux de July* restaient possibles. Trente ans plus tôt, dans *Un invité d'honneur*, elle avait décrit la crise qui opposait aujourd'hui les partisans de la réforme agraire et les racistes au Zimbabwe.

« Ce genre d'interdiction me rappelle l'époque de l'apartheid, m'a dit Nadine, quand ils retiraient des écoles les livres qu'ils n'aimaient pas. J'avais cru qu'on avait dépassé ce stade. »

Elle a dit qu'elle ne considérait pas qu'il s'agissait là d'une insulte personnelle, mais qu'en revanche, elle considérait la suppression de son livre comme un signe alarmant ; la censure n'avait jamais été une question simple, en Afrique du Sud. A l'époque du gouvernement blanc paranoïaque, on avait interdit non seulement mon *Jungle Lovers* et mon *Royaume des moustiques*, simplement pour leur titre apparemment racial et scandaleux, mais aussi *The Return of the Native* et *Black Beauty*. En revanche, comme *Le Royaume des moustiques* était maintenant une lecture exigée des lycéens d'Afrique du Sud, ma défense de *Ceux de July* a été publiée en bonne page. Je ne pouvais imaginer un journal d'un autre pays africain publiant ainsi un article de moi, où je m'opposais à une directive du gouvernement en raillant sa stupidité.

« Mon véritable sujet d'inquiétude, en ce moment, c'est Reinie, m'a dit Nadine en parlant de son mari. Il est très faible. C'est lui dont je me soucie. »

Sachant d'avance que j'étais dans la dernière étape de mon voyage et que j'allais sans doute prendre le meilleur de tous les trains que j'avais connus depuis des semaines, j'hésitais à monter à bord. Je voulais savourer par anticipation le départ pour Le Cap, mais je le repoussais aussi parce qu'après cela, mon safari prendrait fin. Allongé sur mon lit, dans mon hôtel de Johannesburg, je me repassais en imagination le film de mon voyage en insistant sur les gens de valeur que j'avais rencontrés : Ramadan, le fier Nuga qui m'avait fait traverser le désert de pierre soudanais ; Tadelle et Wolde dans leurs vêtements tout neufs, la marque des pliures du fabricant encore visible, le jour triste où nous nous sommes séparés à Moyale, à la frontière de l'Éthiopie ; Wahome, l'écrivain et ancien prisonnier, à Nairobi ; Apolo, le curieux Premier ministre qui m'avait charrié en Ouganda ; le capitaine si hospitalier sur le lac Victoria, et Alex aux yeux voilés qui, en ce moment, sur l'*Umoja*, s'occupait du moteur diesel ; Julius dans le train de brousse qui s'éloignait de Mwanza ; Conor et Kelli dans le Kilimandjaro Express ; Una Brownly, l'infirmière modeste de la mission de Livingstonia ; mon élève Sam Mpechetula à Zomba ; Karsten Nyachicadza, pagayeur expert, au village de Marka, sur la Shire, souriant à la vie en général à travers un nuage de fumée bleue ; le fermier Peter Drummond, près de Norton, haussant les épaules quand apparaissaient à nouveau d'autres envahisseurs ; tous les prisonniers africains, les chauffeurs de cars, les femmes sur les marchés – des gens joyeux, qui faisaient leur travail, malgré les difficultés. Je leur étais reconnaissant d'avoir rendu mon voyage aussi agréable. Ils me manquaient déjà. J'ai souhaité qu'ils se portent bien.

A Park Station, un matin, alors que je faisais la queue pour acheter un billet de train, j'ai engagé la conversation avec une jeune Africaine qui attendait devant moi, et je lui ai dit où j'allais.

« L'autre jour, j'ai entendu à la radio qu'il y a des trains vraiment confortables qui vont au Cap. C'est cher pour notre monnaie, mais avec vos dollars, c'est probablement bon marché. Ah, faites bon voyage ! »

Encore une personne aimable, qui m'offrait son aide en chemin.

Il ne s'agissait pas du célèbre Blue Train, et on ne parlait pas non plus de Première Classe, mais de classe *Premier*, nouvelle désignation de certaines voitures sur le Trans-Karoo Express. J'ai acheté un billet et j'ai réservé ma place. Pour cent quarante dollars, repas compris, on voyageait dans un compartiment particulier. Au kiosque de la gare, j'ai acheté deux cahiers. Je me disais que j'aurais tout le temps de recopier proprement ma longue nouvelle érotique. C'était un voyage de vingt-sept heures, mille quatre cents kilomètres de Johannesburg au Cap, par-delà les hauts plateaux désertiques appelés Grand Karoo.

Je suis parti le lendemain. En attendant que le train arrive sur le quai, j'ai observé la posture des différents passagers : les Blancs étaient en général debout, attentifs, en petits groupes familiaux se faisant face, autour de leurs bagages ; les Noirs se reposaient sur les bancs, par deux, l'air détendu, les jambes allongées ; les métis, les *uitlanders*, les étrangers, les Indiens, bougeaient, circulaient prudemment parmi les autres.

Par mesure de sécurité, des barrières métalliques isolaient le quai, et seuls les passagers pouvaient passer le portail.

« Ce n'est pas comme ça en Australie », a dit un Blanc costaud en soulevant son sac.

C'était Bob, qui voyageait avec sa femme Sylvia. Ils avaient tous deux environ cinquante ans et ce qu'ils vivaient ici les agaçait un tant soit peu.

« Et il y a quelques années, a-t-il continué, on pouvait dire au revoir à sa famille depuis le quai. C'était convivial. On ne connaissait aucune de ces mesures de sécurité. Pas de barrières.

— C'est différent en Australie », a confirmé Sylvia.

Ils étaient nés à Johannesburg où ils avaient toujours vécu, mais dans huit mois ils allaient émigrer à Brisbane et pensaient ne jamais revenir en Afrique du Sud.

« C'est tout simplement trop horrible, ce qui s'est passé ici », a dit Bob avec un fort accent sud-africain.

Il était ouvrier d'usine et il espérait trouver un emploi en Australie. Mais le pourrait-il ? Il était spécialisé dans la fabrication des voies ferrées – surtout le ciment et les traverses en bois. Ce n'était pas une spécialité très recherchée, à Oz.

Un Noir s'est approché de moi après m'avoir repéré dans la foule.

« Monsieur Theroux ? »

Personne ne prononçait mal mon nom, en Afrique du Sud, car Leroux était un nom courant, puisque l'endroit avait accueilli de nombreux huguenots français dont les descendants étaient toujours là.

« Comment m'avez-vous reconnu ?

— Je suis le contrôleur. Au bout de quelque temps dans ce genre d'emploi, on finit par connaître les gens. Je suis en général capable de mettre un nom sur un visage. »

Il s'appelait Craig. Il m'a escorté jusqu'à mon compartiment et m'a expliqué les commodités du train : douche dans un cabinet, bar dans le wagon suivant, coin lecture et salon. Pinky, une femme zoulou en uniforme impeccable, prendrait mes commandes de boissons. Le déjeuner serait servi dans une heure au wagon-restaurant.

Le train a sifflé deux notes aigres, et après une secousse où les wagons se sont entrechoqués en faisant un bruit de marteau sur une enclume, nous avons quitté la gare et pris la direction de l'ouest. Assis, parfaitement satisfait, j'ai regardé la ville défiler sous ma fenêtre. Les longues ombres des immeubles ont été remplacées, dans la banlieue, par une atmosphère plus lumineuse, car les bâtiments étaient plus bas – des garages, des restaurants, des supermarchés, des petites maisons entourées de leurs petites clôtures, des entreprises artisanales qui sont le propre des communautés de taille réduite (*Boucherie de Mohammed*, *Solly le quincaillier : neuf et occasion*, *Dave le roi du Pneu*, *Affichage Pinsloo*). S'il n'y avait eu personne dans le paysage, j'aurais pu croire que ces rangées de maisons edwardiennes et les arcades des rues commerçantes se trouvaient en Australie, car elles étaient construites dans le même style colonial du début du siècle, avec leurs stucs, leurs bordures comme des décors de gâteaux, leurs toits en zinc – jusqu'aux robustes buissons de lantanas aux fleurs de couleur vive, qui avaient l'air australiens, et les eucalyptus à l'air triste ! Plus loin s'étaient établis de petites industries, des grossistes en viande, des entrepôts de pneus, de ciment, de ferraille, des fabriques de savon. On savait produire des choses, ici.

A près d'une centaine de kilomètres de Johannesburg, à Tshiawelo, nous avons longé l'immense cimetière Avalon. Deux héros de cette bataille y étaient enterrés : Joe Slovo et Helen Joseph. Mais je n'ai vu que des pentes boueuses de terre nue, sans arbres ni herbe, juste des tombes. Chacune était entourée d'une cage, comme un berceau retourné en tiges métalliques et tissage de fil de fer, pour empêcher que des animaux – chiens, hyènes, furets, tout ce que vous voulez – viennent creuser la terre. En différents endroits du cimetière, des funérailles avaient lieu, des gens priaient, d'autres se tenaient debout devant des trous qu'on venait de creuser, en deuil, un peu voûtés, les jambes molles, dans l'attitude de ceux que la peine empêche de se tenir droit.

Un peu plus tard, à Roodepoort, au wagon-restaurant, George me servait des filets de saumon du Cap à la poêle alors que nous étions à l'arrêt le long d'un quai plein de voyageurs qui attendaient, des Africains chargés de lourds ballots, de paniers, de caisses, de rouleaux de couvertures. Ils me regardaient – à moins qu'ils n'aient regardé les quatre membres d'une famille noire à la table voisine et dont s'occupait un avenant serveur blanc ?

Dans cette région, les villes étaient petites et ordonnées, presque toujours construites à l'ombre d'une mine d'or : des rangées de maisons le long de la rue principale, une école, une église, un terrain de rugby, des champs au-delà des collines basses formées par les déchets de la mine. Certaines de ces villes semblaient avoir été construites pour durer. La gare de Krugersdorp, avec ses encorbellements, ses fleurons de faîtage et ses ornements typiquement hollandais, avait été construite en 1899 – date gravée sous sa coupole. En bordure de la ville, on trouvait des maisons de mineurs et des auberges d'aspect simple et sans confort, mais solides, vieilles d'un siècle elles aussi, et toujours habitées, en partie dissimulées derrière des affiches qui disaient *S'il vous plaît, sortez couvert !* ou *Merci de vous protéger*.

Même dans les villes les plus blanches, on trouvait un rappel d'une Afrique moins heureuse : un homme en haillons sur un sentier, un vieillard à bicyclette, une femme portant un énorme ballot sur la tête, un oiseau étonnant sur un piquet, des cases, des enfants pieds nus, des lieux d'aisance au fond des jardins, la misère, les champs de maïs. J'ai cru que nous approchions d'un camp militaire – hautes clôtures métalliques, barbelés, chiens de garde, projecteurs sur des miradors ; c'était en fait un country club, et un parcours de golf, que j'avais confondus avec un terrain d'entraînement pour jeunes recrues.

Nous sommes arrivés à Potchefstroom. J'avais entendu ce nom dans une histoire qu'un Venda, William, m'avait racontée à Johannesburg. Il avait grandi à Pietersburg, dans l'ancien Transvaal du Nord, où il avait fréquenté une école pour enfants noirs.

« Ce n'était qu'une école de campagne, m'avait-il dit. J'étais très jeune et je ne savais rien. Mais un jour, nous avons pris le train pour Potchefstroom où nous devions affronter une autre école au football. A la fin du match, nous mourions de faim. Nous sommes allés jusqu'à un restaurant. Nous avons vu des Blancs à l'intérieur, mais on ne nous a pas laissés entrer. On nous a dit : "Allez à la fenêtre". Sur le côté du restaurant, il y avait une fenêtre d'où on nous a servis. »

Je lui ai appris que, jusque dans les années 1960, c'était une organisation courante, dans le sud des États-Unis.

« C'étaient des plats à emporter pour les Noirs, et un restaurant où s'asseyaient les Blancs, a dit William. Ça ne nous a pas mis en colère. Telle était la situation. Nous nous y sommes habitués, mais c'était la première fois qu'on me disait "Va à la fenêtre !" Jamais je ne me suis assis dans un restaurant. Même maintenant – c'est vrai ! – je ne sais pas comment utiliser un restaurant. Une fois qu'on a l'argent pour payer, encore faut-il savoir ce qu'on doit faire quand on est à l'intérieur. Je m'y sens mal à l'aise. »

Les pancartes *Slegs blanke*, « Blancs seulement », sont restées accrochées jusqu'à la fin des années 1980. J'ai demandé à William s'il avait des enfants. Il a dit que oui, deux filles, de seize et treize ans.

« Mes enfants savent comment se comporter dans un restaurant, a-t-il ajouté. Elles n'ont aucune idée de ce qu'était la vie, avant. Je ne le leur ai pas encore dit. Je le leur dirai quand elles auront vingt et un ans. Mais elles ne me croiront pas. Elles pensent que ce n'est rien d'entrer dans un cinéma, un restaurant ou un hôtel. Quand j'étais jeune, je ne savais pas du tout comment on se comportait. On avait peur. Comme dans les quartiers blancs. On n'y allait pas. On ne détestait pas les Blancs. On avait peur d'eux. Ils étaient si durs ! »

Je lui ai demandé de me citer un exemple de cette peur.

« En 1981, je crois, a-t-il répondu, j'étais encore adolescent, et je travaillais pour un menuisier, M. Longman. Je suis allé à Durban avec lui, pour un chantier. Quand nous sommes arrivés, on ne m'a pas laissé m'installer dans l'hôtel où on venait pour travailler. J'étais son ouvrier. Il a dit aux gens de l'hôtel : "Je paierai sa chambre." Mais ils ont dit non. Ils n'ont pas voulu me laisser entrer. J'ai dormi dans la voiture. Au bout de quelques jours, M. Longman m'a trouvé un endroit où rester, à l'église. Est-ce que vous pensez que mes gosses pourraient croire ça ? »

Le nom de Potchefstroom avait refait surface dans ma tête, avec le souvenir de cette histoire.

Klerksdorp était la première grosse gare sur la ligne. Un homme dans le couloir m'a dit avec un accent anglais : « C'est le territoire de Terreblanche » – ce qui voulait dire que c'était encore une région farouchement blanche ; pas seulement *verkrampt*, inflexible, mais néofasciste, d'extrême droite. Eugene Terreblanche, démagogue barbu de presque soixante ans, était à la tête d'un mouvement séparatiste, l'AWB – Afrikaaner Weerstands Beweging (Mouvement de Résistance afrikaner) –, un groupe de Boers ouvertement racistes, qui avait son quartier général à Ventersdorp. L'homme était en prison pour avoir agressé un Noir (resté paralysé) et pour avoir tenté d'en tuer un autre. Selon la personne à qui vous vous adressiez, Terreblanche était soit un Moïse afrikaner, soit un homme à femmes et un escroc alcoolique.

Le fait qu'il y eût de belles demeures du côté sud des voies ne signifiait pas que tout Klerksdorp était prospère, car du côté nord de la voie s'étendait un bidonville de baraques, de huttes comme des boîtes, avec leurs murs en feuilles de zinc et des toits plats, sans fenêtres – un regroupement de squatteurs aussi misérable que ceux que j'avais vus en Tanzanie.

Markwassie et sa pancarte « Johannesburg, 277 km » m'a rappelé le Mississippi des années 1930 tel que le montrent les photos très évocatrices de la Dépression : Noirs en loques, champs recuits par le soleil et leurs sillons pâles comme de la pâte à biscuit, quais tachés de graisse, entrepôts aux toits rouillés, courbes luisantes des rails parallèles aux aiguillages. Markwassie était un carrefour ferroviaire où des enfants noirs maigrichons criaient et agitaient les bras au passage du Trans-Karoo Express.

Rien de l'Afrique, ici. Ç'aurait pu être la triste Amérique d'antan, jusqu'à ce qu'une quinzaine de kilomètres plus loin, je voie un éland qui broutait l'herbe d'un ranch d'animaux sauvages. Au loin s'accumulaient les gros nuages violets et roses qui annonçaient le coucher du soleil, dans l'air immobile, au son du pépiement timide des oiseaux – la fin du jour sur les hautes plaines du Middelveld.

J'ai utilisé les heures d'obscurité pour détacher les yeux de la fenêtre et recopier ma nouvelle érotique, en la corrigeant, en me souvenant que, bien que secrètes et interdites, les images qu'elle évoquait nous revitalisaient et nourrissaient notre imagination. Dans un livre sur Hokusai, Edmond de Goncourt a écrit : « Tout peintre japonais, disais-je dans mon étude sur Outamaro, a une œuvre érotique ». Il avait trouvé un joli euphémisme pour ce genre d'ouvrage ; il les appelait *shungwa*, « peintures de printemps ».

A Johannesburg, j'avais acheté *Les Onze Mille Verges* de Guillaume Apollinaire, un classique de l'érotisme franchement pornographique qui ne m'avait pas plu, parce qu'il était tour à tour dépravé et absurde, et les situations le plus souvent trop athlétiques ou trop douloureuses pour qu'on les croie vraisemblables. Apollinaire, inventeur du mot « surréalisme », avait décrit les estampes japonaises que j'avais en tête. J'ai lu son livre rapidement. A un moment, pour évoquer les mouvements d'un train, il citait les vers d'Alphonse Allais :

La trépidation excitante des trains
Nous glisse des désirs dans la moelle des reins.

La cloche du dîner a retenti. J'ai pris place à table avec un motard au crâne rasé qui s'appelait Chris et un couple d'Anglais âgés et grincheux – mais peut-être voulaient-ils seulement cacher leur nervosité. Ils ne nous ont pas donné leur nom, mais ils ont dit qu'ils vivaient dans le sud de l'Afrique depuis les années 1960, et que jamais plus ils ne pourraient revivre en Angleterre. Ils partaient en vacances dans la province vinicole du Cap. L'homme a expliqué qu'il était un amoureux des trains.

« Mon rêve est de prendre le Transsibérien. Mais j'ai des problèmes de santé. »

En dépit de son crâne rasé, de ses dents gâtées et de son amour fou des motos, Chris avait une vision très zen de la vie, et il refusait qu'on dise du mal de l'état du monde, y compris de l'Afrique. « Oh, ça va... » Chris a expliqué qu'il était mi-Anglais, mi-Afrikaans. « Alors, ouais, j'ai des problèmes, moi aussi.

— Je suppose que vous participez à ces grandes randonnées de motards, a dit l'Anglais comme s'il broyait des pierres à feu entre ses dents.

— Oh ouais. C'est chouette. Comme voler... a dit Chris d'une voix douce.

— Il y a beaucoup de membres de la "brigade swastika", dans ces groupes, a continué l'Anglais.

— Oh, ouais. Y a de tout. Des femmes. Des Anglais. Des Noirs, aussi.

— J'ai fait de la moto pendant longtemps, ai-je dit. Mais je me suis arrêté. J'avais peur de finir donneur d'organes !

— Oh, ouais. J'ai des bons organes à donner. Mais je fume alors – Ha ! Ha ! – pas les poumons. »

Pendant ce temps, nous avons mangé un bon repas composé de quatre plats : une soupe, du poisson, de l'agneau de Karoo et une mousse au chocolat comme dessert. Je n'ai pas tenté de leur faire partager mon expérience du voyage, et je n'ai pas voulu parler d'autres transports devant un amoureux des trains. Mais j'ai demandé à l'Anglais comment il avait choisi l'Afrique.

« J'avais dix-huit ans. Je sortais juste du lycée. Je me suis engagé dans les troupes coloniales et j'ai dit à ma mère que je serais parti pendant trois ans. Elle a été furieuse ! “Tu ne reviendras jamais à la maison !” m'a-t-elle dit, s'est souvenu l'Anglais en souriant. Et je ne suis jamais revenu. »

Il avait travaillé en Rhodésie du Nord jusqu'à ce qu'elle devienne la Zambie ; puis en Rhodésie du Sud jusqu'à ce que la lutte pour en faire le Zimbabwe sombre dans la violence, et il avait fini par se replier sur l'Afrique du Sud. Poser la question évidente – allait-il y rester ? – était indélicat, voire impertinent.

De toute façon, il a changé de sujet. « En fait, ce train, c'est le “train du bateau”. Les gens arrivaient d'Europe au Cap par bateau et le prenaient pour gagner Jo'burg. Ils repartaient de la même façon. »

J'ai deviné que l'idée d'émigrer en Australie devait lui torturer l'esprit.

Cette nuit-là, très tard, nous nous sommes arrêtés dans une gare du Karoo, lugubre. J'ai sauté du train pour regarder le ciel étoilé, les pointes d'aiguille si brillantes, plus d'étoiles que d'obscurité autour d'elles. J'ai vu une étoile filante.

« Parfois, on peut même voir la Voie lactée », a dit une voix désincarnée sur le quai.

Au matin, nous avons dépassé les gares de Prince Albert Road et de Laingsburg, où le Grand Karoo descend vers le Petit Karoo. Le Karoo est une région de hauts plateaux et de déserts d'altitude, et en le traversant dans ce train agréable, j'ai revécu les souvenirs effrayants de mon entrée en Patagonie, car je voyais là les mêmes fermes simples, les buissons soufflés par le vent, les troupeaux de moutons plissant les yeux pour éviter la poussière – tout ce qu'il y avait là-bas, sauf les colons gallois et les gauchos.

Même au milieu de nulle part, dans les pâturages parsemés de fourrés, avec à l'horizon de petites montagnes bleues, les colons étaient fiers de leur maison. Les domaines étaient essentiellement constitués de prairies, avec juste quelques buissons et des bosquets d'arbres çà et là, comme si le fermier avait planté un faisceau de drapeaux, et au bout de longues pistes, une maison blanche classique à façade hollandaise et clôture blanche.

On a frappé à ma porte. Le contrôleur.

« Nous arrivons à Touwsrivier et De Doorns, Monsieur, m'a-t-il annoncé. Veillez à bien fermer votre fenêtre. Nous avons déploré des vols, lors d'autres trajets. Les gens entrent par les fenêtres. »

Il avait raison à propos de Touwsrivier, une communauté de

pauvres maisons et de Noirs en loques, le teint jaune, l'air désespéré, dans le Witteberg du Petit Karoo. C'étaient des Khoisan, « de couleur », le peuple marginalisé de la campagne. Des autruches couraient dans les champs, d'autres couvaient au sol, d'autres étaient venues voir le train. Et des hommes se sont approchés de ma fenêtre, ont pressé leur visage contre la vitre et ont montré du doigt des chocolats enveloppés de papier métallisé sur une étagère. Ils m'ont fait signe qu'ils en voulaient un.

Une partie de De Doorns était un bidonville, dans une vallée, désespérant, avec ses huttes en métal recyclé, plaques de tôle ondulée découpée de travers et planches disparates. De l'autre côté de la voie, du côté blanc, une plus grande église, de meilleures maisons. C'est en voyant l'air oriental contrarié des hommes qui s'étaient regroupés le long de la voie, leur visage félin, que j'ai compris que c'étaient des Khoisan. Certains hissaient des conteneurs de fortune contre le train. C'étaient des caisses de raisin trop mûr. Des vignes entouraient la ville, et j'ai compris que ce campement de squatteurs devait servir de réservoir de main-d'œuvre pour les vendanges.

A une époque, on n'autorisait que les hommes, dans ces villes, pas leur famille. On y trouvait traditionnellement des « hôtels de travailleurs », de simples cases, pour cette société d'hommes de peine qui travaillaient dur et s'enivraient. Chaque vendredi soir, les ouvriers agricoles touchaient une partie de leur paye en bouteilles de vin, et ce système avait transformé la plupart d'entre eux en ivrognes. Cela expliquait peut-être ce camp de squatteurs, qui pour l'essentiel s'était établi après la venue au pouvoir de Mandela, et qui se composait maintenant de familles entières. Dans le passé, les femmes restaient dans les villages, comme Nadine l'avait décrit dans un paragraphe triste mais lucide de *Ceux de July* :

> Il y avait les saisons habituelles, et il y avait l'interminable saison de deux ans, la saison où les filles vivaient sans leur époux. Cela couvrait semailles et moissons, étés pluvieux et hivers secs ; et à des époques variables, mais à intervalles à peu près réguliers, revenait pour chacune d'elles cette courte saison du retour de l'homme. Alors, bien qu'elle continuât à travailler et à vivre parmi les autres, la femme n'en était plus au même stade du cycle imposé à toutes par les impératifs qui copiaient l'ordre naturel des choses : comme la lune disparaît quand le soleil se lève, l'homme doit partir pour que l'argent rentre.

Dans la ville prospère de Worcester – superbes villas et maisons coquettes, église à haut clocher pentu, terrains de football, courts de tennis, écoles, pelouses et jardins fleuris – de grands Noirs ont supplié et mendié aux fenêtres des wagons, montrant leur bouche et leur estomac en disant « faim, faim » et demandant de l'argent.

Je suis tombé sur le couple d'Anglais au salon. Sans que je leur demande rien, l'homme m'a dit qu'ils n'avaient pas l'intention d'émigrer.

« Nous n'irons nulle part, a-t-il assuré. Nous sommes à la retraite. »

Ils vivaient dans une banlieue à une vingtaine de kilomètres au nord de Johannesburg. Bien sûr, le crime y régnait, a dit l'homme. Mais il y avait des crimes partout. Il m'a donné un exemple.

« Je rentrais chez moi, il y a quelques années, et je me suis arrêté devant la maison. Je suis sorti de ma voiture pour ouvrir le portail, et j'ai été cerné par trois types. Ils étaient armés. Ils hurlaient qu'ils voulaient ma voiture. Ma femme a entendu du bruit, mais elle a cru que je parlais à des voisins. Elle est sortie avec nos deux chiens.

— Ça vous a sauvé ?

— Pas du tout. Les chiens n'ont servi à rien. Ils ont cru qu'on les sortait pour une promenade. Ils agitaient la queue ! Ma femme a reçu un coup de crosse. Moi aussi, très fort. On a dû nous poser des agrafes à tous les deux. Nous avons perdu la voiture. Mais vous voyez, cela aurait pu se produire n'importe où.

— N'importe où en Afrique du Sud.

— Tout à fait. »

Ils sont descendus à Wellington pour prendre la direction de Paarl et ses caves. Wellington était aussi un lieu charmant, avec un énorme bidonville tout près du centre – des hectares entiers de cahutes à toits plats, de plus en plus simples, de plus en plus frustes et pauvres, de plus en plus horribles à mesure qu'on s'éloignait de la ville. A force de voir le paysage défiguré par ces campements de squatteurs, j'ai décidé d'en visiter un, quand l'occasion se présenterait.

Pendant des heures, il y avait eu des montagnes au sud de la voie, de grands pics rocheux, mais à Belleville j'ai aperçu un lumineux haut plateau devant nous, unique, dressé sous le soleil, et j'ai su que nous abordions les faubourgs du Cap.

*
* *

Alors que j'apercevais l'Atlantique pour la première fois, le vent froid qui soufflait, la mer écumante et le scintillement solaire sur la masse vertigineuse de la Montagne de la Table, qui s'élève juste derrière Le Cap, faisaient paraître la ville plus lumineuse et moins corrompue que toutes celles que j'avais jamais vues de ma vie. C'était une apparence, pas la réalité. J'avais peu connu de vents forts dans l'Afrique que j'avais traversée, mais c'était un phénomène courant sur la côte. Il soufflait en général à vingt nœuds, avec des rafales à quarante nœuds, assez fort pour arracher des branches d'arbres et les envoyer rebondir sur la chaussée. Sous l'immense montagne et ses falaises abruptes, la ville paraissait petite et apprivoisée. Contrairement à Johannesburg, avec son centre ville et ceux qui y déambulaient l'air de dire *Je peux vous avoir*, Le Cap avait une atmosphère provinciale et ordonnée et la gare m'a paru sécurisée. Comme je voulais aller vraiment jusqu'à l'océan, j'ai pris un taxi et j'ai trouvé un bon hôtel en front de mer.

Après avoir posé les questions habituelles et avoir reçu les conseils de prudence attendus, je suis parti me promener le long de la grève, j'ai fait un tour en ville, je suis entré dans les musées. Tout près s'étendaient les Jardins de la Compagnie, datant de 1652, quand Jan Van Riebeeck, au nom de la Compagnie hollandaise des Indes orientales, les avait conçus et plantés dans l'intention d'approvisionner en denrées fraîches les bateaux hollandais. Quand ils étaient arrivés au cap de Bonne-Espérance, les Hollandais avaient trouvé divers groupes de gens, dont les Khoisan, qui ramassaient sur la rive des coquillages et des algues pour leurs repas. Il les avait appelés « cueilleurs de plage » et « Hottentots ».

Pourtant, certains des habitants qu'ils avaient rencontrés parlaient un peu anglais. C'étaient ceux qui avaient été en contact avec les Anglais qui avaient abordé à ces côtes des années plus tôt. Dès le départ, ces « cueilleurs de plage » avaient été mis au travail, comme l'écrit Van Riebeeck dans un mémoire, pour « laver, fouiller, chercher du carburant et faire toutes sortes de travaux. Certains ont même placé leurs petites filles, maintenant vêtues à notre façon, au service de nos couples mariés ».

Telle avait été la raison de l'existence du Cap : la ville avait été fondée pour que son port fournisse eau, bétail et légumes aux bateaux de la flotte hollandaise en route pour Batavia et les Indes. Au bout de dix ans au Cap, Van Riebeeck était parti lui aussi pour les Indes orientales, où il était mort. L'intérieur de l'Afrique, terre inconnue, n'avait présenté à l'époque aucun intérêt pour les Hollandais, ni pour quiconque. On avait nommé l'arrière-pays « Kaffraria », transcription du « Quefreria » figurant sur une carte espagnole du XVIe siècle. Les Espagnols avaient pris aux musulmans qui avaient occupé l'Espagne cette façon de désigner les infidèles (« les gens qui vivaient sans lois ni foi religieuse »). Le mot apparaît sur presque toutes les premières cartes. Sur une carte française du XVIIIe siècle que j'avais achetée quand je vivais à Kampala, on trouvait, par exemple, entre autres descriptions des peuples autochtones : *Peuples cruels* et *Anthropophages*, et encore *Sauvages* et *Hottentots*. Le mot « CAFRERIE », en gros caractères, couvrait la vaste zone vide qui allait du tropique du Capricorne à l'équateur. En 1936, le biographe de Van Riebeck avait expliqué naïvement : « Aujourd'hui, le terme "kaffir", dont la connotation péjorative a été tout à fait oubliée, est seulement utilisé pour les Bantous, et n'a jamais été couramment appliqué aux Hottentots. »

Quand les Huguenots étaient arrivés, ils avaient amélioré l'œnologie et agrandi les vignes, ce qui avait rendu la vie presque parfaite. Elle l'était restée, pour les Blancs du moins – buveurs de vin et cogneurs de nègres –, pendant plus de 150 ans. Les Hollandais ont été ravis de demeurer dans la région du Cap occidental, avec son climat méditerranéen, jusqu'au début du XIXe siècle, quand les Britanniques ont pris en charge la colonie du Cap. Sous la pression des missionnaires, les Britanniques ont aboli l'esclavage et promu l'idée de l'égalité des races. Se sentant envahis par les Britanniques, insultés dans leur croyance en une suprématie blanche, dépossédés de leur force de travail composée de serfs et d'esclaves, les Boers ont décidé d'abandonner leurs fermes fertiles. En 1838, dans ce qu'on a appelé le « Grand Trek », les Boers sont partis vers le nord, dans l'intérieur des terres. Ils ont traversé l'Orange et ont dépossédé les Noirs du Vaal de leurs terres, réduisant la population locale en esclavage et créant un État blanc. Outre des portefeuilles en peau d'autruche et des coussins en peau de zèbre dans les boutiques folkloriques du Cap, il y avait des *sjamboks* en cuir souple. Il était impossible de voir ces fouets sans penser qu'ils étaient le symbole même de l'histoire de l'Afrique du Sud.

Ce qui m'a impressionné au Cap, c'est la petite taille de la ville, les reflets de la mer, l'air frais. Chaque visage humain était différent de son voisin, l'histoire de chacun était originale, personne n'était vraiment d'accord sur rien sauf sur le fait que Le Cap, malgré toutes ses contradictions et tous ses défauts, était le meilleur endroit où vivre en Afrique du Sud. Je n'avais pas plus tôt décidé que cet endroit était harmonieux et tranquille que j'ai découvert les statistiques de la police concernant les vols de voitures, les viols, les meurtres, les invasions de terres au cours desquelles des fermiers étaient éventrés. C'est en Afrique du Sud que j'ai vu le campement de squatteurs le plus misérable et le plus dangereux de tout mon voyage, et sans aucun doute les quartiers les plus élégants du monde – le nom de Constantia me vient à l'esprit, avec ses superbes demeures entourées de jardins. L'Afrique du Sud est une république de misère et de splendeur.

Peu après mon arrivée, j'ai appelé Conor et Kelli, mes compagnons de voyage que j'avais vus pour la dernière fois dans le Kilimandjaro Express cahotant. J'ai utilisé le numéro de téléphone qu'ils m'avaient donné. J'étais curieux de savoir ce qui leur était arrivé après que j'étais descendu du tain à Mbeya.

« Paul, ça a été incroyable... Viens, on va tout te raconter ! » m'a dit Kelli.

Ils étaient tous les deux en ville, chez la mère de Kelli, quelque part dans les hauteurs, au flanc de la Montagne de la Table.

La maison sur les pentes du pic du Diable était tellement battue par le puissant vent d'ouest que les voitures tremblaient sur leurs pneus et que les vitres déformaient les reflets comme des miroirs sorcières, tant le verre était poussé et aspiré par les rafales. Les portes de la maison s'ouvraient et claquaient, les sacs en plastique filaient, gonflés, avant de s'empêtrer dans les branches des arbres, les poubelles roulaient sur les trottoirs et cognaient les troncs d'arbres le long de la rue.

« Regarde un peu qui voilà ! a dit Conor, rasé de près et mieux habillé que dans le train, mais toujours aussi exubérant et irlandais. Oh, mon Dieu, quand on t'a laissé à Mbeya le voyage a été de pire en pire ! »

La Norvégienne était tombée malade à Kapiri Mposhi et il avait fallu l'hospitaliser. Ils s'étaient retrouvés coincés là plusieurs jours. Puis l'autocar qu'ils avaient pris pour descendre au sud de Lusaka avait eu problème sur problème.

« Par "problème", je veux dire qu'il a percuté un âne, qui a traversé le pare-brise et qui est mort sur les genoux du chauffeur. Un passager boer a dit : "Hé, si on faisait un *braai* ? on grillerait ce bâtard et on le mangerait !" T'imagines un peu ça ? »

Imiter un Boer avec l'accent de Dublin, c'était tout un poème !

Au lieu de passer l'âne mort au barbecue, ils ont continué jusqu'à Chinhoyi, où ils se sont à nouveau trouvés coincés.

« Personne n'avait de dollars du Zimbabwe, on était vraiment dans la panade. On a fini par jeter l'éponge. A Harare, on a pris l'avion pour Le Cap. Foutus cars ! Et toi ? »

J'ai résumé ma progression depuis le sud de la Tanzanie, mais ma conclusion a aussi été : « Foutus cars ! » J'ai dit que je préférais les trains, surtout le Trans-Karoo Express.

« On l'a pris il y a quinze jours, pour le week-end, a dit Conor en se levant de son fauteuil pour pouvoir illustrer ses propos par des gestes irlandais précis. Il y a dans le Karoo un charmant hôtel dirigé par un couple gay. On avait prévu une petite randonnée dans les collines, de bons repas et du repos. Mais – oh mon Dieu ! – un vrai cauchemar, dès que nous sommes arrivés – Kelli, sa maman et moi ! J'ai dit : "Et si on regardait le match de foot au bar ?" C'était un de ces drôles de bars afrikaners, plein de fermiers ivres, le samedi après-midi. Le barman était bizarre, lui aussi. Il avait été soldat en Angola et il avait un peu perdu l'esprit, à cause de ça. Quelques Noirs dans les coins, mal accueillis. Enfin bon, j'allume la télé et un grand fermier ivre bondit vers moi et me regarde dans les yeux. »

Pour imiter le fermier agressif, Conor m'a regardé avec des yeux ronds.

« Il a dit : "Le foot, c'est un sport de kaffir. Tu regardes le putain de match de rugby ou t'éteins ce truc ! Pas question de regarder un sport de kaffir dans ce bar !" On n'était là que depuis cinq minutes, tu comprends ? Enfin, bon, il a continué à gueuler contre nous parce que je ne voulais pas éteindre le poste. Et puis un fermier a dit : "Regarde, c'est un kaffir !" – et, au fond de la salle, il a entouré de son bras les épaules d'un Noir, qui avait l'air affreusement gêné. "Il est mon ami, mon ami kaffir, a-t-il continué. Mais ces sales types nous font souffrir. Neuf cent cinquante fermiers ont été assassinés, depuis 94 !" Pendant qu'il parlait, Kelli – qui n'est pas un ange de patience, comme tu sais – a mis sa main sur sa bouche et a feint de bâiller. Le Boer a pété les plombs ! Il s'est jeté sur elle. »

Conor avait tenté de retenir le fou furieux.

« T'aurais dû les voir ! On aurait dit des vétérans du Vietnam en plein stress post-traumatique. Ils étaient vraiment effrayants. Et puis le barman – faut dire qu'il avait dû faire des trucs vraiment bizarres en Angola, parce qu'il était très, très atteint. Il nous a montré ce qu'il peignait, plus tard – enfin bon, le barman s'est mis à crier : "*Nie vrouw! Nie vrouw!* C'est une femme, tu peux pas frapper une femme !" Mais ce fou d'Afrikaner essayait de frapper Kelli à coups de queue de billard et moi j'essayais de le flanquer par terre, et ma belle-mère qui hurlait, et le son de la télé qui était trop fort... Ce crétin de barman a pété les plombs, lui aussi. »

C'était à ce moment qu'un des homos était arrivé.

« Il a demandé : "Qu'est-ce qui se passe ?" Et c'est là que c'est devenu vraiment horrible, parce que le Boer qui beuglait en afrikaans "Merde ! Enculés ! Kaffirs !" a raté Kelli et a atteint l'homo en plein visage avec sa queue de billard. L'homo s'est mis à hurler. Le barman a sauté par-dessus le bar et a écarté son patron et *bouf* ! Il a foncé sur la poitrine du Boer et l'a fait tomber. Quand tout le monde a été par terre, on s'est enfuis à l'étage.

— Quelle histoire incroyable ! » me suis-je exclamé en riant, parce que Conor avait rejoué toute la scène au milieu du salon tandis que le vent sifflait et poussait les fenêtres.

« C'est pas fini ! a-t-il dit. Quand on a atteint notre chambre, on l'a entendu qui montait l'escalier. »

Conor a imité le pas digne de Frankenstein de l'homme qui les poursuivait dans l'escalier et le couloir de l'auberge, tout en grognant : « J'vais vous tuer ! J'vais vous tuer ! »

« J'ai verrouillé la porte, mais pour plus de sécurité, j'ai pris une chaise. Je me suis dit que je pourrais la lui casser sur la tête. Je l'ai entendu qui beuglait maintenant : "Je sais où vous êtes !" Et il cognait toutes les portes en passant. Mais il ne nous a pas trouvés. »

Conor a repris son souffle.

« Telles ont été les quarante-cinq premières minutes de notre week-end dans le Karoo. Je pourrais te raconter la suite un peu plus tard. Trinquons ! J'ai oublié de te dire : Nous partons demain. Nous attendons des invités à dîner pour fêter ça. »

Les invités sont arrivés, échantillonnage multicolore des habitants du Cap. Nous avons bu, et ils m'ont encore raconté des histoires. J'avais l'impression d'être tombé sur un groupe d'amis. Je me sentais proche de Conor et Kelli, qui connaissaient comme moi la route tortueuse qui traverse l'Afrique de l'Est et du centre. Mais ils ne voyaient aucun avenir pour eux, dans ce pays. Ils rentraient à San Francisco où, détenteurs d'une carte verte, ils trouveraient du travail.

Pendant quelques jours, au Cap, j'ai mené une vie de touriste : j'ai fait une excursion jusqu'à la région vinicole de Franschoek, Paarl et Stellenbosh, où j'ai visité les vignes et les caves, où j'ai goûté les vins ; j'ai passé une matinée à Constantia et un après-midi sur les pentes orientales de la Montagne de la Table, au jardin botanique national, le Kirstenbosh, somptueux catalogue des plantes d'Afrique du Sud, avec ses cactées, ses palmiers, ses cycas et ces petits buissons odorants qu'on appelle des *fynbos* et qui sont particuliers aux plaines humides et violettes du Cap. Une haie plantée par Jan Van Ribeeck en 1660 s'épanouissait toujours en bordure du Kirstenbosh.

Le jour où j'avais l'intention de prendre un train pour Simonstown, je suis allé à la gare, mais j'y suis arrivé trop tard. J'étais pourtant à l'heure pour un autre train à destination de Khayelitsha. J'étais d'humeur à prendre le train, n'importe lequel. Incapable de trouver Khayelitsha sur ma carte, je suis allé au comptoir d'information pour demander où cela se situait. L'employé, jeune homme affable de race mêlée, m'a montré son emplacement sur la carte. Puis il s'est penché par-dessus le comptoir avec un sourire, et m'a dit :

« N'y allez pas.

— Pourquoi pas ?

— C'est trop dangereux. N'y allez pas.

— Je prends juste le train. A quel point est-ce dangereux ?

— Le train a été lapidé, hier.

— Comment savez-vous qu'il sera encore lapidé aujourd'hui ? »

Il a eu un merveilleux sourire. Il savait qu'il parlait à un étranger ignorant.

« Le train est lapidé tous les jours, m'a-t-il répondu.

— Et qui fait ça ? Des gamins ?

— Des jeunes, des vieux, plein de gens de la ville. Ils ne font pas ça pour s'amuser. Ils sont en colère. Ils font beaucoup de dégâts. Comment je le sais ? Hier, j'étais dans le train de Khayelitsha avec un ami à moi – il en était le conducteur. Nous étions dans la cabine. Quand les pierres ont commencé à pleuvoir, il a été frappé sur le côté du visage. Il avait du sang partout. Écoutez, il est à l'hôpital, en piteux état ! Il ne faisait que son travail. »

Cet argument m'a convaincu. J'ai décidé de ne pas aller à Khayelitsha et je l'ai dit à cet employé. Il s'appelait Andy. Nous avons bavardé un moment. Khayelitsha signifiait, en xhosa « Notre Nouveau Foyer », et sept cent mille personnes y vivaient, dans des baraques, pour la plupart, dans la plaine des Cape Flats.

Pendant que nous parlions, une employée se balançait sur sa chaise, assez loin pour ne pas nous entendre. C'était une grande femme noire entre deux âges qui portait un gros pull rouge et un chapeau de laine. Elle avait relevé ses pieds contre le comptoir et regardait droit devant elle en tripotant un bout de papier d'un air absent.

« Je ne suis pas raciste, a dit Andy, mais les Noirs, dans ce pays, croient qu'on leur refuse des emplois. Dans des lieux comme Khayelitsha, il n'y a pas de travail, donc pas d'argent. Les Noirs qui y habitent avaient pensé qu'après l'apartheid, ils pourraient trouver du travail. Comme ça n'a pas été le cas, ils sont devenus fous.

— J'aimerais visiter un campement de squatteurs.

— Non », a affirmé Andy avec un sourire. Il a secoué la tête pour bien montrer que c'était un projet fou, ce qui m'a rappelé toutes les fois où j'avais entendu : *Il y a des méchants, là-bas.* « N'allez pas dans un de ces camps. N'allez pas dans les *townships* noirs. Vous vous ferez voler... Ou pire. »

*
* *

Le lendemain, je suis allé dans un campement de squatteurs. Il s'appelait New Rest. Les mille deux cents baraques de ce « Nouveau Repos » s'étaient accumulées au fil des dix dernières années sur le sol sablonneux et stérile des Cape Flats, près de l'autoroute qui menait à l'aéroport, et huit mille cinq cents habitants y vivaient, presque tous dans la misère. C'était sinistre, mais pas innommable. Il n'y avait ni eau courante ni électricité ni arbres ; juste un vent froid. Je n'avais jamais atterri à cet aéroport, mais j'imaginais sans peine des voyageurs arriver là, prendre l'autoroute pour Le Cap, regarder par la fenêtre de leur taxi ce bidonville grotesque et demander au chauffeur : « Est-ce que des gens vivent vraiment là ? »

New Rest jouxtait une *township* tout aussi sordide, mais plus ancienne : Guguletu, avec ses vieilles maisons délabrées en brique. Guguletu avait fait son entrée dans la presse mondiale en 1993, quand une Californienne de vingt-six ans, Amy Biehl, y avait été tuée. Diplômée de l'université de Stanford, elle était en Afrique du Sud comme volontaire pour l'organisation des élections libres qui devaient avoir lieu l'année suivante. Elle avait voulu rendre service à trois de ses amies africaines en les reconduisant dans cette *township*, mais dès qu'ils avaient vu son visage, une foule de gamins (« des dizaines ») avaient crié, surexcités, parce que c'était un quartier noir et qu'elle était une proie blanche. Quand ils avaient bombardé sa voiture de pierres, elle s'était arrêtée. On l'avait extirpée de son véhicule. Ses amies noires avaient supplié la foule de l'épargner. « C'est une camarade ! » Amy, elle aussi avait supplié ses assaillants. Mais elle avait été cruellement agressée, et elle était tombée quand une brique l'avait atteinte à la tête. Un coup de couteau en plein cœur l'avait achevée, comme un animal.

Près d'une pompe à essence, dans une rue de Guguletu, une petite croix marque l'endroit où elle a été tuée. C'est une rue importante. Il devait y avoir beaucoup de gens, et ils auraient pu l'aider. Mais personne n'avait rien fait. Derrière la croix, une vulgaire pancarte dit : *Dernière demeure d'Amy Bihl : Section 3 Gugs* – avec une faute d'orthographe à son nom qui vaut toutes les insultes.

En dépit des menaces de mort qu'on leur avait adressées, des femmes de Guguletu, témoins du crime, étaient venues dénoncer les meurtriers d'Amy. Quatre jeunes gens, jugés coupables du meurtre, avaient été condamnés à dix-huit ans de prison. Mais trois ans après leur emprisonnement, ils s'étaient présentés devant la commission pour la Vérité et la Réconciliation. Ils avaient une explication. « Leur motivation n'était pas raciale, mais politique. » Ils étaient membres du Congrès pan-africain, ont-ils affirmé, et ils s'étaient contentés d'appliquer le programme de leur parti, qui considérait tous les Blancs comme des « colons ».

C'était un argument ridicule. Qu'on pût considérer que ce meurtre n'avait rien de racial défiait la raison. Mandela était sorti de prison, on avait fixé la date des élections, le pays avait été remis entre les mains de la majorité noire. Il était évident que la foule avait été motivée par la race d'Amy, puisque c'était son visage blanc qui l'avait fait repérer. Pourtant, les meurtriers « regrettaient » ce qu'ils avaient fait ; ils prétendaient avoir des « remords ». Ils ont supplié qu'on les relâche dans le cadre de l'amnistie générale. Tout ce qu'ils ont dit m'a semblé lâche, je ne leur ai trouvé aucun mérite.

La libération des meurtriers n'aurait pas été possible sans l'accord des parents d'Amy, Peter et Linda Biehl, qui assistaient à ces séances de la commission pour la Vérité et la Réconciliation. Bien que la mère d'un des assassins ait été dégoûtée et honteuse de ce que son fils avait fait à Amy au point qu'elle ne voulait plus le revoir, M. et Mme Biehl ont pardonné aux jeunes gens. Ils ont dit que leur fille aurait voulu se montrer clémente, qu'elle était « du côté de ceux qui l'avaient tuée ». Les Biehl n'ont pas voulu faire obstruction à l'amnistie.

Les assassins ont donc eu la joie de sortir de prison. Plus stupéfiant encore, deux des jeunes gens, Ntombeko Peni et Easy Nofomela, se sont vu offrir un emploi par les Biehl. Ils sont toujours des salariés de la Fondation Amy Biehl, une association caritative que les parents miséricordieux d'Amy ont voulu créer à la mémoire de leur fille et qui a reçu près de deux millions de dollars d'USAID en 1997. Elle a pour but « de redonner confiance aux opprimés ».

Les suites de cet assassinat m'ont laissé incrédule. En tant que père, je pensais que perdre un enfant de cette façon était tellement horrible que j'aurais préféré mourir moi-même. Qu'aurais-je fait dans les mêmes circonstances tragiques ? J'aurais voulu que les meurtriers soient mis à l'écart, et s'ils avaient recouvré la liberté, je doute que je leur aurais donné du travail. Les entendre geindre et se trouver des excuses m'aurait rendu fou de rage. J'aurais attendu des actes de leur part, pas des paroles. J'aurais eu du mal à les regarder en face. Les parents d'Amy ne partageaient pas mes sentiments.

J'ai demandé à une journaliste sud-africaine ce qu'elle pensait de la commission pour la Vérité et la Réconciliation. Elle m'a répondu :

« S'il n'y avait pas eu cette idée de pardon, force motrice de la commission pour la Vérité et la Réconciliation, je me demande où nous en serions ! Des choses incroyables se sont produites, parfois. Un général de l'armée, responsable de la pose d'une bombe, a rencontré un homme que l'explosion avait rendu aveugle et lui a serré la main. Un tortionnaire a été contraint de revivre ses actes. Il est arrivé que des meurtriers sollicitent le pardon des parents de la victime, et qu'il leur soit accordé, ou pas. Beaucoup de gens trouvaient que la commission pour la Vérité et la Réconciliation était une mascarade, mais je pense que c'était un processus remarquable, quand il fonctionnait. »

On parle souvent du pardon extrême, inhabituel, et pourtant salutaire, des parents d'Amy Biehl, si souvent que ça a provoqué des débats, qu'il a semblé que la miséricorde dont ils avaient fait preuve frôlait la provocation. L'essentiel de ce que les meurtriers et leurs amis ont dit à la commission n'était qu'hypocrisie et mots vides de sens ; et bien que personne ne semble s'en souvenir, au moment de l'amnistie, les Biehl leur ont lancé ce défi : « Est-ce qu'ici, en Afrique du Sud, vous êtes prêts à faire votre part du travail de vérité et de réconciliation ? »

Les jours sombres de Guguletu avaient commencé dès qu'avait été fondé ce quartier de travailleurs, avec ses foyers et ses huttes réservés aux hommes. En Afrique du Sud, on avait toujours trouvé plus facile de contrôler les ouvriers quand ils étaient isolés de leurs familles – ne serait-ce que parce qu'on pouvait les renvoyer dans leur village s'ils ne convenaient pas. Les mines étaient célèbres pour ces résidences où s'appliquaient des règles de vie dignes d'une prison. La colonie de squatteurs de New Rest, qui s'était accolée à Guguletu après 1991, était essentiellement composée de femmes qui voulaient vivre près de leur mari ou de leur ami. Comme elle s'était simplement établie sur vingt hectares de sable, il n'y avait aucune infrastructure – d'où la puanteur qui y régnait et son aspect pitoyable. Les huttes n'étaient que des abris de planches disjointes, de poutres de récupération, de morceaux de métal et de bâches en plastique. Entre les planches s'insinuait le vent chargé de poussière.

« J'ai toujours du sable et de la terre dans mon lit », m'a dit Thando, l'homme qui me faisait visiter les lieux.

Mais étonnamment – en tout cas, moi, ça m'a étonné – les gens avaient le moral, dans ce bidonville ; ils montraient une belle vitalité et même une grande détermination. Ils n'avaient toujours pas l'électricité, mais ils avaient ouvert des boutiques où on vendait des bougies pour quelques centimes et d'autres choses dont la liste figurait au mur : *huile, sachets de thé, sucre, sel* – les denrées de base.

Je n'étais pas venu seul à New Rest. J'avais été mis en contact avec un couple de Blancs qui s'attachaient à faire connaître aux étrangers la vie réelle en marge du Cap. Les visiteurs, pris à la gorge par la misère, ne manquaient jamais de donner des fonds pour la caisse commune. Grâce à cet argent, on avait commencé l'organisation d'une crèche pour les enfants dont les mères travaillaient – et c'était probablement le seul bâtiment propre et peint du lieu, où deux Africaines affectueuses veillaient sur trente-cinq enfants sages du camp.

Presque toutes les cahutes étaient occupées par des femmes, et plus de la moitié d'entre elles avaient un emploi quelque part au Cap – comme domestiques, comme techniciennes de surface ou comme employées de bureau. C'étaient aussi des femmes qui tenaient les boutiques du camp, et les petits bars, qu'on appelait « shebeens » dans toute l'Afrique du Sud, un mot irlandais qui à l'origine voulait dire « mauvaise bière » et qui avait été emprunté à l'argot des soldats. Je suis entré dans plusieurs de ces *shebeens*, où j'ai vu des gamins et des hommes ivres, voûtés à cause du plafond bas, une canette de Castle Lager entre les mains, cigarette à la bouche, jouant au billard ou pelotant sans y penser des petites prostituées grasses.

Je me suis dit que la vie ne pouvait pas être plus sinistre que ça, dans ce bidonville urbain, sans verdure, sur une terre trop sableuse pour que quoi que ce soit puisse y pousser hormis de pauvres géraniums et de maigres cactus, les habitants contraints d'aller prendre l'eau au robinet commun dans des bidons en plastique, de s'éclairer à la bougie, durant les hivers froids et les étés étouffants, dans la crasse, en bordure d'une autoroute – qu'y avait-il de pire ? La pauvreté rurale présente du moins les avantages qu'offrent des potagers, des animaux et des cases traditionnelles en terre et en paille. La pauvreté rurale a ses rites, ses coutumes, la gratuité de ce que donne la terre.

Thando m'a fait rencontrer des gens du comité de quartier. Lui aussi était financé par les contributions des visiteurs. Il ne comptait bien sûr que des hommes. Ils étaient optimistes.

« Il n'y a ni drogue ni gangs, ici, m'a dit un homme. C'est un lieu paisible. C'est chez nous. »

Les squatteurs venaient pour la plupart des régions à l'est du Cap, celles qu'on appelait le Transkei et le Ciskei, ainsi que des bidonvilles d'East London, de Port Elizabeth et de Grahamstown, des villes industrielles qui s'en sortaient depuis l'avènement de la nouvelle économie.

Le comité de quartier avait des projets. Ses membres voulaient construire des routes qui traverseraient la colonie de squatteurs, et ils voulaient installer l'eau courante.

« Nous allons construire des maisons », m'a expliqué un membre du comité.

Le projet avait été mis sur papier par des urbanistes volontaires de l'université du Cap. On avait répertorié et numéroté chaque cabane, chaque parcelle. On avait même fait un recensement de la population.

« L'amélioration des lieux », m'a dit le porte-parole du comité en déroulant le plan sur une table de leur salle de réunion.

L'idée était de transformer un camp de squatteurs en quartier viable en améliorant les logements existants, comme on l'avait fait au Brésil et en Inde, mais pas encore en Afrique du Sud. Cela signifiait qu'à la place de chaque cahute misérable, on allait construire une petite maison ou une case. La force motrice de ce projet était la fierté des gens qui avaient trouvé là un lieu où vivre. La générosité des visiteurs étrangers était aussi une aide précieuse ; elle avait contribué à l'installation de la crèche, à l'achat de trois machines pour faire des briques et à l'établissement d'un fonds commun de placement, administré bénévolement par un voyagiste pour étrangers, Wilderness Cape Safaris, qui avait mis New Rest sur l'itinéraire de ses visites. Des enfants étaient parrainés individuellement par des visiteurs qui s'engageaient à envoyer chaque mois de l'argent pour les vêtir et les éduquer. C'était une étrange organisation d'aide directe, mais le fait que les bénéficiaires soient impliqués activement dans l'amélioration de leur sort m'a donné envie de contribuer à l'opération.

J'ai demandé ce qu'il y avait là, avant que le camp de squatteurs s'installe, et j'ai obtenu une réponse intéressante : c'était une plaine buissonneuse dont la fonction spécifique était de dissimuler les initiés (*mkweta*) lors des cérémonies de circoncision (*ukoluka*) réalisées par les Xhosa. L'opération était effectuée avec la lame d'une lance (*mkonto*) sur des garçons – des hommes, en fait – âgés de dix-sept à vingt-cinq ans. Personne ne pouvait expliquer pourquoi on attendait un âge si avancé pour cette cérémonie, mais tous admettaient que c'était là un rite de passage nécessaire, essentiel aux liens entre les hommes.

« Même de nos jours, on le fait, m'a dit un des membres du comité. En juin et en décembre, on les voit – ils sont parfois nombreux, qui se cachent dans la brousse, à l'extrémité du camp. »

Ce n'était pas vraiment la brousse, mais une terre de buissons poussiéreux qui longeait l'autoroute au-delà des *townships* misérables, une région qui avait dû jadis constituer un refuge important. Là, en pleine campagne, les jeunes gens circoncis étaient gardés pendant six semaines, la période de convalescence, vêtus seulement de couvertures, cuisinant sur des feux de bois, le visage peint en blanc avec de l'argile, ce qui les désignait en tant qu'initiés selon les anciennes coutumes. Ils restaient cachés. Au premier plan, c'était Guguletu et son campement. New Rest, le camp de squatteurs, était plein de gens si reconnaissants qu'ils n'avaient qu'un souhait : rendre leurs cahutes plus permanentes pour pouvoir y passer le reste de leur vie.

Comme on était en Afrique du Sud, et en particulier à l'ouest du Cap, la distance n'était pas grande entre ce campement de squatteurs et son refuge pour circoncis et un autre genre de refuge : à une quinzaine de kilomètres plus loin par l'autoroute, à Paarl, sur les pentes de la montagne du même nom et son monument à l'afrikaans, dans les douces collines drapées de vignes, se dressait un magnifique hôtel, la Grande Roche, une résidence de luxe. Dans ce manoir du XVIIIe siècle superbement restauré, on recevait maintenant des clients. J'y suis allé déjeuner. L'ancien quartier des esclaves avait été vidé de ses occupants et transformé en suites. On célébrait des mariages dans une chapelle si charmante, si bien restaurée, que jamais vous ne pouviez deviner qu'elle avait été celle des esclaves.

Une piscine extérieure, une piscine intérieure, un jardin entouré de murs, une bibliothèque et un restaurant pour gourmets : la Grande Roche avait tout pour elle. Au Bosman's, le restaurant de l'hôtel qui avait sa place dans les Relais Gourmands, j'ai dégusté une salade César avec des tranches d'agneau du Karoo et une sauce aux herbes, un chrysoblephus gibbiceps (une sorte de daurade) servi sur de la polenta, avec des mini-légumes et plusieurs verres de sauvignon blanc Grande Roche. Comme dessert, j'ai choisi des fraises marinées à la crème.

Puis je me suis installé au soleil dans une chaise longue, au milieu de la roseraie, et j'ai bu un café en grignotant des chocolats qu'on m'avait apportés dans une coupelle en porcelaine. Au sud, une fumée montait et obscurcissait le ciel. Là, sous ce ciel sale, dans la plaine de Cape Flats, c'était le campement des squatteurs – des gens reconnaissants de vivre dans des cahutes – où j'avais passé la matinée.

Au-dessus de moi, un arbre délicieux aux fleurs orange, comme des pendentifs, m'apportait son ombre.

Une femme blanche, svelte, est passée près de moi avec le profil levé, mutin, d'une personne qui inspire profondément l'arôme des parterres de fleurs. Elle portait une robe en soie bleue et un élégant chapeau blanc à large bord. Ses escarpins faisaient crisser le gravier. Elle m'a souri. J'ai dit bonjour. Nous avons marché un peu.

« Quels sont ces arbres ? lui ai-je demandé.

— Ce sont des érythrines tête de coq, ou arbres corail, a-t-elle répondu. Le nom local est *kaffir boom*, en fait, mais on ne doit plus prononcer ce mot, de nos jours. »

*
* *

La destination de mon safari africain était Le Cap. Mais comme souvent lors d'un long voyage, je ne suis arrivé au but que pour regarder vers une autre destination, plus loin, qui me tentait, me poussait à aller plus avant. Dans le confort d'un hôtel propre, j'ai lambiné, j'ai repoussé mon départ de cette ville ensoleillée et battue par les vents. J'étais également curieux d'une grande nouveauté en Afrique du Sud : la province du Cap était la seule où le Congrès national africain de Mandela n'était pas majoritaire. Le gouvernement provincial était aux mains de l'Alliance démocratique, une coalition de partis conservateurs de droite qui ne cessaient de se chamailler – comme si Le Cap n'avait pas trouvé d'autres moyens de s'affirmer comme un lieu unique en Afrique du Sud ! Heureusement pour moi, les gens, ici, donnaient leur avis, en réaction peut-être à tant d'années où ils n'avaient pu que murmurer.

Certains des habitants étaient si démonstratifs qu'ils frôlaient la caricature, tel « Swanie » Swanepoel, un Boer au large visage charnu et pâle, aux yeux bleus furieux, à la mâchoire comme une pelleteuse, avec des mains épaisses de fermier et, tendues sur son énorme ventre qui menaçait de déchirer sa chemise, des bretelles qui retenaient son pantalon. Tout en lui, sa voix, ses yeux et même son accent et la manière dont il donnait à ses gros doigts une forme de crochet, soulignait le sentiment d'injustice qui le torturait. Il avait détesté les changements subis par le système et il répétait comme un refrain : *Où en est le monde, maintenant, hein ?*

Il était originaire d'Upington, ville agricole au nord du Cap, sur le cours supérieur de l'Orange, à douze heures de route de la côte.

« Les gens me disent : "Vous ne savez pas ce que c'est qu'être pauvre !" Si, je sais ! J'ai été pauvre ! On n'avait rien ! m'a-t-il dit dans sa brocante du Cap. Ma mère dirigeait une pension de famille.

Elle accueillait les Noirs pauvres et leur donnait à manger. A cause de ça, on nous appelait *kaffir boeties*. Mais le monde ne voulait rien savoir des gens comme nous. Le monde exigeait que nous renoncions à notre pays. Il a pris des sanctions contre nous. Alors il a fallu qu'on cède. Et ce qui est arrivé il y a dix ans a été un désastre. Et où en est le monde, maintenant ? Vous savez qu'ils ont tué des fermiers ?

— J'ai entendu dire qu'un millier de fermiers blancs ont été tués en dix ans.

— Deux fois plus ! a-t-il beuglé. Le monde s'en moque. Je dis aux juifs : "C'est notre holocauste ! C'est notre génocide !" Ils disent : "Vous le méritez." Vous avez vu ça ? »

Il a ouvert *Volksmoord/Genocide*, un livre de photographies montrant des corps horriblement démembrés, décapités, mutilés, avec un texte d'Haltingh Fourie, en afrikaans et en anglais. On n'avait guère besoin de texte pour comprendre que c'étaient là des photos de meurtres de fermiers blancs par des milices noires, dans l'arrière-pays. Les représentations de ces scènes de crimes étaient si horribles que j'ai dû détourner les yeux.

« Voilà ce qui se passe dans nos fermes en ce moment même ! a dit Swanie. Ils croient qu'ils pourront me forcer à partir, mais je n'irai nulle part ! Pas en Australie, merci beaucoup ! Ma famille est là depuis trois cents ans ! Tout le monde s'en moque.

— Je vous écoute, n'est-ce pas ?

— Personne n'écrit rien à propos de nous.

— De quoi voudriez-vous que les gens parlent dans leurs livres ?

— Du génocide ! a-t-il dit en frappant du doigt l'image d'un fermier éventré et étêté dans *Volksmoord*. Je connais Mandela, a-t-il ajouté avec un rire amer. J'ai voulu me plaindre. Il a dit : "Appelle ma secrétaire". Je l'ai fait. La secrétaire a dit : "Qui êtes-vous ?" Je lui ai dit qui je suis, Swanepoel, etc. Elle a dit : "Où étiez-vous pendant les vingt-sept ans que nous avons passés en prison ?" J'ai dit : "Madame, dans quelle prison étiez-vous ?" Elle a dit : "Quoi ?" Et j'ai dit : "Vous avez très bien compris !" Et elle a dit : "Sale Boer !" et elle a raccroché.

— Comment avez-vous connu Mandela ?

— Il était dans le coin. Il n'a pas passé vingt-sept ans en prison. Il était sur Robben Island pendant dix-neuf ans, et puis il a été mis dans un endroit beaucoup plus plaisant, à Victor Verster, du côté de Drakenstein. »

J'avais vu l'endroit en revenant de Franschoek. C'était une prison rurale, au cœur du pays vinicole. On l'avait rebaptisée depuis.

« Mandela vivait dans la maison du gardien, a affirmé Swanie. Un vrai camp de vacances ! Et il m'a menti. »

Comme je n'avais aucun moyen de vérifier à quel point Swanie connaissait Nelson Mandela, j'ai changé de sujet. Il était tellement blessé que, quel que soit le sujet abordé, il avait une récrimination toute prête.

« On nous accuse de tout. Vous avez entendu parler de la marche du Cap, en 1992 ? »

J'ai dit que je n'en savais rien.

« Ils marchaient et psalmodiaient : "Un Boer ! Une Balle !" Mandela ne les a pas arrêtés. Et cette femme, Jabavu, vous la connaissez ? »

J'ai dit que non, mais il était dans un tel état que ce que je répondais n'avait guère d'importance.

« Une Indienne. Elle a écrit un livre où elle disait : "Si un Noir attendait d'être servi dans une boutique et qu'un Blanc entrait, le Noir devait laisser son tour." Elle parlait du sixième district, et peut-être qu'il y avait du vrai. Mais qui possédait les boutiques ? Les Indiens ! Les Jabavus ! Les juifs ! les musulmans ! Jamais les Boers n'ont été boutiquiers. Nous étions fermiers. Nous étions dans le Karoo – dans la campagne, sur les fermes. »

Swanie, dans sa fureur, a jeté *Volksmoord* par terre et il a entrepris de fermer sa boutique en faisant claquer la grille anticambriolage et les barres de renfort. Il a placé et fermé les cadenas.

« J'ai combattu pendant la guerre. Combien de ces autres salauds ont combattu pendant la guerre ? a-t-il hurlé. C'est toujours la même chose. C'est comme quand on nous a invités à discuter au *kraal* du roi Dingaan – "Laissez vos armes, on ne vous fera aucun mal !" – les Boers ont pensé que les Zoulous étaient honnêtes, et ils ont accepté. C'est ce qui se passe maintenant. C'est comme au *kraal* de Dingaan. Les Boers ont fait confiance, et ils ont été massacrés ! »

Comme beaucoup d'autres Africains du Sud, sa conception de l'histoire était un ensemble d'événements tragiques qui se télescopaient. Afin d'illustrer la trahison, il avait choisi un épisode datant de 1838. Dingaan était le fils et successeur de Shaka Zoulou. Ce que Swanie n'avait pas dit, c'est que les Boers s'étaient vengés en massacrant trois mille Zoulous lors de la bataille de Blood River – la « rivière sanglante » ainsi nommée parce que ses eaux avaient été teintées en rouge par le sang des Zoulous.

Le sixième district, dont avait parlé Swanepoel, était un creuset culturel polyglotte, multiracial et pittoresque qui occupait une vingtaine d'hectares près du centre du Cap, entre Catfish Row et le quartier français, non loin de la boutique de Swanie. J'avais rencontré beaucoup de gens qui y avaient vécu et qui regrettaient qu'il n'existe plus. Le sixième district avait représenté ce que deviendrait une Afrique du Sud sans barrières raciales. Cette grande communauté joyeuse avait produit des écrits et de la musique si pleins de vitalité et d'esprit de liberté, que le gouvernement blanc s'était inquiété.

Un ancien habitant du sixième district, Hassan, m'a expliqué : « Un jour de 1962, on a tous reçu une lettre du gouvernement : "Ce quartier est dorénavant classé zone blanche." Il y avait beaucoup de Blancs, ici. Nous vivions tous très heureux ensemble, avec les Malais, les Indiens, les Noirs, les métis.

— Que s'est-il passé ?

— On nous a relogés dans la plaine et le sixième district a été rasé au bulldozer. Toutes les maisons ont été détruites. Ils n'ont épargné que les églises et les mosquées. Elles sont toujours là. »

Mais la classification du sixième district en zone blanche avait provoqué tant de controverses que jamais on n'avait reconstruit au même endroit ; les maisons pour Blancs qu'on avait prévues ne sont jamais sorties de terre.

« On nous a forcés à vivre dans cet endroit affreux près de Muizenberg – Mitchell's Plain. Il y fait chaud, c'est poussiéreux, battu par les vents, a continué Hassan avec cet accent traînant qui accentuait son dégoût. C'était là qu'on avait parqué les prisonniers pendant la guerre. Des *Yitaliens*. On nous a mis dans les baraquements des prisonniers. Nous avons tout de suite détesté cet endroit. »

Quarante ans plus tard, Hassan vivait toujours à Mitchell's Plain, et le sixième district était toujours vide de toute population. Il ne restait de ce passé que le Musée du Sixième District, où j'ai appris que la stupidité du gouvernement d'apartheid avait atteint de tels sommets d'irrationalité dans sa loi imposant des lieux de résidence séparés pour les différents groupes ethniques, que cette communauté multiraciale harmonieuse qui occupait le sixième district avait été démembrée et dispersée. Les anciens habitants avaient été envoyés dans des communautés monocolores : les métis comme Hassan à Mitchell's Plain, les Indiens dans une autre banlieue, Athlone, les Noirs à Langa, Guguletu et Khayelitsha. Dès le milieu des années 1970, la plupart des résidents avaient été relogés, et on avait rebaptisé le sixième district *Zonnebloem*, « Tournesol » – un nom qui n'est jamais entré dans les mœurs.

Sur le sol du Musée du Sixième District, on avait tracé le plan des rues et chaque maison, avec une photo des lieux, et les anciens habitants avaient griffonné dessus des détails, des souvenirs et des témoignages dont beaucoup étaient poignants. Noor Ebrahim, un écrivain qui avait grandi dans le quartier, m'a fait visiter le musée. Son grand-père avait quitté Bombay pour l'Afrique du Sud à la fin du XIXe siècle avec ses quatre épouses et assez d'argent pour monter un commerce de bière. Son père avait repris l'affaire. Noor a dit qu'ils étaient originaires du Gujerat.

« Par curiosité, parliez-vous gujerati à la maison ?

— Non. Nous parlions un anglais de cuisine.

— Pas un hollandais de cuisine ?

— C'était du hollandais – vaguement. Mais nous appelions ça le *Kombuis Engels*. Tout le monde parlait ça dans le sixième district. »

Noor m'a donné quelques exemples, qui tous étaient hollandais.

« Mais nous parlions un bon anglais à l'école », a précisé Noor.

Ce mot *kombuis*, pour cuisine, était intéressant, car il était archaïque et tombé en désuétude. Un linguiste sud-africain m'a dit que ce mot aurait fait rire en Hollande, car il n'était employé que pour la cuisine d'un bateau – la cambuse. Le mot hollandais pour dire cuisine est *keukaen*. De temps à autre, m'a dit ce linguiste, les Hollandais sont surpris par des expressions en afrikaans, comme ce groupe de théologiens en autocar à qui on a dit que leur véhicule ralentissait sur l'autoroute pour qu'ils puissent se garer – *aftrek* en afrikaans, qui veut dire « se masturber » en hollandais !

De tous les objets du Musée du Sixième District, les plus tristes étaient les pancartes datant d'un temps révolu, des mises en garde rédigées en mots crus : *A l'usage des Blancs* (*Vir Gebruik Hemblankes*) et des points d'eau ou des portes avec *Non Blancs* (*Nie Blank*) ou *Blancs seulement* (*Slegs Blanke*). Cette époque n'était pas si lointaine, car ces pancartes étaient encore accrochées à la fin des années 1980. Mais ces injonctions m'étaient familières, car on les voyait partout dans le sud des États-Unis jusque dans les années 1960 – *White* et *Colored* sur des fontaines à eau posées côte à côte, par exemple. Tout Américain qui peut constater le sectarisme sud-africain sans avoir honte lui aussi est un hypocrite.

*
* *

Par un chaud dimanche matin, à contrecœur, détestant l'idée que cela signifiait la fin de mon safari, j'ai entrepris la dernière étape de mon voyage. C'était un jour de ciel bleu et de vent frais. J'ai acheté un billet de train pour Simonstown. J'avais choisi d'emprunter des moyens de transport aussi variés que des cars à poulets, des bétaillères, des minibus surpeuplés et des *matatus*, alors qu'il était possible d'aller en train de Nairobi à Simonstown. Cecil Rhodes aurait voulu étendre cette ligne jusqu'au Caire, mais il faut dire qu'il avait toujours été un grand rêveur. Il avait aussi rêvé de reconquérir les États-Unis au nom de la Grande-Bretagne, afin qu'ils deviennent une monarchie et que l'Union Jack flotte sur Washington.

Les wagons de première et de troisième classe du train étaient clairement distincts. Pourtant, tous les passagers se sont installés en première, sans s'inquiéter de la nature de leur billet ni s'ils étaient noir, blanc ou de toute autre variation de couleur dont la diversité caractérisait Le Cap. Pas de contrôleur en vue. Personne pour poinçonner nos billets. Nous nous sommes installés, sans que personne dise un mot, en cette matinée ensoleillée.

Le train s'est arrêté à chaque gare – Rosebank, Newlands, Kenilworth, Plumstead, Heathfield – mais en dépit de ces jolis noms, certaines villes semblaient prospères et d'autres pauvres, maisons coquettes entourées de pelouses tondues d'un côté, baraques de squatteurs couvertes de graffitis et environnées de sacs en plastique volants de l'autre. Certains de ces lieux figuraient sur la liste d'adresses de la section des « distractions pour adultes » du *Cape Times*. Je savais qui vivait là : « Amy et le plaisir extrême », « Nikki et Candy pour une partie à trois », « Abigail – toute seule », « Candice – Vénus libertine » et l'anonyme, mais tout aussi prometteuse : « Femme au foyer sexy qui s'ennuie ».

Silence de mort dans le train qui oscille – des gens qui lisent le journal, des enfants qui balancent leurs jambes, grande torpeur de ceux qui n'ont rien d'autre à faire que de bâiller en une chaude matinée de dimanche. Nous nous sommes arrêtés le long de quais aveuglants et nous avons continué notre route. Bientôt, c'était la côte, les vagues poussées par le vent de False Bay et de Muizenberg, un ressac sud-est si brutal, si haché, jusqu'aux étendues de varech noir et luisant, si dense qu'on pensait aux remous créés par un bateau. L'écume épaisse empêchait même les surfeurs de gagner le large.

Juste après Fishhoek, j'ai vu une chose étrange : à deux mètres de la rive, sortant droit de la mer, la queue d'une baleine oscillait au-dessus des flots. Elle était si proche qu'un nageur aurait facilement pu la flatter. Dressée, la queue était bien symétrique, comme un grand morceau de caoutchouc noir agitant l'eau.

Une baleine sur la tête ? J'ai regardé autour de moi. Les adultes somnolaient et les enfants semblaient considérer que ce spectacle n'avait rien d'étrange – voyons, une baleine qui faisait les pieds au mur dans les eaux peu profondes, et qui demeurait bien droite pendant si longtemps qu'elle était toujours dans la même position quand la progression du train l'avait fait disparaître à notre vue, quoi de plus normal !

« Elles font ça tout le temps, m'a dit un voisin quand j'ai remarqué qu'il avait vu la baleine lui aussi et que je l'ai interrogé. C'est une baleine franche australe. On appelle ça “naviguer à la voile”. Personne ne sait pourquoi elles se mettent dans cette position. »

A Simonstown, le terminus, je suis sorti de la petite gare blanche et j'ai avancé dans la rue principale. J'aurais pu me trouver dans une rue de n'importe quelle ville côtière anglaise, avec ses épiciers, ses pharmacies, ses maisons en brique chaulée, l'air de pouvoir résister à une bombe, et qui portait le nom de « Belmont », « Belvédère » ou « Les Pins ». Les galeries marchandes et les rangées de boutiques étaient datées de 1901 et 1910, et même la côte avait l'air anglaise – cornouaillaise, pour être exact, rocheuse et lissée par le vent, comme si j'allais trouver Penzance au bout de la route.

C'était sa situation maritime qui avait présidé à la naissance de Simonstown, si bien qu'il n'était pas curieux d'y trouver des échoppes de « fish and chips » et des pubs qui se vantaient de servir « du Roast-beef traditionnel et du Yorkshire Pudding ». Le capitaine Cook, Charles Darwin, et Scott en partance pour l'Antarctique, Rudyard Kipling, Mark Twain et beaucoup d'autres, qui avaient doublé le cap de Bonne-Espérance, s'étaient arrêtés dans ce très beau port. Ce drôle de lieu nostalgique, avec ses cottages, ses villas et ses petits chalets sur la colline qui surplombait la route, jusqu'aux Abribus et aux cabines téléphoniques, imitait en tout point les villages côtiers venteux du royaume insulaire.

Je suis allé à la plage de Boulders pour y voir sa célèbre colonie de manchots du Cap. Sans se soucier de la proximité des habitations et des spectateurs, ils couvaient leurs œufs, s'amusaient dans les vagues et se dandinaient sur la rive comme des religieuses perplexes.

Sur la route côtière, j'ai attendu dans un des Abribus de Simmonstown. Je voulais aller au parc national du Cap. Toutes les difficultés étaient derrière moi. J'étais tout simplement assis sur un banc, attendant le bus pour le court trajet jusqu'à la pointe du cap de Bonne-Espérance, la fin de mon voyage. Un homme, assis sur un banc en face de moi, fumait une cigarette en lisant l'édition du jour du *Star* de Johannesburg. Quelques mots ont attiré mon regard. En haut de la une du journal s'étalait un titre qui m'a intrigué : « UN GLOBE-TROTTER PESSIMISTE REMPORTE LE PRIX NOBEL ». « On dirait bien que j'ai frappé fort », ai-je murmuré en me penchant pour donner à cet étranger une nouvelle qui allait le surprendre.

Mais il ne m'avait pas entendu parler. Il n'a pas entendu non plus mon soupir. La sensation qui m'avait envahi m'a quitté, comme le vrombissement dans le ciel d'un de ces avions venu sauver un naufragé et qui repart sans avoir repéré le canot en perdition : un espoir fugitif. Mais personne ne perd vraiment, parce qu'il n'y a qu'un gagnant à la loterie suédoise.

L'homme qui lisait le journal fuyait l'Angleterre et son passé, m'a-t-il dit. J'ai eu du mal à me concentrer sur son histoire, après la vision que je venais d'avoir. Il s'appelait Trevor et il avait été homme d'équipage sur un cargo qui transportait des munitions pendant la guerre des Malouines. Le bateau avait été pris pour cible, pendant des jours.

« Le résultat, c'est que le capitaine a perdu la tête – il a complètement pété les plombs. Il voulait plus quitter sa cabine, hein ? Il a fallu le traîner à terre, invalide, hein ? Mais ça, c'est pas le pire, hein ?

— Qu'est-ce qui est pire ? » ai-je demandé.

Je voyais toujours les mots GLOBE-TROTTER PESSIMISTE mais j'observais avec plaisir Trevor, concentré sur son histoire, qui prenait soin du journal en le pliant en quatre avant de le glisser sous son derrière, le titre tentateur maintenant caché par une fesse.

« Je suis allé à terre pour le courrier, hein ? J'avais une lettre de rupture de ma femme, hein ? Et ils ont cru que j'étais devenu cinglé comme le 'pitaine, alors ils m'ont démobilisé avant que je saute du bateau. J'ai appelé ma femme, hein ? Elle dit : "Pas la peine de discuter, Trevor" et "Pourquoi tu cries ?" Et elle me raccroche au nez, putain ! Je suis rentré et on s'est séparés, hein ? Ça a été Horrible. Et maintenant son copain qui dit à tout le monde : "Trevor refuse de boire un verre avec moi" ! »

L'histoire de Trevor et le titre du *Star* ont quelque peu coloré ma vision de cette péninsule. Nous avons traversé un grand marécage herbeux couvert de *fynbos* pourpres et de buissons qui frissonnaient dans le vent, aussi odorants que le maquis corse, des kilomètres d'herbes tremblantes. Quelques êtres sauvages hantaient les lieux : élands et autruches, enfants emmenés par leurs instituteurs, babouins, touristes.

« *Tutta la famiglia !* » s'est écriée une femme dans le bus en voyant des babouins curieux qui, depuis le bord de la route, lui montraient les dents.

Quand le bus s'est arrêté à l'extrême pointe de l'Afrique, je suis descendu. Trevor m'a suivi. Il est allé acheter en souvenir une casquette de base-ball où était écrit *Cape Point*. J'ai marché un peu, avec précaution, sur le sentier escarpé, étroit. C'était un après-midi lumineux sous le vent en rafales. A ma gauche, la falaise haute de soixante-dix mètres tombait droit dans l'océan mousseux. J'ai marché jusqu'à la pointe Dias – Bartolomeu Dias était venu là, en 1488 – et plus loin encore, jusqu'à la pointe même de la péninsule du Cap qui s'avance comme la proue d'un bateau dans la mer scintillante, jusqu'à ce que j'arrive à la dernière mise en garde : *Interdiction d'aller plus loin. Ne jetez pas de pierres. Fin de la piste.*

23 — *Le Blues du Train bleu*

Le *Blue Train*, qui reliait toutes les quelques semaines Le Cap à Pretoria, était décrit dans une brochure comme « le train le plus luxueux du monde ». Je l'ai pris pour retourner à Johannesburg. Ce superlatif reflétait peut-être la vérité, mais il y avait plus étonnant : ce train de luxe était géré par le gouvernement sud-africain, par le même bureau que le Trans-Karoo Express, le poussiéreux Trans-Oranjie qui allait à Durban et le teuf-teuf jonché d'ordures qui m'avait conduit à Simonstown.

Des majordomes en chemises zébrées m'ont accueilli à la gare du Cap et m'ont servi un en-cas, visiblement déçus que je n'aie qu'un méchant sac. Mais devaient-ils savoir qu'il contenait quelques merveilleuses statuettes chokwes, ma belle montre, de l'argent liquide et des bijoux en tanzanite pour remercier mon épouse d'avoir accepté ma longue absence ?

Un groupe d'une vingtaine de touristes japonais, hommes et femmes, est passé devant moi pour monter à bord du train. On m'a montré mon compartiment lambrissé, où je disposais même d'un téléphone et d'un fax. J'ai grimacé à l'idée qu'on pourrait déranger ma solitude, mais ces engins n'ont jamais sonné pour moi.

« Je suis Dalton, votre majordome. »

Il m'a apporté du champagne. Je me suis assis avec un livre, j'ai siroté du vin blanc et j'ai lu. Même depuis les fenêtres du meilleur train traversant le Karoo, le paysage était inchangé – superbes collines bleues, vignes, prairies, autruches effarouchées, ivrognes sous les ponts, maisonnettes chaulées, lumineuses sous les rayons du soleil dans le désert de pierres, bidonvilles et campements de squatteurs, magnifiques montagnes.

Mon livre était un petit poche des *Essais* de Montaigne que j'avais gardé en cas d'urgence, si je n'avais rien d'autre à lire. C'était mon livre de chevet, mon réconfort. J'avais fini de recopier ma nouvelle érotique, j'avais vérifié mes notes. J'ai donc relu « Des Cannibales ». Cet essai était presque sacré pour moi, car Montaigne y parlait de l'hypocrisie qu'il y avait à considérer les étrangers comme des sauvages : « Chacun appelle barbarie ce qui n'est pas de son usage. » Montaigne trouvait le cannibalisme moins scandaleux que bien des cruautés françaises. Le vaste monde était inconnu. « Il nous faudrait des topographes qui nous fissent narration particulière des endroits où ils ont été. » A la fin, il racontait sa rencontre, à Rouen, en 1562, avec trois indigènes brésiliens très posés, des cannibales, peut-être, et se souvenait de leur sens de l'honneur, de leur courage dans la bataille, de leur dignité en tant que chefs.

Tout cela ne va pas trop mal : mais quoi, ils ne portent point de hauts-de-chausses !

Ma couchette dans le Train bleu était le lit le plus doux de tout mon voyage, les repas au wagon-restaurant les plus délicieux, le confort incomparable. Ce confort m'a permis de poser un œil plus aiguisé sur les Africains qui peinaient dans les champs : la vieille femme qui traversait une route asséchée par cette chaleur avec deux pauvres valises, et s'éloignait de la piste vers une colline, au loin ; un homme en bleu de travail, courbé en deux sous le poids d'un sac de farine de maïs – un mois de nourriture sur ses épaules ; un enfant debout, fesses à l'air, dans une cour boueuse.

A Laingsburg, un couple de gens riches qui voyageait à bord du train a jeté des pommes, prélevées dans la coupe en cristal de leur table, à des enfants qui mendiaient le long de la voie. A Lereu-Gamka, une gamine maigrichonne d'une dizaine d'années m'a demandé à manger en m'adressant ce murmure suppliant et timide, sorte de prière, commun aux enfants qui mendient. Elle était si menue, sans formes, que sa robe bleue pendait tout droit de ses épaules jusqu'à ses genoux tel le drapeau défraîchi de la défaite. Je n'ai pas pu me résoudre à lui lancer à manger. Elle a disparu, et quand nous redémarrions, elle est reparue, le visage farouche, et elle a lancé une petite pierre par la fenêtre, ratant de peu ma tête. D'autres pierres ont atterri dans mon somptueux compartiment, ricochant sur le lambris, s'enfonçant dans les coussins – rien de grave, mais c'était significatif : une lapidation symbolique.

Le Train bleu a traversé la fin d'après-midi, son ombre noire, plate et large se dépêchant de le longer. Au crépuscule, une grande obscurité aqueuse est descendue, dissolvant la lumière, les hautes plaines virant au violet puis au bleu et au noir, avec des bandes orange de plus en plus fines dans le ciel au fil des minutes et qui faisaient paraître le paysage plus sombre encore.

Le lendemain, nous nous sommes arrêtés à Kimberley, la cité minière balayée par la poussière, avec ses abords misérables et son immense trou au beau milieu, « le plus grand trou au monde creusé de la main de l'homme ». On avait extrait pour des milliards de dollars de pierres précieuses de ce trou, et pourtant la ville n'était qu'un *dorp* horrible, avec ses décharges à l'air libre et ses collines de graviers, ses maisons au toit de zinc, ses salles de jeux vidéo et ses restaurants de poulets frits ou de hamburgers, ses parkings de voitures d'occasion et ce redoutable climat désertique avec des étés où vous étouffez de chaleur et des hivers où le gel mord. Rien à faire dans ce *dorp*, à part creuser, tamiser et fouiller la terre pour y trouver des pierres. Ce labeur épuisant exécuté par une main-d'œuvre mal payée était la réalité sordide derrière le symbole mondial le plus vicieux de la confiance : le commerce du diamant.

Retour dans le train : carpaccio d'autruche, magrets de canard glacés au miel, autruche Wellington ou abadèche du Cap au four, et de la mousse au chocolat comme dessert. J'ai mangé et j'ai regardé les quartiers défiler sous les fenêtres. Certains étaient somptueux, d'autres de simples colonies de squatteurs dans des baraques au toit de tôle ondulée, et çà et là, dès neuf heures du matin, des ivrognes sur des bancs qui avalaient leur ration gratuite de vin.

Le train était presque poignant, à force d'être agréable, car de ses fenêtres on voyait l'Afrique du Sud, ses misères, ses splendeurs, qui reflétaient mes sentiments. Mais mon travail était fait, mon safari terminé. Ce trajet n'était qu'une agonie. Je m'accrochais à l'Afrique parce que je ne voulais pas que ça finisse.

*
* *

Huckleberry Finn n'est jamais revenu des Territoires, à ce que nous savons. Pourtant, le Capitaine Gulliver est rentré chez lui, plus sage mais aussi aliéné et révolté, non par son voyage, mais par ce qu'il retrouvait dans son pays. Incapable de supporter l'odeur de Yahoo qui collait à son épouse ni le spectacle des autres membres de sa famille qu'il trouvait sauvages, il s'était réconforté en parlant à son cheval et en trouvant sa place à l'écurie. Les voyages l'avaient changé. On part longtemps et on rentre différent : on ne revient jamais vraiment. On se dit, comme Rimbaud : *Je est un autre*.

Plusieurs épisodes, en Afrique du Sud, m'ont aidé à trouver le sens de la mesure. Juste avant de quitter Johannesburg, j'ai laissé mon sac fermé et tout ce que je possédais de valeur dans le coffre de la chambre forte d'un hôtel, et j'ai fait une courte excursion sur la côte en n'emportant qu'une mallette avec mes notes, ma nouvelle et quelques vêtements. Je ne voulais pas être encombré de mon sac ni inquiet pour ce qu'il contenait. Je suis revenu à l'hôtel quatre jours plus tard et j'ai tendu mon reçu de coffre à un employé au regard fuyant.

« On ne retrouve pas votre sac, Monsieur. »

Il avait été volé. J'avais donc perdu tous les objets d'artisanat et tous les trésors africains que j'avais achetés en chemin, plus ma montre, mon portefeuille, mon argent liquide et mes billets d'avion. Tout sauf ma mallette et son maigre contenu. Il me restait les clés de chez moi, les *Essais* de Montaigne, une copie de ma nouvelle érotique, quelques vêtements, un petit fétiche congolais en bois et perles qui protégeait de la foudre et, miracle ! les notes que j'avais prises en vue d'écrire ce livre.

« C'est tout Janiceburg, m'a dit un Johannesburgeois à propos de ce vol. Très Jozi. »

Peu après, alors que je tempêtais toujours contre cette perte, le mari de Nadine, Reinhold, est mort. Les funérailles se sont déroulées par une très belle matinée embaumant des ifs chauffés par le soleil, au crematorium de Braamfontein, dans un vieux bâtiment en pierre au milieu d'un cimetière entouré d'une palissade en bois. Parmi la centaine de personnes venues pleurer Reinhold, il y avait d'anciens prisonniers politiques, des avocats des droits civiques, des poètes, des romanciers, des journalistes, des militants, des amis de la famille.

Hugo, le fils de Nadine, a parlé de son père avec tendresse. D'autres l'ont apostrophé. Au cours de ce service funèbre, j'ai appris à mieux connaître l'homme remarquable qu'avait été Reinhold Cassirer – amateur d'art, humaniste, homme d'affaires, œnologue, philanthrope, cavalier, conteur, merveilleux ami, mari aimant.

Petite et pourtant forte et sûre d'elle, pleine d'humour même en cette occasion, Nadine a parlé de son amour pour son mari.

« La première fois que je l'ai rencontré, je lui ai demandé un whisky. Il m'a dit d'un ton réprobateur : “Une femme ne boit pas de whisky au déjeuner.” Mais je l'ai fait. Et il m'a servi mon whisky pendant les quarante-huit années qui ont suivi. Je voulais un fils et un bulldog. Il m'a donné les deux. Il était mon amant, mon ami, mon fidèle partisan. Il montrait un merveilleux respect de l'intimité qu'exigeait mon travail. Nous partagions un fort engagement politique contre le racisme et l'apartheid. Quand ont été tenues les premières élections libres, nous sommes allés voter ensemble. »

On prenait la mesure de l'emprise que le combat pour la liberté politique avait eue sur la vie des gens quand on entendait Nadine parler de l'acte de voter librement ensemble en Afrique du Sud comme d'un des souvenirs les plus tendres de son mariage.

« Assister à des funérailles est devenu une manière de vivre dans les *townships*, a dit un des Noirs. J'ai assisté à beaucoup de funérailles, ces derniers temps. »

« Nous avions le sentiment de faire partie de la famille », a dit un autre homme.

Et c'est l'impression que donnaient ces funérailles : une affaire de famille. Le long combat politique avait fait de tous les Sud-Africains une seule famille – une famille où régnait le pardon, même si elle était parfois un peu rebelle. L'assistance reflétait la diversité de cette famille : toutes les couleurs, tous les âges, les riches, les pauvres y écoutaient ensemble Mozart, entre deux éloges funèbres.

Nadine nous a invités chez elle pour déjeuner. Je me suis donc retrouvé dans son jardin, en fin de matinée, un verre de vin à la main, parmi les autres, membre de la famille. Certains ont compati, quand je leur ai parlé du vol que j'avais subi, même Nadine. « Je suis désolée pour votre sac. » Mais les funérailles de cet homme tant aimé, où tout le monde était si aimable, si philosophe, m'avait montré l'insignifiance de la perte de ce que je possédais.

J'avais voyagé léger, et je rentrais chez moi sans rien d'autre que mes écrits. Je me suis arrêté en Éthiopie pour couper le long voyage de retour, et à un repas, j'ai mangé un plat avarié. Le matin de mon départ d'Addis-Abeba, mes intestins ont explosé, pas discrètement – massivement. Je suis donc rentré chez moi africanisé : volé et malade.

« Des parasites, m'a dit mon médecin. On va soigner ça empiriquement. »

Pendant des mois, rien n'a semblé réussir à soulager mon ventre douloureux. J'étais inerte, faible, avec ces curieuses nausées incontrôlables d'une maladie extravagante. J'avais l'impression d'être l'explorateur maudit de la nouvelle d'horreur d'Edmund Lucas White, « Lukindoo », qui tombe malade en Afrique et qui se retrouve couvert de furoncles purulents dont chacun contient une tête noire de la taille d'une prune, « hideuse, jacassante », avec « des petits yeux cruels ». Pendant toute la rédaction de ce livre, les mouvements et les gargouillements gazeux de mon ventre m'ont rappelé la présence de ces parasites en moi – l'Afrique qui circulait à l'intérieur de moi pendant presque autant de jours que j'avais circulé en elle.

Mais c'est tellement pire pour les Africains ! Les plus civilisés de ceux que j'ai rencontrés n'utilisaient jamais le mot civilisation. Les plus pervers se croyaient investis d'une mission de chef à vie et refusaient de renoncer à leurs illusions ; les pires d'entre eux volaient les donateurs étrangers et leur propre peuple, comme le plus vil des voleurs qui dérobe le contenu du tronc des pauvres dans les églises. Les plus gentils des Africains n'avaient pas du tout changé, et au bout de toutes ces années, les meilleurs vont toujours cul nu.

TABLE

Cet ouvrage a été imprimé par

FIRMIN DIDOT
GROUPE CPI

Mesnil-sur-l'Estrée

pour le compte des Éditions Grasset
en janvier 2004

Imprimé en France
Dépôt légal : février 2004
N° d'édition : 13109 – N° d'impression : 66959
ISBN : 2-246-65061-5